Bausteine praktischer Analytik

**Lehrbuch mit Übungen und Lösungen
für Ausbildung und Beruf**

Von
Dipl.-Chem. Dr. Erich Hitzel
Landau in der Pfalz

3., durchgesehene Auflage

D1731742

Handwerk und Technik · Hamburg

Was kein Rost zerfrisst ...

... soll in diesem Buch stehen. Es ist richtig, dass die Geräte zum Nachweis von Substanzen und zur Bestimmung von Konzentrationen ständig und in immer kürzeren Zeitabständen weiterentwickelt werden. Genauso richtig ist aber auch, dass die Grundlagen der Analytik unveränderlich sind. Wer diese beherrscht, kann sich innerhalb kürzester Zeit in jedes Analysenverfahren in Theorie und Praxis einarbeiten. Daher ist die Erarbeitung der Grundlagen das Ziel dieses Buches.

In einer Zeit der grenzenlosen und unmittelbaren Verfügbarkeit von Informationen hat ein Lehrbuch nur dann einen Sinn, wenn es den Weg in ein Lerngebiet so eröffnet, dass daraus ein Verständnis der Sachverhalte, Probleme, Denkansätze und Methoden erwächst, das zu weiterer Arbeit anregt. Ein solches Lehrbuch muss das Wesentliche exemplarisch und anschaulich darstellen, soll es nicht schon mit der Drucklegung veraltet sein. Dieses Buch erhebt daher nicht den Anspruch, ein Nachschlagewerk für alle gängigen Analyte und Analysenverfahren zu sein.

Verständnis für eine Sache wird erworben, wenn geübt und gearbeitet wird. Daher enthält dieses Buch eine Fülle von Daten, die unmittelbar aus der Laborarbeit stammen. Die Bausteine sind weitestgehend in sich geschlossene Einheiten. Je nach Vorkenntnis können so einzelne Bausteine übersprungen werden. Allerdings setzt der Folgebaustein in der Regel das Verständnis des vorausgehenden Bausteins voraus. Blau gesetzte Überschriften weisen darauf hin, dass diese Teile für alle nachfolgenden Bausteine von Bedeutung sind.

Alle Bausteine sollen so vollständig geschrieben sein, dass praktisch ohne Vorkenntnisse gearbeitet werden kann. Allerdings ist der Gebrauch eines guten Chemiebuches sowie eines Buches über die Grundlagen des analytisch-chemischen Rechnens anzuraten. Ein Tabellenbuch mit Stoffeigenschaften ist hilfreich.

Landau   Erich Hitzel

ISBN 978-3-582-01232-6

Verlag Handwerk und Technik G.m.b.H.,
Lademannbogen 135, 22339 Hamburg; Postfach 63 05 00, 22331 Hamburg – 2010
E-Mail: info@handwerk-technik.de – Internet: www.handwerk-technik.de

Satz und Layout: comSet Helmut Ploß, 21031 Hamburg
Druck: Thomas Müntzer, 99947 Bad Langensalza

Inhaltsverzeichnis

Jede Lehrkraft
hat eine ganz spezielle Verantwortung.

Sie hatte das Privileg und die Gelegenheit,
zu studieren.

Dafür schuldet sie ihren Schülerinnen und Schülern,
die Ergebnisse ihres Studiums
in der einfachsten, klarsten und bescheidensten
Form darzustellen.

nach *Karl Popper* „Gegen die großen Worte"

1 Grundbaustein Analytik

1.1 Was ist Analytik?

Genauer: Was wird in der Analytik gemacht? Die Antwort darauf ist einfach. Schon das Etikett einer Mineralwasserflasche zeigt, worum es in der Analytik geht. Dort nämlich ist angegeben, welche Stoffe enthalten sind und in welchen Konzentrationen sie vorliegen. Natrium, ist da beispielsweise zu lesen, mit der zusätzlichen Angabe 82 mg/L. Diese Informationen basieren auf Ergebnissen, die durch Untersuchung dieses Produkts in einem analytischen Laboratorium erhalten worden sind. Die Bestimmung der Art der Stoffe, ob es sich also um Natrium, Kalium oder Magnesium handelt, wird **Qualitative Analyse** genannt. In der **Quantitativen Analyse** wird geklärt, in welchen Konzentrationen die Stoffe vorliegen. Wer aufmerksam die Etiketten der Mineralwasserflaschen liest, wird gerade bei Natrium große Unterschiede feststellen. „Natrium-arm" nennt ein Getränkevertrieb sein Produkt, weil vielleicht nur 18,2 mg/L Natrium enthalten sind. Für Menschen mit Bluthochdruck ist es durchaus wichtig, das Mineralwasser mit der kleinsten Natriumkonzentration auszuwählen.

„Natriumkonzentration in Mineralwasser!" Für die Verfechter der reinen Wissenschaft kann dieser Satz schon ein Graus sein, denn es gibt kein Wasser, das wirklich elementares Natrium enthält. „Natriumionenkonzentration" wäre das richtige Wort. Doch: Was ist ein Ion und welchen Sinn hat es, diesen Zusatz auf das Etikett zu schreiben? In der Analytik sind die Experten nicht unter sich, es ist keine abgeschlossene Kaste, es werden vielmehr Daten ermittelt, die für jeden Menschen, für die Wirtschaft, für Industrie und Politik wichtig sein können. Folglich sind Formulierungen zu finden, die allgemeinverständlich sind und bei denen, sicher in Grenzen, sprachliche Ungenauigkeiten in Kauf zu nehmen sind. Laborkräfte allerdings müssen sehr genau wissen, was sie meinen, wenn sie Begriffe, vorzugsweise in ihrer abgekürzten Form, benutzen. Auch hier ist die Beherrschung der Fachsprache unabdingbare Voraussetzung für eine gemeinsame Arbeit. So ist beispielsweise unter „Analyt" der Stoff, der Gegenstand der Untersuchung zu verstehen. „Matrix" ist nicht etwa ein Datenfeld mit Zahlen wie in der Mathematik, sondern das Medium, in dem sich der Analyt befindet. Das Natriumion ist also in unserem Beispiel der Analyt und das Mineralwasser die Matrix.

Es ist dabei immer zu klären, was genau unter „Analyt" zu verstehen ist. Stickstoffdünger können Stickstoff (Elementsymbol N) in den unterschied-lichsten Bindungsformen enthalten, beispielsweise als Ammoniumstickstoff (NH_4^+) oder als Nitratstickstoff (NO_3^-). In beiden Stoffen ist zwar Stickstoff enthalten, aber die Aufnahmefähigkeit durch die Pflanzen ist davon abhängig, in welcher Bindungsform er vorliegt. Die Laborkraft muss also wissen, ob sie den Gehalt an Stickstoff, unabhängig von dessen Bindungsform, in dem Düngemittel bestimmen soll, ob also „Stickstoff der Analyt" ist, oder ob sie nach dessen Bindungsform differenzieren soll. Die analytischen Methoden und der Aufwand und damit die Kosten sind je nach Aufgabenstellung stark unterschiedlich.

Umgekehrt ist bei jeder Analyse zunächst zu klären, in welcher Form der Analyt in der Matrix vorliegt und mit welchen anderen, eventuell störenden Stoffen, er in der Matrix vergesellschaftet vorkommt. Diese qualitative Analyse kann nur durchgeführt werden, wenn die Eigenschaften der gesuchten Stoffart bekannt sind, die sie von den anderen Stoffarten eindeutig unterscheidet. Wie ein Specht am „Hämmern" und am wellenartigen Flug erkannt werden kann, und wie am „Gelächter" des Vogels auch noch unterscheidbar ist, ob es sich um einen Grünspecht oder um einen Grauspecht handelt, so benutzt die Laborkraft einen Datensatz von Stoffkenngrößen wie Dichte, Schmelzpunkt, Lichtemission usw., der den Analyten so charakterisiert wie der Fingerabdruck einen Menschen. Dazu kann auf eine Fülle von Informationen zurückgegriffen werden, die sich zum größten Teil in den letzten hundert Jahren angesammelt haben und die heute durch die Möglichkeiten der elektronischen Datenverarbeitung in kürzester Zeit in überwältigender Fülle verfügbar sind.

Handelt es sich allerdings um einen bisher unbekannten Analyten, beispielsweise um einen Stoff, der dioxinähnliche Eigenschaften hat, aber mit den bisher bekannten Formen nicht identisch ist, so müssen zunächst Informationen über diesen Stoff im Labor erarbeitet werden. Beispielsweise müssen die Fragen geklärt werden: „Welche chemischen Elemente sind in ihm enthalten? In welchem Mengenverhältnis liegen diese vor? Wie sind die Elemente aneinander gebunden? Wie ist der Stoff räumlich gebaut? Welche Eigenschaften hat dieser Stoff?" **Strukturaufklärung** und **Stoffkenngrößen** können dann zur Bestimmung dieses Stoffes in den verschiedensten Proben verwendet werden und ergänzen den Literaturfundus. Im Zeitalter der Datenvernetzung wächst die Zahl der Informationen explosionsartig.

1

„Dioxin ist giftig!" Das ist bekannt, seit bei dem Unfall im oberitalienischen Seveso eine harmlos erscheinende weiße Wolke aus dem Kamin einer chemischen Fabrik eine Katastrophe angerichtet und einen ganzen Landstrich auf praktisch unabsehbare Zeit verseucht und damit unbewohnbar gemacht hat. Wer sich mit der Umweltproblematik befasst, kann neben Dioxin noch viele andere Stoffe nennen, die zu aufsehenerregenden Vergiftungsfällen geführt haben. So ist gerade der Wunsch, Lebensmittel völlig frei von Schadstoffen zu halten, verständlich, aber eine Illusion. Es gibt beispielsweise keine Matrix, auch nicht der menschliche Körper selbst, die vollständig frei von Quecksilber ist. Der jahrhundertelange Umgang mit diesem Stoff hat zu einer irreversiblen Verteilung über den ganzen Erdball gesorgt. Trotzdem sind Quecksilbervergiftungen äußerst selten und beschränken sich praktisch nur auf Personen, die berufsmäßig und meist unsachgemäß damit umgehen. Die Stoffart allein ist also nicht maßgebend für das Gefährdungspotenzial, sondern ihr Gehalt in der Matrix. Daher beansprucht die quantitative Analyse den größten Einsatz an Zeit, Arbeitskraft und die höchsten Investitionen in der Analytik.

Eines der größten Probleme ist die Matrix selbst. Wie leicht einzusehen, ist es nicht gleichgültig, ob Calciumionen im Trinkwasser, in Nahrungsmitteln, in Bodenproben oder in Erzen bestimmt werden sollen. Calciumionen bleiben zwar Calciumionen, aber in Trinkwasser können sie mehr oder weniger direkt bestimmt werden, in Bodenproben sind Aufarbeitungsschritte notwendig. Diese Aufarbeitungsschritte erfordern matrixabhängig sehr spezifische Kenntnisse und Geräte, daher haben sich mehrere **analytische Fachrichtungen** gebildet. Laboratorien in metallverarbeitenden Betrieben haben sich beispielsweise auf die Analyse von Molybdän oder Wolfram in Stählen spezialisiert, landwirtschaftliche Untersuchungsämter auf Pflanzenschutzmittelrückstände in Futtermitteln und Bodenproben, Weinlaboratorien auf die Bestimmung der Säure und des Alkohols im Wein, medizinische Untersuchungsämter auf Zellgewebe und Körperflüssigkeiten. Ein besonders weites Feld umfasst die Umweltanalytik, die umweltrelevante Stoffe in praktisch jeder Matrix bestimmt: Sauerstoff in Gewässern, Schwermetalle in Pflanzen, Ozonwerte der Luft, Asbest in Baustoffen usw.

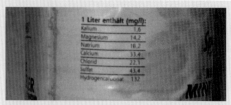

Etikett
Mineralwasserflasche:
18,2 mg / L Natrium

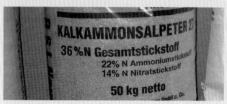

Aufdruck
Düngemittelsack:
22 % Ammoniumstickstoff,
14 % Nitratstickstoff

Welche Eigenschaften hat der Stoff? Welche Bindungsverhältnisse liegen vor?	Stoffkenngrößen und Strukturaufklärung
Welche Stoffart liegt vor? In welcher Form liegt der Stoff vor?	Qualitative Analyse
In welcher Menge, in welchem Gehalt, in welcher Konzentration liegt der Stoff vor?	Quantitative Analyse

Analyt	Matrix
Na als Na$^+$	Mineralwasser
N als NH$_4^+$	Düngemittel
N als NO$_3^-$	Düngemittel
O$_3$	Luft
HCCl$_3$	Gewebe, Pflanzen
Zn als Zn^{2+}	Klärschlamm

Abb. 1.1: **Fragen und Ziele, Analyt und Matrix**

1.2 Der Analysengang

„Da, schauen Sie mal nach, was drin ist!" Dies ist sicher kein sinnvoller Arbeitsauftrag für die Analyse einer Flüssigkeit unbekannter Zusammensetzung, denn in dieser Lösung können mehrere tausend verschiedener Stoffe enthalten sein!

Die Trinkwasserverordnung schreibt beispielsweise vor, dass die Konzentration an Nitrat maximal 50 Milligramm pro Liter betragen darf. Für den Fall, dass ein Liter Wasser die Masse von einem Kilogramm hat, dass dieses Kilogramm aus 999 Gramm Wasser und 1 g an gelösten Substanzen mit Einzelmassen von jeweils 50 mg besteht, sind in diesem Wasser 20 verschiedene Stoffe enthalten. Angesichts der Tatsache, dass viele Stoffe in sehr viel kleineren Konzentrationen vorkommen können, Blei beispielsweise mit einigen Mikrogramm pro Liter, kann selbst Trinkwasser mehrere tausend verschiedene Stoffe in einem einzigen Liter enthalten!

Vorgesetzte, die regelmäßig wie oben beschrieben die Arbeit in ihren Laboratorien ausgeben, wird es vermutlich sehr selten geben, denn ihr Betrieb würde in kürzester Zeit Konkurs anmelden müssen. Laborkräften muss also ein klares, eindeutig abgegrenztes **Analysenziel** gegeben werden und diese dürfen bei der praktischen Arbeit dieses Ziel nicht aus dem Auge verlieren. Das erscheint selbstverständlich und es ist anzunehmen, es bedürfe dazu keines Wortes der Erwähnung. Dem ist leider nicht so. Hat beispielsweise eine ionenselektive Elektrode eine Kennlinie, die über einen weiten Konzentrationsbereich reicht, beispielsweise von 10^{-6} bis 10^{-1} Gramm pro Liter, so ist häufig zu beobachten, dass auch in den kleinsten Konzentrationsbereichen, wo die Elektrode im „roten Drehzahlbereich" arbeitet, versucht wird, die Kennlinie zu reproduzieren, obwohl die Aufgabe nur lautet: „Bestimmung der Massenkonzentration von Chlorid in einer wässrigen Lösung". Diese kann durchaus bei weit höheren Konzentrationen, also im unproblematischen Bereich der Elektrode, liegen!

Ist das Analysenziel ausreichend genau definiert, kann die **Probennahme** erfolgen. So wie Autofahrer die Entnahme von Blut über sich ergehen lassen müssen, damit der Alkoholgehalt festgestellt werden kann, so müssen Luftproben, Bodenproben, Gewebeproben usw. zur Untersuchung genommen werden. Sachgerecht entnommen, muss hier hinzugefügt werden, denn gerade der Arbeitsschritt „Probennahme" ist sehr fehleranfällig. Von der Höhe der Festung Ehrenbreitstein in Koblenz ist der

Zusammenfluss von Mosel und Rhein gut zu erkennen. Das Wasser der Mosel ist erheblich dunkler gefärbt als das Wasser der Rheins. Rheinabwärts linksseitig braucht es einige Kilometer, bis sich das Wasser beider Flüsse homogen vermischt hat. Werden ohne dieses Wissen Wasserproben aus dem Rhein genommen, so kann es sich leicht um reines Moselwasser handeln, dessen Analysenwerte für den Rhein sicher nicht repräsentativ sind!

In der Regel wird die Analysenprobe danach in das Untersuchungslabor gebracht und sobald als möglich zur Messung aufbereitet. Beispielsweise werden aus Früchten oder Pflanzen wässrige Auszüge bereitet, Bodenproben werden aufgeschlossen, d. h. in eine gelöste Form überführt, Gase werden in Absorptionslösungen gegeben. Diese **Probenaufbereitung,** häufig „clean up" genannt, nimmt im Analysengang in der Regel die meiste Zeit in Anspruch und steht in der Fehleranfälligkeit der Probennahme wenig nach. Beispielsweise ist vor einigen Jahren in einem renommierten Analytiklabor in allen Gewässerproben ein bestimmter Ester als organische Verunreinigung gefunden worden. Dieser Ester wird aber nur in geringen Mengen produziert. Bei der Umrechnung der gefundenen Konzentrationen auf die Gesamtmasse dieses Esters in den deutschen Gewässern stellte sich heraus, dass weitaus weniger dieses Esters hergestellt wird, als in den Gewässern nach der Analyse enthalten sein soll! Das Rätsel hatte eine sehr einfache Lösung: Bei der Probenaufbereitung der Wässer wurden diese filtriert. Damit der Glastrichter dazu nicht ständig abgenommen werden musste, hatte die Laborkraft das Trichterende mit einem Kunststoffschlauch versehen. Auf dem Weg durch den Kunststoffschlauch hatten die Wässer den Weichmacher herausgelöst und war daher in allen Wasserproben enthalten!

Es gibt kein analytisches Labor, das fehlerfrei arbeitet. Gute analytische Labors aber bauen bei **jedem Schritt des Analysengangs Sicherungen** ein, mit denen sie Fehler erkennen oder ausschließen können. In sehr seltenen Fällen sind Fehler so offensichtlich wie bei dem oben beschriebenen Beispiel. Analysenfehler können aber verheerende Folgen haben. Wird die Blutgruppe falsch bestimmt, so überlebt der Patient mit großer Sicherheit eine Bluttransfusion nicht, hier geht es auf Leben und Tod. Wird festgestellt, dass Weine Frostschutzmittel enthalten, dann wird der Weinbaubetrieb geschlossen. Es hilft wenig, wenn nach einigen Monaten bekannt wird, dass die Analysen falsch waren, die Kundschaft lässt sich so leicht nicht zurückholen.

Die Methoden der **Qualitätssicherung** zum Ausschluss von Fehlern zeichnen das jeweilige Labor aus. Wesentlich ist dabei die Denkweise des Arbeitsteams, nicht erst auf Fehler zu reagieren, wenn sie offenbar werden, sondern **von vornherein mit Fehlern zu rechnen und entsprechende Erkennungsmethoden als Teil des Analysengangs einzuplanen.** Labors, die **zertifiziert** oder **akkreditiert** sind, arbeiten in dieser Hinsicht nach vorgegebenen und überprüfbaren Normen.

Die Verantwortung für ein Analysenergebnis darf nicht auf ein Gerät, auf eine Methode oder gar einer Einwirkung von außen abgeschoben werden. Verantwortlich für das Analysenergebnis ist das Laborteam, das die Ergebnisse erarbeitet hat und herausgibt! Die Übergänge zwischen Leichtfertigkeit im Umgang mit Analysenproben und kriminellen Handlungen sind fließend, wie die Vergangenheit gezeigt hat. Beispielsweise wurden in den USA Ergebnisse von Unbedenklichkeitsprüfungen für Medikamente veröffentlicht, ohne dass dazu auch nur eine einzige Untersuchung tatsächlich stattgefunden hatte. Die Ergebnisse waren frei erfunden! Ähnliche Fälle haben sich in den letzten Jahren auch an deutschen Universitäten zugetragen! Aufgedeckt wurden diese kriminellen Handlungen, weil die Rohdaten des Analysengangs und die Dokumentation der einzelnen Analysenschritte fehlten. Als Reaktion darauf hat der Gesetzgeber im Chemikaliengesetz mit der **Guten Laborpraxis GLP** eine Verfahrensweise der **Dokumentation** der Laborarbeit vorgegeben, mit der eine **Validierung,** das ist der Nachweis, dass das Verfahren in der täglichen Praxis die Anforderungen der vorgesehenen analytischen Anwendung erfüllt, möglich ist. Häufig wird GLP mit Qualitätssicherung gleichgesetzt. Um Missverständnissen vorzubeugen, ist festzuhalten, dass es bei GLP in erster Linie um die Dokumentation und nicht um die Richtigkeit der Analysenergebnisse geht!

Schon im eigenen Interesse muss die Laborkraft die Laborarbeit vollständig, nachvollziehbar und übersichtlich dokumentieren, und das von der allerersten Stunde in einem analytischen Labor an. Ob zur Dokumentation ein Laborjournal oder ein Computer benutzt wird, ist gleichgültig, wenn aber um 14 Uhr nicht mehr nachgeprüft werden kann, ob morgens um 9 Uhr die Analysenprobe auf einen 50-mL-Messkolben oder auf einen 100-mL-Messkolben gegeben wurde, so kann das einen relativen Fehler von 100 % bedeuten. Wie die Qualitätssicherung, so muss die **Dokumentation** das gesamte Analysenverfahren begleiten!

Ist die Probe vorbereitet, so kann die **Messung** erfolgen. Die Messung bezieht sich immer auf eine Stoffeigenschaft des Analyten, mit dem er sich von der Matrix unterscheidet. Die Messmethoden selbst können grob in „nasschemische" und in „instrumentelle" Methoden gegliedert werden. Die nasschemischen Methoden stützen sich im Wesentlichen auf Beobachtungen von Analysenverfahren mithilfe der Sinnesorgane des Menschen. Instrumentelle Methoden verwenden dazu weitgehend Messinstrumente.

An die Messung schließt sich die **Auswertung** an, aus den Rohdaten werden die Ergebnisse berechnet. Im Zeitalter der Computer wird dem Menschen viel Arbeit abgenommen und auch in der Analytik ist der Computer zu einem unentbehrlichen Hilfsmittel geworden. Aber hier ist es wie überall: Wird der Computer richtig eingesetzt, dann ist er eine Hilfe, wird er falsch eingesetzt, dann produziert er Unsinn. Allzu leicht lassen sich hoch komplizierte Rechenverfahren auf Daten anwenden und Ergebnisse als Balkendiagramme, Trendlinien usw. vielfarbig darstellen. Dem Computer ausgeliefert ist, wer die Ergebnisse nicht notfalls auch per Hand ausrechnen könnte und fragwürdig ist, aus den Messdaten auch noch die letzte Kommastelle herauszukitzeln zu wollen, wenn durch die Probenaufbereitung von vornherein mit einem relativen Fehler von 10 % gerechnet werden muss!

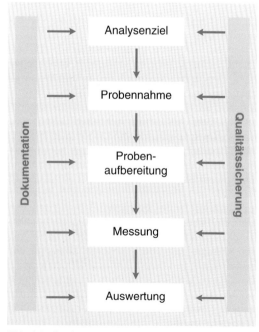

Abb. 1.2: **Analysengang**

1.3 Beurteilungskriterien für Analysenverfahren

„Das Analysenergebnis muss richtig sein!" Niemand würde widersprechen, wenn diese Antwort auf die Frage käme, welches Analysenverfahren auf ein bestimmtes Problem angewandt werden soll. Tatsächlich ist die Richtigkeit eines der wichtigsten Kriterien für Analysenverfahren. Wenn beispielsweise die Konzentration eines waschaktiven Tensids in einem natürlichen Oberflächenwasser 0,110 mg/L beträgt, so wird diese Angabe als **„Wahrer Wert"** bezeichnet. Findet das eine Labor 0,110 mg/L, das andere Labor aber 0,720 mg/L, so hat das erste Labor den richtigen, das zweite Labor einen falschen Wert angegeben. Was ist aber, wenn die gefundenen Werte 0,120, 0,130 oder 0,140 wären? Sind diese Werte noch als „richtig" zu bezeichnen? Wie leicht einzusehen, sind die Angaben „richtig" bzw. „falsch" für sich allein ohne Inhalt, die Angabe muss in Zahlen umgesetzt werden! Beispielsweise kann dazu der **Relative Fehler F in %** (auch Relative Abweichung genannt) zum wahren Wert (Symbol μ, griech. My) angegeben werden.

Richtigkeit

gefundene Werte in mg/L	F in %
0,110	0,00
0,140	27,3
0,120	9,09
0,130	18,2
0,720	554

$\mu = 0,110$ mg/L

Tabelle 1.1: **Richtigkeit**

Woher ist eigentlich der „wahre Wert" eines Analyten in einer Probe bekannt? Es lohnt sich, über diese Frage nachzudenken, weil in ihr eines der wichtigsten Elemente für das Selbstverständnis der Analytik steckt! Der im Beispiel angegebene wahre Wert für das natürliche Oberflächenwasser mit 0,110 mg/L muss nämlich auch aus einem Analysenverfahren stammen. Woher ist aber bekannt, dass dieses Analysenverfahren „richtig" ist? Werden z. B. Salatproben auf Nitrat analysiert, so können die gefundenen Werte zwar mit den bekannten durchschnittlichen Gehalten verglichen werden. Die wahren Werte aber sind nicht bekannt, mit denen die Abweichung von den experimentellen Werten berechnet werden könnte. Hier ist es wie mit der Henne und dem Ei! Auf die Spitze getrieben kann behauptet werden, dass wahre Werte im Grunde nicht angebbar sind! Mit dem Begriff „wahrer Wert"

wird häufig etwas als selbstverständlich angesehen, was nicht selbstverständlich ist. Wie noch zu zeigen sein wird, ist in vielen Fällen der **Vergleich** zwischen der Analysenprobe und einem Standard, das ist eine Probe mit bekanntem Gehalt, der einzig gangbare Weg.

Wie gesagt, es lohnt sich, über diesen Sachverhalt nachzudenken und im Gedächtnis zu bewahren! Wer nur „null" oder „hundert" Prozent kennt, wird angesichts dieser Erkenntnis die praktische Arbeit einstellen. Kompetente Laborkräfte haben Sachkenntnis und Erfahrung, sie kennen die Stärken und die Schwächen des Analysenverfahrens, sie rechnen von vornherein mit Fehlern, sie bauen Sicherungen ein und versuchen so, einen **Fehler** nach dem anderen **auszuschließen**. Sie empfinden die Frage „Woher wissen Sie, dass Ihr Ergebnis richtig ist?" nicht als Frechheit oder Unterstellung, sondern als eine Möglichkeit, die in ihrem Labor angewandten Methoden der **Qualitätssicherung** zu erläutern und so eine Vertrauensbasis zu den Kunden zu schaffen, wie das ein guter Handwerksbetrieb in seinem Bereich auch tut.

Präzision

Zum Vertrauen trägt sicher bei, wenn gezeigt werden kann, dass der Analysenwert nicht nur ein einziges Mal ermittelt wurde, sondern dass überprüft worden ist, inwiefern der Wert **reproduzierbar** ist, d. h., dass Mehrfachmessungen mit ein und derselben Probe durchgeführt worden sind. Dieses Beurteilungskriterium wird **Präzision** genannt. Wie die Richtigkeit, so ist auch die Präzision eines Analysenverfahrens in Zahlen auszudrücken. Hier haben statistische Methoden eine wichtige Funktion in der Analytik. An dieser Stelle sollen zur Illustration nur zwei Messreihen angegeben werden, aus denen auch ohne eine Rechnung ersichtlich ist, dass bei der Messreihe A die Präzision besser ist als bei Messreihe B.

Messreihe A	Messreihe B
1,10	0,90
1,00	1,20
1,20	1,30
1,10	0,80
1,20	1,10
1,20	0,70
1,00	0,60
1,10	1,40

Tabelle 1.2: **Präzision**

Bestimmungsgrenze

Richtigkeit und Präzision sind wichtige, aber nicht die einzigen Beurteilungskriterien für Analysenverfahren. Als Beispiel soll das bekannte Insektizid DDT dienen, das in einer Bodenprobe mit einem Gehalt von etwa 1 Mikrogramm pro Kilogramm Trockensubstanz vorhanden sein soll. Ein Mikrogramm sind 10^{-6} g. In einem Gramm dieser Bodenprobe sind damit 10^{-9} g, also 0,000 000 001 g enthalten! Ein Analysenverfahren, das für DDT optimal bezüglich Richtigkeit und Präzision ist, nützt hier gar nichts, wenn es für diesen unvorstellbar kleinen Gehalt nicht **empfindlich** genug ist. Dieses Beurteilungskriterium wird **Bestimmungsgrenze** genannt. Je niedriger die **Bestimmungsgrenze** eines Analysenverfahrens, desto kleinere Gehalte an Analyt können bestimmt werden. Das Kriterium „Bestimmungsgrenze" hat gerade in der Umweltanalytik besonderes Gewicht und beeinflusst maßgeblich die Auswahl des Analysenverfahrens, denn die zu bestimmenden Gehalte sind häufig sehr klein. Wer eine Analyse beginnt, ohne sich um die Bestimmungsgrenze seines Analysenverfahrens zu kümmern, gleicht einem Menschen, der die Suppe mit der Gabel essen will!

Sicherheit

Sicherheit ist ein weiteres wichtiges Beurteilungskriterium für Analysenverfahren. Hier ist die Sicherheit für die **Laborkräfte** gemeint, die die Analysen durchführen und die Sicherheit für die **Umwelt,** die durch die Analysenverfahren selbst nicht unbeeinflusst bleibt. Wird beispielsweise der Chemische Sauerstoffbedarf eines Gewässers (CSB-Wert) bestimmt, der ein wichtiger Parameter für dessen Güte ist, so werden dazu Kaliumdichromat als Oxidationsmittel und hochkonzentrierte Schwefelsäure sowie Quecksilbersalze zur Einstellung der richtigen Reaktionsbedingungen verwendet. Kaliumdichromat ist ein Stoff mit erwiesener krebserzeugender und erbgutverändernder Wirkung. Beim Umgang mit diesen Stoffen sind also Vorsichtsmaßnahmen und Sachkenntnis geboten. Trotzdem sollte im Labor diskutiert werden, ob es nicht grundsätzlich sinnvoller ist, mit fertigen Lösungen von Kaliumdichromat zu arbeiten, als diese feinkörnige Substanz selbst einzuwiegen und dabei eventuell feine Staubteilchen einzuatmen. Gute Labors beziehen, auch aufgrund der Gesetzgebung, die Sicherheit der Umwelt in ihre Überlegungen grundsätzlich mit ein. Durch Verträge mit Herstellerfirmen lässt sich sowohl der Bezug der Einsatzstoffe als auch die Rücknahme der Abfallstoffe regeln. Über Recyclingverfahren ist so ein weitgehend geschlossener Stoffkreislauf möglich. Die Zeiten sind hoffentlich vorbei, in denen ein Umweltlabor den CSB-Wert des Rheinwassers bestimmt und „großzügig" mit der Entsorgung der Abfälle umgeht und ein anderes Umweltlabor, rheinabwärts gelegen, die Quecksilberkonzentration im Rhein bestimmt! Bezüglich der **Sicherheit bei der Laborarbeit und für die Umwelt** hat sich in den letzten Jahren vieles verbessert. Sicher wird in der Überregulierungswut bei den Sicherheitsbestimmungen, meist aus mangelnder Sachkenntnis, häufig über das Ziel hinausgeschossen, aber bei einer Reihe älterer Labors sind Überprüfungen durchaus angebracht.

Effektivität

Eine Fertigampulle Kaliumdichromatlösung ist im Einkauf wesentlich teurer als die entsprechende Menge an Festsubstanz, daher macht sich die Entscheidung, Fertigampulle kaufen oder Feststoffe selbst einwiegen, in der Chemikalienrechnung stark bemerkbar. Die Chemikalienrechnung wiederum ist nicht der einzige Kostenfaktor, auch die Arbeitszeit und der Geräteeinsatz müssen berücksichtigt werden. Das hier angesprochene Beurteilungskriterium für Analysenverfahren ist deren **Effektivität.** Dabei geht es nicht nur um **Kosten,** sondern wesentlich auch um die **Zeit bzw. die Geschwindigkeit,** in der ein Analysenergebnis erstellt werden kann. Wenn ein Fischsterben in einem Fluss beobachtet wird, ist die Ursache am sichersten zu ermitteln, wenn der Grund für das Fischsterben möglichst rasch analysiert werden kann. Eine zu langsame Analyse wäre in diesem Fall sinnlos!

Kosten und Zeit wiederum werden von vielerlei Faktoren beeinflusst wie beispielsweise:
– Kompetenz der Laborleitung und der Laborkräfte
– Personalkosten und Wartungskosten
– Rationalisierung, Normung und Robustheit von Analysenverfahren
– Steuerung und Automatisierung von Analysenverfahren mit EDV-Anlagen

Das Beurteilungskriterium **Effektivität** soll hier sehr weit gefasst sein und alle Parameter enthalten, die die Organisation und den Ablauf des Analysenverfahrens beeinflussen. Im Hinblick auf die heutige Situation am Arbeitsmarkt hat das Kriterium Effektivität nicht nur Bedeutung für das Analysenverfahren an sich, sondern wie der Einsatz von Industrierobotern im Grunde für die gesamte Volkswirtschaft!

Mit der Auswahl eines Analysenverfahrens ist es wie mit einem Hauskauf. Lage, Ausstattung, Fläche, Erhaltungsgrad usw. spielen hier eine Rolle und nicht zuletzt der Preis. Im Normalfall sind Kompromisse notwendig, d. h., einige Beurteilungskriterien haben stärkeres Gewicht und für die richtige

Gewichtung gibt es durchaus unterschiedliche Ansichten. Verständlich ist, dass der Inhaber eines analytischen Labors dem Beurteilungskriterium „Effektivität" ein großes Gewicht beimessen muss. Wenn allerdings die Richtigkeit und die Präzision der Analysendaten darunter leiden, wird sich das in sehr kurzer Zeit negativ auf den Geschäftsverlauf auswirken!

Ob die Einwaage der Masse einer Analysenprobe richtig gewählt oder ob überhaupt das richtige Analysenverfahren angewendet wurde, immer sollten zunächst die Beurteilungskriterien herangezogen werden und dann eine verantwortbare Abwägung erfolgen. Jede Frage und jedes Problem ist im Hinblick auf die Beurteilungskriterien zu diskutieren. Ein Hauptanliegen dieses Buches ist es, zu zeigen, wie dies bei der praktischen Arbeit realisiert werden kann.

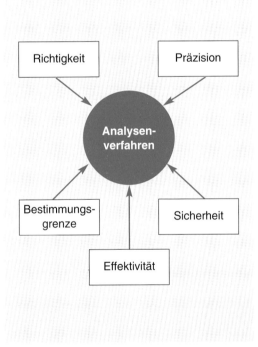

Abb. 1.3: **Beurteilungskriterien für Analysenverfahren**

1.4 Übung

Grundbaustein

① Stellen Sie die genannten analytisch wichtigen Begriffe sowie ihre Definitionen tabellarisch dar. Informieren Sie sich über die Bedeutung dieser Begriffe. (Diese Aufgabe soll bei jedem der folgenden Bausteine bearbeitet werden und wird dort nicht mehr eigens erwähnt.)

② Geben Sie für wichtige Fachbereiche der Analytik typische Analyte und Matrizes an.

③ Suchen Sie Zeitungsmeldungen, die über Analysen berichten. Erstellen Sie daraus eine Tabelle mit den Spalten Analyt, Matrix, Messverfahren, Bedeutung / Bemerkungen.

④ An Stickstoff wurde gezeigt, dass dieses Element als Nitratstickstoff und als Ammoniumstickstoff vorliegen kann und dadurch unterschiedliche Wirkungen auf Böden und Pflanzen hat. Geben Sie für andere Elemente vergleichbare Beispiele an.

⑤ Analyte können in stark unterschiedlichen Gehalten in den Matrizes vorkommen. Suchen Sie Beispiele, die diesen Sachverhalt illustrieren und versuchen Sie, dabei einen möglichst weiten Bereich abzudecken. Beachten Sie die verschiedenen Möglichkeiten der Gehaltsangaben.

⑥ Proben können oftmals nicht unmittelbar nach der Probennahme verarbeitet werden, andererseits können sich die Proben während der Standzeit verändern. Wie kann die Probe möglichst stabil gehalten werden? Welcher Zwischenschritt könnte in den aufgezeigten Analysengang eingefügt werden?

⑦ Entwickeln Sie ein Modell, mit dem der Unterschied zwischen Richtigkeit und Präzision anschaulich gemacht werden kann.

⑧ Suchen Sie nach Datensätzen bzw. erstellen Sie solche, bei denen auch ohne Rechnungen unterschiedliche Präzisionen erkennbar sind. Stellen Sie die Datensätze grafisch dar.

⑨ Überprüfen Sie, inwiefern die Beurteilungskriterien für Analysen in einer Laborvorschrift bzw. einer Arbeitsanweisung angesprochen werden.

⑩ Informieren Sie sich über Normung und Weiterentwicklung der Beurteilungskriterien für bestimmte Verfahren.

2 Erste Arbeitsschritte und Geräte

Zu den ersten Arbeitsschritten im Labor gehört es, feste Stoffe abzuwiegen, Volumina abzumessen und Lösungen herzustellen und zu reinigen. Dazu ist eine Grundausstattung von Geräten sowie die Kenntnis der sachgemäßen Handhabung erforderlich.

Die ersten Geräte, mit denen man im Labor zu tun hat, sind sicher Glasgeräte. Alle Glasgeräte sind bruchempfindlich, es werden aber spezielle Glassorten verwendet, die hohe Temperaturunterschiede sehr gut aushalten können. Praktisch alle Glasgeräte gibt es in unterschiedlichen Größen.

Die einfachsten Glasgeräte sind Reagenzglas, Becherglas und Erlenmeyerkolben. Sie tragen häufig eine grobe Skalierung und dienen dazu, einfache Handversuche durchzuführen, Flüssigkeiten und Feststoffe aufzunehmen und Proben aufzubereiten.

Zur Abtrennung fester Stoffe von Flüssigkeiten wird filtriert. Im einfachsten Fall werden dazu Glastrichter verwendet, in die Filterpapiere eingelegt werden. Bei den Filterpapieren kommt es darauf an, diejenigen mit der richtigen Porengröße zu verwenden, denn die Feststoffe haben unterschiedliche Korngrößen und sollen bei einer Filtration im Filter bleiben, während das Filtrat als eine klare Lösung in das Becherglas fließen soll.

Zur Filtration können auch so genannte Glasfiltertiegel verwendet werden, bei denen der Boden aus einer Fritte mit definierter Porengröße besteht. Wird an einen solchen Glastiegel mit einer Pumpe ein Unterdruck angelegt, so lässt sich der Trennungsvorgang erheblich beschleunigen, weil die Flüssigkeit durch die Fritte gesaugt wird. Allerdings kann das Trennergebnis verschlechtert werden, wenn dadurch feine Feststoffe „durchlaufen".

Um definierte Volumina zu entnehmen und herzustellen, werden Pipetten, Büretten, Messzylinder und Messkolben verwendet. Auf diesen Geräten sind deren Spezifikationen sowie die sachgemäße Handhabung aufgedruckt.

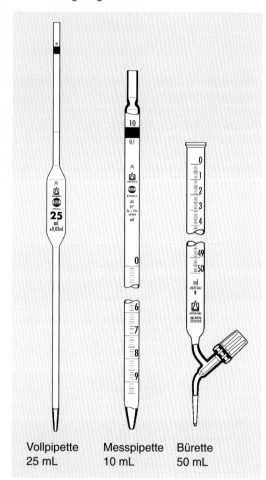

Vollpipette 25 mL	Messpipette 10 mL	Bürette 50 mL

Abb. 2.3: **Pipetten und Bürette**

Auf der Messpipette in Abb. 2.3 finden sich neben der Angabe des Herstellers sowie der Konformitätsbescheinigung entsprechend einer Eichordnung folgende Angaben:

10 mL	Nennvolumen
AS	A: höchste Qualitätsstufe
	S: Schnellablauf
20 °C	Justiertemperatur
Ex + 15 s	Ex: auf Auslauf geeicht,
	15 s: Wartezeit nach Auslauf 15 Sekunden
±0,05 mL	Toleranz (maximale Fehlergrenze)

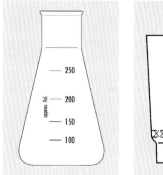

Abb. 2.1: **Erlenmeyerkolben, 250 mL**

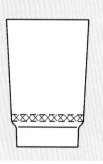

Abb. 2.2: **Glasfiltertiegel**

Die Pipetten werden mit Pipettierhilfen (kleine Hand-pumpen, Peleusbälle) gefüllt und entleert. Die Flüssigkeit wird über die Markierung hinaus angesaugt und das überschüssige Volumen bis zur Markierung abgelassen und verworfen. Bei Vollpipetten kann nur das aufgedruckte Volumen abgemessen werden, bei Messpipetten und Messzylindern sind verschiedene Volumina möglich.

> Ein entnommenes Volumen darf nicht mehr in die Vorratsflasche zurückgegeben werden, um Verunreinigungen zu vermeiden. Dies gilt auch für Feststoffe, die aus Vorratsgefäßen entnommen werden.

Das Volumen von Flüssigkeiten ist temperaturabhängig, daher ist die einzustellende Temperatur angegeben. Die Toleranzen, wie z.B. ±0,05 mL sind nur einzuhalten, wenn exakt auf die Markierung aufgefüllt wird und das Flüssigkeitsvolumen definiert auslaufen kann. Ein Wasserspiegel bildet an Glasrändern keine waagrechte Linie. Volumenmessgeräte werden daher so gefüllt, dass der untere Meniskus der Flüssigkeit die Eichmarke berührt, der Meniskus soll auf der Markierung „aufsitzen", wie Abb.2.4 zeigt. Manche Volumenmessgeräte haben den so genannten „Schellbachstreifen", der durch die Flüssigkeit optisch verjüngt wirkt und so eine exakte Einstellung des Flüssigkeitsspiegels zulässt.

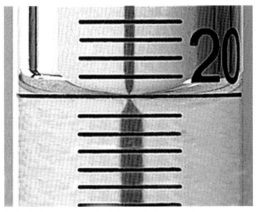

Abb. 2.4: **Volumeneinstellung bei der Füllung und Volumenablesung, hier mit Schellbachstreifen**

Bei der abgebildeten Messpipette sind nach dem ersten Ablaufen der Flüssigkeit noch 15 Sekunden zu warten, bis der Rest, der an der Glaswand „nachläuft", mit ausgelaufen ist. Pipetten sind oft „auf Auslauf geeicht", d. h., der Rest an Flüssigkeit, der in der Pipettenspitze verbleibt, darf nicht zusätzlich aus der Pipette herausgedrückt werden, da er nicht zum Messvolumen gehört.

Büretten haben Ähnlichkeit mit Pipetten, nur sind sie mit einem Auslaufhahn versehen und ermöglichen so ein einfaches Zudosieren von Flüssigkeiten. Die Auslasshähne gibt es in mehreren Ausführungen. Glashähne müssen mit Schlifffett gefettet werden. Gefettet wird nur das obere und das untere Drittel des Hahnkükens. Hier kommt es auf die richtige Dosierung an. Wird zu wenig gefettet, so dreht sich der Hahn nicht, bei zu viel Fett wird die Öffnung verstopft. Teflon-Hähne werden nicht gefettet. Das gilt für alle Geräte aus Teflon. Nach der Reinigung der Bürette ist es zweckmäßig, zwischen Hahn und Hahnhülse ein kleines Stück Filterpapier zu stecken, damit sich der Hahn nicht „festfrisst".

Zur Herstellung von Lösungen definierter Konzentration werden Messkolben verwendet. Um homogene Lösungen herzustellen, ist es zweckmäßig, in den Messkolben zunächst die zu lösende Festsubstanz oder die konzentrierte Lösung einzugeben, Lösemittel in Portionen hinzuzugeben und durch Schütteln zu homogenisieren. Dann wird bis etwa 2 cm unter die Eichmarke aufgefüllt, temperiert und schließlich mit einer einfachen Pipette aufgefüllt.

> Ein Messkolben wird erst dann auf die Eichmarke aufgefüllt, wenn die Lösung die auf dem Messkolben angegebene Temperatur hat und die Festsubstanz vollständig gelöst ist.

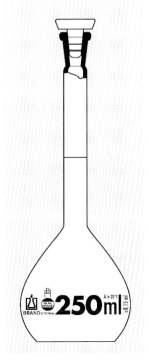

Abb. 2.5:
250-mL-Messkolben

Heute gibt es Geräte, über die entnommene Flüssigkeitsmengen digital abgelesen oder automatisch dosiert werden können. Einige Geräte erlauben auch die Dosierung sehr kleiner Volumina im Bereich von einigen Mikrolitern. Dies sind aber keine Geräte, mit denen am Anfang der Ausbildung gearbeitet werden sollte.

Natürlich beeinflusst das verwendete Messgerät maßgeblich die Richtigkeit und die Präzision, mit der Volumina abgemessen werden, aber der Einfluss der richtigen Handhabung und des Gerätezustandes sollte nicht zu gering eingeschätzt werden. Zu Beginn der Ausbildung ist es angebracht, mit größeren Toleranzen zu rechnen, als die Hersteller angeben, beispielsweise mit einem absoluten Fehler von 0,1 mL, das sind etwa zwei Tropfen. Sollen 10,0 mL abgemessen werden, so kann demnach das tatsächlich abgemessene Volumen 9,9 bis 10,1 mL betragen. Bei einem abzumessenden Volumen von 1,0 mL sind 0,9 bis 1,1 mL möglich. Für die dabei auftretenden Fehler hat dies Konsequenzen.

Abzumessen-des Volumen	Absoluter Fehler in mL	Relativer Fehler in %
1,0	0,1	10
5,0	0,1	2
10,0	0,1	1

Tabelle 2.1: **Volumina und Fehler**

Für einen tolerierten relativen Fehler von 1 % ergibt sich daraus die Regel:

> Das abzumessende Volumen beträgt mindestens 10 mL.

Zur Herstellung und Dosierung von Lösungen sollten folgende Glasgeräte zur ersten Grundausstattung gehören:

	(Nennvolumina in mL)
Bechergläser	100, 250 und 400 mL
Erlenmeyerkolben	100 und 250 mL
Messkolben	50, 100, 250, 500 und 1000 mL
Vollpipetten	10, 20, 25 und 50 mL
Messpipette	10 mL
Bürette	25 mL

Zu einer großen Arbeitserleichterung hat die Entwicklung der Analysenwaagen geführt. Moderne Analysenwaagen sind sehr benutzerfreundlich und können ohne weiteres Massenunterschiede von 0,1 mg feststellen. Mit einem Knopfdruck kann die Anzeige auf „null" gestellt und die Nettomasse abgelesen werden.

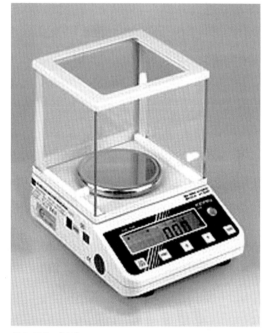

Abb. 2.6: **Analysenwaage**

Das darf allerdings nicht bedeuten, dass jegliche Vorsicht außer Acht gelassen wird. Die richtige Justierung und regelmäßige Überprüfung der Waage durch einen Fachbetrieb ist sehr wichtig.

Fehler beim Wägegut sollten ebenfalls bedacht werden, beispielsweise den, dass die Glasgeräte je nach Trocknungszustand unterschiedliche Massen haben können. Es ist angebracht, von vornherein mit einem absoluten Fehler von 1 mg zu rechnen. Für einen relativen Fehler von 1 % ergibt sich in Analogie zu den Volumina die Regel:

> Die einzuwiegende Mindestmasse beträgt 100 mg.

Die beiden Grundsätze geben also Mindestvolumina und Mindestmassen vor. Sicher kann bei sehr viel größeren Volumina und Massen auch mit einem größeren absoluten Fehler (z. B. 1 mL) gerechnet werden. Dann aber liegt der relative Fehler (z. B. bei 1000 mL) wieder unter 1 %.

In den meisten Fällen ist es nicht erforderlich, eine **geplante** Einwaage, etwa 0,5679 g, auch tatsächlich einzuwiegen. Vielmehr wird eine etwas kleinere oder etwas größere Masse eingewogen, beispielsweise 0,5691 g, diese **tatsächliche** Einwaage notiert und bei den nachfolgenden Rechnungen verwendet. Dies ist wesentlich effektiver, als in kleinen Portionen das Wägegut in das Wägeglas zu geben und gegebenenfalls wieder etwas aus dem Wägeglas zu entnehmen, um den geplanten Wert zu „treffen"! **Unter keinen Umständen darf Wägegut in die Vorratsflasche zurückgegeben werden!** Auch sollten in das Wägezimmer nur Wägegut, Wägeglas, Spatel, Schreibzeug und das Journal mitgenommen werden. Keinesfalls dürfen Lösungen im Wägezimmer selbst hergestellt werden. In Wägezimmern, in denen die Waagen verschmutzt sind, ist mit großer Sicherheit gegen diesen Grundsatz verstoßen worden. Ein zurückgebliebenes weißes Salz kann harmloses Kochsalz, aber auch hochgiftiges Kaliumcyanid sein!

Erwärmt werden die Lösungen in der Regel mit elektrischen Heizplatten. Diese sind mit einem Rührwerk, einer sich drehenden Metallscheibe, gekoppelt. Ein mit Teflon beschichtetes magnetisches Stäbchen, „Rührfisch" genannt, wird davon angetrieben. Der Rührfisch wird in die Flüssigkeit gegeben und sorgt so für einen schnellen Lösevorgang bzw. für eine gute Durchmischung. Lösen, Mischen und auch „Entgasen" von Flüssigkeiten (beispielsweise Mineralwasser, das gelöstes Kohlendioxid enthält) lässt sich vorteilhaft auch mit dem Ultraschallbad beschleunigt durchführen.

Selbstverständlich dürfte sein, sich vor der Einwaage von Substanzen und der Herstellung von Lösungen über deren Eigenschaften zu informieren. Eine der besten, schnellsten und billigsten Informationsquellen dazu sind die Kataloge der Lieferfirmen. Alle Daten wie Strukturformel, Summenformel, Molare Masse, Löslichkeit, Reinheit, Sicherheitsvorschriften usw. sind hier sehr übersichtlich zusammengestellt. Ansonsten stehen hierzu viele Tabellenwerke (Chemiker-Kalender, Römpp-Chemie-Lexikon usw.) sowie das Internet zur Verfügung.

3 Chemisches Gleichgewicht und pH-Wert

3.1 Gleichgewicht und Massenwirkungsgesetz

„Die Ausgangsprodukte A und B gehen in das Reaktionsprodukt C über." So wird in der Chemie die folgende Reaktionsgleichung üblicherweise gelesen und verstanden:

$$A + B \rightarrow C$$

Diese Lesart ist nicht falsch, aber sie gibt nicht die ganze Wahrheit für den überwiegenden Teil der chemischen Reaktionen wieder. Als Beispiel soll die Bildung eines Esters aus Essigsäure und Ethanol dienen.

$$CH_3COOH + C_2H_5OH \rightarrow CH_3COOC_2H_5 + H_2O$$

| Säure | + | Alkohol | $\rightarrow$ | Ester | + | Wasser |

Wird die Zusammensetzung des Reaktionsgemischs in bestimmten Zeitabständen untersucht, so wird festgestellt, dass sich die Säurekonzentration und die Alkoholkonzentration verringert und dass entsprechende Konzentrationen an Ester und Wasser gebildet werden, wie es der angegebenen Reaktionsgleichung entspricht. Nach einer bestimmten Zeit aber ist zu beobachten, dass offenbar kein weiterer Umsatz stattfindet, denn die Konzentrationen ändern sich nicht mehr, obwohl noch Ausgangsstoffe vorhanden sind. Der Umsatz ist also nicht vollständig. Vermutet werden kann, dass die Reaktion damit zum Stillstand gekommen ist, weil sich die Konzentrationen nicht mehr ändern, aber das ist nicht der Fall. Es findet nach wie vor eine Reaktion statt, aber in dem Maße, wie aus Säure und Alkohol weiterer Ester und Wasser entstehen, bildet der Ester mit Wasser wieder die Ausgangsprodukte Säure und Alkohol zurück. Die Summe der Produktion und des Zerfalls ist gleich null, also ändern sich die Konzentrationen nicht mehr. Sehr anschaulich wird daher von einer Hinreaktion und einer Rückreaktion gesprochen, die sich in einem dynamischen **Chemischen Gleichgewicht** befinden. Dieser Sachverhalt wird durch einen Doppelpfeil symbolisiert.

$$CH_3COOH + C_2H_5OH \rightleftarrows CH_3COOC_2H_5 + H_2O$$

| Säure | + | Alkohol | | Ester | + | Wasser |

Der hier beschriebene Sachverhalt der Einstellung eines chemischen Gleichgewichtes ist für **alle** Bereiche der Chemie fundamental wichtig, also auch für die Analytik. Am Beispiel der Esterbildung lassen sich die Gesetzmäßigkeiten des chemischen Gleichgewichts anschaulich zeigen.

Für einen **ersten Ansatz** werden von einer **bestimmten Säure** (S) und von einem **bestimmten Alkohol** (A) jeweils 500 mmol abgemessen. Diese Mischung wird mit hier nicht weiter interessierenden Zusätzen und Lösemittel auf 1,000 L aufgefüllt. Damit sind die Ausgangskonzentrationen vor dem Start der Reaktion $c_0(S) = 500$ mmol/L und $c_0(A) = 500$ mmol/L. Diese Mischung wird unter definierten Bedingungen zur Reaktion gebracht und die Konzentration an Ester in festgelegten Zeitabständen so lange bestimmt, bis sich dieser Wert nicht mehr ändert, das Chemische Gleichgewicht sich also eingestellt hat.

Nach der Einstellung des Gleichgewichts wird die Konzentration des Esters mit $c(E) = 400$ mmol/L gefunden. Aus der Stöchiometrie der abgekürzt geschriebenen Reaktionsgleichung

$$S + A \rightleftarrows E + W$$

Säure + Alkohol   Ester + Wasser

lässt sich aus diesem Zahlenwert angeben, welche Stoffmengenkonzentrationen an Wasser, Säure und Alkohol sich im Gleichgewicht befinden müssen, denn **pro gebildetes** Teilchen an Ester muss sich auch **ein** Teilchen an Wasser gebildet haben, und **pro gebildetes** Teilchen an Ester muss **ein** Teilchen an Säure umgesetzt werden. Für „umgesetzt" soll im Hinblick auf die folgenden pH-Wert-Berechnungen das Wort „zerfallen" gebraucht werden. Also ist $c(H_2O) = 400$ mmol/L, von der Säure und dem Alkohol müssen jeweils noch 500 mmol/L − 400 mmol/L = 100 mmol/L vorhanden sein.

Für eine eindeutige Konzentrationsangabe muss also nicht nur ersichtlich sein, um welchen Stoff es sich handelt, sondern auch, ob sich diese Angabe auf den Ausgangszustand oder auf den Gleichgewichtszustand bezieht. Es gelten die Vereinbarungen:

Gleichgewichtskonzentrationen sind Konzentrationen, die im Gleichgewicht tatsächlich vorliegen (wahre Konzentrationen). Das Konzentrationssymbol wird ohne Index, also c, geschrieben.

Ausgangskonzentrationen können reine Rechengrößen sein, sie können sich beispielsweise aus der Einwaage einer Substanz und dem Volumen der Lösung errechnen lassen. Das Konzentrationssymbol wird mit dem Index „0", also c_0, geschrieben.

Konzentrationen zerfallener Teilchen, also im Gleichgewicht nicht mehr vorhandener Konzentrationen (fiktive Konzentrationen), werden mit dem Index „z", also c_z, geschrieben. Diese sind reine Rechengrößen.

Die für die Stoffmengenkonzentrationen getroffenen Vereinbarungen werden sinngemäß auf Teilchen, Stoffmengen, Massen, Massenkonzentrationen usw. übertragen.

Damit lassen sich sehr einfache Bilanzen angeben. Beispielsweise gilt für die Teilchensorte X:

Teilchenbilanz	$N_0(X) = N(X) + N_z(X)$
Stoffmengenbilanz	$n_0(X) = n(X) + n_z(X)$
Konzentrationsbilanz	$c_0(X) = c(X) + c_z(X)$

Für den ersten Ansatz bei der Veresterung gilt demnach:

$c(E) = c(W) = c_z(A) = c_z(S) = 400$ mmol/L und

$c(A) = c(S) = c_0(A) - c_z(A) =$
$= 500$ mmol/L − 400 mmol/L = 100 mmol/L

Für diesen **ersten Ansatz** sind in der Tabelle 3.1 die Angaben zusammengestellt. Die Werte beziehen sich hier immer auf die Einheit mmol/L.

	1. Ansatz
$c_0(S)$	500
$c_0(A)$	500
$c(E)$	400
$c(W)$	400
$c_z(S)$	400
$c(S)$	100
$c_z(A)$	400
$c(A)$	100

Tabelle 3.1: **Erster Ansatz**

Um die Gesetzmäßigkeit herauszufinden, nach der diese Konzentrationen gebildet werden oder zerfallen, werden zwei weitere Ansätze mit veränderten Ausgangskonzentrationen „gefahren" und die jeweilige Stoffmengenkonzentration an Ester im Gleichgewichtszustand bestimmt. Im Vergleich zum ersten Ansatz ergeben sich folgende Werte:

	1. Ansatz	2. Ansatz	3. Ansatz
$c_0(S)$	500	500	600
$c_0(A)$	500	600	500
$c(E)$	400	432	432
$c(W)$	400	432	432
$c_z(S)$	400	432	432
$c(S)$	100	68	168
$c_z(A)$	400	432	432
$c(A)$	100	168	68
K	16	16	16

Tabelle 3.2: **Vergleich der Ansätze**

Die Tabelle 3.2 zeigt zwei für das chemische Gleichgewicht sehr wichtige Sachverhalte:

1. Durch Erhöhung der Ausgangskonzentration an Säure oder Alkohol wird die Konzentration an Ester und Wasser, der Umsatz also, erhöht.

2. Das Produkt der Gleichgewichtskonzentrationen von Ester und Wasser, dividiert durch das Produkt der Gleichgewichtskonzentrationen an Säure und Alkohol, ist für alle Ansätze konstant.

$$K = \frac{c(E) \cdot c(W)}{c(S) \cdot c(A)} = 16$$

Für die Konstante K sind in der obigen Tabelle nur zwei gültige Ziffern angegeben. Abweichungen von den gerundeten Werten kommen daher, dass nur mit ganzen Zahlen gerechnet worden ist. In der Realität bilden sich kleinere Konzentrationsunterschiede und damit identische K-Werte.

Offensichtlich ist dieser K-Wert für das Gleichgewicht bedeutsam. Ein weiterer Versuch zeigt dies und das „Innenleben" des Chemischen Gleichgewichts deutlich: Nachdem sich im Ansatz 1 das Gleichgewicht eingestellt und damit der K-Wert gleich 16 erreicht worden ist, werden aus der Lösung 50 mmol an Wasser z. B. durch Destillation entnommen. Vereinfacht wird angenommen, dass dabei das Gesamtvolumen der Lösung konstant geblieben ist und dass die Veränderung des Gleichgewichts in einzelnen Stufen betrachtet werden kann.

Der zunächst vorliegende Gleichgewichtszustand, bezeichnet als G1, ist durch die Entnahme des Wassers gestört. Der so erreichte Zustand ist kein Gleichgewichtszustand mehr, er wird NG1, „NG" für Nichtgleichgewicht genannt. Dieser äußeren Stö-

rung wirkt das chemische System entgegen. Es wird ein neuer Gleichgewichtszustand aufgebaut, indem Wassermoleküle nachgebildet werden. Ein Millimol Wasser kann sich nur bilden, wenn gleichzeitig ein Millimol Ester entsteht und jeweils ein Millimol an Säure und Alkohol zerfallen. Für NG2 ergibt sich ein „K"-Wert von etwa 14. Das System ist damit offensichtlich noch nicht in einem Gleichgewichtszustand, denn es wird weiter Ester und Wasser gebildet und Säure und Alkohol zerfallen, bis für K wieder ein Wert von 16 erreicht ist. Die Konzentrationen ändern sich nicht mehr, der Gleichgewichtszustand ist wieder erreicht (G2). In einzelnen (formalen!) Schritten gerechnet, ergeben sich die Zahlenwerte nach Tabelle 3.3.

Zustand	G1	NG1	NG2	NG3	NG4	G2
$c_z(S)$	400	400	401	402	403	404
$c_z(A)$	400	400	401	402	403	404
$c(S)$	100	100	99	98	97	96
$c(A)$	100	100	99	98	97	96
$c(E)$	400	400	401	402	403	404
$c(W)$	400	**350**	351	352	353	354
K für G bzw. K^* für NG	16	14*	14*	15*	15*	16

Tabelle 3.3: **Zustände des Gleichgewichts und des Nichtgleichgewichts**

Bei einem Vergleich von G1 mit G2 ist festzustellen, dass sich bei diesen beiden Gleichgewichtszuständen die Konzentrationen der Stoffe zwar unterscheiden, die K-Werte aber gleich sind. Also sind nicht die Konzentrationswerte, sondern die K-Werte für den Gleichgewichtszustand charakteristisch. **Dies gilt für alle Gleichgewichtsreaktionen! Die K-Werte werden Gleichgewichtskonstanten** genannt. Die Definition erfolgte im Jahre 1867 durch die Norweger C. M. Guldberg und P. Waage und trägt den irreführenden Namen Massenwirkungsgesetz:

Massenwirkungsgesetz:
Der Quotient aus dem Produkt der Konzentrationen der Endstoffe und dem Produkt der Konzentrationen der Ausgangsstoffe ist konstant. Die Konstante wird Gleichgewichtskonstante genannt.

Beispiel:
$$A + B \rightleftarrows C + D \qquad K = \frac{c(C) \cdot c(D)}{c(A) \cdot c(B)}$$

Da ein Gleichgewicht aus einer Hinreaktion und einer Rückreaktion besteht, kann, je nachdem, was als Ausgangsstoffe und was als Endstoffe betrachtet wird, auch der Kehrwert von K angegeben werden. Bei Literaturangaben ist also zu überprüfen, in welchem Sinn die Gleichgewichtskonstante angegeben ist.

Die Gleichgewichtskonstante ist charakteristisch für die betreffende Reaktion. Sie ist temperaturabhängig.

Streng genommen müssen in das Massenwirkungsgesetz Aktivitäten (sie beziehen sich auf die frei wirksamen Teilchen) eingesetzt werden. In verdünnten Lösungen sind aber Aktivitäten und Konzentrationen (sie beziehen sich auf die vorhandenen Teilchen) gleich groß, in diesen Fällen darf mit Konzentrationen gerechnet werden.

Auf die äußere Störung des Estergleichgewichtes durch die Entnahme von Wasser reagiert dieses System mit der Bildung von Wasser. Allgemein gilt: Wird ein chemisches System **von außen** aus dem Gleichgewicht gebracht, so strebt es durch eine **innere Reaktion** einem neuen Gleichgewichtszustand zu, und zwar so, dass die Wirkung des äußeren Einflusses verringert wird. Dieses Prinzip wird auch als das „Gesetz des kleinsten Zwangs" oder das „Prinzip von Braun-Le Chatelier" bezeichnet. Das Prinzip lässt sich nicht nur auf Konzentrationsänderungen, sondern auch auf Drücke bzw. auf Energieumsätze anwenden. Hier soll nur die auch für die Analytik fundamental wichtige Erkenntnis festgehalten werden:

Wird die Konzentration eines an einem chemischen Gleichgewicht beteiligten Stoffes geändert, so ändern sich alle anderen Konzentrationen so, dass die Gleichgewichtskonstante erhalten bleibt.

Die Gleichgewichtskonstante richtet sich also nicht nach den Konzentrationen, sondern die Konzentrationen richten sich nach der Gleichgewichtskonstanten.

Die Zahlenwerte der Gleichgewichtskonstanten sind in der Literatur häufig in Form von Tabellen zusammengestellt. Bei einem Vergleich kann festgestellt werden, dass sich die angegebenen Werte geringfügig unterscheiden und sich häufig auch nicht auf die gleiche Temperatur beziehen. Diese Unterschiede sind für die Diskussionen und Berechnungen in diesem Buch bedeutungslos.

In der Natur gibt es zwei Grundbestrebungen: Das Streben nach dem energiearmen Zustand und das Streben nach dem Zustand größter Entropie (größter Unordnung). Diese beiden Grundbestrebungen „regieren" **alle** Vorgänge der Materie, sowohl der unbelebten als auch der belebten Natur. Sind diese beiden Grundbestrebungen für ein bestimmtes System optimal erfüllt, so befindet es sich in einem stabilen Zustand, dem Gleichgewichtszustand. Dieser Gleichgewichtszustand wird durch die Gleichgewichtskonstante beschrieben. **Sie ist nur von der Temperatur abhängig, kann im Übrigen nicht von außen verändert werden.** Die Bedeutung des Chemischen Gleichgewichts für alle Bereiche der Chemie, insbesondere auch für den Bereich der Analytik, kann kaum hoch genug eingeschätzt werden.

Für die Anwendung des Massenwirkungsgesetzes auf die verschiedenen Reaktionen gibt es eine Reihe von Vereinbarungen. Die wichtigsten davon werden bei den nachfolgenden Einzelreaktionen genannt. Dabei erhält die Gleichgewichtskonstante oft den Namen der Reaktion, die sie beschreibt.

3.2 Gleichgewichtskonstante und Reaktionstyp

Dissoziationskonstante K_D:
Beschreibung einer Zerfallsreaktion

$$AB \; \rightleftarrows A + B \qquad K_D = \frac{c(A) \cdot c(B)}{c(AB)}$$

$$A_2B \rightleftarrows 2\,A + B \qquad K_D = \frac{c^2(A) \cdot c(B)}{c(A_2B)}$$

Regel: Koeffizienten in der chemischen Gleichung erscheinen als Exponenten im Massenwirkungsgesetz.

Zu beachten ist, dass die Gleichgewichtskonstanten unterschiedliche Einheiten haben können. Während K_D für das Beispiel AB die Einheit mol / L hat, ist für das zweite Beispiel A_2B die Einheit von K_D mol^2 / L^2.

Die Einheit der Gleichgewichtskonstanten ist aus dem jeweiligen Massenwirkungsgesetz abzuleiten.

Assoziationskonstante K_A:
Beschreibung einer Bildungsreaktion

$$2\,A + B \leftrightarrows A_2B \qquad K_A = \frac{c(A_2B)}{c^2(A) \cdot c(B)}$$

Löslichkeitsprodukt K_L:
Beschreibung des Löseverhaltens von schwerlöslichen festen Stoffen

Wird zu einer Lösung von Kochsalz (NaCl) gelöstes Silbernitrat ($AgNO_3$) gegeben, so fällt als Niederschlag festes Silberchlorid (AgCl) aus. Eine Niederschlagsbildung wird häufig durch einen senkrechten Pfeil angedeutet.

$$NaCl + AgNO_3 \rightleftarrows AgCl\downarrow + NaNO_3$$

Experimentell kann nachgewiesen werden, dass sich in der Lösung über dem festen Niederschlag Silberionen (Ag^+) und Chloridionen (Cl^-) befinden und dass sich in dem Maße, wie sich neuer Niederschlag bildet, Teile des bisherigen Niederschlags wieder auflösen. Wird der Niederschlag von der Lösung durch Filtration getrennt, gewaschen, getrocknet und anschließend mit reinem Wasser versetzt, so finden sich in der Lösung wieder gelöste Silberionen und gelöste Chloridionen. Aus dem festen Niederschlag bilden sich die gelösten Ionen, aus den gelösten Ionen bildet sich wieder ein fester Niederschlag. Nach einer bestimmten Zeit ändern sich die Konzentrationen der gelösten Ionen nicht mehr. Dieses Verhalten ist das typische Kennzeichen eines chemischen Gleichgewichts, chemische Gleichgewichte sind dynamische Gleichgewichte. Daher wird die Reaktionsgleichung wieder mit den Gleichgewichtspfeilen angegeben und über eine Gleichgewichtskonstante, **Löslichkeitsprodukt** genannt, beschrieben.

Da die Natriumionen und die Nitrationen für diesen Sachverhalt keine Bedeutung haben, reduziert sich die obige Gleichung wie folgt:

$$Ag^+_{gelöst} + Cl^-_{gelöst} \rightleftarrows AgCl\downarrow$$

Ob diese Gleichung im Sinne der Fällung oder im Sinne des Löseprozesses angesehen wird, ist gleichgültig. Da die „Konzentration" des reinen Feststoffes konstant ist, wird **das Löslichkeitsprodukt als das Produkt der Konzentrationen der gelösten Ionen definiert.**

$$K_L(AgCl) = c(Ag^+) \cdot c(Cl^-)$$

Experimenteller Wert:

$$K_L(AgCl) = 1{,}61 \cdot 10^{-10}\ mol^2/L^2\ (20\,°C)$$

Die Bildung von Eisenhydroxid und das entsprechende Löslichkeitsprodukt sind nach der Regel **„Koeffizienten in Gleichungen erscheinen als Exponenten im Massenwirkungsgesetz"** zu schreiben.

$$Fe^{3+} + 3\,OH^- \rightleftarrows Fe(OH)_3\downarrow$$

$$K_L(Fe(OH)_3) = c(Fe^{3+}) \cdot c^3(OH^-)$$

$$K_L(Fe(OH)_3) = 3{,}8 \cdot 10^{-38}\ mol^4/L^4 \quad (18\,°C)$$

Das Löslichkeitsprodukt ist insbesondere bei der Gravimetrie von großer Bedeutung, weil dort über die Bildung von Niederschlägen Analyte quantitativ bestimmt werden.

Ionenprodukt des Wassers K_W:
Beschreibung der Eigendissoziation des Wassers

Reines Wasser enthält neben den H_2O-Molekülen auch H_3O^+ und OH^--Moleküle. Das Dissoziationsgleichgewicht wird durch folgende Gleichungen beschrieben:

$$2\,H_2O \rightleftarrows H_3O^+ + OH^- \quad K = \frac{c(H_3O^+) \cdot c(OH^-)}{c^2(H_2O)}$$

Die drei Stoffe kommen allerdings in stark unterschiedlichen Konzentrationen in reinem Wasser vor. Während die Konzentrationen der H_3O^+-Moleküle und der OH^--Moleküle etwa ein Zehnmillionstel mol/L (10^{-7} mol/L) betragen, ist die Konzentration der H_2O-Moleküle etwa 55 mol/L. Eine Rechnung wie 55 mol/L $- 1 \cdot 10^{-7}$ mol/L ist sinnlos. Es kann vielmehr angenommen werden, dass sich mit der Gleichgewichtseinstellung die Konzentration an H_2O nicht verändert. Daher wird mit dieser konstanten Konzentration und der ursprünglichen Gleichgewichtskonstante eine neue Konstante gebildet, die Ionenprodukt des Wassers K_W genannt wird.

$$K \cdot c^2(H_2O) = K_W$$

$$K_W = c(H_3O^+) \cdot c(OH^-)$$

Experimentell ergibt sich für K_W bei 25 °C

$$K_W = 1{,}00 \cdot 10^{-14}\ \frac{mol^2}{L^2}$$

Regel: Ändert sich die Konzentration einer Substanz mit der Gleichgewichtseinstellung praktisch nicht, so kann aus dieser Konzentration und der ursprünglichen Gleichgewichtskonstante eine neue Konstante gebildet werden. Dies trifft sehr häufig auf Stoffe zu, die praktisch nur als Lösemittel fungieren.

Säurekonstante K_S:
Beschreibung der Reaktion einer Säure mit dem Reaktionspartner Wasser

Beispiel Essigsäure:

$$CH_3COOH + H_2O \leftrightarrows H_3O^+ + CH_3COO^-$$

$$K = \frac{c(H_3O^+) \cdot c(CH_3COO^-)}{c(CH_3COOH) \cdot c(H_2O)}$$

Essigsäure zerfällt in Wasser nur in sehr geringem Maße. Mit der Gleichgewichtseinstellung ändert sich damit die Konzentration des Wassers praktisch nicht, aus K und der Konzentration an Wasser wird die Säurekonstante K_S gebildet.

$$K \cdot c(H_2O) = \frac{c(H_3O^+) \cdot c(CH_3COO^-)}{c(CH_3COOH)}$$

$$K_S(CH_3COOH) = \frac{c(H_3O^+) \cdot c(CH_3COO^-)}{c(CH_3COOH)}$$

Mit $K_S(CH_3COOH)$ wird die „Säurekonstante der Essigsäure" bezeichnet. Experimentell wird bei 25 °C folgender Wert gefunden:

$$K_S = (CH_3COOH) = 1{,}76 \cdot 10^{-5}\,mol/L.$$

Dieser Zahlenwert bedeutet, dass auf ein dissoziiertes Teilchen Essigsäure etwa einhunderttausend undissoziierte Essigsäureteilchen kommen. Essigsäure wird daher als eine „schwache Säure" bezeichnet. Über die Säurekonstante wird also die „Stärke" der Säure angegeben.

Phosphorsäure (H_3PO_4) kann stufenweise als Säure mit Wasser reagieren, für jede **Stufe** kann die Säurekonstante angegeben und bestimmt werden. Die angegebenen Werte beziehen sich auf 25 °C.

$$H_3PO_4 + H_2O \rightleftarrows H_3O^+ + H_2PO_4^-$$

$$K_1(H_3PO_4) = \frac{c(H_3O^+) \cdot c(H_2PO_4^-)}{c(H_3PO_4)} =$$
$$= 7{,}5 \cdot 10^{-3}\,mol/L$$

$$H_2PO_4^- + H_2O \rightleftarrows H_3O^+ + HPO_4^{2-}$$

$$K_2(H_3PO_4) = \frac{c(H_3O^+) \cdot c(HPO_4^{2-})}{c(H_2PO_4^-)} =$$
$$= 6{,}23 \cdot 10^{-8}\,mol/L$$

$$HPO_4^{2-} + H_2O \rightleftarrows H_3O^+ + PO_4^{3-}$$

$$K_3(H_3PO_4) = \frac{c(H_3O^+) \cdot c(PO_4^{3-})}{c(HPO_4^{2-})} =$$
$$= 1{,}80 \cdot 10^{-12}\,mol/L$$

Es kann für manche Aufgabenstellungen zweckmäßig sein, die Reaktion von Phosphorsäure mit Wasser in Form einer einzigen Gleichung zu schreiben:

$$H_3PO_4 + 3\,H_2O \rightleftarrows 3\,H_3O^+ + PO_4^{3-}$$

Es ist allerdings zu bedenken, dass nach den obigen Gleichungen und den Säurekonstanten in wässrigen Phosphorsäurelösungen die Konzentration der Phosphationen (PO_4^{3-}) gering ist, während Dihydrogenphosphationen ($H_2PO_4^-$) und Hydrogenphosphationen (HPO_4^{2-}) in weitaus größeren Konzentrationen in der Lösung enthalten sind, obwohl sie in der Summengleichung nicht benannt werden! Chemische Reaktionsgleichungen werden häufig nur unter dem gerade betrachteten Gesichtspunkt angegeben. Sie enthalten nicht **explizit** alle Informationen, die für die beschriebene Reaktion bekannt sind.

Basenkonstante K_B:
Beschreibung der Reaktion einer Base mit dem Reaktionspartner Wasser

Beispiel Ammoniak:
$$NH_3 + H_2O \rightleftarrows NH_4^+ + OH^-$$

$$K_B(NH_3) = \frac{c(NH_4^+) \cdot c(OH^-)}{c(NH_3)} = 1{,}79 \cdot 10^{-5}\,mol/L$$

Diese Angabe gilt für 25 °C und bedeutet, dass etwa nur ein einziges von einhunderttausend Teilchen NH_3 sich mit Wasser umgesetzt hat. Ammoniak wird daher als eine „schwache Base" bezeichnet.

3.3 pH-Werte von starken Säuren und starken Basen

Das Ionenprodukt des Wassers ist definiert als das Produkt der Konzentration der Ionen, die bei der Reaktion der Wassermoleküle untereinander entstehen.

$$K_W = c(H_3O^+) \cdot c(OH^-)$$

$$K_W = 1{,}00 \cdot 10^{-14}\,\frac{mol^2}{L^2}$$

Aus der Gleichung für die Bildung dieser Ionen geht hervor, dass in reinem Wasser die Anzahl und damit auch die Konzentration an H_3O^+-Ionen und an OH^--Ionen gleich groß sein muss, denn aus zwei Teilchen Wasser kann sich nur jeweils ein Teilchen von jeder Teilchensorte bilden.

$$2\,H_2O \rightleftarrows H_3O^+ + OH^- \qquad c(H_3O^+) = c(OH^-)$$

Damit können die Konzentrationen der beiden Teilchensorten in reinem Wasser berechnet werden.

$$K_W = c(H_3O^+) \cdot c(OH^- = c^2(H_3O^+) =$$
$$= 1{,}00 \cdot 10^{-14} \frac{mol^2}{L^2}$$
$$c(H_3O^+) = c(OH^-) = 1{,}00 \cdot 10^{-7} \frac{mol}{L}$$

Eine Lösung, in der die Konzentrationen an H_3O^+-Ionen und OH^--Ionen gleich sind, wird eine **neutrale Lösung** genannt. Damit soll angezeigt werden, dass diese Lösung weder saure noch basische Eigenschaften hat. Weil die Konzentrationen dieser Ionen für die Eigenschaften der Lösungen eine – auch für die Analytik – überragende Bedeutung haben, soll dieser Sachverhalt näher diskutiert werden.

Wird Chlorwasserstoffgas, HCl, in reines Wasser eingeleitet, so entsteht in einer Säure-Base-Reaktion Salzsäure.

$$HCl + H_2O \rightarrow H_3O^+ + Cl^-$$

Die Reaktionsgleichung ist hier mit dem einfachen Pfeil geschrieben, weil in der wässrigen Lösung praktisch keine HCl-Moleküle vorliegen, die Reaktion also vollständig abläuft. Die Salzsäure ist also „vollständig dissoziiert". Daher wird Salzsäure eine starke Säure genannt.

> Starke Säuren sind in praktisch allen Konzentrationsbereichen vollständig dissoziiert.

Für Chlorwasserstoffgas und für Salzsäure wird übrigens zwar die gleiche Formel HCl verwendet, bei der Salzsäure sind aber damit die in Wasser (aq) gelösten Ionen $H_3O^+_{aq}$ und Cl^-_{aq} gemeint. Ähnliches gilt auch für andere Säuren und Basen. Diese in der Chemie üblichen Kurzschreibweisen müssen erlernt und beachtet werden.

In reines Wasser sollen 0,100 mol an Salzsäure gegeben werden, das Volumen der resultierenden Lösung soll 1,00 L sein. Wie reagiert das Wasser auf diese Zugabe? Nach der Erörterung der Gleichgewichtsreaktion bei der Esterbildung fällt die Antwort auf diese Frage leicht: **Das System reagiert auf eine äußere Störung so, dass die jeweilige Gleichgewichtskonstante erhalten bleibt.** Die relevante Gleichgewichtskonstante ist hier das Ionenprodukt des Wassers.

$$K_W = c(H_3O^+) \cdot c(OH^-)$$

Mit der Zugabe an H_3O^+-Ionen aus der Salzsäure muss sich zunächst in der wässrigen Lösung die Konzentration an H_3O^+-Ionen erhöhen. Bliebe die Konzentration an OH^--Ionen unverändert 10^{-7} mol/L, wäre das Produkt aus diesen beiden Konzentrationen größer als 10^{-14} mol²/L², und das kann nicht sein. Das System gleicht diese äußere Störung dadurch aus, dass Wasser gebildet und damit die Konzentration an H_3O^+-Ionen und an OH^--Ionen verringert wird. Ein Teil der zugesetzten H_3O^+-Ionen wird durch diese Reaktion wieder umgesetzt, die Reaktion des Systems ist also der äußeren Störung entgegengerichtet.

$$H_3O^+ + OH^- \rightarrow 2\ H_2O$$

Bei dem Versuch der exakten Berechnung der Konzentrationen der Ionen in der Lösung ergibt sich das Problem, wie neben der relativ großen Konzentration an $c(H_3O^+) = 0{,}100$ mol/L (aus der Salzsäure) die geringe Konzentration dieser Ionen aus der Dissoziation des Wassers $c(H_3O^+) = 10^{-7}$ mol/L = 0,000 000 1 mol/L berücksichtigt werden soll. Mathematisch mag das gehen, für die Analytik ist eine solche Rechnung sinnlos. Vereinfacht wird daher die Gesamtkonzentration der H_3O^+-Ionen in der Lösung mit der Konzentration, die sich aus der Zugabe von Salzsäure ergibt, gleichgesetzt. Die Eigendissoziation des Wassers und dessen Reaktion auf den Zusatz wird also vernachlässigt. Damit gilt für das Beispiel:

$$c(H_3O^+) = 1{,}00 \cdot 10^{-1} \frac{mol}{L}$$

Die Konzentration der OH^--Ionen in der Lösung ist daraus leicht zu errechnen.

$$K_W = c(H_3O^+) \cdot c(OH^-) = 0{,}100 \frac{mol}{L} \cdot c(OH^-) =$$
$$= 1{,}00 \cdot 10^{-14} \frac{mol^2}{L^2}$$
$$c(OH^-) = 1{,}00 \cdot 10^{-13} \frac{mol}{L}$$

> Häufig sind in der Analytik Vereinfachungen bei Berechnungen erforderlich und sinnvoll. Es ist allerdings immer zu überprüfen, ob bei dem jeweiligen Rechenschritt die Vereinfachung zulässig ist!

Wird zu reinem Wasser Natronlauge, NaOH, gegeben, so dass die Konzentration $c(OH^-) = 0{,}100$ mol/L ist, so ergibt sich aus den gleichen Überlegungen und Vereinfachungen wie oben:

$$c(OH^-) = 1{,}00 \cdot 10^{-1} \frac{mol}{L}$$

$$c(H_3O^+) = 1{,}00 \cdot 10^{-13} \frac{mol}{L}$$

Die Konzentrationen und Gleichgewichtskonstanten werden in der Regel nicht in der umständlich handhabbaren Potenzschreibweise angegeben, üblich ist die Angabe in Form von Logarithmen. Die Definition lautet:

> Der pH-Wert ist der Zahlenwert des negativen dekadischen Logarithmus der H_3O^+-Ionenkonzentration, die in mol/L angegeben ist.
>
> Vereinfachte Schreibweise:
> $pH = -\lg c(H_3O^+)$

„Zahlenwert" deshalb, weil Größen nicht logarithmiert werden können. Daher darf die H_3O^+-Konzentration auch nicht in einer beliebigen Einheit, sondern nur in mol/L angegeben und eingesetzt werden!

Für reines Wasser gilt daher:
$pH = -\lg 1{,}00 \cdot 10^{-7} = 7{,}00$

Für den oben beschriebenen Zusatz an Salzsäure:
$pH = -\lg 1{,}00 \cdot 10^{-1} = 1{,}00$

Für den oben beschriebenen Zusatz an Natronlauge:
$pH = -\lg 1{,}00 \cdot 10^{-13} = 13{,}00$

Die logarithmische Angabe bringt eine erhebliche Vereinfachung bei der Schreibweise und auch bei der Berechnung. Daher wird diese Angabe auch für Gleichgewichtskonstanten verwendet, wie Tabelle 3.4 zeigt.

pH-Wert	$pH = -\lg c(H_3O^+)$
pOH-Wert	$pOH = -\lg c(OH^-)$
Ionenprodukt des Wassers, pK_W-Wert	$pK_W = -\lg K_W = $ $= pH + pOH = 14$
Säurekonstante, pK_S-Wert	$pK_S = -\lg K_S$
Basenkonstante, pK_B-Wert	$pK_B = -\lg K_B$

Tabelle 3.4: **pH-Wert und Gleichgewichtskonstanten**

Die Angaben der Tabelle 3.5 beziehen sich auf einen Liter reinen Wassers, zu dem unterschiedliche Stoffmengen an Salzsäure bzw. Natronlauge gegeben werden. Das Gesamtvolumen der Lösung soll dabei als konstant angesehen werden.

(Die Werte sind vereinfacht ohne Kommastellen angegeben.)

Zusatz in mol	$c(H_3O^+)$ in mol/L	$c(OH^-)$ in mol/L	pH	pOH
$n(HCl) = 1$	10^0	10^{-14}	0	14
$n(HCl) = 10^{-2}$	10^{-2}	10^{-12}	2	12
$n(HCl) = 10^{-4}$	10^{-4}	10^{-10}	4	10
$n(HCl) = 10^{-6}$	10^{-6}	10^{-8}	6	8
kein Zusatz	10^{-7}	10^{-7}	7	7
$n(NaOH) = 10^{-6}$	10^{-8}	10^{-6}	8	6
$n(NaOH) = 10^{-4}$	10^{-10}	10^{-4}	10	4
$n(NaOH) = 10^{-2}$	10^{-12}	10^{-2}	12	2
$n(NaOH) = 1$	10^{-14}	10^0	14	0

Tabelle 3.5: **pH-Werte im wässrigen Medium**

> Lösungen mit pH-Werten kleiner 7 werden als sauer bezeichnet, die mit pH 7 als neutral und die mit pH-Werten größer 7 als basisch.

Festzuhalten für die Berechnung von pH-Werten bei starken Säuren und Basen ist:

> Starke Säuren und Basen sind in praktisch allen Konzentrationsbereichen vollständig dissoziiert. Der pH-Wert dieser Lösungen ist unmittelbar aus der Einwaagekonzentration zu errechnen.

Wird einer wässrigen Lösung einer Säure portionsweise die Lösung einer Base zugesetzt, so wird aus der sauren Lösung eine neutrale Lösung und schließlich eine basische Lösung. Diese für die Analytik sehr wichtige Reaktion wird nachfolgend an einem Zahlenbeispiel durchgerechnet.

Beispiel:
5,00 mL einer Salzsäure mit $c(HCl) = 0{,}100$ mol/L werden vorgelegt. Von einer Natronlaugelösung mit $c(NaOH) = 0{,}100$ mol/L werden laut nachstehender Tabelle 3.6 bestimmte Volumina portionsweise zugesetzt. Die pH-Werte der resultierenden Lösungen werden berechnet und gegen die zugesetzten Volumina grafisch aufgetragen.

Vorlage:
$n_0(HCl) = c(HCl) \cdot V_{HCl} =$
$= 0{,}100 \text{ mol/L} \cdot 5{,}00 \cdot 10^{-3} \text{ L} = 0{,}500 \text{ mmol}$

Reaktion:
$HCl + NaOH \rightarrow NaCl + H_2O$

Stoffmengenverhältnis: $\dfrac{n(HCl)}{n(NaOH)} = \dfrac{1}{1}$

$$n_0(HCl) = n(HCl) + n_z(HCl)$$

$$n_z(HCl) = n_0(NaOH)$$

$$n(HCl) = n_0(HCl) - n_0(NaOH)$$

1. Zusatz:

$$V_{NaOH} = 1,00 \text{ mL}$$

$$n_0(NaOH) = 0,100 \text{ mol/L} \cdot 1,00 \cdot 10^{-3} \text{ L} = 0,100 \text{ mmol}$$

$$n(HCl) = 0,500 \text{ mmol} - 0,100 \text{ mmol} = 0,400 \text{ mmol}$$

Diese Reststoffmenge an HCl ist nach dem Zusatz in 6,00 mL Lösung enthalten.

$$c(H_3O^+) = \frac{n(H_3O^+)}{V} = \frac{0,400 \text{ mmol}}{6,00 \text{ mL}} = 0,0667 \frac{mol}{L}$$

$$pH = 1,18$$

In gleicher Weise sind für die Zusätze bis 5,00 mL die pH-Werte errechenbar.

7. Zusatz:

$$V_{NaOH} = 5,00 \text{ mL}$$

$$n_0(NaOH) = 0,100 \text{ mol/L} \cdot 5,00 \cdot 10^{-3} \text{ L} = 0,500 \text{ mmol}$$

$$n(HCl) = 0,500 \text{ mmol} - 0,500 \text{ mmol} = 0,000 \text{ mmol}$$

In der Lösung ist keine Salzsäure und keine Natronlauge mehr enthalten. Die Lösung hat den pH-Wert 7,00 des reinen Wassers.

8. Zusatz:

$$V_{NaOH} = 5,10 \text{ mL}$$

$$n_0(NaOH) = 0,100 \text{ mol/L} \cdot 5,10 \cdot 10^{-3} \text{ L} = 0,510 \text{ mmol}$$

Die zugesetzte Stoffmenge an Natronlauge ist größer als die vorgelegte Stoffmenge an Salzsäure. Die in der Lösung verbleibende Stoffmenge an Natronlauge wird berechnet.

$$n_0(NaOH) = n(NaOH) + n_z(NaOH)$$

$$n_z(NaOH) = n_0(HCl)$$

$$n(NaOH) = n_0(NaOH) - n_0(HCl)$$

$$n(NaOH) = 0,510 \text{ mmol} - 0,500 \text{ mmol} = 0,010 \text{ mmol}$$

Diese Stoffmenge ist in 10,10 mL Lösung enthalten.

$$c(OH^-) = \frac{n(OH^-)}{V} = \frac{0,010 \text{ mmol}}{10,10 \text{ mL}} = 9,90 \cdot 10^{-4} \frac{mol}{L}$$

$$pOH = 3,00 \qquad pH = 11,00$$

Tabelle 3.6 zeigt einige Beispiele für die portionsweise Zugabe von Natronlauge zu der Salzsäurelösung, die Abbildung 3.1 den Kurvenverlauf.

V_{NaOH} in mL Zusatz	$n(NaOH)$ in mmol Zusatz	$n(HCl)$ in mmol in der Lösung	$n(NaOH)$ in mmol in der Lösung	V in mL der Lösung	pH
0	0	0,500	–	5,00	1,00
1,00	0,100	0,400	–	6,00	1,18
2,00	0,200	0,300	–	7,00	1,37
3,00	0,300	0,200	–	8,00	1,60
4,00	0,400	0,100	–	9,00	1,95
4,80	0,480	0,020	–	9,80	2,69
4,90	0,490	0,010	–	9,90	3,00
5,00	0,500	0	–	10,00	7,00
5,10	0,510	–	0,010	10,10	11,00
5,20	0,520	–	0,020	10,20	11,29
6,00	0,600	–	0,100	11,00	11,96
7,00	0,700	–	0,200	12,00	12,22
8,00	0,800	–	0,300	13,00	12,36
9,00	0,900	–	0,400	14,00	12,45

Tabelle 3.6: pH-Werte bei der Zugabe von Natronlauge zu Salzsäure

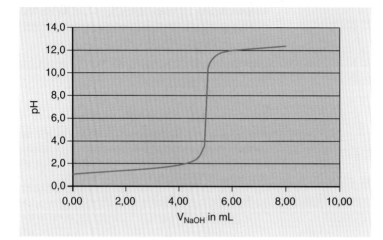

Abb. 3.1:
pH-Wert einer Salzsäurelösung in Abhängigkeit von der Zugabe an Natronlauge

Die Abbildung 3.1 wird bei der quantitativen Analyse von Säuren und Basen über Titrationen noch zu besprechen sein. Hier soll zunächst festgehalten werden, dass sich der pH-Wert bei Zugabe von Basen zu Säuren (und auch von Säuren zu Basen) nicht stetig, sondern sprunghaft verändert.

Die pH-Wert-Berechnungen bei starken Säuren und Basen ist also sehr einfach, weil eine vollständige Dissoziation vorliegt. Die pH-Werte ergeben sich unmittelbar aus den Konzentrationen, für c_0(HCl) = 0,020 mol/L ist deshalb $c(H_3O^+)$ = 0,020 mol/L und der pH-Wert 1,70.

3.4 pH-Werte von schwachen Säuren und schwachen Basen, von Salzen und die Funktion von Pufferlösungen

Es ist sicher nicht verwunderlich, dass bei der Berechnung von pH-Werten schwacher Säuren und Basen die jeweilige Gleichgewichtskonstante berücksichtigt werden muss. Die Herleitung der Gleichung wird am Beispiel der Essigsäure gezeigt.

$$CH_3COOH + H_2O \leftrightarrows H_3O^+ + CH_3COO^-$$

$$K_S = \frac{c(H_3O^+) \cdot c(CH_3COO^-)}{c(CH_3COOH)}$$

Da die Konzentration der gebildeten Ionen gleich groß ist, gilt:

$$K_S = \frac{c(H_3O^+)^2}{c(CH_3COOH)}$$

Da die Dissoziation der Essigsäure sehr gering ist, kann näherungsweise die Einwaagekonzentration

der Gleichgewichtskonzentration gleichgesetzt werden. Nach Umformung ergibt sich die Gleichung:

$$c(H_3O^+) = \sqrt{K_S \cdot c_0(CH_3COOH)}$$

Für schwache Säuren, die der Essigsäure vergleichbar sind, gilt demnach näherungsweise die Gleichung:

$$c(H_3O^+) = \sqrt{K_S \cdot c_0(\text{Säure})}$$

Für schwache Basen, wie Ammoniak, wird aus einer vergleichbaren Überlegung folgende Gleichung erhalten:

$$c(OH^-) = \sqrt{K_B \cdot c_0(\text{Base})}$$

Bei bekannter Ausgangskonzentration an Säure und Base kann unter Einbeziehung der Säure- bzw. Basenkonstante der pH-Wert errechnet werden. So hat eine Essigsäurelösung mit c_0(CH_3COOH) = 0,025 mol/L einen pH-Wert von 3,18, eine wässrige Ammoniaklösung mit c_0(NH_3) = 0,118 mol/L einen pH-Wert von 11,16.

Für die Beschreibung der Reaktion von schwachen Säuren und Basen mit Wasser kann auch der so genannte „Dissoziationsgrad" verwendet werden.

Der Dissoziationsgrad α ist der Quotient aus der Anzahl der zerfallenen Teilchen N_Z und der Zahl der Teilchen vor dem Zerfall N_0. Der Dissoziationsgrad kann in gleicher Weise über Massen, Stoffmengen oder Konzentrationen angegeben werden.

$$\alpha = \frac{N_Z}{N_0} \qquad \alpha = \frac{c_Z}{c_0}$$

Die Angabe α in % ist üblich, für α = 0,121 ist α in % = 12,1 %.

Wenn bei der Essigsäure größenordnungsmäßig von 100 000 Teilchen ein einziges im Sinne der Reaktionsgleichung

$$CH_3COOH + H_2O \leftrightarrows H_3O^+ + CH_3COO^-$$

zerfällt, dann ist der Dissoziationsgrad 10^{-5} bzw. 10^{-3} %. Diese Anschaulichkeit der Angabe ist der eigentliche Vorteil des Dissoziationsgrades. Er ist allerdings, wie die Definitionsgleichung zeigt, abhängig von der Ausgangskonzentration: Je kleiner die Ausgangskonzentration c_0, desto größer ist der Dissoziationsgrad. Dagegen ist die Gleichgewichtskonstante, die denselben Sachverhalt beschreibt, **konzentrationsunabhängig** und daher in Tabellenwerken angegeben.

Wird Natriumacetat, ein Salz der Essigsäure, in Wasser gelöst, so ist festzustellen, dass die wässrige Lösung basisch reagiert und undissoziierte Essigsäuremoleküle enthält. Wie ist das zu erklären? Anders gefragt: Gibt es eine wässrige Lösung, die nur Acetationen CH_3COO^- enthält, aber keine undissoziierte Essigsäure CH_3COOH? Nach dem Massenwirkungsgesetz

$$K_S(CH_3COOH) = \frac{c(H_3O^+) \cdot c(CH_3COO^-)}{c(CH_3COOH)}$$

ergäbe sich für einen solchen Fall ein neuer K_S-Wert. Dies ist nicht möglich. Ein solches System reagiert in der Weise, dass sich die Konzentrationen so lange verändern, bis die Gleichgewichtskonstante wieder erreicht wird. Im konkreten Fall heißt das, dass aus den Acetationen durch Reaktion mit dem Wasser undissoziierte Essigsäuremoleküle gebildet werden:

$$CH_3COO^- + H_2O \rightarrow CH_3COOH + OH^-$$

Angesichts dieser Gleichung ist nicht verwunderlich, dass bei der Auflösung des Salzes Natriumacetat in Wasser keine neutrale Lösung, sondern eine basische Lösung entsteht, denn OH^--Ionen werden gebildet (Salz-Hydrolyse).

$$CH_3COO^- Na^+ + H_2O \rightarrow$$
$$CH_3COOH + Na^+ + OH^-$$

Wird Ammoniumchlorid, ein Salz, das aus der **schwachen Base** Ammoniak und der **starken Säure** Salzsäure gebildet wird, in Wasser gelöst, so wird aus den gleichen Gründen die wässrige Lösung sauer.

Die Gleichungen zur Berechnung von pH-Werten von Salzlösungen werden wie bei den schwachen Säuren und Basen aus den jeweiligen Massenwirkungsgesetzen abgeleitet. Dabei ergeben sich für Säuren, die **ein** Proton abgeben, und für Basen, die **ein** Proton aufnehmen, die Gleichungen nach Tabelle 3.7.

Für eine 0,10 molare Lösung von Natriumacetat wird nach diesen Gleichungen ein pH-Wert von 8,88, für eine 0,10 molare Lösung von Ammoniumchlorid ein pH-Wert 5,13 erhalten. Festzuhalten bleibt:

> Salze aus schwachen Säuren und starken Basen bilden basische Lösungen, Salze aus starken Säuren und schwachen Basen bilden saure Lösungen.

Interessant und für die Analytik sehr wichtig ist das Verhalten von Lösungen, die sowohl Salze als auch Basen bzw. Säuren enthalten. So soll eine Lösung als Base Ammoniak und als Salz Ammoniumchlorid enthalten. Die Gleichgewichtskonstante für Ammoniak und das Ionenprodukt des Wassers sind bekannt:

$$K_B = \frac{c(NH_4^+) \cdot c(OH^-)}{c(NH_3)}$$

$$K_W = c(H_3O^+) \cdot c(OH^-)$$

	Beispiel	allgemein
Salz aus schwacher Säure und starker Base	Natriumacetat $$c(OH^-) = \sqrt{\frac{K_W \cdot c_0(CH_3COO^-)}{K_S(CH_3COOH)}}$$	$$c(OH^-) = \sqrt{\frac{K_W \cdot c_0(Salz)}{K_S(Säure)}}$$
Salz aus schwacher Base und starker Säure	Ammoniumchlorid $$c(H_3O^+) = \sqrt{\frac{K_W \cdot c_0(NH_4^+)}{K_B(NH_3)}}$$	$$c(H_3O^+) = \sqrt{\frac{K_W \cdot c_0(Salz)}{K_B(Base)}}$$

Tabelle 3.7: **Formeln zur Berechnung der pH-Werte von Salzen**

Wie reagiert ein solches System auf den Zusatz einer weiteren Base, z. B. von Natronlauge? Durch den Zusatz wird zunächst die OH⁻-Ionenkonzentration erhöht. Bliebe es dabei, würden sich die Zahlenwerte von K_B und K_W vergrößern. Da das nicht möglich ist, müssen die Konzentrationen an NH_4^+ und an OH⁻ verkleinert werden. Also bildet sich aus diesen Stoffen so lange Ammoniak und Wasser, bis beide Gleichgewichtskonstanten wieder erreicht werden.

$$NH_4^+ + OH^- \rightarrow NH_3 + H_2O$$

$$H_3O^+ + OH^- \rightarrow 2\,H_2O$$

Ein Teil der zugesetzten OH⁻-Ionen wird also abgebaut. Vergleichbare Veränderungen in der Reaktionslösung sind hier schon mehrfach diskutiert worden.

Wird der Lösung aus Ammoniak und Ammoniumchlorid Säure zugesetzt, so wird zunächst die Konzentration an H_3O^+ erhöht. Aus den gleichen Gründen wie oben geschildert, reagiert das System so auf diese äußere Störung, dass die erhöhte Konzentration an H_3O^+ abgebaut wird, bis die Gleichgewichtskonstanten wieder erreicht werden:

$$NH_3 + H_3O^+ \rightarrow NH_4^+ + H_2O$$

$$H_3O^+ + OH^- \rightarrow 2\,H_2O$$

Weil solche Systeme Zusätze von H_3O^+-Ionen bzw. OH⁻-Ionen, also von Säuren oder Basen, teilweise abbauen und somit den ursprünglichen pH-Wert der Lösungen nahezu konstant halten, werden sie „Pufferlösungen" oder einfach „Puffer" genannt. Wird vereinfacht die Einwaagekonzentration an Ammoniak und an Salz den Gleichgewichtskonzentrationen gleichgesetzt, so können die pH-Werte solcher Salzlösungen über eine einfache Gleichung berechnet werden.

$$K_B = \frac{c(NH_4^+) \cdot c(OH^-)}{c(NH_3)}$$

$$c(OH^-) = \frac{K_B \cdot c(NH_3)}{c(NH_4^+)}$$

$$\lg c\,(OH^-) = \lg K_B + \lg c(NH_3) - \lg c(NH_4^+)$$

Multipliziert mit −1 ergibt sich:

$$-\lg c(OH^-) = -\lg K_B - \lg c(NH_3) + \lg c(NH_4^+)$$

Durch Verwendung der bekannten Definitionen und nach Zusammenfassung ergibt sich daraus die so genannte Henderson-Hasselbalch-Gleichung:

$$pOH = p\,K_B + \lg \frac{c(NH_4^+)}{c(NH_3)}$$

Für den Fall, dass die Salzkonzentration gleich der Konzentration an Base ist, ist der pOH-Wert gleich dem pK_B-Wert, für Ammoniak also 4,75. Der pH-Wert dieser Lösung ist daher 9,25. Durch Zugabe von 0,001 mol Natronlauge werden äquivalente Mengen an NH_4^+ zersetzt bzw. an NH_3 gebildet. Aus der Berechnung der sich daraus ergebenden Summen dieser beiden Stoffe in der Lösung ergibt sich eine pH-Wert-Änderung von 9,25 auf 9,27! Wird zu einem Liter reinem Wasser 0,001 mol an Natronlauge gegeben, so ändert sich der pH-Wert von 7 auf 11! Das Ammonium/Ammoniak-System verdient also den Namen „Puffersystem"!

In vergleichbarer Weise kann aus Essigsäure und Natriumacetat ein Puffersystem hergestellt werden. Die Tabelle 3.8 zeigt die Gleichungen für Puffersysteme im Überblick.

Bei vielen analytischen Verfahren ist der pH-Wert eine entscheidend wichtige Reaktionsbedingung. Daher werden durch Puffersysteme definierte pH-Werte eingestellt und nahezu konstant gehalten. Klar ist die Bedeutung der jeweiligen Gleichgewichtskonstanten: Wenn beispielsweise der pH-Wert einer Lösung auf etwa 5 konstant gehalten werden soll, werden vorteilhaft nicht Ammoniak /

	Beispiel	allgemein
Schwache Säure und Salz aus schwacher Säure und starker Base	Essigsäure / Natriumacetat $$pH = pK_S + \lg \frac{c(CH_3COO^-)}{c(CH_3COOH)}$$	$$pH = pK_S + \lg \frac{c(Salz)}{c(Säure)}$$
Schwache Base und Salz aus schwacher Base und starker Säure	Ammoniak / Ammoniumchlorid $$pOH = pK_B + \lg \frac{c(NH_4^+)}{c(NH_3)}$$	$$pOH = pK_B + \lg \frac{c(Salz)}{c(Base)}$$

Tabelle 3.8: Henderson-Hasselbalch-Gleichungen für Puffersysteme

Ammonium, sondern Essigsäure/Acetat als Puffersystem gewählt und die entsprechenden Konzentrationen an Acetat und Essigsäure vorgegeben. Die Gleichgewichtskonstanten für die Komponenten von Puffersystemen sind in vielen Tabellenwerken zu finden.

Puffersysteme sind mit Federn von Automobilen vergleichbar, die Schwingungen dämpfen sollen. Prinzipiell sind zwar die Federn gleich, aber für einen Lastkraftwagen werden stabilere Federn verwendet als für einen kleinen Personenkraftwagen. So ist es auch mit den Puffersystemen. Wenn in einem Essigsäure/Acetat-Puffersystem nur 0,1 mol an Acetat vorgegeben werden, kann nach der Gleichung

$$CH_3COO^- + H_3O^+ \rightarrow CH_3COOH + H_2O$$

nicht eine Zugabe von 1,0 mol an Salzsäure, der zehnfachen Menge also, „weggepuffert" werden. Für solche Zusätze wären höhere „Pufferkapazitäten", also höhere Konzentrationen an Essigsäure/Acetat erforderlich.

3.5 Gekoppelte Gleichgewichte

Von gekoppelten Gleichgewichten wird dann gesprochen, wenn die Konzentration mindestens **eines Teilchens in mehreren Gleichgewichten** enthalten ist. Dies ist beispielsweise schon am Beispiel der Essigsäure diskutiert worden, denn die Konzentration des H_3O^+-Ions ist ja Bestandteil des Massenwirkungsgesetzes für die Essigsäure und des Ionenprodukts des Wassers. Die Konzentration dieses Teilchens muss sich so einregulieren, dass **beide** Gleichgewichtskonstanten eingehalten werden. Dieser Sachverhalt wird hier am Beispiel der Fällung und Komplexbildung von Kupferionen diskutiert. An diesem System sind folgende Stoffe und Gleichgewichte nach Tabelle 3.9 beteiligt:

Wird das blaue Salz Kupfersulfat $CuSO_4 \cdot 5\,H_2O$ in Wasser gelöst, so ergibt sich eine blassblaue Lösung. Die Farbe der Lösung stammt von dem Kupferhexaaquakomplex $[Cu(H_2O)_6]^{2+}$, bei dem das Cu^{2+}-Ion von sechs Wassermolekülen oktaedrisch umgeben ist (Reaktion nach Gleichung d). Wegen der besonderen Bindungsverhältnisse werden solche Verbindungen „Komplexverbindungen" oder einfacher „Komplexe" genannt (vgl. Baustein „Komplexometrie und Selektivität").

Wird dieser Lösung Ammoniak zugesetzt, so bildet sich ein weißer Niederschlag von Kupferhydroxid $Cu(OH)_2 \downarrow$, die überstehende Lösung ist blauviolett gefärbt. Nach Gleichung b muss sich beim Zusatz von Ammoniak $c(OH)^-$ erhöhen:

$$NH_3 + H_2O \rightarrow NH_4^+ + OH^-$$

Erhöht sich $c(OH)^-$, so wird das Löslichkeitsprodukt des Kupferhydroxids überschritten, Kupferhydroxid wird gebildet. (Gleichung c)

$$Cu^{2+} + 2\,OH^- \rightarrow Cu(OH)_2 \downarrow$$

Reaktion	Gleichgewichtskonstante
a) $H_3O^+ + OH^- \rightleftarrows 2\,H_2O$	Ionenprodukt des Wassers $K_W = c(H_3O^+) \cdot c(OH^-)$
b) $NH_3 + H_2O \leftrightharpoons NH_4^+ + OH^-$	Basenkonstante des Ammoniaks $K_B(NH_3) = \dfrac{c(NH_4^+) \cdot c(OH^-)}{c(NH_3)}$
c) $Cu^{2+} + 2\,OH^- \rightleftarrows Cu(OH)_2 \downarrow$	Löslichkeitsprodukt des Kupferhydroxids $K_L[Cu(OH)_2] = c(Cu^{2+}) \cdot c^2(OH^-)$
d) $Cu^{2+} + 6\,H_2O \rightleftarrows [Cu(H_2O)_6]^{2+}$	Komplexbildungskonstante des Kupferhexaaquakomplexes $K_{aqua} = \dfrac{c([Cu(H_2O)_6]^{2+})}{c(Cu^{2+})}$
e) $Cu^{2+} + 4\,NH_3 + 2\,H_2O \rightleftarrows [Cu(NH_3)_4(H_2O)_2]^{2+}$	Komplexbildungskonstante des Kupfertetraamminkomplexes $K_{amm} = \dfrac{c([Cu(NH_3)_4]^{2+})}{c(Cu^{2+}) \cdot c^4(NH_3)}$

Tabelle 3.9: **Reaktionen und Gleichgewichtskonstanten**

Mit dieser Reaktion wird die Konzentration an freien Kupferionen in der Lösung kleiner, daher zerfällt weiterer Kupferhexaaquakomplex.

$$[Cu(H_2O)_6]^{2+} \rightarrow Cu^{2+} + 6\,H_2O \text{ (Gleichung d)}$$

Wird weiteres Ammoniak zugesetzt, so löst sich der weiße Niederschlag wieder auf und die blauviolette Farbe wird sehr intensiv. Diese Farbe stammt von einem neuen Komplex, dem Kupfertetraamminkomplex $[Cu(NH_3)_4(H_2O)_2]^{2+}$. In diesem ist das Zentralatom Kupfer von vier Ammoniakmolekülen und zwei Wassermolekülen umgeben, wobei Zentralatom und Ammoniak in einer Ebene liegen.

Mit dem Ammoniakzusatz wird nach Gleichung e die Tendenz zur Bildung des Kupfertetraamminkomplexes größer.

$$Cu^{2+} + 4\,NH_3 + 2\,H_2O \rightarrow [Cu(NH_3)_4(H_2O)_2]^{2+}$$

Die Konzentration an Kupferionen in dieser Lösung wird kleiner, damit muss sich der Kupferhydroxid-Niederschlag wieder auflösen. (Gleichung c)

$$Cu(OH)_2 \downarrow \rightarrow Cu^{2+} + 2\,OH^- \text{ (gelöst)}$$

Natürlich läuft diese Reaktionskette nur deshalb so ab, weil die Zahlenwerte der beteiligten Gleichgewichtskonstanten einschließlich des Ionenprodukts des Wassers dies zulassen. Über die unterschiedlichen Gleichgewichtskonstanten wird die „unterschiedliche Stabilität" der Verbindungen beschrieben. Offensichtlich ist der Kupferhexaaquakomplex wenig stabil, denn er löst sich in der Summe zugunsten des Kupfertetraamminkomplexes auf.

Wird danach portionsweise Schwefelsäure zugesetzt, so verläuft der Vorgang rückwärts: Zunächst nimmt die Intensität der violetten Farbe der Lösung ab, dann bildet sich wieder der blauweiße Niederschlag, danach verschwindet der blauweiße Niederschlag wieder, schließlich färbt sich die Lösung wieder blassblau. Wird wieder Ammoniak zugesetzt, so wird die Reaktionen wieder in die andere Richtung verschoben.

Bei praktisch jedem Analysenverfahren ist das chemische Gleichgewicht von Bedeutung. Ziel dieses Bausteins war es, die Grundlagen so zu erarbeiten, dass diese Gesetzmäßigkeit grundsätzlich immer beachtet wird.

3.6 Übung

Chemisches Gleichgewicht

① Suchen Sie nach Modellvorstellungen, die das Prinzip und die Funktion des chemischen Gleichgewichts anschaulich machen können.

② Geben Sie sich für ein beliebiges Gleichgewicht über einfach zu rechnende Konzentrationswerte eine Gleichgewichtskonstante vor. Stören Sie dann dieses Gleichgewicht und rechnen Sie schrittweise zurück.

③ Suchen Sie wichtige chemische Gleichgewichte, geben Sie die relevanten Daten an und diskutieren Sie, wie diese auf Störungen reagieren.

④ Die Stoffe A und B reagieren zu AB. Bei $c_0(A) = c_0(B) = 0,500\,mol/L$ liegen im Gleichgewicht $0,200\,mol/L$ an AB vor. Geben Sie die ungefähren Konzentrationen aller Stoffe im Gleichgewicht an, wenn c_0 an A und an B $0,100\,mol/L$ betragen würde.

⑤ Der Stoff A_2B zerfällt in die Stoffe A und B. Bei einem Dissoziationsgrad von 22,5 % ist in einer Lösung die Konzentration von A $0,246\,mol/L$.
   a) Welche Konzentration von A_2B wurde vorgegeben?
   b) Wie groß sind $c(A_2B)$ und $c(B)$ in der Lösung?

⑥ a) Berechnen Sie die Massenkonzentrationen von Ammoniak in Abhängigkeit vom pH-Wert in einem Wasser, das über den Düngemitteleintrag Ammonium in einer Konzentration von $1,00\,mol/L$ enthält und stellen Sie das Ergebnis grafisch dar.
   b) Ammoniak ist ein Fischgift, das in Konzentrationen über 1 mg/L für die meisten Fischarten tödlich wirkt. Ermitteln Sie aus dem Diagramm den pH-Wert, bei dem die Fische gerade noch überleben.

⑦ 100 mL einer 0,0200 molaren Schwefelsäure werden mit Wasser auf ein Volumen von 400 mL verdünnt. Berechnen Sie den pH-Wert der Lösung.

⑧ 200 L einer wässrigen Natronlauge mit dem pH 10,20 sollen hergestellt werden. Welche Masse an Natriumhydroxid mit $w(NaOH) = 92,7\,\%$ ist einzuwiegen?

⑨ Welchen pH-Wert hat eine wässrige Lösung mit $w(NH_3) = 0,20\,\%$?

⑩ Durch geschickte Auswahl der Pufferkomponenten lässt sich von pH 1 bis pH 14 der pH-Wert von Lösungen einstellen und nahezu konstant halten. Informieren Sie sich über solche Puffersysteme.

4 Nasschemische qualitative Analyse
und das Problem der Störung

4.1 Typen von Nachweisreaktionen

Werden zu einer Probelösung, in der Eisen(III) ionen (Fe^{3+}) vorhanden sind, einige Tropfen einer Lösung, die Thiocyanationen (SCN^-) enthält, gegeben, so färbt sich die Probelösung intensiv rot. Die Anwesenheit des Analyten Fe^{3+} in der Probelösung ist damit über die Färbung qualitativ nachgewiesen. Solche Reaktionen werden als „nasschemische Nachweise" bezeichnet, weil sie in wässrigen Lösungen durchgeführt werden.

Neben Farbreaktionen ist die Bildung von festen Stoffen aus zuvor klaren Lösungen die wichtigste nasschemische Nachweismethode. „Niederschlagsbildung" oder „Fällungsreaktion" heißt hier der Fachbegriff. Der chemischen Formel der ausfallenden Substanz wird ein nach unten weisender Pfeil ↓ angefügt, um die Bildung des Niederschlags anzuzeigen. Entstehen bei der Reaktion Gase, so wird deren chemischer Formel ein nach oben weisender Pfeil ↑ angefügt.

In der **Nasschemischen Analytik** werden hauptsächlich Farbreaktionen und Niederschlagsbildungen zum qualitativen Nachweis verwendet.

Über eine Vielzahl solcher Reaktionen kann so fast das gesamte Spektrum anorganischer Analyte sowie auch einige organische Verbindungen „nasschemisch" nachgewiesen werden. Voraussetzung dafür ist ein eingehendes „chemisches Wissen" um die Stoffe und deren Reaktionen. Bewundernswert ist dabei die Beobachtungsgabe und der Erfindungsreichtum der Menschen, die mit einfachsten Mitteln wie Reagenzgläser, Bechergläser, Trichter, Filter, Spatel usw. zur Entwicklung der Nasschemischen Analyse beigetragen haben.

Ein eingehendes Wissen um chemische Stoffe und deren Reaktionen ist auch heute noch, im Zeitalter der Computer und Automaten, für jeden unabdingbar, der Analytik betreibt. Trotz des schon seit Jahrhunderten bekannten Nachweises von Stoffen über ihre charakteristische Färbung von Flammen und der daraus entwickelten hochautomatisierten und computergestützten Spektralanalyse wird daher die nasschemische qualitative Analyse in der Analytik ihren angemessenen, wenn auch im Umfang deutlichen reduzierten Anteil behalten. Tabelle 4.1 zeigt typische Beispiele für nasschemische Nachweisreaktionen.

	Analyt	Reagenz	Reaktion und Beobachtung
Farbreaktion	Fe^{3+}	SCN^-	$Fe^{3+} + 3\ SCN^- \rightarrow Fe(SCN)_3$; Eisenkomplex mit den Liganden SCN^- und Wasser; Rotfärbung der Lösung
Fällung	Cl^-	Ag^+	$Cl^- + Ag^+ \rightarrow AgCl\downarrow$; weißer flockiger Niederschlag, in NH_3 löslich
	Br^-	Ag^+	$Br^- + Ag^+ \rightarrow AgBr\downarrow$; schwach gelblicher Niederschlag, in NH_3 unlöslich
Farbe/Fällung	Fe^{3+}	OH^-	$Fe^{3+} + 3\ OH^- \rightarrow Fe(OH)_3\downarrow$; rostbrauner Niederschlag
Gasentwicklung	CO_3^{2-}	HCl	$CO_3^{2-} + 2\ HCl \rightarrow CO_2\uparrow + H_2O + 2\ Cl^-$ Gasblasen aus Kohlendioxid entwickeln sich aus festen Stoffen oder aus Lösungen
Geruch	CH_3COO^-	$NaHSO_4$	$CH_3COO^- + NaHSO_4 \rightarrow CH_3COOH + Na^+ + SO_4^{2-}$; typischer Geruch der Essigsäure
Ätzprobe	F^-	H_2SO_4	$F^- + H_2SO_4 \rightarrow HF + HSO_4^-$; die sich bildende Flusssäure ätzt blanke Glasoberflächen und lässt sie matt aussehen
Kristallform	Mg^{2+}	HPO_4^{2-} NH_3	$Mg^{2+} + HPO_4^{2-} + NH_4^+ + OH^- + 5\ H_2O \rightarrow$ $Mg(NH_4)PO_4 \cdot 6\ H_2O\downarrow$; charakteristische Kristallform

Tab. 4.1: **Nasschemische Nachweisreaktionen**

Das in der Analytik allgegenwärtige Problem der **Störung** des Nachweises eines Analyten durch Begleitstoffe der Matrix lässt sich über die nasschemische Analyse sehr anschaulich demonstrieren. Der ideale Fall nämlich, dass nur der gesuchte Analyt in einer Matrix eine beobachtbare und für ihn selektive Reaktion eingeht, ist sehr selten. Einerseits können in einer Matrix leicht mehrere tausend verschiedener Stoffe nebeneinander vorliegen und andererseits haben ja gerade die ähnlichen Eigenschaften der Elemente und damit auch die von ihnen abzuleitenden Ionen und Verbindungen zum Periodensystem geführt.

4.2 Eliminierung von Störungen über Trennungsgänge

Es gilt also, die Stoffe in der Matrix, die den Nachweis stören, einzeln oder gruppenweise abzutrennen oder für die Nachweisreaktion unwirksam zu machen. Diese Methode wurde in den so genannten **Chemischen Trennungsgängen** perfektioniert. Die Arbeitsweise bei der Abtrennung von Stoffen ist zu vergleichen mit der Trennung von Gesteinsteilchen nach der Korngröße durch zunächst weitmaschige, dann durch immer engere Siebe. Die „Siebe" sind in der Analytik die Eigenschaften von Stoffen oder Stoffgruppen.
Der einfachste Fall der Eliminierung von Störungen ist der so genannte Sodaauszug. Dabei werden Metallionen als Carbonate ausgefällt, damit im Filtrat Anionen wie Chlorid, Nitrat, Sulfat usw. störungsfrei nachgewiesen werden können.
Eine gute Methode der Darstellung der praktischen Arbeit für Trennungsgänge und auch für viele weitere Arbeitsabläufe in der Analytik ist das **Flussdiagramm.** Dabei wird das Prinzip „Wenn … dann … sonst …" angewendet: **Wenn** diese Beobachtung gemacht wird, **dann** gilt dieser Analyt als nachgewiesen, **sonst** ist sein Vorhandensein in der Analysenprobe auszuschließen.

▶ „Es soll über eine nasschemische qualitative Analyse festgestellt werden, ob eine wässrige Probenlösung Carbonat (CO_3^{2-}), Sulfat (SO_4^{2-}) oder beide Analyte nebeneinander enthält."

Wenn ein solches Problem gelöst werden soll, muss bekannt sein, wie diese Analyte chemisch reagieren und ob die Matrix noch weitere Stoffe enthält, die den beabsichtigen Nachweis stören können. Vereinfacht soll hier angenommen werden, dass die

Matrix keine weiteren Störsubstanzen enthält und dass folgende Informationen über Eigenschaften und Reaktionen der Stoffe bekannt sind:
Carbonat und Sulfat gehen die in Tabelle 4.2 angegebenen Fällungsreaktionen ein. Die Niederschläge sind alle weiß, nur die Carbonatniederschläge sind in halbkonzentrierter Salzsäure, w(HCl) ca. 15 %, löslich. In der Tabelle 4.2 ist zwischen Analyt und Reagenz nicht unterschieden, denn was für die eine Analysenprobe der Analyt ist, kann für eine andere Analysenprobe das Reagenz sein.

Stoff 1	Stoff 2		Niederschlag / Reaktion
Ca^{2+}	CO_3^{2-}	→	$CaCO_3\downarrow$
Ba^{2+}	CO_3^{2-}	→	$BaCO_3\downarrow$
$Ba(OH)_2$	CO_2	→	$BaCO_3\downarrow + H_2O$
Ca^{2+}	SO_4^{2-}	→	$CaSO_4\downarrow$
Ba^{2+}	SO_4^{2-}	→	$BaSO_4\downarrow$

Tab. 4.2: Bildung von Niederschlägen

Über die Farbe des Niederschlags und über die Art des zugesetzten Reagenzes allein ist diese Aufgabe nicht zu lösen. Denkbar wäre aber ein Lösungsweg nach dem Flussdiagramm in der Abbildung 4.1.

In diesem sehr einfachen Beispiel für eine chemische Trennung ist zu sehen, dass Carbonat **auch** über einen Umweg nachgewiesen wird. Dies ist nicht ungewöhnlich und wurde hier eingefügt, um zu verdeutlichen, welch hohen Stellenwert das Beurteilungskriterium „richtig" in der Analytik hat.

Häufig sind in den Analysenproben eine Vielzahl von Stoffen enthalten, die den Nachweis der interessierenden Analyte stören können. Hier werden Trennungsgänge angewendet, bei denen Stoffe gruppenweise ausgefällt und gelöst werden.

Dies zeigt folgendes Beispiel:
▶ „Es soll festgestellt werden, ob eine wässrige Analysenlösung Cobaltionen enthält."

Die Matrix kann folgende Ionen enthalten:
Cu^{2+}, Cd^{2+}, Hg^{2+}, Sn^{2+}, Pb^{2+}, As^{3+}, Sb^{3+}, Se^{4+}, Te^{4+}, Mo^{6+}, Zn^{2+}, Al^{3+}, Fe^{3+}, Cr^{3+}, Mn^{2+}, **Co^{2+}**, Ni^{2+}.

Trennungsgang:
a) Fällung als Sulfide in saurer Lösung mit Schwefelwasserstoff. Falls in der Analysenlösung enthalten, fallen folgende Ionen als Sulfidnieder-

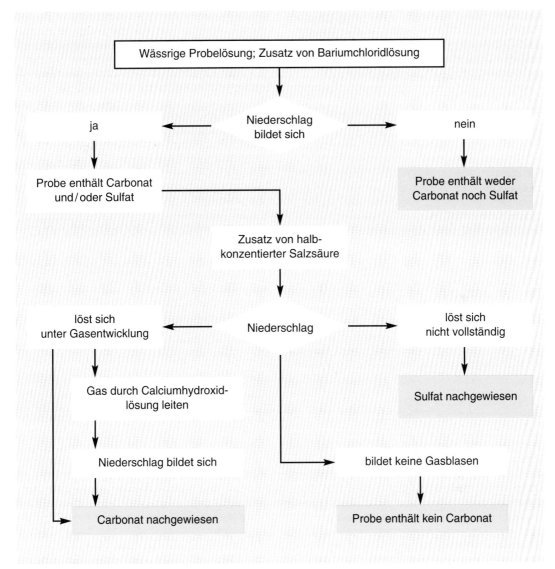

Abb. 4.1: **Flussdiagramm: Nachweis von Carbonat neben Sulfat**

schlag aus: Cu^{2+}, Cd^{2+}, Hg^{2+}, Sn^{2+}, Pb^{2+}, As^{3+}, Sb^{3+}, Se^{4+}, Te^{4+}, Mo^{6+}. Der Niederschlag wird abfiltriert und nicht weiter bearbeitet.

b) Bearbeitung des nach a) erhaltenen Filtrats: Das Filtrat wird alkalisch gestellt und mit Ammoniumsulfid versetzt. Falls im Filtrat vorhanden, fallen Zn^{2+}, Al^{3+}, Fe^{3+}, Cr^{3+}, Mn^{2+}, **Co^{2+}**, Ni^{2+} als Sulfide aus.

c) Bearbeitung des nach b) erhaltenen Niederschlags: Der Niederschlag wird mit Salzsäure behandelt. Falls vorhanden, lösen sich die Sulfide von Zn^{2+}, Al^{3+}, Fe^{3+}, Cr^{3+}, Mn^{2+} auf. Wenn **Co^{2+}** und Ni^{2+} als Sulfide vorhanden waren, bleiben diese im Niederschlag, der abfiltriert wird, zurück.

d) Behandlung des nach c) erhaltenen Niederschlags: Durch Zusatz von Essigsäure und Wasserstoffperoxid löst sich der Niederschlag auf.

e) Behandlung der nach d) erhaltenen Lösung: Die Lösung wird mit Ammoniumthiocyanat versetzt. Falls Cobaltionen vorhanden sind, färbt sich die Lösung blau. Nickelionen stören den Nachweis nicht.

Bei diesem Trennungsgang fällt eine Gruppe von Schwermetallionen im sauren Bereich als Sulfide aus, während eine andere Gruppe von Schwermetallionen in Lösung bleibt, obwohl sie prinzipiell ebenfalls als Sulfide ausfallen könnten. Zu ihrer Fällung ist aber ein basisches Medium erforderlich.

Das Fällungsmittel Sulfid, S^{2-}, ist sowohl am Löslichkeitsprodukt der zu fällenden Analyte als auch am Gleichgewicht der Säure Schwefelwasserstoff beteiligt. Für die Reaktion von Schwefelwasserstoff mit Wasser gilt folgende Summengleichung:

$$H_2S + 2\,H_2O \rightleftarrows 2\,H_3O^+ + S^{2-}$$

$$K_S(H_2S) = \frac{c^2(H_3O^+) \cdot c(S^{2-})}{c(H_2S)} =$$
$$= 32 \cdot 10^{-20}\,(mol/L)^2$$

Danach führt eine erhöhte Konzentration an H_3O^+ zu einer geringen Konzentration an dem Fällungsmittel S^{2-}. Dies wiederum hat zur Konsequenz, dass im sauren Bereich nur die Stoffe ausfallen, deren Löslichkeitsprodukt extrem klein ist. Ein Vertreter dieser Stoffgruppe ist das Kupfersulfid.

$$K_L(CuS) = c(Cu^{2+}) \cdot c(S^{2-}) = 8 \cdot 10^{-45}\,(mol/L)^2$$

Um Stoffe auszufällen, die ein größeres Löslichkeitsprodukt besitzen, sind höhere Konzentrationen an Sulfid erforderlich. Dies wird durch das basische Medium erreicht, in dem die Konzentration an H_3O^+ geringer und dafür die Konzentration an S^{2-} erhöht ist. Ein Vertreter dieser Stoffgruppe ist das Kobaltsulfid.

$$K_L(CoS) = c(Co^{2+}) \cdot c(S^{2-}) =$$
$$= 1,9 \cdot 10^{-27}\,(mol/L)^2$$

Der beschriebene Trennungsgang basiert also auf zwei gekoppelten Gleichgewichten, die durch den gemeinsamen Reaktionspartner S^{2-} verbunden sind. Reaktionen, deren Verlauf stark vom pH-Wert abhängig ist, können oft über die Diskussion gekoppelter Gleichgewichte verstanden werden. Trennungsgänge der beschriebenen Art sind arbeits- und zeitaufwändig. Ihre Vermittlung sowie die zugehörige Kenntnis vieler Einzelnachweisreaktionen war früher ein wesentlicher Bestandteil der analytischen Ausbildung. Es gibt heute noch eine Reihe von älteren Mitarbeitern in den Labors, die solche Trennungsgänge aus dem Gedächtnis „kochen" können. Solch hohes Können und gutes handwerkliches Geschick verdient Anerkennung. Wenn dies allerdings dazu führt, dass „Neulinge" von oben herab und inquisitorisch gefragt werden, weshalb sie diesen oder jenen Nachweis nicht „können", sollten diese mit der gebotenen Ruhe bestätigen, dass Grundkenntnisse über das chemische Verhalten von Stoffen in der Analytik sehr wichtig sind, dann aber nachfragen, in welchem Umfang der gerade zur Debatte stehende Nachweis in der Analytik auch tatsächlich noch so durchgeführt wird.

Festzuhalten bleibt, dass bei jedem analytischen Verfahren, also auch bei den später zu besprechenden „instrumentellen" Verfahren, mit Störungen zu rechnen ist, die den selektiven Nachweis und die selektive quantitative Bestimmung erschweren. Die Störungen können wie hier von der Matrix, aber auch von dem Messsystem selbst verursacht sein. Folglich darf nicht dem Zufall überlassen werden, ob Störungen erkannt werden oder nicht. Vielmehr sind von vornherein Methoden der Qualitätsicherung einzuplanen, über die Störungen erkannt und gegebenenfalls beseitigt werden können. Übrigens wurde das in der Analytik schon so gehalten, bevor das Wort Qualitätsicherung überhaupt geschaffen wurde, das heute inflationär für sehr viele Bereiche benutzt wird und zu einer Organisationsformel zu verkommen droht.

> Störungen durch die Matrix können eliminiert werden, indem Stoffe oder Stoffgruppen in Trennungsgängen durch selektive Reaktionsbedingungen so weit abgetrennt werden, dass der Analyt nachgewiesen werden kann.

4.3 Übung

Nasschemische qualitative Analyse

1. Informieren Sie sich über je zwei weitere Farb- und Fällungsreaktionen.
2. Informieren Sie sich über Personen, die maßgeblich an der Entwicklung der nasschemischen qualitativen Analysen beteiligt waren.
3. Erklären Sie das Prinzip der Störung eines Analysenverfahrens durch die Matrix und die Möglichkeiten der Eliminierung der Störung über ein Modell.
4. Entwickeln Sie zu dem Nachweis von Carbonat und Sulfat nebeneinander ein alternatives Flussdiagramm!
5. Erläutern Sie das Prinzip der Trennungsgänge und stellen Sie den Trennungsgang zum Nachweis von Cobalt in Form eines Flussdiagramms dar.
6. Zeigen Sie, wie über Niederschlagsbildungen nachgewiesen werden kann, ob eine Lösung Chlorid, Bromid oder beide Ionen nebeneinander enthält, und entwickeln Sie dafür ein Flussdiagramm. Erklären Sie den Sachverhalt, soweit möglich mit Angabe von Zahlenwerten, über das chemische Gleichgewicht.
7. Erläutern Sie am Beispiel der Trennungsgänge die Bedeutung des chemischen Gleichgewichtes für die nasschemische qualitative Analyse.

5 Gravimetrie und Wiederfindungsrate

5.1 Fällung und Stöchiometrie

Ziel dieses Bausteins ist es, das Prinzip der Gravimetrie so aufzuzeigen, dass diskutiert werden kann, mit welchen Fehlern und mit welchen Fehlertypen in analytischen Verfahren zu rechnen ist und wie diesen Fehlern begegnet werden kann. Eine solche Diskussion ist bei **jedem Verfahren** ein wichtiger Bestandteil der Qualitätssicherung und nirgends lässt sich diese so anschaulich führen wie in der Gravimetrie.

Nach der vorausgegangen kurzen Erörterung der nasschemischen qualitativen Analyse ist das Prinzip der Gravimetrie rasch erklärt: Zu einer Probelösung wird ein Reagenz gegeben, das mit dem Analyten einen Niederschlag bildet. Reicht die Reagenzmenge aus, um den Analyten weitestgehend vollständig als Niederschlag zu binden, „auszufällen", so kann unter bestimmten Bedingungen aus der Masse des Niederschlags die Masse des Analyten in der Probelösung berechnet werden, denn bei einer großen Masse des Niederschlags muss auch eine entsprechend große Masse an Analyt in der Probelösung gewesen sein.

Die Masse an Silberionen in einer Probelösung soll gravimetrisch bestimmt werden. In diesem Fall kann eine Kochsalzlösung zugesetzt und damit die Silberionen als Silberchlorid ausgefällt werden.

$$Ag^+ + NaCl \rightarrow AgCl\downarrow + Na^+$$

Stoffmengenverhältnis: $\dfrac{n(Ag^+)}{n(AgCl)} = \dfrac{1}{1}$

Mit dieser Gleichung ist bekannt, dass **ein** „Teilchen" Ag^+ **ein** „Teilchen" an AgCl und damit **ein** mol Ag^+ **ein** „Mol" an AgCl bildet. Das so genannte „stöchiometrische Verhältnis", auch **Stoffmengenverhältnis** genannt, ist 1:1. Neben der Niederschlagsbildung an sich ist ein bekanntes Stoffmengenverhältnis die zweite Voraussetzung für die Gravimetrie, denn nur mit dieser Kenntnis kann die Masse eines Analyten aus der Masse eines Niederschlags berechnet werden.

Der Niederschlag wird filtriert, durch Waschflüssigkeit von eventuell eingeschlossenen Fremdstoffen befreit, getrocknet und gewogen. Zur Filtration werden Filterpapiere unterschiedlicher Porengröße oder Keramikfilter verwendet.

Die Niederschläge werden in Trockenschränken getrocknet, sehr häufig werden auch Exsikkatoren verwendet. Letztere sind Behälter aus Glas, die mit Trockenmittel wie beispielsweise Silicagel gefüllt und mittels einer Pumpe fast luftleer gepumpt werden (siehe Baustein „Probennahme und Probenaufbereitung"). Der zu trocknende Niederschlag gibt dabei innerhalb einiger Stunden seine Feuchtigkeit ab und kann gewogen werden.

Die Masse der Silberionen, die in der Probelösung enthalten war, ist leicht zu berechnen. Bei der Analyse sollen 189 mg trockenes Silberchlorid erhalten worden sein.

$$m(AgCl) = 189 \text{ mg}$$

$$M(Ag^+) = 107{,}8682 \, \frac{g}{mol}$$

$$M(AgCl) = 143{,}3209 \, \frac{g}{mol}$$

$$\frac{m(Ag^+)}{M(Ag^+)} = \frac{m(AgCl)}{M(AgCl)}$$

$$m(Ag^+) = \frac{M(Ag^+)}{M(AgCl)} \cdot m(AgCl) =$$

$$= \frac{107{,}8682 \, \frac{g}{mol}}{143{,}3209 \, \frac{g}{mol}} \cdot 189 \text{ mg} = 142 \text{ mg}$$

Bei der gravimetrischen Analyse von Silber über Silberchlorid war die Masse an Silber leicht zu errechnen, weil **ein** Mol Niederschlag **ein** Mol Analyt enthält. Dieses 1:1 Verhältnis wird in der Chemie und in der Analytik nicht sehr häufig beobachtet, aber aus **jeder stöchiometrisch richtigen Reaktionsgleichung** lässt sich das für eine nachfolgende Rechnung erforderliche **Stoffmengenverhältnis richtig und sicher** ableiten. Dies soll am Beispiel der für die Analytik sehr wichtigen Sulfidfällung gezeigt werden, denn viele Schwermetallionen bilden mit Sulfidionen Niederschläge mit sehr kleinen Löslichkeitsprodukten. Für die Fällung von Antimon(III)ionen, hier verkürzt als Antimon bezeichnet, gilt die Reaktionsgleichung

$$2 \, Sb^{3+} + 3 \, S^{2-} \rightarrow Sb_2S_3\downarrow$$

a) Welche Masse an Antimon ist in der Masse des Niederschlags Antimonsulfid enthalten? Nach der Reaktionsgleichung enthält **ein** Mol an Antimonsulfid **zwei** Mol an Antimon. Also gilt das Stoffmengenverhältnis

$$\frac{n(Sb^{3+})}{n(Sb_2S_3)} = \frac{2}{1}$$

$$n(Sb^{3+}) = 2 \cdot n(Sb_2S_3)$$

Die Stoffmengen werden durch Massen und **Molare Massen** ersetzt.

$$n(X) = \frac{m(X)}{M(X)}$$

$$\frac{m(Sb^{3+})}{M(Sb^{3+})} = 2 \cdot \frac{m(Sb_2S_3)}{M(Sb_2S_3)}$$

Mit der gewogenen Masse des Niederschlags Sb_2S_3 und den bekannten molaren Massen kann danach die Masse an Antimon ausgerechnet werden.

b) Welche Stoffmenge an Sulfid ist erforderlich, um Antimon nach der Stöchiometrie der Reaktionsgleichung auszufällen? **Drei Mol** an Sulfid sind zur Fällung von **zwei** Mol an Antimon erforderlich. Also gilt das Stoffmengenverhältnis

$$\frac{n(S^{2-})}{n(Sb^{3+})} = \frac{3}{2}$$

Diese Beispiele zeigen, dass die Stoffmengenverhältnisse einfach aus den Koeffizienten abgelesen werden können, die in den Reaktionsgleichungen vor den betreffenden Stoffsymbolen stehen (die Zahl 3 steht vor dem Symbol des Sulfids, die Zahl 2 vor dem Antimonsymbol).

Bei Bedarf können die Stoffmengen nicht nur durch Massen, sondern auch durch Konzentrationen und Volumina ersetzt werden.

Stoffmengenkonzentration: $c(X) = \dfrac{n(X)}{V}$

Massenkonzentration: $\beta(X) = \dfrac{m(X)}{V}$

Umrechnung der Stoffmengenkonzentration in die Massenkonzentration:

$$\beta(X) = M(X) \cdot c(X)$$

Bei Rechnungen zur Stöchiometrie von Reaktionen sollten konsequent folgende Schritte eingehalten werden:

- Formulierung einer vollständigen Reaktionsgleichung aus vorgegebenen Ausgangsstoffen und Endprodukten
- Angabe des Stoffmengenverhältnisses im Sinne der Aufgabenstellung
- Stoffmengenverhältnis nach der gesuchten Stoffmenge auflösen und die Stoffmengen durch Massen, Konzentrationen, Volumina usw. ersetzen

Bei Berechnungen, die Reaktionsgleichungen zur Grundlage haben, kann grundsätzlich immer mit dem Stoffmengenverhältnis gerechnet werden, gleichgültig, ob es sich um analytische Berechnungen, Ansatzberechnungen, Ausbeuteberechnungen usw. handelt. Das Stoffmengenverhältnis ist unmittelbar aus den Koeffizienten der Stoffe in den Reaktionsgleichungen ablesbar.

Das Stoffmengenverhältnis kann mit den molaren Massen der beteiligten Stoffe zu einem konstanten Faktor zusammengefasst werden. Dieser Faktor wird „stöchiometrischer Faktor" oder, hier spezifisch für die Gravimetrie, „gravimetrischer Faktor" genannt.

Mit dem Stoffmengenverhältnis und den molaren Massen ergibt sich für das Beispiel Antimonsulfid:

$$\frac{n(Sb^{3+})}{n(Sb_2S_3)} = \frac{2}{1}$$

$$M(Sb^{3+}) = 121{,}75 \ \frac{g}{mol}$$

$$M(Sb_2S_3) = 339{,}70 \ \frac{g}{mol}$$

$$m(Sb^{3+}) = 2 \cdot \frac{M(Sb^{3+})}{M(Sb_2S_3)} \cdot m(Sb_2S_3) =$$
$$= 0{,}717 \cdot m(Sb_2S_3)$$

Danach muss die erhaltene Masse an Antimonsulfid nur mit 0,717 multipliziert werden, um die Masse an Antimon zu erhalten. In einigen Tabellenwerken sind für viele Reaktionen die stöchiometrischen Faktoren aufgelistet. Der Sinn solcher zusätzlichen Tabellenwerte darf bezweifelt werden, handelt es sich dabei doch nur um Quotienten tabellierter molarer Massen unter Einbeziehung des Stoffmengenverhältnisses.

Sicher ist allerdings, dass die **molare Masse der zu wiegenden Substanz bekannt sein** muss. Eine definierte Molare Masse bedeutet, dass die Substanz eine definierte Zusammensetzung hat. Dies ist nicht selbstverständlich, wie das Beispiel der Fällung von Eisen(III)ionen durch Basen zeigt. Wie Sulfid, so ist auch Hydroxid ein häufig verwendetes Fällungsmittel. Daher wird diese Methode **„Hydroxidfällung"** genannt.

$$Fe^{3+} + 3\,OH^- \rightarrow Fe(OH)_3 \downarrow$$

Eisenhydroxid ist eine braunrote gallertartige Substanz, die eine **undefinierte Menge** an Wassermolekülen einschließt. Diese sind durch Trocknung bei etwa 90 °C nicht vollständig zu entfernen. Korrekterweise müsste die Formel also $Fe(OH)_3 \cdot xH_2O \downarrow$ lauten. Da dafür keine molare Masse angegeben werden, ist folglich über diese Substanz allein eine Auswertung nicht möglich. Daher wird der Niederschlag nach der Trocknung bei etwa 900 °C geglüht und damit das Eisenhydroxid in Eisenoxid, Fe_2O_3, überführt. Für Eisenoxid kann die molare Masse angegeben und damit die gravimetrische Bestimmung nach

$$2\,Fe^{3+} + 6\,OH^- + x\,H_2O \rightarrow$$
$$2\,Fe(OH)_3 \cdot y\,H_2O \downarrow \rightarrow Fe_2O_3 + z\,H_2O$$

ausgewertet werden. Das Eisenhydroxid wird dabei „Fällungsform", das Eisenoxid Fe_2O_3 „Wägeform" genannt.

Neben der Halogenidfällung, der Sulfidfällung und der Hydroxidfällung sind noch viele weitere Fällungsmittel, insbesondere aus dem Bereich der organischen Chemie, gebräuchlich. Wegen des heute eng begrenzten Einsatzes der Gravimetrie werden diese Fällungsmittel hier nicht besprochen. Die nachfolgende Erörterung soll sich vielmehr auf die Erkennung und Eliminierung von Analysenfehlern konzentrieren, denn darin zeigt sich die Kompetenz der Laborkräfte.

5.2 Arbeitsschritte und Fehlerquellen bei der Gravimetrie

Was ist von der Sachkenntnis eines Automechanikers zu halten, der zu einem auf der Autobahn liegen gebliebenen Fahrzeug gerufen wird, weil der Motor aussetzt, der aber bei der Fehlersuche zunächst den Reifendruck prüft? Rein gar nichts! So wie ein guter Automechaniker bei Schäden relativ schnell die Ursache eingrenzen kann, weil er bei vielen Fahrzeugtypen von vornherein die Schwachstellen kennt, so müssen auch in der Analytik Fehler und Fehlerursachen gefunden und abgestellt werden. Dies funktioniert allerdings nur, wenn bei dem betreffenden Analysenverfahren Arbeitsschritt für Arbeitsschritt auf mögliche Fehler abgeklopft werden kann.

Der erste und wichtigste Arbeitsschritt bei der Gravimetrie, die Fällung selbst, ist sehr anfällig für Fehler. Das beginnt schon mit der Frage, wie viel Fällungsmittel zugegeben werden muss, denn die Menge an Analyt ist ja nicht bekannt, sie soll erst festgestellt werden. „Das Fällungsmittel wird im Überschuss zugegeben", so ist zu lesen, aber wie ist zu erkennen, ob ein Überschuss vorliegt und ob „alles ausgefällt" ist? Die beste Möglichkeit dazu ist, den ersten Niederschlag abzufiltrieren und zu der klaren Lösung, dem Filtrat, weiteres Fällungsmittel zuzugeben. Fällt weiterer Niederschlag aus, so war die Fällung nicht vollständig. Der neue Niederschlag wird am besten durch den noch im Filter vorhandenen Filterkuchen filtriert. Gegebenenfalls ist diese Prozedur zu wiederholen, bis kein Niederschlag mehr ausfällt.

Ist dann „alles ausgefällt?" „Nein", muss die Antwort lauten und das kann leicht über das Chemische Gleichgewicht belegt werden. Fällt ein Analyt aus, so stellt sich zwischen Niederschlag und Lösung ein Gleichgewicht ein. Das zugehörige Gleichgewicht wird durch das Löslichkeitsprodukt K_L beschrieben und die überstehende Lösung enthält noch gelösten Stoff, dessen Konzentration durch dieses Löslichkeitsprodukt bestimmt ist.

Beispielsweise gilt für einen Niederschlag aus Bleisulfat:

$$Pb^{2+} + SO_4^{2-} \rightarrow PbSO_4 \downarrow$$

Für 25 °C gilt:

$$K_L(PbSO_4) = c(Pb^{2+}) \cdot c(SO_4^{2-}) =$$
$$= 1{,}5 \cdot 10^{-8}\ mol^2/L^2$$

Sind die Konzentrationen von Bleiionen und von Sulfationen in der Lösung gleich groß, dann ist die Konzentration der Bleiionen gerade gleich der Wurzel aus dem Löslichkeitsprodukt.

$$c(Pb^{2+}) = 1{,}2 \cdot 10^{-4}\ mol/L$$

und mit $M(Pb^{2+}) = 207{,}2\ g/mol$

$$\beta(Pb^{2+}) = 25\ mg/L$$

Konkret bedeutet das für diese Bedingungen, dass 25 mg an Blei pro Liter Lösung nicht ausgefällt werden, also nicht als Bleisulfat auf der Waage zu Buche schlagen. Dieses Defizit an Niederschlag muss zu einem Fehler bei der gravimetrischen Bestimmung führen.

Der im Baustein „Chemisches Gleichgewicht" als elementar erkannte Satz von der Reaktion eines Gleichgewichtssystems auf Störungen kann auch hier angewendet werden.

> „Werden Konzentrationen von Stoffen geändert, die am chemischen Gleichgewicht beteiligt sind, so ändern sich die Konzentrationen aller am Gleichgewicht beteiligten Stoffe so, dass die Gleichgewichtskonstante wieder erreicht wird."

Damit muss ein Überschuss des Fällungsmittels Sulfat dazu führen, dass weiteres Bleisulfat ausfällt.

konstant   Konzentration von außen erhöhen

$$K_L(PbSO_4) = c(Pb^{2+}) \cdot c(SO_4^{2-}) = 1,5 \cdot 10^{-8}\,\frac{mol^2}{L^2}$$

Konzentration erniedrigt sich   konstant
durch Niederschlagsbildung

Wird beispielsweise Sulfat in einer solchen Menge zugesetzt, dass in der überstehenden Lösung $c(SO_4^{2-}) = 1,0\ mol/L$ ist, so gilt:

$$c(Pb^{2+}) = \frac{K_L(PbSO_4)}{c(SO_4^{2-})} =$$

$$= \frac{1,5 \cdot 10^{-8}\left(\frac{mol}{L}\right)^2}{1,0\,\frac{mol}{L}} = 1,5 \cdot 10^{-8}\,\frac{mol}{L}$$

Daraus ergibt sich eine Massenkonzentration von $\beta(Pb^{2+}) = 3,1\ \mu g/L$.

Damit ist der in der Lösung verbleibende Rest an Blei zwar wesentlich geringer, aber nicht gleich null! Um Analyte vollständig auszufällen, müsste die Konzentration an Fällungsmittel unendlich groß werden, und das ist nicht möglich. In der Praxis sind die Grenzen sehr viel enger. Beispielsweise löst sich das für die Fällung von Blei verwendete Natriumsulfat nur bis zu einer Konzentration von etwa 1,1 mol/L in Wasser. Mit diesem Fällungsmittel ist der oben angegebene Wert von 3,1 µg/L für Blei praktisch nicht mehr zu unterschreiten.

> Durch eine hohe Konzentration an Fällungsmittel kann die Niederschlagsbildung zwar erhöht, der Analyt aber nicht vollständig ausgefällt werden.

Schlecht ausgebildete Laborkräfte kennen diesen Sachverhalt nicht. Gut ausgebildete Laborkräfte können den Fehler über Rechnungen abschätzen und darüber nachdenken, wie ein solcher Fehler minimiert werden kann. Wie wichtig die Kenntnis dieses Sachverhaltes ist, zeigen auch die Schritte, die in der Gravimetrie auf die Fällung folgen: Filtrieren und Waschen des Niederschlags.

Fehler bei der Auswahl der Porengröße des Filtermediums fallen sofort auf. Ist die Porengröße zu groß gewählt, so „läuft der Niederschlag mit durch", das Filtrat ist also nicht klar. Ist die Porengröße zu klein, läuft die Flüssigkeit nicht oder nur schlecht durch. Der Zeitbedarf für eine solche Filtration kann leicht eine Stunde betragen! Immerhin kann einem zu kleinen Fluss durch Anlegen eines Unterdrucks

nachgeholfen werden. Diese Arbeitstechnik wird „Abnutschen" oder „Absaugen" genannt.

Der Niederschlag wird anschließend im Filter ausgewaschen, um bei der Fällung eingeschlossene, aber gut lösliche Fremdstoffe zu entfernen. Nach der vorausgegangen Diskussion des Löslichkeitsproduktes bedeutet dies aber auch, dass in dem Waschwasser wieder Analytniederschlag gelöst wird. Der Verlust kann gering gehalten werden, wenn mit einer Lösung gewaschen wird, dem Fällungsmittel zugesetzt worden ist. Das Fällungsmittel wird hier als „gleichioniger Zusatz" bezeichnet. Die geringere Löslichkeit des Analytniederschlags in dieser Waschflüssigkeit gegenüber der in reinem Wasser ist nach der obigen Diskussion des chemischen Gleichgewichts gut zu verstehen.

Wie ist auszuwaschen? Ein Beispiel aus der Küche soll das Prinzip veranschaulichen: Ein Kochtopf enthält noch Reste einer Soße. Ein Liter Spülwasser soll zur Reinigung verwendet werden. Wann ist der Reinigungserfolg besser: Wenn **einmal** mit diesem Liter Wasser ausgespült wird oder wenn das Spülwasser in 4 Portionen mit jeweils einem Viertelliter aufgeteilt und mit diesen Portionen **nacheinander** gewaschen wird? Klar ist, dass mit dem zweiten Verfahren ein besserer Reinigungserfolg erzielt wird, und so ist es auch bei der Reinigung von Niederschlägen in der Gravimetrie. Im Baustein „Prinzipien und Methoden der Chromatographie" wird dies mit Zahlen belegt.

Danach wird der Niederschlag getrocknet und gegebenenfalls geglüht, eine Prozedur, die viele Fehlerquellen beinhalten kann. Sicher ist, dass dabei mit Substanzverlusten zu rechnen ist, denn getrocknete oder geglühte Niederschläge bilden häufig feine Stäube, die sich mit Vorliebe in der Umgebung homogen verteilen.

Es schließt sich der Wägevorgang an. Die Waagen selbst bilden heutzutage, wenn sie justiert sind, für die praktische Arbeit das kleinste Problem. Der Abgleich der Taramasse und die sofortige Angabe der Nettomasse bis auf ein Zehntel Milligramm ist ohne weiteres möglich. Inwiefern diese Stellenangaben allerdings relevant sind, steht auf einem anderen Blatt. Es kommen im wahrsten Sinne des Wortes „Unwägbarkeiten" hinzu, wie beispielsweise die, ob der Keramikfilter, der den Niederschlag enthält, selbst durch Aufnahme oder Abgabe von Wasser an Masse verliert. In einem solchen Fall muss sichergestellt werden, dass mit dem richtigen Tarawert gearbeitet wird. Dazu wird der Tiegel mehrfach ausgeglüht und gewogen, bis eine konstante Masse erhalten wird.

Die penible Beachtung aller Sachverhalte, die bisher geschildert wurden, wird allerdings dann nutzlos, wenn neben dem Analyten aus der Matrix ein Stoff mit ausfällt, der ähnliche Eigenschaften hat wie der Analytniederschlag. Ein Beispiel dafür ist die Fällung von Eisen(III)ionen als Hydroxid, wenn die Matrix Aluminium(III)ionen enthält:

$$2\,Fe^{3+} + 6\,OH^- + x\,H_2O \rightarrow$$
$$2\,Fe(OH)_3 \cdot y\,H_2O \downarrow \rightarrow Fe_2O_3 + z\,H_2O$$

$$2\,Al^{3+} + 6\,OH^- + x\,H_2O \rightarrow$$
$$2\,Al(OH)_3 \cdot y\,H_2O \downarrow \rightarrow Al_2O_3 + z\,H_2O$$

Beim Glühen entsteht Aluminiumoxid. Es bildet mit Eisenoxid ein Gemisch, das, als reines Eisenoxid interpretiert, zu einem Fehler führen muss. Dieser Fehler tritt nicht ein, wenn bekannt ist, dass in der Matrix enthaltenes Aluminium das gravimetrische Verfahren stört und wenn deshalb zuvor über die qualitative Analyse untersucht wird, ob die Matrix diese Störkomponente enthält oder nicht. Als elementarer Analysengrundsatz kann daher gelten:

> Quantitative Analysen sind nur dann zulässig, wenn die qualitative Zusammensetzung der Analysenprobe so weit bekannt ist, dass Störungen durch die Matrix ausgeschlossen werden können. In der Regel geht daher eine qualitative Analyse einer quantitativen Analyse voraus.

In der Tabelle 5.1 sind Arbeitsschritte, Fehler und Möglichkeiten zur Erkennung und Beseitigung aufgelistet.

5.3 Standardsubstanzen und Wiederfindungsrate

„Woher wissen Sie, dass Ihr Analysenergebnis richtig ist?" Sind die Fehlermöglichkeiten bei den Einzelschritten bedacht, so kann bei dieser Frage sicher darauf verwiesen werden. Doch damit ist es nicht getan, vielmehr sind konkrete Daten erforderlich, um abschätzen zu können, wie es mit der Richtigkeit und mit der Präzision bestellt ist. Eine Aussage über die Präzision kann über Wiederholungsmessungen gewonnen werden, für die Abschätzung der Richtigkeit und eine dahingehende Berichtigung der Analysenergebnisse bietet sich die **Wiederfindungsrate** an. Der Name besagt schon, worum es dabei geht: Es wird eine definierte Menge an Analyt in das Analysenverfahren eingesetzt und untersucht, wie viel von der eingesetzten Menge tatsächlich **wieder gefunden** wird.

Die definierte Menge an Analyt wird über **Standardsubstanzen** (einfacher „Standards") vorgegeben. Standards werden in der Analytik in vielfältiger Weise, also nicht nur zur Bestimmung von Wieder-

Schritt	Fehlermöglichkeit	Beispiele für Erkennung und Beseitigung
fällen	Mitfällung	qualitative Analyse, Abtrennung der Störsubstanz und/oder Einstellung selektiver Reaktionsbedingungen
	unvollständige Fällung	Fällungsmittel im Überschuss, Fällungsmittel zum Filtrat, Einhaltung definierter Reaktionsbedingungen
filtrieren	Porengröße	Filtrat nicht klar oder Flüssigkeit läuft sehr langsam, richtige Porengröße wählen, mit Unterdruck filtrieren
waschen	Fremdstoffe im Niederschlag eingeschlossen	auswaschen
	Löslichkeit des Niederschlags	Löslichkeitsprodukt beachten, Waschmittel mit gleichionigem Zusatz und in kleinen Portionen
trocknen, glühen	Trocknungsform undefiniert	durch Glühen in definierte Form überführen
	Substanzverlust und/oder Substanzeintrag	Arbeitstechnik, Temperatur schrittweise verändern, Tiegel abdecken
wiegen	Waage nicht justiert	prüfen und justieren
	Tiegelmasse verändert sich	konstant glühen

Abb. 5.1: **Arbeitsschritte und Fehler bei der Gravimetrie**

findungsraten verwendet. Allen Anwendungen ist gemeinsam, dass es sich dabei nicht um Absolutmessungen, sondern um **Relativmessungen,** weil bezogen auf den Standard, handelt. Bei der Wahl der geeigneten Standardsubstanz müssen die allgemeinen Beurteilungskriterien für Analysen berücksichtigt werden.

Die Verwendung von Standardsubstanzen in der Analytik

Begriff:
Ein Standard ist eine bekannte Masse oder Konzentration eines Stoffes, der in einem Analysenverfahren eingesetzt wird.

Bedingung:
Analysenprobe und die Standardprobe müssen sich bei dem Analysenverfahren vergleichbar verhalten. Dieser übergeordnete Gesichtspunkt lässt sich wie folgt aufschlüsseln:

1. Die Standardsubstanz muss grundsätzlich für das Analysenverfahren geeignet sein. Wird beispielsweise Mangan gravimetrisch in der Analysensubstanz bestimmt, dann muss der Standard Mangan enthalten.

2. Die Standardsubstanz muss den Analyten in der gleichen Form enthalten, wie er in der Analysensubstanz vorhanden ist. Enthält die Analysensubstanz Mangan als Mn^{2+}, so muss der Standard Mangan ebenfalls als Mn^{2+} enthalten. Ist die Analysensubstanz in Wasser leicht löslich, dann muss das auch für die Standardsubstanz gelten. Als grobe Regel für die Auswahl der Standardsubstanzen bezüglich der Löslichkeit kann gelten, dass praktisch alle Salze der Alkalimetalle leicht wasserlöslich sind. Bei den anderen Metallen sind die Nitrate gut wasserlöslich, mit einigen Ausnahmen gilt das auch für die Chloride und Bromide. In Tabellenwerken, wie beispielsweise den Katalogen der Lieferfirmen, sind die Eigenschaften der Chemikalien aufgelistet.

3. Die Standardsubstanz muss eine definierte Molare Masse haben und soll möglichst rein sein. Sie muss stabil sein, darf also beispielsweise nicht hygroskopisch sein, also praktisch kein Wasser aus der Luft aufnehmen. Der Gesichtspunkt Sicherheit sowie der Preis müssen bei der Auswahl berücksichtigt werden.

Das Prinzip der Wiederfindungsrate soll hier am Beispiel der Fällung von Mangan(II)ionen durch Phosphat gezeigt werden. Übrigens bilden viele Analyte schwerlösliche Phosphate, so dass Phosphat als weiteres häufig verwendbares Fällungsreagenz genannt werden kann.

Mangan(II)ionen fallen in schwach ammoniakalischer Lösung nach folgender Gleichung aus.

$$2\ Mn^{2+} + 2\ NH_4^+ + 2\ HPO_4^{2-} + 2\ OH^- \rightarrow$$
$$2\ MnNH_4PO_4 \cdot H_2O \downarrow$$

Das ausgefallene Ammoniummanganphosphat wird zu Mangandiphosphat geglüht:

$$2\ MnNH_4PO_4 \cdot H_2O \rightarrow$$
$$Mn_2P_2O_7 + 2\ NH_3 \uparrow + 3\ H_2O$$

Eine Analysenprobe soll gravimetrisch bestimmt worden sein. Gefunden wurden dabei 390,2 mg an Mangandiphosphat, das entspricht 151,1 mg an Mn^{2+} in der Analysenprobe.

Zur Bestimmung der Wiederfindungsrate wird eine definierte Masse eines reinen Mangansalzes so eingewogen, dass die zu findende Masse an Mangan ungefähr der Masse in der Analysenprobe entspricht. Als Standardsubstanz wird hier Manganchlorid, $MnCl_2 \cdot 4\ H_2O$, gewählt.

$$\frac{n(MnCl_2 \cdot 4\ H_2O)}{n(Mn^{2+})} = \frac{1}{1}$$

(In einem Teilchen $MnCl_2 \cdot 4\ H_2O$ ist ein Teilchen Mn^{2+} enthalten!)

$$m(MnCl_2 \cdot 4\ H_2O) = \frac{M(MnCl_2 \cdot 4\ H_2O)}{M(Mn^{2+})} \cdot m(Mn^{2+})$$

$$m(MnCl_2 \cdot 4\ H_2O) = \frac{197,90469\ \frac{g}{mol}}{54,93805\ \frac{g}{mol}} \cdot 151,1\ mg =$$

$$= 544,3\ mg$$

In diesen 544,3 mg an $MnCl_2 \cdot 4\ H_2O$ ist also die gleiche Masse an Mangan enthalten, wie bei der Analysenprobe gefunden wurde.

Es ist nicht zweckmäßig, weil zeitaufwändig und fehleranfällig, eine berechnete Masse auch tatsächlich einzuwiegen. Besser ist es, eine Masse einzuwiegen, die ungefähr bei dem gewünschten Wert liegt und dann umzurechnen. Werden $m(MnCl_2 \cdot 4\ H_2O) = 551,0$ eingewogen, so entspricht das einer Masse von $m(Mn^{2+}) = 153,0$ mg an Mangan. Damit ist die für den Standard theoretisch zu erwartende Masse bekannt.

Wird das komplette Analysenverfahren mit dieser eingewogenen Substanz durchgeführt und werden experimentell 379,4 mg an $Mn_2P_2O_7$ gefunden, so entspricht dies 146,9 mg an Mangan, d. h., es werden 96,0 % der eingesetzten Masse wieder gefunden. Da Standardprobe und Analysenprobe unter vergleichbaren Bedingungen analysiert worden sind, ist dieser Minderbefund auch bei der eigentlichen Analysenprobe anzunehmen. Daher kann die Analysenprobe über die Wiederfindungsrate berichtigt werden. Die **Wiederfindungsrate** η_w (griech. Eta) ist definiert als:

$$\eta_w = \frac{m_{ex}}{m}$$

m_{ex} experimentell gefundene Masse
m tatsächliche (zu erwartende) Masse

Die Wiederfindungsrate ist vergleichbar der Ausbeute bei präparativen Arbeiten, dabei gibt die Ausbeute an, welche Masse an Substanz im Vergleich zur maximal möglichen Masse an Substanz erhalten wird. Daher erhält die Wiederfindungsrate hier auch das gleiche Symbol η wie die Ausbeute. Natürlich kann die Wiederfindungsrate auch auf Stoffmengen bzw. Konzentrationen bezogen werden. Üblich ist die Angabe der Wiederfindungsrate in Prozent.

Für das Beispiel gilt nach dieser Definition für den Standard:

$$\eta_w(Mn^{2+}) = \frac{m_{ex}(Mn^{2+})}{m(Mn^{2+})} = \frac{146,9 \text{ mg}}{153,0 \text{ mg}} = 0,960$$

Für die Analysenprobe ergibt sich daraus:

$$m(Mn^{2+}) = \frac{m_{ex}(Mn^{2+})}{\eta_w(Mn^{2+})} = \frac{151,1 \text{ mg}}{0,960} = 157 \text{ mg}$$

Damit ist der Analysenwert der Probe über die Wiederfindungsrate berichtigt, d. h. auf den Standard bezogen worden. Der Bezug auf einen Standard ist in der klassischen nasschemischen Analyse noch nicht weit verbreitet, in der **Instrumentellen Analytik** ist er die Regel. Es ist sogar häufig die einzige Möglichkeit, einigermaßen richtige Werte anzugeben. Enthält beispielsweise ein Kosmetikprodukt neben mengenmäßig weit überwiegenden Füllstoffen eine relativ instabile Komponente, die möglicherweise gesundheitsschädlich ist und deren Massenanteil bestimmt werden soll, so können bei der Probenaufbereitung leicht 90 % der Substanz zerstört und demnach bei der Messung nur noch 10 % des tatsächlichen Wertes gefunden werden. Kann die Matrix des Kosmetikproduktes einigermaßen vergleichbar hergestellt werden und wird dieser Matrix eine bekannte Menge an der ge-

suchten Komponente über einen Standard zugesetzt, so wird ein so genannter „**matrixangepasster Standard**" erhalten. Bei seiner Analyse wird festgestellt, welche Masse an Analyt **wieder gefunden** wird. Über die Wiederfindungsrate lässt sich der tatsächliche Gehalt in der Analysenprobe berechnen. Weiterhin ist die Wiederfindungsrate eine ausgezeichnete Möglichkeit, zu testen, „wie gut ein Analysenverfahren arbeitet" bzw. wie die jeweilige Arbeitsvorschrift weiterentwickelt werden kann.

> Über die Wiederfindungsrate können Fehler erkannt, Analysenwerte berichtigt, Arbeitsvorschriften beurteilt und Arbeitsmethoden weiterentwickelt werden. Voraussetzung dafür ist, dass die Matrix des Standards der Matrix der Analysenprobe vergleichbar ist (matrixangepasster Standard) und dass die Analyse unter vergleichbaren Bedingungen durchgeführt wird. Es ist sinnvoll, Wiederfindungsraten sowohl in der nasschemischen als auch in der instrumentellen Analytik zu bestimmen und zu verwenden.
>
> Die Bestimmung der Wiederfindungsrate über eine Standardsubstanz ist, wie alle Messungen, mit Fehlern behaftet. Fehler bei der Bestimmung berichtigen nicht das Messergebnis für die Analysenprobe. Sie verfälschen es!

Ein gutes Indiz dafür, ob Analysenprobe und Standard sich in dem betreffenden Analysenverfahren wirklich vergleichbar verhalten, ist die Präzision, mit der die beiden Probensorten analysiert wurden (siehe dazu den nachfolgenden Baustein „Die Behandlung von Messwerten").

5.4 Systematische und zufällige Fehler

Alle Analysenfehler können in zwei **Fehlertypen** eingeordnet werden, nämlich in die **systematischen** und die **zufälligen Fehler.** Fehler, wie den bei der gravimetrischen Bestimmung von Eisen, bei der die Matrix auch Aluminium enthält, das später als Aluminiumoxid auf der Waage erscheint, aber von Eisenoxid nicht unterschieden wird, sind besonders unangenehm. Werden nämlich Probenserien analysiert und enthalten alle Proben neben Fe^{3+} auch Al^{3+}, so tritt dieser Fehler immer auf, solche Fehler werden **systematische Fehler** genannt.

Welche Brisanz in solchen systematischen Fehlern stecken kann, soll das Beispiel einer Futtermittelanalyse verdeutlichen. Ein Labor hatte beispielsweise seit Jahren den Cadmiumgehalt dadurch bestimmt, dass das Cadmium aus dem Futtermittel mit kaltem Wasser extrahiert und in dem Filtrat analysiert wurde. Bei Mehrfachmessungen ein und derselben Futtermittelcharge wurden relativ geringe Abweichungen im Cadmiumgehalt gefunden, die Präzision der Ergebnisse war also „in Ordnung". Eines Tages wurde in diesem Labor das Cadmium aus dem Futtermittel mit heißem Wasser extrahiert. Offenbar wurde dadurch der Übergang des Cadmiums in die wässrige Phase stark erhöht, denn jetzt wurden um mehr als eine Zehnerpotenz höhere Gehalte gefunden. Die Methode mit dem kalten Wasser führte also zu einem **systematischen Fehler**. Weil **immer** mit kaltem Wasser extrahiert wurde, trat dieser Fehler bei **jeder** Messung auf, wurde daher nicht bemerkt und führte zu den falschen Ergebnissen.

> Eine Analyse mit guter Präzision muss nicht richtig sein und durch Bildung von Mittelwerten können systematische Fehler nicht eliminiert werden.

Die besten Waffen gegen systematische Fehler sind eingehende Kenntnisse des kompletten Analysenverfahrens, geplante Kontrollmaßnahmen, eine scharfe und unvoreingenommene Beobachtung der praktischen Arbeit und ein gesundes Misstrauen auch gegen eingefahrene Analysenvorschriften. Über mögliche systematische Fehler und deren Erkennung und Vermeidung wird also bei jedem Analysenverfahren zu reden sein.

Zwei wirksame Maßnahmen zur Erkennung von systematischen Fehlern sind bereits diskutiert, nämlich der Grundsatz „qualitative Analyse vor quantitativer Analyse" sowie das Werkzeug „Wiederfindungsrate". Wie das obige Beispiel zeigt, darf sich die Bestimmung der Wiederfindungsrate nicht auf den Messvorgang allein beschränken, sie muss für den gesamten Analysengang gelten und insbesondere auch die Probenaufbereitung einschließen. Die dritte Maßnahme sind **unabhängige Messverfahren.** Beispielsweise könnte Eisen über eine Titra-

tion analysiert und die Werte mit denen der gravimetrischen Analyse verglichen werden (siehe dazu „Komplexometrie und Selektivität").

Wird bei der Gravimetrie der Filterkuchen **einmal** nicht genügend ausgewaschen, so ist das ein **zufälliger Fehler.** Wird **grundsätzlich** ungenügend ausgewaschen, so ist das ein **systematischer Fehler.** Es ist also zwischen systematischen und zufälligen Fehlern zu unterscheiden. Zur Unterscheidung ist eine genaue Beschreibung des jeweiligen Sachverhaltes notwendig. So kann die falsche Einwaage, das falsche Auffüllen eines Messkolbens und die ungenügende Trocknungszeit sowohl ein systematischer als auch ein zufälliger Fehler sein. Die Größe der zufälligen Fehler kann durch statistische Verfahren bestimmt werden (siehe dazu „Die Behandlung von Messwerten").

Viele der in diesem Baustein beschriebenen Arbeitsschritte haben nicht nur in der Gravimetrie, sondern auch in anderen Bereichen der Analytik ihre Bedeutung. So müssen bei der Probenaufbereitung häufig einige Komponenten der Matrix ausgefällt und abfiltriert oder Schwebstoffe entfernt werden. Trocknungsschritte sind Bestandteil vieler Analysenverfahren. Die Niederschlagsbildung selbst hat auch bei der Reinigung von Wässern von Schadstoffen eine große Bedeutung. Beispielsweise werden Abwässer durch Fällung mit Eisen-, Aluminiumoder Calciumionen von Phosphat gereinigt.

5.5 Optimierung von Analysenverfahren nach den Beurteilungskriterien

Die Qualität der analytischen Arbeit im Labor wird durch das Maß bestimmt, in dem den Beurteilungskriterien Richtigkeit, Präzision, Bestimmungsgrenze, Sicherheit und Effektivität am **konkreten Verfahren durch konkrete Maßnahmen** Rechnung getragen wird. Die Tabelle 5.2 zeigt dafür Regeln und Hinweise. Sie wird mit den folgenden Analy-

Kriterium	Methode
Richtigkeit	Kenntnis der qualitativen Zusammensetzung der Analysenprobe ist die Voraussetzung für eine quantitative Analyse (siehe Problem Fe^{3+}/Al^{3+}).
	Eliminierung von Matrixstörungen über selektive Reaktionsbedingungen (siehe Trennung Sulfat/Carbonat)
	Kenntnis der wesentlichen Fehlerquellen der Arbeitsschritte (siehe Nachfällung im Filtrat)
	Wiederfindungsrate (siehe Mn^{2+})

Tabelle 5.2: **Kontrolle und Optimierung der Beurteilungskriterien**

senverfahren fortgeschrieben und soll schließlich ein Instrument ergeben, mit dessen Hilfe die Überprüfung und die Optimierung von Analysenverfahren möglich ist. Sauberes und sorgfältiges Arbeiten, eine vollständige und übersichtliche Dokumentation des Analysenganges und eine sachgemäße Auswertung der Rohdaten sind Grundvoraussetzungen für jedes Analysenverfahren. Sie werden daher in diesen Übersichten nicht eigens erwähnt.

5.6 Übung

Gravimetrie

(1) Geben Sie für fünf chemische Gleichungen alle möglichen Stoffmengenverhältnisse an. Geben Sie dann jeweils eine Stoffmenge vor und rechnen Sie sich die zugehörige Stoffmenge des Reaktionspartners aus.

(2) Erklären Sie den Unterschied zwischen zufälligen und systematischen Fehlern an einem Modell.

(3) Beschreiben Sie jeweils fünf zufällige bzw. systematische Fehler.

(4) Die Mitfällung ist eine wichtige Fehlermöglichkeit in der Gravimetrie.
a) Erläutern Sie an einem konkreten Beispiel, einschließlich aller chemischen Gleichungen, wie dieser Fehler vermieden werden kann.
b) Welche Regel ist hier angesprochen?

(5) Bei der gravimetrischen Bestimmung von Eisen über die Wägeform Eisenhydroxid werden unpräzise Ergebnisse erhalten. Weshalb ist das so und was ist zu tun? Geben Sie die relevanten chemischen Formeln an. Um welche allgemeine Bedingung, die bei einer gravimetrischen Bestimmung erfüllt sein muss, geht es hier?

(6) Suchen Sie nach Größen, die ähnlich der Wiederfindungsrate definiert sind.

(7) Bei der gravimetrischen Bestimmung der Wiederfindungsrate wird festgestellt, dass die experimentell ermittelte Masse größer ist als die tatsächliche Masse. Was könnte die Ursache sein?

(8) Unter welchen Voraussetzungen ist die Verwendung der Wiederfindungsrate zur Berichtigung des experimentellen Ergebnisses zulässig?

(9) Welche Masse an Eisen enthielt eine Lösung, wenn 127,2 mg an Fe_2O_3 gefunden wurden?

(10) Stellen Sie das Prinzip der Wiederfindungsrate anhand eines Analysenbeispiels und selbst gewählter Zahlenwerte einschließlich aller Rechnungen über ein Strukturschema dar.

(11) Der Analyt Al^{3+} wird als $Al(OH)_3$ gefällt und zu Al_2O_3 geglüht. Bei der Analysenprobe ist $m_{ex}(Al_2O_3) = 419,1$ mg.
a) Welche Masse an Standardsubstanz $AlCl_3 \cdot 6\,H_2O$ ist zur Bestimmung der Wiederfindungsrate einzuwiegen (geplante Masse)?
b) Tatsächlich wurden 1,9171 g an $AlCl_3 \cdot 6\,H_2O$ eingewogen und damit 380,1 mg Al_2O_3 gefunden. Berechnen Sie die Masse an Al^{3+} in der Analysenprobe.

(12) Bleiionen sollen aus einem Abwasser durch Fällung weitestgehend entfernt werden. Für welches Fällungsmittel entscheiden Sie sich, wenn Ihnen zwei davon zur Verfügung stehen? Belegen Sie Ihre Antwort mit Zahlen.

(13) Viele Substanzen können als schwerlösliche Sulfide ausgefällt werden. Ob allerdings ein bestimmter Stoff auch tatsächlich ausfällt, hängt unter anderem davon ab, ob die Fällung im sauren oder basischen Milieu durchgeführt wird. Weshalb ist das so? Erklären Sie den Sachverhalt über das chemische Gleichgewicht.

5

6 Die Behandlung von Messwerten

6.1 Statistische Grundbegriffe

In diesem Baustein geht es wesentlich um die zahlenmäßige Beschreibung der zufälligen Fehler und damit um die Beschreibung der Präzision von Messungen.

Eine Analysenprobe wird in drei gleiche Teile geteilt, die Teile werden unter völlig gleichen Bedingungen analysiert, als Messwerte werden erhalten:

$$m_1 = 20{,}2\ \text{g} \qquad m_2 = 19{,}9\ \text{g} \qquad m_3 = 20{,}3\ \text{g}$$

Es verwundert nicht, dass trotz gleicher Teile der Analysenprobe und scheinbar gleichen Analysenbedingungen keine gleichen Werte erhalten werden. In der Gravimetrie könnte dies dadurch verursacht sein, dass der Niederschlag mehr oder weniger vollständig ausgefällt, gewaschen, getrocknet oder geglüht worden ist, dass also zufällige Fehler vorliegen, die sich in den unterschiedlichen Messwerten widerspiegeln.

Als Ergebnis der drei Messungen wird das „Arithmetische Mittel" $\bar{x}$, hier einfach Mittelwert genannt, angegeben. Dies ist sinnvoll, besagt doch die der Statistik zugrunde liegende Theorie, dass ein Mittelwert, der aus N Messwerten gebildet wird, um $\sqrt{N}$ zuverlässiger ist als jeder Einzelwert x_i.

$$\text{Mittelwert: } \bar{x} = \frac{\sum\limits_{i=1}^{N} x_i}{N}$$

Für das Beispiel gilt demnach:

$$\bar{m} = \frac{20{,}2\ \text{g} + 19{,}9\ \text{g} + 20{,}3\ \text{g}}{3} = 20{,}1\ \text{g}$$

Würde als Ergebnis dieser Messreihe nur 20,1 g angegeben werden, dann würden Informationen über die Präzision der Messung fehlen. Die Tabelle 6.1 zeigt, dass dieser Mittelwert auch aus anderen Messwerten resultieren könnte.

Messreihe A		Messreihe B		Messreihe C	
Nr.	Messwert	Nr.	Messwert	Nr.	Messwert
1	20,2 g	6	20,2 g	11	20,1 g
2	19,9 g	7	19,4 g	12	18,9 g
3	20,3 g	8	20,8 g	13	21,4 g
$\bar{m}$ = 20,1 g		$\bar{m}$ = 20,1 g		$\bar{m}$ = 20,1 g	

Tabelle 6.1: **Messwerte und Präzision**

Die drei Messreihen unterscheiden sich offensichtlich in der Präzision. Liegen bei der Messreihe A die Messwerte noch relativ dicht beieinander, so werden die Unterschiede in den Messreihen B und C immer größer, wie auch Abb. 6.1 zeigt.

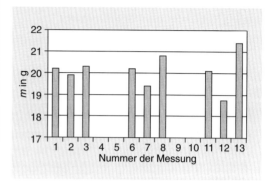

Abb. 6.1: **Messwerte und Präzision, Diagramm zur Tabelle 6.1**

Angaben zur Präzision sind zur Beurteilung von Analysenergebnissen wichtig, denn käme beispielsweise bei der Messreihe A ein weiterer Messwert hinzu, so würde sich wahrscheinlich ein ähnlicher Mittelwert ergeben, während ein weiterer Messwert bei Messreihe C den Mittelwert deutlich verändern würde. Für die zahlenmäßige Beschreibung der Präzision gibt es eine Reihe von Möglichkeiten. Die sinnvolle Möglichkeit ist danach auszuwählen, welche Datenmengen zur Verfügung stehen und welche Anforderungen gestellt werden. Die einfachste Möglichkeit dazu ist die Angabe der Streubreite.

> Die Streubreite ist die Differenz zwischen dem höchsten und dem niedrigsten Messwert.

Die zweite Möglichkeit ist die Angabe der mittleren Abweichung $\overline{\Delta x}$ beziehungsweise der relativen mittleren Abweichung $\overline{\Delta x}$ in %. Dabei sind die Differenzen der Einzelwerte x_i zu dem Mittelwert zu bilden, als **Absolutbeträge** (also ohne Vorzeichen) zu addieren, die erhaltene Summe durch die Anzahl der Messungen N zu dividieren und gegebenenfalls auf den Mittelwert zu beziehen.

$$\text{Mittlere Abweichung: } \overline{\Delta x} = \frac{\sum\limits_{i=1}^{N} |(x_i - \bar{x})|}{N}$$

$$\text{Relative mittlere Abweichung: } \overline{\Delta x}\% = \frac{\overline{\Delta x}}{\bar{x}} \cdot 100\ \%$$

Angewandt auf die Messreihe A bedeutet dies:

Streubreite	$20{,}3\ g - 19{,}9\ g = 0{,}4\ g$
Mittlere Abweichung	$\overline{\Delta m} = \dfrac{0{,}1\ g + 0{,}2\ g + 0{,}2\ g}{3} = 0{,}2\ g$
Relative mittlere Abweichung	$\overline{\Delta m}\% = \dfrac{0{,}2\ g}{20{,}1\ g} \cdot 100\ \% = 1\ \%$

Messreihe A		Messreihe B		Messreihe C	
Nr.	Messwert	Nr.	Messwert	Nr.	Messwert
1	20,2 g	6	20,2 g	11	20,1 g
2	19,9 g	7	19,4 g	12	18,9 g
3	20,3 g	8	20,8 g	13	21,4 g
Mittelwert					
$\overline{m} = 20{,}1\ g$		$\overline{m} = 20{,}1\ g$		$\overline{m} = 20{,}1\ g$	
Streubreite					
0,4 g		1,4 g		2,5 g	
Mittlere Abweichung $\overline{\Delta m}$					
0,2 g		0,5 g		0,8 g	
Relative mittlere Abweichung $\overline{\Delta m}$ in %					
1		2		4	

Tabelle 6.2: **Mittelwert, Streubreite, mittlere Abweichung und relative mittlere Abweichung der Messreihen A, B und C**

Mit der Angabe der Streubreite oder der mittleren Abweichung kann also die Präzision einer Messung beschrieben werden. Bei nur drei Messwerten handelt es sich dabei allerdings nur um eine grobe Abschätzung.

Stehen mehr Messwerte zur Verfügung, so kann die Präzision mit der so genannten **Standardabweichung** besser beschrieben werden. Gegeben sei eine Serie von 85 Messwerten. Diese sollen **Stichproben** einer noch größeren Anzahl von Analysenproben sein. Die Messwerte werden ohne Einheiten angegeben, könnten sich also auf Volumina, Massen, Konzentrationen, Spannungen, Intensitäten usw. beziehen. Da **Messwerte** direkt aus einem Messgerät stammen können, werden sie allgemein auch als **Signale** bezeichnet.

20,0	20,1	19,9	20,2	19,8	19,9	20,1	20,0	19,7	20,1
19,8	20,0	20,3	20,1	20,2	20,1	19,6	20,2	19,9	20,5
20,4	20,1	20,0	19,5	19,9	19,7	20,0	19,8	20,3	19,9
19,9	20,3	19,7	20,0	20,1	20,2	20,5	20,2	19,8	19,6
20,3	19,9	20,2	19,7	20,0	20,4	20,1	19,9	19,5	20,3
20,1	20,2	19,8	20,1	20,2	20,0	19,6	19,8	20,1	19,4
19,6	19,9	19,7	20,0	19,8	20,3	20,0	20,2	20,4	19,9
20,0	19,7	19,9	19,8	20,3	20,4	20,6	20,0	19,8	19,7
19,9	19,8	20,2	20,1	20,0					

Tabelle 6.3: **Serie von 85 Messwerten**

Es ist auch ohne Rechnung unschwer zu erkennen, dass der Mittelwert etwa gleich 20 ist. Für eine nähere Betrachtung ist es sinnvoll, die Häufigkeiten H bzw. die relative Häufigkeit H in % der Messwerte nach der Größe der Messwerte zu sortieren.

x	H	H in %
19,4	1	1,2
19,5	2	2,4
19,6	4	4,7
19,7	7	8,2
19,8	10	11,8
19,9	12	14,1
20,0	13	15,3
20,1	12	14,1
20,2	10	11,8
20,3	7	8,2
20,4	4	4,7
20,5	2	2,4
20,6	1	1,2

Tabelle 6.4: **Sortierung der 85 Messwerte nach der Häufigkeit**

Tabelle 6.4 zeigt eine sehr wichtige Tatsache:

> Die Messwerte treten nicht gleich häufig auf. Messwerte nahe dem Mittelwert sind häufiger als Messwerte, die vom Mittelwert weiter entfernt sind.

Anders gesagt: Je größer die Abweichung der Messwerte vom Mittelwert, desto seltener kommen sie vor.

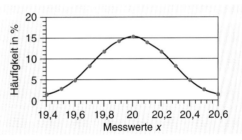

Abb. 6.2: **Häufigkeitsverteilung der 85 Messwerte**

Obwohl hier nur 85 Messwerte vorliegen, zeigt diese Kurve schon näherungsweise die so genannte Gauß'sche Normalverteilungskurve. In dieser Normalverteilungskurve, die streng nur für eine unbegrenzte Anzahl von Messwerten gilt, sind die Messwerte symmetrisch und in charakteristischer Häufigkeit um den Mittelwert verteilt. Gauß definierte die so genannte **Standardabweichung s**, deren Formel hier für die **Stichprobe** angegeben wird:

$$s = \sqrt{\frac{\sum\limits_{i=1}^{N}(x_i - \bar{x})^2}{N-1}}$$

Die relative Standardabweichung s in %, auch Variationskoeffizient genannt, ist:

$$s\% = \frac{s}{\bar{x}} \cdot 100\%$$

Mit den meisten Taschenrechnern sind diese statistischen Berechnungen sehr einfach durchzuführen, da die entsprechenden Funktionen gespeichert sind und nur noch die Daten eingegeben werden müssen.

Bei einem Vergleich dieser Formeln mit denen der mittleren Abweichungen sind Ähnlichkeiten festzustellen. Der Hauptunterschied besteht darin, dass bei der Standardabweichung die Quadratwurzel aus den Fehlerquadraten gebildet wird. Grundlage dazu ist die Wahrscheinlichkeitstheorie, welche die Standardabweichung und insbesondere die relative Häufigkeit der Verteilung der Messwerte um den Mittelwert bei zufälligen Fehlern auf ein sicheres mathematisches Fundament stellt. Die Tabelle 6.5 zeigt die ungefähre relative Häufigkeit der Messwerte um den Mittelwert nach der Gauß'schen Verteilungskurve.

Bereich	Häufigkeit in %
$\bar{x} \pm 1\,s$	über 68
$\bar{x} \pm 2\,s$	über 95
$\bar{x} \pm 3\,s$	über 99

Tabelle 6.5: **Häufigkeitsverteilung und Standardabweichung nach der Gauß'schen Normalverteilung**

Diese Häufigkeitsverteilung gilt für **jede Messreihe,** bei der die Messwerte normalverteilt sind.

> Die relative Häufigkeit wird „Wahrscheinlichkeit" genannt. Es lassen sich nur Wahrscheinlichkeiten kleiner 100 % angeben. Eine letzte Sicherheit, also 100 % Wahrscheinlichkeit, gibt es auch in der Statistik nicht!

	Häufigkeit
Standardabweichung s 0,251	
Relative Standardabweichung s in % 1,25 %	
Bereich $\bar{x} \pm 1\,s$ 20,0 + 0,25 bis 20,0 − 0,25	67 % (für die Werte zwischen 20,2 und 19,8)
Bereich $\bar{x} \pm 2\,s$ 20,0 + 0,50 bis 20,0 − 0,50	98 %
Bereich $\bar{x} \pm 3\,s$ 20,0 + 0,75 bis 20,0 − 0,75	100 %*)

*) Kein Widerspruch zu dem obigen Satz von den Wahrscheinlichkeiten, denn bei den angegebenen 85 Messwerten liegen alle zufällig innerhalb dieser Grenzen.

Tabelle 6.6: **Häufigkeitsverteilung und Standardabweichung für die 85 Messwerte**

Die Präzision von Messwerten kann über die Streubreite, die mittlere Abweichung und die Standardabweichung angegeben werden. Über die Statistik lässt sich zeigen, dass erst ab etwa **10 Messwerten die Standardabweichung** die Präzision besser beschreibt als Streubreite und mittlere Abweichung.

Neben der Standardabweichung als Maß für die Präzision hat die Häufigkeitsverteilung eine sehr große Bedeutung in der Analytik. Wenn nämlich nach der Gauß'schen Verteilungskurve die Messwerte, die nur mit einem zufälligen Fehler behaftet sind, zu über 68 % ± 1 s, zu 95 % ± 2 s und zu über 99 % ± 3 s um den Mittelwert verteilt sind, dann lassen sich daraus Definitionen, Normen, Verfahrensvorgaben, Prüfkriterien, Risikoabschätzungen und gesetzliche Vorgaben definieren. In vielen Fällen werden heute Gerätefunktionen bzw. Messergebnisse bei Analysenverfahren periodisch erfasst, beispielsweise im Wochenrhythmus. Die Daten werden in so genannte **Regelkarten** eingetragen. In diese werden z. B. auf der senkrechten Achse die Messwerte, auf der waagrechten Achse die Arbeitswochen abgetragen. Die Regelkarte enthält den mittleren Wert sowie die untere und die obere Eingreifgrenze. Damit lässt sich die Lage und die Entwicklung der aktuell erhaltenen Werte optisch sehr rasch einordnen. Bei der Regelkarte in der

Abb. 6.3 sollen sich die im Verlauf der Wochen 1 – 10 gemessenen Werte auf die in der Vorperiode ermittelten 85 Messwerte beziehen, die Eingreifgrenze soll sich auf $\bar{x} \pm 2\,s$ beziehen.

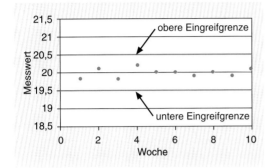

Abb. 6.3: Regelkarte mit dem Sollwert 20

Es ist gut nachzuvollziehen, dass für besonders sensible Bereiche, wie beispielsweise die Überwachung von Arzneimitteln, die Prüfverfahren sehr differenziert beschrieben und gesetzlich geregelt werden. Beispielsweise können die statistischen Wahrscheinlichkeiten 90 %, 95 %, 99 % und 99,9 % als Vertrauensbereiche definiert und Eingreifmaßnahmen von der Anzeigepflicht bis zur Verwerfung einer Charge vereinbart werden. Qualitätsmanagement und Prüfverfahren mit den Begriffen GLP/GMP (Good Laboratory/Good Manufacturing Practice), Validierung, Zertifizierung, Akkreditierung, ISO 9000, Operationalisierung usw. bestimmen heute mit gutem Grund die analytische Arbeit. Erinnert sei an die Tatsache, dass der Auslöser für diese Entwicklung die Freigabe von Medikamenten in den USA aufgrund frei erfundener, weil nie durchgeführter Analysen war. Die Notwendigkeit der Überwachung der Laborarbeit ist unbestritten. Gelegentlich kann allerdings beobachtet werden, dass in Analogie zum Schilderwald auf den Straßen ein überzogener Formalismus in die Analytik Einkehr gehalten hat.

> Die Gauß'sche Normalverteilungskurve zeigt eine charakteristische Häufigkeitsverteilung. Mit ihr lassen sich statistische Wahrscheinlichkeiten definieren, die als Standards für Vertrauensbereiche sowie Kontrollmaßnahmen dienen.

Der Gemeinsamkeit von Messwerten, beispielsweise ob sie zu **einer** Messreihe gehören, und die Unterschiede von Messwerten, beispielsweise ob sie zu **verschiedenen** Messreihen gehören, lassen sich über die Wahrscheinlichkeitswerte definieren. Der Anschauung halber werden Wahrscheinlichkeitswerte mit Begriffen verknüpft.

> Ist die Wahrscheinlichkeit der Übereinstimmung oder Unterscheidung von Werten
> – unter 90 %, so wird dies als **zufällig**
> – kleiner 95 %, aber mindestens 90 %, so wird dies als **wahrscheinlich**
> – kleiner 99 % aber mindestens 95 %, so wird dies als **signifikant**
> – mindestens 99 %, so wird dies als **hochsignifikant** bezeichnet.

Bisher war in diesem Abschnitt nicht die Rede von den Begriffen „Richtigkeit" und „Wahrer Wert". Ideal wäre es natürlich, wenn der mittlere Wert dem wahren Wert der Probe sehr nahe käme oder gar mit ihm identisch wäre. Aber der wahre Wert der Probe ist ja nicht bekannt! Mit den Methoden der Statistik lässt sich zwar eine Wahrscheinlichkeit angeben, innerhalb welcher Grenzen der Mittelwert mit dem wahren Wert übereinstimmt, aber dieser Weg wird in diesem Buch nicht beschritten. Zur Überprüfung der Richtigkeit wird die Analysenprobe vielmehr mit Standards verglichen, deren wahre Werte bekannt sind. Sind Analysenprobe und Standard vergleichbar – und darauf ist immer das Augenmerk zu legen –, dann können Wiederfindungsraten berechnet und, wie im vorausgehenden Baustein gezeigt, experimentelle Analysenwerte **berichtigt** werden.

Die Deutschen Einheitsverfahren zur Wasser-, Abwasser- und Schlammuntersuchung, herausgegeben von der Fachgruppe Wasserchemie in der Gesellschaft Deutscher Chemiker in Gemeinschaft mit dem Normenausschuss Wasserwerte im DIN Deutsches Institut für Normung e.V., enthalten erprobte und genormte Analysenvorschriften. Von diesen Erfahrungen können Laboratorien nur profitieren! Ein erklärtes Ziel der genannten Arbeitsgruppe ist die Entwicklung einer Vorschrift zur Ermittlung von Verfahrensstandardabweichungen als Maß für Analysenfehler, das ist ein weiterer wichtiger Schritt zur Standardisierung der Verfahren. Bei allem Respekt vor dem Sachverstand dieser Arbeitsgruppe sei darauf hingewiesen, dass deren Definitionen und Verfahren aus sich heraus keinen Gesetzescharakter haben. Sie entheben den vor Ort verantwortlichen Laborleiter nicht von der Verpflichtung, verantwortbare Regelungen für die Gegebenheiten seines Labors festzulegen.

6.2 Streuung und Drift

Zufällige Fehler führen zu einer Streuung von Messwerten, die in charakteristischer Weise um den Mittelwert verteilt sind. Dieses wesentliche Ergebnis des vorausgehenden Abschnittes kann benutzt werden, wenn Fehler erkannt oder eliminiert werden sollen. Um verständlich zu machen, was unter einer Drift zu verstehen ist, sind die Messwerte der Messreihen nach Tabelle 6.7 in der **Reihenfolge der Bestimmungen** (z. B. Messung 4 folgt auf Messung 3) angegeben.

Messreihe D		Messreihe E		Messreihe F	
Nr.	Messwert	Nr.	Messwert	Nr.	Messwert
1	19,9	8	20,3	15	19,6
2	20,3	9	20,2	16	19,8
3	19,8	10	19,9	17	19,9
4	19,6	11	19,8	18	20,2
5	20,2	12	19,6	19	20,3

Tabelle 6.7: **Streuung und Drift**

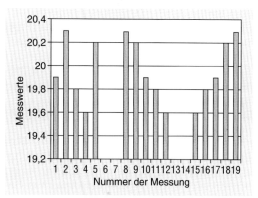

Abb. 6.4: **Streuung und Drift bei den Messreihen D, E und F**

Nur bei der Messreihe D liegt eine Streuung der Messwerte um einen Mittelwert vor, denn hier werden in der Reihenfolge der Bestimmung die Messwerte größer **und** kleiner, wie das von zufälligen Fehlern auch zu erwarten ist.

Bei den Messreihen E und F verändern sich die Messwerte in der Reihenfolge ihrer Bestimmung in **eine** Richtung, d. h., sie werden größer **oder** kleiner. Dies wird als Drift bezeichnet.

> Eine Streuung liegt vor, wenn die Messwerte in der Reihenfolge ihrer Ermittlung steigen **und** fallen.
> Eine Drift liegt vor, wenn die Messwerte in der Reihenfolge ihrer Ermittlung steigen **oder** fallen.

Stellt ein Messgerät die Messwerte (Signale) kontinuierlich dar, z. B. als Funktion der Zeit, so wird die Drift als „Liniendrift" bezeichnet.

Da nicht einzusehen ist, dass sich zufällige Fehler immer nur in eine Richtung auswirken sollen, kann die Ursache einer Drift nur ein systematischer Fehler sein. Beispielsweise kann sich in der Gravimetrie eine Tiegelmasse durch Wasserabgabe von Messung zu Messung immer weiter verkleinern; in einem solchen Fall wäre eine Mittelwertbildung nicht zulässig. In der Analytik muss also immer festgestellt werden, ob eine Drift vorliegt. Dazu sind wenigstens drei Messwerte erforderlich, aber Messreihen mit nur drei Messwerten haben ein unsicheres statistisches Fundament.

> Driften die Messwerte, so liegt ein systematischer Fehler vor. Dieser muss gesucht und eliminiert werden. Eine Mittelwertbildung ist nicht zulässig.

6.3 Ausreißer

Wenn jemand aus der Umgebung, zu der er gehört, Hals über Kopf verschwindet und in einer für ihn fremden Umgebung auftaucht, dann wird er ein „Ausreißer" genannt. Diese Definition trifft ziemlich genau den Kern des Problems „Ausreißer" in der Analytik, nur dass im Labor solches tagtäglich passieren kann.

Für die Messreihen A, B und C soll jeweils ein vierter Wert ermittelt worden sein, der in allen Fällen 17,0 g beträgt. Damit ergeben sich zunächst neue Streubreiten (Tabelle 6.8).

Messreihe A		Messreihe B		Messreihe C	
Nr.	Messwert	Nr.	Messwert	Nr.	Messwert
1	20,2 g	6	20,2 g	11	20,1 g
2	19,9 g	7	19,4 g	12	18,9 g
3	20,3 g	8	20,8 g	13	21,4 g
4*)	17,0 g	9*)	17,0 g	14*)	17,0 g
Streubreite					
3,3 g		3,8 g		4,4 g	
*) neu ermittelte Werte					

Tabelle 6.8: **Messwerte und Ausreißer**

Sollen die neuen Werte zur Bildung der Mittelwerte herangezogen werden? Ja, wenn sie zu den Messreihen gehören, also wenn sie nur mit zufälligen, „statistischen" Fehlern behaftet sind! Nein, wenn sie zwar innerhalb dieser Messungen ermittelt worden sind, aber offenbar nicht zu diesen Messreihen gehören. Letzteres könnte beispielsweise dadurch verursacht sein, dass eine Laborkraft zwar üblicherweise die richtigen Rohdaten aufschreibt, aber an der Waage 0,7921 g statt 0,7291 g („Zahlendreher") abliest.

Wie werden Ausreißer erkannt? Messwerte mit rein zufälligen Fehlern haben eine charakteristische Häufigkeitsverteilung. Für den Bereich $\bar{x} \pm 3\,s$ ist die Häufigkeit und damit die Wahrscheinlichkeit über 99 %, dass der Messwert zu der betreffenden Verteilungskurve und damit zu diesem Mittelwert gehört. Für das Beispiel der 85 Messwerte war das der Bereich 19,25 bis 20,75. Umgekehrt heißt das aber auch, dass Werte, die **außerhalb** dieses Bereiches liegen, mit der gleichen Wahrscheinlichkeit **nicht** zu dieser Messreihe gehören, also auszuschließen sind. Die Angabe, wie nahe die Messwerte beieinander liegen, und eine zu vereinbarende Wahrscheinlichkeit liefern dann das Kriterium, wann Messwerte zu eliminieren sind, was also „Ausreißer" sind und was nicht. In der Literatur sind eine Reihe von „Ausreißertests" (Tests auf Normalverteilung) bekannt, die alle ihre Stärken und ihre Schwächen haben. Hier werden zwei referiert.

Ausreißertest über die Streubreite
Die Grundlage der mathematischen Gleichung dieses Ausreißertests ist einfach zu verstehen: ausreißerverdächtige Werte sind Extremwerte, denn sie befinden sich entweder am unteren oder am oberen Ende der Skala der Messwerte. Der Wert, der dem ausreißerverdächtigen Wert am nächsten liegt, gehört mit größerer Wahrscheinlichkeit zu der Messreihe als der ausreißerverdächtige Wert selbst. Je größer der Abstand dieser beiden Werte zueinander ist, umso größer ist die Wahrscheinlichkeit, dass es sich bei dem ausreißerverdächtigen Wert tatsächlich um einen Ausreißer handelt, der eliminiert werden muss, bevor die Daten weiter ausgewertet werden können. Bei dem Test über die Streubreite (Dixon-Test, Q-Test) gilt:

> Die Differenz zwischen dem „ausreißerverdächtigen Wert" und seinem nächsten Nachbarn wird durch die Streubreite dividiert. Ist der erhaltene Wert, Prüfgröße *PG* genannt, gleich oder größer den Tabellenwerten der statistischen Wahrscheinlichkeiten *P*, so liegt ein Ausreißer vor und der Wert wird eliminiert. Liegen mehrere ausreißerverdächtige Werte vor, so wird mit dem kleinsten Wert begonnen und dann die Prozedur mit dem größten Wert fortgesetzt.

$$PG = \frac{|x_{Aus} - x_{Nä}|}{\Delta x_{SB}}$$ Es gilt der Absolutwert der Differenz.

x_{Aus} ausreißerverdächtiger Wert
$x_{Nä}$ Wert, der dem ausreißerverdächtigen Wert am nächsten liegt
Δx_{SB} Streubreite

Zahl der Messwerte N	3	4	5	6	7
P 90 %	0,94	0,76	0,64	0,56	0,51
P 95 %	0,97	0,83	0,71	0,63	0,57
P 99 %	0,99	0,93	0,82	0,74	0,68

Tabelle 6.9: Ausreißertest über Streubreite: Auszug aus der Tabelle der Prüfgrößen (R. B. Dean, W. Dixon Analytical Chemistry 23 (1953) 636–638); überarbeitet von D. R. Rorabacher, Analytical Chemistry 63 (1991) 139–146); den Test über die Streubreite gibt es in mehreren Variationen)

Messreihe A		Messreihe B		Messreihe C	
Nr.	Messwert	Nr.	Messwert	Nr.	Messwert
1	20,2 g	6	20,2 g	11	20,1 g
2	19,9 g	7	19,4 g	12	18,9 g
3	20,3 g	8	20,8 g	13	21,4 g
4	17,0 g	9	17,0 g	14	17,0 g
Streubreite					
3,3 g		3,8 g		4,4 g	
Q-Test, Prüfgröße					
$\frac{19,9\,g - 17,0\,g}{3,3\,g} = 0,88$		$\frac{19,4\,g - 17,0\,g}{3,8\,g} = 0,63$		$\frac{18,9\,g - 17,0\,g}{4,4\,g} = 0,43$	

Tabelle 6.10: Test über die Streubreite auf Ausreißer

Ist beispielsweise P 95 %, also die Stufe „signifikant", vereinbart, so muss nach Tabelle 6.9 bei 5 Messwerten die Differenz zwischen dem ausreißerverdächtigen Wert und dem nächsten Wert unter 71 % (0,71 · 100 %) der Streubreite liegen, damit der ausreißerverdächtige Wert nicht als Ausreißer eliminiert wird. Je weniger Messwerte vorliegen, desto unsicherer wird die Identifizierung der Ausreißer, deshalb darf bei 3 Messungen diese Differenz fast so groß sein wie die Streubreite selbst, nämlich 97 %! Je kleiner die Anzahl der Messwerte ist, desto weiter muss ein ausreißerverdächtiger Wert von seinem nächsten Nachbarn entfernt sein, um als Ausreißer eliminiert zu werden.

Waren P 99 % vereinbart, so ist der Wert 17,0 g in keiner Messreihe zu eliminieren. Bei P 95 % darf der neue Messwert nur in Messreihe A eliminiert werden ($PG \geq 0{,}83$), in den beiden anderen Messreihen ($PG < 0{,}83$) muss er zur Mittelwertbildung herangezogen werden! Erinnert sei an das, was die Wahrscheinlichkeit bedeutet: Für P 90 %, also für die Stufe „wahrscheinlich", ist nur in 90 von 100 Fällen die Eliminierung richtig. Die grafische Darstellung der Messwerte in Abbildung 6.5 zeigt recht anschaulich, dass die Eliminierung des Wertes 17,0 g bei Messreihe A sinnvoll ist.

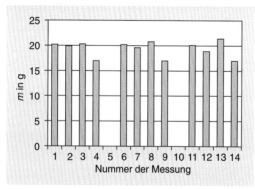

Abb. 6.5: Ausreißer?
Diagramm zu den Messreihen A, B und C

Der Test über die Streubreite wird dann unsicher, wenn der ausreißerverdächtige Wert seinem nächsten Nachbarn sehr ähnlich oder gar mit ihm identisch ist. Beispielsweise wäre in der Reihe der Messwerte 0,11; 0,11; 1,23; 1,25; 1,25; 1,26; 1,26, 1,26, 1,27; 1,27; 1,28; 1,28; 1,29; 1,31 die Differenz der Minimumwerte null! Damit dürften die Werte 0,11 nicht eliminiert werden.

> Liegen in einer Messreihe identische Extremwerte vor, so darf der Test auf Normalverteilung über die Streubreite nicht angewandt werden.

Ausreißertest über die Standardabweichung
Im Unterschied zum Test auf Normalverteilung über die Streubreite wird hier die Differenz des ausreißerverdächtigen Wertes zum Mittelwert berechnet und durch die Standardabweichung dividiert.

Berechnung der Prüfgröße PG:

$$PG = \frac{|x_{Aus} - \bar{x}|}{s}$$

x_{Aus} ausreißerverdächtiger Wert, die Differenz zu $\bar{x}$ wird als Absolutwert berechnet

Zahl der Messwerte N	P 90 %	P 95 %	P 99 %
7	1,828	1,938	2,097
8	1,909	2,032	2,221
9	1,977	2,110	2,323
10	2,036	2,176	2,410
11	2,088	2,234	2,485
12	2,134	2,285	2,550
13	2,175	2,331	2,607

Abb. 6.11: Ausreißertest über die Standardabweichung
(Auszug der r_m-Tabelle Deutsche Einheitsverfahren, 8. Lieferung 1979, Grundlagen der Statistik, Seite 45)

Dabei gilt:
Ist die nach der Gleichung berechnete Prüfgröße PG
– kleiner als der Tabellenwert P 90 %, so ist der Unterschied **zufällig**
– kleiner als der Tabellenwert P 95 %, aber mindestens gleich dem Tabellenwert P 90 %, so ist der Unterschied **wahrscheinlich**
– kleiner dem Tabellenwert P 99 %, aber mindestens gleich dem Tabellenwert P 95 %, so ist der Unterschied **signifikant**
– größer oder gleich dem Tabellenwert P 99 %, so ist der Unterschied **hochsignifikant**

Nummer der Messung	c in mol/L
1	12,1
2	12,1
3	12,2
4	12,1
5	12,0
6	12,3
7	12,2
8	12,6
9	12,2
10	12,2

Tabelle 6.12: Prüfung auf hochsignifikante Ausreißer

Mittelwert $\bar{x} = 12{,}2$ mol/L
Standardabweichung $s = 0{,}163$

$$PG = \frac{12{,}6 - 12{,}2}{0{,}163} = 2{,}45$$

Die Prüfgröße 2,45 ist größer als der Tabellenwert 2,410, also ist der Unterschied hoch signifikant und 12,6 mol/L als Ausreißer zu eliminieren. Die Eliminierung des Messwertes Nr. 8 ist zwar gut nachvollziehbar, aber die Tabelle 6.13 zeigt, dass in der gleichen Messreihe mit etwas kleineren ausreißerverdächtigen Werten als 12,6 sehr schnell der Unterschied nur noch zufällig ist.

c in mol/L	$\bar{x}$ in mol/L	s	PG	Unterschied
12,6	12,2	0,163	2,45	hochsignifikant
12,5	12,2	0,130	2,31	signifikant
12,4	12,2	0,114	1,75	zufällig

Tabelle 6.13: **Ausreißer und Wahrscheinlichkeiten**

Wird das Ergebnis richtiger, wenn Ausreißer als solche erkannt und eliminiert werden? Ja, wenn der Mittelwert näher beim wahren Wert liegt als der Ausreißer. Nein, wenn das nicht der Fall ist. Denn wenn ein Sportschütze auf der Scheibe zehnmal die „5" und die „6" trifft, aber nur einmal die „12", so wird im Sinne der Statistik der richtige Wert 12 eliminiert.

Das Kapitel Ausreißer zeigt, auf welch brüchigem statistischen Boden Mittelwerte stehen, die nur auf wenigen Messwerten beruhen. Zwar ist es häufig nicht möglich, 10 Messwerte zu ermitteln, umso größer aber ist die Verpflichtung, ausreißerverdächtige Werte nicht nach „Gefühl", auch nicht nach dem Augenschein von grafischen Darstellungen zu behandeln. Festzuhalten bleibt allerdings, dass die Tests keinen naturgesetzlichen Status haben, sondern auf **vereinbarten Verfahren** beruhen. Bei wenigen Messwerten wird bevorzugt der Test über die Streubreite, bei einer höheren Anzahl von Messwerten der Test über die Standardabweichung verwendet. In Zweifelsfällen ist die beste Lösung des Problems „Ausreißer" die Ermittlung zusätzlicher Messwerte.

6.4 Blindwert und Signal-Rauschen-Verhältnis

In der Analytik wird häufig beobachtet, dass ein Analysenverfahren Messwerte für einen Analyten liefert, obwohl keinerlei Analysenprobe eingesetzt worden ist. Die Ursachen dafür können vielfältiger Natur sein, beispielsweise kann das an dem Messgerät selbst liegen oder der Analyt ist über unreine Reagenzien eingeschleppt worden. Solche Werte werden Blindwerte, Untergrundsignale oder Rausch-

signale genannt. Das Wort „Rauschsignal" stammt aus der Radiotechnik und illustriert das Problem sehr gut: Eine Nachrichtensendung soll verstanden werden, aber neben der interessierenden Information ist ein „Rauschen" zu hören, das den Empfang der Information stört und erschwert. Sinnvoll ist es, die Frequenz des Senders sehr genau einzustellen und dadurch das Rauschsignal zu minimieren.

In der Analytik bedeutet dies, dass das Analysenverfahren so selektiv wie möglich auf den Analyten zuzuschneiden ist und dass die Blindwerte so niedrig wie möglich gehalten werden sollen. Es gelingt allerdings praktisch nicht, die Blindwerte auf „null" zu bringen. Folglich muss das Analysenverfahren mit und ohne Analysenprobe durchgeführt werden, um von dem Messwert (dem Signal) den Blindwert (das Rauschen) subtrahieren zu können. Dies ist allerdings nur zulässig, wenn die Bestimmung des Blindwertes in allen Einzelheiten wie die Bestimmung der Analysenprobe durchgeführt wird, nur dass bei der Blindwertsbestimmung der Analyt fehlt. Beispielsweise würden dazu statt der nach einer Arbeitsvorschrift einzusetzenden 20,0 mL eines Abwassers, das analysiert werden soll, 20,0 mL vollentsalztes Wasser verwendet werden. Selbstverständlich ist auch die Bestimmung der Blindwerte mit Fehlern behaftet, daher sind auch hier Mehrfachmessungen mit den entsprechenden Auswertungen erforderlich.

> Grundsätzlich werden bei Analysenverfahren Blindwerte bestimmt. Dazu wird das Analysenverfahren in allen Einzelheiten wie bei der Bestimmung der Analysenprobe durchgeführt, nur wird statt der Analysenprobe eine so genannte „Null-Probe" (Null-Lösung, „Zero", „Blank") eingesetzt.

In der Tabelle 6.14 soll die Messreihe G Blindwerte (BW) darstellen, die Messreihen H und I die zugehörigen Messwerte mit der Analysenprobe.

Nr.	G (BW)	H	I
1	0,90	4,10	11,90
2	1,00	3,85	12,20
3	1,20	4,10	11,90
4	1,00	3,90	11,85
5	1,10	4,10	12,00
6	0,85	4,15	12,10
7	0,90	3,90	12,05
8	1,15	4,10	11,95
9	0,65	4,00	12,00
10	1,10	3,90	12,05

Tabelle 6.14: **Blindwerte und Messwerte**

In den Messreihen liegen keine Ausreißer vor, die Standardabweichungen sind, wie die Tabelle 6.15 zeigt, allerdings unterschiedlich. Dies ist nicht verwunderlich, weil bei kleinen Messwerten, also insbesondere bei Blindwerten, Fehler stärker ins Gewicht fallen.

	N	$\bar{x}$	s in %
Messreihe G, (*BW*)	10	0,99	17
Messreihe H	10	4,01	2,8
Messreihe I	10	12,00	0,88

Tabelle 6.15: **Standardabweichungen bei den Messreihen G, H und I**

Messwerte und Blindwerte haben also unterschiedliche Streubreiten und unterschiedliche relative Standardabweichungen, dies zeigen auch die Abbildungen 6.6 und 6.7.

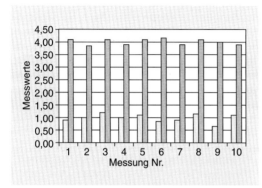

Abb. 6.6: **Ungünstiges Signal-Rauschen-Verhältnis Messreihen G und H**

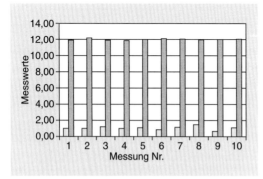

Abb. 6.7: **Günstiges Signal-Rauschen-Verhältnis, Messreihen G und I**

Bei den Messreihen G und I haben die Blindwerte für die Messwerte ein kleineres Gewicht; d. h., die Subtraktion des Mittelwertes der Blindwerte von dem Mittelwert der Messwerte wird dann am wenigsten fehlerhaft sein, wenn das Verhältnis von Messwert zu Blindwert möglichst groß ist. Ist z. B. bei der Blindwertbestimmung die Standardabweichung $1/10$ des Blindwertes und ist der Messwert selbst um den Faktor 10 größer als der Blindwert, so ist die Standardabweichung des Blindwertes nur noch $1/100$ des Messwertes und kann vernachlässigt werden.

Aus diesem Grund wird das Verhältnis der Messwerte zum Blindwert, **„Signal-Rauschen-Verhältnis"** genannt, häufig zur Definition der **Bestimmungsgrenze** herangezogen. Gelingt es, durch Optimierung der vorgebbaren Parameter wie Massen, Volumina und Konzentrationen bzw. durch Reinigung und Justierung der Geräte bei einem Verfahren ein Signal-Rauschen-Verhältnis von 10:1 gerade noch einzuhalten, so kann dies nach den oben geschilderten Überlegungen als grober Anhaltspunkt für die Bestimmungsgrenze angesehen werden.

> Als grobes Maß für die Bestimmungsgrenze eines Verfahrens soll die Konzentration gelten, bei der das Signal-Rauschen-Verhältnis mindestens 10:1 ist.

EURACHEM, das zentrale Netzwerk europäischer Organisationen, die das Ziel haben, Messungen auf internationaler Ebene überprüfbar zu machen, schlägt folgende Definition für die Bestimmungsgrenze vor:

> Die Konzentration, bei der die relative Standardabweichung maximal 10 % ist, entspricht der Bestimmungsgrenze.

6.5 Lineare Regression

Die Wiederfindungsrate darf zur Berechnung von Analysenergebnissen nur dann herangezogen werden, wenn sich Analysenprobe und Standardprobe vergleichbar verhalten. Die Vergleichbarkeit wurde im Beispiel der Gravimetrie dann vorausgesetzt, wenn die Masse an Standardsubstanz so eingewogen wurde, dass sie in etwa die Masse an Analyt ergibt, die bei der Analysenprobe erhalten wurde. Was heißt dabei „vergleichbar verhalten" und was heißt „in etwa"? Ab welcher Differenz gilt die Vergleichbarkeit nicht mehr?

Um solche und ähnliche Fragen zu klären, werden in der Analytik **Messreihen** über den interessierenden Bereich aufgenommen. Aus den Wertetabellen der experimentell ermittelten Daten werden mathematische Funktionen gebildet, die grafisch dargestellt werden können. Dieses Prinzip der **Kurvenanpassung** hat sehr große Bedeutung im Bereich der **Instrumentellen Analytik**. Dort werden z. B. mit Standardlösungen so genannte Kalibrierkurven aufgenommen. Die Kalibrierkurven liefern Ergebnisse für Analysenproben, deren Messwerte **zwischen** den Messwerten der Standardlösungen liegen. Die Methode der Kurvenanpassung wird hier an einem Beispiel aus der Gravimetrie erläutert.

Aluminium soll gravimetrisch über eine Hydroxidfällung bestimmt werden, der interessierende Bereich ist $m(Al) = 120 - 210$ mg. Daher wird dieser Bereich **Arbeitsbereich** genannt. Es werden unterschiedliche Mengen einer Standardsubstanz eingewogen, gelöst und bei einem bestimmten pH-Wert gefällt. Der Niederschlag wird geglüht und gewogen. Aus der Einwaage an Standardsubstanz wird die zu **erwartende Masse** des Aluminiums $m_{th}(Al)$ berechnet, aus dem geglühten Niederschlag die experimentell **erhaltene Masse** des Aluminiums $m_{exp}(Al)$. Um die nachfolgenden Berechnungen übersichtlich zu gestalten, wird definiert:

$$x_i = m_{th}(Al) \qquad y_i = m_{exp}(Al)$$

Als gut lösliche Standardsubstanz wird Aluminiumnitrat $Al(NO_3)_3 \cdot 9 H_2O$ mit der molaren Masse $375,155$ g/mol gewählt. Die Werte x_i werden mit $M(Al) = 26,982$ g/mol über die nachstehende Gleichung berechnet.

$$x_i = \frac{m[Al(NO_3)_3 \cdot 9 H_2O] \cdot M(Al)}{M[Al(NO_3)_3 \cdot 9 H_2O]} =$$
$$= 0,0719 \cdot m[Al(NO_3)_3 \cdot 9 H_2O]$$

Die Tabelle 6.16 zeigt die über die Einwaage vorgegebenen Werte x_i und die über die gravimetrische Analyse erhaltenen Werte y_i. Alle Massenangaben beziehen sich hier auf die Einheit mg.

Messung Nr.	$m(Al(NO_3)_3 \cdot 9 H_2O)$	x_i	y_i
1	1625,5	116,9	124,8
2	1705,3	122,6	129,7
3	1920,5	138,1	145,8
4	2075,5	149,2	160,3
5	2220,1	159,6	170,2
6	2371,7	170,5	177,6
7	2516,5	180,9	187,9
8	2671,8	192,1	204,2
9	2830,2	203,5	213,5
10	2960,2	212,8	220,9

Tabelle 6.16: Experimentelle Werte y_i und zu erwartende Werte x_i

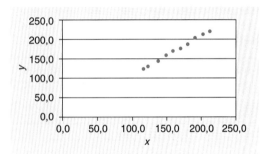

Abb. 6.8: Experimentelle Werte y_i und zu erwartende Werte x_i

Zu erwarten war, dass mit steigenden x_i-Werten auch die y_i-Werte zunehmen und dass zwischen diesen beiden Werten eine **lineare Beziehung** herrscht, d. h., dass bei Verdopplung von x_i auch der Wert von y_i verdoppelt wird. Lineare Beziehungen genügen der allgemeinen Gleichung:

$$y = ax + b$$

Die Größe a ist die Steigung der Geraden, b ist der Achsenabschnitt, x ist die unabhängige und y die abhängige Variable. Die Steigung ist definiert als:

$$a = \frac{\Delta y}{\Delta x}$$

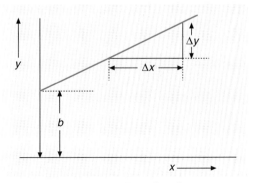

Abb. 6.9: Grafische Darstellung einer linearen Funktion

Die grafische Darstellung nach Abb. 6.8 der gravimetrischen Messungen zeigt zunächst nur Messpunkte, aus denen die Gerade erst gebildet werden muss. Das kann nach „Augenmaß" geschehen. Dabei wird die Gerade mit dem Lineal so gelegt, dass die Messpunkte gleichgewichtig unterhalb und oberhalb der Geraden liegen. Daher wird diese Gerade **„Ausgleichsgerade"** genannt. Besser als das Augenmaß sind rechnerische Methoden, die **regressiv** genannt werden, weil dabei ein fehlerbehafteter Messwert auf einen viel weniger fehlerbehafteten Bezugswert **zurückgeführt** wird. Bei linearen Funktionen wird häufig die Methode der kleinsten Abweichungsquadrate verwendet, die auf den Mathematiker Gauß zurückgeht. Diese wird hier erläutert.

> Nach der Methode von Gauß wird die Ausgleichsgerade so gelegt, dass die Summe der quadrierten Abweichungen der beobachteten Werte y_i von der Geraden ein Minimum ist.

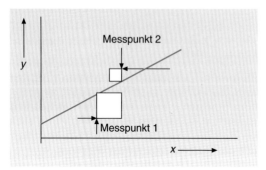

Abb. 6.10: Abweichungsquadrate und lineare Regression

Über die zu ermittelnde Funktionsgleichung der Geraden soll zu jedem Wert von x_i der zugehörige Wert der abhängigen Variablen **berechnet** werden können. Die aus der Geradengleichung berechneten Werte werden als Y_i bezeichnet. Die Forderung, dass die Summe der quadrierten Abstände ein Minimum sein soll, beschreibt folgende Gleichung:

$$\sum (y_i - Y_i)^2 = \min$$

Die Differenz zwischen dem beobachteten Wert und dem berechneten Wert ist Δy.

Mit $Y_i = ax_i + b$
gilt:
$$\Delta y = (y_i - Y_i) = (y_i - ax_i - b)$$

Die Variable y_i wird dabei auf x_i unter der Voraussetzung **zurückgeführt,** dass x_i sehr viel richtiger bestimmt werden kann als y_i. Dies ist für das Beispiel auch anzunehmen, denn x_i ergibt sich über die bloße Einwaage der Standardsubstanz, während y_i erst nach Durchführung der gravimetrischen Analyse erhalten wird.

Wird die erste Ableitung der obigen Gleichung gebildet und gleich null gesetzt, so gelten für Steigung und Achsenabschnitt der Geraden folgende Beziehungen:

$$a = \frac{\sum (x_i - \bar{x}) \cdot (y_i - \bar{y})}{\sum (x_i - \bar{x})^2} \qquad b = \bar{y} - a\bar{x}$$

$\bar{x}$ Mittelwert von x $\qquad$ $\bar{y}$ Mittelwert von y

Neben den Werten für die Steigung a und den Achsenabschnitt b der Geraden können aus den Daten Aussagen darüber gewonnen werden, wie groß die Abweichungen der über die Geradengleichung berechneten Werte zu den experimentellen Werten sind. Dies sind Korrelationskoeffizient r und Bestimmtheitsmaß R^2.

$$r = \frac{\sum (x_i - \bar{x}) \cdot (y_i - \bar{y})}{\sqrt{\sum (x_i - \bar{x})^2 \cdot \sum (y_i - \bar{y})^2}}$$

> Das Bestimmtheitsmaß R^2 ist das Quadrat des Korrelationskoeffizienten r.

Ist R^2 gleich 1, so liegen alle Messpunkte auf der Geraden, der lineare Zusammenhang ist ideal erfüllt. Ist R^2 gleich null, so besteht kein linearer Zusammenhang zwischen den Variablen. Für

$$R^2 \text{ in } \% = R^2 \cdot 100\,\%$$

kann der Wert für $R^2 = 0{,}95$ so gedeutet werden, dass 95 % der Änderung der abhängigen Variablen (im Beispiel die Massen im Tiegel) durch die Änderung der unabhängigen Variablen (im Beispiel die eingewogenen Massen an Analyt) hervorgerufen werden und dass 5 % der Änderung nicht erklärt ist. Wie bei den Ausreißern kann auch hier festgelegt werden, bis zu welchem Wert von R^2 die Funktion als linear angesehen wird.

Es ist bemerkenswert, dass bei der Methode der kleinsten Abweichungsquadrate Mittelwerte gebildet werden. Bei den bisherigen Erörterungen ging es immer um Messwerte, die zufällig um einen Mittelwert streuen. Dagegen werden hier die Messwerte ständig größer, weil immer mehr Standardsubstanz eingewogen wird. Die Gauß'sche Methode legt im Grunde den Schwerpunkt der Ausgleichsgeraden fest (die Mittelwerte von y_i und x_i liegen damit genau auf der Ausgleichsgeraden), dazu ist die Bildung des Mittelwertes notwendig. Ähnlich verhält es sich z. B. mit dem Term $\sum (x_i - \bar{x})^2$, denn hinter dieser Formel steht die Standardabweichung. Die meisten der hier angegebenen Formeln lassen sich auf die Formel für die Standardabweichung zurückführen. Dies eröffnet weitere Möglichkeiten, die Güte der Regression und damit die des analytischen Verfahrens näher zu beschreiben. Im Rahmen eines in die Analytik einführenden Buches soll, ebenso wie für die Kurvenanpassung bei nichtlinearen Funktionen, auf diesen Sachverhalt nur hingewiesen werden. Für das Beispiel der gravimetrischen Analyse ergibt sich aus den experimentellen Daten die Tabelle 6.17.

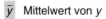

x_i	y_i	$(x_i - \bar{x})$	$(y_i - \bar{y})$	$(x_i - \bar{x}) \cdot (y_i - \bar{y})$	$(x_i - \bar{x})^2$	$(y_i - \bar{y})^2$
116,9	124,8	−47,72	−48,71	2 324,5	2 277,2	2 372,8
122,6	129,7	−42,02	−43,82	1 841,4	1 765,7	1 920,3
138,1	145,8	−26,52	−27,68	734,1	703,31	766,24
149,2	160,3	−15,42	−13,20	203,56	237,78	174,27
159,6	170,2	− 5,02	− 3,25	16,32	25,2	10,569
170,5	177,6	5,88	4,13	24,279	34,574	17,049
180,9	187,9	16,28	14,44	235,07	265,04	208,48
192,1	204,2	27,48	30,68	843,06	755,15	941,2
203,5	213,5	38,88	40,03	1 556,3	1 511,7	1 602,3
212,8	220,9	48,18	47,39	2 283,2	2 321,3	2 245,7
$\bar{x}$	$\bar{y}$	$\sum(x_i - x)^2$	$\sum(y_i - \bar{x})^2$	$\sum(x_i - \bar{x}) \cdot (y_i - \bar{y})$	$\sum(x_i - \bar{x})^2$	$\sum(y_i - \bar{y})^2$
164,6	173,5	0	0	10 064,7	9 902,87	10 258,9

$a = \dfrac{\sum(x_i - \bar{x}) \cdot (y_i - \bar{y})}{\sum(x_i - \bar{x})^2} = 1{,}016$	$b = \bar{y} - a\bar{x} = 6{,}16$
$r = \dfrac{\sum(x_i - \bar{x}) \cdot (y_i - \bar{y})}{\sqrt{\sum(x_i - \bar{x})^2 \cdot \sum(y_i - \bar{y})^2}} = 0{,}998$	$R^2 = 0{,}996$

Tabelle 6.17: **Steigung, Achsenabschnitt und Bestimmtheitsmaß für die gravimetrische Bestimmung**

Die Gleichung für die Ausgleichsgerade lautet:

$$y = 1{,}02 \cdot x + 6{,}16$$

Damit kann für jede beliebige Masse an x_i die zugehörige Masse an Y_i **berechnet** werden. Dies ist allerdings nur innerhalb des **Arbeitsbereiches** 110−210 mg zulässig. Eine Aussage, wie sich die Funktion außerhalb dieses Arbeitsbereichs verhält, ist nicht zulässig.

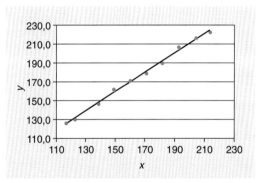

Abb. 6.11: **Regressionsgerade für die gravimetrische Bestimmung von Aluminium**

Solche Rechnungen lassen sich mit Tabellenkalkulationsprogrammen sehr rasch durchführen und grafisch darstellen. Je nach Programm und nach dem „Runden" der Ziffern zeigen sich dabei relativ geringfügige Abweichungen.

Schon die Zahlenwerte in der Ausgangstabelle zeigen, dass die experimentell gefundenen Massen an Aluminium grundsätzlich höher liegen als die theoretisch zu erwartenden Massen. Offensichtlich liegt ein Blindwert vor. Aus der Regression ergibt sich dieser Blindwert als Achsenabschnitt b. Er beträgt 6,16 mg und darf über den gesamten Arbeitsbereich als konstant angesehen und vom Analysenergebnis subtrahiert werden.

Mit der berechneten Steigung a von 1,02 lässt sich jede innerhalb des Arbeitsbereichs experimentell erhaltene Masse berichtigen. Beispiel: Experimentell werden 151,2 mg gefunden, d. h. $y = 151{,}2$ mg. Der berichtigte Wert ergibt sich dann als:

$$x = \frac{y - 6{,}16}{1{,}02} = \frac{151{,}2 - 6{,}16}{1{,}02} = 142{,}2$$

Als Analysenergebnis ist also $m(Al) = 142,2$ mg anzugeben. Diese Angabe ist sehr viel zuverlässiger als die Korrektur über eine einzige Wiederfindungsrate, weil die lineare Regression hier auf 10 Messwerten basiert. Werden die gefundenen 151,2 mg auf der y-Achse der Kalibrierkurve abgetragen, so kann der zugehörige berichtigte Wert auf der x-Achse abgelesen werden. Eine Rechnung ist dann nicht mehr erforderlich.

Die Kurvenanpassung über die Methode der kleinsten Abweichungsquadrate hat dann Schwächen, wenn Ausreißer vorliegen, denn deren Abweichungsquadrate sind ja besonders groß und beeinflussen das Ergebnis entsprechend stark.

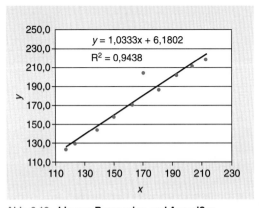

Abb. 6.12: **Lineare Regression und Ausreißer**

Wie das Beispiel zeigt, verändert ein einziger „Ausreißer" die Steigung der Geraden merklich, in Extremfällen würde kein einziger der weiteren neun Messpunkte in der Nähe der Ausgleichsgeraden liegen. Daher wurde die **Robuste lineare Regression** entwickelt, die sich nicht auf Mittelwerte, sondern auf Mediane (mittlere Werte von Zahlenreihen) stützt. Diese Methode führt letztlich zu Näherungsverfahren und soll hier nicht weiter ausgeführt werden. Sicher ist nur, dass über ein vereinbartes Verfahren Ausreißer eliminiert werden müssen. Es ist zweckmäßig, dies über Mehrfachmessungen und damit über Streubreite oder Standardabweichung zu tun und erst dann die lineare Regression anzuwenden.

6.6. Optimierung von Analysenverfahren nach den Beurteilungskriterien

Im Baustein „Gravimetrie und Wiederfindungsrate" ist die Tabelle „Optimierung von Analysenverfahren nach den Beurteilungskriterien" angelegt. Diese Tabelle wird hier mit den in diesem Baustein erarbeiteten Sachverhalten ergänzt.

Kriterium	Methode
Richtigkeit	• Kenntnis der qualitativen Zusammensetzung der Analysenprobe ist die Voraussetzung für eine quantitative Analyse. • Eliminierung von störenden Substanzen durch selektive Reaktionsbedingungen • Kenntnis der wesentlichen Fehlerquellen der Arbeitsschritte • Wiederfindungsrate über Standards bestimmen • Drift der Messwerte ausschließen • Blindwerte bestimmen • Signal-Rauschen-Verhältnis mindestens 10:1
Präzision	• Streubreite, mittlere Abweichung • Standardabweichung • Häufigkeitsverteilung und Vereinbarung von Wahrscheinlichkeiten • Ausreißer eliminieren • Kurvenanpassung z. B. über lineare Regression
Bestimmungsgrenze	grobes Maß: Signal-Rauschen-Verhältnis mindestens 10:1 Die Konzentration, bei der die relative Standardabweichung maximal 10 % ist, entspricht der Bestimmungsgrenze.

6.7 Übung

Behandlung von Messwerten

Stellen Sie die Messwertreihen grafisch dar, geben Sie die Kenngrößen an, vergleichen und bewerten Sie die Daten der Auswertung über die Streubreite, über die mittlere Abweichung und über die Standardabweichung.

(Ausreißer für P 95 %)

① Messwerte in mg

Nr.	1	2	3	4	5	6	7	8	9	10
	412,0	409,0	400,6	419,3	401,3	410,8				

② Messwerte in mmol/L

Nr.	1	2	3	4	5	6	7	8	9	10
	4,03	4,01	4,04	4,06	4,02	4,00	4,06	4,00	4,02	4,04

③ Messwerte in mg/L

Nr.	1	2	3	4	5	6	7	8	9	10
	5,22	5,34	5,32	5,26	5,22	5,23	5,28	5,17	5,24	5,23

④ Messwerte in mmol, eine Drift soll hier ausgeschlossen sein

Messreihe A	17,2	17,5	18,1							
Messreihe B	17,2	17,5	18,1	17,3						
Messreihe C	17,2	17,5	18,1	17,3	17,4					
Messreihe D	17,2	17,5	18,1	17,3	17,4	17,5				
Messreihe E	17,2	17,5	18,1	17,3	17,4	17,5	17,9			

⑤

pH	7,08	7,14	7,25	7,15	7,30	6,54	7,60	7,40	7,52	
SK (mmol/L)	6,56	6,65	6,40	6,70	6,66	2,68	6,80	7,40	6,84	
BK (mmol/L)	0,84	0,97	0,68	1,22	0,76	0,16	0,45	0,86		

⑥ Werte in mg/L

Blindwerte	0,10	0,25	0,30	0,45	0,50	0,60	0,65	0,75	0,80	
Messreihe A	9,00	9,30	8,80	8,60	9,20	9,40	x	9,10	8,70	
Messreihe B	91,7	y	91,3	91,0	91,4	91,5	91,0	91,2	91,3	

Wie niedrig darf der Wert für x und wie hoch darf der Wert für y gerade noch sein, um als Ausreißer eliminiert zu werden?

⑦ Führen Sie an selbst gewählten Messreihen unter Verwendung von Tabellenkalkulationsprogrammen die lineare Regression durch und stellen Sie diese grafisch dar.

7 Qualitätssicherung und Allgemeine Standardarbeitsanweisung

„In unserem Labor wird oft darüber diskutiert, wie zu runden ist!" Bei dieser Klage kann getrost davon ausgegangen werden, dass für die Arbeit insgesamt kein Konzept und keine einheitlichen Regelungen vorliegen. Die Reibungsverluste sind entsprechend groß! Solche, von einem verantwortlichen Laborleiter schriftlich festzulegende Regelungen berücksichtigen gesetzliche Vorgaben, Zertifizierungsbedingungen für das Labor, die eigenen Anforderungen an die Analysenergebnisse und die der Kunden, die Ausrüstung an Geräten und, nicht zuletzt, die Qualifikation des Personals. Über Ziele, Regelungen und Vorgaben darf diskutiert werden und Weiterentwicklungen sind sicher anzustreben, die Schriftform aber bietet ein Höchstmaß an Gewähr, dass **innerhalb** des Labors einheitlich verfahren und die Transparenz der Arbeit **nach außen** sichergestellt wird.

Da in der Vergangenheit Transparenz und Überprüfbarkeit der analytischen Arbeit in vielen Laboratorien mangelhaft war, gewinnen seit einigen Jahren **Normen zur Qualitätssicherung** eine entscheidende Bedeutung, beispielsweise die **„Deutsche Industrie Normen DIN ISO 9000"** (identisch mit **„Europäische Normen EN 29000"**). Gesetzlich geregelt ist die **„Gute Laborpraxis GLP"** und deren Grundsätze im Anhang zu § 19a Abs.1 des Chemikaliengesetzes (Bundesgesetzblatt I 2001, 844–854). Hier finden sich Vorgaben zu folgenden Punkten:
- Organisation und Personal der Prüfeinrichtung
- Qualitätssicherungsprogramm
- Räumlichkeiten und Einrichtungen
- Geräte, Materialien und Reagenzien
- Prüfsysteme
- Prüf- und Referenzgegenstände
- Standardarbeitsanweisungen
- Prüfungsablauf
- Bericht über das Prüfergebnis
- Archivierung

Bestätigt ein unparteiischer Dritter, die Zertifizierungsstelle, dass die Vorgaben solcher Normen eingehalten werden, so ist das Labor für ein bestimmtes Verfahren **„zertifiziert".** Ein Labor ist **„akkreditiert",** wenn ihm die Kompetenz für bestimmte Prüfungen zugesprochen wurde und dies durch die Akkreditierungsstelle **ständig überwacht** wird. Ein Beispiel findet sich dazu im Bundesgesetzblatt G 1999, 162, in dem das Bundesministerium für Gesundheit für die Überwachung von Lebensmitteln eine Verordnung erlässt, wonach für die Durchführung von Gegenproben nur zugelassen wird, „wer über ein zur sachgerechten Durchführung von … geeignetes Prüflaboratorium verfügt". Als staatliche Akkreditierungsstelle wird dabei beispielsweise die Bezirksregierung Hannover genannt. Dass eine Zertifizierung bzw. Akkreditierung von großer wirtschaftlicher Bedeutung für das Labor ist, braucht nicht eigens betont zu werden.

Um eine Zertifizierung bzw. Akkreditierung zu erhalten, erarbeiten die Unternehmen so genannte **Standardarbeitsanweisungen** (SAA bzw. SOP), in denen alle wiederkehrenden Abläufe im Labor schriftlich geregelt sind. Im § 19a Abs.1 des Chemikaliengesetzes heißt es: **Standardarbeitsanweisungen müssen mindestens für folgende Bereiche vorhanden sein, wobei die unter den jeweiligen Überschriften angegebenen Einzelheiten als veranschaulichende Beispiele anzusehen sind:**

1. Prüf- und Referenzgegenstände
Eingang, Identifizierung, Kennzeichnung, Handhabung, Entnahme und Lagerung

2. Geräte, Materialien und Reagenzien
a) Geräte
   Bedienung, Wartung, Reinigung, Kalibrierung
b) Computergestützte Systeme
   Validierung, Betrieb, Wartung, Sicherheit, kontrollierte Systemänderung (change control) und Datensicherung (back-up)
c) Materialien, Reagenzien und Lösungen, Zubereitung und Kennzeichnung

3. Führen von Aufzeichnungen
Berichterstattung, Aufbewahrung und Wiederauffindung, Kodieren der Prüfungen, Datenerhebung, Erstellen von Berichten, Indexierungssysteme, Umgang mit Daten einschließlich Verwendung von computergestützten Systemen

4. Prüfsysteme, soweit für die Prüfung relevant
a) Vorbereitung von Räumen und Raumumweltbedingungen für Prüfsysteme
b) Verfahren für Eingang, Umsetzung, ordnungsgemäße Unterbringung, Charakterisierung, Identifizierung und Versorgung der Prüfsysteme
c) Vorbereitung, Beobachtung und Untersuchung der Prüfsysteme vor, während und am Ende der Prüfung
d) Handhabung von Tieren, die im Verlauf der Prüfung moribund oder tot aufgefunden werden

e) Sammlung, Kennzeichnung und Handhabung von Proben einschließlich Sektion und Histopathologie

f) Anlage und Standortwahl von Prüfsystemen auf Prüfflächen

5. Qualitätssicherungsverfahren

Tätigkeit des Qualitätssicherungspersonals bei der organisatorischen und terminlichen Planung, Dokumentation und Berichterstattung von Inspektionen.

Für die in diesem Buch folgenden Analysenverfahren wird hier eine **Allgemeine Standardarbeitsanweisung** beschrieben, die als grundsätzliche Planungs- und Beurteilungsgrundlage dient. Sie ist für den **Beginn der analytischen Praxis** geschrieben und erhebt keinen Anspruch auf Allgemeingültigkeit und Vollständigkeit.

Ziele:

Richtigkeit: Der relative Fehler des Analysenergebnisses soll nicht größer als 1 % sein.
Präzision: Es wird eine Präzision angestrebt, die einer relativen mittleren Abweichung bzw. einer relativen Standardabweichung von 1 % entspricht.

Kleinere Abweichungen als 1 % werden also nicht angestrebt und diskutiert. Damit soll verhindert werden, dass an Fehlern gearbeitet wird, die eine vernachlässigbare Abweichung zur Folge haben.

Vorgaben

1. Richtigkeit und Wiederfindungsrate

Die Richtigkeit des Analysenergebnisses wird angegeben als relativer Fehler in %, F in %, des Mittelwertes $\bar{x}$ vom wahren Wert μ („My").

$$F\% = \frac{(\bar{x} - \mu)}{\mu} \cdot 100\%$$

Ist der wahre Wert für die Analysenprobe nicht bekannt, wird die Richtigkeit des Analysenergebnisses über die Wiederfindungsrate beschrieben.

Die Wiederfindungsrate η_w („Eta") ist der Quotient aus dem experimentell ermittelten Wert $\bar{x}$ und dem aus der Einwaage berechneten Wert des Standards, der dem wahren Wert μ gleichgesetzt wird.

$$\eta_w = \frac{\bar{x}}{\mu} \qquad \eta_w\% = \frac{\bar{x}}{\mu} \cdot 100\%$$

Bei der Bestimmung der Wiederfindungsrate ist so weit als möglich ein matrixangepasster Standard zu verwenden. Die relative mittlere Abweichung bzw. die relative Standardabweichung sollen bei Analysenprobe und Standard vergleichbare Größenordnungen haben.

2. Präzision und Ausreißer

Es sind jeweils mindestens 3 Messwerte zu ermitteln. Liegen weniger als 8 Messwerte vor, so wird die Streubreite und die relative mittlere Abweichung angegeben, liegen 8 oder mehr Messwerte vor, so wird die relative Standardabweichung angegeben. Bei weniger als 8 Werten werden Ausreißer nach dem Q-Test, bei 8 oder mehr Messwerten über die Standardabweichung, jeweils für die statistische Stufe „signifikant" (95 %), eliminiert.
Werden Messwerte als Ausreißer eliminiert, so ist dies bei der Ergebnisangabe zu vermerken.

3. Signal-Rauschen-Verhältnis und Drift

Grundsätzlich werden Blindwerte bestimmt. Messwerte werden nur dann zur Auswertung verwendet, wenn das Signal-Rauschen-Verhältnis mindestens 10:1 beträgt. Das Signal (der Messwert) wird dann mit dem Rauschen (dem Blindwert) berichtigt.
Besteht bei 3 Messwerten der Verdacht, dass eine Drift vorliegt, so sind mindestens 2 weitere Messwerte zu ermitteln.
Bei einer Drift ist die Bildung von Mittelwerten unzulässig, es sei denn, dass die Drift maximal 1 % des um den Blindwert verminderten Messwertes ist.

4. Analysen über Kalibrierkurven

Es sind jeweils mindestens 6 Kalibrierpunkte aufzunehmen. Der Arbeitsbereich erstreckt sich höchstens über eine Zehnerpotenz der Messwerte.
Ausreißer werden durch Mehrfachbestimmungen nach den oben beschriebenen Methoden eliminiert. Für Ausgleichsgeraden ist die lineare Regression zu rechnen und die Kalibriergerade zu zeichnen. Von einer linearen Funktion kann ausgegangen werden, wenn das Bestimmtheitsmaß mindestens 0,95 beträgt.

5. Bestimmungsgrenze

Die Bestimmungsgrenze liegt vor, wenn die relative Standardabweichung maximal 10 % beträgt.

6. Angabe des Ergebnisses

Mittelwert, relative mittlere Abweichung und Streubreite oder Standardabweichung der Messwerte, Anzahl der Messungen, Wiederfindungsrate, gegebenenfalls Kalibrierfunktion und Bestimmtheitsmaß.
Aus den Angaben muss ersichtlich sein, ob das Ergebnis über die Wiederfindungsrate korrigiert worden ist.

7. Geräte und Arbeitsgüte

Die konkreten Vorgaben beziehen sich auf die im Baustein „Erste Arbeitsschritte und Geräte" angegebene Ausrüstung an Glasgeräten, Waagen sowie auf die Einschätzung der eigenen Arbeitsgüte bei **gravimetrischen** und **volumetrischen Analysen.** Sie sind auf andere Geräteausrüstungen (z. B. Mikropipetten), Verfahren und Messwerte (z. B. Spannungen und Wellenlängen) sachgemäß zu übertragen.

Volumen: Bei der Bestimmung der Volumina soll mit einem absoluten Fehler von 0,1 mL gerechnet werden, das entspricht etwa 2 Tropfen. Ein relativer Fehler von 1 % soll toleriert werden, damit gilt:

> **Regel:** Das abzumessende Volumen beträgt mindestens 10 mL.

Masse: Bei der Bestimmung der Massen soll mit einem Wägefehler von absolut 1 mg gerechnet werden. Ein relativer Fehler von 1 % soll toleriert werden, damit gilt:

> **Regel:** Die einzuwiegende Mindestmasse ist 100 mg.

Die beiden Grundsätze geben also Mindestvolumina und Mindestmassen vor. Sicher kann bei sehr viel größeren Volumina und Massen auch mit einem größeren absoluten Fehler (z. B. 1 mL) gerechnet werden. Dann aber liegt der relative Fehler (z. B. bei 1000 mL) wieder unter 1 %.

8. Runden

Der bekannte Satz des Mathematikers Karl Friedrich Gauß „Nirgends zeigt sich der Mangel an mathematischer Bildung deutlicher als in einer maßlosen Schärfe im Zahlenrechnen" kann auf die Analytik übertragen werden: „Nirgends zeigt sich der Mangel an analytischer Bildung deutlicher als in einer maßlosen Schärfe im Runden". Um diesem Satz in der Laborpraxis wenigstens einigermaßen zu genügen, werden folgende Vorgaben gemacht:

Die Zahl der gültigen Ziffern des Ergebnisses ist gleich der Zahl der gültigen Ziffern der Ausgangswerte (z. B. Messwerte, Konstanten usw.)

Beispiel

a = 1,43	b = 1,31	c = 2,70	a · b · c = 5,06

Zahl der gültigen Ziffern

3	3	3	3

Ist die Zahl der gültigen Ziffern in den Ausgangswerten unterschiedlich, so richtet sich die Angabe des Ergebnisses nach dem Ausgangswert mit der geringsten Zahl an gültigen Ziffern.

Beispiel

a = 1,43	b = 1,31	c = 2,7	a · b · c = 5,1

Zahl der gültigen Ziffern

3	3	2	2

Nullen, die links von der ersten von Null verschiedenen Ziffer stehen, sind keine gültigen Ziffern.

Beispiel

0,002 03	0,203 00	203 000

Zahl der gültigen Ziffern

3	5	6

Über die Zahl der gültigen Ziffern wird also eine Aussage über die Richtigkeit der Messung gemacht. Die Angabe 2,0 bedeutet, dass der Wert nicht 1,9 oder 2,1 ist. Die Angabe 2,00 bedeutet, dass der Wert nicht 1,99 oder 2,01 ist. Im ersten Beispiel wird der Anspruch erhoben, die Masse auf 5 %, im zweiten Beispiel auf 0,5 % richtig anzugeben! Um Missverständnisse auszuschließen, ist eine günstige Einheit bzw. die Potenzschreibweise zu wählen. Wird beispielsweise aus einer Rechnung für eine Masse 12 342 g erhalten und sind nur drei gültige Ziffern zulässig, so entsprechen 12,3 kg oder $12,3 \cdot 10^3$ g den Vorgaben. Manchmal ist in Laboratorien zu hören: „Geben Sie zwei Stellen nach dem Komma an!" Diese Anweisung ist sinnlos, denn 0,123 g sind auch 123 mg und die letztere Angabe enthält keine Kommastellen.

9. Dokumentation

Die Laborarbeit ist vollständig, eindeutig und übersichtlich zu dokumentieren. Die Dokumentation erfolgt weitestgehend synchron mit der praktischen Arbeit. Was nicht dokumentiert ist, gilt als nicht durchgeführt. Es sind ausschließlich dokumentenechte Stifte zu verwenden. Stellt sich heraus, dass eine Angabe, z. B. eine Ziffer, falsch ist, so wird diese mit einem waagrechten Strich so durchgestrichen, dass die Angabe noch lesbar ist, der berichtigte Wert wird zusätzlich angegeben.

10. Sicherheit

Im Labor ist das Tragen einer Schutzbrille und eines Labormantels Pflicht. Über den Standort und den Zustand der Sicherheitseinrichtungen (Feuerlöscher usw.) sowie über Sicherheitsmaßnahmen für den Umgang mit Chemikalien und Geräten sind Informationen einzuholen. Essen, trinken und rauchen im Labor sind verboten. Abfälle sind sachgerecht zu entsorgen. Näheres zur Sicherheit regelt die Laborordnung.

8 Arbeitsmethode

und Planung volumetrischer Analysen am Beispiel der Säure-Base-Titration

8.1 Arbeitsmethode und Wahl der Reaktionsbedingungen

Die Stöchiometrie einer chemischen Reaktion gibt an, in welchem Verhältnis sich Ausgangsprodukte umsetzen und Endprodukte bilden. Für die Reaktion von Salzsäure mit Natronlauge nach der Gleichung

$$HCl + NaOH \rightarrow NaCl + H_2O$$

bedeutet dies, dass ein Mol HCl ein Mol NaOH umsetzt. Die Stoffmenge an Salzsäure, die in einer wässrigen Lösung vorliegt, kann berechnet werden, wenn festgestellt wird, welche Stoffmenge an Natronlauge für den vollständigen Umsatz **verbraucht** wird.

$$\frac{n(HCl)}{n(NaOH)} = \frac{1}{1} \qquad n(HCl) = n(NaOH)$$

Bei einer so genannten Titration wird Natronlauge **portionsweise** zu der Probe gegeben, die in einem Gefäß (Becherglas, Erlenmeyerkolben usw.) **vorgelegt** ist. Über eine **Anzeige** wird registriert, ob in der **Vorlage** noch eine Reststoffmenge an Salzsäure vorhanden ist, ob die Salzsäure vollständig umgesetzt ist oder ob die zugesetzte Natronlauge nicht mehr verbraucht wird, weil keine Salzsäure mehr vorhanden ist. „Die Stoffmenge an Salzsäure wird mit Natronlauge gemessen", so könnte diese Arbeitsmethode anschaulich verstanden werden. Von ihrer Funktion her wird daher Natronlauge als **„Maßsubstanz"** bezeichnet. Eine portionsweise Zugabe wäre zwar grundsätzlich auch über einen Feststoff möglich, aber Volumina lassen sich einfacher mit einer Bürette dosieren und abmessen. Neben der Bezeichnung Titration wird daher auch der Begriff **„Volumetrie"** für diese Arbeitsmethode gebraucht. Wenn die Konzentration der **Maßlösung** bekannt ist, lässt sich die zugesetzte Stoffmenge berechnen. Daraus kann die Stoffmenge des Analyten in der **Vorlage** berechnet werden, wenn die Stöchiometrie der Reaktion bekannt ist.

Die Volumetrie ist nicht nur für die Analyse von Säuren oder Basen verwendbar, mit dieser Methode kann eine Vielzahl anderer Analyte quantitativ bestimmt werden. In vielen analytischen Laboratorien und in praktisch allen Bereichen wird diese Methode angewandt. Sie lässt sich am Beispiel der Säure-Base-Titration am einfachsten verstehen und erlernen.

Arbeitsmethode	Volumetrie, Maßanalyse, Titration (hier: „Säure-Base-Titration")
Anzeige(r)	Indikation, Indikator
Reagenz	Maßsubstanz (Maßlösung), die den Analyten umsetzt
Lösung mit Analyt, in welche die Maßlösung gegeben wird	Vorlage
Volumen an Maßlösung, bei dem der Analyt in der Vorlage „quantitativ" umgesetzt worden ist	Äquivalenzpunkt

Tabelle 8.1: **Grundbegriffe der Volumetrie**

Die nach der Gleichung

$$HCl + H_2O \leftrightarrows H_3O^+ + Cl^-$$

in wässriger Lösung vollständig dissoziierte Salzsäure wird durch Zugabe der Maßlösung Natronlauge bis zum pH-Wert 7 neutralisiert und damit vollständig umgesetzt. Für die Bestimmung des Äquivalenzpunktes ist daher ein Indikator erforderlich, der anzeigt, wann in der Vorlage der pH-Wert 7 erreicht ist. Dazu ist z. B. 4-Nitrophenol geeignet. Wird zu einer Lösung von 4-Nitrophenol Natronlauge gegeben, so färbt sich die Lösung intensiv gelb. Wird überschüssige Salzsäure zugesetzt, so entfärbt sich die Lösung wieder. Dieses Spiel kann beliebig oft wiederholt werden, denn es handelt sich um eine Gleichgewichtsreaktion, bei der im basischen Bereich das gelbe Anion (A^-) entsteht, das durch Zusatz von Säure wieder in die farblose undissoziierte Substanz (HA) überführt wird.

farblos   gelb

$$HA + H_2O \leftrightarrows H_3O^+ + A^-$$

Mit der Zugabe von Säure oder Base wird nach Maßgabe des Ionenprodukts Wasser gebildet, d. h., **hier findet der Stoffumsatz statt.**

$$H_3O^+ + OH^- \rightleftarrows 2\,H_2O$$

Die in der Vorlage befindlichen H_3O^+-Ionen stammen bei der Titration einer Salzsäurelösung also aus der Dissoziation des 4-Nitrophenols (des Indikators), aus der Eigendissoziation des Wassers (dem Lösemittel) und zum größten Teil von der Salzsäure, dem Analyten. Mit dem Zusatz der Maßlösung Natronlauge werden nach der obigen Gleichung H_3O^+-Ionen verbraucht. Aus dem Massenwirkungsgesetz für den Indikator

$$K_S = \frac{c(H_3O^+) \cdot c(A^-)}{c(HA)}$$

ist ersichtlich, dass dabei ständig HA zerfällt und A^- gebildet wird. Bei einem bestimmten pH-Wert der Vorlage wird die Konzentration an A^- so groß, dass die gelbe Farbe des Anions sichtbar wird. Hinter der einfachen Summenreaktion

$$HCl + NaOH \rightarrow NaCl + H_2O$$

die zur Analysenauswertung herangezogen wird, verbergen sich also mehrere gekoppelte Einzelreaktionen.

Zu beachten ist, dass nicht direkt durch den Analyten, sondern über eine Reaktion des Indikators, also einer Hilfsstoffreaktion, der Äquivalenzpunkt erkannt wird. Für

$$K_S(\text{4-Nitrophenol}) = 1{,}38 \cdot 10^{-9} \text{ mol/L (bei 25 °C)}$$

und dem pH 7 mit

$$c(H_3O^+) = 1{,}00 \cdot 10^{-7} \text{ mol/L}$$

ergibt sich nach Umformung des oben angegebenen Massenwirkungsgesetzes und den vereinbarten Abkürzungen HA bzw. A^-

$$\frac{c(A^-)}{c(HA)} = \frac{K_S}{c(H_3O^+)} = \frac{1{,}38 \cdot 10^{-9}\,\frac{mol}{L}}{1{,}00 \cdot 10^{-7}\,\frac{mol}{L}} = 1{,}38 \cdot 10^{-2}$$

Das bedeutet, dass beim pH-Wert 7 nur etwa ein Prozent des Indikators tatsächlich in der gelben anionischen Form vorliegt. Das genügt aber offensichtlich, um trotz der üblicherweise verwendeten kleinen Konzentration an Indikator den Farbumschlag mit dem Auge wahrzunehmen. Ein Farbumschlag ist ein subjektiver Farbeindruck des Auges, denn jede Laborkraft nimmt die Farbänderung in spezifischer Weise wahr („Ist das schon gelb?"). Es verwundert daher nicht, dass für Farbindikatoren nicht Umschlagspunkte, sondern Um-

schlagbereiche bezüglich des pH-Wertes angegeben werden. Für 4-Nitrophenol ist in der Literatur der Bereich pH 5 bis pH 7 verzeichnet. Klar ist aber, dass bei einem registrierten Farbumschlag bei pH 5 der Analyt Salzsäure noch nicht vollständig umgesetzt ist.

Am Beispiel der Titration der wenig dissoziierten Essigsäure mit Natronlauge lässt sich dieses Problem verdeutlichen:

$$CH_3COOH + NaOH \rightarrow CH_3COONa + H_2O$$

$$K_S(CH_3COOH) = \frac{c(H_3O^+) \cdot c(CH_3COO^-)}{c(CH_3COOH)} =$$

$$= 1{,}753 \cdot 10^{-5}\,\frac{mol}{L}$$

Bei dem pH-Wert 7 ist nach

$$\frac{c(CH_3COO^-)}{c(CH_3COOH)} = \frac{K_S(CH_3COOH)}{c(H_3O^+)} =$$

$$= \frac{1{,}753 \cdot 10^{-5}\,\frac{mol}{L}}{1{,}00 \cdot 10^{-7}\,\frac{mol}{L}} = 1{,}75 \cdot 10^2$$

das Konzentrationsverhältnis zwischen dem Salz und der Essigsäure nur etwa 175 zu 1 und das bedeutet, dass sich ungefähr noch ein halbes Prozent (1 von 176) an Analyt in der Vorlage befindet, also noch nicht umgesetzt ist. Würde für diese Bestimmung 4-Nitrophenol als Indikator verwenden werden und würde der Farbumschlag schon beim pH-Wert 5 registriert, so ergäbe sich nach vergleichbarer Rechnung ein Konzentrationsverhältnis zwischen Salz und Säure von ungefähr 1,75 zu 1. Also wären rund dreißig Prozent der Säure beim Farbumschlag des Indikators noch gar nicht umgesetzt. Der Indikator 4-Nitrophenol ist also für die Titration der Essigsäure unbrauchbar.

Glücklicherweise gibt es eine Reihe von Substanzen, deren Farbumschlagsbereiche über die gesamte pH-Skala verteilt sind. Der Indikator Phenolphthalein hat einen Umschlagsbereich von pH 8,2 (farblos) bis pH 10 (rot). Wird dieser Indikator bei der Titration von Essigsäure verwendet und wird der Farbumschlag tatsächlich bei pH 8,20 ($c(H_3O^+) = 6{,}31 \cdot 10^{-9}$ mol/L) beobachtet, dann liegt nach

$$\frac{c(CH_3COO^-)}{c(CH_3COOH)} = \frac{K_S(CH_3COOH)}{c(H_3O^+)} =$$

$$= \frac{1{,}753 \cdot 10^{-5}\,\frac{mol}{L}}{6{,}31 \cdot 10^{-9}\,\frac{mol}{L}} = 2{,}78 \cdot 10^3$$

beim Farbumschlag der Anteil des nicht umgesetzten Analyten nur noch bei etwa einem Promille.

Zur groben Bestimmung des pH-Werts von Lösungen wird am besten Universalindikatorpapier verwendet. Die Papierstreifen enthalten eine Mischung verschiedener Farbindikatoren und decken praktisch den gesamten pH-Bereich ab.

Indikatoren und Lösemittel verbrauchen selbst Maßlösung, zudem zeigen die obigen Rechnungen, dass es praktisch nicht möglich ist, den Analyten komplett umzusetzen, wenn ein Gleichgewicht vorliegt. Damit sind schon erste Fehlerquellen bei dieser Arbeitsmethode ausgemacht. Es gibt zwar die Möglichkeit, mit instrumentellen Geräten, also objektiver als mit dem Auge, Äquivalenzpunkte festzustellen, aber auch damit können die Fehlerquellen nicht vollständig eliminiert werden, wie noch zu zeigen ist.

> Bei der Volumetrie wird zu einem Analyten, der in einer Vorlage gelöst ist, eine Maßsubstanz in gelöster Form (Maßlösung) **portionsweise** zugesetzt. Dabei findet ein Stoffumsatz mit dem Analyten statt. Aus dem Verbrauch an Maßlösung bis zum Äquivalenzpunkt kann auf die Stoffmenge des Analyten in der Vorlage geschlossen werden, wenn die Stöchiometrie der Reaktion und die Konzentration der Maßlösung bekannt sind und wenn die Umsetzung des Analyten über Indikatorsysteme erkannt werden kann.
> Bei der Titration mit Farbindikatoren wird deren Umschlagsbereich mit dem Äquivalenzpunkt der Reaktion gleichgesetzt. Der Farbumschlag des Säure-Base-Indikators und der Äquivalenzpunkt des Analyten sollen daher bei möglichst ähnlichen pH-Werten liegen.

Als erstes quantitatives Analysenverfahren ist in diesem Buch die Gravimetrie beschrieben worden. Die dort diskutierten Arbeitsschritte und Regeln werden nachfolgend auf die Volumetrie angewandt und erweitert. Grundsätzlich sollen bei den neu zu erarbeitenden Analysenverfahren die bei den vorausgehenden Analysenverfahren gefundenen Arbeitsschritte und Regeln angewendet werden, ohne dass diese – der Übersicht halber – ständig wiederholt werden.

Die Planung und Durchführung von Titrationen sowie die Auswertungen der Rohdaten werden nun anhand von konkreten Aufgaben diskutiert.

8.2 Bestimmung der Stoffmenge an Salzsäure über eine Säure-Base-Titration unter Verwendung von Farbindikatoren

Informationen und Beschreibung der Analysenprobe:
Nachdem der Auftrag klar definiert und die Analysenmethode vorgegeben ist, gelten die ersten Fragen eines Analysengangs zunächst immer der Analysenprobe selbst. Das erscheint selbstverständlich, ist es aber keineswegs. Häufig genug ist die Analysenprobe schon unbrauchbar gemacht worden, ehe die Analyse überhaupt richtig begonnen hatte.

Analysenprobe	jeweils genau bezeichnen (*kursiv* geschriebene Angaben sollen für die konkrete Aufgabe gelten)
Woher?	„Entroster" der Fa. ... Straße ... Lagerraum … Charge...
Wer hat die Probe genommen?	Gewerbeaufsichtsamt ..., Frau ...
Wann?	Datum ... Uhrzeit ...
Wie viel?	*etwa 80 mL*
Wie sieht die Analysenprobe aus?	*klare Lösung*
Ist die Probe homogen?	*ja*
Ungefährer Gehalt an Analyt?	*unbekannt*
Störsubstanzen	*keine*

Probenaufbereitung:
Natürlich könnte diese Analysenprobe direkt als Vorlage verwendet werden, aber damit wären Mehrfachmessungen und Angaben zur Präzision unmöglich. Weiterhin muss ja auf einen Farbumschlagspunkt titriert werden. Wird dieser verpasst, d. h. wird „übertitriert", so kann keine Auswertung erfolgen. Daher wird die Analysenprobe mit VE-Wasser (voll entsalztes Wasser) in einen Messkolben gespült. Der Messkolben wird mit weiterem VE-Wasser bis zur Marke aufgefüllt. Damit wird eine neue Lösung mit einem bekannten Volumen hergestellt.

„Auf welches Volumen ist die Analysenprobe aufzufüllen?" Zur Beantwortung dieser Fragen sind mehrere Gesichtspunkte zu berücksichtigen. Erstens soll eine Analysenprobe grundsätzlich so wenig wie möglich verändert werden. Die Gefahr, dass Störsubstanzen eingeschleppt werden, wird dadurch minimiert. Zweitens kann eine etwaige zu hohe Konzentration leicht verdünnt werden, eine für eine Messung zu niedrige Konzentration aber nur mit großem Aufwand und mit fehleranfälligen Methoden wieder aufkonzentriert werden. Drittens sind die Volumina zu beachten, die für die Durchführung der Analyse erforderlich sind. Bei der Titration sind das definierte und bekannte Teilvolumina („aliquote Teile" genannt) der hergestellten Analysenlösung, wobei das kleinste abzumessende Volumen vereinbarungsgemäß 10,0 mL beträgt. Werden die etwa 80 mL AL auf 100 ml aufgefüllt, so können damit eine Reihe von Titrationen durchgeführt werden.

> **Regel:** Sind von Analysenproben Lösungen herzustellen, so soll einerseits die Konzentration der hergestellten Lösungen möglichst hoch sein, andererseits soll das Volumen so gewählt werden, dass der Analysengang durchgeführt werden kann.

Die Angaben mögen als selbstverständlich angesehen werden, setzen aber im Grunde voraus, dass die Laborkraft den gesamten Analysengang überschaut. Wer dies in der Realität umsetzen kann, hat schon viel gelernt.

AL1:
AL im Messkolben auf 100 mL aufgefüllt

Auswahl und Herstellung der Maßlösung
Ist eine Säure durch Titration zu bestimmen, so wird in aller Regel Natronlauge als Maßlösung verwendet. NaOH ist in wässrigen Lösungen vollständig dissoziiert, das Problem des chemischen Gleichgewichts existiert also für die Maßlösung selbst nicht. Zweitens ist die Substanz relativ preiswert. Maßlösungen können zwar durch Einwaage von festen Maßsubstanzen selbst hergestellt werden, aber der Arbeitsaufwand lohnt sich kaum. Rationeller und kostengünstiger sind Fertigampullen. Die Stoffmengen sind so bemessen, dass sich nach Überführung in einen Messkolben und Auffüllen desselben eine definierte Konzentration ergibt. Die resultierende Lösung oder eine daraus hergestellte verdünntere Lösung kann als Maßlösung verwendet werden. Natronlaugemaßlösungen der Konzentration 1 mol/L sind aggressiv, ein Hautkontakt

ist unbedingt zu vermeiden und die Sicherheit der Laborkräfte ist ein sehr wichtiges Beurteilungskriterium für Analysen! (Sicherheitsdatenblätter sowie R und S-Sätze beachten.) Natronlaugelösungen dieser Konzentration nehmen sehr leicht aus der Luft Kohlendioxid auf und verändern dadurch ihre Konzentration, sind also instabil.

$$NaOH + CO_2 \rightarrow NaHCO_3$$

Zudem haben solche Lösungen eine relativ hohe Viskosität und können in Büretten nicht ohne Probleme blasenfrei eingefüllt werden. Eine Verringerung der Konzentration ist also sinnvoll. Bei einer zu geringen Konzentration der Maßlösung allerdings kann die Vorlage so stark verdünnt werden, dass der Messeffekt nur fehlerhaft wahrgenommen wird. Ein Blick in die Firmenkataloge zeigt, für welche Stoffmengen diese Maßlösungskonzentrate angeboten (und häufig auch verwendet) werden. Daraus ergibt sich ein erster Anhaltspunkt für die geeignete Konzentration. Sonst hilft nur: Ausprobieren!

Fertigampullen liegt eine Gebrauchsanleitung bei, nach der in der Regel die Ampulle auf einen Messkolben aufgesetzt und mit einem Glasstab die obere und die untere Kunststofffolie durchstochen wird. Der Inhalt der Ampulle läuft ab und die am Glasstab und in der Ampulle verbliebenen Reste werden mit VE-Wasser in den Kolben gespült. Danach wird der Kolben bis gut zur Hälfte aufgefüllt, der Inhalt gemischt und schließlich bis zur Eichmarke aufgefüllt.

> Es ist zweckmäßig, Maßlösungen über Fertigampullen herzustellen und auf die geeignete Konzentration zu verdünnen. Als Richtwert kann der Konzentrationsbereich 0,2 bis 0,05 mol/L gelten.

Maßlösung 1:
Fertigampulle mit 39,9971 g (1,00 mol) gelöstem Natriumhydroxid werden in einen 1,00 L Messkolben gespült.

Selbst bei sorgfältigster Arbeitsweise sind Fehler auch bei der Herstellung der Maßlösung nicht auszuschließen, daher wird hier nur die „Sollkonzentration", angezeigt durch den Index s, angegeben.

Maßlösung 1:
c_s (NaOH) = 1,0 mol/L

Aus den oben genannten Gründen soll eine Maßlösung mit c_s (NaOH) = 0,2 mol/L hergestellt werden. Ein Volumen von 500 mL erscheint dafür zweckmäßig, um einerseits alle Messungen durchführen zu können und andererseits von der Maßlösung 1 nicht unnötig viel zu verbrauchen. Aus der Maßlösung mit $c_s(\text{NaOH}) = 1,0$ mol/L müssen also 100 mL entnommen und auf 500 mL aufgefüllt werden. Die 100 mL werden über 2 Pipettenfüllungen mit je 50,0 mL entnommen.

Maßlösung 2:
$c_s(\text{NaOH}) = 0,2$ mol/L: 100 mL der Lösung mit $c_s(\text{NaOH}) = 1,0$ mol/L werden auf 500 mL aufgefüllt

Reaktionsgleichung und Stoffmengenverhältnis
$$\text{HCl} + \text{NaOH} \rightarrow \text{NaCl} + \text{H}_2\text{O}$$

$$\frac{n(\text{HCl})}{n(\text{NaOH})} = \frac{1}{1}$$

Indikator und Geräte
Als Indikator wird 4-Nitrophenol verwendet. Dazu werden 100 mg in 100 mL Wasser gelöst. Für die Titrationen werden jeweils 3 Tropfen dieser Lösung in die Vorlage gegeben.
25-mL-Bürette, Teilung 0,05 mL, 100-mL-Becherglas, Magnetrührer

Grobbestimmung
Unter dem Gesichtspunkt der **Effektivität** ist es bei jeder Analyse sinnvoll, den Analytgehalt zunächst **grob** festzustellen. Bei der Titration kann das bedeuten, dass entweder in weiten Schritten z. B. etwa 1-mL-Schritten titriert wird, oder dass die Maßlösung aus der Bürette mit relativ hoher Geschwindigkeit in die Vorlage einfließt. Diese Grobbestimmung dauert nur wenige Minuten. Für die Grobbestimmung soll nur ein geringer Anteil an Analysenlösung verbraucht werden.

Grobbestimmung
Maßlösung:
$c_s(\text{NaOH}) = 0,2$ mol/L
Vorlage: $V_{AL1(\text{HCl})} = 10,0$ mL
$V_{ÄP(\text{NaOH})} = 4$ mL

Feinbestimmung
Eine beachtenswerte Fehlerquelle bei der Volumetrie ist das Volumen der Maßlösung selbst. Bei der Grobbestimmung wurden nur 4 mL an Maßlösung verbraucht. Ziel ist zunächst, das Volumen auf **mindestens 10 mL** zu bringen. Da eine 25-mL-Bürette verwendet wird, sollte das Volumen aber auf **maximal 20 mL** begrenzt sein, um mit einer Bürettenfüllung auszukommen. Damit ist der gute Messbereich grob definiert:

Guter Messbereich: $V_{ÄP(\text{NaOH})} = 10 - 20$ mL

Grundsätzlich werden die veränderbaren Vorgaben für die Feinbestimmung nach dem Ergebnis der Grobbestimmung so eingerichtet, dass die Feinbestimmung im guten Messbereich und mit hoher Effektivität erfolgt.

Um einen höheren Verbrauch zu erhalten, gibt es mehrere Möglichkeiten:
– Erhöhung der Stoffmenge des Analyten in der Vorlage
– Verringerung der Konzentration der Maßlösung
– Erhöhung der Stoffmenge des Analyten in der Vorlage und die Verringerung der Konzentration der Maßlösung

In der Tabelle 8.2 sind einige Möglichkeiten auf das Ergebnis der Grobbestimmung hin ausgerechnet. Um eine solche Tabelle zu erstellen, wird in dem Stoffmengenverhältnis für die Reaktion die Stoffmenge des Analyten, hier HCl, durch seine Konzentration und das Volumen der Vorlage V_{VL}, die Stoffmenge der Maßlösung, hier NaOH, durch ihre Konzentration und das abgelesene Volumen der Maßlösung am Äquivalenzpunkt $V_{ÄP}$ ersetzt.

$$c(\text{HCl}) \cdot V_{VL(\text{HCl})} = c(\text{NaOH}) \cdot V_{ÄP(\text{NaOH})}$$

Mit den aus der Grobbestimmung ermittelten Werten kann die Konzentration des Analyten in der Vorlage berechnet werden. (Mit „Vorlage" ist hier das Volumen an Probelösung gemeint, das **vorgelegt** worden ist, nicht etwa das Volumen, das entsteht,

	Grob-bestim-mung	Möglichkeiten für die Feinbestimmung / Äquivalenzpunkt			
	Vor-gaben und Ergeb-nis	Ände-rung der Vor-lage	Ände-rung der Vor-lage	Ände-rung der Maß-lö-sung	Ände-rung der Maß-lö-sung u. der Vor-lage
$c_s(\text{NaOH})$ in mol/L	**0,2**	0,2	0,2	0,08	0,1
Vorlage AL1 in mL	**10,0**	20,0	25,0	10,0	20
$V_{ÄP(\text{NaOH})}$ in mL	**4**	8	10	10	16

Tabelle 8.2: Ausrichtung der Feinbestimmung auf die Grobbestimmung

wenn aus Gründen der Handhabbarkeit VE-Wasser zugesetzt worden ist.) Da damit diese Konzentration bekannt ist, kann errechnet werden, wie groß V_{VL} an Probelösung sein muss, damit bei unveränderter Konzentration der Maßlösung das Volumen $V_{ÄP}$ in einem günstigen Bereich der Bürette, z. B. bei 10 mL, liegt. In gleicher Weise kann bei Vorgabe der Volumina die sinnvolle Konzentration der Maßlösung bzw. die sinnvolle Verdünnung der Probelösung berechnet werden.

Die Vergrößerung des Vorlagevolumens auf 20 mL genügt noch nicht, aber bei 25 mL läge der Äquivalenzpunkt gerade noch im guten Messbereich. Mit den bisher verbrauchten 10 mL AL1 für die Grobbestimmung sind unter Berücksichtigung des Volumenverlustes durch Spülen der Pipette bei einem Gesamtvolumen V_{AL1} = 100 mL insgesamt 3 Feintitrationen möglich. Dies soll hier für die Bestimmung ausreichend sein. Erscheinen mehr als drei Titrationen erforderlich, weil besondere Anforderungen an die Präzision gestellt werden, so müsste die Maßlösung verdünnt werden, beispielsweise auf c_s (NaOH) = 0,08 mol/L.

Feinbestimmung

Vorlage: jeweils 25,0 mL AL1
Maßlösung: c_s (NaOH) = 0,2 mol/L
1. Titration $V_{ÄP(NaOH)}$ = 10,10 mL
2. Titration $V_{ÄP(NaOH)}$ = 10,00 mL
3. Titration $V_{ÄP(NaOH)}$ = 10,20 mL
– kein Ausreißer, kein Anhaltspunkt für eine Drift
– N = 3
– $\overline{V}_{ÄP(NaOH)}$ = 10,10 mL
– Streubreite: 0,20 mL
– $\overline{\Delta V}_{ÄP(NaOH)}$ in % = 0,7 %

Blindwerte

Blindwerte werden unter vergleichbaren Bedingungen wie die Analysenlösung bearbeitet, nur dass der Analyt fehlt. Diese Bestimmung ist bei Säure-Base-Titrationen wichtig, da VE-Wasser zwar häufig nur eine geringe Konzentration an gelösten Salzen enthält, aber beispielsweise durch die Herstellung über Ionenaustauscher noch sauer ist.

Blindwertsbestimmung

Vorlage: jeweils 25,0 mL VE-Wasser
Maßlösung: c_s (NaOH) = 0,2 mol/L
Indikator: 4-Nitrophenol
1. Titration $V_{ÄP(NaOH)}$ = 0,05 mL
2. Titration $V_{ÄP(NaOH)}$ = 0,10 mL
3. Titration $V_{ÄP(NaOH)}$ = 0,05 mL
– Ausreißerproblem muss hier nicht diskutiert werden, keine Drift ersichtlich

– N = 3
– $\overline{V}_{ÄP(NaOH)}$ = 0,07 mL
– Streubreite: 0,05 mL
– $\overline{\Delta V}_{ÄP(NaOH)}$ in % = 33 %

Das Signal-Rauschen-Verhältnis ist etwa 144 : 1 (10,10 : 0,07). Also ist eine Korrektur des Signals über den Blindwert zulässig. Vereinbarungsgemäß wird bei dem um den Blindwert berichtigten Ergebnis die relative mittlere Abweichung des Signals angegeben (s. S. 54).

Berichtigter Wert:
$\overline{V}_{ÄP(NaOH)}$ = 10,10 mL – 0,07 mL = 10,03 ml
$\overline{\Delta V}_{ÄP(NaOH)}$ in % = 0,7 %

Titerbestimmung

Die Richtigkeit des Ergebnisses einer Titration steht und fällt damit, dass die Konzentration der Maßlösung, die in die Berechnung des Analysenwertes einfließt, mit deren **tatsächlicher** Konzentration übereinstimmt. Dies ist nicht selbstverständlich, da bei der Herstellung der Maßlösung Fehler vorkommen können und weil es keine Lösung gibt, deren Konzentration für unbegrenzte Zeit stabil bleibt. Zur Bestimmung der tatsächlichen Konzentration von Maßlösungen werden so genannte Urtitersubstanzen verwendet. In der Fachsprache wird die Bestimmung der wahren Konzentration einer Maßlösung „Titerbestimmung" genannt.

> Der Titer t einer Lösung ist der Quotient aus der wahren (tatsächlichen) Konzentration c und der Sollkonzentration c_s der Maßlösung.
>
> $$t = \frac{c}{c_s}$$

Eine Urtitersubstanz muss zunächst in bekannter Weise mit der Maßlösung reagieren, sie ist mit dem Analyten chemisch verwandt. Die Stöchiometrie auch dieser Reaktion muss bekannt sein. Im Gegensatz zum Analyten kann die Laborkraft sich aber die Urtitersubstanzen aussuchen. Wesentliche Gesichtspunkte dafür sind beispielsweise neben der definierten Reaktion mit der Maßlösung die Reinheit, die Handhabbarkeit, die Stabilität und der Preis.

Für die Maßlösung Natronlauge wird hier Kaliumhydrogenphthalat $C_8H_5O_4K$ als Urtitersubstanz verwendet. Kaliumhydrogenphthalat ist ein weißer, kristalliner, stabiler, gut einzuwiegender Feststoff und in den Säureeigenschaften mit Essigsäure vergleichbar.

$$\text{COOH} \atop \text{COO}^- \text{K}^+ \quad + \text{ NaOH} \rightarrow \quad {\text{COO}^- \text{ Na}^+ \atop \text{COO}^- \text{ K}^+} \quad + \text{ H}_2\text{O}$$

$$C_8H_5O_4K + NaOH \rightarrow C_8H_4O_4KNa + H_2O$$

$$\frac{n(C_8H_5O_4K)}{n(NaOH)} = \frac{1}{1}$$

Kaliumhydrogenphthalat ist eine schwache Säure, der Äquivalenzpunkt liegt etwa beim pH-Wert 8. Daher wird als Indikator Phenolphthalein verwendet. 100 mg des Indikators werden in 90 mL Ethanol und 30 mL Wasser gelöst. Etwa drei Tropfen dieser Lösung genügen für eine Titration.

Für die Titerbestimmung könnten an sich beliebige Einwaagen bzw. beliebige Konzentrationen von Kaliumhydrogenphthalat verwendet werden. Es ist allerdings effektiver, für den Äquivalenzpunkt ein definiertes Volumen an Verbrauch an Maßlösung vorzugeben, dann erübrigt sich, unter der Voraussetzung, dass die Sollkonzentration der Maßlösung nicht wesentlich von der tatsächlichen Konzentration abweicht, die Grobbestimmung. Selbstverständlich dürfte sein, dass der Verbrauch im guten Messbereich liegen soll.

Berechnung der geplanten Einwaage an Kaliumhydrogenphthalat:

$$n(C_8H_5O_4K) = n(NaOH)$$

$$\frac{m_s(C_8H_5O_4K)}{M(C_8H_5O_4K)} = c_s(NaOH) \cdot V_{\text{ÄP(NaOH)}}$$

$$M(C_8H_5O_4K) = 204{,}222\frac{g}{mol}$$

Geplanter Äquivalenzpunkt:
$$V_{\text{ÄP(NaOH)}} = 10{,}0 \text{ ml}$$

Maßlösung:
$$c_s(NaOH) = 0{,}2 \text{ mol/L}$$

Geplante Einwaage:
$$m_s(C_8H_5O_4K) = 408{,}4 \text{ mg}$$

Versuche, berechnete Massen auch tatsächlich einzuwiegen, bedeuten einen hohen Zeitaufwand und sind die Hauptursache dafür, dass in den Wägezimmern das Wägegut um die Waagen verstreut wird. Hier ist es beispielsweise sinnvoll, die 408,4 mg als Orientierung anzusehen und vergleichbare Massen einzuwiegen. Daraus können die zu erwartenden Äquivalenzpunkte berechnet werden.

Eingewogene Masse Urtitersubstanz:
$$m(C_8H_5O_4K) = 426{,}8 \text{ mg}$$

Für diese Masse an Kaliumhydrogenphthalat ist der Äquivalenzpunkt nach

$$V_{\text{ÄP(NaOH)}} = \frac{m(C_8H_5O_4K)}{c_s(NaOH) \cdot M(C_8H_5O_4K)} =$$

$$= \frac{0{,}4268 \text{ g}}{0{,}2\,\dfrac{mol}{L} \cdot 204{,}222\,\dfrac{g}{mol}} = 10{,}5 \text{ mL}$$

bei 10,5 mL zu erwarten. Die Urtitersubstanz löst sich gut in Wasser, 20 bis 30 mL an Lösungsvolumen sind ausreichend.

Tatsächlich sollen 11,30 mL an Maßlösung verbraucht worden sein. Dieser Wert muss wieder um den Blindwert berichtigt werden. Die erneute Bestimmung des Blindwertes ist erforderlich, da bei der Titration der Urtitersubstanz ein anderer Indikator verwendet wird. Ist der mittlere Blindwert an Maßlösung 0,13 mL, dann sind 11,17 mL für die Berechnung der tatsächlichen Konzentration der Maßlösung einzusetzen.

$$c(NaOH) = \frac{0{,}4268 \text{ g}}{11{,}17 \cdot 10^{-3} \text{ L} \cdot 204{,}222\,\dfrac{g}{mol}} =$$

$$= 0{,}187\,\frac{mol}{L}$$

$$t(NaOH) = \frac{c(NaOH)}{c_s(NaOH)} = \frac{0{,}187\,\dfrac{mol}{L}}{0{,}2\,\dfrac{mol}{L}} = 0{,}935$$

Die Soll-Konzentration ist mit nur einer gültigen Ziffer angegeben. Trotzdem sind für das Ergebnis drei gültige Ziffern zulässig, denn eine Berechnung der Analyse nach

$$n(HCl) = c(NaOH) \cdot V_{\text{ÄP(NaOH)}}$$

oder nach

$$n(HCl) = c_s(NaOH) \cdot t(NaOH) \cdot V_{\text{ÄP(NaOH)}}$$

muss zum gleichen Ergebnis führen. Dies ist wieder ein Beispiel dafür, dass die Zahlenangaben in der Analytik nicht allein unter dem Gesichtspunkt der Mathematik gesehen werden dürfen. Nachfolgend sind die Blindwerte und die Daten für drei unabhängige Einwaagen der Urtitersubstanz angegeben.

8

Blindwerte bei der Titerbestimmung mit dem Indikator Phenolphthalein
Vorlage: jeweils 25 mL VE-Wasser
Maßlösung: $c_s(NaOH) = 0,2$ mol/L
1. Titration $V_{\text{ÄP(NaOH)}} = 0,15$ mL
2. Titration $V_{\text{ÄP(NaOH)}} = 0,10$ mL
3. Titration $V_{\text{ÄP(NaOH)}} = 0,15$ mL
– kein Ausreißer, kein Anhaltspunkt für eine Drift
– $N = 3$
– $\overline{V}_{\text{ÄP(NaOH)}} = 0,13$ mL
– Streubreite: 0,05 mL
– $\overline{\Delta V}_{\text{ÄP(NaOH)}}$ in % = 18 %

	Messung 1	Messung 2	Messung 3
$m_s(C_8H_6O_4K)$ in mg	426,8	410,7	413,5
$V_{s(NaOH)}$ in mL	10,5	10,1	10,1
$V_{\text{ÄP(NaOH)}}$ experimentell	11,30	10,73	10,90
$V_{\text{ÄP(NaOH)}}$ Blindwertkorr.	11,17	10,60	10,77
$c(NaOH)$ in mol/L	0,187	0,190	0,188
$t(NaOH)$	0,935	0,950	0,940

Tabelle 8.3: Titerbestimmung

Da unterschiedliche Einwaagen an Urtitersubstanz verwendet wurden, muss die Berücksichtigung des Blindwertes bei jeder Messung erfolgen, erst dann darf der Mittelwert gebildet werden. Ausreißer sowie eine Drift sind nicht zu erkennen, daher ist das Ergebnis der Titerbestimmung:

$N = 3$

$\overline{c}(NaOH) = 0,188 \dfrac{mol}{L}$

$\overline{t}(NaOH) = 0,942$

$\overline{\Delta t}$ in % = 0,6 %

Wiederfindungsrate:
Die Richtigkeit der Messung wird über die Wiederfindungsrate bestimmt. Dazu ist eine Salzsäurelösung sinnvoll, die bei 25,0 mL Vorlage mit der Natronlaugemaßlösung der Konzentration 0,188 mol/L einen Äquivalenzpunkt bei etwa 10 mL hat.

$c(HCl) = \dfrac{c(NaOH) \cdot V_{\text{ÄP(NaOH)}}}{V_{HCl}} =$

$= \dfrac{0,188 \dfrac{mol}{L} \cdot 10 \text{ mL}}{25,0 \text{ mL}} = 0,075 \dfrac{mol}{L}$

Wie bei der Einwaage der Urtitersubstanz ist es nicht zweckmäßig, sich genau diese Lösung herzustellen. Daher wird eine Lösung mit $c(HCl) = 0,100$ mol/L verwendet, die aus einer Ausgangslösung mit $c(HCl) = 1,00$ mol/L problemlos hergestellt werden kann. Der Äquivalenzpunkt sollte dann bei etwa 13,3 mL Maßlösung liegen.

Bestimmung der Wiederfindungsrate mit dem Indikator 4-Nitrophenol
Vorlage: jeweils 25,0 mL Salzsäure
$\qquad\qquad c(HCl) = 0,100$ mol/L
Maßlösung: $c(NaOH) = 0,188$ mol/L
1. Titration $V_{\text{ÄP(NaOH)}} = 13,35$ mL
2. Titration $V_{\text{ÄP(NaOH)}} = 13,15$ mL
3. Titration $V_{\text{ÄP(NaOH)}} = 13,25$ mL
– kein Ausreißer, kein Anhaltspunkt für eine Drift
– $N = 3$
– $\overline{V}_{\text{ÄP(NaOH)}} = 13,25$ mL experimenteller Wert
– Streubreite: 0,20 mL
– $\overline{\Delta V}_{\text{ÄP(NaOH)}}$ in % = 0,5 %
– $V_{\text{ÄP(NaOH)}} = 13,25$ mL – 0,07 mL = 13,18 mL über Blindwert berichtigt

Berechnung der Wiederfindungsrate $\eta_w(HCl)$
Sollwert:
$n_s(HCl) = 0,100$ mol/L $\cdot$ 25,0 mL = 2,50 mmol
Ist-Wert: $n(HCl) = c(NaOH) \cdot V_{\text{ÄP(NaOH)}} =$
$\qquad\qquad = 0,188$ mol/L $\cdot$ 13,18 mL = 2,48 mmol
$\eta_w(HCl)$ in % = 99,2 %

Bei der Bestimmung der Wiederfindungsrate wird praktisch die gleiche relative Abweichung gefunden wie bei der Bestimmung der Analyse selber. Dies ist ein guter Hinweis dafür, dass bei beiden Titrationen vergleichbare Verhältnisse vorliegen. Damit ist die Berechnung des Analysenergebnisses möglich.

$n_{Vorlage}(HCl) = c_s(NaOH) \cdot t(NaOH) \cdot V_{\text{ÄP(NaOH)}}$

$n_{Vorlage}(HCl) = 0,2 \dfrac{mol}{L} \cdot 0,942 \cdot 10,03 \cdot 10^{-3}$ L $=$
$\qquad\qquad = 1,8897$ mmol

In AL1 ist die vierfache Stoffmenge enthalten, da nur 25,0 mL von 100 mL titriert worden sind.

$n_{AL1}(HCl) = 1,8897 \text{ mmol} \cdot \dfrac{100 \text{ mL}}{25,0 \text{ mL}} = 7,56$ mmol

Die Stoffmenge an HCl in AL1 ist der in AL gleich, da die gesamte AL in AL1 enthalten ist:

$n_{exp}(HCl) = 7,56$ mmol

Die Berichtigung des experimentellen Wertes über die Wiederfindungsrate ergibt:

$$n(\text{HCl}) = \frac{n_{\exp}(\text{HCl})}{\eta_w(\text{HCl})} = \frac{7,56 \text{ mmol}}{0,992} = 7,62 \text{ mmol}$$

Als Ergebnis der Messungen sollte angegeben werden:

$n(\text{HCl})$	7,62 mmol (über η_w berichtigt)
Anzahl der Messungen	$N = 3$
Angaben zur Richtigkeit	$\eta_w(\text{HCl})$ in % = 99,2 %
Angaben zur Präzision	$\overline{\Delta V}_{\text{ÄP}}$ in % = 0,7 %

8.3 Bestimmung der Stoffmengenkonzentration an Schwefelsäure über eine Säure-Base-Titration unter Verwendung von Farbindikatoren

Bei dieser Aufgabe werden nur die Veränderungen gegenüber der ersten Aufgabe, der Bestimmung der Stoffmenge von Salzsäure, diskutiert. Zunächst einmal kann Schwefelsäure die Protonen in zwei Stufen abgeben:

$$\text{H}_2\text{SO}_4 \;+\; \text{NaOH} \;\rightarrow\; \text{NaHSO}_4 \;+\; \text{H}_2\text{O}$$
$$\text{NaHSO}_4 \;+\; \text{NaOH} \;\rightarrow\; \text{Na}_2\text{SO}_4 \;+\; \text{H}_2\text{O}$$

Summengleichung:
$$\text{H}_2\text{SO}_4 \;+\; 2\,\text{NaOH} \;\rightarrow\; \text{Na}_2\text{SO}_4 \;+\; 2\,\text{H}_2\text{O}$$

Nach diesen Gleichungen ist es grundsätzlich möglich, dass bei der Titration von Schwefelsäure auch zwei Äquivalenzpunkte festgestellt werden. Tatsächlich wird nur ein Äquivalenzpunkt gefunden, und zwar den für die Summengleichung mit dem Stoffmengenverhältnis:

$$\frac{n(\text{H}_2\text{SO}_4)}{n(\text{NaOH})} = \frac{1}{2}$$

Daraus kann aber keine allgemeine Regel abgeleitet werden. Dieser Sachverhalt wird erst am Beispiel der potentiometrischen Titration diskutiert, weil dort über eine Vielzahl von Messwerten in den Titrationsverlauf „hineingesehen" werden kann. An dieser Stelle sollte nur darauf hingewiesen werden, dass eine chemisch korrekte Reaktionsgleichung nicht unbedingt bedeutet, dass über sie auch die Auswertung einer Titration möglich ist. Als Regel soll daher gelten:

Kann ein Analyt in mehrfacher Weise mit der Maßsubstanz reagieren, so muss bekannt sein bzw. ist zunächst festzustellen, zu welcher(n) Reaktionsgleichung(en) der bzw. die Äquivalenzpunkte gehören. Erst dann ist die Untersuchung der Analysenprobe sinnvoll.

Der nächste Punkt betrifft die Probenaufbereitung. Wenn von der Analysenprobe (AL) wieder etwa 90 mL zur Verfügung stehen, so kann niemand daran gehindert werden, diese Lösung auf ein definiertes Volumen aufzufüllen (AL1), in gewohnter Weise zu titrieren und die Gesamtstoffmenge und die Konzentration des Analyten in AL1 zu berechnen. Die Konzentration in AL, die der eigentlichen Analysenlösung also, kann aber nicht berechnet werden, da deren genaues Volumen nicht bekannt ist.

Der Anschaulichkeit halber sollen die beiden bisher besprochenen Möglichkeiten zur Probenaufbereitung am Beispiel der Analyse von Zitronensäure in einer Zitrone zusammengefasst werden. Soll bestimmt werden, welche **Masse** an Zitronensäure die Zitrone enthält, so wird diese ausgepresst, der Saft filtriert und das Fruchtfleisch mit VE-Wasser ausgewaschen. Dann werden Saft und Waschwasser mit VE-Wasser **auf ein definiertes Volumen aufgefüllt.** Soll bestimmt werden, welche **Massenkonzentration** der Zitronensaft enthält, so wird die Zitrone ausgepresst und der Zitronensaft filtriert. Von dem Filtrat wird **ein definiertes Volumen entnommen.**

Ist über eine Titration die Stoffmenge an Analyt in einer Lösung zu bestimmen, so wird diese Lösung zunächst auf ein definiertes Volumen aufgefüllt, dann werden aliquote Teile zur Titration entnommen, bei zu hohen Konzentrationen definiert verdünnt. Ist über eine Titration die Stoffmengenkonzentration an Analyt einer Lösung zu bestimmen, so muss zunächst von dieser Lösung ein definiertes Volumen entnommen werden. Die entnommene Lösung kann direkt titriert oder vor der Titration definiert verdünnt werden.

Welche Alternativen an Vorgaben für die Feinbestimmung sind denkbar für den Fall, dass bei der Grobbestimmung ein zu hohes Volumen an Maßlösung für den Äquivalenzpunkt gefunden wird? Grundsätzlich können wieder die Vorlage, die Konzentration der Analysenlösung und die Konzentration der Maßlösung verändert werden.

	Grob-bestim-mung	Möglichkeiten für die Feinbestimmung / Äquivalenzpunkt			
	Vor-gaben und Ergeb-nis	Ände-rung der Vor-lage	Ände-rung der Vor-lage	Ände-rung der Maß-lö-sung	Ände-rung der Maß-lö-sung u. der Vor-lage
c_s(NaOH) in mol/L	**0,2**	0,2	0,2	0,4	0,4
Vorlage AL in mL	**10,0**	–	–	10,0	–
Vorlage AL1 in mL	–	10,0	–	–	20,0
Vorlage AL2 in mL	–	–	10,0	–	–
$V_{ÄP(NaOH)}$ in mL	**44**	17,6	11	22	17,6

AL: ca. 90 mL; AL1: 20,0 mL AL auf 50 mL; AL2: 25,0 mL AL auf 100 mL

Tabelle 8.4: Einrichtung der Feinbestimmung auf die Grobbestimmung

Nach diesen Zahlen ist also entweder mit einer konzentrierteren Maßlösung oder mit einer verdünnteren Analysenlösung zu arbeiten. Zwar könnte, wie bei der vorausgehenden Analyse gezeigt, die Analysenlösung **und** die Maßlösung verändert werden. Häufig ist es aber zweckmäßiger, eine gut handhabbare Maßlösung beizubehalten, zumal dann, wenn ihr Titer bekannt ist. Bei der Verdünnung von Analysenlösungen gibt es dann Probleme, wenn die Konzentrationen von vornherein gering sind. Da es sich bei der hier diskutierten Analyse offenbar um eine stark konzentrierte Analysenlösung handelt, sind 10,0 mL AL2 eine sinnvolle Vorlage.

Zur Titerbestimmung soll Oxalsäuredihydrat $C_2H_2O_4 \cdot 2\,H_2O$ als Urtitersubstanz verwendet werden. Die Urtitersubstanzlösung soll – im Unterschied zur vorausgegangen Aufgabe – in ausreichendem Volumen für mindestens drei Titrationen durch **eine** Einwaage hergestellt werden. Ein Volumen von 100 mL und Vorlagen von jeweils 25 mL erscheinen sinnvoll.

$$C_2H_2O_4 + 2\,NaOH \rightarrow Na_2C_2O_4 + 2\,H_2O$$

Zu dem durch Farbumschlag gefundenen Äquivalenzpunkt gehört folgendes Stoffmengenverhältnis:

$$\frac{n(C_2H_2O_4)}{n(NaOH)} = \frac{1}{2}$$

$$n(C_2H_2O_4) = \frac{1}{2} \cdot n(NaOH)$$

Welche Konzentration muss eine Urtiterlösung haben, die bei Vorlage (VL) von 25,0 mL mit der Maßlösung c_s(NaOH) = 0,2 mol/L einen Äquivalenzpunkt von 10 mL ergibt?

$$c(C_2H_2O_4) = \frac{c_s(NaOH) \cdot V_{ÄP(NaOH)}}{2 \cdot V_{VL(C_2H_2O_4)}} =$$

$$= \frac{0,2\,\frac{mol}{L} \cdot 10\,mL}{2 \cdot 25\,mL} = 0,04\,\frac{mol}{L}$$

Mit der Angabe „2 H$_2$O" ist gemeint, dass die kristalline Substanz Oxalsäuredihydrat pro Mol $C_2H_2O_4$ zwei Mol an Wasser enthält. Dieses Kristallwasser muss zwar zwangsläufig mit eingewogen werden, hat aber für die Reaktion keine Bedeutung. Welche Masse an Oxalsäuredihydrat muss für 100 mL Lösung eingewogen werden?

$$n(C_2H_2O_4 \cdot 2\,H_2O) = n(C_2H_2O_4)$$

$$M(C_2H_2O_4 \cdot 2\,H_2O) = 126,066\ g/mol$$

$$m(C_2H_2O_4 \cdot 2\,H_2O) =$$
$$= c(C_2H_2O_4) \cdot V_{(C_2H_2O_4)} \cdot M(C_2H_2O_4 \cdot 2\,H_2O)$$

$$m(C_2H_2O_4 \cdot 2\,H_2O) =$$
$$= 0,04\ mol/L \cdot 100 \cdot 10^{-3}\ L \cdot 126,066\ g/mol =$$
$$= 504,3\ mg$$

Nach der Berechnung einer Masse ist es zweckmäßig, festzustellen, ob sich die Substanz in der gewünschten Konzentration überhaupt löst. Dazu sind beispielsweise Chemikalienkataloge der Lieferfirmen sehr gut geeignet. Von Oxalsäuredihydrat lösen sich bis zu 102 g in einem Liter, so dass der Herstellung der geplanten Urtiterlösung nichts im Wege steht. Da in diesem Beispiel die Urtitersubstanz nur **einmal** eingewogen wurde, kann hier – im Gegensatz zum ersten Analysenbeispiel – der Mittelwert aus den drei Titrationen errechnet und von diesem der Mittelwert der Blindwerte subtrahiert werden.

Nachfolgend sind die Rohdaten und das Ergebnis der Analyse zusammengefasst.

Bestimmung der Stoffmengenkonzentration an Schwefelsäure in einer Analysenlösung AL über eine Säure-Base-Titration mit Farbindikatoren

$$H_2SO_4 + 2\,NaOH \rightarrow Na_2SO_4 + 2\,H_2O$$

$$\frac{n(H_2SO_4)}{n(NaOH)} = \frac{1}{2}$$

AL: ca. 90 mL, klare Lösung, keine störenden Substanzen
Probe und Probenvorbereitung AL: ca. 90 mL;
AL2: 25,0 ml AL auf 100 mL

Grobbestimmung Analysenprobe:
Indikator: Bromthymolblau
$c_s(NaOH) = 0,2$ mol/L
Vorlage: 10,0 mL AL
$V_{\ddot{A}P(NaOH)} = 44$ ml

Feinbestimmungen Analysenprobe:
Indikator wie oben:
$c_s(NaOH) = 0,2$ mol/L
Vorlagen: $V_{AL2(H_2SO_4)} = 10,0$ mL
$\overline{V}_{\ddot{A}P(NaOH)} = 11,85$ ml
$N = 3$
$\Delta \overline{V}_{\ddot{A}P(NaOH)} = 0,95\,\%$

Titerbestimmung mit Oxalsäuredihydrat:
Indikator Phenolphthalein
$c_s(NaOH) = 0,2$ mol/L
Urtiterlösung: 525,2 mg $C_2H_2O_4 \cdot 2\,H_2O$ auf 100 ml
Vorlagen: 25,0 mL Urtiterlösung
$\overline{V}_{\ddot{A}P(NaOH)} = 11,10$ ml
$N = 3$
$\Delta \overline{V}_{\ddot{A}P(NaOH)} = 0,55\,\%$
$c(NaOH) = 0,188$ mol/L
$t(NaOH) = 0,942$

Auswertung:

$$c_{AL2}(H_2SO_4) \cdot V_{AL2(H_2SO_4)} = \frac{1}{2} \cdot c(NaOH) \cdot V_{\ddot{A}P(NaOH)}$$

$$c_{AL2}(H_2SO_4) \cdot 10,0\ \text{mL} = \frac{1}{2} \cdot 0,188\ \frac{\text{mol}}{\text{L}} \cdot 11,85\ \text{mL}$$

$$c_{AL2}(H_2SO_4) = 0,11139\ \frac{\text{mol}}{\text{L}}$$

$$c_{AL}(H_2SO_4) \cdot V_{AL(H_2SO_4)} = c_{AL2}(H_2SO_4) \cdot V_{AL2(H_2SO_4)}$$

$$c_{AL}(H_2SO_4) \cdot 25,0\ \text{mL} = 0,11139\ \frac{\text{mol}}{\text{L}} \cdot 100\ \text{mL}$$

Ergebnis:

$$c_{AL}(H_2SO_4) = 0,446\ \frac{\text{mol}}{\text{L}}$$

$N = 3$

$$\Delta \overline{c}(H_2SO_4) = 0,95\,\%$$

8.4 Bestimmung des Massenanteils von Kalk in einem natürlichen Kalkstein über eine Säure-Base-Titration mit Farbindikatoren über eine Rücktitration

Kalk, Calciumcarbonat, reagiert mit Salzsäure nach der Gleichung

$$CaCO_3 + 2\,HCl \rightarrow CaCl_2 + CO_2 \uparrow + H_2O$$

Eine direkte Titration allerdings ist wenig sinnvoll, da das schwer lösliche Calciumcarbonat in einer wässrigen Lösung höchstens als Suspension vorliegen und sich erst mit der Titration nach der obigen Gleichung lösen würde. Der Äquivalenzpunkt wäre daher nicht einfach zu erkennen. In diesem Fall ist eine **Rücktitration** sinnvoll. Dazu wird die Suspension von Calciumcarbonat in Wasser mit einem definierten Überschuss an Salzsäure versetzt. Der Niederschlag löst sich auf. Nach Abklingen der Reaktion wird die durch die Reaktion nicht verbrauchte überschüssige Salzsäure mit Natronlauge „zurücktitriert". Der Analyt wird also indirekt bestimmt.

Die Berechnung und Auswertung erfolgt am besten über die **Stoffmengenbilanz:** Die Summe aus der Stoffmenge an Salzsäure, die für die Umsetzung von Calciumcarbonat (Analyt A) verbraucht wurde $n_A(HCl)$, und der Stoffmenge an Salzsäure $n_R(HCl)$, die bei der Rücktitration mit Natronlauge gefunden wurde, ist gleich der Ausgangsstoffmenge $n_0(HCl)$, die dem Kalkstein zugesetzt worden ist.

Stoffmengenbilanz: $n_0(HCl) = n_A(HCl) + n_R(HCl)$

> Alle in der Stoffmengenbilanz enthaltenden Werte beziehen sich auf eine einzige Substanz, denn für diesen Fall dürfen Stoffmengen addiert oder subtrahiert werden. Die zusätzlichen tiefgestellten Bezeichnungen geben nur an, ob es sich um Ausgangsstoffmengen oder um umgesetzte Stoffmengen dieser Substanz handelt.

Zur Veranschaulichung sind die Größen als Flächen dargestellt.

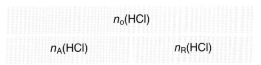

Die **Stoffmengenbilanz** ist wie das **Stoffmengen-verhältnis** eine Art Universalschlüssel für die Berechnung von Rücktitrationen und wurde schon im Baustein „Chemisches Gleichgewicht" bei der Berechnung von pH-Werten verwendet.

Die einfache Stoffmengenbilanz muss erweitert werden, wenn Blindwerte (BW) auftreten. Da auch durch die Blindlösung Salzsäure verbraucht wird, lautet die erweiterte Stoffmengenbilanz für den betrachteten Fall:

$$n_o(HCl) = n_A(HCl) + n_R(HCl) + n_{BW}(HCl)$$

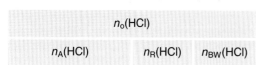

Dies gilt sowohl für die Auswertung der Daten bei Bestimmung der Analysenprobe als auch der Wiederfindungsrate. Bei der Blindwertsbestimmung ist definitionsgemäß keine Analysenprobe enthalten, also gilt hier:

$$n_o(HCl) = n_R(HCl) + n_{BW}(HCl)$$

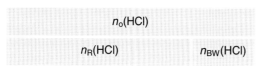

Fehler bei solchen Berechnungen lassen sich weitgehend vermeiden, wenn die Daten einwandfrei bezeichnet sind (nicht $n = 2{,}46$ mmol, sondern: Blindwertsbestimmung: $n_R(HCl) = 2{,}46$ mmol), was durchaus Mühe macht.

Zentrale Fragen für die Planung der Analyse sind: „Wann liegt ein Überschuss an Salzsäure vor und wie muss dieser Überschuss beschaffen sein, damit ein sinnvolles Volumen an Natronlauge bei der Rücktitration verbraucht wird?" Zweckmäßigerweise wird bei der Berechnung von reinem Calciumcarbonat ausgegangen, damit werden im Grunde die Vorgaben für die Bestimmung einer Wiederfindungsrate festgelegt. Entweder wird die Masse an Calciumcarbonat vorgegeben und die erforderliche Stoffmengenkonzentration an Säure berechnet oder die Säure wird vorgegeben und die Masse an Calciumcarbonat berechnet. Für den ersteren Fall könnte vorgegeben werden:

$$m(CaCO_3) = 100 \text{ mg Reinsubstanz}$$

$$M(CaCO_3) = 100{,}087 \text{ g/mol}$$

Volumen an Salzsäure, das die 100 mg $CaCO_3$ umsetzen soll: $V_A = 10{,}0$ mL

Berechnung der erforderlichen Salzsäurekonzentration:

$$CaCO_3 + 2\,HCl \rightarrow CaCl_2 + CO_2 \uparrow + H_2O$$

$$\frac{n(HCl)}{n(CaCO_3)} = \frac{2}{1}$$

$$c_s(HCl) = \frac{2 \cdot m(CaCO_3)}{V_{A(HCl)} \cdot M(CaCO_3)} = 0{,}2\,\frac{mol}{L}$$

Demnach könnte eine 0,2 molare Salzsäure verwendet werden. Wenn für die Rücktitration mindestens 10 mL an Natronlauge verbraucht werden sollen, müssen insgesamt 20 mL der Salzsäure vorgegeben und mit 0,2 molarer Natronlauge zurücktitriert werden. Da der natürliche Kalkstein nicht aus reinem Calciumcarbonat besteht, würde eine vergleichbare Einwaage weniger Salzsäure verbrauchen, also müsste bei der Rücktitration ein größeres Volumen an Natronlauge als 10 mL verbraucht werden.

Bei der Probenaufbereitung des Kalksteins ist zu bedenken, dass es sich um einen **Feststoff** handelt. Der Kalkstein kann, je nach den Wetterverhältnissen, bei denen die Probe genommen wurde, **unterschiedliche Gehalte an Wasser** enthalten. Ein und dieselbe Probe ergäben unterschiedliche Werte, je nachdem, wie und wie lange die Probe vor der Analyse gelagert wurde. Bei der Analyse von Salatproben ist dieser Sachverhalt augenscheinlich. Daher werden feste Proben vor der Analyse getrocknet, in der Regel mehrere Stunden bei 110 °C. Bei Feststoffen ist die **Homogenität der Probe** ein weiteres und entscheidendes Kriterium für die Richtigkeit der Analyse. Beispielsweise kann es in dem Kalkstein Zonen („Adern") mit einem erhöhten Eisenoxidanteil geben. Es ist also nicht gleichgültig, welcher Teil der Probe für die Analyse verwendet wird. Daher ist es sinnvoll, feste Proben beispielsweise mit einer Kugelmühle zu einem feinen Pulver zu zermahlen und dann Teile dieses Pulvers für die Analyse einzuwiegen.

> Bei Feststoffen ist bei der Probenaufbereitung auf den Feuchtigkeitsgehalt und die Homogenität der Probe zu achten. In der Regel wird das Probenmaterial vor der Analyse fein zerkleinert und getrocknet. Die Analysenergebnisse beziehen sich auf die Trockenmasse.

Bei dieser Analyse ist mit **Störungen** zu rechnen. Erstens enthalten Kalksteinproben normalerweise Anteile von Magnesiumcarbonat, das in der Analyse vergleichbar dem Calciumcarbonat reagieren würde. Hier soll vorausgesetzt werden, dass bei der untersuchten Probe der Anteil dieser Störsubstanz vernachlässigbar klein ist. Zweitens bildet sich bei der Zugabe von Säure zum Kalkstein Kohlendioxid, das, wenn es nicht vor der Titration vollständig aus der Vorlage entfernt wird, zu einem Mehrverbrauch an Natronlaugemaßlösung und damit zu einem Fehler führen würde. Durch Erwärmen der Lösung über einige Zeit, beispielsweise auf 70 °C, und unter ständigem Rühren kann Kohlenstoffdioxid aus der Vorlage ausgetrieben werden. Auch durch Ultraschall können Gase sehr wirksam aus Lösungen ausgetrieben werden. Daher sollten Ultraschallbäder zur Standardausrüstung in jedem analytischen Labor gehören.

> Gase können aus Lösungen durch Erwärmen, Rühren und durch Ultraschall entfernt werden.

Als Indikator wird Neutralrot mit dem Umschlagsbereich von 6,8 bis 8,0 gewählt. Die Titer der Lösungen sind bekannt.

Arbeitsvorschrift:

100 g Kalkstein werden in einer Kugelmühle pulverisiert und 5 Stunden bei 110 °C getrocknet. Etwa 100 mg werden in ein 100-mL-Becherglas gegeben und mit 20,0 mL Salzsäure, $c_s(HCl) = 0,2$ mol/L versetzt. Wenn die Gasentwicklung abgeklungen ist, wird die Mischung, die noch Feststoffe aus der Matrix enthalten kann, unter Rühren auf 70 °C erwärmt und dann fünf Minuten ins Ultraschallbad gegeben. Nach Abkühlen auf Zimmertemperatur werden mit 10 mL VE-Wasser eventuell an der Glasinnenwand anhaftende Reste in die Lösung gespült. 3 Tropfen Neutralrot werden zugesetzt und unter Rühren mit Natronlauge, $c_s(NaOH) = 0,2$ mol/L, von rot nach gelborange titriert.

Für die Analyse sollen folgende Zahlenwerte gelten, wobei der Übersicht halber die Wiederholungsmessungen zur Bestimmung der Präzision nicht angegeben werden:

Maßlösungen und Standardsubstanz
$c(HCl) = 0,200$ mol/L
$c(NaOH) = 0,188$ mol/L
$M(CaCO_3) = 100,087$ g/mol

Berechnung von n_0 (HCl)
$n_0(HCl) = c(HCl) \cdot V_{HCl} =$
$= 0,200$ mol/L $\cdot$ 20,0 $\cdot$ 10^{-3} L $= 4,00$ mmol

Bestimmung des Blindwertes
$V_{\ddot{A}P(NaOH)} = 20,85$ mL
$n(NaOH) = c(NaOH) \cdot V_{\ddot{A}P(NaOH)} =$
$= 0,188$ mol/L $\cdot$ 20,85 $\cdot$ 10^{-3} L $= 3,92$ mmol
$n_R(HCl) = n(NaOH) = 3,92$ mmol
$n_{BW}(HCl) = n_0(HCl) - n_R(HCl) =$
$= 4,00$ mmol $- 3,92$ mmol $= 0,08$ mmol

Bestimmung der Wiederfindungsrate
$m(CaCO_3) = 105,7$ mg
$V_{\ddot{A}P(NaOH)} = 10,65$ mL
$n(NaOH) = c(NaOH) \cdot V_{\ddot{A}P(NaOH)} =$
$= 0,188$ mol/L $\cdot$ 10,65 $\cdot$ 10^{-3} L $= 2,00$ mmol
$n_R(HCl) = n(NaOH) = 2,00$ mmol
$n_A(HCl) = n_0(HCl) - n_R(HCl) - n_{BW}(HCl) =$
$= (4,00 - 2,00 - 0,08)$ mmol $= 1,92$ mmol
$m_{exp}(CaCO_3) = \frac{1}{2} \cdot n_A(HCl) \cdot M(CaCO_3) =$

$= \frac{1}{2} \cdot 1,92$ mmol $\cdot 100,087$ g/mol

$m_{exp}(CaCO_3) = 96,1$ mg
$\eta_w(CaCO_3) = \frac{m_{exp}(CaCO_3)}{m(CaCO_3)} = \frac{96,1 \text{ mg}}{105,7 \text{ mg}} = 0,909$

Bestimmung der Analysenprobe
$m = 109,5$ mg
$V_{\ddot{A}P(NaOH)} = 12,25$ mL
$n(NaOH) = c(NaOH) \cdot V_{\ddot{A}P(NaOH)} =$
$= 0,188$ mol/L $\cdot$ 12,25 $\cdot$ 10^{-3} L $= 2,30$ mmol
$n_R(HCl) = n(NaOH) = 2,30$ mmol
$n_A(HCl) = n_0(HCl) - n_R(HCl) - n_{BW}(HCl) =$
$= (4,00 - 2,30 - 0,08)$ mmol $= 1,62$ mmol
$m_{exp}(CaCO_3) = \frac{1}{2} \cdot n_A(HCl) \cdot M(CaCO_3) =$

$= \frac{1}{2} \cdot 1,62$ mmol $\cdot 100,087$ g/mol

$m_{exp}(CaCO_3) = 81,1$ mg

Korrektur über die Wiederfindungsrate
$m_{(CaCO_3)} = \frac{m_{exp}(CaCO_3)}{\eta_w(CaCO^3)} = \frac{81,1 \text{ mg}}{0,909} = 89,2$ mg

Berechnung des Massenanteils an Kalk im Kalkstein
$w(CaCO_3) = \frac{m(CaCO_3)}{m} = \frac{89,2 \text{ mg}}{109,5 \text{ mg}} = 0,815$

Angabe des über die Wiederfindungsrate berichtigten Ergebnisses
$w(CaCO_3) = 81,5\,\%$

8

Klasse	Beispiele für Reaktionspartner und Reaktionen	Reaktion
Säure-Base-Titration	$HCl/NaOH$, $HCl + NaOH \rightarrow NaCl + H_2O$	H_3O^+-Konzentration ändert sich, Bildung von Wasser
Redoxtitration	I_2/S^{2-} $\qquad$ $MnO_4^-/C_2O_4^{2-}$ $I_2 + S^{2-} \rightarrow S + 2I^-$	Oxidationszahlen der beteiligten Stoffe ändern sich, Elektronenaustausch, durch Oxidation und Reduktion werden neue Stoffe gebildet.
Komplexo-metrie, Chelatometrie	$Ca^{2+}/[H_2EDTA]^{2-}$ $Ca^{2+} + [H_2EDTA]^{2-} + 2H_2O \rightarrow [Ca(EDTA)]^{2-} + 2H_3O^+$	freie Metallionen bilden mit Komplexbildnern große Moleküle, Komplexverbindungen
Fällungs-titration	Ag^+/Cl^- $Ag^+ + Cl^- \rightarrow AgCl\downarrow$	der Analyt bildet einen schwer löslichen Niederschlag

Tabelle 8.5: Beispiele wichtiger Titrationsklassen

Je nach der praktischen Durchführung müsste bei der Angabe ergänzt werden:
– Ausreißer/kein Ausreißer
– Anzahl der Messungen
– Streubreite, relative mittlere Abweichung bzw. relative Standardabweichung
– Wiederfindungsrate
– Wert über die Wiederfindungsrate berichtigt/nicht berichtigt

Neben der Säure-Base-Reaktion gibt es noch eine Reihe von weiteren Reaktionen, bei denen die Arbeitsmethode „Titration bzw. Volumetrie" angewandt werden kann. Die wichtigsten sind in der Tabelle 8.5 angegeben. Sie werden in der Folge in diesem Buch besprochen.

Mit den Ergebnissen dieses Kapitels „Arbeitsmethode und Planung volumetrischer Analysen am Beispiel der Säure-Base-Titration" kann die bisherige Aufstellung zur Optimierung der Analysen nach den Beurteilungskriterien ergänzt werden (Ergänzungen sind kursiv geschrieben).

8.5 Optimierung von Analysenverfahren nach den Beurteilungskriterien

Kriterium	Methode
Richtigkeit	– Kenntnis der qualitativen Zusammensetzung der Analysenprobe ist die Voraussetzung für eine quantitative Analyse. – Eliminierung von störenden Substanzen durch selektive Reaktionsbedingungen – Kenntnis der wesentlichen Anforderungen und Fehlerquellen der Arbeitsmethode: • *geeigneten Indikator auswählen* • Wiederfindungsrate über Standards bestimmen • Drift der Messwerte ausschließen • Blindwerte bestimmen • Signal-Rauschen-Verhältnis mindestens 10:1 • Kurvenanpassung z. B. über lineare Regression • *abzumessendes Mindestvolumen: 10 mL* • *abzuwiegende Mindestmasse: 100 mg* • *Titerbestimmung von Maßlösungen* • *mittlere Abweichungen bei Analyse und Standard praktisch gleich* • *auf Homogenität der Proben achten*

Kriterium	Methode
Präzision	– Streubreite, mittlere Abweichung – Standardabweichung – Häufigkeitsverteilung und Vereinbarung von Wahrscheinlichkeiten – Ausreißer eliminieren – Kurvenanpassung z. B. über lineare Regression
Bestimmungsgrenze	– grobes Maß: Signal-Rauschen-Verhältnis 10:1 – die Konzentration, bei der die relative Standardabweichung maximal 10 % ist, entspricht der Bestimmungsgrenze
Sicherheit	– *Sicherheitsdatenblätter der verwendeten Substanzen beachten, Information über R- und S-Sätze* – *nicht unnötig hohe Konzentrationen verwenden*
Effektivität	– *Fertigampullen zur Herstellung von Maßlösungen verwenden* – *eine geplante Masse nicht unbedingt tatsächlich einwiegen* – *Konzentrationen und Volumina nach festen Vorgaben geplant herstellen* – *Grobbestimmung zur ungefähren Bestimmung des Analytgehaltes durchführen* – *Feinbestimmung nach dem Ergebnis der Grobbestimmung einrichten* – *guten Messbereich festlegen und einhalten*

8.6 Übung

Säure-Base-Titration

① Zur Titerbestimmung kann die Urtitersubstanz mehrfach eingewogen und titriert werden. Alternativ könnte eine Lösung hergestellt und mehrere aliquote Teile titriert werden. Diskutieren Sie diese alternativen Arbeitsweisen.

② Geben Sie eine Urtitersubstanz für die Maßlösung Salzsäure an. Geben Sie eine sinnvolle Konzentration der Maßlösung vor und berechnen Sie die Einwaage(n) an Urtitersubstanz.

③ Ersetzen Sie in den Tabellen zur Einrichtung der Feinbestimmung auf das Ergebnis der Grobbestimmung in jeder Spalte, außer der Grobbestimmung, eine Zahl durch x und berechnen Sie diesen Zahlenwert.

④ Schlagen Sie für die Titration einer Ammoniaklösung mit Salzsäure einen geeigneten Farbindikator vor.

⑤ Diskutieren Sie, ob es möglich ist, Salzsäure und Essigsäure, die in einer Probe enthalten sind, mithilfe von Farbindikatoren nebeneinander zu bestimmen.

⑥ In einem handelsüblichen Speiseessig ist die Volumenkonzentration an Essigsäure $\sigma(CH_3COOH) = 5,00\,\%$. Die Dichte der reinen Essigsäure ist 1,05 g/mL bei 20 °C. Welches Volumen an 0,500 molarer Natronlaugemaßlösung ist notwendig, um die Essigsäure zu titrieren, die in 25,0 mL dieses Speiseessigs enthalten ist?

⑦ Die Stoffmengenkonzentration an Natronlauge in einer wässrigen Probe soll bestimmt werden. 25,0 mL dieser Lösung werden mit 0,2 molarer Schwefelsäure, $t(H_2SO_4) = 0,970$, titriert. Der Äquivalenzpunkt wird bei 17,2 mL Maßlösung gefunden.

⑧ 2,10 g festes, aber verunreinigtes Natriumhydroxid verbrauchen bei der Neutralisation 44,7 mL Schwefelsäure der Konzentration 0,500 mol/L. Berechnen Sie den Massenanteil des Natriumhydroxids.

⑨ Die Massenkonzentration an $Ca(OH)_2$ einer Lösung soll bestimmt werden. Dazu werden 20,0 mL dieser Lösung auf 250 mL aufgefüllt (SL1). 50,0 mL SL1 werden mit Salzsäure, $c_s(HCl) = 0,1$ mol/L, $t(HCl) = 0,985$, titriert. Zur Titration werden 14,25 ml Maßlösung verbraucht. ($Ca(OH)_2$, $HCl / CaCl_2$, H_2O)

⑩ 220 mg Natriumcarbonat werden mit Salzsäure, $c_s(HCl) = 0,2$ mol/L, titriert. Äquivalenzpunkte werden bei 9,51 mL und bei 19,12 mL gefunden. Geben Sie den Titer der Maßlösung an. (Na_2CO_3, $HCl / NaHCO_3$, $NaCl$, CO_2, H_2O)

⑪ Der Massenanteil an Kalk in einem natürlichen Kalkstein wird bestimmt. Dazu werden 119,3 mg fein zerkleinerter Kalkstein mit wenig Wasser aufgeschlämmt und mit Salzsäure, $c_s(HCl) = 0,2$ mol/L, $t(HCl) = 1,01$, $V_{HCl} = 20,0$ ml, versetzt. Die überschüssige Salzsäure wird mit Natronlauge, $c_s(NaOH) = 0,2$ mol/L, $t(NaOH) = 0,998$, $V_{ÄP(NaOH)} = 10,70$ mL, zurücktitriert. Der Blindwert ist vernachlässigbar klein. ($CaCO_3$, $HCl / CaCl_2$, CO_2, H_2O)

9 Komplexometrie und Selektivität

9.1 Komplexbildner und Komplexbildung bei der Titration

Im Baustein „Chemisches Gleichgewicht und pH-Wert" wurde gezeigt, wie aus dem Kupferhexaaquakomplex durch Zusatz von Ammoniak der Kupfertetraamminkomplex gebildet wird.

$$[Cu(H_2O)_6]^{2+} + 4\,NH_3 \rightleftarrows [Cu(H_2O)_2(NH_3)_4]^{2+} + 4\,H_2O$$

Die Bindungsverhältnisse in solchen Komplexverbindungen lassen sich nicht mit den klassischen Bindungsarten Atombindung bzw. Ionenbindung beschreiben. Vielmehr wird die Bildung des Kupfertetraamminkomplexes dadurch erklärt, dass das Ammoniakmolekül und das Wassermolekül (die Liganden) über ihre freie Elektronenpaare an das Kupferion (das Zentralatom) gebunden werden. Das Zentralatom stellt Bindungsplätze (Koordinationsstellen) für die Liganden zur Verfügung, deren Anzahl wesentlich von der Elektronenverteilung im Zentralatom abhängt. Die Liganden gruppieren sich in charakteristischer Weise um das Zentralatom, daher entstehen Komplexe mit charakteristischer Geometrie. Im Kupfertetraamminkomplex sind die sechs Liganden **oktaedrisch** um das Zentralatom angeordnet. Die Metallionen liegen mit der Komplexbildung **nicht mehr als freie Ionen** vor.

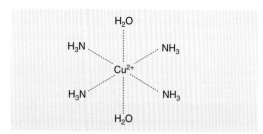

Abb. 9.1: **Zentralatom und Liganden (schematisch)**

Die Gleichgewichtskonstanen für die Bildung der beiden Komplexe (**aqua** für den Wasserkomplex und **amm** für den Tetraamminkomplex) lauten:

$$K_{aqua} = \frac{c([Cu(H_2O)_6]^{2+})}{c(Cu^{2+})}$$

$$K_{amm} = \frac{c([Cu(H_2O)_2(NH_3)_4]^{2+})}{c(Cu^{2+}) \cdot c^4(NH_3)}$$

Wird zu der wässrigen Lösung des Kupferhexaaquakomplexes Ammoniak gegeben, so bildet sich nach der oben angegebenen Gleichgewichtsreaktion der Kupfertetraamminkomplex und der Kupferhexaaquakomplex löst sich auf. Bei einer Ammoniakkonzentration von nur 0,1 mol/L liegen schon über 90 % des Kupfers in Form des Tetraammin-

komplexes vor, obwohl die Konzentration des Konkurrenzkomplexbildners Wasser etwa 55 mol/L ist! Das ist nur dadurch zu erklären, dass die Gleichgewichtskonstante für die Bildung des Kupfertetraamminkomplexes beträchtlich größer ist als die des Kupferhexaaquakomplexes. Die beiden Komplexe sind also unterschiedlich stabil. Die Bildung des Kupfertetraamminkomplexes wird durch die Veränderung der Farbe der Lösung von hellblau nach intensiv blauviolett angezeigt.

Durch Veränderung des pH-Wertes der Lösung lässt sich die Komplexbildung beeinflussen, denn nach der Gleichung

$$NH_3 + H_3O^+ \rightleftarrows NH_4^+ + H_2O$$

und der Basenkonstante des Ammoniaks

$$K_B(NH_3) = \frac{c(NH_4^+) \cdot c(OH^-)}{c(NH_3)}$$

muss sich bei Zugabe von Säure die Konzentration des Ammoniaks verringern und damit der Kupfertetraamminkomplex wieder auflösen, was sich an der Farbänderung von intensiv blauviolett nach hellblau anzeigt. Es handelt sich also um den klas-si-schen Fall eines gekoppelten Gleichgewichts, denn die Konzentration von Ammoniak ist in beiden Gleichgewichtskonstanten enthalten.

Die Bildung und Zersetzung des Kupfertetraamminkomplexes und deren pH-Abhängigkeit können als Modell für die Verhältnisse und Reaktionen bei der **Komplexometrie** dienen. Mit dieser quantitativen Methode werden Metallionen wie z. B. Mg^{2+}, Ca^{2+}, Fe^{3+} und Pb^{2+} durch Titration bestimmt. Ein Komplexbildner übernimmt dabei die Funktion des Indikators, ein zweiter Komplexbildner die Funktion der Maßlösung. Der „Metallindikatorkomplex" ist in der Regel instabiler als der „Metallmaßlösungskomplex". Mit der Zugabe der Maßlösung wird daher der Indikator aus dem Metallindikatorkomplex verdrängt. Der Äquivalenzpunkt zeigt sich durch einen Farbwechsel an, da die Komplexe unterschiedlich gefärbt sind bzw. weil der Metallindikatorkomplex eine andere Farbe hat als der freigesetzte Indikator.

Eine der wichtigsten Substanzen zur Herstellung von Maßlösungen ist das Dinatriumsalz der Ethylendiammintetraessigsäure (Na$_2$C$_{10}$H$_{14}$N$_2$O$_8$, abgekürzt geschrieben als Na$_2$H$_2$EDTA), das auch unter den Bezeichnungen Dinatriumsalz der Ethylendinitrilotetraethansäure bzw. Dinatriumethylendiammintetraacetat bekannt ist.

Diese Substanz reagiert unter Abspaltung der beiden Säureprotonen mit dem Metallion (Me^{2+}) zu einem Komplex, bei dem 6 Koordinationsstellen um das Zentralatom von den zwei Stickstoffatomen und vier Sauerstoffatomen der Carboxylgruppen oktaedrisch eingenommen werden. Der Komplexbildner umschlingt also das Zentralatom in einer Art Zangengriff. Daher ist die Komplexometrie auch unter dem Namen „Chelatometrie" (von lat. chelae „Schere") bekannt. Solche Komplexe zeichnen sich durch eine außerordentlich hohe Stabilität aus. Der eigentliche Komplexbildner ist das vierfach negativ geladene Anion der Ethylendiammintetraessigsäure $EDTA^{4-}$. Wie Na_2H_2EDTA kann auch die Säure H_4EDTA eingesetzt werden, das Dinatriumsalz wird nur verwendet, weil es sich in Wasser sehr viel besser löst als die Säure selbst. Daneben sind noch eine Reihe von Maßsubstanzen mit vergleichbarer Struktur gebräuchlich, die häufig unter ihren Handelsnamen bekannt sind.

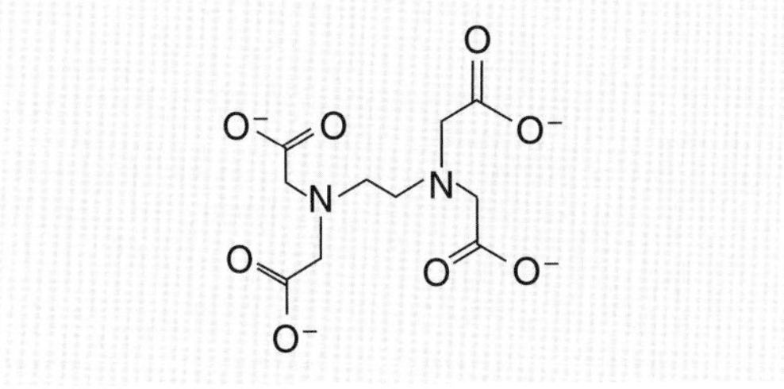

Abb. 9.2: **Strukturformel (in Kurzschreibweise) von EDTA^{4-}**

Die Tatsache, dass ein einziges Molekül genügt, um alle Koordinationsstellen um ein Metallion, übrigens unabhängig von dessen Ladung, zu besetzen, führt für die Auswertung solcher Titrationen zu einem sehr einfachen Sachverhalt:

> Das Stoffmengenverhältnis zwischen Analyt und Maßsubstanz ist in der Komplexometrie in der Regel 1:1.

Als Indikatoren (hier Metallindikatoren genannt) werden Stoffe verwendet, die eine ähnliche Struktur und daher eine ähnliche Komplexbildungsfunktion haben wie die Maßlösung selbst. Einer der gebräuchlichsten Indikatoren ist der Azofarbstoff Erio T.

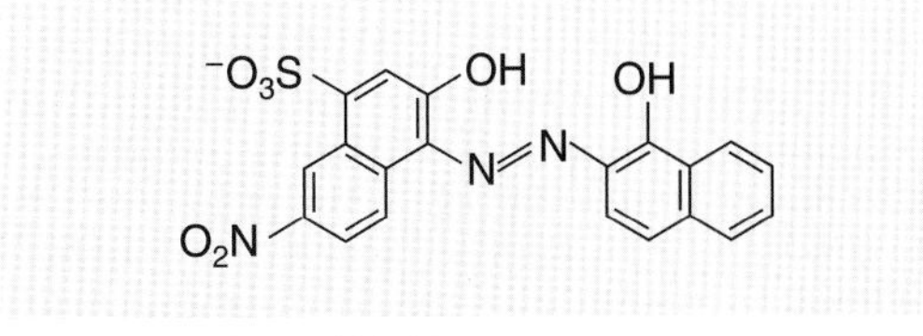

Abb. 9.3: **Indikator Erio T**

In der Strukturformel sind wieder Stickstoffatome und Sauerstoffatome zu erkennen, die Koordinationsstellen des Zentralatoms besetzen können.

In den folgenden Gleichungen wird für den Indikator die Abkürzung „Ind" verwendet, für die Formel des Dinatriumsalzes der Ethylendiammintetraessigsäure soll die abgekürzte Schreibweise Na_2H_2EDTA gelten. Da die Natriumionen für die Reaktion keine Bedeutung haben, wird nur $(H_2EDTA)^{2-}$ in die Gleichungen eingesetzt. Dann lässt sich der Ablauf der Titration wie folgt verstehen:

1. Zusatz des Indikators zum Analyten und Bildung des Metallindikatorkomplexes in der Vorlage.

$$Me^{2+} + Ind \rightleftarrows [Me(Ind)]^{2+}$$

2. Zusatz der Maßlösung zu der Vorlage, Bildung des Metallmaßlösungskomplexes, Anzeige des Äquivalenzpunktes durch Freisetzung des Indikators.

$$[Me(Ind)]^{2+} + (H_2EDTA)^{2-} + 2\,H_2O$$
$$\rightleftarrows [Me(EDTA)]^{2-} + 2\,H_3O^+ + Ind$$

Mit dieser Reaktion werden Protonen freigesetzt, und das kann im Hinblick auf das chemische Gleichgewicht nur bedeuten, dass der pH-Wert der Vorlage entscheidend für den Ablauf und den Analytumsatz bei der Titration ist.

9.2 Stabilität von Komplexverbindungen und pH-Wert

Bei der Beschreibung der Stabilität von Komplexverbindungen werden statt „Gleichgewichtskonstante für die Komplexbildung" häufig die Begriffe „Stabilitätskonstante" bzw. „Komplexbildungskonstante" verwendet. Für den Fall, dass ein Metallion (Me^{2+}) mit vier Liganden (L^-) einen Komplex bildet, wird die Komplexbildung über die folgende Gleichung und die zugehörige Stabilitätskonstante K_{Stab} beschrieben. Der Kehrwert der Stabilitätskonstanten ist die Zerfallskonstante. Für die Komplexbildung eines Metallions mit $EDTA^{4-}$ gilt:

$$Me^{2+} + EDTA^{4-} \rightleftarrows [MeEDTA]^{2-}$$

Gleichung 1:

$$K_{Stab} = \frac{c([MeEDTA]^{2-})}{c(Me^{2+}) \cdot c(EDTA^{4-})}$$

Für den Analytumsatz bei der Titration ist das Verhältnis zwischen komplexiertem und freiem Metallion maßgebend. Dieses Verhältnis wird nachfolgend **Umsatz** genannt.

Gleichung 2:
$$\frac{c([MeEDTA]^{2-})}{c(Me^{2+})} = K_{Stab} \cdot c(EDTA^{4-})$$

Für die Dissoziation der Säure lässt sich folgende Gleichung angeben:

$$H_4EDTA + 4\,H_2O \rightleftarrows 4\,H_3O^+ + EDTA^{4-}$$

Für diese Gleichung lautet die zugehörige Gleichgewichtskonstante:

Gleichung 3:
$$K_S(H_4EDTA) = \frac{c^4(H_3O^+) \cdot c(EDTA^{4-})}{c(H_4EDTA)}$$

Die Gleichung und die Gleichgewichtskonstante stellt die Dissoziation sehr vereinfacht dar. Tatsächlich dissoziiert diese Substanz wie die Phosphorsäure in mehreren Stufen. Da auch die beiden Stickstoffatome protoniert werden können, liegen in wässrigen Lösungen pH-abhängig die Substanzen $(H_6EDTA)^{2+}$, $(H_5EDTA)^+$, (H_4EDTA), $(H_3EDTA)^-$, $(H_2EDTA)^{2-}$, $(HEDTA)^{3-}$ und $(EDTA)^{4-}$ nebeneinander vor. Hier soll vereinfacht über die Summengleichung diskutiert werden.

Die Gleichung 3 wird nach der Konzentration des eigentlichen Komplexbildners aufgelöst.

Gleichung 4:
$$c(EDTA)^{4-} = \frac{K_S(H_4EDTA) \cdot c(H_4EDTA)}{c^4(H_3O^+)}$$

Der erhaltene Term wird in Gleichung 2 eingesetzt.

Gleichung 5:
$$\frac{c([MeEDTA]^{2-})}{c(Me^{2+})} = K_{Stab} \cdot K_S(H_4EDTA) \cdot \frac{c(H_4EDTA)}{c^4(H_3O^+)}$$

Diese Gleichung zeigt die für den Umsatz bei der Titration entscheidend wichtigen Sachverhalte:
a) Je größer die Stabilitätskonstante des Analyten, desto größer ist der Umsatz bei der Titration.
b) Der Umsatz ist pH-abhängig. Je saurer die Lösung, desto geringer ist der Umsatz.
c) Je größer die Stabilitätskonstante, desto saurer darf die Vorlage sein, um einen vertretbaren Umsatz zu haben.
d) Der pH-Wert der Lösung muss analytspezifisch eingestellt und während der Titration konstant gehalten (gepuffert) werden.

Ein stabiler pH-Wert wird bei der Titration durch Zusatz von Pufferlösungen eingestellt, diese fangen die bei der Reaktion entstehenden H_3O^+-Ionen ab. Der Einfachheit halber werden häufig Indikatorpuffertabletten verwendet, die sowohl den Indikator als auch Pufferkomponenten enthalten.

Die Tabelle 9.1 zeigt für Ethylendiammintetraessigsäurekomplexe einiger Metallionen die Stabilitätskonstanten sowie die Mindest-pH-Werte, bei denen eine Titration noch möglich ist.

Analyt	lg (K_{Stab})	Mindest-pH
Mg^{2+}	8,7	10
Ca^{2+}	10,7	7,5
Fe^{2+}	14,3	5,1
Zn^{2+}	16,5	3,8
Cu^{2+}	18,8	3,3
Hg^{2+}	21,8	1,7
Fe^{3+}	25,1	1,1

Tabelle 9.1: **Stabilitätskonstanten für EDTA-Komplexe* und Mindest-pH-Werte****
* Schwarzenbach, Flaschka, Die komplexometrische Titration, Enke Stuttgart 1965
** Schwed, Taschenatlas der Analytik; Thieme 1996

In der Tabelle 9.1 sind Alkalimetallionen wie Na^+ und K^+ nicht vertreten. Die Stabilitätskonstanten dieser Analyte sind zu klein, um sie komplexometrisch titrieren zu können. Bemerkenswert ist die außerordentlich hohe Stablilitätskonstante von Fe^{3+}. Diese erlaubt die Titration in einem sehr sauren Medium. Sind in der Vorlage zur Titration noch Magnesiumionen vorhanden, so stören diese bei einem pH von 1,1 die Bestimmung der Eisenionen nicht, denn die Konzentration an $EDTA^{4-}$ ist bei diesen Reaktionsbedingungen zu gering. Andererseits können Magnesiumionen zwar bei einem pH von 10 titriert werden, weil die Konzentration des $EDTA^{4-}$ dafür ausreicht, aber in der Matrix vorhandene Eisenionen würden die Bestimmung stören, weil sie bei diesem pH-Wert zuerst komplexiert werden würden.

Natürlich gibt es instrumentelle Messmethoden, mit denen eine störungsfreie Bestimmung solcher Analyte nebeneinander möglich ist. Allerdings ist dazu ein erheblicher Geräteaufwand und entsprechend geschultes Laborpersonal erforderlich, während für komplexometrische Bestimmungen nur Glasgeräte und Reagenzien erforderlich sind. Die Arbeitsschritte können normiert werden und sind daher leicht nachzuvollziehen. Die an der Bürette abgelesenen Volumina an Maßlösung werden mit einer Konstanten multipliziert und ergeben damit sofort das Analysenergebnis. Aus diesem Grunde wird die Komplexometrie häufig in der Routineanalytik verwendet. Die komplexometrische Bestimmung der Härtebildner Magnesium und Calcium ist heute sicher die am häufigsten durchgeführte Titration überhaupt, obwohl die Stabilitätskonstanten und damit die pH-Werte zu ähnlich sind und daher eine direkte Bestimmung ausschließen. Dazu ist ein Umweg erforderlich.

9.3 Reaktionsbedingungen und Selektivität

Die Bestimmung von Calcium neben Magnesium ist möglich, weil diese beiden Analyte unterschiedliche Löslichkeitsprodukte haben.

$$Ca^{2+} + 2\,OH^- \rightleftarrows Ca(OH)_2\downarrow$$

$$K_L\,[Ca(OH)_2] = c\,(Ca^{2+}) \cdot c^2(OH^-) = 5 \cdot 10^{-6}\left(\frac{mol}{L}\right)^3$$

$$Mg^{2+} + 2\,OH^- \rightleftarrows Mg(OH)_2\downarrow$$

$$K_L\,[Mg(OH)_2] = c\,(Mg^{2+}) \cdot c^2(OH^-) = 6 \cdot 10^{-10}\left(\frac{mol}{L}\right)^3$$

Eine Möglichkeit zur Bestimmung ist es, die Probenlösung zu teilen. Der pH-Wert des einen Probenteils wird auf 12 eingestellt, damit fällt das schwerer lösliche Magnesium als Hydroxid aus. Calcium bleibt wegen dem größeren Löslichkeitsprodukt in Lösung und kann komplexometrisch bestimmt werden. Im anderen Teil der Probe wird der pH 10 eingestellt und durch die Titration die Summe der Gehalte der beiden Analyte ermittelt. Aus der Differenz der beiden Messergebnisse kann die Konzentration des Magnesiums errechnet werden.

Grundsätzlich müsste bei diesem Problem die Probe nicht geteilt werden, denn nach Bestimmung des Calciums durch Titration bei pH 12 könnte dann der pH 10 eingestellt werden. Bei diesem pH löst sich der Niederschlag an Magnesiumhydroxid so weit, dass nun eine Titration des Magnesiums möglich ist.

An der Bestimmung dieser zwei Analyte sind also folgende gekoppelte Gleichgewichte über ihre Gleichgewichtskonstanten beteiligt:
• die beiden Löslichkeitsprodukte bei der Fällung
• die beiden Stabilitätskonstanten für die Komplexbildung
• die Dissoziationskonstante(n) der Ethylendiammintetraessigsäure
• das Ionenprodukt des Wassers
• die Gleichgewichtskonstanten der Pufferkomponenten

Das chemische Gleichgewicht bietet weitere Möglichkeiten, Analyte selektiv komplexometrisch zu titrieren. Beispielsweise bilden Zinkionen mit Cyanid nach der Gleichung

$$Zn^{2+} + 4\,CN^- \rightleftarrows [Zn(CN)_4]^{2-}$$

einen Komplex mit einer so großen Stabilitätskonstanten, dass die Zinkionen mit einer Ethylendiammintetraessigsäure-Maßlösung bzw. mit dem entsprechenden Metallindikator keinen Komplex bilden. Da diese Ionen in der Lösung zwar enthalten sind, aber nicht in den Titrationsverlauf eingreifen, wird bildhaft von Cyanid als einem „Maskierungsmittel" gesprochen. Analyte, die mit Cyanid keinen Komplex bilden, können dann selektiv titriert werden.

Es ist daher nicht verwunderlich, dass gerade in der Komplexometrie auf die möglichen Gleichgewichte geachtet und die Reaktionsbedingungen sehr genau eingehalten werden müssen, wenn Analyte selektiv bestimmt werden sollen.

9.4 Optimierung von Analysenverfahren nach den Beurteilungskriterien

Kriterium	Methode
Richtigkeit	– Kenntnis der qualitativen Zusammensetzung der Analysenprobe ist die Voraussetzung für eine quantitative Analyse. – Eliminierung von störenden Substanzen durch selektive Reaktionsbedingungen – *Steuerung der Reaktion durch selektive Reaktionsbedingungen wie pH-Wert und Komplexierungsmittel* – Kenntnis der wesentlichen Anforderungen und Fehlerquellen der Arbeitsmethode: • geeigneten Indikator auswählen • Wiederfindungsrate über Standards bestimmen • Drift ausschließen, Blindwerte bestimmen • Signal-Rauschen-Verhältnis mindestens 10:1 • Kurvenanpassung z. B. über lineare Regression • Abzumessende Mindestvolumen 10 mL

9

Kriterium	Methode
	• abzuwiegende Mindest-masse 100 mg • Titerbestimmung von Maß-lösungen • mittlere Abweichungen bei Analyse und Standard praktisch gleich • auf Homogenität der Proben achten
Präzision	– Streubreite, mittlere Abwei-chung, – Standardabweichung – Häufigkeitsverteilung und Vereinbarung von Wahr-scheinlichkeiten – Ausreißer eliminieren – Kurvenanpassung z. B. über lineare Regression
Bestim-mungs-grenze	– grobes Maß: Signal-Rau-schen-Verhältnis 10:1 – Die Konzentration, bei der die relative Standard-abweichung maximal 10 % ist, entspricht der Bestim-mungsgrenze
Sicherheit	– Sicherheitsdatenblätter der verwendeten Substanzen beachten, Information über R- und S-Sätze – nicht unnötig hohe Konzen-trationen verwenden
Effektivität	– Maßlösungen über Fertig-ampullen herstellen – eine geplante Masse nicht tatsächlich einwiegen – Konzentrationen und Volu-mina nach festen Vorgaben geplant herstellen – Grobbestimmung zur unge-fähren Bestimmung des Analytgehaltes durchführen – Feinbestimmung nach dem Ergebnis der Grobbestim-mung einrichten – guten Messbereich festlegen und einhalten

9.5 Übung

Komplexometrie und Selektivität

1. Informieren Sie sich über handelsübliche Maß-substanzen (in den Übungen vereinfacht $TIII$ genannt) und Indikatoren für die Komplexome-trie.
2. Bauen Sie das Modell eines Metall-EDTA-Kom-plexes mit dem Molekülbaukasten.
3. Welche Urtitersubstanzen für die Bestimmung der Konzentrationen der Maßlösungen schlagen Sie vor?
4. Diskutieren Sie eine Arbeitsvorschrift zur selek-tiven Bestimmung eines Metallions unter dem Gesichtspunkt des chemischen Gleichgewichts.
5. Vergleichen Sie die Bestimmung eines Metall-ions über die Gravimetrie und über die Komple-xometrie bezüglich der Beurteilungskriterien für Analysen.
6. Informieren Sie sich über die Mobilisierung von Schwermetallen aus den Sedimenten der Flüs-se durch die in Waschmitteln enthaltenen Kom-plexbildner.
7. Der Massenanteil an Blei eines Feststoffs wird durch komplexometrische Titration bestimmt. Dazu werden 13,21 g des Feststoffs gelöst, die Lösung wird auf 250 mL aufgefüllt. 20,0 mL dieser Lösung werden titriert. Verbraucht wer-den 11,70 mL $TIII$-Maßlösung mit $c(TIII) = 0,100$ mol/L.
8. Zur komplexometrischen Bestimmung von $\beta(Ni^{2+})$ werden 100 mL einer Wasserprobe mit 30,0 mL $TIII$-Lösung, $c(TIII) = 0,0100$ mol/L versetzt. Der Überschuss an $TIII$ wird mit Zink-sulfatlösung, $c(Zn^{2+}) = 0,0100$ mol/L zurück-titriert, $V_{Zn^{2+}} = 13,4$ mL. Berechnen Sie $\beta(Ni^{2+})$.
9. Calcium und Magnesium können komplexome-trisch nebeneinander bestimmt werden. Dazu wird zunächst bei pH = 12 das Magnesium als Magnesiumhydroxid ausgefällt und in dieser Lö-sung Calcium titriert. Dann wird die Lösung auf pH = 10 gebracht und damit das Magnesium-hydroxid wieder gelöst. In dieser Lösung wird dann Magnesium titriert.
V(Wasserprobe) = 200 mL
$c(TIII) = 0,0100$ mol/L
pH12: $V(TIII) = 27,94$ mL
pH10: $V(TIII) = 10,53$ mL
a) Berechnen Sie die Massenkonzentrationen.
b) Berechnen Sie den Härtegrad des Wassers, wenn 1,00 mmol/L der Härtebildner Calcium und Magnesium 5,60 °dH entspricht (°dH ist die Abkürzung für „Grad deutscher Härte").

10 Elektrische Leitfähigkeit, Konduktometrie
und Prinzipien der Instrumentellen Analytik

10.1 Elektrischer Widerstand und Leitfähigkeit

Die menschlichen Sinnesorgane werden bei den bisher besprochenen Analysenverfahren als Detektoren benutzt. Weil dabei in der Hauptsache mit Glasgeräten und wässrigen Lösungen gearbeitet wird, sind solche Verfahren unter dem Begriff **„Nasschemische Verfahren"** bekannt. Die **Konduktometrie** gehört zu den instrumentellen Analysenverfahren. Bei solchen Verfahren ersetzen Messinstrumente Auge, Ohr und Nase als Detektoren. Ob eine Lösung noch gelb oder schwach orange ist, werden viele Menschen unterschiedlich beurteilen, eine auf einem Messgerät angegebene Zahl werden alle gleich ablesen. Der Schritt von der subjektiven Empfindung zu objektiven und gar maschinenlesbaren Daten kann nicht hoch genug eingeschätzt werden, wie die Entwicklung der letzten Jahrzehnte zeigt.

Das Wort „Konduktometrie" bezeichnet Verfahren, bei denen die elektrische Leitfähigkeit analytisch genutzt wird. Die elektrische Leitfähigkeit ist von den Metallen her bekannt, ist sie doch eine ihrer bemerkenswertesten Eigenschaften. Zur Beschreibung der Leitfähigkeitseigenschaften kann der elektrische Widerstand verwendet werden. Wie Experimente zeigen, wird der elektrische Widerstand R eines Metalldrahtes mit zunehmender Länge l größer und mit zunehmendem Querschnitt A kleiner.

Folglich gilt die Beziehung:

$$R \sim \frac{l}{A}$$

Werden **verschiedene** Metalle gleicher Länge und gleichen Querschnitts verwendet, so ergeben sich unterschiedliche Widerstände. Dieser Umstand lässt sich am einfachsten dadurch erfassen, dass in die obige Gleichung ein Faktor eingeführt wird, der von seiner Funktion her allgemein „Proportionalitätsfaktor" genannt wird. Hier wird er „spezifischer Widerstand" mit dem Formelzeichen ϱ (griech. rho) genannt.

Gleichung 1:

$$R = \varrho \cdot \frac{l}{A}$$

Die Einheit des elektrischen Widerstandes ist Ohm, Formelzeichen Ω. Wenn die Länge des Drahtes in cm und der Querschnitt in cm² angegeben wird,

ergibt sich aus der nach ϱ aufgelösten Gleichung die Einheit des spezifischen Widerstandes.

$$[\varrho] = \Omega \cdot cm$$

Der elektrische Widerstand ist temperaturabhängig, daher ist auch der spezifische Widerstand temperaturabhängig. In Tabellen ist neben den Zahlenwerten daher die zugehörige Temperatur angeben.

In Lösungen gelten grundsätzlich die gleichen Gesetzmäßigkeiten wie bei metallischen Leitern. Diese werden aus historischen Gründen über den Kehrwert des elektrischen Widerstands beschrieben. Die Definitionen lauten:

> Der elektrische Leitwert G ist der Kehrwert des elektrischen Widerstandes R, die elektrische Leitfähigkeit $\varkappa$ (griech. kappa) ist der Kehrwert des spezifischen Widerstandes ϱ.

$$G = \frac{1}{R} \qquad \varkappa = \frac{1}{\varrho}$$

Statt der Einheit Ohm wird die Einheit Siemens, S, verwendet.

$$S = \frac{1}{\Omega}$$

Damit gilt für die Einheit des Leitwertes G und der Leitfähigkeit $\varkappa$:

$$[G] = S \qquad [\varkappa] = S \cdot cm^{-1}$$

Werden diese Definitionen in Gleichung 1 eingesetzt, so ergibt sich nach Umformung:

Gleichung 2:

$$G = \varkappa \cdot \frac{A}{l}$$

Der Länge des Metalldrahtes entspricht dem Abstand zweier Metallelektroden, die in Lösungen eintauchen, sein Querschnitt entspricht der Fläche der Metallelektroden. Als Elektrodenmaterial wird häufig Platin verwendet, weil dieses Metall sehr stabil ist und sich praktisch nicht verändert, gleichgültig, welche Lösung verwendet wird. Bei aller Gemeinsamkeit zwischen den Metallen und den Lösungen bezüglich der Leitfähigkeit gibt es allerdings einen grundsätzlichen Unterschied: Bei den Metallen wird die Leitfähigkeit durch sich bewegende Elektronen verursacht, bei den Lösungen ist dies die Bewegung von Ionen. Um die Abscheidung der Ionen an den Elektroden zu verhindern, werden bei Leitfähigkeitsmessungen Wechselspannungen angelegt.

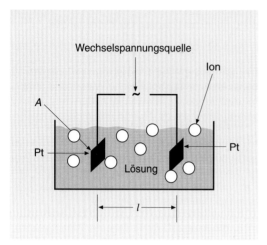

Abb. 10.1: Leitfähigkeitszelle (schematisch)

Die Analogie zum Metalldraht lässt sich herstellen, da aus den Elektrodenflächen und dem Abstand der Elektroden einen Quader gebildet werden kann, ein Raum also, in dem sich die Ionen durch den Einfluss der Wechselspannung bewegen.

Der Quotient aus dem Elektrodenabstand und der Elektrodenfläche wird **Zellkonstante** genannt. Sie ist die wichtigste Kenngröße der verwendeten Leitfähigkeitselektrode.

$$\text{Zellkonstante} = \frac{l}{A} \qquad [\text{Zellkonstante}] = \text{cm}^{-1}$$

Wie verändert sich die Leitfähigkeit $\varkappa$ einer Lösung mit abnehmendem Abstand der Elektroden? Aus der nach $\varkappa$ aufgelösten Gleichung 2 könnte geschlossen werden, dass mit kleiner werdendem Abstand der Elektroden auch die Leitfähigkeit kleiner wird.

$$\varkappa = G \cdot \frac{l}{A}$$

Dies ist natürlich nicht der Fall, denn mit der Veränderung des Abstandes (und auch der Fläche bzw. der Zellkonstanten) ändert sich der Leitwert G, nicht aber die Leitfähigkeit $\varkappa$. Die Leitfähigkeit ist eine Eigenschaft der Lösung, wie der spezifische Widerstand eine Eigenschaft des betreffenden Metalls ist.

Bei **Metallen** nimmt mit zunehmender Temperatur der **Widerstand zu,** also nehmen Leitwert und da-

mit auch die Leitfähigkeit ab. Grund dafür ist die Zunahme der Schwingungsbewegung der Metallrümpfe im Metallverband, was mit einer größeren „Reibung" mit den sich bewegenden Elektronen verbunden ist. Bei **Lösungen** nimmt der **Leitwert** mit zunehmender Temperatur **zu,** denn durch die kleiner werdende Dichte der Lösung werden die Ionen in ihrer Bewegung weniger behindert.

Für Metalle ist der spezifische Widerstand und damit auch die Leitfähigkeit bei gegebener Temperatur eine stoffspezifische Größe, sie hängt also nur von der Art des Metalls ab. Für Lösungen gilt dies nicht, denn diese können unterschiedliche Ionenkonzentrationen haben. Mit zunehmender Ionenkonzentration nimmt die Anzahl der Ladungsträger zwischen den Metallelektroden zu, also nimmt auch die Leitfähigkeit zu.

> Mit steigender Ionenkonzentration und steigender Temperatur nimmt die Leitfähigkeit $\varkappa$ von Lösungen zu.

Weil sich die Leitfähigkeit mit der **Konzentration** verändert, können über die Messung der Leitfähigkeit Konzentrationen bestimmt werden. Dies ist die wichtigste analytische Anwendung. Zunächst aber soll betrachtet werden, wie die Leitfähigkeit von der **Art der Ionen** abhängt, denn nur dann, wenn die Ionen aufgrund ihrer Leitfähigkeit unterschieden werden können, ist die Leitfähigkeitsmessung analytisch gut einsetzbar. Das Ziel ist also, eine Größe zu definieren, die einen **Vergleich der Leitfähigkeitseigenschaften der verschiedenen Ionenarten** ermöglicht.

10.2 Äquivalentleitfähigkeit und Grenzleitfähigkeit

Der **erste Schritt** ist die Definition einer konzentrationsunabhängigen Größe. Hohe Ionenkonzentrationen bedeuten hohe Leitfähigkeiten, geringere Konzentrationen geringere Leitfähigkeiten. Werden die gemessenen Leitfähigkeiten durch die jeweils zugehörigen Konzentrationen dividiert, so ergibt sich die so genannte **Molare Leitfähigkeit,** Λ (griech. lambda).

Gleichung 3:

$$\Lambda = \frac{\varkappa}{c}$$

10

In der Literatur wird häufig die so genannte **Äquivalentleitfähigkeit** Λ_{eq} angegeben. Dabei wird zusätzlich die Ladungszahl z (ohne Einheit) der Ionen berücksichtigt.

$$\Lambda_{eq} = \frac{\varkappa}{c \cdot z}$$

Der Unterschied zwischen der molaren Leitfähigkeit und der Äquivalentleitfähigkeit wird häufig nicht über das Symbol oder die Einheit, sondern über die Schreibweise der chemischen Formel angezeigt. Wird $\Lambda(\text{FeSO}_4)$ angegeben, so bezieht sich der Wert auf die molare Leitfähigkeit, bei $\Lambda(^1/_2\text{FeSO}_4)$ gilt der Wert für die Äquivalentleitfähigkeit der zweifach geladenen Ionen. Enthält ein Elektrolyt nur einfach geladene Ionen, so ist die Äquivalentleitfähigkeit gleich der molaren Leitfähigkeit. Wo immer möglich, sollte der Begriff „Äquivalentleitfähigkeit" benutzt werden.

Die Einheit der molaren Leitfähigkeit bzw. der Äquivalentleitfähigkeit ergibt sich aus den Einheiten von $\varkappa$ und von c. Um eine möglichst einfache Einheit zu erhalten, wird als Konzentrationseinheit mol/cm^3 verwendet.

$$\Lambda = \frac{\varkappa}{c} \qquad [\Lambda] = \frac{\dfrac{\text{S}}{\text{cm}}}{\dfrac{\text{mol}}{\text{cm}^3}} = \text{S} \cdot \text{cm}^2 \cdot \text{mol}^{-1}$$

Hohe Leitfähigkeiten werden bei hohen Ionenkonzentrationen erreicht, geringere Leitfähigkeiten bei niedrigeren Konzentrationen. Folglich müsste die Äquivalentleitfähigkeit für einen Elektrolyten (das ist ein Stoff, der in Lösung bewegliche Ionen bildet) von der Konzentration unabhängig sein. Bei einer Auftragung der molaren Leitfähigkeiten gegen die zugehörigen Konzentrationen ist daher eine Parallele zur Konzentrationsachse zu erwarten. Die Abbildung 10.2 zeigt schematisch den zu erwartenden Verlauf, in der Tabelle 10.1 sind einige experimentelle Daten für Salzsäure und Essigsäure angegeben.

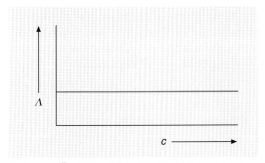

Abb. 10.2: Äquivalentleitfähigkeit und Konzentration, theoretisch

	HCl		CH$_3$COOH	
c in mol/L	0,1	0,001	0,1	0,001
$\varkappa$ in mS/cm	39,1	0,421	0,53	0,58
Λ in S $\cdot$ cm^2 $\cdot$ mol^{-1}	391	421	5,3	58

Tabelle 10.1: Konzentration und Leitfähigkeit für Lösungen von Salzsäure und Essigsäure (25 °C)

Die Tabelle 10.1 bestätigt zunächst, dass die Leitfähigkeit konzentrationsabhängig ist. Der Quotient aus den Leitfähigkeitswerten und den Konzentrationen ist aber nicht wie erwartet konstant. Vielmehr steigen die Äquivalentleitfähigkeiten mit abnehmender Konzentration an. Das ist wie folgt zu erklären:

Starke Elektrolyte sind Stoffe wie Salzsäure, die in praktisch allen Konzentrationsbereichen vollständig dissoziiert sind. Die geladenen Teilchen ziehen sich untereinander an bzw. stoßen sich ab, sie behindern sich damit in ihrer Bewegung. Je kleiner die Konzentration der Ionen, desto geringer ist die Behinderung, desto größer ist die Äquivalentleitfähigkeit.

Schwache Elektrolyte sind Stoffe wie Essigsäure, die unvollständig dissoziieren. Die Konzentrationsabhängigkeit der Dissoziation wurde schon im Baustein „Chemisches Gleichgewicht" diskutiert und über den Dissoziationsgrad α beschrieben.

$$\alpha = \frac{c_z}{c_0}$$

Der Dissoziationsgrad α ist der Quotient aus der Konzentration der zerfallenen Teilchen c_z und der Einwaagekonzentration c_0. c_z ist also ein Maß für die Teilchen an Essigsäure, in der Lösung als Ionen vorliegen, c_0 ist ein Maß für die Teilchen an Essigsäure, die durch die Einwaage vorgegeben werden. **In der Definition der Äquivalentleitfähigkeit** (und auch in der obigen Tabelle) **ist mit c die Einwaagekonzentration gemeint!** Sie müsste nach der Festlegung der Konzentrationsbezeichnungen in diesem Buch (vgl. Baustein „Chemisches Gleichgewicht") eigentlich mit c_0 bezeichnet werden. Trotzdem soll c als Symbol und auch der Begriff „Konzentration" beibehalten werden, um nicht von der in der Literatur gewohnten Schreibweise abzuweichen. Wenn aber mit c die Einwaagekonzentration gemeint ist, wundert es nicht, dass bei geringer werdenden Einwaagekonzentrationen die Äquivalentleitfähigkeiten steigen, da der Dissoziationsgrad konzentrationsabhängig ist und bei kleineren

10

Einwaagekonzentrationen größere Anteile dissoziiert sind. Die stark ansteigenden Zahlenwerte für die Äquivalentleitfähigkeiten zeigen dies deutlich. Angemerkt sei hier, dass daher über Leitfähigkeitsmessungen Dissoziationsgrade bestimmt werden können.

Eines haben starke und schwache Elektrolyte gemeinsam: **Je kleiner die Konzentrationen sind, desto mehr sagen die Messwerte über das eigentliche Leitvermögen der Ionen aus,** weil entweder keine gegenseitige Behinderung mehr stattfindet oder weil alle vorgegebenen Teilchen dissoziiert sind. Bei der Konzentration „null" wäre das sicher der Fall. Allerdings ist die Konzentration „null" nur eine Fiktion, denn dann würde ja nicht eine Eigenschaft des gelösten Stoffes, sondern nur die des reinen Lösemittels gemessen werden.

Im **zweiten Schritt** wird eine Konzentrationsreihe vermessen. Die erhaltenen Äquivalentleitfähigkeiten werden gegen die Konzentration aufgetragen und die erhaltene Kurve auf die Konzentration „null" **extrapoliert.** Der erhaltene Grenzwert wird abgekürzt **Grenzleitfähigkeit,** Λ_0, genannt. Die im Symbol enthaltene „Null" soll die „unendliche Verdünnung" symbolisieren.

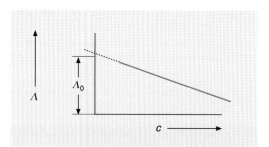

Abb. 10.3: Äquivalentleitfähigkeit und Konzentration

Elektrolyt	Λ_0 in $S \cdot cm^2 \cdot mol^{-1}$
HCl	426
NaCl	126
KCl	150
ZnSO$_4$	266
KMnO$_4$	135
CH$_3$COOH	391

Tabelle 10.2: Grenzleitfähigkeiten einiger Elektrolyte bei 25 °C

Für Zinksulfat ist in der Literatur die **Grenzleitfähigkeit** mit $\Lambda_0(^1/_2\,ZnSO_4) = 133\ S \cdot cm^2 \cdot mol^{-1}$

angegeben. Sie ist natürlich um den Faktor zwei kleiner als die auf die Stoffmengenkonzentration bezogene Größe, weil durch die Ladungszahl zwei dividiert worden ist.

Die **Extrapolation** ist eine in der Analytik ungewöhnliche Maßnahme, denn dabei wird der Bereich verlassen, in dem Messwerte vorliegen. Der erhaltene Wert liegt **außerhalb des Messwertebereichs.** Es wird **angenommen,** dass sich die weiteren Werte wie die gemessenen Werte verhalten. Üblicherweise wird in der Analytik **interpoliert.** Dabei werden Werte ermittelt, die **zwischen** Messwerten liegen. Im Fall der Grenzleitfähigkeit, wie beispielsweise auch bei der Dosis – Wirkungsbeziehung von Medikamenten, muss extrapoliert werden.

Mit der Grenzleitfähigkeit ist eine Größe definiert, die nur noch von dem gelösten Stoff, dem Elektrolyten, abhängt. Durch ihre Bestimmung können Natriumchloridlösungen von Kaliumchloridlösungen unterschieden werden, wenn gleiche Konzentrationen und Temperaturen gegeben sind. Allerdings ergeben sich damit noch keine Aussagen über das Leitvermögen der einzelnen **Ionenarten.** Eine solche Aussage ist über Leitfähigkeitsmessungen allein nicht möglich, denn es ist ja keine Lösung herstellbar, die nur Natriumionen und keine negativ geladenen Gegenionen enthält.

Im **dritten Schritt** geht es also darum, die Leitfähigkeit **einer Ionenart** zu ermitteln. Dazu wird in das U-Rohr der in Abb. 10.4 skizzierten Apparatur (nach W. Nernst, 1864–1941) eine Kaliumpermanganatlösung eingefüllt. Die intensive Farbe dieser Lösung stammt von dem Permanganation MnO_4^-. Die Kaliumpermanganatlösung steht beim Versuchsstart in beiden Schenkeln des U-Rohrs auf gleicher Höhe, auf der Startlinie. Diese Lösung wird mit einer farblosen Kaliumchloridlösung vorsichtig überschichtet, um eine Vermischung möglichst zu vermeiden. In die Kaliumchloridlösung werden zwei Platinelektroden getaucht und eine Gleichspannung U von etwa 90 V angelegt. Diese bewirkt, dass die geladenen Teilchen zu den Elektroden wandern, dabei ist einzig die Wanderung des gefärbten Teilchens MnO_4^- sichtbar. Als negativ geladenes Teilchen wandert es natürlich zur positiven Elektrode.

Am Versuchsende wird die Laufstrecke s und die dafür gebrauchte Zeit t bestimmt. Der Quotient ist die Wanderungsgeschwindigkeit v des Permanganations.

$$v = \frac{s}{t}$$

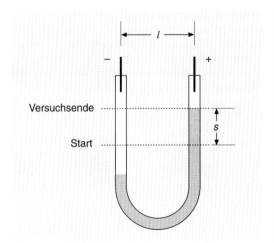

Abb. 10.4: **Apparatur zur Bestimmung von Ionenwanderungsgeschwindigkeiten**

Die Wanderungsgeschwindigkeit des Ions ist von der angelegten Spannung U und dem Elektrodenabstand l abhängig, der Quotient dieser Größen wird elektrische Feldstärke E genannt.

$$E = \frac{U}{l}$$

Um eine Größe zu erhalten, die charakteristisch für das untersuchte Ion ist, wird die Wanderungsgeschwindigkeit durch die Feldstärke dividiert. Die dabei erhaltene Größe ist unabhängig von der angelegten Spannung und wird Ionenbeweglichkeit u genannt.

$$u = \frac{v}{E}$$

Die Ionenbeweglichkeit bezieht sich auf ein einzelnes Ion. Ein einfach geladenes Ion trägt die Elementarladung $1{,}602 \cdot 10^{-19}$ C (Coulomb), ein Mol enthält $6{,}023 \cdot 10^{23}$ Ionen. Die so genannte Faraday'sche Konstante F (M. Faraday 1791–1867) ergibt sich aus der Multiplikation dieser Größen und bezieht sich daher auf die Stoffmenge 1 mol.

$$F = 1{,}602 \cdot 10^{-19} \text{ C} \cdot 6{,}023 \cdot 10^{23} \text{ mol}^{-1} =$$
$$= 96{,}5 \cdot 10^3 \text{ C} \cdot \text{mol}^{-1}$$

Durch Multiplikation der Ionenbeweglichkeit des Permanganations mit der Faraday'schen Konstante ergibt sich eine Größe, die sich ebenfalls auf die Stoffmenge ein Mol bezieht.

Gleichung 4:

$$u \cdot F = \frac{v \cdot F}{E} = \frac{\frac{s}{t} \cdot F}{\frac{U}{l}} = \frac{s \cdot l \cdot F}{t \cdot U}$$

Definitionsgemäß ist der Widerstand R gleich dem Quotienten aus Spannung U und Stromstärke I.

$$R = \frac{U}{I} \qquad U = R \cdot I$$

Der Widerstand ist gleich dem Kehrwert des Leitwertes G, die Stromstärke I ist der Quotient aus der transportierten Ladungsmenge Q und der dazu erforderlichen Zeit t. Daraus ergibt sich

$$U = R \cdot I = \frac{Q}{G \cdot t}$$

Dieser Term wird in Gleichung 4 eingesetzt. Daraus ergibt sich:

$$u \cdot F = \frac{s \cdot l \cdot F}{t \cdot U} = \frac{s \cdot l \cdot F \cdot G \cdot t}{t \cdot Q} = \frac{s \cdot l \cdot F \cdot G}{Q}$$

Das Produkt aus Ionenbeweglichkeit und Faraday'scher Konstanten ist die molare Grenzleitfähigkeit λ des Permanganations, wie sich durch die Betrachtung der Einheiten zeigen lässt.

$$[\Lambda_0] = [u \cdot F] = \frac{\text{cm}^2 \cdot \text{C} \cdot \text{S}}{\text{C} \cdot \text{mol}} = \text{S} \cdot \text{cm}^2 \cdot \text{mol}^{-1}$$

Über die Bewegung des farbigen Ions MnO_4^- im elektrischen Feld lässt sich also seine molare Ionengrenzleitfähigkeit ermitteln. Diese beträgt bei 25 °C:

$$\Lambda_0(MnO_4^-) = 61 \text{ S} \cdot \text{cm}^2 \cdot \text{mol}^{-1}$$

Da es sich um ein einwertiges Ion handelt, hat die Ionenäquivalentgrenzleitfähigkeit den gleichen Zahlenwert. Dieser an sich richtige Begriff wird in der Literatur und daher auch hier vereinfacht **„Ionenäquivalentleitfähigkeit"** genannt.

Nach dem **Gesetz von der unabhängigen Ionenwanderung** (F. Kohlrausch 1840–1910) ist die Leitfähigkeit eines Elektrolyten gleich der Summe aus den Leitfähigkeiten von Kation und Anion:

$$\Lambda_0 \text{ (Elektrolyt)} = \Lambda_0 \text{ (Kation)} + \Lambda_0 \text{ (Anion)}$$

Ist die Ionenäquivalentleitfähigkeit eines einzigen Ions bekannt, so lassen sich unter Anwendung dieses Gesetzes die Ionenäquivalentleitfähigkeiten aller Ionen bestimmen:

Die molare Grenzleitfähigkeit von Kaliumpermanganat wird bei 25 °C über Leitfähigkeitsmessungen bestimmt.

$$\Lambda_0(KMnO_4) = 135 \text{ S} \cdot \text{cm}^2 \cdot \text{mol}^{-1}$$

10

Also gilt:

$$\Lambda_0(KMnO_4) = \Lambda_0(K^+) + \Lambda_0(MnO_4^-)$$

Für die Ionenäquivalentleitfähigkeit von K^+ ergibt sich:

$$\Lambda_0(K^+) = \Lambda_0(KMnO_4) - \Lambda_0(MnO_4^-) =$$
$$= (135 - 61)\ S \cdot cm^2 \cdot mol^{-1} =$$
$$= 74\ S \cdot cm^2 \cdot mol^{-1}$$

Ist die Ionenäquivalentleitfähigkeit von K^+ bekannt und wird die molare Grenzleitfähigkeit von KNO_3 über Leitfähigkeitsmessungen bestimmt, dann lässt sich wie oben beschrieben die Ionenäquivalentleitfähigkeit des Nitrations errechnen.

$$\Lambda_0(KNO_3) = \Lambda_0(K^+) + \Lambda_0(NO_3^-)$$

Ion	Λ_0 in $S \cdot cm^2 \cdot mol^{-1}$
Na^+	50
$\frac{1}{2} Zn^{2+}$	53
$\frac{1}{2} Mg^{2+}$	53
$\frac{1}{2} Ca^{2+}$	60
Ag^+	62
$\frac{1}{3} Al^{3+}$	63
K^+	74
NH_4^+	74
H_3O^+	350
$\frac{1}{2} C_6H_4(COO^-)_2$	38
CH_3COO^-	41
HCO_3^-	45
MnO_4^-	61
$\frac{1}{2} CO_3^{2-}$	69
NO_3^-	72
Cl^-	76
$\frac{1}{2} SO_4^{2-}$	80
OH^-	198

Tabelle 10.3: **Ionenäquivalentleitfähigkeiten in $S \cdot cm^2 \cdot mol^{-1}$ bei 25 °C**

Sollen daraus die molaren Grenzleitfähigkeiten berechnet werden, so sind die Ionenäquivalentleitfähigkeiten mit der Ladungszahl des Teilchens zu multiplizieren.

In der Tabelle 10.3 fallen die hohen Leitfähigkeitswerte für das H_3O^+ und das OH^--Ion gegenüber allen anderen Ionen auf, dieser Umstand wird auf einen besonderen Mechanismus für den Ladungstransport zurückgeführt.

Zwischen den Wassermolekülen herrschen starke Wasserstoffbrückenbindungen (······). Wird eine äußere Spannung angelegt, so können in solchen Systemen durch die Umorientierung der Bindungen „Ladungen weitergereicht werden", ohne dass sich Moleküle bewegen müssen.

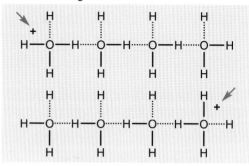

Abb. 10.5: **Schema für den Ladungstransport über Wasserstoffbrückenbindungen**

Es kommt sehr selten vor, dass Analysenlösungen nur einen einzigen Elektrolyten enthalten, häufig sind mehrere Kationen- und Anionenarten vertreten. Nach dem Gesetz von **Kohlrausch** ist für verdünnte Lösungen die Leitfähigkeit der Lösung gleich der Summe der Leitfähigkeiten der enthaltenen Elektrolyte.

$$\varkappa_{Lösung} = \sum \Lambda_i c_i$$

Die hohen Äquivalentleitfähigkeiten von H_3O^+ und der OH^- und die Tatsache, dass sich die Leitfähigkeit einer Lösung aus der Summe der Leitfähigkeiten der gelösten Elektrolyte ergibt, sind die wesentlichen Grundlagen für die Anwendung von Leitfähigkeitsmessungen in der Analytik.

10.3 Kalibrierung und Kalibrierkurve

„Woher wissen Sie, dass der von Ihnen angegebene Wert für die Leitfähigkeit richtig ist?" Im Bereich der **Instrumentellen Analytik** auf eine solche Frage mit der Aussage „Das Gerät hat doch diesen Wert angezeigt!" zu antworten, ist nicht zulässig, denn die Verantwortung für die Richtigkeit darf nicht auf das Analysengerät übertragen werden. Folglich müssen die Geräte ständig auf ihre Funktion hin überprüft werden. Ganz allgemein wird ein solches Verfahren „**Kalibrierung**" genannt. Für den Bereich der Analytik gilt die Definition:

Ein Messsystem wird kalibriert, indem der funktionale Zusammenhang zwischen der Anzeige eines Messgerätes und einer Konzentration ermittelt und festgelegt wird.

Dabei wird der Unterschied zwischen der Anzeige (Ist-Wert) und dem richtigen Wert (wahrer Wert) festgestellt. Der wahre Wert bezieht sich immer auf ein definiertes Bezugssystem, dieses wird als das „Normal" bezeichnet.

Das Verfahren der Kalibrierung ist von der Eichung der Waagen in den Lebensmittelgeschäften bzw. von Durchflusszählern an Tankstellen gut bekannt. Das Normal für die Massenbestimmung ist das in Paris aufbewahrte Urkilogramm. In der Analytik wird das Wort „eichen" nicht verwendet, um Missverständnisse bei der Anwendung gesetzlicher Bestimmungen zu vermeiden.

Wird bei der Kalibrierung eines Messgeräts ein Unterschied zwischen dem Ist-Wert und dem wahren Wert festgestellt, so kann das Gerät **justiert** werden.

> Ein Messgerät wird justiert, indem die systematischen Messabweichungen durch Veränderung der Messeinrichtung, soweit für die vorgesehene Anwendung erforderlich, minimiert werden.

Im Unterschied zum „Kalibrieren" wird also beim „Justieren" in die Messeinrichtung eingegriffen. Beispielsweise könnte der Querschnitt des Durchflussrohres an der Zapfsäule der Tankstelle so lange verändert werden, bis der gemessene Wert dem wahren Wert entspricht. Eine Reihe von Einrichtungen, auch im Bereich der Analytik, beschäftigen sich ausschließlich mit der Kalibrierung und Justierung von Messeinrichtungen.

Methoden zur Kalibrierung und Justierung sind in DIN-Vorschriften für praktisch jede Anwendung beschrieben. Besonders bekannt ist die EN DIN ISO 9000. Sie enthält eine Reihe von Regelwerken mit allgemeinen Leitlinien zum „Qualitätsmanagement". Betriebe aller Art (vom Analytiklabor bis zur Zahnarztpraxis) können nach dieser DIN zertifiziert bzw. akkreditiert werden.

Wie sieht „Justieren" bzw. „Kalibrieren" bei Leitfähigkeitsmessgeräten aus? Bekanntlich errechnet sich die Leitfähigkeit einer Lösung aus der Zellkonstanten und dem gemessenen Widerstand.

$$\varkappa = \frac{1}{R} \cdot \frac{l}{A}$$

$$\text{Zellkonstante} = \frac{l}{A} \qquad [\text{Zellkonstante}] = \text{cm}^{-1}$$

Fehlerhafte Leitfähigkeitsangaben können sich also sowohl aus fehlerhaften Messungen des elektrischen Widerstands als auch aus falschen Werten für die Zellkonstante ergeben. So ist beispielsweise nicht auszuschließen, dass sich mit der Zeit auf den Platinelektroden der Leitfähigkeitszelle ein Belag bildet, der die Zellkonstante verändert. Mit konzentrierten Säuren und „Nachplatinieren" (Bildung einer neuen Platinschicht durch Elektrolyse) kann versucht werden, den Ausgangszustand wieder herzustellen. Damit wird die Zelle **justiert.**

Danach wird das zu verwendende Leitfähigkeitsmessgerät kalibriert. Ist dieses Gerät ein **Routinegerät,** so enthält es eine stabförmige Elektrode, in deren Mantel die Metallflächen fest eingesetzt sind (siehe Abb. 10.6). Elektrodenabstand und Elektrodenfläche können praktisch nicht gemessen werden. Diese Elektrode kann leicht abgespült und dann für die nächste Lösung eingesetzt werden. Beim **Bezugsgerät** (vgl. Abb. 10.1) ist dagegen der Abstand und die Fläche der Elektroden gut messbar, die Elektroden sind ohne Belag. Der Aufbau und die Handhabung solcher **Bezugsgeräte** sind allgemein sehr aufwändig. Mithilfe dieses Bezugsgerätes wird die elektrische Leitfähigkeit für eine Standardlösung definierter Konzentration bei einer definierten Temperatur bestimmt. Damit ist der wahre Wert $\varkappa$ für die Leitfähigkeit dieser Lösung bekannt, das „Normal" ist festgestellt.

Diese Lösung wird danach mit dem Routinegerät vermessen und der elektrische Widerstand festgestellt. Nach der oben angegebenen Gleichung kann dann die **aktuelle Zellkonstante** berechnet werden, das Gerät ist kalibriert. Leitfähigkeiten von Analysenlösungen werden nun über die aktuelle Zellkonstante berechnet. Mit Thermostaten werden die erforderlichen konstanten Temperaturen vorgegeben.

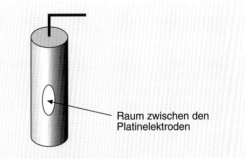

Raum zwischen den Platinelektroden

Abb. 10.6: **Elektrode für die Routine (schematisch)**

Platinmetallflächen im Kunststoffmantel, Öffnung für die Messflüssigkeit, unempfindlich gegen mechanische Einwirkungen, Zellkonstante mit einem Maßstab nicht bestimmbar.

Nun zeigen die meisten Routinegeräte für Leitfähigkeitsmessungen nicht den gemessenen Widerstand selbst, sondern gleich die Leitfähigkeit an. Für solche Geräte wird aus dem gemessenen Wert $\varkappa_{gem}$ und dem wahren Wert $\varkappa$ der Standardlösung ein **Kalibrierfaktor** gebildet.

Kalibrierfaktor: $f_\varkappa = \dfrac{\varkappa_{gem}}{\varkappa}$

Beispiel:

Standardlösung: $c(\text{KCl}) = 0{,}0100 \text{ mol/L}$

Wahrer Wert: $\varkappa = 1{,}413 \dfrac{\text{mS}}{\text{cm}}$ Bezugsgerät

Gemessener Wert: $\varkappa_{gem} = 1{,}314 \dfrac{\text{mS}}{\text{cm}}$ Routinegerät

$$f_\varkappa = \frac{\varkappa_{gem}}{\varkappa} = \frac{1{,}314 \dfrac{\text{mS}}{\text{cm}}}{1{,}413 \dfrac{\text{mS}}{\text{cm}}} = 0{,}930$$

Analysenlösung:

Gemessener Wert: $\varkappa_{gem} = 1{,}52 \dfrac{\text{mS}}{\text{cm}}$ Routinegerät

Wahrer Wert: $\varkappa = \dfrac{\varkappa_{gem}}{f_\varkappa} = \dfrac{1{,}52 \dfrac{\text{mS}}{\text{cm}}}{0{,}930} = 1{,}63 \dfrac{\text{mS}}{\text{cm}}$

Die Auswertung über den Kalibrierfaktor ergibt den gleichen Wert für die Leitfähigkeit einer Lösung wie die beschriebene Berechnung über die aktuelle Zellkonstante. Natürlich ist anzustreben, dass der Kalibrierfaktor von dem Wert 1 nicht weit entfernt ist, dass also der gemessene Wert einer Bezugslösung nicht wesentlich von ihrem wahren Wert abweicht. Dies wiederum kann durch Justierung erreicht werden.

Die Verwandtschaft des Kalibrierfaktors mit der Wiederfindungsrate und auch dem Titer ist augenscheinlich. In allen Fällen wird die Abweichung eines gemessenen Wertes von einem erwarteten Wert festgestellt und zur Berechnung eines wahren Wertes benutzt. Um Analysenergebnisse über die Wiederfindungsrate berichtigen zu können, müssen Standard und Analysenprobe vergleichbar sein, bei der Gravimetrie bedeutet dies z. B. vergleichbare Massen. Dieses Prinzip gilt natürlich auch für Kalibrierfaktoren.

Darf ein Kalibrierfaktor, der über eine Standardlösung mit der Leitfähigkeit 1,413 mS/cm bestimmt wurde, verwendet werden, um die gemessene Leitfähigkeit von 1,52 mS/cm einer Analysenlösung zu berichtigen? Wie ist das mit Analysenlösungen mit Leitfähigkeiten um 10 mS/cm? Sind hier Standard-

lösung und Analysenlösung noch vergleichbar? Um solche und ähnliche Fragen zu klären, werden in der Analytik **Messreihen** über den interessierenden Bereich (Kalibrierbereich, Arbeitsbereich) aufgenommen und Wertetabellen erstellt. Aus den Wertetabellen experimenteller Daten werden mathematische Funktionen gebildet, die grafisch als **Kalibrierkurven** dargestellt werden können (siehe lineare Regression in „Die Behandlung von Messwerten"). Die Kalibrierkurven liefern Ergebnisse für Analysenproben, deren Messwerte **zwischen** den Messwerten der Standardlösungen liegen.

Werte für Analyte werden nur angegeben, wenn sie innerhalb des Kalibrierbereichs liegen. In der Analytik wird in der Regel interpoliert und nicht extrapoliert; d. h., der Wert für die Analysenprobe muss zwischen den Werten von mindestens zwei Standardproben liegen.

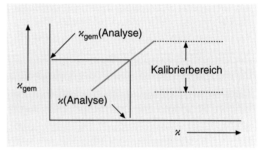

Abb. 10.7: **Kalibrierkurve für Leitfähigkeitsmessungen (schematisch)**

Zwei Punkte lassen sich in allen Fällen zu einer Geraden verbinden. Die Kalibrierfunktion muss aber nicht unbedingt linear sein. Je mehr Messpunkte vorliegen, umso eher lässt sich die zugrunde liegende Funktion bestimmen und die Ausgleichskurve konstruieren. Natürlich sind lineare Kalibrierkurven am einfachsten handhabbar. (Weitere Beispiele zu Kalibrierkurven siehe die Bausteine „Elektrochemisches Potenzial", „Spektroskopie und Fotometrie" sowie „Chromatographie".)

Wird die Interpolationsregel konsequent angewendet und nur innerhalb des Kalibrierbereichs gearbeitet, so ist dies auch ohne genaue Kenntnis der jeweiligen funktionellen Zusammenhänge ein guter Schutz vor fehlerhaften Angaben. Diese Regel ist allerdings nicht immer anwendbar, denn damit kann beispielsweise die Leitfähigkeit von VE-Wasser nicht bestimmt werden. In solchen Fällen ist dem Messwert der Zusatz „Wert außerhalb des Kalibrierbereichs" anzufügen. Die Tabelle 10.4 enthält einige Leitfähigkeitsangaben für gebräuchliche Standardlösungen.

10

$c(KCl)$ in mol/L	$\varkappa$ in mS/cm
1,00	112
0,500	60,1
0,200	24,9
0,100	12,9
0,0500	6,67
0,0200	2,76
0,0100	1,41
0,00500	0,716

Tabelle 10.4: **Leitfähigkeiten von Kaliumchlorid-standardlösungen bei 25 °C**
nach der Leitfähigkeitsfibel von WTW Kirchheim, Deutsche Einheitsverfahren V C8, Seite 5; App. Bull. Metrohm AB 102/1d

Die Leitfähigkeitswerte von Lösungen können sich beträchtlich unterscheiden, die Tabelle 10.5 zeigt einen Bereich über fast sieben Zehnerpotenzen. Dieser weite Bereich wird einerseits dadurch abgedeckt, dass Vorschaltwiderstände unterschiedlicher Größenordnung verwendet werden, dies wird als „Veränderung des Messbereichs" bezeichnet. Andererseits können Zellen mit unterschiedlichen Zellkonstanten verwendet werden. Nach der Gleichung

$$R = \frac{1}{\varkappa} \cdot \frac{l}{A}$$

ergeben sich beispielsweise bei Zellen mit geringer Zellkonstante (d. h. kleiner Abstand und große Elektrodenoberflächen) auch bei Lösungen mit geringer Leitfähigkeit gut messbare Widerstände.

Lösung	Leitfähigkeit $\varkappa$	Zellkonstante in cm^{-1}
Reinstwasser	0,05 µS/cm – 1 µS/cm	0,01
Reinwasser	1 µS/cm – 10 µS/cm	0,1
Brauchwasser	10 µS/cm – 100 µS/cm	1
Milch, Bier, Orangensaft	100 µS/cm – 1 mS/cm	
Tomatensaft, Apfelsaft	1 µS/cm – 10 mS/cm	10
Säuren	10 µS/cm – 1000 mS/cm	

Tabelle 10.5: **Leitfähigkeitsbereich und empfohlene Zellkonstanten**

10.4 Bestimmung von Löslichkeitsprodukten

Zur Bestimmung des Löslichkeitsproduktes von Silberchlorid wird durch Zugabe einer Kochsalzlösung zu einer Lösung von Silbernitrat festes Silberchlorid gefällt und der Niederschlag mit VE-Wasser ausgewaschen. Danach wird der Niederschlag in ein Becherglas gegeben und mit VE-Wasser versetzt. Wird die Suspension gerührt, so stellt sich ein Gleichgewicht zwischen dem festen Bodenkörper und den gelösten Ag^+- und Cl^--Ionen ein. Die Leitfähigkeit $\varkappa$ dieser Lösung wird mit einer Elektrode mit einer kleinen Zellkonstanten gemessen, da bei geringen Ionenkonzentrationen kleine Leitfähigkeiten zu erwarten sind. Nach dem Gesetz von Kohlrausch setzt sich die Leitfähigkeit der Lösung additiv aus der Leitfähigkeit des gelösten Stoffes und des Lösemittels zusammen.

$$\varkappa_{\text{Lösung}} = \varkappa_{\text{Analyt}} + \varkappa_{\text{VE-Wasser}}$$

Ist die Leitfähigkeit von VE-Wasser bekannt, so lässt sich aus der gemessenen Leitfähigkeit der Lösung die Leitfähigkeit des Analyten $\varkappa_{\text{Analyt}}$ angeben.

Die Äquivalentleitfähigkeit des Analyten ergibt sich aus der Gleichung:

$$\Lambda_{\text{eq}} = \frac{\varkappa}{z \cdot c}$$

Für schwer lösliche Stoffe wie Silberchlorid kann vorausgesetzt werden, dass die Äquivalentleitfähigkeit gleich der Grenzleitfähigkeit ist, diese wiederum ist gleich der Summe aus den Ionenäquivalentleitfähigkeiten von Kation und Anion.

$$\Lambda_{\text{eq}} = \Lambda_0 = \Lambda_{Ag^+} + \Lambda_{Cl^-}$$

Die Ionenäquivalentleitfähigkeiten sind aus der Tabelle zu entnehmen, damit ist die Äquivalentleitfähigkeit gegeben und die Stoffmengenkonzentration des gelösten Stoffes berechenbar.

$$c = \frac{\varkappa}{z \cdot \Lambda_{\text{eq}}}$$

Für Silberchlorid ist die Stoffmengenkonzentration des gelösten Salzes gleich der Konzentration der einzelnen Ionen.

$$c(AgCl) = c(Ag^+) = c(Cl^-)$$

Das gesuchte Löslichkeitsprodukt von Silberchlorid ist demnach gleich dem Quadrat der über die Leitfähigkeitsmessung erhaltenen Stoffmengenkonzentration.

$$K_L(AgCl) = c(Ag^+) \cdot c(Cl^-) = c^2(AgCl)$$

10

Löslichkeitsprodukte anderer schwer löslicher Stoffe lassen sich auf die gleiche Art ermitteln, wobei das Stoffmengenverhältnis des gelösten Salzes zu den Ionen und der Ionen untereinander beachtet werden muss.

Bei der **Ionenchromatographie** ist die Leitfähigkeit von Lösungen das entscheidende Kriterium für die Bestimmung. Die Leitfähigkeit ist ein wichtiger Summenparameter zur Qualifizierung von Wässern aller Art (siehe den Baustein „Summenparameter und genormte Verfahren"). In diesem Baustein wird das Verfahren der Leitfähigkeitstitration vorgestellt, das auch **Konduktometrische Titration** genannt wird. An ihm lassen sich wesentliche Prinzipien der instrumentellen Analytik zeigen.

10.5 Konduktometrische Titration

Die Prinzipien und Regeln für die Durchführung von Titrationen sind in den Bausteinen „Säure-Base-Titration" und „Komplexbildungstitration" erarbeitet worden. Auch bei der **Konduktometrischen Titration** werden Arbeitsschritte wie Probenaufbereitung, Grobbestimmung, Feinbestimmung, Titerbestimmung usw. geplant und durchgeführt. Blindwerte und Wiederfindungsraten werden ermittelt, das Signal-Rauschen-Verhältnis wird beachtet.

Der sichtbarste Unterschied zu den bisher besprochenen Titrationen besteht darin, dass kein Indikator verwendet wird, der über einen Farbumschlag den Äquivalenzpunkt anzeigt. Bei der konduktometrischen Titration wird dazu eine Leitfähigkeitszelle als Detektor („Anzeiger") verwendet. Diese Zelle befindet sich häufig in einem Kunststoffstab, die beiden Elektroden sind so eingebettet, dass sie gegen mechanische Einwirkungen gut geschützt sind. Diese Anordnung wird einfach „Leitfähigkeitselektrode" genannt. Die Elektrode kann leicht aus der vermessenen Lösung genommen, mit VE-Wasser abgespült und in eine neu zu vermessende Lösung eingetaucht werden. Bei konduktometrischen Titrationen wird zur Vorlage VE-Wasser zugesetzt, bis sich im Elektrodenzwischenraum keine Luftblasen mehr befinden. Die Lösungen werden während der Messung mit einem magnetischen Rührstäbchen gerührt. Zur Erklärung der Vorgänge bei einer konduktometrischen Titration wird zunächst der Titrationsverlauf an einem einfachen Beispiel festgestellt.

Bestimmung des Verlaufs der konduktometrischen Titration von Salzsäure mit der Maßlösung Natronlauge

Vorlage an Analyt: $c_s(HCl) = 0,2$ mol/L
$V_{HCl} = 5$ mL
Maßlösung: $c_s(NaOH) = 0,2$ mol/L

V_{NaOH} in mL	$\varkappa$ in mS/cm	V_{NaOH} in mL	$\varkappa$ in mS/cm
0,00	5,68	6,90	2,42
1,00	4,82	7,85	2,88
1,65	4,28	8,60	3,28
2,75	3,38	9,50	3,73
4,55	1,99	10,15	4,02
5,55	1,70		

Tabelle 10.6: **Messwerte zur Bestimmung des Titrationsverlaufs**

Werden die Messwerte in einem Diagramm dargestellt, so ergibt sich der Titrationsverlauf.

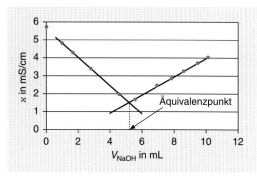

Abb. 10.8: **Verlauf der Titration von Salzsäure mit Natronlauge nach Tab. 10.6 (Titrationsverlauf „starke Säure mit starker Base")**

Nach der Vorlage und der Konzentration der Maßlösung sollte sich der Äquivalenzpunkt bei 5 mL Maßlösung zeigen. In der Abbildung 10.8 ergibt sich der Äquivalenzpunkt auch ungefähr bei diesem Volumen aus dem Schnittpunkt der Geraden, die aus den Messwerten vor dem Äquivalenzpunkt bzw. nach diesem gebildet werden. Offensichtlich ist in diesem Diagramm der Äquivalenzpunkt der Punkt kleinster Leitfähigkeit.

Der Titrationsverlauf kann über die Parameter erklärt werden, welche die Leitfähigkeit einer Lösung beeinflussen. Aus den vorausgehenden Erörterungen ist bekannt:

> Die Leitfähigkeit einer Lösung hängt von der Art der gelösten Stoffe, von deren Konzentrationen und von der Temperatur ab.

Die Temperaturänderungen sind bei den üblichen Titrationen vernachlässigbar klein, deshalb ist bei Leitfähigkeitsänderungen auf die Veränderung der Art und die Konzentration der Stoffe zu achten.

Salzsäure ist eine starke Säure, sie ist in praktisch allen Konzentrationsbereichen vollständig dissoziiert, zudem hat das H_3O^+-Ion die höchste Ionenäquivalentleitfähigkeit. Daher ist leicht zu verstehen, dass die Anfangsleitfähigkeit der Vorlage vor der ersten Zugabe an Maßlösung sehr hoch ist.

Wird zu der Vorlage eine geringe Menge an Natronlauge zugetropft, so sinkt der Leitfähigkeitswert. Zur Erklärung wird ein Beispiel mit sehr einfachen Zahlenwerten verwendet. So soll zu der Vorlage von 5 H_3O^+-Ionen und 5 Cl^--Ionen zunächst ein Na^+-Ion und ein OH^--Ion gegeben werden. Der Stoffumsatz wird über die Reaktionsgleichung beschrieben.

$$HCl + NaOH \rightarrow NaCl + H_2O$$

```
Vorlage vor der ersten Zugabe:

H₃O⁺   H₃O⁺   H₃O⁺   H₃O⁺   H₃O⁺
Cl⁻    Cl⁻    Cl⁻    Cl⁻    Cl⁻
```

Vorlage **vor** der ersten Zugabe:

H_3O^+ H_3O^+ H_3O^+ H_3O^+ H_3O^+
Cl^- Cl^- Cl^- Cl^- Cl^-

↓

Vorlage **nach** der ersten Zugabe:

H_3O^+ H_3O^+ H_3O^+ H_3O^+ Na^+
Cl^- Cl^- Cl^- Cl^- Cl^-

Ist die Volumenänderung der Vorlage durch den Zusatz an Maßlösung für das Messergebnis vernachlässigbar klein (davon soll bei allen folgenden Titrationen ausgegangen werden), so ändert sich mit dem ersten Zusatz der Maßlösung die Gesamtkonzentration der Ionen nicht, aber das H_3O^+-Ion mit der Ionenäquivalentleitfähigkeit 350 S · cm^2 · mol^{-1} (ein „gut leitendes Ion") wird durch ein Na^+-Ion mit der Ionenäquivalentleitfähigkeit 50 S · cm^2 · mol^{-1} (ein „schlechter leitendes Ion") ersetzt. Daher sinkt die Leitfähigkeit.

Wird schrittweise jeweils „ein Teilchen" NaOH zugesetzt, so sinkt die Leitfähigkeit weiter, bis nach Zugabe von fünf „Teilchen" NaOH alle H_3O^+-Teilchen der Salzsäure verbraucht sind. Die Leitfähigkeit der Vorlage resultiert dann aus dem gelösten Kochsalz und den Ionen, die aus der Eigendissoziation des Wassers stammen. Wird darüber hinaus weitere Natronlauge zugegeben, so wird sie nicht mehr umgesetzt, damit erhöht sich die Ionenkonzentration. Da zudem das zugesetzte OH^--Ion eine hohe Ionenäquivalentleitfähigkeit hat, steigt die Leitfähigkeit wieder an.

Vorlage **am** Äquivalenzpunkt:

Na^+ Na^+ Na^+ Na^+ Na^+
Cl^- Cl^- Cl^- Cl^- Cl^-

↓

Vorlage **nach** dem Äquivalenzpunkt:

Na^+ Na^+ Na^+ Na^+ Na^+ Na^+
Cl^- Cl^- Cl^- Cl^- Cl^- OH^-

Bei Zugaben an Maßlösung nach dem Äquivalenzpunkt ändert sich also sowohl die Gesamtionenkonzentration als auch die Art der in der Lösung vorhandenen Ionen. Diese Kombination führt in dem Beispiel dazu, dass die Leitfähigkeit nach dem Äquivalenzpunkt praktisch im selben Maß ansteigt, wie sie vorher abfällt, die beiden Geraden haben praktisch den gleichen Zahlenwert für die Steigung.

Wird statt Salzsäure Essigsäure vorgelegt und mit Natronlauge titriert, so ergibt sich ein anderer Titrationsverlauf, wie das nachfolgende Beispiel zeigt.

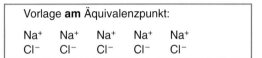

Bestimmung des Verlaufs der konduktometrischen Titration von Essigsäure mit der Maßlösung Natronlauge

Vorlage an Analyt:
$c_s(CH_3COOH) = 0,2$ mol/L, $V_{CH_3COOH} = 10$ mL
Maßlösung:
$c_s(NaOH) = 0,2$ mol/L (Sollkonzentrationen!)

V_{NaOH} in mL	$\varkappa$ in mS/cm	$\Delta\varkappa/\Delta V$
0,00	0,18	
3,00	0,59	0,14
4,05	0,82	0,22
5,00	0,94	0,13
6,00	1,12	0,18
7,60	1,31	0,12
8,40	1,42	0,14
10,05	1,69	0,16
11,00	2,11	0,44
12,00	2,53	0,42
13,05	2,99	0,44
14,05	3,50	0,51

Tabelle 10.7: **Messwerte zur Bestimmung des Titrationsverlaufs**

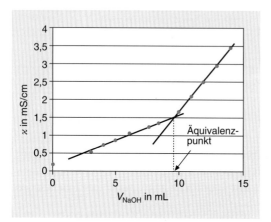

Abb. 10.9: Verlauf der Titration von Essigsäure mit Natronlauge nach Tab. 10.7 (Titrationsverlauf „schwache Säure mit starker Base")

Dieses Ergebnis ist ein wichtiger Hinweis dafür, dass bei Titrationen mit Elektroden zunächst immer der Titrationsverlauf festgestellt werden muss. Zweckmäßigerweise werden dazu über bekannte Konzentrationen der Standardlösungen die Äquivalenzpunkte vorgegeben. Erst dann werden Analysenlösungen bestimmt.

Vor der Titration von Analysenlösungen ist mithilfe von Standardlösungen der spezifische Titrationsverlauf zu bestimmen. Diese Regel gilt grundsätzlich in der instrumentellen Analytik.

Bei der Bestimmung des Titrationsverlaufs geht es nicht um die Richtigkeit und die Präzision des Äquivalenzpunktes, sondern um die Feststellung, wie sich der Analyt in dem vorgegebenen Messsystem verhält.

Essigsäure ist eine schwache Säure und nur zu geringem Teil dissoziiert. Folglich hat diese Lösung eine geringe Leitfähigkeit. Zur Erklärung des Titrationsverlaufs wird ein der Salzsäuretitration vergleichbares Zahlenbeispiel verwendet. Danach sollen in der Vorlage vier undissoziierte Essigsäuremoleküle und ein dissoziiertes Essigsäuremolekül enthalten sein (in der Realität ist dieses Verhältnis etwa 100 000:1). Wird ein „NaOH-Teilchen" zugegeben, so erfolgt der Umsatz nach der Reaktionsgleichung

$$CH_3COO^-H_3O^+ + NaOH \rightarrow CH_3COO^-Na^+ + 2H_2O$$

Zunächst wird also das H_3O^+-Ion durch Na^+ ersetzt. Nach der Gleichgewichtskonstante für die Essigsäure

$$K_S = \frac{c(H_3O^+) \cdot c(CH_3COO^-)}{c(CH_3COOH)}$$

muss Essigsäure nachdissoziieren. Vereinfachend soll angenommen werden, dass **ein** weiteres Essigsäuremolekül nachdissoziiert.

Vorlage **vor** der ersten Zugabe:
$CH_3COOH \qquad CH_3COOH$
$CH_3COOH \qquad CH_3COOH$
$CH_3COO^-H_3O^+$

↓

Vorlage **nach** der ersten Zugabe:
$CH_3COOH \qquad CH_3COOH$
$CH_3COOH \qquad CH_3COO^-H_3O^+$
$CH_3COO^-Na^+$

Mit der ersten Zugabe an Maßlösung nimmt also die Konzentration der Ionen zu, die Art der in der Lösung vorhandenen Ionen ändert sich ebenfalls, die Leitfähigkeit nimmt zu. Dieser Anstieg der Leitfähigkeit setzt sich mit der Titration fort, bis der Äquivalenzpunkt erreicht ist. Wird die Maßlösung in sehr kleinen Portionen zugegeben, so ist festzustellen, dass schon vor dem Äquivalenzpunkt die Leitfähigkeit etwas stärker ansteigt, weil die Hydrolyse des gebildeten Salzes einsetzt und das dabei entstehende OH^--Ion eine höhere Ionenäquivalentleitfähigkeit als das CH_3COO^--Ion hat.

Wird nach dem Äquivalenzpunkt weitere Maßlösung zugesetzt, so wird diese nicht mehr verbraucht. Damit wird die Ionenkonzentration in der Lösung erhöht, die Leitfähigkeit steigt. Dieser Effekt ist zunächst vergleichbar mit der Erhöhung der Ionenkonzentration vor dem Äquivalenzpunkt, allerdings kommt hier mit dem OH^--Ion ein Teilchen mit einer sehr hohen Ionenäquivalentleitfähigkeit hinzu, die Leitfähigkeit steigt **stärker** an, als vor dem Äquivalenzpunkt. Durch diesen **Steigungsunterschied** können wieder zwei Geraden gebildet und aus dem Schnittpunkt der Äquivalenzpunkt bestimmt werden.

Bei der Titration der Salzsäure ist sehr leicht anzugeben, wann die Titration beendet werden kann, denn vor dem Äquivalenzpunkt fällt die Leitfähigkeit, nach dem Äquivalenzpunkt steigt sie an. Bei dem Analyten Essigsäure steigt die Leitfähigkeit über den gesamten Titrationsverlauf an, dies erschwert die Feststellung, bei welchem Volumen genügend Messpunkte zur Verfügung stehen, um die Ausgleichsgeraden zu zeichnen. Hilfreich ist es, bei den einzelnen Messpunkten die jeweilige Steigung zu errechnen. Beispielsweise ergibt sich für einen Messpunkt vor dem Äquivalenzpunkt aus der obigen Messtabelle:

$$\frac{\Delta \varkappa}{\Delta V} = \frac{\varkappa_2 - \varkappa_1}{V_2 - V_1} = \frac{(1,12 - 0,94)\,\frac{mS}{cm}}{(6,00 - 5,00)\,mL} = 0,18\,\frac{mS}{cm \cdot mL}$$

Für Messpunkte nach dem Äquivalenzpunkt ergeben sich mehr als doppelt so große Steigungen, daher kann trotz der erheblichen Streuung der Steigungswerte schon während der Titration erkannt werden, in welchem Teil der Titrationskurve gerade gearbeitet wird, „vor oder nach dem Äquivalenzpunkt".

Die Leitfähigkeit als elektrische Größe kann leicht in ein maschinenlesbares Signal dargestellt und in ein Datenverarbeitungsprogramm eingelesen werden. Wird während der Titration auch der Verbrauch an Maßlösung über einen Durchflusszähler bestimmt und in ein elektrisches Signal umgeformt, so kann die Titrationskurve gleichzeitig mit der Titration auf dem Bildschirm verfolgt werden.

In einigen Fällen sind mit der konduktometrischen Titration auch Simultanbestimmungen von starken und schwachen Säuren durchführbar. Befindet sich ein solches Säuregemisch in einer Vorlage und wird dieses mit Natronlauge titriert, so ergibt sich ein charakteristischer Titrationsverlauf.

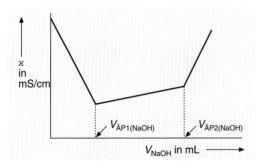

Abb. 10.10: **Verlauf der konduktometrischen Titration eines Gemischs aus Salzsäure und Essigsäure mit der Maßlösung Natronlauge**

In der Ausgangslösung liegt die Essigsäure praktisch undissoziiert vor, weil die ohnehin schwache Dissoziation durch die anwesende Salzsäure weiter verringert wird. Der beobachtete starke Abfall der Leitfähigkeit im ersten Teil des Diagramms ist demnach auf die Titration der Salzsäure zurückzuführen, über den ersten Äquivalenzpunkt kann also die Stoffmenge an Salzsäure in der Vorlage errechnet werden. Ist die Salzsäure titriert, so liegt eine Essigsäurelösung vor, die Kochsalz enthält. Mit der weiteren Zugabe der Maßlösung wird die verbliebene Stoffmenge an Essigsäure titriert. Zur Berechnung der Stoffmenge an Essigsäure muss die **Differenz** der Volumina der Äquivalenzpunkte verwendet werden.

Auch bei Fällungstitrationen können Konduktometer als Detektoren verwendet werden. Beispielsweise kann Sulfat aus einer Vorlage mit der Maßlösung Bariumnitrat ausgefällt werden.

$$SO_4^{2-} + Ba(NO_3)_2 \rightarrow BaSO_4 \downarrow + 2\,NO_3^-$$

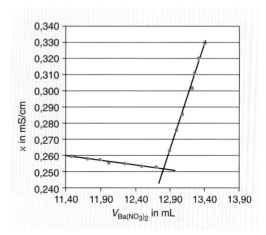

Abb. 10.11: **Konduktometrische Titrationskurve für die Bestimmung von Sulfat mit Bariumnitrat als Maßlösung**

Bei dieser Titration werden zunächst gelöste Sulfationen ausgefällt und gegen Nitrationen ausgetauscht. Da die Ionenäquivalentleitfähigkeit des Nitrats kleiner ist als die des Sulfats, sinkt die Leitfähigkeit vor dem Äquivalenzpunkt leicht ab. Nach dem Äquivalenzpunkt steigt sie stark an, da die zugesetzte Maßlösung nicht mehr verbraucht wird.

Grundsätzlich gilt für konduktometrische Titrationen:

Bei konduktometrischen Titrationen wird die Zugabe der Maßlösung zur Vorlage nicht beendet, wenn der Äquivalenzpunkt erreicht ist. Die Maßlösung wird so lange zugegeben, bis eine genügende Anzahl von Messwerten vorliegt, um die Ausgleichsgeraden zeichnen zu können.

Aus dem Schnittpunkt der Geraden ergibt sich der Äquivalenzpunkt. Dabei sind die Messwerte in der Nähe des Äquivalenzpunktes stärker zu gewichten, da sich Geraden aus den Messwerten nur dann ergeben, wenn die Veränderung des Volumens der Vorlage mit der Titration vernachlässigbar klein ist. Bei einiger Übung können die Geraden „nach Augenmaß" gelegt werden, ohne dass sich bei Feinbestimmungen eine Einbuße an Richtigkeit und Präzision ergibt.

Neben den Säure-Base-Titrationen können auch Fällungstitrationen und komplexometrische Titrationen mit dem Konduktometer als Detektor durchgeführt werden.

10

Nachfolgend sind die Daten für eine vollständige Analyse angegeben. Analysengang, Reaktionsgleichungen, Planung und Auswertung richten sich nach den Prinzipien, die bei den nasschemischen Titrationen beschrieben worden sind.

Bestimmung von $n(HCl)$ durch konduktometrische Titration

Analysenprobe:
AL: etwa 60 mL, klare wässrige Lösung, keine Störsubstanzen

Probenaufbereitung:
AL1: AL auf 100 mL aufgefüllt

Grobbestimmung:
Vorlage: 10,0 mL AL1;
Maßlösung: $c_s(NaOH) = 0,2$ mol/L

V_{NaOH} in mL	$\varkappa$ in $\frac{mS}{cm}$
0,00	5,39
1,15	4,23
2,45	2,85
3,50	1,87
4,55	1,74
5,55	2,42
6,75	3,18

Tabelle 10.8: **Messwerte zur Grobbestimmung**

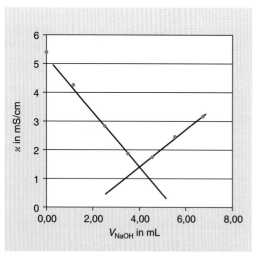

Abb. 10.12: **Titrationskurve zur Grobbestimmung von HCl**

$V_{ÄP(NaOH)} = 4$ mL

Da bei der Grobbestimmung der Äquivalenzpunkt bei zu kleinem Volumen gefunden wurde, wird die Vorlage bei den Feinbestimmungen erhöht. Bei einer Vorlage von 25,0 mL AL1 ist ein Äquivalenzpunkt von 10 mL Natronlauge zu erwarten. Die Feinbestimmung wird daher erst bei etwa 9,5 mL begonnen.

Feinbestimmung 1:
Vorlage: 25,0 mL AL1
Maßlösung: $c_s(NaOH) = 0,2$ mol/L

V_{NaOH} in mL	$\varkappa$ in $\frac{mS}{cm}$	V_{NaOH} in mL	$\varkappa$ in $\frac{mS}{cm}$
9,55	3,17	10,05	2,75
9,60	3,12	10,10	2,76
9,70	3,04	10,15	2,78
9,75	2,99	10,20	2,81
9,80	2,95	10,25	2,84
9,85	2,91	10,30	2,87
9,90	2,88	10,35	2,91
9,95	2,81	10,40	2,94
10,00	2,77	10,45	2,97

Tabelle 10.9: **Messwerte zur Feinbestimmung**

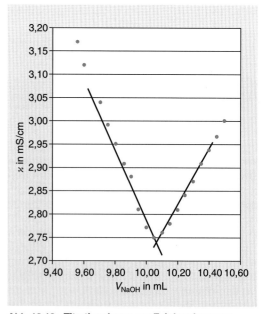

Abb. 10.13: **Titrationskurve zur Feinbestimmung von HCl**

$V_{ÄP(NaOH)} = 10,06$ mL

Titerbestimmung
Urtitersubstanz: Kaliumhydrogenphthalat
$M(C_8H_5O_4K) = 204{,}2$ g/mol
$m(C_8H_5O_4K) = 404{,}1$ mg

V_{NaOH} in mL	$\varkappa$ in $\frac{mS}{cm}$	$\Delta\varkappa/\Delta V$	V_{NaOH} in mL	$\varkappa$ in $\frac{mS}{cm}$	$\Delta\varkappa/\Delta V$
9,55	4,34		10,00	4,42	
9,60	4,35	0,20	10,05	4,43	
9,65	4,36		10,10	4,43	
9,70	4,37		10,15	4,45	0,40
9,75	4,38		10,30	4,51	
9,80	4,39		10,35	4,53	
9,85	4,39		10,40	4,56	
9,90	4,40		10,45	4,58	
9,95	4,41		10,50	4,59	

Tabelle 10.10: **Messwerte zur Titerbestimmung**

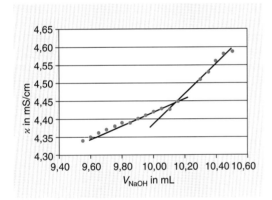

Abb. 10.14: **Titrationskurve zur Titerbestimmung mit der Maßlösung Natronlauge**

$V_{\text{ÄPNaOH}} = 10{,}15$ mL
$c(\text{NaOH}) = 0{,}195$ mol/L
für $c_s(\text{NaOH}) = 0{,}2$ mol/L
$t(\text{NaOH}) = 0{,}975$

Unter Berücksichtigung des aliquoten Teils ergibt sich daraus eine Gesamtstoffmenge an Salzsäure von 7,85 mmol. Angaben zur Präzision von konduktometrischen Titrationen sind bei der nachfolgenden Ermittlung der Bestimmungsgrenze beschrieben.

10.6 Ermittlung der Bestimmungsgrenze bei einer Titration

Ein wichtiges Beurteilungskriterium für Analysenverfahren ist die Bestimmungsgrenze. Sie wurde in den vorausgehenden Bausteinen immer wieder angesprochen. Hier wird ihre Bestimmung am Beispiel der konduktometrischen Titration anhand von Messdaten konkret beschrieben. Dazu wurde Salzsäure mit Natronlauge titriert, die Stoffmengenkonzentration an Salzsäure schrittweise verringert und die jeweiligen relativen Standardabweichungen berechnet.

Vorlage: 50,0 mL wässrige HCl Maßlösung: $c(\text{NaOH}) = 0{,}100$ mol/L				
Wahrer Wert $c(\text{HCl})$ in mmol/L				
20,00	16,00	12,00	8,00	4,00
Gefundene Werte $c(\text{HCl})$ in mmol/L				
20,12	16,16	11,96	7,98	–
20,10	16,20	12,00	8,00	4,50
19,96	16,04	12,00	7,80	4,00
20,12	16,10	11,90	8,05	4,20
19,92	15,98	11,90	7,88	4,10
20,10	16,20	12,00	8,00	3,90
20,08	16,12	11,94	7,94	4,00
20,08	16,16	12,06	8,10	4,00
Auswertung				
N 8	8	8	8	7
$c(\text{HCl})$ in mmol/L 20,06	16,12	11,97	7,97	4,10
Streubreite in mmol/L 0,20	0,22	0,16	0,30	0,60
s in mmol/L 0,07385	0,07780	0,0555	0,0949	0,200
Ausreißer in mmol/L (95 %) –	–	–	–	4,50
N 8	8	8	8	6
$c(\text{HCl})$ in mmol/L 20,06	16,12	11,97	7,97	4,03
Streubreite in mmol/L 0,20	0,22	0,16	0,30	0,30
s in mmol/L 0,07385	0,07780	0,0555	0,0949	0,103
s in % 0,368	0,483	0,464	1,19	2,56

Tabelle 10.11: **Bestimmungsgrenze für die konduktometrische Titration von Salzsäure mit der Maßlösung Natronlauge**

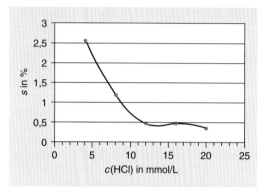

Abb. 10.15: Ermittlung der Bestimmungsgrenze bei der konduktometrischen Titration von Salzsäure

Wie nicht anders zu erwarten, vergrößert sich die relative Standardabweichung mit der Verringerung der Konzentration an Analyt. Ist in den Vorgaben für das Analytiklabor festgelegt, dass die Bestimmungsgrenze erreicht ist, wenn eine relative Standardabweichung von 1 % überschritten wird, so liegt für dieses Beispiel die Bestimmungsgrenze bei etwa 10 mmol/L an Salzsäure. Werden 10 % relative Standardabweichung toleriert (siehe Baustein „Qualitätssicherung und Allgemeine Standardarbeitsanweisung"), so müsste die Titrationsreihe mit noch kleineren Konzentrationen weitergeführt werden, um die Bestimmungsgrenze angeben zu können.

10.7 Ein Vergleich nasschemischer und instrumenteller Verfahren am Beispiel der Konduktometrie

Mit der Konduktometrie ist der Übergang von der „**Nasschemischen Analytik**" zur „**Instrumentellen Analytik**" vollzogen, welche die Analytik im zwanzigsten Jahrhundert revolutioniert hat. Nicht mehr Sinnesorgane des Menschen, sondern Messinstrumente registrieren die Informationen. Zur quantitativen Bestimmung von Analyten durch Titrationen sind nicht unbedingt Farbindikatoren erforderlich, es können auch Elektroden verwendet werden. Am **Beispiel** der konduktometrischen Titration lassen sich Grundprinzipien der „**Instrumentellen Analytik**" aufzeigen.

Grundprinzipien der Instrumentellen Analytik
(Beispiel Konduktometrie)

1. Eine physikalische Messgröße spricht in spezifischer Weise auf eine Eigenschaft eines Analyten an *(Ionenäquivalentleitfähigkeit)*. Damit ist eine qualitative Analyse möglich.

2. Die Änderung der Konzentration eines Analyten führt zu einer Änderung der Messgröße *(Abfall bzw. Anstieg der Leitfähigkeit)*. Damit ist eine quantitative Analyse möglich.

3. Ein Parameter wird von „außen" während einer Messreihe schrittweise verändert *(Zugabe der Maßlösung)*, die zugehörige Veränderung der Messgröße *(Leitfähigkeit)* wird registriert, daraus ergibt sich eine Messtabelle.

4. Aus einer Grobbestimmung lässt sich entnehmen, in welchem Bereich der Analysenwert *(Äquivalenzpunkt)* zu suchen ist. Daraus lassen sich für eine nachfolgende Feinbestimmung geeignete Vorgaben *(Start der Titration usw.)* ableiten.

5. Die Messtabelle wird in eine Grafik *(Titrationskurve)* umgesetzt. Aus den Messpunkten wird nach einem vereinbarten Verfahren *(lineare Funktion)* eine Messkurve ermittelt *(Gerade)*.

6. Aus der Messkurve wird nach einem vereinbarten Verfahren *(Schnittpunkt der Geraden)* ein Messwert *(Äquivalenzpunkt)* ermittelt, der eine Bestimmung des Analyten *(Stoffmenge)* ermöglicht.

Heute werden nasschemische Verfahren und instrumentelle Verfahren nebeneinander verwendet, weil beide Verfahren ihre Vor- bzw. Nachteile haben. Bei einem Vergleich bezüglich der Beurteilungskriterien ergibt sich für das Beispiel der Titration eine Übersicht nach Tabelle 10.12.

Die instrumentelle Analytik hat eine Reihe von Vorteilen gegenüber der nasschemischen Analytik, aber sie ist für die Sinnesorgane und das „Gefühl" des Menschen kaum zugänglich. Das kann zu Fehlern führen! So käme vermutlich niemand auf die Idee, 5,00 mL einer Flüssigkeit mit einem 250-ml-Messzylinder abzumessen (schon der Graduierungsstrich fehlt!), Ähnliches gilt auch noch für das Ablesen eines Zeigerausschlags auf einem Messgerät. Digitale Werte aber werden oft bedenkenlos übernommen (siehe beispielsweise den Umgang mit dem Taschenrechner). Im Zeitalter der Digitalisierung ist eine gesunde Vorsicht gegenüber angezeigten Daten angebracht – und das Wissen darüber, wie Analysengeräte justiert und kalibriert werden und wie mit Messwerten umzugehen ist.

Die Methoden zur Optimierung von Analysenverfahren nach den Beurteilungskriterien wurden für die bisher behandelten nasschemischen Analysenverfahren in Tabellen zusammengestellt. **Diese Angaben gelten auch für die Instrumentelle Analytik.** Im letzten Baustein „Ionenchromatographie" ist eine Tabelle enthalten, welche die in der instrumentellen Analytik erarbeiteten Sachverhalte enthält.

Beurteilungs-kriterium	Nasschemische Analyse Titration mit Farbindikator	Instrumentelle Analyse Titration mit der Leitfähigkeitselektrode
Richtigkeit (für beide Verfahren ist die Kenntnis der wahren Konzentration der Maßlösung von größter Bedeutung)	Die Richtigkeit hängt davon ab, inwiefern der Äquivalenzpunkt für den Analyten mit dem Umschlagsbereich des Indikators übereinstimmt.	Die Richtigkeit der Messung hängt vom Zustand des Messgerätes ab.
	Optische Farbeindrücke werden subjektiv wahrgenommen.	Die Messung ist objektiv, die Zahlenwerte werden von verschiedenen Personen gleich registriert.
	Lösungen mit einer Eigenfarbe bzw. trübe Lösungen können nicht bestimmt werden.	Lösungen mit einer Eigenfarbe bzw. trübe Lösungen können bestimmt werden.
Präzision	Es muss auf einen bestimmten „Punkt" titriert werden. Ein „Zuviel" oder „Zuwenig" an Maßlösung beeinflusst die Präzision.	Der Äquivalenzpunkt wird über die Auswertung einer Kurve bestimmt. Ein „Zuviel" oder „Zuwenig" an Maßlösung beeinflusst die Präzision nicht.
Bestimmungsgrenze	In der Regel können über konduktometrische Messungen kleinere Konzentrationen bestimmt werden als über Titrationen mit Farbindikatoren.	
Sicherheit	Kein Unterschied	
Effektivität **Zeit**	Jede Messung muss manuell durchgeführt und ausgewertet werden.	Die Messungen sind automatisierbar, die Messgröße kann direkt auf einem Bildschirm dargestellt und in EDV-Systemen ausgewertet werden. Es steht eine Messtabelle zur Verfügung, mit der schon während der Titration der Verlauf abgeschätzt werden kann.
Effektivität **Preis, Kosten** (Kosten sind bezüglich der Glasgeräte und der Maßlösung gleich)	Es werden sehr geringe Mengen an Indikator verwendet. Darauf bezogen sind die Kosten niedrig.	Ein Komplettsystem zur Messung der Leitfähigkeit, der Darstellung und Auswertung der Messdaten kann je nach Ausstattung mehrere tausend Euro kosten.
	Die Arbeit ist personalintensiv.	Mit geringem Personalaufwand können eine Vielzahl von Analysen durchgeführt werden.

Tabelle 10.12: **Vergleich der nasschemischen Titration mit der konduktometrischen Titration nach den Beurteilungskriterien**

10

10.8 Übung

Elektrische Leitfähigkeit und Konduktometrie

① Wie ändert sich die Leitfähigkeit, wenn der Elektrodenabstand vergrößert wird?

② Skizzieren Sie für wässrige Lösungen starker Elektrolyte den Kurvenverlauf für die Leitfähigkeit bzw. die Äquivalentleitfähigkeit als Funktion der Konzentration. Erläutern Sie.

③ Halten Sie es für erforderlich, Leitfähigkeitselektroden vor konduktometrischen Titrationen zu kalibrieren? Erklären Sie.

④ Nennen Sie die Vorteile einer konduktometrischen Titration gegenüber einer Titration mit einem Farbindikator.

⑤ In einer wässrigen Lösung ist Kochsalz gelöst. Die Leitfähigkeit wird in Abhängigkeit von der zugegebenen Menge an Silbernitratlösung gemessen.
  a) Stellen Sie den Titrationsverlauf grafisch dar und erklären Sie.
  b) Wie kann schon während der Titration erkannt werden, in welchem Teil der Titrationskurve gerade titriert wird?

⑥ Salzsäure und Salpetersäure, die in einer Probe vorliegen, können konduktometrisch nebeneinander bestimmt werden. Zeigen Sie, wie das möglich ist, skizzieren und diskutieren Sie die Titrationskurven. Geben Sie den prinzipiellen Rechenweg an.

⑦ Eine wässrige Lösung von Al^{3+} wird mit Natronlauge als Maßlösung titriert. Welcher Titrationsverlauf ist zu erwarten und wie ist dieser auszuwerten?

⑧ Sie titrieren ein Gemisch aus Salzsäure und Essigsäure konduktometrisch. Von 250 mL Analysenprobe werden 40,0 mL zur Titration vorgelegt. Der erste Äquivalenzpunkt liegt bei 12,20 mL, der zweite bei 18,35 mL Maßlösung der Konzentration $c(NaOH) = 0,395$ mol/L. Berechnen Sie die Stoffmengen der einzelnen Säuren in der Analysenprobe!

⑨ Konduktometrische Titration: Erklären und begründen Sie, ob es sinnvoll ist,
  a) mit der Pipette kleinere Volumina als 10 mL abzumessen?
  b) während der Titration noch an der Bürette hängende Tropfen abzuspülen?
  c) relativ konzentrierte Maßlösungen zu verwenden?
  d) kleinere Massen als 100 mg abzuwiegen?
  e) bei der Bestimmung der Stoffmenge die Analysenlösung in einen Messkolben zu geben und aufzufüllen?

⑩ Simultanbestimmung der Stoffmenge an Salzsäure und Essigsäure
Analysenlösung AL: ca. 65 mL klare Lösung
AL1: Al wurde im Messkolben auf 100 mL aufgefüllt.
Maßlösung: $c(NaOH) = 0,195$ mol/L
Feinbestimmung: Vorlage 10,0 mL AL1

V_{NaOH} in mL	$\varkappa$ in mS/cm	V_{NaOH} in mL	$\varkappa$ in mS/cm
13,50	1,68	14,90	1,31
13,52	1,66	14,96	1,32
13,57	1,63	15,00	1,32
13,61	1,60	15,04	1,33
13,66	1,57	15,10	1,33
13,70	1,54	15,14	1,34
13,75	1,51	15,19	1,35
13,80	1,48	15,24	1,36
13,87	1,43	15,29	1,36
13,90	1,41	15,34	1,37
13,95	1,38	16,40	1,53
14,01	1,36	16,46	1,54
14,07	1,33	16,50	1,55
14,10	1,32	16,56	1,56
14,15	1,30	16,61	1,57
14,20	1,29	16,67	1,58
14,24	1,28	16,72	1,59
14,29	1,27	16,78	1,60
14,34	1,27	16,85	1,63
14,38	1,26	16,89	1,65
14,44	1,26	16,94	1,67
14,48	1,26	17,00	1,70
14,53	1,27	17,05	1,72
14,59	1,27	17,11	1,75
14,64	1,28	17,15	1,77
14,68	1,28	17,21	1,80
14,80	1,29	17,27	1,82
14,86	1,30	17,31	1,85

⑪ Bestimmung der Massenkonzentration an Sulfat durch konduktometrische Titration
Analysenlösung AL: ca. 2,5 L klare Lösung
Maßlösung: $c(Ba(NO_3)_2) = 0,0405$ mol/L
Feinbestimmung: Vorlage 75,0 mL AL

$V_{Ba(NO_3)_2}$ in mL	$\varkappa$ in mS/cm	$V_{Ba(NO_3)_2}$ in mL	$\varkappa$ in mS/cm
11,50	0,259	12,90	0,263
11,72	0,258	13,00	0,276
11,91	0,257	13,08	0,286
12,02	0,256	13,22	0,302
12,25	0,255	13,28	0,311
12,50	0,254	13,36	0,320
12,73	0,253	13,44	0,330

11 Elektrochemisches Potenzial: Prinzip und Anwendung in der Analytik

11.1 Potenzialbildende Vorgänge und Elektronenfluss

Eine wässrige Lösung von Kupfersulfat zeigt bei relativ hohen Konzentrationen eine intensiv blaue Farbe, die durch den Kupferhexaaquakomplex verursacht wird. Wird in eine solche Lösung eine Platte aus metallischem Zink gestellt, so laufen sofort eine Reihe chemischer Reaktionen ab, wie aus den Beobachtungen zu schließen ist.

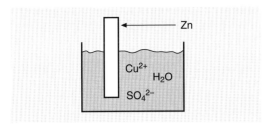

Abb. 11.1: Metallisches Zink in einer Lösung von Kupfersulfat

Schon nach wenigen Minuten bildet sich auf der Zinkplatte ein rotbrauner Belag. In dem Maß, wie sich der rotbraune Belag auf der Zinkplatte vermehrt, entfärbt sich die blaue Lösung. Die Zinkplatte selbst wird schmaler, es sieht so aus, als ob sie „angeknabbert" werden würde. Zudem ist festzustellen, dass sich eine zwar geringe, aber doch deutlich sichtbare Menge an Gasblasen an der Zinkplatte entwickelt und dass sich die Lösung erwärmt.

Nahezu jede chemische Reaktion ist von einem Wärmeumsatz begleitet, aus den Beobachtungen lässt sich leicht ableiten, um welche Reaktionen es sich hier handelt. Wenn die Intensität der blauen Farbe der Lösung abnimmt, muss die Ursache eine Verringerung der Konzentration der gelösten Kupferionen (vereinfachte Angabe für den Kupferhexaaquakomplex) sein. Diese Kupferionen werden zu elementarem Kupfer umgesetzt, das sich als rotbrauner Belag auf der Zinkplatte abscheidet. Wenn sich aus zweifach positiv geladenen Kupferionen ungeladene Kupferatome bilden, müssen pro Ion zwei Elektronen aufgenommen werden.

$$Cu^{2+} + 2\,e^- \rightarrow Cu$$

Da stellt sich natürlich die Frage, woher die beiden Elektronen stammen. Die „angeknabberte" Metallplatte lässt vermuten, dass sich das metallische Zink unter Bildung von Zinkionen auflöst und dabei pro Atom zwei Elektronen abgibt.

$$Zn \rightarrow Zn^{2+} + 2\,e^-$$

Bei dieser Reaktion findet also eine Elektronenübertragung statt, die Elektronen „wandern" vom Zink zum Kupfer. Reaktionen mit Elektronenübertragungen sind unter den Namen Oxidation und Reduktion gut bekannt. Sie gehören neben den Säure-Base-Reaktionen zu den wichtigsten **Reaktionstypen** in der Chemie. Der Name Oxidation wurde zunächst für Reaktionen verwendet, bei denen ein Stoff Sauerstoff (Oxygenium) aufnimmt. Wie sich herausstellte, sind auch solche Reaktionen mit Elektronenübertragungen verbunden, daher wird definiert:

> Eine Oxidation ist eine Abgabe von Elektronen, eine Reduktion ist eine Aufnahme von Elektronen.

$$Cu^{2+} + 2\,e^- \rightarrow Cu \qquad \text{Reduktion}$$
$$Zn \rightarrow Zn^{2+} + 2\,e^- \qquad \text{Oxidation}$$

Die beiden Reaktionen laufen gleichzeitig ab, folglich kann der Vorgang zu einer Reaktionsgleichung zusammengefasst werden.

$$Zn + Cu^{2+} + 2\,e^- \rightarrow Cu + Zn^{2+} + 2\,e^-$$

Die abgegebenen Elektronen werden wieder aufgenommen, daher müssen sie in der **Summengleichung** nicht mehr erscheinen.

$$Zn + Cu^{2+} \rightarrow Cu + Zn^{2+}$$

Eine solche Reaktion wird als **Redoxreaktion** bezeichnet. Das Wort ist offensichtlich aus den Begriffen Reduktion und Oxidation gebildet worden. Da in wässrigen Lösungen Elektronen nicht existieren, lassen sich schon hier einfache, aber sehr wichtige Regeln angeben:

1. Eine Oxidation kann nicht alleine auftreten, sie muss immer mit einer Reduktion gekoppelt sein.
2. Die Anzahl der aufgenommenen Elektronen ist gleich der Anzahl der abgegebenen Elektronen.
3. Die Summe der Ladungszahlen ist auf beiden Seiten der Gleichungen gleich groß.
4. Gleiche Symbole, die auf der linken und auf der rechten Seite der Gleichung stehen, dürfen im Sinne mathematischer Gleichungen addiert und subtrahiert werden.

Bleibt die oben beschriebene Metallplatte über einige Stunden in der Lösung stehen, so entfärbt sich die Lösung ganz. Von der Zinkplatte fehlt weitgehend der Teil, der in die Lösung eintauchte. Wird das Lösemittel Wasser abgedampft, so zeigt sich das elementare Kupfer als brauner Schlamm und Zinksulfat als ein weißes Salz. Die beobachteten Gasblasen bestehen aus Wasserstoff. Der Wasserstoff muss aus dem Wasser stammen und durch folgende Reaktion gebildet werden:

$$2\,H_3O^+ + 2\,e^- \rightarrow H_2 + 2\,H_2O$$

Der Elektronenlieferant ist ebenfalls das metallische Zink, also lautet die gekoppelte Reaktion:

$2\,H_3O^+ + 2\,e^- \rightarrow H_2 + 2\,H_2O$	Reduktion
$Zn \rightarrow Zn^{2+} + 2\,e^-$	Oxidation
$2\,H_3O^+ + Zn \rightarrow H_2 + Zn^{2+} + 2\,H_2O$	Redoxreaktion

Der zweite Versuch ist die Umkehrung des ersten Versuchs, d. h., eine Kupferplatte wird in eine wässrige Lösung aus Zinksulfat gestellt.

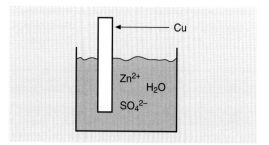

Abb. 11.2: Metallisches Kupfer in einer Lösung von Zinksulfat

Eine Veränderung wäre hier in dem Sinne denkbar, dass sich elementares Zink auf der Kupferplatte abscheidet und dafür elementares Kupfer als Kupferion in Lösung geht. Tatsächlich wird keine Veränderung beobachtet, **es findet keine Reaktion statt.**

Bevor der Sachverhalt weiter diskutiert wird, sollen zwei Vereinbarungen getroffen werden. Erstens werden Zeichnungen für die Versuchsanordnungen durch die Formeln der Stoffe ersetzt. Zwischen den Formeln wird ein Schrägstrich geschrieben, beispielsweise Cu^{2+}/Zn. Das bedeutet, dass in eine Lösung von Kupferionen metallisches Zink eintaucht. Der Schrägstrich bezeichnet also die Phasengrenze, hier zwischen einer Flüssigkeit und einem Feststoff. Zweitens werden **Systeme** definiert. Eine Lösung, in der sich **Kupfer**ionen befinden und in die eine **Kupfer**platte eintaucht, wird als Kupfersystem bezeichnet. Die Angabe Cu^{2+}/Cu bezeichnet dann das Kupfersystem. Wenn ausgesagt wird, dass das Kupfersystem Elektronen aufnimmt, dann ist damit Cu^{2+} gemeint, denn elementares Kupfer kann keine Elektronen mehr aufnehmen. Im Sinne dieser Vereinbarungen ist eine Reihe von Versuchen in der Tabelle 11.1 beschrieben.

Interessant und entscheidend wichtig ist es, bei den angegebenen Versuchen die **Richtung des Elektronenflusses** zu betrachten, denn offenbar fließen die Elektronen immer in eine ganz be-

Start	Beobachtung	Reaktionen: **O** für Oxidation; **R** für Reduktion
Cu^{2+}/Zn	– Kupfer scheidet sich ab – Zink geht in Lösung – Wasserstoff bildet sich	$Cu^{2+} + 2\,e^- \rightarrow Cu$ **R** $Zn \rightarrow Zn^{2+} + 2\,e^-$ **O** $2\,H_3O^+ + 2\,e^- \rightarrow H_2 + 2\,H_2O$ **R** **Die Elektronen fließen vom Zinksystem zum Kupfersystem und zum Wasserstoffsystem.**
Zn^{2+}/Cu	keine Veränderung	keine Reaktion
Ag^+/Cu	– Silber scheidet sich ab – Kupfer geht in Lösung	$Ag^+ + 1\,e^- \rightarrow Ag$ **R** $Cu \rightarrow Cu^{2+} + 2\,e^-$ **O** **Die Elektronen fließen vom Kupfersystem zum Silbersystem. Geht ein Kupferatom in Lösung, so werden zwei Silberatome abgeschieden.**
Cu^{2+}/Ag	keine Veränderung	keine Reaktion
Ag^+/Zn	– Silber scheidet sich ab – Zink geht in Lösung – Wasserstoff bildet sich	$Ag^+ + 1\,e^- \rightarrow Ag$ **R** $Zn \rightarrow Zn^{2+} + 2\,e^-$ **O** $2\,H_3O^+ + 2\,e^- \rightarrow H_2 + 2\,H_2O$ **R** **Die Elektronen fließen vom Zinksystem zum Silbersystem und zum Wasserstoffsystem. Geht ein Zinkatom in Lösung, so werden zwei Silberatome oder ein Wasserstoffmolekül abgeschieden.**

Tabelle 11.1: Redoxsysteme

stimmte Richtung. Die Elektronen fließen vom Zinksystem zum Kupfersystem und nicht umgekehrt, sie fließen vom Kupfersystem zum Silbersystem und nicht umgekehrt. Wenn das Silbersystem in der Lage ist, vom Kupfersystem Elektronen abzuziehen, das Kupfersystem aber vom Zinksystem die Elektronen erhält, dann ist auch zu erwarten, dass die Elektronen vom Zinksystem zum Silbersystem fließen, was durch den Versuch auch bestätigt wird. Offenbar wird hier eine ganz bestimmte Reihenfolge eingehalten. Die Systeme haben ein unterschiedliches Bestreben, Elektronen aufzunehmen, das häufig mit den Begriffen „edel" und „unedel" gekennzeichnet wird. Metalle werden als **Edelmetalle** bezeichnet, wenn sie ein hohes Bestreben haben, im metallischen Zustand zu bleiben oder in diesen überzugehen. Deshalb werden Gold und Platin Edelmetalle genannt. In diesem Sinne ist die so genannte **Spannungsreihe der Metalle** zu verstehen. Da die Aufnahme und die Abgabe von Elektronen aber nicht auf Metalle beschränkt ist, sondern auch bei vielen anderen Stoffen wie beispielsweise Sauerstoff, Iod, Schwefel, Kaliumpermanganat und Ascorbinsäure beobachtet wird, ist es sinnvoll, die weitergefassten Begriffe „**elektrochemisches Potenzial**" und „**elektrochemische Spannungsreihe**" zu verwenden. Potenzial und Spannung sind hier synonyme Begriffe.

Unter Potenzial wird die Fähigkeit verstanden, Arbeit zu leisten. Wenn schon „Potenzial" ein ziemlich unanschaulicher Begriff ist, dann gilt das für „elektrochemisches Pozential" erst recht. Zum besseren Verständnis soll daher ein **Modell** verwendet werden, das allerdings nicht mit der Realität verwechselt werden darf: Wasser, das sich in einem Behälter befindet, der einen Meter über dem Boden steht, wird beim Öffnen des Hahns auf den Boden fließen. Auf dem Boden befindliches Wasser fließt nicht freiwillig in den Behälter. Der **Wasserfluss** im Modell soll also den **Elektronenfluss** in den beschriebenen Versuchen darstellen. Das Wasser hat im Behälter ein höheres Vermögen, Arbeit zu leisten, als auf dem Boden. Die **Höhe,** in der sich das Wasser befindet, soll das **elektrochemische Potenzial** darstellen und der **Höhenunterschied** die Differenz der elektrochemischen Potenziale, oder kürzer, die **Potenzialdifferenz.** (Abbildung 11.3)

Aus der Richtung des Elektronenflusses in den bisher beschriebenen Versuchen ergibt sich für die elektrochemischen Potenziale der Systeme die nachstehend skizzierte Reihenfolge. (Abbildung 11.4)

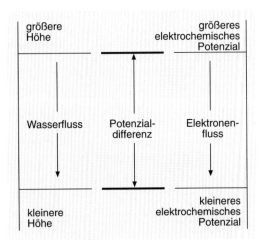

Abb. 11.3: **Modell für das elektrochemische Potenzial**

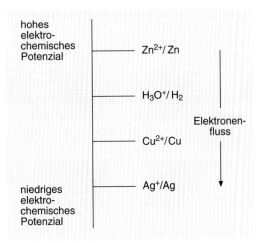

Abb. 11.4: **Potenzial und Elektronenfluss zwischen den Systemen**

Dieses Bild erklärt auch, weshalb bei der Reaktion von Zn zu Zn^{2+} Wasserstoff gebildet wird, aber nicht bei der Reaktion Cu zu Cu^{2+}, denn das Potenzial des Kupfersystems liegt unter dem Potenzial des Wasserstoffsystems, und wie Wasser nicht freiwillig „nach oben" fließt, so tun es offenbar die Elektronen auch nicht.

11.2 Galvanische Elemente

Dass zwischen den Systemen eine Potenzialdifferenz besteht, ist sicher, denn sonst würden die Elektronen ja nicht fließen. Der Elektronenfluss selbst ist allerdings noch nicht nachgewiesen, ebenso fehlt bisher die Angabe darüber, wie groß die Potenzialdifferenzen sind. Der Elektronenfluss kann „sichtbar" gemacht werden, wenn die beschriebene Versuchsanordnung geändert wird. Beispielsweise dadurch, dass eine Kupferplatte in eine Kupfersulfatlösung (Kupfersystem) und eine Zinkplatte in eine Zinksulfatlösung (Zinksystem) eintaucht und indem zwischen diesen beiden Systemen eine leitende Verbindung hergestellt wird.

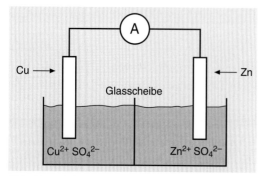

Abb. 11.5: **Galvanisches Element ohne Stromfluss**

In der Abbildung 11.5 steht das A für ein Amperemeter, das den Stromfluss anzeigen soll, und der stärker gezeichnete Mittelstrich für eine Glasscheibe, die dafür sorgen soll, dass keine Kupferionen an die Zinkplatte gelangen. Die Elektronen sollen nicht unmittelbar ausgetauscht, sondern durch die leitende Verbindung transportiert werden. Es ist zu erwarten, dass die bekannten Reaktionen ablaufen und die Elektronen vom Zinksystem zum Kupfersystem fließen.

Tatsächlich treten bei dieser Versuchsanordnung diese Reaktionen nicht ein, der Grund dafür ist leicht einzusehen. Wenn sich in der linken Seite der Versuchsanordnung (linke Halbzelle) einhundert gelöste Teilchen an Cu^{2+} und einhundert gelöste Teilchen an SO_4^{2-} befinden, in der rechten Halbzelle einhundert gelöste Teilchen an Zn^{2+} und einhundert gelöste Teilchen an SO_4^{2-}, so sind beide Lösungen elektrisch neutral. Die positive Ladung der Kationen wird durch die negative Ladung der Anionen ausgeglichen. Träte die erwartete Reaktion ein, dass sich nämlich aus den Kupferionen durch Aufnahme von Elektronen Kupferatome bilden, und das metallische Zink durch die leitende Verbindung die Elektronen dazu liefert, weil es in Zinkionen übergeht, dann würden sich im ersten Schritt in der linken Halbzelle 99 Cu^{2+} und 100 SO_4^{2-} befinden und in der rechten Halbzelle 101 Zn^{2+} und 100 SO_4^{2-}. Mit anderen Worten: In jeder Halbzelle würde sich ein Unterschied zwischen der Anzahl der positiv und negativ geladenen Teilchen aufbauen und mit jedem weiteren Elektronenaustausch würde sich dieser Unterschied noch erhöhen. Daher tritt dieser Vorgang nicht ein. Wenn diese Reaktionen tatsächlich ablaufen sollen, muss dafür gesorgt werden, dass die Sulfationen zwischen den Halbzellen ausgetauscht werden können. Dazu wird die Glas-

platte zwischen den Halbzellen durch ein Diaphragma ersetzt. Ein **Diaphragma** ist eine halbdurchlässige Membran mit der Eigenschaft, durchlässig für die Sulfationen und undurchlässig für die Kupfer- bzw. Zinkionen zu sein. Im einfachsten Fall besteht die Membran aus Keramikmaterial, das eine definierte Porengröße hat. Zellwände sind Diaphragmen, die in der Biologie von großer Bedeutung sind (Osmose).

Mit dem Diaphragma laufen die Reaktionen im erwarteten Sinne ab, Kupfer scheidet sich ab und Zink geht in Lösung, das Amperemeter zeigt einen Stromfluss in der gezeichneten Richtung an. Ein in den Stromkreis geschalteter Motor würde laufen, eine Glühbirne würde leuchten. Eine solche Anordnung wird daher (dem italienischen Naturforscher Luigi Galvani zu Ehren) galvanisches Element genannt. Von seiner **Funktion** her ist es ein **stromlieferndes Element.**

> In einem galvanischen Element sind zwei Halbzellen über eine metallische Leitung und über ein Diaphragma verbunden.

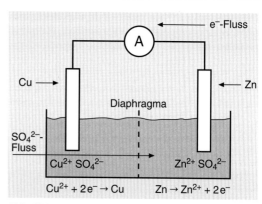

Abb. 11.6: **Galvanisches Element mit Stromfluss**

Wie die Abbildung 11.6 zeigt, schließen die Sulfationen den Stromkreis. Ein elektrischer Strom fließt nur dann, wenn eine elektrische Spannung vorliegt, **die elektrische Spannung ist identisch mit der elektrochemischen Potenzialdifferenz.** Die übliche Einheit ist das Volt. Die beiden Reaktionsgleichungen werden **potenzialbildende Vorgänge** genannt.

Wenn das Amperemeter durch ein Voltmeter ersetzt wird und die elektrochemischen Reaktionen nach wie vor ablaufen, ist zu beobachten, dass die angezeigte Spannung nicht konstant ist, sondern stetig absinkt und schließlich gleich null wird. Dieser Effekt ist von der Batterie her bekannt, die durch die ablaufenden Reaktionen „leer wird". Wenn die Potenzialdifferenz zwischen den Systemen gemessen werden soll, muss verhindert werden, dass die Reaktionen ablaufen, dass also ein Strom fließt. Dies kann zum Beispiel durch ein Voltmeter mit hohem Innenwiderstand erreicht werden.

> Die Messung des elektrochemischen Potenzials muss stromlos erfolgen.

Als Symbol für das Diaphragma wird der doppelte Schrägstrich // verwendet, dadurch kann ein galvanisches Element in einer sehr verkürzten Schreibweise darstellt werden.

$$Cu / Cu^{2+} // Zn^{2+} / Zn$$

An elementares Kupfer und an elementares Zink können leitende Stromkabel angeschlossen werden, die in die Lösung eintauchenden (in der Regel sehr klein gehaltenen) Metallteile werden **Elektroden** genannt. Bei dem Wasserstoffsystem ist dies nicht so einfach zu bewerkstelligen, denn an den gasförmigen Wasserstoff kann kein Stromkabel angeschlossen werden. In solchen Fällen werden so genannte **unangreifbare Elektroden** verwendet, Elektroden also, die sich in den galvanischen Zellen nicht verändern und nur als Medium für den Elektronenaustausch dienen. In der Regel handelt es sich dabei um metallisches Platin, das als Metallplatte oder als Netz in die Lösung taucht und, im Falle des Wasserstoffsystems, von gasförmigem Wasserstoff umspült wird.

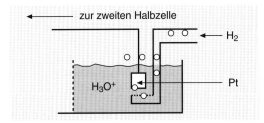

Abb. 11.7: **Wasserstoffhalbzelle**

> Elektroden sind entweder Teil des potenzialbildenden Vorgangs oder das Medium für den Elektronenaustausch.

11.3 Normalpotenzial und elektrochemische Spannungsreihe

Für alle denkbaren galvanischen Elemente könnten durch Kombination aller Halbzellen die Potenzialdifferenzen bestimmt werden, gleichgültig ob die Stoffe fest, gasförmig oder gelöst sind. Es zeigt sich allerdings, dass die Potenzialdifferenzen nicht nur von der Art der Halbzelle, sondern auch von der

Konzentration der gelösten Teilchen abhängen. Um vergleichbare Werte zu erhalten, werden die Potenzialdifferenzen zunächst bei Normalbedingungen (Normbedingungen, Standardbedingungen) gemessen.

> Bei Normalbedingungen beträgt die Aktivität der gelösten Teilchen ein Mol pro Liter. Die Normaltemperatur beträgt 25 °C, der Normaldruck bei Gasen 1013 mbar.

Bei der Kombination aller bisher beschriebenen Systeme werden bei Normalbedingungen folgende Potenzialdifferenzen gemessen:

Galvanisches Element	Potenzialdifferenz in V
$Zn / Zn^{2+} // Cu^{2+} / Cu$	1,11
$Cu / Cu^{2+} // Ag^+ / Ag$	0,46
$Zn / Zn^{2+} // Ag^+ / Ag$	1,57
$Zn / Zn^{2+} // H_3O^+ / H_2(Pt)$	0,76
$H_2(Pt) / H_3O^+ // Cu^{2+} / Cu$	0,35
$H_2(Pt) / H_3O^+ // Ag^+ / Ag$	0,81

Tabelle 11.2: **Potenzialdifferenzen zwischen Redoxsystemen**

Damit sind die Potenzialdifferenzen bestimmt und könnten in das bestehende Diagramm maßstabgerecht eingetragen werden. Allerdings wäre dies sehr ineffektiv, denn schon bei zehn verschiedenen Systemen sind 45 Potenzialdifferenzen zu bestimmen, wenn jedes System mit jedem vermessen werden soll. Daher wird ein **Bezugssystem definiert** und die Potenzialdifferenzen aller Systeme werden gegen dieses Bezugssystem gemessen. Das Bezugssystem ist die Normalwasserstoffelektrode.

> Normalwasserstoffelektrode:
> Ein Platinblech taucht in eine wässrige Lösung ein, in der die Aktivität der H_3O^+-Ionen 1,00 mol/L ist. Es wird von Wasserstoffgas mit dem Druck 1013 mbar umspült. Das Potenzial dieses Systems ist bei allen Temperaturen gleich null, $E_0(H_3O^+/H_2) = 0,000$ V.

> Das Normalpotenzial (Normpotenzial, Standardpotenzial) E_0 eines Systems mit der Aktivität 1,00 mol/L, des Gasdrucks 1013 mbar und der Temperatur 25 °C ist die Potenzialdifferenz, die gegenüber der Normalwasserstoffelektrode gemessen wird.

Nach diesen Definitionen beträgt das Normalpotenzial des Kupfersystems $E_0(Cu^{2+}/Cu) = 0,35$ V, die des Zinksystems $E_0(Zn^{2+}/Zn) = 0,76$ V. Diese Angaben sind noch nicht eindeutig, denn das Zinksystem kann an die Normalwasserstoffelektrode Elektronen **liefern,** das Kupfersystem kann von der Normalwasserstoffelektrode Elektronen **erhalten.** Um diesen Unterschied kenntlich zu machen, werden die Potenziale mit Vorzeichen versehen.

> Kann ein System an die Normalwasserstoffelektrode Elektronen liefern, so erhält das Potenzial des Systems ein negatives Vorzeichen, kann ein System von der Normalwasserstoffelektrode Elektronen erhalten, so erhält das Potenzial des Systems ein positives Vorzeichen.

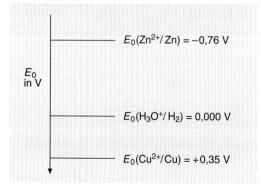

E_0 in V

$E_0(Zn^{2+}/Zn) = -0,76$ V

$E_0(H_3O^+/H_2) = 0,000$ V

$E_0(Cu^{2+}/Cu) = +0,35$ V

Abb. 11.8: Die Normalwasserstoffelektrode als Bezugssystem

Nach diesen Definitionen und dem vorgestellten Modell bedeutet also ein **negatives** Potenzial ein **hohes** Potenzial und ein **positives** Potenzial ein **niedriges** Potenzial. Vom Verständnis her wäre es einfacher gewesen, wenn die Vorzeichengebung gerade umgekehrt gewesen wäre. Aber das elektrochemische Potenzial ist mit thermodynamischen Größen verbunden, deren Vorzeichen Aussagen darüber machen, wie Reaktionen ablaufen. Von daher ist die Definition hinzunehmen, zumal sich die Begriffe Oxidationsmittel und Reduktionsmittel über die Betrachtung des Elektronenflusses sehr einfach darstellen lassen.

> Ein Oxidationsmittel erhält Elektronen von dem zu oxidierenden Stoff und wird dabei reduziert. Je tiefer (positiver) das Potenzial, desto stärker ist die oxidierende Wirkung.

> Ein Reduktionsmittel gibt Elektronen an den zu reduzierenden Stoff ab und wird dabei oxidiert. Je höher (negativer) das Potenzial, desto stärker ist die reduzierende Wirkung.

In der Tabelle 11.3 ist eine kleine Auswahl an Normalpotenzialen angegeben. Wenn Gase beteiligt sind oder beide Partner des potenzialbildenden Vorgangs sich in Lösung befinden (z. B. Fe^{3+}/Fe^{2+}), wird Platin als Medium für den Elektronenaustausch benutzt. Die Zahlenwerte der Potenziale, die in den verschiedenen Literaturstellen angegeben werden, haben häufig eine unterschiedliche Anzahl von gültigen Ziffern und stimmen auch in ihren Zahlenwerten nicht ganz überein.

System	Normalpotenzial E_0 in V
Na^+ / Na	−2,71
Mg^{2+} / Mg	−2,37
Zn^{2+} / Zn	−0,76
H_3O^+ / H_2	0,000
$S_2O_3^{2-} / S_4O_6^{2-}$	+0,17
Cu^{2+} / Cu	+0,35
O_2 / OH^-	+0,40
I_2 / I^-	+0,54
Fe^{3+} / Fe^{2+}	+0,771
$Cr_2O_7^{2-} / Cr^{3+}$	+1,36
MnO_4^- / Mn^{2+}	+1,51
Ag^+ / Ag	+0,81
F_2 / F^-	+2,75

Tabelle 11.3: Normalpotenziale

Unschwer sind Gemeinsamkeiten zwischen der Reihenfolge der Systeme in dieser Tabelle und der Stellung der Elemente im Periodensystem festzustellen. Natrium als ein Element der ersten Hauptgruppe ist bestrebt, sein Elektron auf der äußersten Schale abzugeben, um die Edelgaskonfiguration zu erhalten. Das starke Bestreben, Elektronen abzugeben, zeigt sich hier in einem hohen (stark negativen) Potenzial. Fluor ist ein Element der siebenten Hauptgruppe und bestrebt, ein Elektron aufzunehmen, um die Edelgaskonfiguration zu erlangen. Das starke Bestreben, Elektronen aufzunehmen, zeigt sich hier in einem niedrigen (stark positiven) Potenzial. Nicht alle gemessenen Potenziale lassen sich so leicht erklären wie die des Natriumsystems bzw. des Fluorsystems, aber die Parallelen zur Stellung der Elemente im Periodensystem sind offensichtlich.

11.4 Elektrochemisches Potenzial und Konzentration

Die **Konzentrationsabhängigkeit des elektrochemischen Potenzials** lässt sich zeigen, wenn in einem galvanischen Element zwei Systeme gegeneinander geschaltet werden, die sich nur in der Konzentration der gelösten Ionen unterscheiden.

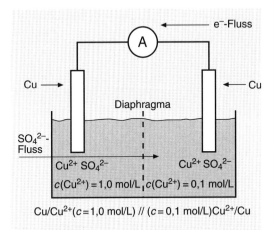

Cu/Cu^{2+}(c = 1,0 mol/L) // (c = 0,1 mol/L)Cu^{2+}/Cu

Abb. 11.9: **Konzentrationskette von Kupfersulfatlösungen**

In der Halbzelle mit der kleineren Konzentration geht Kupfer als Kupferion in Lösung, dadurch erhöht sich die Konzentration. In der Halbzelle mit der größeren Konzentration wird an der Kupferelektrode elementares Kupfer abgeschieden, dadurch verringert sich die Konzentration. Mit der Reaktion ist wieder ein Elektronenübertragung verbunden, die **Konzentrationen gleichen sich an.** Der Konzentrationsunterschied wird, wenn die Reaktion tatsächlich abläuft, gleich null. Dann fließt kein Strom mehr, die Potenzialdifferenz ist gleich null.

Der deutsche Naturforscher Walther Nernst hat die Konzentrationsabhängigkeit des elektrochemischen Potenzials mit einer Gleichung beschrieben, die ihm zu Ehren **Nernst'sche Gleichung** genannt wird.

Für das Einzelpotenzial E eines Systems gilt:

$$E = E_0 + \frac{R \cdot T}{z \cdot F} \cdot \ln C$$

E_0 ist das Normalpotenzial, R die allgemeine Gaskonstante (8,31 J $\cdot$ K^{-1} $\cdot$ mol^{-1}), F die Faraday-Konstante (96 500 C $\cdot$ mol^{-1}) und T die Temperatur in Kelvin. z ist die so genannte elektrochemische Wertigkeit, sie ist gleich der Zahl der Elektronen für den Fall, dass der potenzialbildende Vorgang mit kleinsten ganzen Zahlen geschrieben wird.

Ag$^+$	+ 1 e$^-$ $\rightarrow$	Ag	$z = 1$
Zn^{2+}	+ 2 e$^-$ $\rightarrow$	Zn	$z = 2$
2 H$_3$O$^+$	+ 2 e$^-$ $\rightarrow$	H$_2$ + 2 H$_2$O	$z = 2$

Regel 1: Zur Bestimmung von z wird der potenzialbildende Vorgang mit kleinsten ganzen Zahlen geschrieben.

Das große C in der Gleichung soll bedeuten, dass die Konzentrationen (genauer: die Aktivitäten) der am potenzialbildenden Vorgang beteiligten Stoffe im Sinne des Massenwirkungsgesetzes eingesetzt werden. Die Regeln, die für das Massenwirkungsgesetz gelten (s. Baustein „Chemisches Gleichgewicht und pH-Wert"), müssen also auch hier angewandt werden. Mit anderen Worten: **Die Nernst'sche Gleichung beschreibt Gleichgewichtsreaktionen.** Die Doppelpfeile werden in diesem Baustein der Übersicht halber nicht geschrieben.

Es ist bekannt, dass das Massenwirkungsgesetz im Sinn der Hinreaktion und im Sinn der Rückreaktion formuliert werden kann. Damit die Nernst'sche Gleichung eindeutige Werte ergibt, ist eine eindeutige Definition erforderlich.

Regel 2: Die Nernst'sche Gleichung enthält die Konzentrationen der am Gleichgewicht beteiligten Stoffe in der Weise, dass die Seite der Reaktionsgleichung mit der oxidierten Stufe im Zähler, die mit der reduzierten Stufe im Nenner steht.

$$E = E_0 + \frac{R \cdot T}{z \cdot F} \cdot \ln \frac{c(\text{ox})}{c(\text{red})}$$

In dieser Form zeigt die Nernst'sche Gleichung eine bemerkenswerte Ähnlichkeit mit der Henderson-Hasselbalch-Gleichung:

$$pH = pK_S + \lg \frac{c(\text{Salz})}{c(\text{Säure})}$$

Wie bei Säuren der pK$_S$-Wert das Maß für die Säurestärke ist, so ist das Normalpotenzial E_0 das Maß für die oxidierende bzw. reduzierende Wirkung einer Substanz.

Für die Reaktion

$$Fe^{3+} + 1e^- \rightarrow Fe^{2+}$$

ist die Nernst'sche Gleichung der Regel gemäß wie folgt zu formulieren:

$$E(Fe^{3+}/Fe^{2+}) = E_0(Fe^{3+}/Fe^{2+}) + \frac{R \cdot T}{1 \cdot F} \cdot \ln \frac{c(Fe^{3+})}{c(Fe^{2+})}$$

11

Wie das folgende Beispiel zeigt, können die potenzialbildenden Vorgänge auch Stoffe enthalten, die nicht unmittelbar am Redoxvorgang beteiligt sind.

$$MnO_4^- + 8\,H_3O^+ + 5\,e^- \rightarrow Mn^{2+} + 12\,H_2O$$

Bei diesem Vorgang geht das starke Oxidationsmittel Permanganat in das zweiwertige Manganion über. Die Nernst'sche Gleichung lautet:

$$E(MnO_4^-/Mn^{2+}) = E_0(MnO_4^-/Mn^{2+}) + \frac{R \cdot T}{5 \cdot F} \cdot$$
$$\cdot \ln \frac{c(MnO_4^-) \cdot c^8(H_3O^+)}{c(Mn^{2+})}$$

> **Regel 3:** In der Nernst'schen Gleichung erscheinen die Koeffizienten der Gleichung des potenzialbildenden Vorgangs als Exponenten, die Konzentration von reinen Lösemitteln wird nicht zusätzlich geschrieben.

Diese Regel zeigt die analytisch sehr bedeutsame Tatsache, dass das elektrochemische Potenzial nicht nur von der Konzentration der oxidierten bzw. reduzierter Stufe abhängt, sondern dass die Konzentrationen der Stoffe, die am potenzialbildenden Vorgang **insgesamt** beteiligt sind, den Potenzialwert beeinflussen. Dies gilt insbesondere für den pH-Wert der Lösung.

Dies muss auch bei der Definition der Normalpotenziale für solche Systeme beachtet werden. Die Nernst'sche Gleichung enthält nicht die Konzentrationen selbst, sondern deren **Logarithmus.** Der Logarithmus ist ein Exponent und hat keine Einheit. **Folglich sind – wie beim pH-Wert – Vereinbarungen darüber erforderlich, welche Größen und Einheiten einzusetzen sind.** Ist der C-Wert gleich 1, so ist der Logarithmus von C gleich null (vgl. Seite 107). Für diesen Fall ist der rechte Term der Gleichung gleich null und das Einzelpotenzial gleich dem Normalpotenzial. Grundsätzlich wird der C-Wert gleich 1, wenn alle im Massenwirkungsgesetz enthaltenen Größen gleich 1 sind. Der Tabellenwert für E_0 des Systems (MnO_4^-/Mn^{2+}) von 1,51 V gilt also für die H_3O^+-Ionenkonzentration 1 mol/L. Bei der Normalwasserstoffelektrode bezieht sich der Partialdruck des Wasserstoffs auf 1,013 bar, weil dies dem Wert 1 atm entspricht und das Bezugspotenzial wegen der Einführung der Druckeinheit „bar" nicht geändert wurde.

> **Regel 4:** Das Normalpotenzial eines Systems liegt vor, wenn C den Wert 1 hat.

Daran schließt sich unmittelbar der aus dem Baustein „Chemisches Gleichgewicht" bekannte Sachverhalt an, dass für reine feste Phasen der Wert 1 eingesetzt wird.

Beispiel:

$$Fe^{2+} + 2\,e^- \rightarrow Fe$$
$$E(Fe^{2+}/Fe) = E_0(Fe^{2+}/Fe) + \frac{R \cdot T}{2 \cdot F} \cdot \ln \frac{c(Fe^{2+})}{c(Fe)}$$
$$E(Fe^{2+}/Fe) = E_0(Fe^{2+}/Fe) + \frac{R \cdot T}{2 \cdot F} \cdot \ln \frac{c(Fe^{2+})}{1}$$

Nehmen Gase an den potenzialbildenden Vorgängen teil, so wird deren Partialdruck (Teildruck) in die Nernst'sche Gleichung eingesetzt.

Beispiel:

$$Cl_2 + 2\,e^- \rightarrow 2\,Cl^-$$
$$E(Cl_2/Cl^-) = E_0(Cl_2/Cl^-) + \frac{R \cdot T}{2 \cdot F} \cdot \ln \frac{p(Cl_2)}{c^2(Cl^-)}$$

> **Regel 5:** Für reine feste Phasen wird in die Nernst'sche Gleichung der Wert 1, für Gase deren Partialdruck in bar eingesetzt.

Die allgemeine Gaskonstante, die Faraday'sche Konstante sowie die Temperatur von 25 °C entsprechend 298 K werden mit dem Umrechnungsfaktor 2,30 für den Logarithmus zur Basis 10 zu dem Wert 0,059 Volt zusammengefasst, sodass sich daraus die nachstehende vereinfachte Gleichung ergibt:

$$E = E_0 + \frac{0{,}059 \text{ V}}{z} \cdot \lg \frac{c(\text{ox})}{c(\text{red})}$$

Bei der Betrachtung der elektrochemischen Potenziale darf also nicht nur die oxidierte und die reduzierte Form allein beachtet werden, hinzu kommen die Bedingungen, unter denen die Reaktion stattfindet. Wesentliche Bedeutung hat dabei der pH-Wert der Lösung. Deshalb wird in den Tabellenwerten angegeben, ob sich der Wert auf das saure oder auf das basische Medium bezieht (siehe Tabelle 11.4).

Zu beachten ist wiederum, dass die Konzentrationen **aller** beteiligten Stoffe jeweils gleich 1 mol/L ist, denn dann hat die Gleichgewichtskonstante den Wert 1 und deren Logarithmus den Wert 0.

Bei ganz wenigen Beispielen kann es sinnvoll sein, aus dem Gedächtnis heraus angeben zu können, welche Reaktionen bei bestimmten Systemen ablaufen, beispielsweise beim Übergang von Permanganat in Mn^{2+} oder von Dichromat in Cr^{3+}. Für

Potenzialbildender Vorgang	Medium	E_0 in V
$MnO_4^- + 2H_2O + 3e^- \rightarrow MnO_2 + 4OH^-$	basisch	+0,59
$MnO_2 + 4H_3O^+ + 2e^- \rightarrow Mn^{2+} + 6H_2O$	sauer	+1,23
$MnO_4^- + 8H_3O^+ + 5e^- \rightarrow Mn^{2+} + 12H_2O$	sauer	+1,51
$MnO_4^- + 4H_3O^+ + 3e^- \rightarrow MnO_2 + 6H_2O$	sauer	+1,70
$Cr_2O_7^{2-} + 14H_3O^+ + 6e^- \rightarrow 2Cr^{3+} + 21H_2O$	sauer	+1,33
$O_2 + 2H_2O + 4e^- \rightarrow 4OH^-$	basisch	+0,40
$O_2 + 4H_3O^+ + 4e^- \rightarrow 6H_2O$	sauer	+1,23
$H_2O_2 + 2H_3O^+ + 2e^- \rightarrow 4H_2O$	sauer	+1,78
$IO_3^- + 3H_2O + 6e^- \rightarrow I^- + 6OH^-$	basisch	+0,40
$2IO_3^- + 12H_3O^+ + 10e^- \rightarrow I_2 + 18H_2O$	sauer	+1,20

Tabelle 11.4:
Normalpotenziale und Medium

das Verständnis ist es weitaus nützlicher, die Reaktionen aus den tabellierten Normalpotenzialen abzuleiten.

11.5 Analytische Anwendungen des elektrochemischen Potenzials

Das elektrochemische Potenzial ist von großer Bedeutung für eine Reihe wichtiger analytischer Verfahren. Das vermeintlich einfachste Verfahren zur Konzentrationsbestimmung ist die Messung des elektrochemischen Potenzials der Analysenlösung, **Direktpotenziometrie** genannt.

Ein galvanisches Element soll zwei Kupferelektroden enthalten, von denen eine in eine Kupfersulfatlösung bekannter Konzentration, die andere in eine Kupfersulfatlösung unbekannter Konzentration, die Analysenlösung, eintaucht.

Mit dem Voltmeter wird die Potenzialdifferenz ΔE zwischen den beiden Halbzellen gemessen. Das

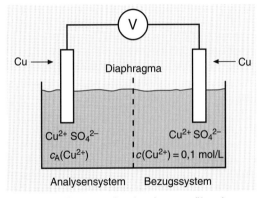

Abb. 11.10: Konzentrationsbestimmung über das elektrochemische Potenzial

Potenzial der Analysenlösung wird mit E_A („A" für **Analysensystem**), die Halbzelle mit der bekannten Konzentration an Kupferionen als **Bezugssystem** mit E_B („B" für Bezug) bezeichnet. Die gemessene Potenzialdifferenz ist demnach:

$$\Delta E = E_A - E_B \ \text{*)}$$

*) Für den hier diskutierten Sachverhalt, nicht aber für die Thermodynamik, ist es bedeutungslos, ob $\Delta E = E_A - E_B$ oder $\Delta E = E_B - E_A$

Für beide Halbzellen werden die Einzelpotenziale nach der Nernst'schen Gleichung formuliert und in die obige Gleichung eingesetzt.

$$E_A = E_0(Cu^{2+}/Cu) + \frac{0,059 \text{ V}}{2} \cdot \lg c_A(Cu^{2+})$$

$$E_B = E_0(Cu^{2+}/Cu) + \frac{0,059 \text{ V}}{2} \cdot \lg 0,1$$

$$\Delta E = E_0(Cu^{2+}/Cu) + \frac{0,059 \text{ V}}{2} \cdot \lg c_A(Cu^{2+}) - \left[E_0(Cu^{2+}/Cu + \frac{0,059 \text{ V}}{2} \cdot \lg 0,1 \right]$$

$$\Delta E = \frac{0,059 \text{ V}}{2} \cdot \lg c_A(Cu^{2+}) - \frac{0,059 \text{ V}}{2} \cdot \lg 0,1$$

$$\Delta E = \frac{0,059 \text{ V}}{2} \cdot \lg \frac{c_A(Cu^{2+})}{0,1}$$

Bei bekannter Kupferionenkonzentration in dem Bezugssystem und gemessener Potenzialdifferenz zwischen dem Analysensystem und dem Bezugssystem lässt sich damit die Konzentration der Analysenlösung errechnen. Allerdings schlägt sich jeder Fehler im Bezugssystem und bei der Potenzialmessung unmittelbar im Analysenergebnis nieder. Ein zentrales Problem in der Analytik mit potenziometrischen Elektroden ist deren zeitlich begrenzte Stabilität, daher ist die Direktpotenziometrie (**Absolutmethode**) stark fehleranfällig.

Bei der Direktpotenziometrie wird aus der Spannung zwischen dem Analysensystem und dem Bezugssystem die Konzentration des Analyten errechnet, ein Stoffumsatz findet nicht statt.

Bei Konzentrationsbestimmungen über **Kalibrierkurven** werden die Messwerte von Analysenlösungen mit denen von Standardlösungen verglichen. Beispielsweise soll die Cu^{2+}-Konzentration einer Analysenlösung mithilfe der oben skizzierten Apparatur bestimmt werden. Die Cu^{2+}-Konzentration im Bezugssystem beträgt konstant 0,100 mol/L. In das Analysensystem werden zunächst Standardlösungen mit unterschiedlichen Cu^{2+}-Konzentrationen eingefüllt und die jeweilige Potenzialdifferenz ΔE gemessen. Danach wird die Analysenlösung in das Analysensystem eingefüllt, mit ihr wird gegen das Bezugssystem eine Potenzialdifferenz von 13,5 mV gemessen. Nach der Nernst'schen Gleichung ist das Potenzial und damit die Potenzialdifferenz eine Funktion des Logarithmus der Konzentration. Um eine lineare Kalibrierkurve zu erhalten, werden die Potenzialdifferenzen deshalb nicht gegen die Konzentration selbst, sondern gegen deren Logarithmus aufgetragen.

$c(Cu^{2+})$ in mol/L	$\log c(Cu^{2+})$	ΔE in mV
0,100	−1,000	0,00
0,200	−0,699	8,88
0,400	−0,398	17,8
0,600	−0,222	23,0
0,800	−0,097	26,6
1,00	0,000	29,5

Tabelle 11.5: **Messwerte zur Bestimmung einer Kupferionenkonzentration**

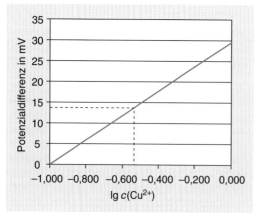

Abb. 11.11: **Kalibrierkurve zur Bestimmung einer Kupferionenkonzentration über die ionenselektive Elektrode**

Aus der Kalibrierkurve ergibt sich für die Analysenlösung:

$$\Delta E = 13{,}5 \text{ mV}$$
$$\lg c(Cu^{2+}) = -0{,}539$$
$$c(Cu) = 0{,}289 \text{ mol/L}$$

Bei der Verwendung von Kalibrierkurven werden Standardlösungen und Analysenlösungen mit dem gleichen Messgerät vermessen. Dabei ist eine etwaige Abweichung der gemessenen Potenziale von den „richtigen" Werten so lange bedeutungslos, wie das Messgerät in sich stabil bleibt, d. h. wenn die Abweichungen bei den Standardlösungen und bei den Analysenlösungen gleich groß sind. Die Konzentrationsbestimmung über die Kalibrierkurve wird als **Relativmethode** bezeichnet, weil das Potenzial der Analysenlösungen relativ zu den Potenzialwerten von Standardlösungen gemessen wird. Natürlich ist es sinnvoll zu interpolieren, d. h., die gemessenen Potenzialdifferenzen für Analysenlösungen müssen innerhalb des Kalibrierbereichs liegen.

Die Methode der Kalibrierkurve kann auf jeden Analyten angewendet werden, der Teil eines potenzialbildenden Vorgangs ist. Wird der Logarithmus der Konzentrationen der Standardlösungen gegen die gemessenen Potenziale aufgetragen, so ergibt sich eine Gerade mit dem Achsenabschnitt E_0 und der Steigung 0,059/z Volt.

$$E = E_0 + \frac{0{,}059 \text{ V}}{z} \cdot \lg \frac{c(ox)}{c(red)}$$

Natürlich könnte statt des Logarithmus der Konzentration auch die Konzentration selbst gegen das Potenzial aufgetragen werden. Das ergäbe dann aber eine nichtlineare Funktion. Ausreißer und Fehlmessungen würden nicht so leicht erkannt und die Methode der linearen Regression wäre nicht anwendbar.

Bei einer „Kalibrierung" werden Analysenlösungen und Standardlösungen unter vergleichbaren Bedingungen vermessen und die Messwerte der Analysenlösungen auf die der Standardlösungen bezogen. Vergleichbare Bedingungen werden wesentlich durch ein und dasselbe Messgerät sowie durch Standardlösungen erreicht, deren Matrix den Analysenlösungen angepasst ist.

Bei Analysen über Kalibrierkurven ist die Richtigkeit der Ergebnisse entscheidend von der Richtigkeit der Konzentrationen der Standardlösungen und der Stabilität des Messgeräts während der Messung abhängig, wobei die Messwerte für die Analysenproben innerhalb des Kalibrierbereichs liegen müssen.

Die Analysenmethode der Kalibrierung wird im Baustein „Quantitative photometrische Analyse" eingehend dargestellt, die Übungen enthalten dort auch Aufgaben über Kalibrierkurven bei elektrochemischen Messungen.

Neben der Direktpotenziometrie und der Kalibrierkurve ist die **potenziometrische Titration** eine weitere Methode, bei der die Messung des elektrochemischen Potenzials für Konzentrationsbestimmungen verwendet wird. Sie wird ihrer Bedeutung gemäß in einem eigenen Baustein vorgestellt. An dieser Stelle sollen zunächst einige weitere Analysenverfahren skizziert werden, bei denen das elektrochemische Potenzial von Bedeutung ist.

Bei der **Elektrogravimetrie** werden Analyte unter dem Einfluss einer äußeren Spannung an Elektroden durch Oxidation oder Reduktion abgeschieden. Die Masse des Analyten ergibt sich aus der Massendifferenz der Elektroden vor und nach der Messung. Bei der Elektrogravimetrie handelt es sich also um eine analytische Anwendung der Elektrolyse.

Dies gilt auch für die **Coulometrie,** bei der aus der Bestimmung einer transportierten Ladungsmenge auf die Stoffmenge des Analyten geschlossen wird. Beispielsweise ist zur Abscheidung eines Teilchens an Ag^+ als Ag die Übertragung eines Elektrons erforderlich. Ein Elektron trägt die Elementarladung $1{,}602 \cdot 10^{-19}$ C (Coulomb), zur Abscheidung eines Mols an Ag^+ sind demnach
$1{,}602 \cdot 10^{-19}$ C $\cdot$ $6{,}023 \cdot 10^{23}$ mol^{-1}
gleich $96{,}5 \cdot 10^3$ Coulomb erforderlich (Faraday'sche Konstante). Werden $9{,}65 \cdot 10^3$ Coulomb bei einer Analyse umgesetzt, so entspricht das $1/10$ mol an Ag^+, $1/20$ mol an Cu^{2+} und $1/30$ mol an Al^{3+}.

Bei der **Polarographie** wird eine äußere Spannung so lange verändert, bis der Analyt an einer Elektrode reduziert wird. Diese Elektrode wird als „polarisierte Elektrode", der Analyt als „Depolarisator" bezeichnet. Der durch die Elektrode als Funktion der äußeren Spannung fließende Strom wird gemessen, die grafische Darstellung der Messwerte wird Polarogramm genannt. Je größer die Konzentration des Analyten, desto mehr Teilchen wandern (diffundieren) pro Zeiteinheit an die Elektrode und können dort reduziert werden, desto größer ist also die Stromstärke. Aus dem so genannten Diffusionsgrenzstrom wird so die Konzentration des Analyten bestimmt, die Größe der Potenzialänderung kann zur qualitativen Analyse benutzt werden.

11.6 Elektrodenbau und Elektrodentypen

Eine Apparatur mit einem Glasgefäß, in das zwei Elektroden tauchen und das für jede Analyse neu mit der Bezugslösung und der Analysenlösung gefüllt werden müsste, ist für Routinebestimmungen wenig geeignet. Daher wurden Elektroden unter dem Gesichtspunkt entwickelt, möglichst effektiv einsetzbar zu sein.

Die in der Potenziometrie verwendeten Elektroden haben im äußeren Erscheinungsbild Ähnlichkeiten mit den Elektroden, die für die Konduktometrie verwendet werden. Es sind Stäbchen von der Größe eines Kugelschreibers, die in die zu messenden Lösungen eingetaucht und danach mit VE-Wasser abgespült werden können. Das sichtbare Material besteht meist aus Glas oder Kunststoff. Mit dem grundsätzlichen Aufbau **Indikatorelektrode** (Analytelektrode, Analytsystem), **Diaphragma, Bezugselektrode** (Bezugssystem) bleibt das Prinzip der bei der Kupferbestimmung skizzierten Apparatur erhalten, aber die Handhabung ist sehr einfach geworden.

Bezugselektroden

Die **Bezugselektroden** können universell eingesetzt werden. Wesentliche Gütekriterien sind ein stabiles, sich sehr rasch einstellendes Potenzial und die einfache Handhabung. Die wichtigste Bezugselektrode ist die Silber-Silberchlorid-Elektrode. Sie besteht aus einem Silberdraht, der mit festem Silberchlorid ummantelt ist und in eine Kaliumchloridlösung mit $c(KCl) = 3$ mol/L eintaucht.

Für die Silber-Silberchlorid-Elektrode ist der potenzialbildende Vorgang:

$$Ag^+ + 1\,e^- \rightarrow Ag$$

Wird auf diesen Vorgang die Nernst'sche Gleichung angewendet, so gilt:

$$E(Ag^+/Ag) = E_0(Ag^+/Ag) + \frac{0{,}059\ \text{V}}{1} \cdot \lg c(Ag^+)$$

Das Potenzial ist abhängig von der Konzentration an Silberionen. Sie beträgt in der gesättigten Lösung nur etwa 10^{-5} mol/L. Es zeigt sich, dass das Potenzial dieser Bezugselektrode stabiler ist, wenn sehr viel höhere Konzentrationen für die Potenzialbildung maßgebend sind. Daher wird in der Elektrode eine Kaliumchloridlösung der Konzentration 3 mol/L verwendet und die Silberionenkonzentration in der Nernst'schen Gleichung mithilfe des Lös-

11

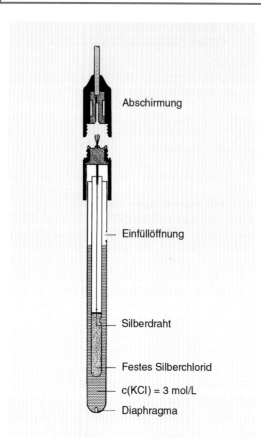

Abschirmung

Einfüllöffnung

Silberdraht

Festes Silberchlorid

c(KCl) = 3 mol/L

Diaphragma

Abb. 11.12: **Silber-Silberchlorid-Bezugselektrode**

Über die Messung des elektrochemischen Potenzials können Löslichkeitsprodukte bestimmt werden.

Die Silber-Silberchlorid-Elektrode und die Kalomel-Elektrode werden von ihrem Bau her **als kompakte Bezugselektroden** bezeichnet. Sie können mit der Indikatorelektrode zusammen in die Analysenlösung eingetaucht und nach der Messung wieder abgespült werden.

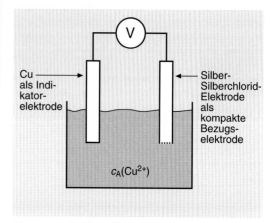

Cu als Indikatorelektrode

Silber-Silberchlorid-Elektrode als kompakte Bezugselektrode

$c_A(Cu^{2+})$

Abb. 11.13: **Indikatorelektrode und kompakte Bezugselektrode am Beispiel der Bestimmung einer Kupferionenkonzentration**

lichkeitsprodukts durch diese Chloridionenkonzentration ersetzt. Damit kann das Potenzial dieser Elektrode errechnet werden.

$$K_L(AgCl) = c(Ag^+) \cdot c(Cl^-) = 1{,}61 \cdot 10^{-10} \ (mol/L)^2$$

$$E(Ag^+/Ag = E_0(Ag^+/Ag) + \frac{0{,}059 \ V}{1} \cdot lg \frac{K_L(AgCl)}{c(Cl^-)}$$

$$E(Ag^+/Ag) = 0{,}81 \ V + \frac{0{,}059 \ V}{1} \cdot$$

$$\cdot lg \frac{1{,}61 \cdot 10^{-10} \left(\frac{mol}{L}\right)^2}{3 \ \frac{mol}{L}} = 0{,}2 \ V$$

Neben der Silber-Silberchlorid-Elektrode wird noch die Kalomel-Elektrode als Bezugselektrode verwendet. Der Bau ist mit der Silber-Silberchlorid-Elektrode vergleichbar, der potenzialbildende Vorgang bezieht sich auf das Quecksilbersystem.

Im obigen Beispiel wurde mithilfe des Löslichkeitsprodukts eine Spannung berechnet. Das bedeutet umgekehrt, dass durch die Messung der Potenziale von Elektroden Löslichkeitsprodukte berechnet werden können.

Indikatorelektroden

Im Gegensatz zu den Bezugselektroden, die universell eingesetzt werden können, müssen die Indikatorelektroden auf das jeweilige Analysensystem abgestimmt sein:

Indikatorelektroden sind entweder am potenzialbildenden Vorgang beteiligt oder sie sind das Medium für den Elektronenaustausch.

Folglich müssen praktisch für jeden Analyten spezielle Indikatorelektroden entwickelt und in den Untersuchungslabors spezielle Elektroden bereitgehalten (und gewartet!) werden. Die Vielzahl der Elektroden ist bezüglich der Laororganisation und der Effektivität der Analyse sicher ein Nachteil, aber bezüglich der Selektivität ein Vorteil. Diese Elektroden werden daher auch **ionenselektive oder ionensensitive Elektroden** genannt. Hier werden vier Elektrodentypen vorgestellt.

Der bekannteste Elektrodentyp ist die **Glaselektrode.** Sie wird sehr häufig zur Bestimmung des pH-Wertes eingesetzt. Herzstück dieser Elektrode ist eine Glasmembran, die von der einen Seite mit einer Pufferlösung von bekanntem pH-Wert und von der anderen Seite mit der Analysenlösung mit dem zu bestimmenden pH-Wert benetzt wird. Die Glasmembran ist sehr dünn und ist kein Feststoff im eigentlichen Sinn. Es ist eine Gelschicht, die ständig feucht gehalten werden muss. In dieser Gelschicht befinden sich frei bewegliche Natriumionen.

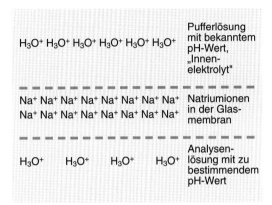

H_3O^+ H_3O^+ H_3O^+ H_3O^+ H_3O^+ H_3O^+	Pufferlösung mit bekanntem pH-Wert, „Innenelektrolyt"
Na^+ Na^+ Na^+ Na^+ Na^+ Na^+ Na^+ Na^+ Na^+ Na^+ Na^+ Na^+ Na^+ Na^+ Na^+	Natriumionen in der Glasmembran
H_3O^+ $\quad$ H_3O^+ $\quad$ H_3O^+ $\quad$ H_3O^+	Analysenlösung mit zu bestimmendem pH-Wert

Abb. 11.14: **Glasmembran mit Innenlösung und Außenlösung**

Der Aufbau der Glasmembran mit Innenlösung und Außenlösung erinnert an die galvanischen Elemente mit Konzentrationsketten mit gleichen Analyten. Die Kurzschreibweise für Konzentrationskette aus Kupferionen (vgl. Abb. 11.10) lautet:

$$Cu / Cu^{2+}_A // Cu^{2+}_{Bezug} / Cu$$

Wie gezeigt, ist hier die Potenzialdifferenz allein durch den Konzentrationsunterschied bedingt. Die Potenzialdifferenz beschreibt also die Tendenz des Systems, die Konzentrationen anzugleichen.

$$\Delta E = \frac{0{,}059\ V}{2} \cdot \lg \frac{c_A(Cu^{2+})}{c_{Bezug}(Cu^{2+})}$$

Das Potenzial der Glaselektrode lässt sich in analoger Weise beschreiben:

$$E = k \cdot \lg \frac{c_{außen}(H_3O^+)}{c_{innen}(H_3O^+)}$$

In beiden Fällen ist also die Tendenz zum Konzentrationsausgleich die Ursache für das elektrochemische Potenzial. Zwischen den beiden Systemen besteht allerdings ein wesentlicher Unterschied. Bei dem Kupfersystem ergibt sich das Potenzial aus der Tendenz, die Konzentrationen über Elektronen auszugleichen, also über einen **Redoxprozess,** bei der Glaselektrode ergibt sich das Potenzial aus der Tendenz, H_3O^+-Ionen unter Vermittlung der Na^+-Ionen in der Gelschicht der Glasmembran auszutauschen, also über einen **Diffusionsprozess.** Um diesen

Unterschied deutlich zu machen, wurde in der Gleichung das „ΔE", also das Potenzial zwischen zwei Elektroden, durch „E" ersetzt.

> Die Tendenz zum Ausgleich von Konzentrationen ist eine Ursache für die Ausbildung eines elektrochemischen Potenzials. Je größer die Konzentrationsdifferenz, desto größer ist das elektrochemische Potenzial.

Auf dem Prinzip des Konzentrationsausgleichs funktionieren die Typen von ionenselektiven Elektroden, die in der nachfolgenden Tabelle zusammengestellt sind. Durch Ableitelektroden (in der Regel aus Platin), die diese Elektroden enthalten, werden die Potenziale abgegriffen und gegen eine Bezugselektrode gemessen.

Bei der Glaselektrode hat sich die so genannte Einstabmesskette bewährt. Hier sind unter Beibehaltung des Prinzips „Indikatorelektrode, Membran, Bezugselektrode" Indikatorelektrode und Bezugselektrode in **einem** Schaft vereinigt.

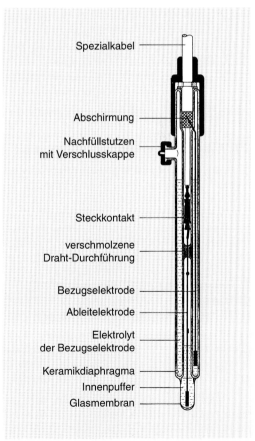

Spezialkabel

Abschirmung

Nachfüllstutzen mit Verschlusskappe

Steckkontakt

verschmolzene Draht-Durchführung

Bezugselektrode

Ableitelektrode

Elektrolyt der Bezugselektrode

Keramikdiaphragma

Innenpuffer

Glasmembran

Abb. 11.15: **Glaselektrode zur pH-Messung als Einstabmesskette**

Typ	Beispiel Analyt	Funktion	Handhabung, Wartung
Glaselektrode	H_3O^+	Konzentrationsausgleich durch Vermittlung von Natriumionen in der Membran	stoßempfindlich; Austrocknung der Membran durch Lagerung in feuchtem Medium verhindern; Regeneration kann durch Abätzen der Glasschicht durch Natronlaugelösungen hoher Konzentration versucht werden; Standzeit je nach Analytmedium einige Monate
Festkörperelektrode	Cl^-	Pressling aus AgCl ist auf den Elektrodenschaft aufgeklebt; Konzentrationsausgleich mit den Cl^--Ionen der Analysenlösung	Belag des Presslings durch Feststoffe vermeiden, gegebenenfalls abpolieren; stabile Elektroden mit Standzeiten bis zu mehreren Jahren
Matrixelektrode	NO_3^-	Elektrode enthält einen Ionenaustauscher mit positiven Ankergruppen und negativ geladenen Nitrationen; Konzentrationsaustausch mit Nitrationen der Lösung	in Nitratstandard lagern; Regeneration kann durch Rühren in einer Spülmittellösung versucht werden; empfindliche Elektroden mit relativ geringer Standzeit
Gassensitive Elektroden	NH_4^+	Durch Zusatz von Natronlauge wird aus der Analysenlösung Ammoniak ausgetrieben, das durch einen Filter auf die Glasmembran einer Glaselektrode auftrifft und dort eine pH-Änderung verursacht, die gemessen wird	siehe Glaselektrode

Tabelle 11.6: **Typen von ionenselektiven Elektroden**

11.7 Gütekriterien für Elektroden

Natürlich könnte die Normalwasserstoffelektrode sowohl als Bezugselektrode als auch als Indikatorelektrode für die Bestimmung von pH-Werten benutzt werden. Beim Vergleich des Aufbaus der Normalwasserstoffelektrode mit dem Aufbau der Glaselektrode in der Einstabmesskette wird klar, weshalb die Normalwasserstoffelektrode für Routinemessungen nicht verwendet wird. An diesen Beispielen lassen sich die **Gütekriterien für Elektroden** gut erklären. Dazu wird zunächst die Nernst'sche Gleichung auf das Wasserstoffsystem angewendet.

$$2\,H_3O^+ + 2\,e^- \rightarrow H_2 + 2\,H_2O \quad z = 2$$

$$E(H_3O^+/H_2) = E_0(H_3O^+/H_2) + \frac{0,059\,V}{2} \cdot \lg \frac{c^2(H_3O^+)}{p(H_2)}$$

Der Partialdruck des Wasserstoff ist konstant und beträgt 1,00 bar, das Normalpotenzial ist 0,00 V. Daraus und mit $\log a^2 = 2 \cdot \lg a$ ergibt sich eine einfache Gleichung für das elektrochemische Potenzial dieses Systems.

$$E(H_3O^+/H_2) = \frac{0,059\,V}{2} \cdot \lg c^2(H_3O^+)$$

$$E(H_3O^+/H_2) = 0,059\,V \cdot \lg c(H_3O^+)$$

$$E(H_3O^+/H_2) = -0,059\,V \cdot pH$$

Das Potenzial ist eine lineare Funktion des pH-Wertes mit der Steigung $-0,059$ V. Werden die Potenziale von mehreren Pufferlösungen gemessen, deren pH-Werte bekannt und sehr stabil sind, so können die gemessenen Potenziale gegen die zugehörigen pH-Werte aufgetragen werden.

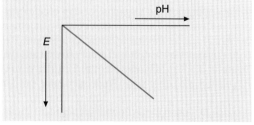

Abb. 11.16: **Elektrochemisches Potenzial des Wasserstoffsystems als Funktion des pH-Wertes**

Wird experimentell festgestellt, dass sich das elektrochemische Potenzial tatsächlich um den Wert 59 mV pro pH-Einheit ändert, so entspricht die gemessene Steigung dem theoretischen Wert (wobei allerdings die Temperaturabhängigkeit beachtet werden muss). Werden kleinere Steigungen gemessen, so ist die Elektrode nicht mehr im optimalen Zustand. Das bedeutet nicht unbedingt, dass die Elektrode unbrauchbar ist, denn bei der Kalibrierkurve geht es ja nur um einen Vergleich der Messwerte von Analysenlösung und Standardlösung an ein und demselben Messsystem. Kleinere Steigungen bedeuten aber, dass sich das Potenzial mit der Konzentrationsänderung weniger verändert. Anders gesagt: Bei **ähnlichen** Konzentrationen können im Extremfall **gleiche** Potenziale angezeigt werden. Das muss zu Fehlmessungen führen. Abweichungen von **10 % an Steigung** können ohne Weiteres toleriert werden. Zeigt aber eine Elektrode die unten skizzierte **gemessene** Kennlinie, so ist sie unbrauchbar (Abb. 11.17).

> Die Elektrodenkennlinie ist die grafische Darstellung des elektrochemischen Potenzials einer Elektrode als Funktion einer Konzentration.

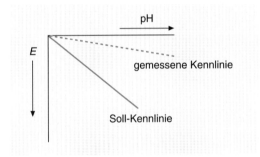

Abb. 11.17: Kennlinien von pH-Elektroden

Die Steigung der Elektrodenkennlinie ist ein wichtiges Gütekriterium für Elektroden. Ein zweites Kriterium ist der lineare Bereich der Elektrode. Die Abbildung 11.18 zeigt Kennlinien mit unterschiedlichen

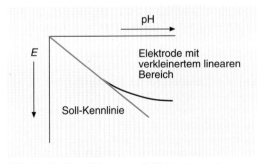

Abb. 11.18: Kennlinien von pH-Elektroden unterschiedlichen linearen Bereichen

linearen Bereichen. Im nichtlinearen Bereich ist die Steigung verkleinert. Daraus ergeben sich wieder die oben beschriebenen Probleme. Wenn irgend möglich, sollte daher die Analysenprobe im linearen Bereich vermessen werden. Gegebenenfalls muss die Elektrode ausgetauscht werden.

Gütekriterium	Hinweise
Steigung	59 mV/pH; temperaturabhängig
linearer Bereich	pH 1 bis pH 12
Asymmetriepotenzial	Ist die Konzentration der H_3O^+-Ionen an der Membran innen und außen gleich groß, so müsste sich das Potenzial 0 mV ergeben. Wird ein Potenzial größer null gemessen, so ist die Glasmembran nicht mehr im optimalen Zustand.
Ansprechzeit und Stabilität des Potenzials	Die Zeitdifferenz zwischen dem Eintauchen in die Analysenlösung und der Anzeige eines stabilen Potenzialwerts soll einige Sekunden bis eine Minute betragen.
Handhabbarkeit	Elektrode in die Analysenlösung eintauchen, danach abspülen.
Wartung und Pflege	Elektrode feucht lagern, empfohlen wird eine 3 molare KCl-Lösung mit pH 7. Elektrode vor Stoß schützen.
Standzeit	Je nach Messgut einige Monate. Stark alkalische Lösungen verringern die Standzeit beträchtlich.

Tabelle 11.7: **Gütekriterien für Elektroden am Beispiel der Glaselektrode**

Zur Justierung der Glaselektrode wird sie in der Regel nacheinander in zwei verschiedene Pufferlösungen, z. B. pH 7 und pH 4, getaucht. Das Potenziometer misst die Spannungen, übernimmt die pH-Werte der Pufferlösungen und zeigt die Steigung sowie das Asymmetriepotenzial an. Damit ist das Messsystem **für diesen Bereich** justiert.

11

11.8 Übung

Elektrochemisches Potenzial: Prinzip und Anwendungen in der Analytik

① Normalpotenzial
   a) Ist das Normalpotenzial ein Potenzial oder eine Potenzialdifferenz? Erläutern Sie.
   b) Weshalb erhält das Normalpotenzial Vorzeichen?
   c) Beschreiben Sie Aufbau und Funktion der Normalwasserstoffelektrode.

② Welche Funktion hat das Diaphragma in einem galvanischen Element?

③ Zeichnen Sie für Cr/Cr^{3+} // Fe^{2+}/ Fe das entsprechende galvanische Element, tragen Sie für Normalbedingungen die Richtung des Elektronenflusses ein und geben Sie die Reaktionsgleichung für die ablaufende chemische Reaktion an.

④ Weshalb lösen sich einige Metalle in Säuren unter Wasserstoffentwicklung, andere Metalle nicht?

⑤ Weshalb muss bei der Potenzialbestimmung die Messung stromlos erfolgen?

⑥ Welche Einheit hat der in der Nernst'schen Gleichung enthaltene Wert 0,059?

⑦ Berechnen Sie für das System Zn^{2+}/Zn die Einzelpotenziale für die Zinkionenkonzentrationen 0,060 mol/L, 0,0060 mol/L, 0,00060 mol/L. Tragen Sie die errechneten Potenziale
   a) relativ zum Potenzial der Normalwasserstoffelektrode,
   b) gegen die Konzentration und
   c) gegen den Logarithmus der Konzentration auf.

⑧ Tragen Sie das elektrochemische Potenzial des Systems H_3O^+/H_2 gegen die pH-Werte 1,0, 2,0, 3,0 und 4,0 auf. Der Partialdruck des Wasserstoffs ist konstant gleich 1,00 bar.

⑨ Beschreiben Sie die potenziometrische Konzentrationsbestimmung über die Direktpotenziometrie sowie über Kalibrierkurven. Diskutieren Sie die Vor-und Nachteile dieser Methoden bezüglich der Beurteilungskriterien für Analysen.

12

12 Potenziometrische Säure-Base-Titration

12.1 Titrationskurve und Bestimmung des Äquivalenzpunktes

Wird Natronlauge portionsweise zu einer Lösung gegeben, die H_3O^+-Ionen enthält, so ändert sich entsprechend der Zugabe die Konzentration der H_3O^+-Ionen. Aus den Konzentrationen lassen sich nach der Definition

$$pH = -\lg c(H_3O^+)$$

die entsprechenden pH-Werte berechnen.

Wird die Nernst'sche Gleichung auf das Wasserstoffsystem angewendet, so ergeben sich, wie im vorausgehenden Baustein gezeigt, folgende Gleichungen:

$$E(H_3O^+/H_2) = 0,059 \text{ V} \cdot \lg c(H_3O^+)$$

$$E(H_3O^+/H_2) = -0,059 \text{ V} \cdot pH$$

Mit der Änderung des pH-Wertes ändert sich also das elektrochemische Potenzial des Wasserstoffsystems. Daher kann der Verlauf einer Säure-Base-Titration mit einer Glaselektrode als Indikator verfolgt werden. Wird das elektrochemische Potenzial durch den Wert $-0,059$ V dividiert, so ergibt sich daraus der jeweilige pH-Wert der Lösung. Die **potenziometrische Titrationskurve** wird erstellt, indem die pH-Werte gegen die zugesetzten Volumina an Maßlösung aufgetragen werden.

Um den **Titrationsverlauf** experimentell zu bestimmen, werden 10,0 mL einer Salzsäure mit $c_s(HCl) = 0,2$ mol/L vorgelegt und mit der Maßlösung Natronlauge, $c(NaOH) = 0,200$ mol/L, titriert. Es wird in großen Schrittweiten titriert, die Abstände der Volumina zwischen den einzelnen Zugaben an Maßlösung betragen etwa einen Milliliter.

V_{NaOH} in mL	pH	V_{NaOH} in mL	pH	V_{NaOH} in mL	pH
0,00	1,87	8,50	2,61	15,65	11,94
1,55	1,91	9,40	3,08	16,80	12,01
2,45	1,95	10,60	10,93	17,60	12,05
3,50	2,00	11,00	11,22	18,80	12,10
4,60	2,08	11,50	11,38	19,60	12,14
5,40	2,14	12,60	11,63	20,30	12,16
6,65	2,27	13,40	11,73		
7,60	2,41	14,55	11,85		

Tabelle 12.1: Messwerte zur Bestimmung des Verlaufs der Titration von Salzsäure mit Natronlauge

Die Abbildung 12.1 zeigt, dass **experimentell** ein Kurvenverlauf erhalten wird, wie er sich auch aus der **Berechnung** des pH-Werts aus den Zugaben an Maßlösung ergibt (siehe Baustein „Chemisches Gleichgewicht und pH-Wert").

Von großer Bedeutung ist dabei, dass sich das elektrochemische Potenzial und damit der pH-Wert mit der Zugabe an Maßlösung **nicht stetig, sondern sprunghaft** verändert. Bei etwa 10 mL, also am Äquivalenzpunkt, ist die Steigung der Kurve am größten, hier hat die Kurve ihren **vertikalen Wendepunkt.**

> Bei potenziometrischen Titrationen verändert sich das elektrochemische Potenzial am Äquivalenzpunkt sprunghaft. Der Wendepunkt der Titrationskurve zeigt den Äquivalenzpunkt an.

Der Äquivalenzpunkt kann über mehrere Methoden aus der Titrationskurve ermittelt werden.

Bei der **Tangentenmethode** werden an die Titrationskurve zwei parallele Tangenten angelegt. Der Schnittpunkt der parallelen Geraden in der Mitte der beiden Tangenten ergibt, projiziert auf die waagrechte Achse, den Äquivalenzpunkt.

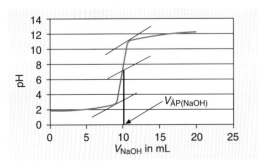

Abb. 12.1: Tangentenmethode zur Bestimmung des Äquivalenzpunktes bei der Titration von Salzsäure

Eine zweite Möglichkeit der Bestimmung des Äquivalenzpunktes über die Tangentenmethode besteht darin, eine Gerade so zu zeichnen, dass sie senkrecht auf den beiden Parallelen steht. Die Flächen, die diese Gerade mit den Parallelen und der Titrationskurve bildet, sollen gleich groß sein.

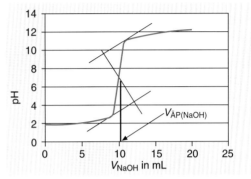

Abb. 12.2: Flächenmethode zur Bestimmung des Äquivalenzpunktes bei der Titration von Salzsäure

Diese Auswertemethoden basieren auf der Vorgabe, dass die Titrationskurve exakt punktsymmetrisch ist. Allerdings werden solche idealen Kurvenverläufe im Experiment in der Regel nicht erhalten.

Eine weitere Methode zur Bestimmung des Äquivalenzpunktes basiert auf der so genannten **Ableitkurve.** Am Äquivalenzpunkt hat die Kurve die größte Steigung, also wird für jeden Titrationspunkt die Steigung $\Delta pH/\Delta V$ errechnet und gegen das Volumen an Maßlösung aufgetragen.

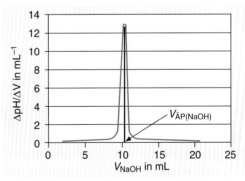

Abb. 12.3: Ableitmethode zur Bestimmung des Äquivalenzpunktes bei der Titration von Salzsäure

In der Abbildung 12.3 erscheint der Äquivalenzpunkt bei einem größeren Volumen an Maßlösung, als bei der Tangentenmethode ermittelt. Dies ist durch die Zuordnung der Steigungswerte zu den Volumenwerten bedingt (Tab. 12.2, Seite 118).

V_{NaOH} in mL	pH	$\Delta pH =$ (pH2–pH1)	$\Delta V =$ (V2–V1)	$\Delta pH/\Delta V$ in mL^{-1}
0,00	1,87			
1,55	1,91	0,04	1,55	0,03
2,45	1,95	0,04	0,90	0,04
3,50	2,00	0,05	1,05	0,05
4,60	2,08	0,08	1,10	0,07
5,40	2,14	0,06	0,80	0,08
6,65	2,27	0,13	1,25	0,10
7,60	2,41	0,14	0,95	0,15
8,50	2,61	0,20	0,90	0,22
9,40	3,08	0,47	0,90	0,52
10,60	10,93	7,85	1,20	6,54
11,50	11,38	0,45	0,90	0,50
12,60	11,63	0,25	1,10	0,23
13,40	11,73	0,10	0,80	0,12
14,55	11,85	0,12	1,15	0,10
15,65	11,94	0,09	1,10	0,08
16,80	12,01	0,07	1,15	0,06
17,60	12,05	0,04	0,80	0,05
18,80	12,10	0,05	1,20	0,04
19,60	12,14	0,04	0,80	0,05
20,30	12,16	0,02	0,70	0,03

Tabelle 12.2: Auswertung der Messwerte bei der Titration von Salzsäure mit Natronlauge für die Ableitmethode

12

Der größte Steigungswert $\Delta pH/\Delta V$ = 6,54 mL^{-1} wurde **zwischen** den Volumina 9,40 und 10,60 mL gefunden. Dieser Wert ist aber in der Tabelle und damit in der grafischen Darstellung dem höheren Volumen zugeordnet. Daraus ergibt sich formal der höhere Äquivalenzpunkt. Bei **Feinbestimmungen,** bei denen es ja um die Bestimmung des exakten Äquivalenzpunktes geht, wird die Maßlösung in sehr viel kleineren Schritten zugegeben, daher hat dieser Effekt dort praktisch keine Bedeutung.

In der Praxis kommt es darauf an, **ein** einfach handhabbares Verfahren zur Ermittlung des Äquivalenzpunktes zu entwickeln. Das geeignetste Verfahren lässt sich über Standardsubstanzen durch Bestimmung der Wiederfindungsrate herausfinden. Über Tabellenkalkulationsprogramme können die Messdaten leicht ausgewertet und grafisch dargestellt werden. Schon anhand der Steigungswerte lässt sich bei Feinbestimmungen der Äquivalenzpunkt anhand der Steigungswerte recht gut ermitteln. In der letzten Ausbaustufe der Geräte werden die gemessenen elektrochemischen Potenziale und die zugehörigen Volumina über Automaten erfasst, am Bildschirm grafisch dargestellt und ausgewertet.

Interessant ist der Verlauf der potenziometrischen Titration von Essigsäure im Vergleich zu dem der Salzsäure.

Vorlage:
10,0 mL Essigsäure $c(CH_3COOH)$ = 0,200 mol/L

Maßlösung:
$c(NaOH)$ = 0,198 mol/L

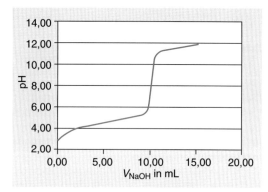

Abb. 12.4: Titrationsverlauf Essigsäure

Hier ergibt sich der prinzipiell gleiche Kurvenverlauf, es fällt aber auf, dass der „pH-Sprung" (Potenzialsprung) wesentlich kleiner ist als bei der Titration der Salzsäure. Bei der Titration der Essigsäure bildet sich in der Vorlage das Puffersystem Essigsäure/Natriumacetat. Durch die Zugabe von Natronlauge wird ständig Natriumacetat gebildet und damit das Gleichgewicht gestört. Bekanntermaßen reagieren Gleichgewichte auf Störungen so, dass die Störung minimiert wird, in diesem Fall durch Bildung von Essigsäure. Der pH-Wert, den die Lösung am Äquivalenzpunkt hat, ist erwartungsgemäß gegenüber der Titration der Salzsäure in den alkalischen Bereich verschoben.

	pH am Äquivalenzpunkt	pH- Sprung in pH-Einheiten
Salzsäure	7,0	8
Essigsäure	8,5	5

Tabelle 12.3: Vergleich Salzsäure mit Essigsäure

Bei Puffersystemen gelten die Henderson-Hasselbalch-Gleichungen:

$$pOH = pK_B + \lg \frac{c(Salz)}{c(Base)}$$

$$pH = pK_S + \lg \frac{c(Salz)}{c(Säure)}$$

Auf das Beispiel Essigsäure/Natriumacetat angewandt gilt:

$$pH = pK_S + \lg \frac{c(CH_3COO^-)}{c(CH_3COOH)}$$

Am Anfang der Titration liegt praktisch ausschließlich undissoziierte Essigsäure vor, am Äquivalenzpunkt praktisch ausschließlich das Salz (vgl. „Baustein Arbeitsmethode und Planung volumetrischer Analysen am Beispiel der Säure-Base-Titration"). Folglich sollte beim **halben Äquivalenzpunkt** die Konzentration der Säure gleich der Konzentration des Salzes sein. Nach der Henderson-Hasselbalch-Gleichung ist für diesen Fall der pK_S-Wert der Säure gleich dem pH-Wert der Lösung. Aus dem beschriebenen Kurvenverlauf ergibt sich ein pK_S-Wert von 4,5. Dies ist bei diesen Versuchsbedingungen mit den relativ großen Schrittweiten ein annehmbarer Näherungswert zum Literaturwert 4,75.

> Bei einwertigen schwachen Säuren und Basen ist der pH-Wert des halben Äquivalenzpunktes gleich dem pK_S-Wert der Säure bzw. dem pK_B-Wert der Base.

Eine solche Angabe ist nur möglich, weil eine Titrationskurve zur Verfügung steht, die gewissermaßen Einblick in „das Innenleben der Reaktion" gestattet. Dies ist analytisch von großer Bedeutung für die Titration von Säuren und Basen, bei denen **mehrere Äquivalenzpunkte** zu erwarten sind.

12.2 Titrationsverlauf, Äquivalenzpunkt und Stoffmengenverhältnis

„Bestimmen Sie die Massenkonzentration von Propandisäure (Malonsäure) in dem Saft der Zuckerrübe!" Diese Aufgabe ist durch die Titration mit einem Farbindikator nicht so einfach zu lösen. Der Saft der Zuckerrübe hat eine Eigenfarbe, schon von daher macht die Auswahl eines geeigneten Farbindikators Probleme. Zudem enthält ein Molekül Propandisäure zwei Carbonsäuregruppen. Welches Stoffmengenverhältnis zwischen Analyt und Maßlösung soll zur Berechnung verwendet werden?

Solche Fragen treten nicht nur bei der Propandisäure, sondern bei allen Analyten auf, bei denen wegen der Zahl ihrer funktionellen Gruppen im Molekül mehrere Äquivalenzpunkte bei Titrationen zu erwarten sind. Die Fragen können geklärt werden, wenn potenziometrisch mit der Glaselektrode der Titrationsverlauf bestimmt wird. Wie dieser geplant bestimmt werden kann, wird zunächst am Beispiel von Malonsäure gezeigt.

Bestimmung des potenziometrischen Titrationsverlaufs von Propandisäure (Malonsäure)

Propandisäure (Malonsäure)	weiß, geruchlos, feinkristallin
Strukturformel	HOOC⌒COOH
Molare Masse	$M(C_3H_4O_4) = 104,06$ g/mol
Löslichkeit bei 20 °C	1390 g/L
Schmelzpunkt	136 °C
Wassergefährdungsklasse	1, schwach wassergefährdend
Giftklasse CH4	nicht unbedenklich
R-Sätze 22–36 / S-Sätze 22–24	brennbar, gesundheitsschädlich, reizt Augen und Haut; Staub nicht einatmen, Hautkontakt vermeiden, gegebenenfalls mit Wasser abwaschen
Entsorgung	nicht in die Kanalisation gelangen lassen

Tabelle 12.4: Informationen zum Analyten

Geräte und Maßlösung:
Glaselektrode, Bechergläser, Magnetrührer, 25-mL-Bürette,
$c(NaOH) = 0,200$ mol/L

Planung
Der Analyt enthält zwei Carbonsäurefunktionen. Es muss daher festgestellt werden, ob der Analyt beide Äquivalenzpunkte zeigt bzw. welcher Äquivalenzpunkt und damit welches Stoffmengenverhältnis bei einer quantitativen Analyse zur Auswertung zu verwenden ist.

Gleichung 1:

$$C_3H_4O_4 + NaOH \rightarrow C_3H_3O_4Na + H_2O$$

$$\frac{n(C_3H_4O_4)}{n(NaOH)} = \frac{1}{1}$$

Gleichung 2:

$$C_3H_3O_4Na + NaOH \rightarrow C_3H_2O_4Na_2 + H_2O$$

$$\frac{n(C_3H_3O_4Na)}{n(NaOH)} = \frac{1}{1}$$

Gleichung 3:

$$C_3H_4O_4 + 2\,NaOH \rightarrow C_3H_2O_4Na_2 + 2\,H_2O$$

$$\frac{n(C_3H_4O_4)}{n(NaOH)} = \frac{1}{2}$$

12

Da eine 25-mL-Bürette eingesetzt wird, soll die Einwaage des festen Analyten so berechnet werden, dass der Äquivalenzpunkt nach Gleichung 1 bei etwa 10 mL Maßlösung, der Äquivalenzpunkt nach den Gleichungen 2 und 3 bei etwa 20 mL Maßlösung zu erwarten ist. Zur Berechnung der Einwaage der festen Malonsäure können die Gleichungen 1 oder 3 verwendet werden, das Ergebnis ist identisch:

Nach Gleichung 1:

$$\frac{n(C_3H_4O_4)}{n(NaOH)} = \frac{1}{1}$$

$$\frac{m(C_3H_4O_4)}{M(C_3H_4O_4)} = c(NaOH) \cdot V_{\text{ÄP(NaOH)}}$$

$$m(C_3H_4O_4) = 0,200 \text{ mol/L} \cdot 10,0 \cdot 10^{-3} \text{ L} \cdot$$
$$\cdot 104,06 \text{ g/mol} = 208,1 \text{ mg}$$

Nach Gleichung 3:

$$\frac{n(C_3H_4O_4)}{n(NaOH)} = \frac{1}{2}$$

$$\frac{m(C_3H_4O_4)}{M(C_3H_4O_4)} = \frac{1}{2} c(NaOH) \cdot V_{\text{ÄP(NaOH)}}$$

$$m(C_3H_4O_4) = \frac{1}{2} \cdot 0,200 \text{ mol/L} \cdot 20,0 \cdot 10^{-3} \text{ L} \cdot$$
$$\cdot 104,06 \text{ g/mol} = 208,1 \text{ mg}$$

Diese Masse ist eine nach den Regeln gut handhabbare Einwaage, die sich zudem in einer geringen Menge an VE-Wasser löst.

Durchführung und Auswertung:
$m(C_3H_4O_4) = 209,1$ mg, im 100-mL-Becherglas in ca. 30 mL VE-Wasser gelöst; titriert wird in ca. 1-mL-Schritten.

$V_{(NaOH)}$ in mL	pH	$\Delta pH/\Delta V$	$V_{(NaOH)}$ in mL	pH	$\Delta pH/\Delta V$
1,00	2,72		14,00	5,43	0,19
2,00	2,82	0,10	15,00	5,61	0,18
3,00	2,93	0,11	16,00	5,75	0,14
4,05	3,04	0,10	17,00	5,92	0,17
5,00	3,17	0,14	18,00	6,08	0,16
6,00	3,30	0,13	19,00	6,29	0,21
7,05	3,46	0,15	20,00	6,6	0,31
8,00	3,63	0,18	21,00	7,32	0,72
9,05	3,87	0,23	22,00	11,10	3,78
10,05	4,23	0,36	23,00	11,51	0,41
11,00	4,66	0,45	24,00	11,71	0,20
12,05	5,02	0,34	25,00	11,83	0,12
13,00	5,24	0,23			

Tabelle 12.5: Bestimmung des Titrationsverlaufs von Propandisäure

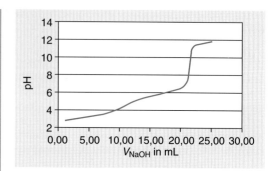

Abb. 12.5: Titrationsverlauf Propandisäure

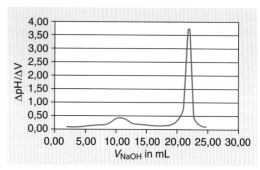

Abb. 12.6: Ableitkurve Propandisäure

Die Kurven zeigen deutlich zwei Äquivalenzpunkte. Der erste Äquivalenzpunkt mit $V_{1(NaOH)} = 11,1$ mL bei pH = 4,6 ist der Gleichung 1 zuzuordnen. Würde dieser Äquivalenzpunkt zur Auswertung verwendet werden, so wäre das zugehörige Stoffmengenverhältnis:

$$\frac{n(C_3H_4O_4)}{n(NaOH)} = \frac{1}{1}$$

Der zweite Äquivalenzpunkt findet sich mit $V_{2(NaOH)} = 21,4$ mL bei pH = 9,2. Dafür gilt das Stoffmengenverhältnis:

$$\frac{n(C_3H_4O_4)}{n(NaOH)} = \frac{1}{2}$$

Die Differenz $V_{2(NaOH)} - V_{1(NaOH)} = 10,3$ mL ist durch die Reaktion nach Gleichung 2 bedingt und ist dem Stoffmengenverhältnis

$$\frac{n(C_3H_4O_4Na)}{n(NaOH)} = \frac{1}{1}$$

zuzuordnen.

Eigentlich wäre zu erwarten, dass gleiche Mengen an Natronlauge für die Bildung des Natriumhydrogenmalonats (die Salze der Malonsäure werden Malonate genannt) aus der Malonsäure und für Bildung des Dinatriummalonats aus dem Natriumhydrogenmalonat erhalten werden, denn es wird ja

eine Einwaage stufenweise titriert. Die gefundenen Volumina unterscheiden sich aber beträchtlich. Das liegt wesentlich daran, dass der erste Äquivalenzpunkt einen kleinen Potenzialsprung hat, der nur schwer auswertbar ist. Folglich wird bei einer quantitativen Bestimmung der Malonsäure vorteilhaft der zweite Äquivalenzpunkt mit dem größeren Potenzialsprung verwendet werden.

Ergebnis

Bei der potenziometrischen Bestimmung von Malonsäure wird der Äquivalenzpunkt verwendet, der zu dem Stoffmengenverhältnis

$$\frac{n(C_3H_4O_4)}{n(NaOH)} = \frac{1}{2}$$

gehört. Die Vorlage hat bei diesem Äquivalenzpunkt einen pH-Wert von ungefähr 9, der pH-Sprung erfolgt ungefähr von pH 7,5 bis 11,0.

Das Ergebnis bei der Propandisäure bedeutet nicht, dass ein Analyt mit zwei Carbonsäurefunktionen **grundsätzlich** auch zwei Äquivalenzpunkte in der Titrationskurve zeigt. Wäre einfach die Zahl der Carbonsäuregruppen maßgebend, so müssten sich bei Citronensäure drei Äquivalenzpunkte ergeben.

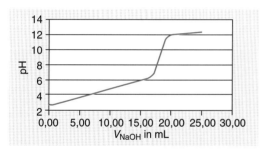

$M(C_6H_8O_7) = 192{,}13$ g/mol

Bei der Bestimmung des Titrationsverlaufs mit $m(C_6H_8O_7) = 231{,}8$ mg und $c_s(NaOH) = 0{,}2$ mol/L wird nur ein Äquivalenzpunkt bei etwa 18 mL Maßlösung erhalten. Der pH-Wert der Lösung am Äquivalenzpunkt ist ungefähr 9, der Potenzialsprung reicht von ungefähr pH 6,2 bis 11,8.

Zur Auswertung von Analysenproben wird also folgendes Stoffmengenverhältnis verwendet:

$$\frac{n(C_6H_8O_7)}{n(NaOH)} = \frac{1}{3}$$

Abb. 12.7: Titrationsverlauf Citronensäure

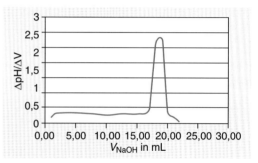

Abb. 12.8: Ableitkurve Citronensäure

Vor der Titration einer Analysenprobe muss der Titrationsverlauf bekannt sein. Dieser wird über Standardproben geplant festgestellt, die beobachteten Potenzialsprünge werden den Stoffmengenverhältnissen zugeordnet.

Werden bei potenziometrischen Titrationen für einen Analyten mehrere Potenzialsprünge und damit mehrere Äquivalenzpunkte erhalten, so wird der Äquivalenzpunkt zur quantitativen Auswertung verwendet, der am besten auswertbar ist. Dies ist in der Regel der Äquivalenzpunkt mit dem größten Potenzialsprung.

12.3 Potenzialsprung und Säurekonstante

Malonsäure hat zwei Carbonsäurefunktionen und zeigt bei der potenziometrischen Titration zwei Äquivalenzpunkte mit unterschiedlich großen Potenzialsprüngen. Citronensäure hat drei Carbonsäurefunktionen und zeigt nur einen einzigen Potenzialsprung. Die Erklärung für diesen Unterschied lässt sich leicht aufzeigen. Wird nämlich ein Gemisch aus Salzsäure und Schwefelsäure potenziometrisch titriert, so zeigt sich ein einziger Potenzialsprung. Diese beiden Säuren können also über eine Säure-Base-Titration nicht selektiv nebeneinander bestimmt werden. Es handelt sich dabei um zwei starke Säuren, die in praktisch allen Konzentrationsbereichen vollständig dissoziiert sind. Bei einer Mischung aus der starken Säure Salzsäure und der schwachen Säure Essigsäure werden zwei Potenzialsprünge erhalten, wobei der erste der Salzsäure, der zweite der Essigsäure zugeordnet werden kann. Voraussetzung für eine selektive Bestimmung ist offenbar, dass sich die Säurekonstanten der Komponenten unterscheiden. Der Unterschied zwischen der Mischung aus Salzsäure und Essigsäure zu den betrachteten organischen Carbonsäuren besteht nur darin, dass diese zwei oder mehrere Säurefunktionen in **einem Molekül** haben.

12

Für die beiden untersuchten Carbonsäuren sind dabei folgende Angaben relevant:

Malonsäure

Erste Stufe der Dissoziation

$$C_3H_4O_4 + H_2O \rightarrow H_3O^+ + C_3H_3O_4^-$$

$$K_{S1}(C_3H_4O_4) = \frac{c(H_3O^+) \cdot c(C_3H_3O_4^-)}{c(C_3H_4O_4)} =$$

$$= 1{,}49 \cdot 10^{-3} \frac{mol}{L}$$

$$pK_{S1}(C_3H_4O_4) = 2{,}83$$

Zweite Stufe der Dissoziation

$$C_3H_3O_4^- + H_2O \rightarrow H_3O^+ + C_3H_2O_4^{2-}$$

$$K_{S2}(C_3H_4O_4) = \frac{c(H_3O^+) \cdot c(C_3H_2O_4^{2-})}{c(C_3H_3O_4^-)} =$$

$$= 2{,}03 \cdot 10^{-6} \frac{mol}{L}$$

$$pK_{S2}(C_3H_4O_4) = 5{,}55$$

Citronensäure

Erste Stufe der Dissoziation

$$C_6H_8O_7 + H_2O \rightarrow H_3O^+ + C_6H_7O_7^-$$

$$K_{S1}(C_6H_8O_7) = \frac{c(H_3O^+) \cdot c(C_6H_7O_7^-)}{c(C_6H_8O_7)} =$$

$$= 7{,}21 \cdot 10^{-4} \frac{mol}{L}$$

$$pK_{S1}(C_6H_8O_7) = 3{,}14$$

Zweite Stufe der Dissoziation

$$C_6H_7O_7^- + H_2O \rightarrow H_3O^+ + C_6H_6O_7^{2-}$$

$$K_{S2}(C_6H_8O_7) = \frac{c(H_3O^+) \cdot c(C_6H_6O_7^{2-})}{c(C_6H_7O_7^-)} =$$

$$= 1{,}70 \cdot 10^{-5} \frac{mol}{L}$$

$$pK_{S2}(C_6H_8O_7) = 4{,}77$$

Dritte Stufe der Dissoziation

$$C_6H_6O_7^{2-} + H_2O \rightarrow H_3O^+ + C_6H_5O_7^{3-}$$

$$K_{S3}(C_6H_8O_7) = \frac{c(H_3O^+) \cdot c(C_6H_5O_7^{3-})}{c(C_6H_6O_7^{2-})} =$$

$$= 4{,}09 \cdot 10^{-6} \frac{mol}{L}$$

$$pK_{S3}(C_6H_8O_7) = 5{,}39$$

Bei Malonsäure unterscheiden sich die Säurekonstanten stärker als bei der Citronensäure. Das ist der Grund dafür, dass bei der Malonsäure die Potenzialsprünge für die beiden Carbonsäuregruppen

getrennt zu sehen sind. Bei der Citronensäure sind die Säurekonstanten und damit die Säurestärken der einzelnen Carbonsäuregruppen zu ähnlich. Daher wird nur ein einziger Potenzialsprung beobachtet, der durch die drei Carbonsäuregruppen gemeinsam verursacht ist.

Phosphorsäure kann zwar auch in drei Stufen dissoziieren, tatsächlich werden aber nur zwei Potenzialsprünge für die Abgabe der ersten beiden Protonen beobachtet. Der $K_{S3}(H_3PO_4)$ ist mit $1{,}80 \cdot 10^{-12}$ mol/L zu klein, um einen sichtbaren Potenzialsprung zu verursachen.

> Bei potenziometrischen Säure-Base-Titrationen kann aus der Anzahl der funktionellen Gruppen nicht auf die Anzahl der beobachtbaren Potenzialsprünge geschlossen werden.
>
> Potenzialsprünge können in Titrationsverlauf unterschieden werden, wenn sich die pK_S-Werte etwa um 3 unterscheiden.
>
> Bei pK_S-Werten größer 8 sind die Potenzialsprünge in der Regel nicht mehr sichtbar.
>
> Diese Regeln gelten sinngemäß auch für die Titration von Basen.
>
> Grundsätzlich ist es sinnvoll, bei Analyten zunächst über Standardsubstanzen den jeweiligen Titrationsverlauf festzustellen und die Potenzialsprünge den Stoffmengenverhältnissen zuzuordnen, bevor die Analysenprobe selbst titriert wird.

Bei der Analyse des Saftes einer Zitrone muss beachtet werden, das darin neben der Citronensäure auch Ascorbinsäure (Vitamin C) enthalten ist. Ascorbinsäure enthält zwar keine Carboxylgruppe, wie der Name zunächst vermuten lässt, aber das Proton einer Hydroxygruppe ist so „sauer", dass es mit Basen titriert werden kann. Sollen Citronensäure und Ascorbinsäure nebeneinander bestimmt werden, so ist neben der Säure-Base-Titration auch eine Redoxtitration erforderlich. Letztere wird im nächsten Baustein besprochen.

Die potenziometrische Säure-Base-Titration ist von der Methode her mit der konduktometrischen Säure-Base-Titration verwandt. In beiden Fällen wird nicht auf einen Äquivalenzpunkt titriert, sondern es wird eine Titrationskurve aufgenommen und ausgewertet. Die Messungen können automatisiert werden, auch in farbigen oder trüben Vorlagen sind Bestimmungen möglich. Schwierigkeiten können sich ergeben, wenn Maßlösungen mit Konzentrationen kleiner 0,1 mol/L verwendet werden und dabei in sehr kleinen Schritten titriert wird. Der Potenzialsprung erscheint dann häufig so „verwaschen", dass er nicht mehr ausgewertet werden kann.

12.4 Übung

Potenziometrische Säure-Base-Titration

① Skizzieren und erläutern Sie den Aufbau einer Einstabmesskette.

② Weshalb kann der pH-Wert einer Lösung mit einer Glaselektrode bestimmt werden und welche Daten beschreiben den Zustand des Messsystems?

③ Potenziometrische Titrationskurven von starken und von schwachen Säuren haben Gemeinsamkeiten und Unterschiede. Geben Sie diese sowie deren Konsequenzen für die Analytik an.

④ Potenziometrische Bestimmung der Massenkonzentration an Citronensäure in dem Saft einer Zitrone. Der Gehalt an Ascorbinsäure soll vernachlässigt werden.

   a) Werten Sie die Grobbestimmung aus. Vollziehen Sie die Rechnung nach, wie nach dem Ergebnis der Grobbestimmung die Vorlage für die Feinbestimmung verändert wird und geben Sie den zu erwartenden Äquivalenzpunkt an.

   b) Werten Sie die Diagramme für die Feinbestimmung aus und vergleichen Sie die über die Tangentenmethode und über die Ableitmethode gefundenen Äquivalenzpunkte. Berechnen Sie die Massenkonzentration an Citronensäure.

   c) Was ist an diesem Analysenverlauf zu verbessern bzw. welche Erweiterungen sind sinnvoll?

Probenaufbereitung: Die Zitrone wird aufgeschnitten und ausgepresst. Der Zitronensaft wird in ein Zentrifugenglas dekantiert und fünf Minuten bei 3500 Umdrehungen pro Minute zentrifugiert. Der Saft wird mit der Pipette so abgenommen, dass der Bodensatz nicht aufgewirbelt wird. (Analysenlösung AL)

Maßlösung: $c(NaOH) = 0,196$ mol/L

Grobbestimmung:
Vorlage: 5,0 mL AL, mit VE-Wasser auf ca. 30 mL aufgefüllt

V_{NaOH} in mL	pH	V_{NaOH} in mL	pH	V_{NaOH} in mL	pH
0,00	3,02	9,00	4,64	18,00	6,21
1,05	3,23	10,00	4,82	19,00	6,42
2,00	3,39	11,05	4,96	20,00	6,69
3,00	3,56	12,00	5,11	21,05	7,14
4,05	3,76	13,05	5,30	22,05	9,74
5,00	3,91	14,00	5,47	23,00	11,38
6,05	4,12	15,05	5,66	24,05	11,74
7,05	4,30	16,00	5,83	25,00	11,90
8,10	4,50	17,05	6,03		

Herstellung AL1:
20,0 mL AL auf 50,0 mL aufgefüllt

Feinbestimmung:
Vorlage: 10,0 mL AL1

V_{NaOH} in mL	pH	V_{NaOH} in mL	pH	V_{NaOH} in mL	pH
10,50	5,30	14,50	6,20	19,05	11,54
11,00	5,41	15,00	6,34	19,55	11,72
11,50	5,52	15,50	6,48	20,00	11,82
12,05	5,63	16,00	6,63	20,50	11,90
12,60	5,77	17,05	7,14	21,00	11,98
13,00	5,85	17,77	8,02	21,50	12,03
13,55	5,99	18,00	10,40		
14,00	6,08	18,50	11,24		

⑤ Zur Bestimmung des Titrationsverlaufs der Urtitersubstanz Natriumcarbonat mit der Maßlösung Salzsäure sind die nachfolgenden Daten gegeben. Welche Informationen können daraus erhalten werden?

SL: 0,8184 g Na_2CO_3 gelöst, auf 50,0 mL aufgefüllt
SL1: 25,0 mL SL auf 50,0 mL
Vorlage: 10,0 mL SL1

V_{HCl} in mL	pH	V_{HCl} in mL	pH	V_{HCl} in mL	pH
0,0	11,12	7,0	8,12	14,0	3,41
1,0	10,59	8,0	7,11	15,0	2,38
2,0	10,26	9,0	6,72	16,0	2,09
3,0	10,00	10,0	6,35	17,0	1,95
4,0	9,79	11,0	6,08	18,0	1,85
5,0	9,51	12,0	5,80		
6,0	9,17	13,0	5,37		

⑥ Planen Sie die Bestimmung des Titrationsverlaufs von Phosphorsäure für folgende Vorgaben:
Maßlösung $c(NaOH) = 0,100$ mol/L
Vorhandene Phosphorsäure: $w(H_3PO_4) = 85,0\%$
$\varrho_{Phosphorsäure} = 1,71$ kg/L

12

13 Redoxtitration und Entwicklung einer Standard-arbeitsanweisung

Bei Säure-Base-Titrationen werden Vorlagen, die Säuren oder Basen enthalten, solange Maßlösungen zugesetzt, bis die Äquivalenzpunkte erkannt werden können. Eine Säure wird mit einer Base titriert und umgekehrt. Die Begriffe „Säure" bzw. „Base" beschreiben nicht den Stoff an sich, sondern seine Reaktion mit einem Partner, in der Regel mit Wasser. Bei Redoxtitrationen werden den Analyten in der Vorlage so lange Oxidationsmittel oder Reduktionsmittel zugesetzt, bis die Äquivalenzpunkte erkannt werden. Ein Reduktionsmittel wird mit einem Oxidationsmittel titriert und umgekehrt. Die Begriffe „Reduktionsmittel" und „Oxidationsmittel" beschreiben ebenfalls nicht die Stoffe an sich, sondern ihre Reaktionen mit Reaktionspartnern (vgl. Baustein „Elektrochemisches Potenzial"). Die elektrochemischen Potenziale der Reaktionspartner, ob sie bei der Reaktion durch Geräte gemessen werden oder nicht, bestimmen darüber, welcher Stoff oxidiert und welcher reduziert wird. Während bei den Säure-Base-Titrationen überwiegend die Glaselektrode zur Indikation verwendet wird, sind bei den Redoxtitrationen auch heute noch sehr häufig Farbindikatoren gebräuchlich, da die Bestimmungen mit guter Richtigkeit und Präzision sehr effektiv durchführbar sind.

13.1 Bestimmung von Oxidationszahlen und Stoffmengenverhältnissen

Bei Säure-Base-Titrationen wird die Protonenübertragung zwischen Maßsubstanz und Analyt zur Bestimmung genutzt, bei Redoxtitrationen werden Elektronen übertragen. Bei Redoxreaktionen ist der Elektronenaustausch aus den Reaktionsgleichungen dann unmittelbar ablesbar, wenn aus geladenen Teilchen ungeladene Teilchen entstehen. Dies zeigt das Beispiel der Bestimmung von Sulfid mit einer Iod-Maßlösung.

Oxidation: $\qquad S^{2-} \rightarrow S + 2\,e^-$
Reduktion: $\qquad I_2 + 2\,e^- \rightarrow 2\,I^-$

Redoxreaktion: $S^{2-} + I_2 \rightarrow S + 2\,I^-$

Sulfid gibt Elektronen ab, wird also oxidiert und ist daher Reduktionsmittel. Iod nimmt Elektronen auf, wird also reduziert und ist daher Oxidationsmittel.

> Eine Oxidation ist immer mit einer Reduktion gekoppelt. Oxidationsmittel sind Elektronenakzeptoren, Reduktionsmittel sind Elektronendonatoren.

Steht Wein längere Zeit an der Luft offen, dann wird das enthaltene Ethanol zu Essigsäure oxidiert.

$$CH_3CH_2OH + O_2 \rightarrow CH_3COOH + H_2O$$

Die Reaktion mit Sauerstoff ist der klassische und namensgebende Fall einer Oxidation, doch aus der Reaktionsgleichung ist der Elektronenaustausch nicht unmittelbar ersichtlich. Um auch hier den Elektronenaustausch erkennbar zu machen, wurde der Begriff der „Oxidationszahl" eingeführt.

> Die Oxidationszahl ist eine fiktive Ladungszahl. Zur ihrer Bestimmung wird das Molekül formal in Ionen zerlegt, wobei die bindenden Elektronen dem Bindungspartner mit der größeren Elektronegativität zugeordnet werden. Haben die Bindungspartner gleiche Elektronegativitäten, so werden die Bindungselektronen geteilt. Die Oxidationszahl ergibt sich für jedes Atom aus dem Vergleich der dadurch verbleibenden Zahl der Elektronen mit der Zahl der Elektronen, die das Atom nach seiner Stellung im periodischen System der Elemente (PSE) hat.

Die Elektronegativität ist ein relatives Maß für die Fähigkeit von Atomen, in Verbindungen Elektronen an sich zu ziehen. Die in der Tabelle 13.1 angegebenen Werte sind gerundet.

Element	Elektronegativität
F	4,0
Cl	3,0
Br	2,8
O	3,5
S	2,5
N	3,0
C	2,5
H	2,1
Na*)	0,9

Tabelle 13.1:
Elektronegativitätswerte

*) Natrium soll hier als Stellvertreter für die Metalle genannt sein, deren Elektronegativitäten unter der des Kohlenstoffs liegen).

Damit können für die Oxidation von Ethanol zu Essigsäure, unter Berücksichtigung der in den Strukturformeln nicht angegebenen freien Elektronenpaare an den Sauerstoffatomen, die Oxidationszahlen der beteiligten Atome abgeleitet werden (Tabelle 13.2).

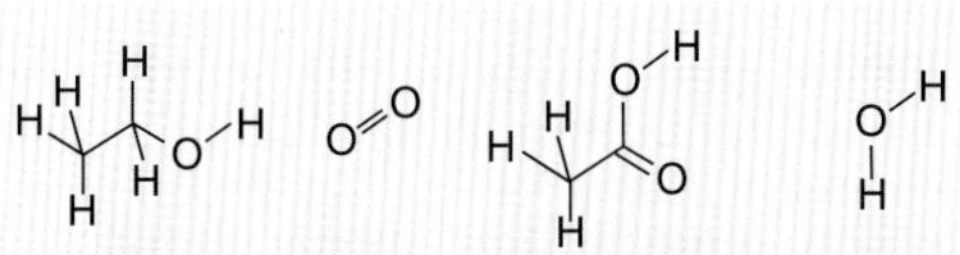

$CH_3CH_2OH + O_2 \rightarrow CH_3COOH + H_2O$
(C2)(C1)   (C2)(C1)

Abb. 13.1: Reaktion von Ethanol mit Sauerstoff

Atom	Zahl der Außenelektronen PSE	Zahl der Außenelektronen in der Verbindung	Oxidationszahl
C2 in Ethanol	4	7	−3
C1 in Ethanol	4	5	−1
C2 in Essigsäure	4	7	−3
C1 in Essigsäure	4	1	+3
H in Ethanol, Essigsäure und Wasser	1	0	+1
O in O_2	6	6	0
O in Ethanol, Essigsäure und Wasser	6	8	−2

Tabelle 13.2: Bestimmung der Oxidationszahlen

Mit der Reaktion hat sich die Oxidationszahl des C1-Kohlenstoffs von −1 auf +3 verändert. Dieser Kohlenstoff hat damit rein formal 4 Elektronen abgegeben, ist also oxidiert worden. Der Sauerstoff im Sauerstoffmolekül hat die Oxidationszahl Null. Alle Sauerstoffe auf der rechten Seite der Reaktionsgleichung haben die Oxidationszahl − 2. Also hat der molekulare Sauerstoff 4 Elektronen aufgenommen, ist damit reduziert worden. Die 4 Elektronen stammen vom C1-Kohlenstoff des Ethanols.

> Bei Redoxreaktionen ist die Anzahl der abgegebenen Elektronen gleich der Anzahl der aufgenommenen Elektronen.

Für jedes Teilchen gilt außerdem:

> Die Summe der Oxidationszahlen ist gleich der Ladung des Teilchens.

In sehr vielen Molekülen ist die Oxidationszahl des Wasserstoffs +1, die des Sauerstoffs −2. Für solche Fälle können die Oxidationszahlen und die Anzahl der ausgetauschten Elektronen über ein vereinfachtes Verfahren bestimmt werden. Bei der Aufstellung von Redoxgleichungen genügen häufig die Durchschnittswerte der Oxidationszahlen. Daher müssen diese nicht für jedes einzelne Atom bestimmt werden, es können auch Summen und Differenzen der Oxidationszahlen von **mehreren Atomen** verwendet werden.

	Summenbildung aus Einzeloxidationszahl und Anzahl der Atome	Oxidationszahl
6 Wasserstoffatome	$+1 \cdot 6$	+6
1 Sauerstoffatom	$-2 \cdot 1$	−2
verbleibt zunächst		+4
Ladungszahl des Teilchens = 0		
Damit die Ladungszahl 0 wird, müssen die Kohlenstoffatome erbringen		−4
In Ethanol sind zwei Kohlenstoffatome vorhanden, also hat jedes davon im Durchschnitt die Oxidationszahl		−2

Tabelle 13.3: Oxidationszahlen Ethanol: C_2H_5OH

	Summenbildung aus Einzeloxidationszahl und Anzahl der Atome	Oxidationszahl
4 Wasserstoffatome	$+1 \cdot 4$	+4
2 Sauerstoffatome	$-2 \cdot 2$	−4
verbleibt zunächst		0
Ladungszahl des Teilchens = 0		
Damit die Ladungszahl 0 wird, müssen die Kohlenstoffatome erbringen		0
In Essigsäure sind zwei Kohlenstoffatome vorhanden, also hat jedes davon im Durchschnitt die Oxidationszahl		0

Tabelle 13.4: Oxidationszahlen Essigsäure: $C_2H_4O_2$

13

	Summenbildung aus Einzeloxidationszahl und Anzahl der Atome	Oxidationszahl
7 Sauerstoffatome	$-2 \cdot 7$	-14
Ladungszahl des Teilchens $= -2$		
verbleibt zunächst		-12
Damit die Ladungszahl -2 wird, müssen die Chromatome erbringen		$+12$
In $Cr_2O_7^{2-}$ sind zwei Chromatome vorhanden, also hat jedes davon im Durchschnitt die Oxidationszahl		$+6$

Tabelle 13.5: Beispiel Dichromat $Cr_2O_7^{2-}$

Wenn aus Ethanol Essigsäure wird, verändern sich die Oxidationszahlen zweier Kohlenstoffatome von -2 auf 0, dazu müssen vier Elektronen abgegeben werden, die ein Sauerstoffmolekül aufnimmt. Die Rechnung über die **Summe der Oxidationszahlen** und die **Durchschnittswerte** ergibt also das gleiche Ergebnis wie bei der Rechnung mit den Oxidationszahlen der Einzelatome.

13.2 Oxidationszahl, Redoxgleichung und Stoffmengenverhältnis

Aus den Tabellenwerten der elektrochemischen Potenziale (vgl. Baustein „Elektrochemisches Potenzial: Prinzip und Anwendung in der Analytik") kann entnommen werden, dass aus einem $Cr_2O_7^{2-}$-Ion unter Aufnahme von Elektronen zwei Cr^{3+}-Ionen gebildet werden können. Dichromat wirkt in diesem Fall also als Oxidationsmittel. Cr^{3+} hat (nach der Definition, dass die Summe der Oxidationszahlen gleich der Ladung des Teilchens ist), die Oxidationszahl $+3$, also nimmt ein Chromatom bei der Reaktion 3 Elektronen auf. **Die Oxidationszahl des Sauerstoffs ändert sich mit der Reaktion nicht!** Damit lässt sich die Teilgleichung für die Reduktion zunächst wie folgt schreiben:

$$(1) \quad Cr_2O_7^{2-} + 6\,e^- \rightarrow 2\,Cr^{3+} + 7\,O^{2-}$$

Im Grunde genügt diese Teilgleichung für die Beschreibung der oxidierenden Wirkung von Kaliumdichromat bei der Redoxtitration, allerdings gibt es in wässriger Lösung keine O^{2-}-Ionen. O^{2-} ist eine starke Base und reagiert in Wasser nach:

$$(2) \quad 14\,H_3O^+ + 7\,O^{2-} \rightarrow 21\,H_2O$$

Addition der Gleichungen (1) und (2) ergibt:

$$(3) \quad Cr_2O_7^{2-} + 14\,H_3O^+ + 6\,e^- \rightarrow 2\,Cr^{3+} + 21\,H_2O$$

Diese Reaktionsgleichung liefert gleichzeitig den Hinweis für das Reaktionsmedium, denn offensichtlich läuft diese Reaktion nur im **sauren Medium** ab.

> Reaktionsgleichungen lassen sich für die an der Redoxreaktion unbeteiligten Sauerstoff- und Wasserstoffionen über Reaktionen mit H_2O, H_3O^+ oder OH^- vollständig formulieren.

Oxalsäure $H_2C_2O_4$ (in der Regel in Form des Hydrats $H_2C_2O_4 \cdot 2\,H_2O$ oder des Salzes $Na_2C_2O_4$ eingesetzt) kann als Urtitersubstanz für die Maßlösung Kaliumdichromatlösung verwendet werden. Dabei entsteht Kohlenstoffdioxid, wie aus der Tabelle der elektrochemischen Potenziale ersichtlich ist. In Oxalsäure bzw. dem Salz haben die Kohlenstoffatome die Oxidationszahl $+3$, in Kohlenstoffdioxid die Oxidationszahl $+4$. Daraus folgt die noch unvollständige Gleichung:

$$H_2C_2O_4 \rightarrow 2\,H^+ + 2\,CO_2 + 2e^-$$

Unter Einbeziehung des Wassers ergibt sich:

$$(4) \quad H_2C_2O_4 + 2\,H_2O \rightarrow 2\,H_3O^+ + 2\,CO_2 + 2e^-$$

Aus den Gleichungen (3) und (4) kann unter Berücksichtigung der Regel, dass die Zahl der aufgenommenen Elektronen gleich der Zahl der abgegebenen Elektronen sein muss, die Gesamtgleichung und das Stoffmengenverhältnis für die Umsetzung von Oxalsäure mit Dichromatlösungen abgeleitet werden. Da bei Gleichung (3) sechs Elektronen gebraucht werden, bei Gleichung (4) nur zwei Elektronen entstehen, wird zunächst Gleichung (4) mit drei multipliziert und dann die Summe gebildet.

$$(3) \quad Cr_2O_7^{2-} + 14\,H_3O^+ + 6\,e^- \rightarrow$$
$$\rightarrow 2\,Cr^{3+} + 21\,H_2O \qquad |\cdot 1$$

$$(4) \quad H_2C_2O_4 + 2\,H_2O \rightarrow$$
$$\rightarrow 2\,H_3O^+ + 2\,CO_2 + 2e^- \qquad |\cdot 3$$

$$\overline{Cr_2O_7^{2-} + 8\,H_3O^+ + 3\,H_2C_2O_4 \rightarrow}$$
$$\rightarrow 2\,Cr^{3+} + 6\,CO_2 + 15\,H_2O$$

Das Stoffmengenverhältnis für die Berechnung lautet:

$$\frac{n(\text{Cr}_2\text{O}_7{}^{2-})}{n(\text{H}_2\text{C}_2\text{O}_4)} = \frac{1}{3}$$

Es ist zweckmäßig, solche Gesamtgleichungen und die zugehörigen Stoffmengenverhältnisse schrittweise aufzustellen. Die Einzelschritte werden hier am Beispiel der Oxidation der Benzoesäure mit Kaliumdichromat gezeigt.

1. Schritt: Feststellung der übergehenden
        Elektronen
Benzoesäure, $\text{C}_6\text{H}_5\text{COOH}$, ist ungeladen. Die sechs Wasserstoffatome erbringen **zusammen** eine formale Ladungszahl von +6, die beiden Sauerstoffatome **zusammen** die formale Ladungszahl -4. Also ist die **Summe der Oxidationszahlen** der sieben Kohlenstoffatome -2. Aus den sieben Kohlenstoffatomen der Benzoesäure bilden sich sieben Kohlenstoffdioxidmoleküle. Kohlenstoff hat in Kohlenstoffdioxid die Oxidationszahl +4, also haben die 7 Kohlenstoffatome **zusammen** die Oxidationszahl +28. Demnach haben die 7 Kohlenstoffatome insgesamt (von -2 auf $+28$) 30 Elektronen abgegeben.

$$\text{C}_6\text{H}_5\text{COOH} \rightarrow 7\,\text{CO}_2 + 30\,\text{e}^-$$

Ist eine solche zusammenfassende Rechnung nicht zulässig, weil abweichende Oxidationszahlen vorliegen (beispielsweise in Wasserstoffperoxid oder in Natriumaluminiumhydrid), dann erfolgt eine Berechnung der übergehenden Elektronen über die Oxidationszahlen der einzelnen Atome unter Berücksichtigung der Elektronegativitäten (siehe Beispiel Ethanol).

2. Schritt: Ladungsausgleich
Auf beiden Seiten der Gleichung muss die gleiche Anzahl von Ladungen stehen. Die obige Gleichung kann in dem Sinne ausgeglichen werden, dass auf der rechten Seite 30 H$^+$ addiert werden. (Alternativ könnten auf der linken Seite der Gleichung 30 OH$^-$ addiert werden, was zu einer identischen Endgleichung führen würde.)

$$\text{C}_6\text{H}_5\text{COOH} \rightarrow 7\,\text{CO}_2 + 30\,\text{H}^+ + 30\,\text{e}^-$$

3. Schritt: Stoffausgleich
Hier wird H_2O so addiert, dass auf der linken und der rechten Seite die gleiche Anzahl von Sauerstoffen und Wasserstoffen stehen:

$$\text{C}_6\text{H}_5\text{COOH} + 12\,\text{H}_2\text{O} \rightarrow 7\,\text{CO}_2 + 30\,\text{H}^+ + 30\,\text{e}^-$$

Wenn die Gleichung mit H$_3$O$^+$-Teilchen formuliert werden soll, wird einfach um die notwendige Anzahl von H$_2$O ergänzt.

$$\text{C}_6\text{H}_5\text{COOH} + 42\,\text{H}_2\text{O} \rightarrow 7\,\text{CO}_2 + 30\,\text{H}_3\text{O}^+ + 30\,\text{e}^-$$

Die Richtigkeit solcher Gleichungen kann über die Regel kontrolliert werden:

> Die Summe der Elemente und die resultierende Ladungszahl ist auf beiden Seiten der Gleichung gleich groß.

4. Schritt: Bildung der Summengleichung durch
        Zusammenführung der beiden Teilgleichungen mit Elektronenausgleich
Die Einzelgleichungen werden mit Faktoren so multipliziert, dass die Summe der aufgenommenen Elektronen und der abgegebenen Elektronen gleich groß ist. Das Stoffmengenverhältnis ergibt sich aus der Summengleichung.

$$\text{Cr}_2\text{O}_7{}^{2-} + 14\,\text{H}_3\text{O}^+ + 6\,\text{e}^- \rightarrow$$
$$\rightarrow 2\,\text{Cr}^{3+} + 21\,\text{H}_2\text{O} \qquad |\cdot 5$$

$$\text{C}_6\text{H}_5\text{COOH} + 42\,\text{H}_2\text{O} \rightarrow$$
$$\rightarrow 7\,\text{CO}_2 + 30\,\text{H}_3\text{O}^+ + 30\,\text{e}^- \qquad |\cdot 1$$

$$5\,\text{Cr}_2\text{O}_7{}^{2-} + 40\,\text{H}_3\text{O}^+ + \text{C}_6\text{H}_5\text{COOH} \rightarrow$$
$$\rightarrow 10\,\text{Cr}^{3+} + 7\,\text{CO}_2 + 63\,\text{H}_2\text{O}$$

$$\frac{n(\text{Cr}_2\text{O}_7{}^{2-})}{n(\text{C}_6\text{H}_5\text{COOH})} = \frac{5}{1}$$

13

13.3 Fehler und Störungen bei Redoxtitrationen

Die Konzentration von Sulfid, S^{2-}, in einer Lösung soll durch eine Titration bestimmt werden. Sulfidionen lassen sich durch Oxidationsmittel zu elementarem Schwefel oxidieren. Das Normalpotenzial für den potenzialbildenden Vorgang hat den folgenden Zahlenwert:

$$E_0(\text{S}/\text{S}^{2-}) = -0{,}48 \text{ V}$$

Für die Oxidation gilt die Teilgleichung:

$$\text{S}^{2-} \rightarrow \text{S} + 2\,\text{e}^-$$

Wenn Sulfid zu Schwefel oxidiert werden soll, muss das Potenzial der Maßsubstanz tiefer als das Potenzial des Schwefelsystems liegen, da es ja Elektronen vom Schwefelsystem aufnehmen muss. Dafür ist das Iodsystem geeignet.

$$E_0(\text{I}_2/\text{I}^-) = +0{,}54 \text{ V}$$

Wenn das Iodsystem Elektronen aufnehmen soll, muss folgende Reaktion ablaufen:

$$I_2 + 2\,e^- \rightarrow 2\,I^-$$

Also muss eine Maßlösung verwendet werden, die gelöstes Iod enthält. Die Gleichung für die Redoxreaktion ergibt sich aus der Summe der beiden Gleichungen.

$$S^{2-} + I_2 \rightarrow S + 2\,I^-$$

Die Skizze der Normalpotenziale (Abb. 13.2) zeigt die Einzelpotenziale beim Start der Reaktion unter der Voraussetzung, dass Normalbedingungen vorliegen.

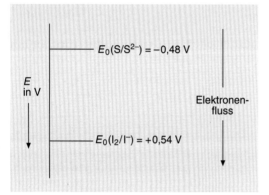

Abb. 13.2: **Normalpotenziale der Reaktionspartner beim Start**

Für den Fall, dass keine Normalbdingungen vorliegen, muss die Nernst'sche Gleichung angewendet werden.

$$E(I_2/I^-) = +0,54\ \text{V} + \frac{0,059\ \text{V}}{2} \cdot \lg \frac{c(I_2)}{c(I^-)}$$

$$E(S/S^{2-}) = -0,48\ \text{V} + \frac{0,059\ \text{V}}{2} \cdot \lg \frac{c(S)}{c(S^{2-})}$$

Die Konzentration des festen Schwefels wird nach der Definition mit 1 eingesetzt, die Ausgangskonzentration an Sulfid soll 1,0 mmol/L betragen. Dann errechnet sich für das Schwefelsystem folgendes Einzelpotenzial:

$$E(S/S^{2-}) = -0,48\ \text{V} + \frac{0,059\ \text{V}}{2} \cdot \lg \frac{1}{1,0 \cdot 10^{-3}} =$$
$$= -0,39\ \text{V}$$

Für den Fall, dass durch Zugabe einer entsprechenden Menge an Maßlösung die Konzentration an Sulfid nur noch 0,1 mmol/L beträgt, ergibt sich folgender Potenzialwert:

$$E(S/S^{2-}) = -0,36\ \text{V}$$

Mit abnehmender Konzentration an Sulfid wird also der Potenzialwert positiver und damit das Bestreben, Elektronen abzugeben, geringer.

Da mit einer Iodlösung titriert wird und das zugesetzte Iod zu Iodid umgesetzt wird, nimmt in der Vorlage mit dem Fortgang der Titration die Konzentration des Iodids zu. Je größer die Konzentration an Iodid, desto weniger positiv ist nach der Nernst'schen Gleichung der zugehörige Potenzialwert, desto geringer ist das Bestreben, Elektronen aufzunehmen. Dies ergibt sich übrigens schon aus der Sicht des chemischen Gleichgewichts, denn bei einer hohen Konzentration an Iodid ist das Bestreben, weiteres Iodid zu bilden, gering.

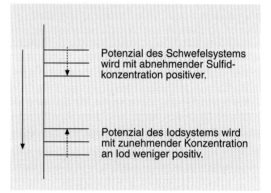

Abb. 13.3: **Veränderung der Potenziale mit der Reaktion**

Die Potenziale der beiden Systeme nähern sich einander an, offenbar hört die Elektronenübertragung und damit die Redoxreaktion dann auf, wenn die Potenziale von Analyt und Maßsubstanz den gleichen Wert haben, d. h. wenn die Potenzialdifferenz gleich null ist. Daraus ergeben sich zunächst zwei wichtige Konsequenzen für die Analytik:

1. Es ist nicht möglich, Analyte durch Redoxreaktionen vollständig umzusetzen.

2. Je größer die Potenzialdifferenz zwischen Analyt und Maßlösung, desto vollständiger ist der Umsatz.

Mit Störungen ist bei Redoxreaktionen zu rechnen, wenn neben dem Analyten und der verwendeten Maßsubstanz weitere Stoffe am Redoxprozess beteiligt sein können. Der Auswahl der richtigen Maßsubstanz kommt dabei entscheidende Bedeutung zu. Dies wird am Beispiel der Bestimmung von Ascorbinsäure (Vitamin C) mit den Maßsubstanzen Iod, Kaliumdichromat und Kaliumpermanganat diskutiert.

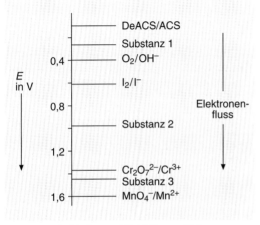

Abb. 13.4: **Oxidation der Ascorbinsäure (ACS) zur Dehydroascorbinsäure (DeACS)**

Reaktion	E_0 in V
Ascorbinsäurereaktion (siehe oben)	+ 0,127 bei pH 5
$O_2 + 2 H_2O + 4 e^- \rightarrow 4 OH^-$	+ 0,40
$I_2 + 2 e^- \rightarrow 2 I^-$	+ 0,54
$Cr_2O_7^{2-} + 14 H_3O^+ + 6 e^- \rightarrow$ $\rightarrow 2 Cr^{3+} + 21 H_2O$	+ 1,36
$MnO_4^- + 8 H_3O^+ + 5 e^- \rightarrow$ $\rightarrow Mn^{2+} + 12 H_2O$	+ 1,51

Tabelle 13.6: **Normalpotenziale möglicher Reaktionspartner**

In der Abb. 13.5 sind die in der Tabelle 13.6 genannten Potenziale zusammen mit den Potenzialen von drei weiteren Substanzen, die in der Probenlösung enthalten sein könnten, dargestellt.

Abb. 13.5: **Oxidation und Oxidationsmittel**

Wie bekannt, fließen die Elektronen vom höheren (weniger positiven) zum niedrigeren (positiveren) Potenzial. Je höher das Potenzial, desto stärker ist die reduzierende Wirkung, je tiefer das Potenzial, desto stärker ist die oxidierende Wirkung des betreffenden Systems. Aus der Abb. 13.5 ergibt sich:

(1) Ascorbinsäure kann durch Iod, Kaliumdichromat und Kaliumpermanganat oxidiert werden. Alle drei Stoffe sind als Maßsubstanzen verwendbar.

(2) In der Reaktionslösung enthaltener Sauerstoff kann Ascorbinsäure ebenfalls oxidieren. Wird dies durch geeignete Maßnahmen nicht verhindert, so führt das zu einem Minderbefund bei einer Titration.

(3) Lebensmittel enthalten oft Stoffe, die leicht oxidiert werden können und dadurch an Qualität verlieren. Ist die Substanz 1 ein solcher Stoff, dann könnte seine Oxidation durch die Anwesenheit von Ascorbinsäure verhindert werden, da diese wegen ihres höheren Potenzials von Luftsauerstoff zuerst oxidiert wird. Daher wird Ascorbinsäure als „Antioxidans" bei der Haltbarmachung von Lebensmitteln bezeichnet. Bei der Redoxtitration zur Bestimmung von Ascorbinsäure würde die Substanz 1 allerdings stören, da sie von den drei genannten Maßsubstanzen ebenfalls oxidiert werden würde.

(4) Ist Iod die Maßsubstanz, so stören die Substanzen 2 und 3 nicht, denn sie können wegen ihres niedrigen Potenzials von Iod nicht oxidiert werden. Die Substanzen 1 und 2 würden bei der Titration mit Kaliumdichromat, die Substanzen 1, 2 und 3 würden bei der Titration mit Kaliumpermanganat stören. Soll also möglichst selektiv Ascorbinsäure oxidiert werden, so ist Iod als Maßlösung zu empfehlen. Für das Ziel, möglichst alle in der Reaktionslösung enthaltenen Stoffe zu oxidieren, ist – bei diesen Potenzialen – Kaliumpermanganat als Oxidationsmittel am besten geeignet.

(5) Mit der Verringerung der Konzentration an Ascorbinsäure und der Bildung der Dehydroascorbinsäure muss nach dem chemischen Gleichgewicht die Tendenz, weiterhin Ascorbinsäure zu oxidieren und Dehydroascorbinsäure zu bilden, abnehmen. Die Tendenz der Maßsubstanz, weiterhin Elektronen aufzunehmen, wird geringer, da die Konzentration der reduzierten Form in der Vorlage zunimmt. Mit der Reaktion nähern sich die Potenziale an. Erreicht in der Vorlage das Potenzial des Ascorbinsäuresystems das Potenzial der Maßsubstanz, so ist eine weitere Oxidation nicht mehr möglich. Dieser Sachverhalt wurde schon am Beispiel der Oxidation von Sulfid diskutiert.

13

13.4 Maßsubstanzen, Urtitersubstanzen und Indikatoren

Die einzelnen Klassen der Redoxtitrationen werden nach der Art der Maßsubstanz bezeichnet. Die drei wichtigsten Klassen werden hier vorgestellt.

Iodometrie

Das Normalpotenzial des Iod/Iodid-Systems liegt bei +0,54 V, also nicht an einer extremen Position in der elektrochemischen Spannungsreihe. Damit kann das System oxidierend oder reduzierend wirken. Ist das Potenzial des Analyten weniger positiv als das des Iod/Iodid-Systems, dann kann er mit Iod als Maßsubstanz oxidiert werden, ist das Potenzial positiver, wird er durch Iodid reduziert. Durch diese beiden Möglichkeiten nimmt die Iodometrie eine Sonderstellung bei den Redoxtitrationen ein.

Reaktionsgleichungen: $I_2 + 2\,e^- \rightarrow 2\,I^-$
$$2\,I^- \rightarrow I_2 + 2\,e^-$$

In der Iodometrie wird der Endpunkt durch die so genannte Iod/Stärke-Reaktion erkannt, da I_2 mit Stärkelösung eine intensiv blaue Färbung ergibt, die schon bei einer Iodkonzentration von 10^{-5} mol/L gut erkennbar ist. Wird mit Iodlösungen titriert, werden Analyte also oxidiert, so tritt bei dem ersten Tropfen überschüssiger Iodlösung diese Färbung auf und der Äquivalenzpunkt ist gut zu erkennen. In einigen Fällen werden bessere Ergebnisse erhalten, wenn Iod im Überschuss zugegeben und mit Natriumthiosulfat $Na_2S_2O_3$ zurücktitriert wird. Dabei wird Thiosulfat zu Tetrathionat oxidiert.

$$2\,S_2O_3^{2-} \rightarrow S_4O_6^{2-} + 2\,e^-$$

Es hat sich bewährt, das überschüssige Iod zunächst ohne Stärkezusatz zu titrieren, bis die durch Iod braun gefärbte Vorlage nur noch einen gelben Farbton hat, erst dann wird die Stärkelösung zugesetzt. Iod löst sich in den für Maßlösungen gebräuchlichen Konzentrationen nur in Gegenwart von Kaliumiodid, deshalb enthalten Iodmaßlösungen dieses Salz.

Iodlösungen und Thiosulfatlösungen sind nicht sehr stabil, der Titer muss also ständig überprüft werden. Als Urtitersubstanz kann Kaliumiodat KIO_3 verwendet werden. Kaliumiodat bildet mit überschüssigem Kaliumiodid Iod, das mit Thiosulfatlösung titriert wird.

$$IO_3^- + 5\,I^- + 6\,H_3O^+ \rightarrow 3\,I_2 + 9\,H_2O$$

Mit Iodidlösungen kann nicht titriert werden, denn schon mit dem ersten Tropfen Maßlösung würde sich in der Vorlage Iod bilden und damit die Iod/Stärke-Reaktion auslösen. Der Äquivalenzpunkt ist so nicht zu erkennen. Daher wird Kaliumiodid im Überschuss zugesetzt und das gebildete Iod mit Natriumthiosulfatlösungen zurücktitriert. (Tabelle 13.7)

Heute werden einige dieser Bestimmungen der Effektivität halber mit Elektroden durchgeführt. So kann die Konzentration von Sauerstoff in Gewässern mit der Sauerstoffelektrode sehr rasch bestimmt werden. Das klassische **Winkler-Verfahren** zur Bestimmung des Sauerstoffs basiert dagegen auf einer aufwändigen iodometrischen Rücktitration. Mit diesem Winkler-Verfahren werden aller-

Analyt/Matrixbeispiel	Teilgleichung/Gesamtgleichung/Bemerkungen
Ozongehalt in der Luft	$O_3 + H_2O + 2\,e^- \rightarrow O_2 + 2\,OH^-$
Glucose in Kosmetika	$C_6H_{12}O_6 + 30\,H_2O \rightarrow 6\,CO_2 + 24\,H_3O^+ + 24\,e^-$
1,2-Propandiol in Kosmetika	$C_3H_8O_2 + 20\,H_2O \rightarrow 3\,CO_2 + 16\,H_3O^+ + 16\,e^-$
Sulfit im Wein	$SO_3^{2-} + 3\,H_2O \rightarrow SO_4^{2-} + 2\,H_3O^+ + 2\,e^-$
SO_2 in der Luft	$SO_2 + 6\,H_2O \rightarrow SO_4^{2-} + 4\,H_3O^+ + 2\,e^-$ Nach dieser Gleichung wird bei der Oxidation von Schwefeldioxid stöchiometrisch Wasser verbraucht. Darauf beruht die Wasserbestimmung nach Karl Fischer.
Wasser in Lösemitteln	$SO_2 + 2\,H_2O + I_2 \rightarrow H_2SO_4 + 2\,HI$ Der Äquivalenzpunkt wird häufig nicht über die Iod/Stärke-Reaktion, sondern mit Elektroden bestimmt.
Sauerstoff in Wässern	$O_2 + 2\,H_2O + 4\,e^- \rightarrow 4\,OH^-$ Früher gebräuchliche, aber aufwändige Bestimmung der Sauerstoffkonzentration von Wässern nach Winkler.

Tabelle 13.7: Anwendungsbeispiele für die Iodometrie

dings die mit Elektroden erhaltenen Messwerte überprüft. Das Winkler-Verfahren wird deshalb ein **Referenzverfahren** genannt. Die instrumentell erhaltenen Ergebnisse beziehen sich also letztlich auf nasschemische Verfahren!

Manganometrie und Chromatometrie

Diese beiden Methoden werden zur Bestimmung von Einzelsubstanzen wie beispielsweise Oxalsäure in Lebensmitteln, Wasserstoffperoxid in Bleichmitteln oder Perboraten in Waschmitteln benutzt, die häufigste Anwendung ist die Bestimmung des Verschmutzungsgrades von Gewässern mit organischen Schadstoffen. Diese sehr wichtige Anwendung wird im folgenden Baustein „Summenparameter und genormte Verfahren" eingehend erörtert.

In der Manganometrie wird Kaliumpermanganat, in der Chromatometrie Kaliumdichromat als Maßsubstanz verwendet. Beide Stoffe werden nur als Oxidationsmittel eingesetzt, da die elektrochemischen Potenziale der Systeme stark positiv sind.

Manganometrie
Maßsubstanz: Kaliumpermanganat $KMnO_4$
Reaktionsgleichung:

$$MnO_4^- + 8\,H_3O^+ + 5\,e^- \rightarrow Mn^{2+} + 12\,H_2O$$

Chromatometrie
Maßsubstanz: Kaliumdichromat $K_2Cr_2O_7$
Reaktionsgleichung:

$$Cr_2O_7^{2-} + 14\,H_3O^+ + 6\,e^- \rightarrow 2\,Cr^{3+} + 21\,H_2O$$

Beide Methoden entfalten ihre stärkste Oxidationswirkung in sauren Lösungen, wie schon die Reaktionsgleichungen zeigen. In die auf das MnO_4^- / Mn^{2+}-System angewandte Nernst'sche Gleichung geht die Konzentration der H_3O^+-Ionen zur achten Potenz ein!

$$E(MnO_4^-/Mn^{2+}) = E_0(MnO_4^-/Mn^{2+}) +$$
$$+\frac{0{,}059}{5} \cdot \lg \frac{c(MnO_4^-) \cdot c^8(H_3O^+)}{c(Mn^{2+})}$$

Bei der Manganometrie ist kein Indikator erforderlich, denn Permanganat färbt die Lösungen intensiv violett, eine schwach rosa Färbung der Vorlage durch die entstehenden Mn^{2+}-Ionen stört die Erkennung des Äquivalenzpunktes nicht. Mit Kaliumpermanganat-Lösung kann direkt titriert werden. Es ist auch möglich, diese Substanz im Überschuss zur Vorlage zu geben und mit Natriumoxalat-Lösung zurückzutitrieren.

Als Urtitersubstanz kann Oxalsäure $H_2C_2O_4 \cdot 2\,H_2O$ oder Natriumoxalat $Na_2C_2O_4$ verwendet werden. Für Kaliumdichromat ist auch Ammoniumeisen (II)-sulfat $(NH_4)_2Fe(SO_4)_2 \cdot 6\,H_2O$ als Urtitersubstanz gebräuchlich.

Dichromatlösungen sind orange-gelb gefärbt, die bei der Reaktion entstehenden Cr^{3+}-Ionen färben die Lösungen grün. Allerdings ist der Farbumschlag nicht gut erkennbar, daher müssen Redoxindikatoren zugesetzt werden.

Redoxindikatoren

Redoxindikatoren sind Stoffe, die im Verlauf der Titration oxidiert oder reduziert werden und dabei ihre Farbe ändern. Für die Auswahl des geeigneten Indikators sind die elektrochemischen Potenziale von Indikator, Maßsubstanz und Analyt von entscheidender Bedeutung. In einem vereinfachten Beispiel nach Abb. 13.6 soll ein Indikator das Potenzial $E(Ind)$ haben, der Analyt das Potenzial $E(A)$. Das Potenzial der oxidierenden Maßsubstanz ist $E(MS)$.

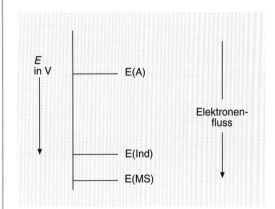

Abb. 13.6: **Potenziale Analyt, Maßsubstanz und Indikator**

Mit der Titration verändert sich das Potenzial des Analyten, es nähert sich dem Potenzial des Indikators an. Erreicht das Pozential des Analyten das Potenzial des Indikators, so wird auch dieser von der Maßlösung oxidiert und der Farbumschlag erfolgt. Redoxindikatorsysteme, deren Potenzial höher liegt als das der Analysensubstanz, könnten hier nicht verwendet werden, da sie vor der Analysensubstanz oxidiert werden würden. Daher muss die Auswahl des Redoxindikators auf Analyt und Maßsubstanz abgestimmt sein.

Ein bekannter Redoxindikator ist das **Ferroin**. In einem Chelatkomplex ist ein Eisenion mit drei Molekülen 1,10-Phenantrolin komplex gebunden.

abgekürzte Schreibweise:
$[Fe(phen)_3]^{2+}$

Die Redoxreaktion kann vereinfacht geschrieben werden:

$$[Fe(phen)_3]^{3+} + e^- \rightleftarrows [Fe(phen)_3]^{2+}$$

schwach blau   intensiv rot

Dieser Indikator hat ein Normalpotenzial von +1,14 V, er kann also nur von sehr starken Oxidationsmitteln oxidiert werden. Der Farb-Umschlagsbereich liegt zwischen 1,08 bis 1,2 V.

Der Potenzialverlauf bei einer Redox-Titration ist dem Potenzialverlauf einer Säure-Base-Titration prinzipiell gleich. Mit Redoxelektroden werden Potenzialsprünge und Kurvenformen erhalten wie mit der Glaselektrode. Die Auswertung erfolgt analog. Daher haben Redoxindikatoren wie die Säure-Base-Indikatoren nicht einen Umschlagspunkt, sondern einen Umschlagsbereich

> Redoxindikatoren werden bei Titrationen reduziert oder oxidiert, sie haben im oxidierten Zustand eine andere Farbe als im reduzierten Zustand.
>
> Der Umschlagsbereich des Indikators muss innerhalb des Potenzialsprungs des Analyten liegen.

13.5 Erste Schritte zur Erstellung einer Standardarbeitsanweisung für die iodometrische Bestimmung von Sulfit in Wein

Für die praktische Arbeit genügt es nicht, die Reaktionsgleichungen für die betreffende Analyse zu kennen. Die Reaktionsbedingungen, die Geräteausstattung, die Konzentration des Analyten, die Konzentration der Maßlösung und das Volumen der Vorlage müssen aufeinander abgestimmt sein. Diese Arbeit ist sehr zeitintensiv, sie macht sich aber bezahlt, wenn daraus Vorschriften entwickelt werden, die für Routinemessungen effektiv eingesetzt werden können. Den Einstieg in die Formulierung einer **Standardarbeitsanweisung** soll folgendes Beispiel demonstrieren.

Ein Untersuchungslabor will die Zertifizierung für die iodometrische Bestimmung von Sulfit im Wein erhalten. Für die Erstellung einer Standardarbeitsanweisung SAA soll im ersten Schritt geklärt werden, welche Konzentrationen und Volumina zu verwenden sind, um der „Allgemeinen Standardarbeitsanweisung" zu entsprechen.

Methode:
Sulfit wird mit einem Überschuss an Iod oxidiert, der Überschuss an Iod wird mit Thiosulfatlösung zurücktitriert.

Reaktionsgleichungen:
Oxidation des Sulfits:
$$SO_3^{2-} + 2\,OH^- + I_2 \rightarrow SO_4^{2-} + 2\,I^- + H_2O$$
Rücktitration des Iods:
$$2\,S_2O_3^{2-} + I_2 \rightarrow S_4O_6^{2-} + 2\,I^-$$

Stoffmengenverhältnisse:

$$\frac{n(SO_3^{2-})}{n(I_2)} = \frac{1}{1}$$

$$\frac{n(S_2O_3^{2-})}{n(I_2)} = \frac{2}{1}$$

Büretten-Nennvolumen	25 mL
Büretten-Arbeitsbereich	10 − 20 mL
Mindestvolumina	10 mL
Vorlage an Wein	100 mL (wegen der geringen Gehalte an Analyt wird eine relativ große Vorlage verwendet)
In der Iodometrie übliche Konzentrationen $c(I_2)$ und $c(S_2O_3^{2-})$	0,100 mol/L
Sulfitkonzentration in Wein	125 bis 250 mg/L
Blindwert	10 % des Messwertes
$M(SO_3^{2-})$	80,064 g/mol

Tabelle 13.8: **Vorgaben für die Bestimmung von Sulfit in Wein**

Stoffmengenbilanz:
Die vorgelegte Stoffmenge an Iod $n_0(I_2)$ ist gleich der Summe aus der mit dem Analyten (A) umgesetzten Stoffmenge, der bei der Rücktitration (R) gefundenen Stoffmenge und der durch den Blindwert (BW) verbrauchten Stoffmenge an Iod.

$$n_0(I_2) = n_A(I_2) + n_R(I_2) + n_{BW}(I_2)$$

Für den Maximalwert von Sulfit unter Berücksichtigung des Blindwertes:

Berechnung der Summe aus
$n_A(I_2) + n_{BW}(I_2) = n_{A+BW}(I_2)$

$$m_{max}(SO_3{}^{2-}) = (250 + 25) \cdot 10^{-3} \frac{g}{L} \cdot 100 \cdot 10^{-3} L =$$

$$= 27,5 \text{ mg}$$

$$n_{max}(SO_3{}^{2-}) = \frac{27,5 \cdot 10^{-3} g}{80,064 \frac{g}{mol}} = 0,343 \cdot 10^{-3} \text{ mol}$$

Die Stoffmenge an Sulfit ist gleich der Stoffmenge an Iod.

$$n_{A+BW}(I_2) = 0,343 \cdot 10^{-3} \text{ mol}$$

Berechnung $n_R(I_2)$ für 10 mL Verbrauch an Thiosulfat-Maßlösung:

$$n_R(I_2) = \frac{1}{2} \cdot c(S_2O_3{}^{2-}) \cdot V_{(S_2O_3{}^{2-})} =$$

$$= \frac{0,100 \frac{mol}{L} \cdot 10,0 \cdot 10^{-3} L}{2} =$$

$$= 0,500 \cdot 10^{-3} \text{ mol}$$

Berechnung von $n_0(I_2)$ aus Verbrauch und Rücktitration:

$$n_0(I_2) = 0,343 \cdot 10^{-3} \text{ mol} + 0,500 \cdot 10^{-3} \text{ mol} =$$

$$= 0,843 \cdot 10^{-3} \text{ mol}$$

Berechnung des vorzugebenen Volumens an 0,100 molarer Iodlösung:

$$V_{I_2} = \frac{0,843 \cdot 10^{-3} \text{ mol}}{0,100 \frac{mol}{L}} = 8,43 \text{ mL}$$

Ein solches Volumen zur Vorlage zuzugeben, ist wenig zweckmäßig, daher wird auf 10 mL aufgerundet.

Berechnung von $n_0(I_2)$ für eine Vorgabe von 10,0 mL 0,100 molarer Iodlösung:

$$n_0(I_2) = 0,100 \frac{mol}{L} \cdot 10,0 \cdot 10^{-3} L =$$

$$= 1,00 \cdot 10^{-3} \text{ mol}$$

Berechnung des Volumens der Thiosulfatlösung bei der Rücktitration
$0,343 \cdot 10^{-3}$ mol an Iod werden für den Analyten und den Blindwert gebraucht, $1,00 \cdot 10^{-3}$ mol werden zugegeben, folglich bleiben für die Rücktitration $0,657 \cdot 10^{-3}$ mol übrig.

$$V_{(S_2O_3{}^{2-})} = \frac{2 \cdot n_R(I_2)}{c(S_2O_3{}^{2-})} = \frac{2 \cdot 0,657 \cdot 10^{-3} \text{ mol}}{0,100 \frac{mol}{L}} =$$

$$= 13,1 \text{ mL}$$

Für den Minimalwert von Sulfit unter Berücksichtigung des Blindwertes:

Berechnung der Summe aus
$n_A(I_2) + n_{BW}(I_2) = n_{A+BW}(I_2)$

$$m_{min}(SO_3{}^{2-}) = (125 + 12,5) \cdot 10^{-3} \frac{g}{L} \cdot 100 \cdot 10^{-3} L =$$

$$= 13,8 \text{ mg}$$

$$n_{min}(SO_3{}^{2-}) = \frac{13,8 \cdot 10^{-3} g}{80,064 \frac{g}{mol}} = 0,172 \cdot 10^{-3} \text{ mol}$$

$$n_A + n_{BW}(I_2) = 0,172 \cdot 10^{-3} \text{ mol}$$

Die Zugabe an Iodlösung ist unabhängig von dem Gehalt des Weins. Also gilt:

$$n_0(I_2) = 1,00 \cdot 10^{-3} \text{ mol}$$

Berechnung des Volumens der Thiosulfatlösung bei der Rücktitration
$0,172 \cdot 10^{-3}$ mol an Iod werden für den Analyten und den Blindwert gebraucht, $1,00 \cdot 10^{-3}$ mol werden zugegeben, folglich bleiben für die Rücktitration $0,828 \cdot 10^{-3}$ mol übrig.

$$V_{(S_2O_3{}^{2-})} = \frac{2 \cdot n_R(I_2)}{c(S_2O_3{}^{2-})} = \frac{2 \cdot 0,828 \cdot 10^{-3} \text{ mol}}{0,100 \frac{mol}{L}} =$$

$$= 16,6 \text{ mL}$$

Für den Blindwert, wenn der Minimalwert an Sulfit vorliegt:

$$m_{BW}(SO_3{}^{2-}) = 12,5 \cdot 10^{-3} \frac{g}{L} \cdot 100 \cdot 10^{-3} L =$$

$$= 1,25 \text{ mg}$$

$$n_{BW}(SO_3{}^{2-}) = \frac{1,25 \cdot 10^{-3} g}{80,064 \frac{g}{mol}} = 0,0156 \cdot 10^{-3} \text{ mol}$$

$$n_{BW}(I_2) = 0,0156 \cdot 10^{-3} \text{ mol}$$

Berechnung des Volumens der Thiosulfatlösung bei der Rücktitration
$0,0156 \cdot 10^{-3}$ mol an Iod werden für den Blindwert gebraucht, $1,00 \cdot 10^{-3}$ mol werden zugegeben, folglich bleiben für die Rücktitration $0,984 \cdot 10^{-3}$ mol übrig.

$$V_{(S_2O_3{}^{2-})} = \frac{2 \cdot n_R(I_2)}{c(S_2O_3{}^{2-})} = \frac{2 \cdot 0,984 \cdot 10^{-3} \text{ mol}}{0,100 \frac{mol}{L}} =$$

$$= 19,7 \text{ mL}$$

13

Büretten-Nennvolumen	25 mL
Büretten-Arbeitsbereich	10–20 mL
Mindestvolumina	10 mL
Vorlage an Wein	100 mL
Konzentrationen $c(I_2)$ und $c(S_2O_3^{2-})$	0,100 mol/L
Sulfitkonzentration in Wein	125 bis 250 mg/L
Blindwert	10 % des Messwertes
$M(SO_3^{2-})$	80,064 g/mol
$V(I_2)$ zur Vorlage	10,0 mL
$V_{ÄP}(S_2O_3^{2-})$ beim Maximalwert an Sulfit	13,1 mL
$V_{ÄP}(S_2O_3^{2-})$ beim Minimalwert an Sulfit	16,6 mL
$V_{ÄP}(S_2O_3^{2-})$ bei der Bestimmung des Blindwertes beim Minimalwert an Sulfit	19,7 mL

Tabelle 13.9: **Vorgaben, Volumina und Konzentrationen**

Daraus ergibt sich zunächst folgende Arbeitsvorschrift:
Zu 100 mL Wein werden 10,0 mL einer 0,100 molaren Iodlösung gegeben. Dann wird mit 0,100 molarer Natriumthiosulfatlösung zurücktitriert. Im Arbeitsbereich, das sind Sulfitkonzentrationen von 125 bis 250 mg/L, liegt der Verbrauch an Maßlösung zwischen 13,1 und 16,6 ml bei den Analysenlösungen, beim Blindwert um 19,7 mL.

Nach der Planungsphase müsste dieses Konzept im Labor überprüft werden. Dazu sind Zeitaufwand, Wiederfindungsraten und Standardabweichungen festzustellen. Die Versuche könnten auch zeigen, dass die Differenz der Volumina der Thiosulfatlösungen von etwas über drei Millilitern zwischen dem maximalen und dem minimalen Sulfitwert zu klein für eine ausreichende Differenzierung ist. Im Verein mit den Angaben zu den Reaktionsbedingungen (Säuregrad der Vorlage, Stärkeindikator, Titerbestimmungen) und den Geräten usw. könnte daraus eine Standardarbeitsanweisung für die Bestimmung von Sulfit im Wein werden.

13.6 Übung

Redoxtitration

① Welchen Einfluss hat die Tatsache, dass Iod-Maßlösungen gelöstes Kaliumiodid enthalten, auf die Redoxtitration?

② Zur Absenkung von Stickoxidemissionen NO_x wird den Abgasen Ammoniak beigemischt, um die Stickoxide in Stickstoff zu überführen. Probleme bereitet dabei der Luftsauerstoff. Formulieren Sie für NO_2 und NO zwei mögliche Reaktionsgleichungen, beziehen Sie einmal eine Störung durch Luftsauerstoff ein.

③ Methansäure wird mit Kaliumpermanganat in Gegenwart von Schwefelsäure oxidiert. Erstellen Sie die Einzelgleichungen und die Summengleichung.

④ Planen Sie die Bestimmung des Titers einer 0,02 molaren Kaliumdichromatlösung mit der Urtitersubstanz $(NH_4)_2Fe(SO_4)_2 \cdot 6H_2O$, molare Masse 392,14 g/mol, Löslichkeit in Wasser etwa 269 g/L. Arbeiten Sie dazu einen Vorschlag einschließlich aller Berechnungen so konkret aus, dass Sie unmittelbar danach mit der experimentellen Arbeit beginnen könnten. Machen Sie sinnvolle Annahmen und begründen Sie Ihren Vorschlag detailliert.

⑤ Beim „Röhrchentest" der Polizei wird in der Atemluft enthaltenes Ethanol von Kaliumdichromat in Ethanal unter Bildung von Cr^{3+} umgewandelt.
a) Erstellen Sie die Einzelgleichungen und die Summengleichung.
b) Ohne Einsatz von Messgeräten kann die Polizei erkennen, ob die Alkoholprobe positiv ist. Wie ist das möglich? Erläutern Sie.

⑥ Die Massenkonzentration an gelöstem Sauerstoff in Gewässern kann iodometrisch bestimmt werden.
a) Wie ist experimentell vorzugehen? Gliedern Sie die experimentelle Arbeit in Einzelschritte und erläutern Sie diese.
b) Zeigen Sie, wie das Analysenergebnis zu berechnen ist.

⑦ Der Gehalt an Wasserstoffperoxid in einem Bleichmittel wird manganometrisch bestimmt. 50,0 mL der Lösung werden mit Schwefelsäure angesäuert und mit Kaliumpermanganatlösung, $c_s(KMnO_4) = 0,1$ mol/L, $t(KMnO_4) = 0,865$, titriert. Der Äquivalenzpunkt wird bei 17,20 mL Maßlösung gefunden. Berechnen Sie die Massenkonzentration an Wasserstoffperoxid.

⑧ $c(Fe^{3+})$ einer Probelösung soll iodometrisch bestimmt werden. Erklären Sie, wie experimentell vorzugehen ist und wie die experimentellen Daten auszuwerten sind.

14 Summenparameter und genormte Verfahren

14.1 Chemischer Sauerstoffbedarf

Flüsse und Seen haben eine enorme Selbstreinigungskraft, weil der im Wasser gelöste Sauerstoff unter der Mitwirkung von Mikroorganismen viele organische Schadstoffe zu Kohlenstoffdioxid oxidieren kann. Diese Methode wird in Kläranlagen zur Wasserreinigung genutzt. Analytisch ist dies von Bedeutung, weil über den Sauerstoffbedarf der Verschmutzungsgrad eines Gewässers festgestellt werden kann. Der Sauerstoffbedarf wird üblicherweise in der Einheit mg O_2/L angegeben.

Die Verschmutzung der Gewässer wird in der Regel nicht durch einen einzigen Stoff, sondern durch eine Vielzahl **verschiedener** organischer Stoffe verursacht. Für Propan und sich daraus ableitende Verbindungen können die Reaktionsgleichungen für die Oxidation wie folgt geschrieben werden.

Propan
$$CH_3CH_2CH_3 \quad + 5\,O_2 \quad \rightarrow 3\,CO_2 + 4\,H_2O$$

Propanol
$$CH_3CH_2CH_2OH + 4{,}5\,O_2 \rightarrow 3\,CO_2 + 4\,H_2O$$

Propanal
$$CH_3CH_2CHO \quad + 4\,O_2 \quad \rightarrow 3\,CO_2 + 3\,H_2O$$

Propansäure
$$CH_3CH_2COOH \quad + 3{,}5\,O_2 \rightarrow 3\,CO_2 + 3\,H_2O$$

Um ein mol Propan zu oxidieren, werden fünf mol an Sauerstoff gebraucht, für ein mol von Propanal dagegen nur vier mol Sauerstoff. Die Verbindungen haben also einen unterschiedlichen **spezifischen Sauerstoffbedarf.** Zudem sind die verschiedenen Verbindungen in den Gewässern in der Regel in **unterschiedlichen Konzentrationen** enthalten und drei mol Propanal verbrauchen mehr Sauerstoff als zwei mol an Propan. Daher ist der Sauerstoffbedarf eines Gewässers eine Größe, die sich nicht auf die Konzentration eines bestimmten Stoffes, sondern auf die Konzentrationen der Summe der in dem Gewässer enthaltenen Stoffe bezieht.

> Parameter, die sich nicht auf einen bestimmten Stoff, sondern auf eine Zusammenfassung von Stoffen beziehen, werden **Summenparameter** genannt.

Der so genannte „Biologische Sauerstoffbedarf" ist die Menge an Sauerstoff, die Bakterien in einem bestimmten Zeitraum bei einer bestimmten Temperatur zur Oxidation der im Wasser enthaltenen Schadstoffe verbrauchen (Sauerstoffzehrung). Bei-

spielsweise gibt der BSB_5-Wert die Menge an Sauerstoff pro Liter an, die während 5 Tagen bei 20 °C verbraucht werden.

Organische Schadstoffe gelangen auf vielerlei Wegen in Kläranlagen und Flüsse und die Wasserreinigung ist kostspielig. Kann der organische Schadstoffgehalt der Abwässer einzelner Einleiter, beispielsweise von Betrieben, Kommunen, Haushalten usw. bestimmt werden, so können diese nach dem Verursacherprinzip an den Kosten beteiligt werden. Für die dafür erforderlichen Analysen ist der BSB-Wert schon wegen des Zeitbedarfs ungeeignet, daher werden chemische Oxidationsmittel verwendet. Der Verbrauch dieser Oxidationsmittel wird auf einen äquivalenten Verbrauch an Sauerstoff umgerechnet.

Um möglichst viele organische Schadstoffe zu erfassen, wird mit starken chemischen Oxidationsmitteln oxidiert, üblich sind Kaliumpermanganat und Kaliumdichromat. Deren Oxidationsvermögen lässt sich nach der Nernst'schen Gleichung durch Zusatz von Säuren zusätzlich erhöhen. Deshalb werden die Oxidationen in stark saurem Medium durchgeführt. Bei der Oxidation von Wasserinhaltsstoffen mit Kaliumdichromat ist die Konzentration der Lösung an Schwefelsäure über 8 mol/L!

	E_0 in V bei pH 0	E in V bei den Bedingungen des Verfahrens*
$MnO_4^- + 8\,H_3O^+ + 5\,e^-$ $\rightarrow Mn^{2+} + 12\,H_2O$	+ 1,51	ca. 1,4
$Cr_2O_7^{2-} + 14\,H_3O^+ + 6\,e^-$ $\rightarrow 2\,Cr^{3+} + 21\,H_2O$	+ 1,33	ca. 1,9

Tabelle 14.1: **Elektrochemische Potenziale von Oxidationsmitteln für die Bestimmung des Sauerstoffbedarfs**

* L. A. Hütter, Wasser und Wasseruntersuchung, Salle und Sauerländer-Verlag, vierte Auflage 1990, S. 104–106

> Der **Chemische Sauerstoffbedarf (CSB-Wert)** ist diejenige Menge an Sauerstoff in mg pro Liter, die dem Verbrauch des Oxidationsmittels Kaliumdichromat äquivalent ist.

14

In den mehrfach erwähnten Deutschen Einheitsverfahren zur Wasseruntersuchung – Abwasser und Schlamm – findet sich unter DIN 38 409, Teil H 41 eine konkrete Beschreibung des Verfahrens, die als eine Standardarbeitsanweisung verstanden werden kann. Sie wird nachstehend auszugsweise wiedergegeben, wobei die wörtlichen Angaben *kursiv* geschrieben werden. Andere Angaben sind sinngemäße Zusammenfassungen oder nähere Erklärungen.

Bestimmung des Chemischen Sauerstoffbedarfs (CSB) im Bereich über 15 mg/L nach DIN 38409 Teil 41 (die Ziffern im Text beziehen sich auf die DIN):

1. Anwendungsbereich
Die Verfahren sind anwendbar auf gegebenenfalls vorbehandelte Wässer, deren chemischer Sauerstoffbedarf (CSB) zwischen 15 und 300 mg/L liegt ...
Der Gehalt an Chlorid darf maximal 1 g/L betragen.

2. Zweck
3. Begriff
4. Grundlagen der Verfahren
5. Verfahren H 41-1
5.1 Bezeichnung
5.2 Erfassungsbereich
5.3 Geräte
5.4 Chemikalien
5.4.3 $c(K_2Cr_2O_7) =$
  $= 0,02$ mol/L
5.4.5 $c[(NH_4)_2Fe(SO_4)_2] =$
  $= 0,120$ mol/L;
  der Titer der Lösung wird mit der Kaliumdichromatlösung bestimmt.

5.5 Vorbereitung
Alle benötigten Geräte sind absolut sauber, fett- und staubfrei zu verwenden; gegebenenfalls sind sie mit Chromschwefelsäure zu reinigen.

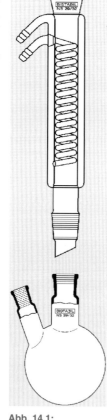

Abb. 14.1:
Rückflusskühler mit Zweihalskolben

5.6 Durchführung
20 mL der Analysenprobe werden in das Schliffgefäß pipettiert. Nach Zusatz der Siedehilfe mittels Pinzette und 10 mL der quecksilbersulfathaltigen

Kaliumdichromat-Lösung wird der Kolbeninhalt gut gemischt. Nun werden dem Gemisch 30 mL silbersulfathaltige Schwefelsäure (siehe Abschnitt 5.4.2) langsam und vorsichtig unter gutem Durchmischen zugegeben. Während der Schwefelsäurezugabe wird das Gefäß unter fließendem Wasser oder im Eisbad gekühlt, um örtliche Überhitzung zu vermeiden und Verluste an flüchtigen Stoffen möglichst weitgehend auszuschließen.
Nach Ausheizen des Kühlers wird das Reaktionsgemisch innerhalb von 10 Minuten zum Sieden erhitzt; es muss danach weitere 110 Minuten schwach sieden. Die Temperatur des Reaktionsgemisches muss 148 (± 3) °C betragen. Nach Abkühlen des Reaktionsgemischs unter eine Temperatur von etwa 60 °C wird der Kühler mit Wasser gespült; der Gefäßinhalt wird mit Wasser auf mindestens 100 ml verdünnt und auf Raumtemperatur abgekühlt.
Nach Zugabe von 2 Tropfen Ferroin-Indikator-Lösung (siehe Abschnitt 5.4.6) wird das noch vorhandene Kaliumdichromat mit Ammoniumeisen(II)-sulfat-Lösung (siehe Abschnitt 5.4.5) titriert, bis die Farbe von blaugrün nach rotbraun umschlägt. Andere gleichwertige Titrationsverfahren können angewandt werden, müssen aber bei der Angabe des Ergebnisses genannt werden.
In gleicher Weise werden mit jeder Serie von Untersuchungen 3 Blindproben analysiert, die anstelle der Analysenprobe 20 mL Wasser enthalten. Der Blindwert soll so niedrig sein, dass nicht mehr als 10 % der eingesetzten Oxidationsmenge verbraucht werden.
Aus den austitrierten Lösungen müssen die darin enthaltenen Silber- und Quecksilber-Verbindungen entfernt werden, siehe z.B. [1;2]

5.7 Kontrollbestimmung
Die zuverlässige Durchführung des Verfahrens wird durch die Untersuchung einer Referenzlösung und einer Blindprobe geprüft.
Anstelle der Analysenprobe werden 20 mL Kaliumhydrogenphthalat-Lösung (siehe Abschnitt 5.4.7) nach der in Abschnitt 5.6 gegebenen Anweisung analysiert. Der chemische Sauerstoffbedarf dieser Lösung beträgt 200 mg/L. Das Ergebnis der Untersuchung ist ausreichend, wenn ein chemischer Sauerstoffbedarf zwischen 192 und 208 mg/L ermittelt wird [3].
Grundsätzlich könnte die Wasserprobe direkt mit Kaliumdichromat titriert werden, dabei ist aber der Äquivalenzpunkt schwierig festzulegen, weil die enthaltenen Stoffe unterschiedlich schnell oxidiert werden und mehrfach nachreagieren. Die Bestimmung wird daher als Rücktitration durchgeführt.

14

5.8 Auswertung

In der DIN-Vorschrift ist eine fertige Formel angegeben, in die lediglich die Volumina der Äquivalenzpunkte für die Analysenprobe und die Blindprobe einzusetzen und mit einem konstanten Faktor sowie dem Volumen der untersuchten Probe zu verrechnen sind, um das Ergebnis direkt in mg O_2/L zu erhalten. Diese Formel kann über folgende Schritte nachvollzogen werden.

a) Oxidation der Schadstoffe durch einen Überschuss an Kaliumdichromat $n_0(K_2Cr_2O_7)$.

$$Cr_2O_7^{2-} + 14\,H_3O^+ + 6\,e^- \rightarrow 2\,Cr^{3+} + 21\,H_2O$$

b) Rücktitration der verbliebenen Stoffmenge an Kaliumdichromat $n_R(K_2Cr_2O_7)$ mit Ammoniumeisen(II)sulfat. Da sich nur die Oxidationsstufe des Eisens verändert, kann die Gleichung vereinfacht geschrieben werden.

$$Fe^{2+} \rightarrow Fe^{3+} + 1\,e^-$$

c) Bestimmung des Blindwertes an Kaliumdichromat $n_{BW}(K_2Cr_2O_7)$ durch Titration einer entsprechenden Menge an VE-Wasser.

d) Ermittlung der für die Oxidation der Inhaltsstoffe der Probe enthaltenen Stoffmenge an Kaliumdichromat $n_A(K_2Cr_2O_7)$ über die Stoffmengenbilanz (vgl. die Bestimmung von Calciumcarbonat in einem Kalkstein im Baustein „Arbeitsmethode und Planung volumetrischer Analysen am Beispiel der Säure-Base-Titration").

e) Umrechnung der Stoffmenge an Kaliumdichromat $n_A(K_2Cr_2O_7)$ in die äquivalente Stoffmenge an Sauerstoff.

$$O_2 + 2\,H_2O + 4\,e^- \rightarrow 4\,OH^-$$

Zur Reduktion von drei Molekülen O_2 und von zwei Formeleinheiten $K_2Cr_2O_7$ werden jeweils 12 Elektronen gebraucht.

$$\frac{n(O_2)}{n(K_2Cr_2O_7)} = \frac{3}{2}$$

f) Umrechnung der Stoffmenge an Sauerstoff in die entsprechende Masse und Bezug auf das Volumen der Analysenprobe.

5.9 Angaben des Ergebnisses

Es werden auf 1 mg/L gerundete Werte angegeben, jedoch maximal 3 signifikante Stellen.
Beispiele:
chemischer Sauerstoffbedarf (CSB) 21 mg/L
chemischer Sauerstoffbedarf (CSB) $2,15 \cdot 10^3$ mg/L
Analysenergebnisse von weniger als 15 mg/L CSB sind als
„chemischer Sauerstoffbedarf CSB < 15 mg/L" anzugeben.

Die Analysenprobe wird zusammen mit den Reagenzien (Quecksilberionen dienen zur Komplexierung von Chlorid, die Silberionen wirken katalytisch) in den Rundkolben gegeben. Der Kühler wird auf-

gesetzt. Durch ihn wird Wasser als Kühlflüssigkeit geleitet. Der „zweite Hals" des Kolbens nimmt das Thermometer samt Schliff auf und wird damit verschlossen. Durch die einzuhaltende Temperatur von etwa 150 °C siedet die Flüssigkeit ständig und fließt durch die Kühlung in den Reaktionskolben zurück („Erhitzen unter Rückfluss"). Die Reaktionslösung wird abgekühlt und das überschüssige Kaliumdichromat mit Ammoniumeisen(II)sulfat zurücktitriert.

Viele organische Verbindungen werden unter den gegebenen Reaktionsbedingungen weitgehend oxidiert. Ausgenommen sind Verbindungen mit bestimmten Strukturelementen wie beispielsweise ringförmige Verbindungen mit Stickstoffatomen. Inwiefern die enthaltenen Schadstoffe durch dieses Verfahren tatsächlich oxidiert werden, hängt also von der Zusammensetzung des Abwassers ab. Bei dieser Analyse steht daher das Beurteilungskriterium „richtig" nicht im Vordergrund, denn je nach Zusammensetzung der Schadstoffe kann in einem Abwasser ein großer Teil, in einem anderen Abwasser ein geringerer Teil erfasst werden. Mit einem **genormten Verfahren** erhalten allerdings zwei verschiedene Laboratorien mit dem gleichen Abwasser **vergleichbare** Werte, und dies ist bei Unstimmigkeiten und gegebenenfalls gerichtlichen Auseinandersetzungen entscheidend.

Im Abwasserabgabengesetz sind die Abgabensätze geregelt. Für 50 kg Sauerstoff, der nach der CSB-Bestimmung notwendig wäre, um die enthaltenen Verunreinigungen zu oxidieren, müssen ab 1. Januar 2002 35,79 Euro bezahlt werden. Dies gilt nur dann, wenn das Abwasser einen CSB-Wert von mindestens 20 mg/l hat. Da die obige DIN-Vorschrift für CSB-Werte nur im Bereich über 15 mg/L angewendet werden darf, ist die Festsetzung dieses Schwellenwertes leicht zu verstehen. Werden beispielsweise jährlich 1000 m³ Abwasser mit einem CSB-Wert von 1000 mg O_2/L eingeleitet, so sind dafür rund 715 Euro zu entrichten. In Trinkwasser darf nach der entsprechenden Verordnung der CSB-Wert maximal 5 mg/L sein, Regenwasser hat einen CSB-Wert von etwa 2 mg/L, stark verunreinigte Flüsse bringen es auf Werte über 100 mg/L.

Die Bestimmung des CSB mit Kaliumdichromat ist nicht unumstritten, denn Kaliumdichromat ist eine krebserregende Substanz. Die DIN-Norm schreibt vor, dass zur Herstellung der entsprechenden Lösung 5,884 g festes Kaliumdichromat abgewogen und zwei Stunden bei 105 °C getrocknet werden sollen. Da festes Kaliumdichromat feine Stäube bil-

14

det, sind besondere Vorsichtsmaßnahmen erforderlich. Vergleichbares gilt für den Umgang mit Quecksilberverbindungen. Daher wurden alternative Methoden entwickelt.

14.2 Oxidierbarkeit und Permanganatindex

Zur Bestimmung dieser Größen wird Kaliumpermanganat als Oxidationsmittel verwendet. Bezüglich der Sicherheit ist Kaliumpermanganat weniger problematisch als Kaliumdichromat, allerdings können bei Kaliumpermanganat Nebenreaktionen auftreten. Die eigentlich gewollte Oxidationswirkung nach der Gleichung

$$MnO_4^- + 8\,H_3O^+ + 5\,e^- \rightarrow Mn^{2+} + 12\,H_2O$$
(saures Medium)

wird behindert, weil Kaliumpermanganat wegen der Reaktion

$$4\,MnO_4^- + 2\,H_2O \rightarrow 4\,MnO_2 + 3\,O_2 + 4\,OH^-$$

instabil ist. Maßlösungen von Kaliumpermanganat sind daher nicht lange haltbar und der Belag von Glasoberflächen mit Mangandioxid (der Farbe wegen „Braunstein" genannt) ist kaum ganz zu vermeiden. Bildet sich bei einer Titration Braunstein, so muss dies zu einem fehlerhaften Ergebnis führen, wenn bei der Aufstellung des Stoffmengenverhältnisses davon ausgegangen wird, dass Mangan der Oxidationszahl +7 in Mangan der Oxidationszahl +2 übergeht.

Prinzip der Bestimmung der Oxidierbarkeit bzw. des Permanganatindex von Wässern:
Zu der sauren Analysenlösung wird Kaliumpermanganat-Lösung im Überschuss zugesetzt. Es wird eine definierte Zeit auf eine definierte Temperatur erwärmt. Wegen möglicher Zerfallsreaktionen wird das in der Reaktionslösung verbliebene überschüssige Kaliumpermanganat nicht direkt titriert. Vielmehr wird eine Oxalsäurelösung im Überschuss zugesetzt und die überschüssige Oxalsäure mit Kaliumpermanganat titriert.

Permanganat-Lösungen sind intensiv rotviolett gefärbt, Lösungen mit Mangan(II)-Ionen sind nahezu farblos. In der Manganometrie wird also kein zusätzlicher Indikator für den Äquivalenzpunkt gebraucht. In den Vorschriften ist angegeben, dass die Maßlösung Kaliumpermanganat **bis zum Auftreten einer eben sichtbaren, wenigstens 30 Sekunden anhaltenden Rosafärbung** zur Vorlage zugesetzt werden soll.

Permanganat wird hauptsächlich zur Bestimmung von Trinkwasser und Mineralwasser angewandt, die Schwefelsäurekonzentration ist mit etwa 0,3 mol/L deutlich geringer als beim CSB-Wert. Die so genannte Oxidierbarkeit wird in mg $KMnO_4$/L angegeben, beim Permanganat-Index wird der Verbrauch an Permanganat wie beim CSB-Wert auf Sauerstoff umgerechnet.

Beispiele für die Angaben:
Oxidierbarkeit (Kaliumpermanganat-Verbrauch) 21 mg/L
Permanganatindex I_{Mn} 5,3 mg O_2/L

Die genauen Versuchsvorschriften sind in H4 bzw. H5 EN ISO 8467 der DIN-Normen vergleichbar der CSB-Bestimmung enthalten. Für den Permanganat-Index werden auch so genannte **Verfahrenskenndaten** angegeben, welche die Präzision der Messungen beschreiben. Beispielsweise wurden an sechs Laboratorien identische Leitungswasserproben verteilt. Für den Permanganatindex wurden Werte zwischen 1,28 mg/L und 1,94 mg/L gefunden, die Standardabweichungen lagen zwischen 0,06 mg/L und 0,21 mg/L. In der Analytik werden häufig **Ringversuche** durchgeführt, bei denen identische Analysenproben an verschiedene Laboratorien verteilt, die Daten verglichen und damit die **Verfahrensnormung** überprüft werden kann.

14.3 Säurekapazität und Basekapazität

Wie der Sauerstoffgehalt bzw. der Sauerstoffbedarf, so ist auch der Gehalt an Säuren oder Basen eine wichtige Kenngröße zur Beurteilung von Wässern aller Art. Dabei haben Puffersubstanzen eine sehr große Bedeutung, da sie Zusätze von Säuren oder Basen in bestimmten Grenzen ausgleichen und so den pH-Wert der Gewässer stabilisieren. Dies ist beispielsweise in Gewässern wichtig, die sich in der Nähe landwirtschaftlich genutzter Flächen mit hohem Düngemitteleintrag befinden. Bei Verschiebung des pH-Wertes in den alkalischen Bereich würde sich aus gelösten Ammoniumsalzen Ammoniak bilden, das in Konzentrationen um 1 mg/L für viele Fische tödlich wirkt.

$$NH_4^+ + OH^- \rightarrow NH_3 + H_2O$$

Die Pufferwirkung der Wässer wird über die Säurekapazität und die Basekapazität beschrieben.
Nach DIN 38409 H7 gilt:
Die Säurekapazität eines Wassers SK ist der Quotient aus der Stoffmenge an Oxoniumionen,

die eine bestimmte Stoffportion Wasser bis zum Erreichen bestimmter pH-Werte aufnehmen kann, und dem Volumen dieser Stoffportion.

$$SK = \frac{n(H_3O^+)}{V_{H_2O}} \quad \text{gebräuchliche Einheit: mmol/L}$$

Die Basekapazität BK eines Wassers ist der Quotient aus der Stoffmenge an Hydroxid-Ionen, die eine bestimmte Stoffportion Wasser bis zum Erreichen bestimmter pH-Werte aufnehmen kann, und dem Volumen dieser Stoffportion.

$$BK = \frac{n(OH^-)}{V_{H_2O}} \quad \text{gebräuchliche Einheit: mmol/L}$$

Vereinfacht gesprochen geben Säurekapazität bzw. Basekapazität an, welche Stoffmenge an Salzsäure bzw. Natronlauge zu einem Liter Wasser gegeben werden kann, bis definierte pH-Werte erreicht werden. Säurekapazität und Basekapazität sind also **Summenparameter** für die Wässer, da sie eine Aussage über die gelösten Säuren und Basen, unabhängig von deren Art, machen.

In natürlichen Wässern ist oft eine Vielzahl von Puffersystemen vorhanden, beispielsweise das der Kieselsäure, der Phosphorsäure und der Kohlensäure. Daher musste eine Norm geschaffen werden, die festlegt, bis zu welchen pH-Werten titriert werden soll.

Die „Kohlensäure" hat bei weitem den größten Anteil an der Pufferwirkung in natürlichen Gewässern, daher ist deren Gleichgewicht für die Definition verwendet worden. Kohlensäure H_2CO_3 selbst ist in Wässern nur zu 0,1 % gegenüber 99,9 % Kohlenstoffdioxid enthalten, wenn also von „Kohlensäure" gesprochen wird, ist im Grunde Kohlenstoffdioxid gemeint. Für die Gleichgewichtskonstanten gilt bei 25 °C:

$$CO_2 + 2\,H_2O \rightleftarrows H_3O^+ + HCO_3^-$$

$$K_{S1} = \frac{c(H_3O^+) \cdot c(HCO_3^-)}{c(CO_2)} = 4{,}27 \cdot 10^{-7}\,\frac{mol}{L}$$

$$HCO_3^- + H_2O \rightleftarrows H_3O^+ + CO_3^{2-}$$

$$K_{S2} = \frac{c(H_3O^+) \cdot c(CO_3^{2-})}{c(HCO_3^-)} = 4{,}79 \cdot 10^{-11}\,\frac{mol}{L}$$

Die Funktion des Kohlensäurepuffers ist daraus ablesbar: Wird Säure zugesetzt, so bildet sich aus Carbonat Hydrogencarbonat und aus Hydrogencarbonat Kohlenstoffdioxid. Wird Base zugesetzt, so bildet sich aus Kohlenstoffdioxid Hydrogencarbonat und aus Hydrogencarbonat Carbonat. Nähere Informationen über die pH-Bereiche, in denen die einzelnen Spezies existieren, werden aus der Berechnung der Konzentrationsverhältnisse als Funktion des pH-Wertes erhalten.

$$\frac{c(CO_2)}{c(HCO_3^-)} = \frac{1}{K_{S1}} \cdot c(H_3O^+)$$

$$\frac{c(HCO_3^-)}{c(CO_3^{2-})} = \frac{1}{K_{S2}} \cdot c(H_3O^+)$$

Die Abbildung 14.2 zeigt die Auftragung der Stoffmengenanteile gegen den pH-Wert.

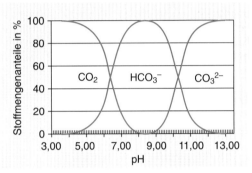

Abb. 14.2: Koexistenzbereiche für Kohlenstoffdioxid, Hydrogencarbonat und Carbonat

Wie nach den Gleichgewichtskonstanten zu erwarten, ist im stark sauren Bereich von den drei möglichen Teilchenarten CO_2, HCO_3^- und CO_3^{2-} praktisch nur Kohlenstoffdioxid vorhanden, im stark basischen Bereich liegt praktisch nur Carbonat vor. Um den pH-Wert 7 dominiert Hydrogencarbonat.

Die Titrationskurven des Kohlensäuresystems haben bei den pH-Werten 4,3 und 8,2 Potenzialsprünge, auf die titriert werden kann. Bei diesen pH-Werten haben zwei gebräuchliche Indikatoren ihren Umschlagsbereich, Methylorange färbt Lösungen bei pH 4,3 „orange", Phenolphthaleinlösungen sind bis pH 8,2 „farblos". Bei Titrationen mit Methylorange wird der so genannte „m-Wert" erhalten, mit Phenolphthalein als Indikator ergibt sich der so genannte „p-Wert". In der heutigen Zeit werden Säurekapazität und Basekapazität in der Regel mit Glaselektroden bestimmt, daher werden besser die Begriffe „Säurekapazität bis zum pH-Wert 4,3, SK (4,3)" bzw. „Basekapazität bis zum pH 8,2, BK (8,2)" verwendet. Auf dem Gebiet der Wasseranalytik gibt es eine Vielzahl von Bezeichnungen und Definitionen, die recht willkürlich erscheinen und deren Zusammenhang auch die DIN nicht eindeutig beschreibt. Beispielsweise ist nach der DIN-Norm die Säurekapazität als „K_S" zu schreiben, was leicht mit einer Säurekonstanten verwechselt werden kann. Daher wird hier SK für die Säurekapazität und BK für die Basekapazität verwendet.

14

In der Regel liegen die pH-Werte natürlicher Gewässer zwischen den pH-Werten 4,3 und 8,2. Wie Abb. 14.2 zeigt, beträgt bei pH 4,3 die Hydrogencarbonatkonzentration etwa ein Prozent der Kohlenstoffdioxidkonzentration, beim pH 8,2 beträgt die Carbonatkonzentration etwa 1 % der Hydrogencarbonatkonzentration. Vereinfacht kann daher angenommen werden, dass zwischen diesen pH-Werten Hydrogencarbonat die einzige Substanz ist, die Salzsäure verbraucht. Unter dieser Voraussetzung kann aus dem Verbrauch an Salzsäure die Massenkonzentration an Hydrogencarbonat in dem betreffenden Gewässer berechnet werden. Analog dazu ist Kohlenstoffdioxid die einzige Substanz, die Natronlauge verbraucht, also kann aus dem Verbrauch an Natronlauge die Massenkonzentration an gelöstem Kohlenstoffdioxid berechnet werden.

Beispiele:

SK (4,3) = 3,9 mmol/L

$c(HCO_3^-) = 3{,}9$ mmol/L

$\beta(HCO_3^-) = M(HCO_3^-) \cdot c(HCO_3^-) =$
$= 61{,}017$ g/mol $\cdot$ 3,9 $\cdot$ 10^{-3} mol/L $= 0{,}24$ g/L

BK (8,2) = 0,27 mmol/L

$c(CO_2) = 0{,}27$ mmol/L

$\beta(CO_2) = M(CO_2) \cdot c(CO_2) =$
$= 44{,}010$ g/mol $\cdot$ 0,27 $\cdot$ 10^{-3} mol/L $= 12$ mg/L

Die Wasserwerke der Gemeinden und Städte geben in regelmäßigen Abständen Berichte über die Laborbefunde des Trinkwassers heraus. In diesen Berichten ist wie oben beschrieben die Säurekapazität und die Basekapazität angegeben und daraus die Massenkonzentration an gelöstem Hydrogencarbonat bzw. Kohlenstoffdioxid berechnet. Diese Berechnungen sind nur dann zulässig, wenn die Säurekapazität und die Basekapazität ausschließlich aus dem Kohlensäuresystem stammt, andere Wasserinhaltsstoffe also vernachlässigt werden können.

Ein in der Wasseranalytik gebräuchlicher Wert ist auch der „Gesamtgehalt an anorganischem Kohlenstoff", als Q_c oder TIC (total inorganic carbon) bezeichnet. Wie leicht einzusehen, gilt:

$Q_c = c(CO_2) + c(HCO_3^-) + c(CO_3^{2-})$

Ist die Konzentration an Carbonat bei entsprechendem pH-Wert vernachlässigbar klein, so ist der Gesamtgehalt an anorganischem Kohlenstoff die Summe aus der Kohlenstoffdioxidkonzentration und der Hydrogencarbonatkonzentration. Natürlich kön-

nen stark saure Wässer auch mit Base zum pH 4,3 und stark basische Wässer mit Säure zum pH 8,2 titriert werden, aber diese Sonderfälle werden hier nicht weiter erörtert.

14.4 Kohlensäure-Kalk-Gleichgewicht und Wasserhärte

Kohlenstoffdioxid ist ein Teil des Kreislaufs des Kohlenstoffs, dem alle lebenden Organismen angehören. Zudem enthalten viele Minerale Calcium als Calciumcarbonat. Von Calciumcarbonat (Kalk) lösen sich nur 20 mg in einem Liter Wasser, aber fast 2 g Calciumhydrogencarbonat. Wässer, die Kohlenstoffdioxid enthalten, lösen also Kalk bis zu diesem Sättigungswert auf.

$$CaCO_3 + CO_2 + H_2O \rightleftarrows Ca(HCO_3)_2$$

Die Konzentration an Kohlenstoffdioxid wiederum ist abhängig vom pH-Wert der Lösung. Die gekoppelten Gleichgewichte werden unter dem Begriff „Kohlensäure-Kalk-Gleichgewicht" zusammengefasst.

Für folgende Sachverhalte ist dieses Gleichgewicht von Bedeutung:
a) Fließt Sickerwasser durch Bodenschichten, die Calciumcarbonat (Kalk) enthalten und ist in dem Wasser, etwa durch Verwesung von Pflanzen, viel Kohlenstoffdioxid enthalten, so löst sich Kalk aus dem Boden in Form von Calciumhydrogencarbonat im Wasser.
b) Wird Wasser erwärmt, das Calciumhydrogencarbonat enthält, so wird Kohlenstoffdioxid aus dem Gleichgewicht entfernt und Calcium fällt in Form von Calciumcarbonat „Kalk" aus. Ein Effekt, der besonders bei Heizungen („Kesselstein") und wasserführenden Leitungen („Verkalken") zu beträchtlichen Schäden führen kann.
c) Seifen und viele Waschmittel bilden mit Calcium schwer lösliche Verbindungen, die Reaktionsprodukte fallen aus. Damit wird die Reinigungswirkung erheblich reduziert, entsprechend hoch ist das Waschmittel zu dosieren.
d) Der historische Begriff „Wasserhärte" ist gerade wegen dieser Wirkung des Calciums auf den Waschvorgang geprägt worden. Heute wird die Wasserhärte nicht mehr in „Grad deutscher Härte", sondern als Stoffmengenkonzentration an Calcium- und Magnesiumionen angegeben und als **Gesamthärte** bezeichnet. Sie wird in der Regel komplexometrisch bestimmt.
e) Als **Carbonathärte** wird die Konzentration an Erdalkaliionen bezeichnet, die durch das in dem betreffenden Wasser enthaltene Kohlenstoffdio-

xid, meist in Form von Hydrogencarbonat, in Lösung gehalten wird. Dieser Wert wird in der Regel über die Säurekapazität errechnet.

f) Die parallele Größe ist die **zugehörige Kohlensäure.** Sie gibt die Menge an Kohlenstoffdioxid an, die erforderlich ist, um die im Wasser vorhandenen Calcium- und Magnesiumionen in Lösung zu halten.

g) Als **freie überschüssige Kohlensäure** wird die Menge an Kohlenstoffdioxid bezeichnet, die über die **zugehörige Kohlensäure** hinaus vorhanden ist. Sie wird auch „aggressive" Kohlensäure genannt, weil von einem solchen Wasser Metalle und Betonteile angegriffen werden. Beispielsweise können dadurch Betonzementrohre beschädigt werden. Im Fall von Asbestzement kann Asbest in das Trinkwasser gelangen.

Die hier diskutieren Gleichgewichtszustände sind empfindlich gegenüber pH-Wert-Änderungen, Temperaturschwankungen und einem Austausch von Kohlenstoffdioxid mit der Umgebung. Daher sind entsprechende Vorkehrungen bei der Probennahme und bei der Messung zu treffen, um Fehler zu vermeiden.

Probennahme zur Bestimmung von Säure und Basekapazität nach DIN 38409 H7:

Die Wasserprobe wird mit einem Schlauch in die Glasflasche eingefüllt; dabei reicht der Schlauch bis an den Boden des Gefäßes. Man lässt reichlich Wasser überfließen und verschließt das Gefäß blasenfrei mit einem Glasstopfen. Da bei erhöhter Temperatur die Ausgasung von Kohlenstoffdioxid erleichtert wird, sollten die Wasserproben möglichst in Kühltaschen transportiert werden.

Das von der DIN vorgeschriebene nahezu geschlossene Titriergefäß zur Bestimmung der Säure- bzw. Basenkapazität mit pH-Elektrode, Rührfisch und Schliff für die Bürette verhindert weitestgehend, dass das Messergebnis durch den Austausch mit dem Kohlendioxid der Luft verfälscht wird. In der Literatur ist manchmal zu lesen, dass aus Zeit- und Kostengründen auf dieses Gefäß verzichtet und dafür ein, so wörtlich, „stinknormales" Becherglas verwendet wird. Die Verantwortung für die Messergebnisse trägt der Laborleiter!

14.5 Stickstoffbestimmung nach Kjeldahl

Stickstoff ist ein Element, das für den Stoffwechsel aller Organismen sehr große Bedeutung hat. Daher kommt Stickstoff in gebundener Form in praktisch jeder Matrix vor. Wichtige Stickstoffverbindungen sind Amine, Amide, Aminosäuren, Proteine, Nitrate und Nitrite. Johan Gustaf Kjeldahl (1849–1900) hat ein nach ihm benanntes Verfahren zur Stickstoffbestimmung entwickelt, das heute noch, wenn auch in weiterentwickelten Formen, bei der Analytik von Düngemitteln, Lebensmitteln und Futtermitteln große Bedeutung hat.

Prinzip der Stickstoffbestimmung nach Kjeldahl: Stickstoff wird in Form von Ammoniak mit konzentrierter Lauge aus der Probenlösung ausgetrieben. Das Ammoniak wird in eine Lösung mit einem Säureüberschuss eingeleitet und absorbiert, der Säureüberschuss wird mit Natronlauge zurücktitriert. Das Analysenergebnis wird als $\beta(N)$, als $m(N)$ oder als $w(N)$ angegeben.

Austreiben:
$$NH_4^+ + NaOH \rightarrow NH_3\uparrow + Na^+ + H_2O$$

Absorbieren:
$$2\,NH_3 + H_2SO_4 \rightarrow (NH_4)_2SO_4$$

Zurücktitrieren:
$$H_2SO_4 + 2\,NaOH \rightarrow Na_2SO_4 + 2\,H_2O$$

Durch die erhitzte Probenlösung wird ständig Wasserdampf geleitet, der in einem separaten Kolben erzeugt wird (Wasserdampfdestillation). Der Wasserdampf treibt Ammoniak quantitativ aus dem Reaktionskolben aus. Das Gemisch gelangt zunächst in einen Kühler und dann in die Säurevorlage. Die konzentrierte Natronlauge wird in der Regel über einen Tropftrichter mit Druckausgleich (Abb. 14.3) zugegeben. Damit wird verhindert, dass während der Zugabe der Natronlauge Ammoniak aus der Apparatur entweicht. Natürlich ist bei der Zugabe der Natronlauge genau darauf zu achten, dass diese vollständig in die Probenlösung läuft und dass keine Reste an der Glasapparatur hängen bleiben, die mit dem Wasserdampf in die Säurevorlage transportiert werden könnten. Gegebenenfalls wird mit Wasser nachgespült.

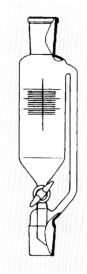

Abb. 14.3: Tropftrichter mit Druckausgleich

14

Liegt der Stickstoff in der Analysenprobe als Ammoniumstickstoff vor, also mit der Oxidationszahl (Oxidationsstufe) −3, dann kann er unmittelbar als Ammoniak ausgetrieben werden. Liegt der Stickstoff als Nitrat- oder Nitritstickstoff vor, so muss er zunächst reduziert werden. Dies geschieht entweder mit fein verteiltem Eisen in schwefelsaurer Lösung oder mit der so genannten Devarda-Legierung (Massenanteile: 50 % Cu, 45 % Al, 5 % Zn). Bei der Devarda-Legierung ist der entstehende Wasserstoff das Reduktionsmittel, z. B.:

$$2\,Al + 2\,OH^- + 6\,H_2O \rightarrow 2\,[Al(OH)_4]^- + 3\,H_2$$

Die Reduktion wird vorteilhaft unter Rückfluss (vergleichbar der Apparatur der CSB-Bestimmung) durchgeführt, dann wird der Kolben mit der Reaktionslösung an die Wasserdampfdestillationsapparatur angeschlossen.

Bei Lebensmitteln und Futtermitteln liegt der Stickstoff häufig in Form von Proteinen vor, z. B. in Haferflocken oder in Sojaschrot. Bei der Bildung der Proteine aus der Aminogruppe der einen Aminosäure und der Carboxylgruppe der anderen Aminosäure entsteht die so genannte Peptidbindung, an der Stickstoff beteiligt ist. Peptide, die über 100 Aminosäurebausteine enthalten, werden Proteine genannt. Durch Kochen mit Säuren oder mithilfe von Enzymen werden die Proteine wieder in ihre Einzelbausteine zerlegt. Die einzelnen Aminosäuren und deren Verknüpfung (Aminosäuresequenz) werden über die Gel-Elektrophorese oder die Hochleistungsflüssigkeitschromatographie bestimmt. Das sind zeitaufwändige und kostenintensive instrumentelle Analysenverfahren. Sind diese Daten aber einmal ermittelt worden, so kann bei der **routinemäßigen** Kontrolle der Futtermittel der Stickstoffgehalt nach Kjeldahl bestimmt und das Ergebnis auf den Proteingehalt umgerechnet werden.

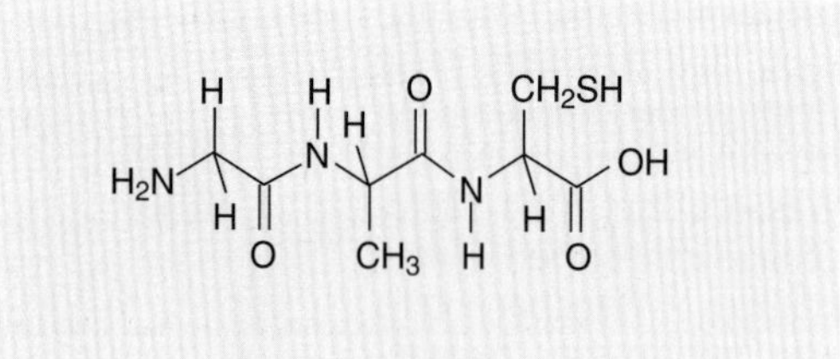

Abb. 14.4: **Tripeptid aus den Aminosäuren Glyzin, Alanin und Cystein**

Das Tripeptid (TriP) nach Abb. 14.4 enthält drei Stickstoffatome, folglich gilt das Stoffmengenverhältnis:

$$\frac{n(N)}{n(TriP)} = \frac{3}{1}$$

Durch Ersatz der Stoffmengen durch Masse und molare Masse $M(C_8H_{15}N_3O_4S) = 252$ g/mol und Umformung ergibt sich der Massenanteil an Stickstoff im reinen Tripeptid:

$$w(N) = \frac{3 \cdot 14\,\frac{g}{mol}}{252\,\frac{g}{mol}} = 0{,}167$$

Der Kehrwert des so berechneten Massenanteils ist der Faktor, mit dem eine mit dem Kjeldahlprozess ermittelte Masse an Stickstoff multipliziert werden müsste, um die Masse des eingewogenen Tripeptids zu erhalten.

$$w(N) = \frac{m(N)}{m_{TriP}}$$

$$m_{TriP} = m(N) \cdot \frac{1}{w(N)} = m(N) \cdot 5{,}99$$

Über solche Faktoren lässt sich die Masse und damit der Massenanteil an Protein im Futtermittel (der beim Kjeldahlverfahren eingewogenen Probe) berechnen. Die Faktoren sind tabelliert.

	Faktor
Gelatine	5,55
Weizeneiweiß	5,70
Futtermittel	6,25
Muskeleiweiß	6,25

Tabelle 14.2: **Faktoren zur Berechnung der Masse an Peptid.**

Vor der Bestimmung des Peptidstickstoffs nach Kjeldahl muss das Protein zerstört werden, dies wird als „Aufschluss der Probe" bezeichnet. Dazu wird die Probe mit konzentrierter Schwefelsäure sehr stark erhitzt, der Kohlenstoff wird oxidiert und aus dem Stickstoff der Peptidbindung das Ammonium durch Hydrolyse gebildet.

14.6 Elektrische Leitfähigkeit und Gesamtsalzgehalt

Neben den Stoffen, die am Kohlenstoff-Kalk-Gleichgewicht beteiligt sind, und den oxidierbaren organischen Stoffen ist der Gehalt an gelösten anorganischen Stoffen ein weiterer wichtiger **Summenparameter** für die Beurteilung von Wässern aller Art. Da es sich praktisch ausnahmslos um Salze handelt, bietet sich die elektrische Leitfähigkeit als Messmethode an. Der **Gesamtsalzgehalt** eines

Wassers bezieht sich, wie der CSB-Wert, nicht auf Einzelstoffe, sondern auf ein Stoffgemisch. Folglich müssen Vereinbarungen darüber getroffen werden, wie die Messwerte zu behandeln sind.

Die Äquivalentleitfähigkeit Λ_{eq} eines Salzes ist definiert als:

$$\Lambda_{eq} = \frac{\varkappa}{c \cdot z}$$

Für die Berechnung des Gesamtsalzgehaltes soll gelten:

a) Äquivalentleitfähigkeit und Grenzleitfähigkeit haben den gleichen Zahlenwert und $z = 1$.

$$\Lambda_{eq} = \Lambda_0$$

b) Der Mittelwert für die Grenzleitfähigkeit ist $100 \, S \cdot cm^2 \cdot mol^{-1}$. Diese Annahme ist sinnvoll, da die Werte für die einzelnen Ionen mit Ausnahme von H_3O^+ und OH^- weit darunter liegen.

$$\Lambda_0 = 100 \, S \cdot cm^2 \cdot mol^{-1}$$

c) Die mittlere molare Masse für das Salzgemisch ist $100 \, g/mol$.

Für die Stoffmengenkonzentration der gelösten Salze ergibt sich:

$$c = \frac{\varkappa}{100 \, S \cdot cm^2 \cdot mol^{-1}}$$

Ersatz der Stoffmengenkonzentration durch die Massenkonzentration.

$$\beta = \frac{\varkappa \cdot 100 \, g \, mol^{-1}}{100 \, S \cdot cm^2 \cdot mol^{-1}} = \varkappa \cdot \frac{g}{S \cdot cm^2}$$

Damit lässt sich der Gesamtsalzgehalt eines Wassers sehr einfach aus der Leitfähigkeit errechnen. Beispielsweise wurden bei Koblenz am 12. Januar 2004 nach Angaben der Bundesanstalt für Gewässerkunde für das Rheinwasser 582 µS/cm und für das Moselwasser 905 µS/cm für die Leitfähigkeit gemessen. Damit errechnet sich der Gesamtsalzgehalt des Rheinwassers wie folgt:

$$\beta = 582 \, \frac{\mu S}{cm} \cdot \frac{g}{S \cdot cm^2} = 582 \cdot 10^{-6} \, \frac{g}{cm^3} =$$
$$= 582 \cdot 10^{-3} \, \frac{g}{L} = 0{,}6 \, \frac{g}{L}$$

Im Moselwasser sind etwa 0,9 g an Salzen pro Liter enthalten. Angesichts der beschriebenen Vereinbarungen ist es sinnvoll, stark gerundete Werte anzugeben.

Leitfähigkeitswerte sind einfach zu messen und sind sehr gute Indikatoren zur Charakterisierung von Wässern aller Art bezüglich gelöster Elektrolyte, wie die Tabelle 14.3 zeigt.

Wasserart	Leitfähigkeit in µS/cm
VE-Wasser	< 3
Regenwasser, Schneewasser	50 – 100
Oberflächenwasser	50 – 200
Schwach mineralisiertes Wasser, Tafelwasser	200 – 500
Gut mineralisiertes Grund- und Quellwasser	500 – 2000
Mineralwässer	> 2000

Tabelle 14.3: **Richtwerte für die Leitfähigkeit von Wässern***

* L.A. Hütter, Wasser und Wasseruntersuchung, Salle und Sauerländer-Verlag, vierte Auflage, 1990, S. 86

Der Gesamtzustand von Fließgewässern wird durch Gewässergüteklassen charakterisiert. Dabei richtet sich die **biologische Beurteilung** nach dem so genannten Saprobienindex, bei dem die Population von Kleinstlebewesen wie Steinfliegenlarven zur Klassifizierung benutzt wird. Solche Populationen bilden sich über vergleichsweise lange Zeiträume, daher ist der Saprobienindex ein Langzeitindikator. Zur **physikalisch-chemischen Beurteilung** wird eine Anzahl von Parametern wie Temperatur, Sauerstoffsättigung, pH-Wert, Gehalte an Nitrat und Phosphat usw. herangezogen und in einem Rechenverfahren, beispielsweise nach **Bach,** über vereinbarte Gewichtungen zu einem Index verrechnet. (E. Bach: Ein chemischer Index zur Überwachung der Wasserqualität von Fließgewässern, Deutsche Gewässerkundliche Mitteilungen 24, 1980, S. 102 – 106). Der Wert der Leitfähigkeit geht dabei mit einem Gewicht von 7 % ein. Die Indexwerte reichen von 100 (Güteklasse I „unbelastet") bis zu unter 20 (Güteklasse IV „sehr stark verschmutzt" bzw. „verödet"). Die physikalisch-chemischen Parameter sind sehr gute Indikatoren für kurzzeitige Veränderungen der Wasserqualität und bilden daher eine sehr gute Ergänzung zu den biologischen Parametern.

14

14.7 Übung

Genormte Verfahren und Summenparameter

① Zerlegen Sie die experimentelle Bestimmung des CSB, der Oxidierbarkeit und des Stickstoffgehaltes nach Kjeldahl in Einzelschritte. Charakterisieren Sie jeden Schritt mit einem aussagekräftigen Namen.

② Welche Informationen enthält die Arbeitsvorschrift zur CSB-Bestimmung, die sich auf die allgemeine Standardarbeitsanweisung zurückführen lassen?

③ Erstellen Sie für die Reduktion von Nitrat NO_3^- und Nitrit NO_2^- mit Eisen bzw. Wasserstoff die Redoxgleichungen.

④ Geben Sie das Stoffmengenverhältnis an, mit dem ein Verbrauch an Kaliumdichromat bzw. Kaliumpermanganat auf einen Verbrauch an Sauerstoff umgerechnet werden kann.

⑤ Entwickeln Sie über Stoffmengenbilanzen für die CSB-Bestimmung und für die Bestimmung des Permanganatindex ein System von Gleichungen, mit denen sich die Analysenergebnisse berechnen lassen.

⑥ Entwickeln Sie nach ⑤ eine Gleichung, bei der eine Laborkraft durch Einsetzen einer Konzentration und der beteiligten Volumina unmittelbar den CSB-Wert in mg O_2/L erhält.

⑦ Berechnen Sie den CSB-Wert einer Abwasserprobe aus folgenden Angaben:
50,0 mL des Abwassers werden mit Wasser auf 250 mL aufgefüllt. Von der resultierenden Lösung werden 20,0 mL analog der DIN umgesetzt.
$K_2Cr_2O_7$: $V = 10,0$ mL $c = 0,0200$ mol/L;
$(NH_4)_2Fe(SO_4)_2$: $c_s = 0,1$ mol/L $t = 1,050$
Verbrauch bei der Titration der Probenlösung: 4,92 mL
Verbrauch bei der Blindwertsbestimmung: 9,10 mL

⑧ In einer wässrigen Lösung ist die Methanolkonzentration 0,0100 mol/L. Berechnen Sie
a) Oxidierbarkeit und Permanganat-Index,
b) den CSB-Wert der Lösung über einen Verbrauch an Sauerstoff und über den Verbrauch an Kaliumdichromat.

⑨ Eine Laborkraft soll die Massenkonzentration an Carbonat in einem Wasser bestimmen. Sie benetzt zunächst Indikatorpapier mit einigen Tropfen dieser Probe. Was ist von der Fachkenntnis der Laborkraft zu halten? Begründung?

⑩ Berechnen Sie den Massenanteil an Gesamtstickstoff einer festen Probe, die nach Kjeldahl fachgerecht analysiert wurde, aus folgenden Angaben:
9,4872 g der festen Probe zu 100 mL gelöst (AL)
Vorlage: 25,0 mL AL
Säurevorlage Schwefelsäure:
$c_s = 0,1$ mol/L $t = 1,050$ $V = 50,0$ mL
Natronlauge-Maßlösung:
$c_s = 0,2$ mol/L $t = 0,980$ $V_{ÄP} = 22,5$ mL
Der Blindwert ist vernachlässigbar klein.

⑪ Der Gehalt an Gesamtstickstoff, Ammoniumstickstoff und Nitratstickstoff von Düngemittelserien soll bestimmt werden. Bekannt sind die ungefähren Werte: $w(N_{ges}) = 20\%$; $w(N_{Nitrat}) = 18\%$; $w(N_{Amm}) = 2\%$. Die Düngemittel sind gut wasserlöslich. Entwerfen Sie eine konkrete Analysenvorschrift für das Kjeldahl-Verfahren.

⑫ Skizzieren Sie eine Apparatur zur Bestimmung von Stickstoff nach Kjeldahl und informieren Sie sich über routinemäßig eingesetzte Geräte.

14

15 Probennahme und Probenaufbereitung

Nasschemische und instrumentelle Messmethoden bestimmen weitgehend die Arbeit in einem analytischen Laboratorium. Für den Analysengang von der Zielformulierung bis zur Vorlage der Ergebnisse sind die Probennahme und die Probenaufbereitung mindestens ebenso wichtig. In der Literatur sind praktisch für jeden Analyten und für jede Matrix spezifische Methoden für die Probennahme und die Probenaufbereitung beschrieben. Fehler, die bei diesen Schritten gemacht werden, sind nachträglich auch durch die beste analytische Arbeit nicht mehr zu korrigieren. Daher bedienen sich die Laboratorien zunehmend der Fachkenntnisse von staatlich geprüften unabhängigen Probennehmern.

15.1 Probenarten und Geräte zur Probennahme

Von einem Düngemittel werden pro Tag 10 Chargen mit je 5000 kg hergestellt und in 50-kg-Gebinde abgefüllt. Wie sind die Proben aus der Sicht des Herstellers und der Sicht einer Überwachungsbehörde zu ziehen? Wie ist die Probennahme durchzuführen?

Der Hersteller könnte aus jeder Charge eine **Einzelprobe** entnehmen und analysieren lassen. Das ergäbe pro Monat rund 200 Proben. Eine Analyse nach Kjeldahl kostet zurzeit rund 20 €! Stellt er **Mischproben** her, indem er gleiche Teile der Chargen eines Tages mischt, so sind 20 Proben pro Monat zu analysieren. Die Kosten, aber auch die Aussagekraft der Mischproben sind geringer als die der Einzelproben. Die Überwachungsbehörde wird im Herstellungsbetrieb und bei den Landwirten **Stichproben** entnehmen und analysieren. Der zeitliche Rhythmus sowie die Anzahl der Stichproben bestimmen die Qualität der Überwachung durch die Behörde.

Die Probennahme gestaltet sich relativ einfach, solange das Düngemittel sich noch in den 50-kg-Gebinden des Herstellers befindet. Ist das Düngemittel auf den Feldern aufgebracht, so muss die Probennahme auf die neue Situation abgestimmt werden. Die Landwirte interessiert der Gehalt des Düngemittels in den Böden, um die neue Düngung darauf abstellen zu können. Es sind also **Bodenproben** zu ziehen. Die Probennahme auf landwirtschaftlichen Nutzflächen erfolgt nach der Ernte, also Herbst bis Frühjahr, dies ist die **zeitliche Komponente** der Probennahme. Die Entnahmetiefe der Probe, die **örtliche Komponente** der Probennah-

me, hängt von der Pflanzenart ab. Obenbodenproben werden von der Oberfläche bis zu 30 cm Tiefe entnommen, bei tief wurzelnden Pflanzen werden zusätzlich Untergrundproben aus 30 – 60 cm Tiefe gezogen. Die Proben müssen auf der landwirtschaftlichen Nutzfläche **statistisch verteilt** entnommen werden, um eine **repräsentative Aussage** machen zu können. Für die Bestimmung des Nährstoffgehaltes einer Gartenerde könnte die Anweisung für die Probennahme lauten: „An zehn verschiedenen Stellen des Gartens ist von der Oberfläche jeweils eine kleine Schaufel von Erde abzunehmen. Die Erdproben sind in einem Eimer gut zu durchmischen. Dem Laboratorium sind 500 g der Mischprobe im verschlossenen Kunststoffbeutel zu schicken". Diese Methode der Probennahme führt sicher nur zu einem groben Bild über die Nährstoffversorgung der Gartenerde, das aber für einen Hausgarten durchaus ausreichend sein kann.

Einzelproben, Mischproben und Stichproben können in vergleichbarer Weise auch von Flüssigkeiten und Gasen gezogen werden. Bei Wässern ist für die Probennahme entscheidend, ob es sich um einen Fluss oder einen See handelt und ob ein Längenprofil, ein Querprofil oder ein Tiefenprofil aufgenommen werden soll. Wasserversorgungsunternehmen können **kontinuierlich** Trinkwasserproben entnehmen. Ein Betrieb, der Lösemittel herstellt, tut gut daran, die Luft in den Produktionsräumen kontinuierlich zu überwachen. Luftproben können in einem asbestbelasteten Gebäude einzeln gezogen werden (**diskontinuierliche** Probennahme).

Gasproben können mit einem Gasprobensammler, der so genannten Gasmaus, genommen werden.

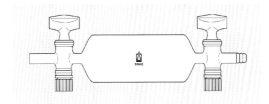

Abb. 15.1: **Gasmaus**

Zunächst wird an einem offenen Hahn eine Pumpe angeschlossen, der andere Hahn ist ebenfalls geöffnet. Zur Reinigung wird zunächst ein Inertgas, z. B. Stickstoff, durch das System gesaugt. Dann wird der letztgenannte Hahn geschlossen. Die Pumpe erzeugt jetzt in dem Aufnahmevolumen ein Vakuum, dieser Vorgang wird als „evakuieren" bezeichnet. Dann wird der mit der Pumpe verbundene Hahn ebenfalls geschlossen und die Gasmaus zu dem Ort transportiert, an dem die Gasprobe gezogen werden soll. Dort wird einer der Hähne geöffnet, durch das Vakuum wird die Probenluft in das System gesaugt.

Ähnlich wie die Gasmaus funktionieren die so genannten **Kolbenprober.** Dabei wird der Einsatz aus der Hülse gezogen und damit die Luft eingesaugt.

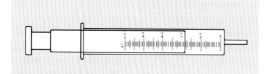

Abb. 15.2: **Kolbenprober**

Über Pumpen können Gase in eine Flüssigkeit eingeleitet und dort absorbiert werden. Dazu werden so genannte **Gaswaschflaschen** verwendet. Das Gas wird über eine Pumpe angesaugt und in die in der Waschflasche enthaltenen Lösung (Vorlage) gedrückt. Wird zwischen Pumpe und Waschflasche eine Gasmessuhr geschaltet, die wie die Tankuhr das durchgeleitete Volumen misst, so kann nach der Bestimmung der Konzentration des gelösten Analyten in der Vorlage auf dessen Konzentration in dem Gasvolumen zurückgerechnet werden. Beispielsweise kann so in der Luft enthaltener Chlorwasserstoff bestimmt werden, die Absorptionslösung ist Natronlauge. Mit geeigneten Absorptionsflüssigkeiten lassen sich in gleicher Weise auch andere Gase wie z. B. Schwefeldioxid oder Ammoniak bestimmen.

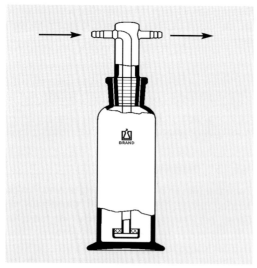

Abb. 15.3: **Gaswaschflasche**

Die **Geräte zur Probennahme von Flüssigkeiten und Feststoffen** reichen vom einfachen Becherglas, Flaschen aus Glas oder Kunststoff, Schöpfbechern, Spateln und Bohrstechern bis zu vollautomatischen Systemen mit Pumpen, Ventilen oder Minibaggern. Die Arbeit des „Pathfinder" auf dem Mars ist ein eindrucksvolles Beispiel für die Entwicklung vollautomatischer und ferngesteuerter Probennahmesysteme. In den DIN-Vorschriften finden sich genaue Angaben über Geräte und Methoden der Probennahme. Natürlich muss die Probennahme dokumentiert werden. Beispielsweise enthält die DIN 38402-11 Formulare für **Probennahmeprotokolle** von Abwasser, Grundwasser, Grundwasserleitern, stehenden Gewässern, Rohrleitungs- und Trinkwasser. Die Probennahme ist im Grunde eine eigene Disziplin in der Analytik.

15.2 Probengefäße und Probenkonservierung

Die Proben sollen sich durch die Prozedur der Probennahme und durch den Transport möglichst wenig verändern und der Gehalt an Analyt soll stabil bleiben. Dazu sind zunächst Probengefäße zu verwenden, die möglichst keine Stoffe an die Probe abgeben oder von ihr aufnehmen. Gebräuchliche Probengefäße bestehen aus Glas oder Kunststoffen wie Polypropylen und können im Allgemeinen mit verdünnten Säuren und VE-Wasser gut gereinigt werden. Besondere Beachtung verdienen dabei die Verschlussstopfen bzw. Verschlusskappen! Jeder Reinigungsschritt hinterlässt seine Spuren im Gefäßmaterial, bei mehrfacher Nutzung und aggressiven Reinigungsmitteln wird die Oberfläche angeätzt und wirkt wie ein Staubsauger auf die Umgebung. Wird in einem solchen Gefäß einmal eine Lösung mit hoher Schwermetallkonzentration aufbewahrt, so ist es praktisch ein für allemal **kontaminiert** („querverschmutzt") und auch nach den intensivsten Reinigungsverfahren nicht mehr für die Aufnahme von Proben geeignet, bei denen die zu bestimmende Schwermetallkonzentration im Bereich einiger µg/L liegt. Bei Analysen von Aluminium oder Zink ist das Problem hoher **Blindwerte** (und entsprechend starker Probenkontamination) bekannt. Sie sind durch Gefäßmaterialien verursacht, bei deren Herstellung Stearate (Salze der Stearinsäure dieser Metalle) verwendet wurden. Soll die Phosphatkonzentration in einer Wasserprobe bestimmt werden und ist das Probengefäß vorher mit einem phosphathaltigen Spülmittel gereinigt worden, so sind Analysenfehler vorprogrammiert.

Viele Proben lassen sich durch Kühlung auf 4 °C für einige Stunden gut haltbar machen, bei längeren Zeiträumen ist es zweckmäßig, die Proben bei – 18 °C einzufrieren. Die Proben müssen lichtgeschützt aufbewahrt werden, wenn der Analyt, wie beispielsweise Vitamin-A, durch Licht zersetzt wird. In Abhängigkeit von der Matrix und dem zu bestimmenden Analyten kann auch durch Zusätze von Chemikalien die Probe konserviert werden. Um zu verhindern, dass Schwermetalle als Hydroxide ausfallen, wird pro Liter Probenlösung 5 mL konzentrierte Salpetersäure zugesetzt. Die Probenmatrix ist auf einen sauren pH-Wert zu stellen, wenn verhindert werden soll, dass Ammoniak entweicht.

$$NH_3 + H_3O^+ \rightarrow NH_4^+ + H_2O$$

Hier könnte die Anweisung zur Probenkonservierung lauten: „Der pH-Wert der Bodenproben ist bei der Probenentnahme festzustellen. Gegebenenfalls ist durch Zusatz von Kaliumhydrogensulfat ein pH-Wert kleiner 7 einzustellen."

Soll eine Probe auf Cyanid untersucht werden, so ist dagegen eine saure Probenmatrix ungeeignet, weil dadurch Cyanid in Form von Blausäure entweicht.

$$CN^- + H_3O^+ \rightarrow HCN\uparrow + H_2O$$

Um **Analytverluste** zu vermeiden, ist hier die Probe basisch zu stellen. Grundsätzlich müssen die chemischen Zusätze zur Probenkonservierung auf Analyt und Matrix abgestimmt werden.

15.3 Probenaufbereitung bei Flüssigkeiten

In den allermeisten Fällen werden Proben in flüssiger Phase vermessen. Sind die Proben bereits flüssig, dann kann sich die Probenaufbereitung auf eine einfache **Filtration** beschränken, wenn Pflanzenteile, Algen, Fruchtfleisch oder Sand entfernt werden soll. Zur Filtration werden Filterpapiere oder Keramikfritten verwendet. Dabei ist auf die richtige Porengröße zu achten, damit ein klares Filtrat erhalten wird. Filterpapiere oder Keramikfritten müssen vorher gut gespült werden, um eine Kontamination (Querverschmutzung) zu vermeiden. Filtrationen lassen sich durch Unterdruck beschleunigen, allerdings darf das nicht auf Kosten einer sauberen Trennung gehen. Sehr gute Dienste leisten **Zentrifugen,** die einen Bodensatz im Zentrifugenglas erzeugen, über dem die klare Flüssigkeit abgenommen werden kann. Müssen **gelöste Gase entfernt** werden, so können flüssige Proben unter Rühren erwärmt oder in ein Ultraschallbad gestellt werden.

Eine besonders wirksame Methode ist die **Extraktion** des Analyten aus einer flüssigen Phase in eine andere flüssige Phase. Wird beispielsweise ein Liter einer wässrigen Probe in einen 1-L-Enghals-Messkolben gegeben, mit einem Milliliter n-Hexan versetzt und kräftig geschüttelt, so können 92 % des in dem Wasser gelösten Organochlorinsektizids Lindan in n-Hexan überführt werden. n-Hexan mischt sich mit Wasser kaum und bildet eine zweite Phase, die sich wegen der geringeren Dichte oberhalb der Wasserphase befindet und leicht mit einer Spritze abgenommen werden kann. Der Analyt, der vorher in einem Volumen von einem Liter verteilt war, befindet sich jetzt zum allergrößten Teil in einem Milliliter n-Hexan. Damit ist seine Konzentration etwa um den Faktor 1000 höher als in der ursprünglichen Phase. Durch diese **Anreicherung** lässt sich der Analyt natürlich empfindlicher bestimmen und die Bestimmungsgrenze wird entsprechend gesenkt. Bei größeren Volumina an Extraktionsflüssigkeiten kann ein Scheidetrichter verwendet werden. Die Phasen werden getrennt, indem zunächst die untere Phase und nach dem Wechsel der Vorlage die obere Phase ausgelassen wird (zur Methode der Extraktion vgl. Baustein „Prinzipien und Methoden der Chromatographie").

Neben der Anreicherung ist bei der Extraktion die **Abtrennung der Matrix** ein wichtiger Gesichtspunkt, denn diese kann danach die folgende Messung nicht mehr stören. Eine weitere Möglichkeit für die Anreicherung von Analyten und die Abtrennung der Matrix ist die **Chromatographie.**

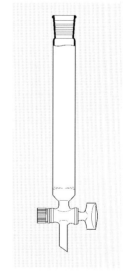

Abb. 15.4:
Chromatographiesäule

Abb. 15.5:
Festphasenmikroextraktion

Soll beispielsweise der Gehalt eines Lebensmittelfarbstoffs in einem Getränk bestimmt werden, so kann der enthaltene Zucker oder die Gelatine die Messung stören. Eine Glassäule wird mit einem in Wasser aufgeschlämmten festen Adsorptionsmittel „gepackt", beispielsweise mit pulverförmigem Siliciumdioxid. Siliciumdioxid ist in vielen Formen und Korngrößen erhältlich. Danach wird ein kleiner Teil des zu untersuchenden Getränks oben auf die Säule gegeben. Dann wird das Wasser langsam aus der Säule tropfen lassen und oben entsprechend Wasser nachgefüllt. Dadurch werden Zucker und Gelatine aus der Säule „gewaschen". Der Lebensmittelfarbstoff hat eine höhere Affinität zur festen Phase und bleibt daher zunächst auf der Säule „sitzen". Ist die Matrix vollständig abgetrennt, kann der Lebensmittelfarbstoff mit Methanol aus der Säule „gewaschen" und nun ohne störende Matrix analysiert werden. Welche Substanz auf der Säule bleibt und welche Substanz ausgewaschen wird, hängt von der Analysenprobe, dem Lösemittel (Laufmittel) und der festen Phase (Adsorbens) ab. Als Regel kann gelten: „Ähnliches läuft mit Ähnlichem". Eine eingehende Beschreibung der Methoden Extraktion und Chromatographie enthält der betreffende Baustein in diesem Buch.

Diese Art der chromatographischen Trennung ist ein elegantes, aber zeitraubendes Verfahren. Daher wurde das Verfahren miniaturisiert, die Säulen („Kartuschen") haben Fassungsvermögen von wenigen Millilitern. Die Kartusche enthält die feste Phase, auf sie wird die Probe aufgegeben. Das flüssige Laufmittel wird entweder durch die Säule gedrückt oder über eine Pumpe aus der Säule gezogen. Im letzteren Fall wird eine Nadel durch eine Dichtung gestochen, sie reicht in einer Unterdruckkammer in ein Auffanggefäß. In kommerziellen Unterdruckkammern können auf diese Weise über 20 Proben gleichzeitig bearbeitet werden.

Bei dieser so genannten **Festphasenmikroextraktion** (SPME) sind Anreicherungsfaktoren von 100 bis 5000 bekannt, entsprechend verbessert wird dadurch die Empfindlichkeit der nachfolgenden Messverfahren. So geht dem analytischen Nachweis von Stoffwechselprodukten von Drogen in der Regel eine SPME-Probenaufbereitung voraus. Die Bestimmungsgrenze bei der Rückstandsanalyse von Teesorten auf Organochlorpestizide z. B. liegt bei 10 Mikrogramm pro Kilogramm! Duft- und Aromastoffe enthalten eine Vielzahl von ähnlichen Komponenten, die in ihrer Summe und in ihren Konzentrationsverhältnissen so charakteristisch für die Sorte und die Herkunft sind wie der Fingerabdruck für einen Menschen. Für eine breite

Anwendung der SPME ist eine Fülle spezifischer fester Phasen entwickelt worden. Dies geht so weit, dass Stoffe molmassenspezifisch getrennt werden können. Wie die letzten Beispiele zeigen, sind die Methoden der Probenaufbereitung nicht streng nach flüssigen und festen Proben zu unterteilen, der Übergang ist fließend.

15.4 Probenaufbereitung bei Feststoffen

Ein wesentlicher Schritt bei der Aufbereitung fester Proben ist die **Trocknung,** da die **Feuchtigkeitsgehalte** stark unterschiedlich sein können. Das Analysenergebnis wird dann auf die Trockenmasse bezogen. So bezieht sich der Fettgehalt in Käse auf die Trockenmasse (Fett i.Tr.), Ähnliches gilt für den Nitratgehalt in Kopfsalat. Natürlich muss festgestellt werden, ob durch den Trockenvorgang ein **Analytverlust** eintritt. Wenn Bodenproben kleine Steine oder unzersetzte Pflanzenteile enthalten, ist es zweckmäßig, die Proben nach dem Trockenvorgang zu sieben und dann zu zermahlen. Die Arbeitsanweisung könnte lauten: „Die Bodenprobe wird 4 Stunden bei 103 °C getrocknet. Dabei ist darauf zu achten, dass der pH-Wert kleiner 7 bleibt. Danach werden die Steine herausgesiebt, Siebmaschenweite 10 mm, und die Bodenprobe zermahlen."

Die Proben können an der Luft oder in Trockenschränken bei Temperaturen bis etwa 120 °C getrocknet werden. Feuchtigkeit kann festen Proben auch mit Silicagel oder anderen Substanzen wie Calciumchlorid entzogen werden, die selbst ein hohes Aufnahmevermögen für Wasser haben.

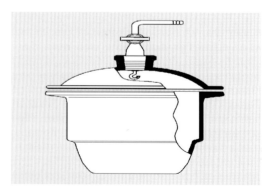

Abb. 15.6: **Exsikkator**

Dazu werden in **Exsikkatoren** die Trockensubstanz (in einer Schale auf den Boden) und die Probe (in die „ersten Etage") gegeben. Der Exsikkator kann über den Hahn evakuiert werden, um die Trocknung zu verbessern und zu beschleunigen. Allerdings sollten mit dieser Methode Trocknungszeiten von einigen Stunden einkalkuliert werden. Silicagel als Trocknungssubstanz enthält Kobaltsalze als Feuchtigkeitsindikatoren. Färbt sich das im trockenen Zustand blaue Silicagel rosarot, so kann es im Trockenschrank regeneriert und wieder eingesetzt werden.

Eine ausgezeichnete Trockenmethode ist die **Gefriertrocknung,** wenn Analyte durch die thermische Belastung in einem Trockenschrank zerstört werden könnten. Bei der Gefriertrocknung wird ausgenutzt, dass bei Drücken kleiner 6,11 mbar Wasser direkt vom festen Zustand in den Gaszustand übergeht, die flüssige Phase also „überspringt". Dieser Vorgang wird „Sublimation" genannt. Die Probe wird abgekühlt, das Wasser gefriert und wird als Wasserdampf mit einer Pumpe abgesaugt.

Bei der Aufbereitung fester Proben ist die **Homogenisierung** sehr wichtig. Werden bei dem Beispiel der Bestimmung des Nährstoffgehaltes in einer Gartenerde die Einzelproben nicht gut vermischt, so kann das Ergebnis nicht repräsentativ für den Gartenboden sein.

Im einfachsten Fall werden feste Proben im Laboratorium mit **Reibschale mit Pistill** zerkleinert. Pflanzenteile lassen sich besser zerreiben, wenn etwas feiner Sand zugesetzt wird. Die Zerreibung im offenen Gefäß kann zu Fehlern führen, wenn die Probe hygroskopisch, also wasseranziehend ist.

Abb. 15.7: **Reibschale mit Pistill**

Für Steine oder Mineralien können Mahlwerke benutzt werden. Geht es nur darum, feinkörnige Probenmassen homogen zu verteilen, so können die Proben in Schüttelmaschinen eingespannt und über eine bestimmte Zeit geschüttelt werden.

Direkte Analysen von Stoffen im festen Zustand werden nur in einigen Spezialgebieten der Analytik durchgeführt, so z. B. in der Metallurgie durch die Funken- und Bogenspektroskopie oder bei Messungen von radioaktiven Proben. In der Regel werden die in den festen Stoffen enthaltenen **Analyte aber zunächst in Lösung** gebracht. Hier ist es zweckmäßig, stufenweise vorzugehen.

Wenn der Analyt gut wasserlöslich ist, kann er aus der festen Probe mit Wasser herausextrahiert werden. Es wird ein so genannter **wässriger Auszug** hergestellt. Böden haben allerdings die Fähigkeit, in ihrem Netzwerk über ionische Anziehungskräfte auch gut wasserlösliche Substanzen festzuhalten. Es empfiehlt sich daher, dem Wasser Fremddionen zuzusetzen und dem Boden zum Austausch gegen die zu extrahierende Substanz anzubieten. Arbeitsvorschrift: „20 g der Bodenprobe werden mit 50 mL einer 0,01 molaren Kaliumchloridlösung versetzt und 10 Minuten gerührt. Dann wird durch ein vorher mit der Kaliumchloridlösung mehrfach ausgewaschenes Filterpapier filtriert. Mit dem Filterkuchen wird die gleiche Prozedur noch zweimal durchgeführt. Die vereinigten Filtrate werden mit VE-Wasser auf 250 mL aufgefüllt."

Löst sich der Analyt in organischen Lösemitteln, so können solche einfachen Auszüge ebenfalls im Becherglas oder im Erlenmeyerkolben hergestellt werden. Gängige Lösemittel sind Hexan, Aceton und Methylisobutylketon.

Eine sehr viel wirksamere Methode ist die Extraktion mit einer **Soxhlet-Apparatur.** Beispielsweise kann damit das Öl aus Rapsamen extrahiert werden. Arbeitsvorschrift: „Der Rapsamen wird in einer Mühle fein zerkleinert, 50 g werden abgewogen und in die Extraktionshülse (Gewebematerial) gegeben. In einen 500 mL Rundkolben werden 300 mL n-Hexan eingefüllt. Dann wird die Appara-

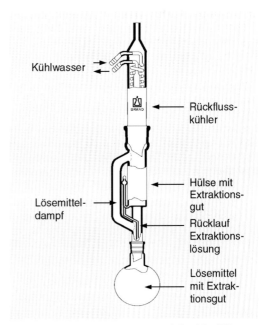

Kühlwasser

Rückflusskühler

Hülse mit Extraktionsgut

Lösemitteldampf

Rücklauf Extraktionslösung

Lösemittel mit Extraktionsgut

Abb. 15.8: **Extraktionsapparatur mit Soxhlet-Hülse**

15

tur zusammengebaut und eine Stunde unter Rückfluss erhitzt". Dabei verdampft kontinuierlich das Lösemittel. Es kondensiert im Kühler und tropft auf das Extraktionsgut. Ist die Hülse gefüllt, so läuft das Lösemittel mit dem enthaltenen Rapsöl in den Rundkolben zurück. Dort verdampft das Lösemittel wieder, gelangt wieder in die Hülse und holt weiteres Öl aus dem Rapssamen heraus. Über diesen kontinuierlichen Prozess kann das Öl praktisch vollständig aus den Samen extrahiert werden.

Da der Zeitbedarf für eine Analyse eine immer größere Bedeutung gewinnt und gerade die Probenaufbereitung in der Regel der Schritt mit dem höchsten Zeitaufwand ist, wurde in Analogie zu der SPME-Technik auch für Feststoffe das **ASE-Verfahren** (Accelerated Solvent Extraction) entwickelt. Nach dem Prinzip des Schnellkochtopfs werden dabei unter hohen Drücken und Temperaturen die Analyte mit geeigneten Lösemitteln aus den Feststoffen extrahiert. Beispielsweise können damit PCB (Polychlorierte Biphenyle) aus Holzproben (10 g) mit n-Hexan (50 mL) bei 150 bar und 120 °C in einer halben Stunde extrahiert werden. Mit der Soxhlet-Apparatur werden dazu 500 mL eines Lösemittelgemischs aus Aceton und n-Hexan und 24 Stunden gebraucht. Trotz der erkennbaren Nachteile ist das Soxhlet-Verfahren nicht veraltet, es dient zur Überprüfung des ASE-Verfahrens, ist also ein **Referenzverfahren.**

Bei den bisher beschriebenen Verfahren wurde das Ziel verfolgt, den Analyten möglichst vollständig und mit so wenig wie möglich an Probenmatrix in Lösung zu bringen. Das gelingt nicht immer und führt beispielsweise bei Bodenproben, die Metalle als Metalloxide enthalten, zu keinen guten Ergebnissen. Hier muss das gesamte Probenmaterial, also Analyt und Matrix gelöst („aufgeschlossen") werden.

Es ist zweckmäßig, zwischen **„drucklosen Aufschlussverfahren",** das sind Aufschlüsse in offenen Gefäßen, und **Druckaufschlussverfahren**, also Aufschlüsse in Autoklaven, zu unterscheiden.

Beim „drucklosen nassen Aufschluss" wird die Probe durch Flüssigkeitszusätze in Lösung gebracht. Ist das Löseverhalten der Probe nicht bekannt und ist nach dem Probenmaterial ein wässriges Aufschlussmedium angebracht, empfiehlt es sich, stufenweise vorzugehen:

Stufen bei den Aufschlussflüssigkeiten	Zunahme der Aggressivität des Aufschlusses	Stufen bei den Reaktionsbedingungen
Wasser		Zimmertemperatur
Salpetersäure		leichtes Erwärmen
Salzsäure		verdünnte Säuren
Schwefelsäure		konzentrierte Säuren
Königswasser: (3 Teile Salzsäure, 1 Teil Salpetersäure)		hohe Temperaturen

Tabelle 15.1: **Aufschlussmedien und Aufschlussbedingungen**

Zur Weiterverarbeitung müssen die Säuren häufig „abgeraucht" (abgedampft) werden, der verbleibende Rest kann mit Wasser versetzt und dann neutralisiert werden. Häufig werden so Schwermetalle in Bodenproben aufgeschlossen.

Beim **„drucklosen trockenen Aufschluss"** wird die Probe entweder in einem offenen Tiegel oder in einem Muffelofen verbrannt (bei Temperaturen bis etwa 900 °C; 2–16 Stunden), die Asche wird mit Säuren bzw. Wasser aufgenommen, gegebenenfalls wird filtriert. Dieses Verfahren kann bei organischen Materialien aller Art, also für Gewebe, Pflanzen, Getreide usw., angewandt werden.

Diese **drucklosen Aufschlussverfahren** (auch offene Aufschlussverfahren genannt) sind die klassischen Methoden, um feste Stoffe in Lösung zu bringen. Dazu sind nur einfache Gerätschaften wie Rundkolben, Rückflusskühler, Heizplatte, Tiegel, usw. erforderlich. Allerdings haben diese Verfahren große Nachteile. Häufig sind beträchtliche **Analytverluste** zu verzeichnen. Beim drucklosen nassen Aufschluss werden relativ große Mengen an aggressiven Aufschlussflüssigkeiten gebraucht, die besondere **Sicherheitsmaßnahmen erforderlich** machen. Dies gilt insbesondere für die Verwendung von Perchlorsäure. Die Gefahr, dass Störsubstanzen eingeschleppt werden **(Kontamination),** ist groß. Werden in einem Labor die Aufschlussflüssigkeiten „abgeraucht"(!), so ist das bei mangelhaften Abzugsleistungen im ganzen Haus zu riechen. In solchen Fällen ist mit einer erheblichen Gesundheitsgefährdung zu rechnen. Ein weiterer

Nachteil der drucklosen Aufschlussverfahren ist der **hohe Zeitbedarf.** Beim Aufschluss von Futtermitteln (siehe den vorausgehenden Baustein „Summenparameter und genormte Verfahren") wird, wenn die Lösung klar ist, noch weitere zwei Stunden unter Rückfluss erhitzt.

Aus diesen Gründen werden die drucklosen Aufschlüsse heute mehr und mehr durch **Druckaufschlussverfahren** verdrängt. Die Apparaturen sind abgeschlossen, es werden geringere Mengen an Aufschlussflüssigkeiten gebraucht und durch den erhöhten Druck kann die Aufschlusszeit beträchtlich verringert werden, weil dabei sehr viel höhere Säuretemperaturen erreicht werden können. Damit reduzieren sich die bei den drucklosen Verfahren genannten Probleme erheblich. Der Mikrowellenaufschluss (nasses Druckaufschlussverfahren) und der Aufschluss mit dem Hochdruckverascher (trockenes Aufschlussverfahren) sind Beispiele für solche geschlossenen Systeme.

Je nach Bauart des Systems wird beim **Mikrowellenaufschluss** eine bestimmte Probenmenge (z. B. 0,5 g organische Substanz) in den Probenbehälter (häufig aus Teflon) eingewogen und mit so viel Aufschlussflüssigkeit (häufig Salpetersäure) versetzt, dass das Probenmaterial damit gut bedeckt ist. Der Probenbehälter wird in einen druckfesten Mantel gesetzt und verschlossen. In den Verschluss wird eine Berstscheibe eingesetzt, um eine unkontrollierte Druckerhöhung zu vermeiden. In dem Verschluss sitzt ein Schlauch, der bei einer Explosion der Berstscheibe die Flüssigkeit in ein Auffanggefäß leitet.

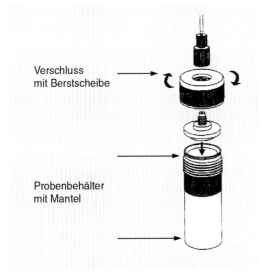

Verschluss mit Berstscheibe

Probenbehälter mit Mantel

Abb. 15.9: **Gefäß für Mikrowellenaufschluss**

Mehrere gleichartige Proben können in ein Aufschlussrondell eingesetzt und damit gleichzeitig aufgeschlossen werden. In einem Referenzbehälter wird der Druck gemessen, er erhält daher keine Berstscheibe. Über ein Temperaturprogramm können die Aufheizgeschwindigkeit, die Aufheizschritte und der maximale Druck vorgegeben werden. Die Behälter erlauben Temperaturen bis 200 °C und Drücke von etwa 10 bar.

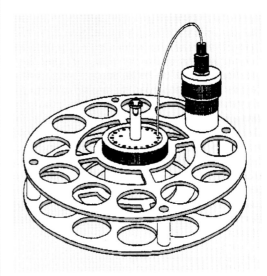

Abb. 15.10: **Probenteller für Mikrowellenaufschluss**

Schritt	1	2	3
Mikrowellenleistung in %	75	90	100
Druck in bar	3,0	6,0	10
Aufheizzeit in Minuten	5	10	5
Haltezeit in Minuten	2	3	5

Tabelle 15.2: **Beispiel für einen Mikrowellenaufschluss mit Temperaturprogramm**

Innerhalb einer halben Stunde ist dieser Aufschluss beendet, die üblichen Mengen an Aufschlussflüssigkeit liegen dabei unter 10 mL. Für sehr viele Analyte und Matrizes sind detaillierte Aufschlussbedingungen bekannt.

Ein trockener Druckaufschluss ist die „**oxidative Verbrennung im Autoklaven**". Die Probe wird dabei in einem druckfesten Gefäß bei einem Sauerstoffdruck von über 30 bar verbrannt, die Verbrennungsprodukte werden in geeigneten Absorptionslösungen aufgenommen. Besonders bei fettreichen Proben gelingt es mit dieser Methode, die organische Matrix völlig zu zerstören. Die Vorteile der Druckaufschlusssysteme sind offensichtlich, sie müssen aber im wahrsten Sinn des Wortes „erkauft" werden. So kann schon ein einziger Aufschlussbehälter für den Mikrowellenaufschluss 700 € kosten. Diese Behälter müssen in bestimmten Abständen erneuert werden, weil entweder ihre Stabilität nicht mehr gewährleistet ist oder weil die Blindwerte zu hoch sind.

Der Zeitbedarf und die Fehlermöglichkeiten sind die wichtigsten Kriterien, um die Probenaufbereitung zu beurteilen. Als Faustregel kann gelten, dass für die Probenaufbereitung etwa die zehnfache Zeit der Messung zu veranschlagen ist und dass die Fehler bei der Probenaufbereitung um den Faktor zehn höher sein können als bei der Messung selbst. Vergleichbares gilt für die Fehler bei der Probennahme und der Probenkonservierung. Wichtig ist daher die Kenntnis der wichtigsten Fehlerquellen sowie der Methoden, diesen Fehlerquellen zu begegnen. Zwar können Analyte und die Matrizes stark unterschiedlich sein, von Nitrat im Salat, Dioxin im Sand, Lebensmittelfarbstoffen in Medikamenten, Weichmacher in Kunststoffen, Schwermetalle in Gelbsenf, Aromaten in Lösemitteln, DDT in Fettgewebe, Aromastoffe im Wein bis zu Fluorchlorkohlenwasserstoffen in der Atmosphäre, aber die Prinzipien sind gleich.

Grundprinzipien bei Probennahme und Probenaufbereitung

1. Probennahme und Aufbereitung auf Analyt, Matrix und Messmethode abstimmen.
2. Proben nach Vorschrift ziehen und Probennahmeprotokoll anfertigen.
3. Auf die Homogenität des Probenmaterials achten, gegebenenfalls Proben homogenisieren.
4. Proben möglichst umgehend vermessen, gegebenenfalls Proben stabilisieren.
5. Kontamination der Proben vermeiden und durch Blindwerte überprüfen.
6. Bei Löseprozessen möglichst schonende Bedingungen vorgeben, Reaktionsbedingungen stufenweise verschärfen.
7. Bei Verdünnungen möglichst geringe Mengen an Flüssigkeiten verwenden und möglichst konzentrierte Lösungen herstellen.
8. Analytverluste und Analyteintrag vermeiden, Wiederfindungsraten bestimmen und vorgeben.

15.5 Übung

Probennahme und Probenaufbereitung

① Nennen Sie drei **prinzipiell** verschiedene Fehlerquellen bei der Probenaufbereitung.

② Eine Probenaufbereitung kann bei Flüssigkeiten aus **prinzipiell** verschiedenen Gründen erforderlich sein. Nennen Sie drei dieser Gründe und erläutern Sie jeweils ein konkretes Beispiel.

③ Der Staubanteil der Luft soll bestimmt werden. Schlagen Sie eine Methode zur Probennahme vor.

④ Die Konzentration von Schwefeldioxid in Luft soll bestimmt werden. Schlagen Sie eine Methode zur Probennahme bzw. Probenaufbereitung vor.

⑤ Schlacke, Bodenproben und Pflanzen sollen für die Messung aufbereitet werden. Erläutern Sie drei prinzipiell verschiedene Probenaufbereitungsverfahren! Verwenden Sie dazu selbst gewählte Beispiele für die Analyte.

⑥ Wie sind Bodenproben zu konservieren, in denen
a) der Gehalt an Ammoniumionen,
b) der Gehalt an Cyanid bestimmt werden soll?
Begründen Sie Ihre Angaben.

⑦ Sie haben an einem Wintertag eine klare Wasserprobe aus einem Gewässer entnommen, bringen diese in das Labor und rühren diese Probe in einem offenen Gefäß. Nach kurzer Zeit bildet sich ein weißer Niederschlag. Um welche Substanz handelt es sich dabei mit großer Sicherheit? Wie kann die Bildung dieses Niederschlags vermieden werden?

⑧ Weshalb dürfen bei Druckaufschlussverfahren immer nur relativ kleine Mengen organischer Substanzen verwendet werden, während es für anorganische Substanzen diese Begrenzung praktisch nicht gibt?

⑨ Erläutern Sie eine effektive Methode zur Trocknung von Festsubstanzen, die thermisch nicht belastet werden dürfen.

⑩ Schlagen Sie eine Methode vor, mit der Kohlendioxid aus einem Getränk entfernt werden kann.

⑪ Was können Gründe für eine Probenaufbereitung durch Extraktion sein? Welcher Grundsatz kann bei der Auswahl des Extraktionsmittels angewandt werden?

⑫ Ihr Chef fragt Sie, ob Sie die Anschaffung eines Druckaufschlussverfahrens befürworten oder ob das Labor weiterhin mit den drucklosen Verfahren arbeiten soll. Wie ist diese Frage sachgemäß zu beantworten und die Antwort zu begründen?

16 Prinzipien und Methoden der Spektroskopie und der Photometrie

„Man bringe ein Gemenge der Salze Chlorkalium und Chlornatrium in den Saum einer entleuchteten Bunsenbrennerflamme: mit dem bloßen Auge erkennt man nur die gelbe Natriumflamme, durch blaues Glas betrachtet, nur die rotviolette Kaliumflamme, durch welche man noch das Kalium neben Natrium zu entdecken vermag, wenn es auch nur $^1/_{200}$ von letzterem beträgt." So beschreibt Ad. Stöckhardts „Schule der Chemie" (10. Auflage Vieweg-Verlag) aus dem Jahre 1900 die Anfänge der Analytik über die Auswertung von „Lichterscheinungen".

Die Erforschung dieser Lichterscheinungen führte zu einem neuen Verständnis für den Aufbau der Atome und damit zu immer neuen analytischen Anwendungen. Der dänische Naturwissenschaftler Nils Bohr (1885–1962) entwickelte daraus im Jahre 1913 ein Atommodell, das heute noch große Bedeutung hat, weil sich damit viele Beobachtungen und Experimente erklären lassen. Er erhielt für seine Leistung 1922 den Nobelpreis.

Bohr füllte ein Glasrohr mit Wasserstoffgas, führte dem Gas elektrische Energie zu und beobachtete ein schwaches violettes Leuchten des Gases. Er zerlegte dieses Licht und lies es dann auf einen lichtempfindlichen Film auftreffen. Der entwickelte Film zeigte ein charakteristisches Linienmuster, das „Emissionsspektrum" des Wasserstoffatoms genannt wird.

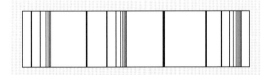

Abb. 16.1: **Emissionsspektrum des Wasserstoffatoms (schematisch)**

Die Ähnlichkeit dieses Linienmusters mit dem Strichcode, mit dessen Hilfe die Scannerkassen der Geschäfte die eingekauften Waren identifizieren können, ist augenscheinlich. Wie die Waren unterschiedliche Strichcodes tragen, so zeigen auch die Emissionsspektren verschiedener Stoffe unterschiedliche Linienmuster. Diese sind für die Atome so charakteristisch wie der Scannercode für die jeweilige Ware. Daher hat sich aus dem Versuch von Nils Bohr, in Verbindung mit schon viel früher bekannten Experimenten, in den letzten hundert Jahren eine eigene hoch technisierte analytische

Disziplin entwickelt. Sie wird „Spektroskopie" genannt, wenn die qualitative Analyse im Vordergrund der Betrachtung steht. Geht es wesentlich um quantitative Analysen, so wird dafür der Begriff „Photometrie" gebraucht. Spektroskopie bzw. Photometrie erfüllen in so hohem Maße die Beurteilungskriterien für Analysen, dass heute in praktisch jedem analytischen Laboratorium mit Spektrometern oder Photometern gearbeitet wird.

16.1 Kenngrößen von Licht

Licht ist eine elektromagnetische Welle. Die einfachen Kenngrößen von Wellen, nämlich Wellenlänge, Wellenzahl und Frequenz, lassen sich am Beispiel von mechanischen Wellen anschaulich erläutern. Wird ein elastisches Kunststoffkabel an einer Wand befestigt und in gespanntem Zustand rasch und möglichst gleichmäßig senkrecht zur Spannrichtung bewegt, so führt es eine Bewegung aus, welche die Physiker als „sinusförmige Querwelle" bezeichnen. Sinusförmig deshalb, weil sich der räumliche und der zeitliche Verlauf der Bewegung über eine Sinusfunktion beschreiben lassen. Die Auslenkung aus der Ruhelage wird als Elongation bezeichnet. Die untere Skizze zeigt den Verlauf einer solchen Bewegung zwischen dem Befestigungspunkt des Kunststoffkabels an der Wand und der Hand, welche die Welle erzeugt. Da es sich um periodische Bewegungen handelt, muss nicht die gesamte Bewegung beschrieben werden, es genügt ein repräsentativer Teil. Der bekannteste Teil ist die Wellenlänge λ.

> Die Wellenlänge λ ist der geometrische Abstand zweier im gleichen Zustand befindlicher schwingender Teilchen.

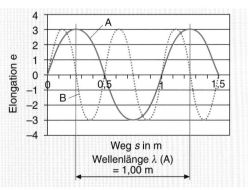

Abb. 16.2: **Elongation als Funktion des Weges**

Einfacher ausgedrückt: Die Wellenlänge λ ist der Abstand zwischen zwei Wellenbergen oder zwei Wellentälern.

Die Welle A hat eine Wellenlänge von einem Meter. Aus einem solchen Diagramm kann die Wellenlänge über jeden beliebigen Punkt der Wegstrecke ermittelt werden, also auch über die „Nulldurchgänge". Die Welle B hat eine Wellenlänge von einem halben Meter: $\lambda(B) = 0{,}50$ m.

Gebräuchlich ist auch die Angabe der Wellenzahl.

> Die Wellenzahl $\bar{v}$ („nü-quer") gibt die Zahl der Wellen pro Längeneinheit an.

Bei der Welle A „passt" auf die Wegstrecke von einem Meter genau „eine Welle", also gilt:

$$\bar{v}(A) = \frac{1 \text{ (Welle)}}{m},$$

einfacher geschrieben als: $\bar{v}(A) = 1{,}00 \cdot m^{-1}$

Für die Welle B gilt $\bar{v}(B) = 2{,}00 \cdot m^{-1}$, weil auf einen Meter zwei „Wellen passen". Je kleiner die Wellenlänge, desto mehr Wellen passen auf die Längeneinheit, daher gilt die Beziehung:

$$\bar{v} = \frac{1}{\lambda}$$

Die Wellenzahl ist also der Kehrwert der Wellenlänge. Um bei der jeweiligen Spektroskopieart mit handlichen Zahlen zu arbeiten, werden für die Wellenlänge häufig die Einheiten m, μm (1 μm = $1 \cdot 10^{-6}$ m) und nm (1 nm = $1 \cdot 10^{-9}$ m) verwendet, bei der Wellenzahl ist nur die Einheit cm^{-1} gebräuchlich.

Bei der Umrechnung von Wellenzahlen in Wellenlängen und umgekehrt ist eine gewisse Vorsicht geboten, wie folgende Aufgabe zeigt: Welche Wellenlänge in m hat eine Welle mit der Wellenzahl 800 cm^{-1}?

$$\lambda = \frac{1}{\bar{v}} = \frac{1}{800 \text{ cm}^{-1}} = 1{,}25 \cdot 10^{-3} \text{ cm}$$
$$= 1{,}25 \cdot 10^{-5} \text{ m}$$

Umgerechnet ergibt sich eine Wellenlänge von 0,0125 mm. Dies macht verständlich, weshalb 800 vollständige Wellen auf einen Zentimeter „passen".

Wie bei der Bewegung des elastischen Kunststoffkabels der Abstand der Wellenberge mit dem Metermaß bestimmt werden kann, so kann der zeitliche Abstand mit einer Stoppuhr gemessen werden. Es ergibt sich ebenfalls ein sinusförmiger Verlauf.

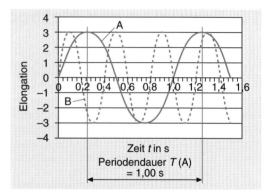

Abb. 16.3: **Elongation als Funktion der Zeit**

> Die Periodendauer T ist der zeitliche Abstand zweier im gleichen Zustand befindlicher schwingender Teilchen.

Für die beiden Wellen ergeben sich:

$$T(A) = 1{,}00 \text{ s} \qquad T(B) = 0{,}40 \text{ s}$$

Die Periodendauer ist zur Beschreibung von Wellen ungebräuchlich, für den zeitlichen Verlauf wird ausschließlich die Frequenz f verwendet.

> Die Frequenz f gibt die Zahl der Wellen pro Zeiteinheit an.

Für die Beziehung zwischen Periodendauer und Frequenz gilt:

$$f = \frac{1}{T}$$

Die Analogie zu der Beziehung zwischen Wellenlänge und Wellenzahl ist erkennbar. Die Einheit der Frequenz ist s^{-1}. Sie wird, um Verwechslungen beispielsweise mit Aktivitätsangaben radioaktiver Stoffe zu vermeiden, nach dem Physiker Heinrich Hertz (1857−1894) Hertz genannt. Für die beiden Wellen A und B gilt:

$$f(A) = \frac{1}{T(A)} = \frac{1}{1{,}00 \text{ s}} = 1{,}00 \cdot s^{-1} = 1{,}00 \text{ Hz}$$

$$f(B) = \frac{1}{T(B)} = \frac{1}{0{,}40 \text{ s}} = 2{,}5 \cdot s^{-1} = 2{,}5 \text{ Hz}$$

Wie am Beispiel des elastischen Kunststoffkabels leicht einzusehen ist, hat eine Welle mit hoher Frequenz eine kleine Wellenlänge:

$$f \sim \frac{1}{\lambda}$$

16

Es gibt also eine Beziehung zwischen den räumlichen und zeitlichen Kenngrößen von Wellen, der Proportionalitätsfaktor ist die Fortpflanzungsgeschwindigkeit der Welle. Elektromagnetische Wellen pflanzen sich mit Lichtgeschwindigkeit c fort, also gilt:

$$f = c \cdot \frac{1}{\lambda} \qquad c = \lambda \cdot f$$

Die Lichtgeschwindigkeit c im Vakuum ist mit guter Genauigkeit gleich $3{,}00 \cdot 10^8$ m/s.

Die am Beispiel der mechanischen sinusförmigen Querwellen beschriebenen Kenngrößen Wellenlänge, Wellenzahl und Frequenz und deren Zusammenhänge sind in gleicher Weise auch für die elektromagnetischen Wellen, also Lichtwellen, definiert. Bezüglich der Energie W (engl. work) der Wellen gibt es aber beträchtliche Unterschiede.

Zunächst macht das Modell des gespannten elastischen Kunststoffkabels noch deutlich, dass für die Erzeugung einer Welle mit hoher Frequenz mehr Energie aufgewendet werden muss als für die Erzeugung einer Welle mit geringerer Frequenz. Die Energie der Welle ist also der Frequenz proportional.

$$W \sim f$$

Dies gilt auch für elektromagnetische Wellen. Der Unterschied zu den mechanischen Wellen besteht darin, dass elektromagnetische Wellen die Energie **nicht kontinuierlich** (stetig), sondern **portionsweise** (unstetig) übertragen. Diese Energiepakete, die nicht mehr teilbar sind, werden **Lichtquanten** oder **Photonen** genannt. Die Energie eines Photons lässt sich über das **Planck'sche** Strahlungsgesetz berechnen (Max Planck 1858–1947).

$$W = h \cdot f$$

Die Naturkonstante h ist das Planck'sche Wirkungsquantum.

$$h = 6{,}63 \cdot 10^{-34}\ \text{J} \cdot \text{s}$$

Die Vorstellung von der Unstetigkeit der Natur, die maßgeblich von Stefan Boltzmann, Max Planck und Albert Einstein entwickelt wurde, ist mit der klassischen Mechanik nicht vereinbar, bedeutet sie doch, um ein Bild zu verwenden, dass ein Fass nicht über einen kontinuierlichen Energiefluss aus einem Hahn, sondern nur eimerweise gefüllt werden kann. Die Vorstellung, dass „die Natur gequantelt" ist, erklärt allerdings zwanglos viele Beobachtungen in der Spektroskopie. Die Energie eines Photons ist eindeutig über dessen Frequenz und damit auch über Wellenlänge und Wellenzahl beschreibbar.

$$W = h \cdot f = h \cdot c \cdot \frac{1}{\lambda} = h \cdot c \cdot \bar{v}$$

Elektromagnetische Wellen können im Prinzip unbegrenzt große Wellenlängen haben. Die Abb. 16.4, die einige in der Analytik wichtige Bereiche zeigt, soll deutlich machen, dass das menschliche Auge nur einen verschwindend kleinen Teil der Wellen, größenordnungsmäßig zwischen 400 nm und 800 nm, wahrnehmen kann (VIS-Bereich, engl. visible). Zur Registrierung von Wellen der anderen Bereiche sind spezielle Detektoren entwickelt worden. Neben dem sichtbaren Bereich ist das ultraviolette (UV) und das infrarote (IR) Licht besonders wichtig.

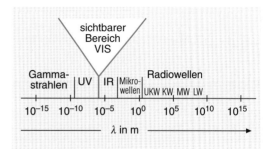

Abb. 16.4: Wellenlängenbereiche

Neben der Wellenlänge, der Wellenzahl, der Frequenz und der Energie sind **Bestrahlungsstärke und Lichtintensität** weitere für die Analytik wichtige Kenngrößen von elektromagnetischen Wellen. Licht breitet sich von einer Strahlenquelle geradlinig und kugelsymmetrisch aus. Die Strahlendichte (die Anzahl Photonen pro Volumeneinheit und Zeiteinheit, anschaulich: „die Anzahl der Strahlen pro Volumeneinheit") ist um die Strahlenquelle homogen verteilt. Folglich treffen aus einer konstant strahlenden Strahlungsquelle auf eine bestimmte Fläche pro Zeiteinheit eine konstante Anzahl von Photonen auf.

16

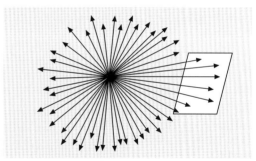

Abb. 16.5: Bestrahlungsstärke

Die Bestrahlungsstärke ist die Anzahl von Photonen, die in einer bestimmten Zeit auf eine bestimmte Fläche auftreffen.

Wenn eine Lichtquelle Licht der Wellenlänge 300 nm aussendet und eine Fläche von einem Quadratmeter eine Energie 662,6 J pro Sekunde durch diese Lichtquelle erhält, so lässt sich nach dem Planck'schen Strahlungsgesetz die Energie eines Photons berechnen:

$$W = h \cdot c \cdot \frac{1}{\lambda} = 6{,}63 \cdot 10^{-34} \, J \cdot s \cdot 3{,}00 \cdot$$
$$\cdot \, 10^8 \, \frac{m}{s} \cdot \frac{1}{300 \cdot 10^{-9} \, m} = 6{,}63 \cdot 10^{-19} \, J$$

Wenn ein Photon diese Energie hat, auf den Quadratmeter aber pro Sekunde 662,6 J abgegeben werden, dann müssen auf diesen Quadratmeter pro Sekunde

$$\frac{662{,}6 \, J}{6{,}63 \cdot 10^{-19} \, J} = 10^{21} \text{ Photonen dieser Wellenlänge auftreffen.}$$

Wegen der kugelsymmetrischen Abstrahlung trifft nur ein geringer Teil der von der Strahlenquelle ausgesandten Photonen auf die Bestrahlungsfläche auf, dieser ist zudem von dem Abstand der Fläche zur Strahlenquelle abhängig. Daher ist die Lichtintensität der Strahlenquelle („was abgeht") nicht gleich der Bestrahlungsstärke („was ankommt") auf einer bestimmten Fläche, sie ist ihr aber proportional. In der Spektroskopie hat sich daher eingebürgert, für die Bestrahlungsstärke den Begriff **Lichtintensität** I zu verwenden.

Die Lichtintensität I ist die Lichtenergie, die in einer bestimmten Zeit auf eine bestimmte Fläche auftrifft.
$$[I] = \frac{J}{m^2 \cdot s}$$

Die Lichtintensität darf nicht mit der Lichtenergie verwechselt werden. Gerätehersteller sprechen allerdings häufig von Lichtenergie und meinen, vermutlich bedingt durch den angelsächsischen Sprachgebrauch, die Lichtintensität.

16.2 Die Zerlegung von Licht

Am anschaulichsten ist das Prinzip der Lichtzerlegung an einem Glasprisma zu erklären. Eine Glühbirne (Wolframlampe) sendet sichtbares weißes Licht aus. Der Fachbegriff für die Aussendung bzw. Abstrahlung von Licht ist **Emission.** Von dieser Lichtquelle wird durch einen Spalt ein schmales Lichtbündel, ein „Lichtstrahl", auf das Prisma gelenkt. Das übrige von der Lichtquelle **emittierte** Licht wird ausgeblendet. (Der Begriff „Lichtstrahl" ist eine Hilfskonstruktion, um den Sachverhalt anschaulich darzustellen.) Trifft ein Lichtstrahl aus einem optisch dünnen Medium (der Luft) auf ein optisch dichteres Medium (das Glas), so ändert er seine Fortpflanzungsrichtung, er wird zum Lot hin gebrochen. Verlässt der Lichtstrahl das Glas, so geht er vom optisch dichteren Medium in das optisch dünnere Medium über, wird also erneut gebrochen, diesmal vom Lot weg. Der Brechungswinkel, die Dispersion (lat. Kolloid, hier im Sinne von „zerlegen, streuen"), hängt von dem Material des Prismas und der Wellenlänge des Lichtes ab, **kurzwelliges Licht wird stärker gebrochen als langwelliges Licht.** Trifft das aus dem Prisma kommende Licht auf einen Schirm auf, so zeigt sich ein zusammenhängendes Farbband, das vom Regenbogen her bekannt ist. **Stellvertretend** für das zusammenhängende Farbband sollen vier Lichtstrahlen die Farben rot, gelb, grün und blau darstellen.

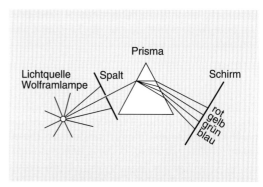

Abb. 16.6: Zerlegung von sichtbarem Licht am Prisma

Fällt das Licht aus dem Prisma statt auf einen Schirm auf einen lichtempfindlichen Film, so kann das zusammenhängende Farbband als ein stufenloser Übergang von blau nach rot fixiert werden. Da es sich nicht um einzelne Emissionslinien, sondern um ein zusammenhängendes Emissionsband handelt, wird es ein **kontinuierliches Spektrum** genannt. Den Farben können Wellenlängen zugeordnet werden, das kurzwellige blaue Ende des Farbbandes hat die Wellenlänge 400 nm, das langwellige rote Ende die Wellenlänge 800 nm.

Das Emissionsspektrum einer Wolframlampe ist ein zusammenhängendes Farbband (kontinuierliches Spektrum) von blau über grün, gelb und rot.

Dem Auge erscheint das Licht der Glühbirne „weiß", obwohl es im Grund aus „vielen Farben" besteht. Das Auge ist daher für die Spektroskopie nur bedingt als **Detektor** (hier: ein Gerät zum Nachweis elektromagnetischer Strahlung) geeignet. Dies zeigt auch eine kleine Abänderung des Versuchs: Hinter dem Prisma wird ein Körper so aufgestellt, dass der Grünanteil des Lichtes nicht auf den Schirm fallen kann. Auf dem Schirm zeigt sich dann ein **diskontinuierliches Spektrum,** der abschirmende Körper zeigt sich im Spektrum der Regenbogenfarben an der Stelle, wo vorher die grüne Farbe zu sehen war, als schwarzer Balken.

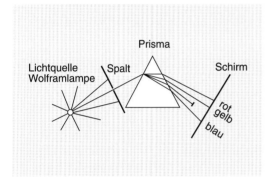

Abb. 16.7: Diskontinuierliches Spektrum

Wird bei diesem Versuch der Schirm durch eine Sammellinse ersetzt, die das verbliebene Licht wieder in einem **Punkt bündelt,** die verbliebenen Farbanteile also wieder zusammenführt, dann erscheint das auf diesen Punkt auftreffende Licht rot gefärbt, obwohl es noch die Anteile der anderen Farben enthält. Wird grünes Licht ausgeblendet, so erscheint rotes Licht auf dem Schirm. Die Farben rot und grün sind **Komplementärfarben,** weil sie sich zu weißem Licht ergänzen. Das Auge kann also beim Farbeindruck „rot" nicht unterscheiden, ob es sich um Licht „einer" Wellenlänge des roten Bereichs oder um eine Mischfarbe handelt. Licht einer bestimmten Wellenlänge wird als **spektralrein** oder **monochromatisch** genannt. Geräte, die Licht nach der Wellenlänge zerlegen, werden als **Monochromatoren** oder **Dispersionselemente** bezeichnet.

16.3 Emission, Absorption und Fluoreszenz

Mit den Kenngrößen elektromagnetischer Wellen lässt sich das Emissionsspektrum des Wasserstoffatoms unter Verwendung der Annahmen von Nils Bohr erklären. Bohr folgerte aus den beobachteten scharfen Emissionslinien zunächst, dass das Was-

serstoffatom **nicht beliebige,** sondern nur **ganz bestimmte** Energiebeträge abgeben kann. „Durch welchen Vorgang kann dabei Energie freigesetzt werden und weshalb werden nur ganz bestimmte Energiebeträge abgegeben?", war die zu lösende Grundfrage. Nach den Arbeiten von Ernest Rutherford (1871–1937) war bekannt, dass das Atom einen positiv geladenen Atomkern und negativ geladene Elektronen auf der Hülle enthält. Positive und negative Ladungen ziehen sich an, folglich muss Energie aufgewendet werden, wenn der Abstand zwischen Kern und Elektronen vergrößert werden soll. Energie wird abgegeben, wenn sich der Abstand von Kern und Elektron verringert. Die Tatsache, dass nur bestimmte Energiebeträge beobachtet werden, erklärte Bohr mit „Bahnen" oder „Schalen", auf denen sich die Elektronen bewegen. Für diese Bahnen, im Grunde Energieniveaus, sind nur **bestimmte Abstände** zum Kern möglich und die Elektronen können nur zwischen diesen Bahnen **springen:** bei Energieaufnahme in kernfernere Bahnen und bei Energieabgabe in kernnähere Bahnen. Da sehr viele Emissionslinien beobachtet werden, nahm Bohr an, dass das Elektron des Wasserstoffatoms durch Energiezufuhr nicht nur auf die zweite Bahn, sondern auch auf weiter entferntere Bahnen gehoben wird und von dort in einem Sprung oder in „Etappen" in den Ausgangszustand zurückkehrt.

Die Kraft F, mit der sich geladene Teilchen anziehen, wird über das Coulomb'sche Gesetz beschrieben:

$$F = k \cdot \frac{Q_1 \cdot Q_2}{r^2}$$

Q_1 und Q_2 sind die beiden Ladungen der Teilchen, hier also die Ladung des Wasserstoffatomkerns mit einem Proton und die Ladung des Elektrons, k ist ein Proportionalitätsfaktor. Der Abstand der Ladungen ist r, der Radius der Elektronenbahn, auf dem sich das Elektron befindet. Die Abstände zwischen den Bahnen sind nicht gleich, da sich die Anziehungskraft mit dem Quadrat von r verändert. Räumlich gesehen werden daher die Abstände zwischen den Bahnen immer größer, energetisch werden sie immer kleiner. Je kernnäher die Bahn, auf die das Elektron springt, und je größer die Energiedifferenz zwischen den Bahnen, desto mehr Energie wird abgegeben. Diese Energiedifferenzen sind so ausgeprägt, dass die Sprünge **auf die jeweilige Bahn** im Spektrum deutlich von den Sprüngen **auf andere Bahnen** unterschieden und zu Serien zusammengefasst werden können. Sprünge auf die erste Bahn gehören zur K-Serie, der Sprung von der zweiten auf die erste Bahn wird als Kα-Linie bezeichnet, der

16

Sprung von der dritten auf die erste Schale als Kβ-Linie. Die Serien werden entweder nach ihren Entdeckern (Lyman, Balmer, Paschen usw.) oder einfacher als K, L, M usw. benannt. Die Energiedifferenz zwischen der ersten und der zweiten Bahn ist am größten. Die Emissionslinien haben ungleiche Abstände zueinander und wachsen zu „Bandenköpfen" zusammen.

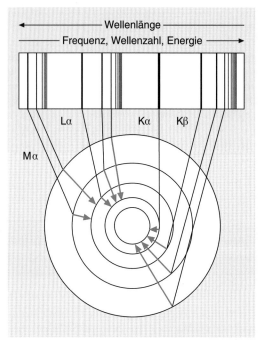

Abb. 16.8: Elektronensprünge und Spektrenserien

Im Emissionsspektrum des Wasserstoffs fällt auf, dass die Emissionslinien unterschiedliche Schwärzungsgrade haben. Die Erklärung ist einfach: Übergänge in benachbarte Bahnen sind wahrscheinlicher als Übergänge in entferntere Bahnen. Unterschiedliche Wahrscheinlichkeiten bedeuten unterschiedliche Häufigkeiten und unterschiedliche Häufigkeiten bedeuten unterschiedliche Intensitäten.

Das Wasserstoffatom enthält nur ein Proton und ein Elektron. Da die anderen Atome mehrere Protonen und mehrere Elektronen enthalten, sind andere Anregungsenergien notwendig, folglich werden andere Emissionsspektren erhalten. Daraus erklärt sich, dass die **Spektren** für die Substanzen so charakteristisch sind wie die Fingerabdrücke für einen Menschen. Daher ist über die Auswertung von Spektren die **qualitative Analyse** möglich.

Eine Energieabgabe durch Lichtemission ist nur möglich, wenn vorher die entsprechende Energie

durch Absorption aufgenommen worden ist. Da die Elektronen nur zwischen den Bahnen springen können, bedeutet dies, dass nicht beliebige, sondern nur ganz bestimmte Energiebeträge aufgenommen werden können. Der Vorgang der Absorption (A) von Energie wird als „**Anregung**" bezeichnet, der dazu notwendige Energiebetrag als „**Anregungsenergie**". Mit der Energieaufnahme ist das System in einem energiereicheren, man sagt „**angeregten Zustand**". Durch Emission (E) kehrt das System in den energiearmen **Grundzustand** zurück.

Zur Anregung können verschiedene Energiequellen verwendet werden, beispielsweise auch die Flamme eines Bunsenbrenners. Werden Lösungen von Alkalisalzen in eine Bunsenbrennerflamme gebracht, so leuchtet diese in charakteristischen Farben auf: Natriumsalze färben die Flamme intensiv gelb, Rubidiumsalze intensiv rot. Diese Färbung der Flammen wurde schon in der Frühzeit der Spektroskopie zum qualitativen Nachweis benutzt. In der Spektroskopie werden zur Anregung sehr häufig elektromagnetische Wellen verwendet, da sich durch Verwendung einer bestimmten Wellenlänge die Anregungsenergie sehr genau dosieren lässt. Die Anregung und damit die Art des angeregten Zustandes (AZ) kann also von dem Experimentator vorgegeben werden. In welcher Form der Grundzustand (GZ) wieder erreicht wird, hängt von dem betreffenden Stoff ab. Wird beispielsweise nur der Übergang GZ nach AZ1 angeregt, dann ist als Emission nur der Übergang AZ1 nach GZ möglich. Wird der Übergang GZ nach AZ5 angeregt, so sind eine Reihe von Emissionen möglich. In der nachstehenden Zeichnung sind die Übergänge wie beim Emissionsspektrum des Wasserstoffatoms in Serien zusammengefasst.

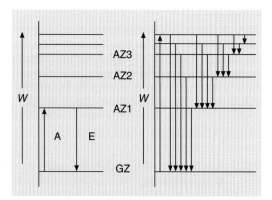

Abb. 16.9: Absorption und Emission (schematisch)

Von den vielen möglichen Übergängen werden nicht alle tatsächlich auch beobachtet, dazu sind einige Übergänge zu intensitätsschwach.

Die Grundregel „Stoffe emittieren auf der Wellenlänge, auf der sie auch absorbieren" ist leicht zu verstehen, denn die gleiche Energieportion, die das Elektron abgeben kann, kann es auch aufnehmen. In der Spektroskopie werden sowohl **Emissionsspektren und Absorptionsspektren** aufgenommen. Zwischen den beiden Spektrentypen besteht ein Zusammenhang, wie das folgende Beispiel zeigt.

Eine Lichtquelle soll ein kontinuierliches Spektrum aussenden, das zur Anregung aller Elektronensprünge in einem Atom ausreicht. Das Licht wird wieder durch einen Spalt begrenzt und der Lichtstrahl durch einen Dampf dieser Atome geleitet, ehe er auf das Prisma trifft. Die Atome nehmen aus dem Licht die Wellenlängen auf, die den Energiedifferenzen der Bahnen entsprechen. Folglich werden diese Wellenlängen nur mit geschwächter Intensität auf das Prisma und dann auf den lichtempfindlichen Film auftreffen und sich dort als „weiße" Linien zeigen. In der Abb. 16.10 sollen vier „Lichtstrahlen" stellvertretend für alle Wellenlängen stehen, die der Atomdampf durchlässt.

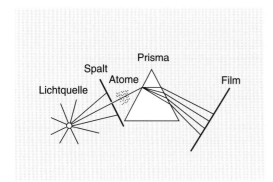

Abb. 16.10: **Lichtabsorption und Spektrum**

Auf dem Film ergäbe sich also ein Band der von der Lichtquelle ausgesandten Wellenlängen, das durch weiße Linien, den Absorptionslinien, unterbrochen ist. Dies ist das Absorptionsspektrum des betreffenden Atoms. Im Absorptionsspektrum sind also die Wellenlängen enthalten, die von der Strahlungsquelle nach Durchgang durch den Atomdampf noch übrig bleiben. Natürlich geben die Atome die aufgenommenen Wellenlängen auch wieder ab, aber kugelsymmetrisch, also nicht nur in Richtung des Prismas. Diese von den angeregten Atomen emittierten Wellenlängen würden sich, nach der Zerlegung des Emissionslichtes durch ein senkrecht zur Einstrahlrichtung der Lampe aufgestelltes Prisma, als Emissionsspektrum des betreffenden Atoms zeigen. Die Wellenlängen, die im Absorptionsspektrum fehlen, zeigen sich im Emissionsspektrum.

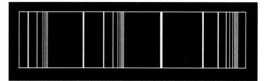

Abb. 16.11: **Absorptionsspektrum des Wasserstoffatoms (schematisch)**

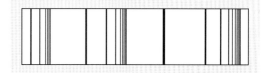

Abb. 16.12: **Emissionsspektrum des Wasserstoffatoms (schematisch)**

Der Vergleich zeigt, dass die Summe aus **Absorptionsspektrum** und **Emissionsspektrum** ein kontinuierliches Spektrum ergibt. Häufig sind die beiden Spektrentypen komplementär.

Von der Regel, dass ein Stoff auf der Wellenlänge Licht emittiert, auf der er auch absorbiert, gibt es allerdings Ausnahmen, da die Anregungsenergie nicht immer in Form von Licht abgegeben wird. Sie kann auch in Form von Wärme abgegeben werden. Dies ist ein „strahlungsloser Übergang", eine „strahlungslose Desaktivierung".

In vielen naturkundlichen Museen gibt es Räume, die mit bei Tageslicht unscheinbar aussehenden Mineralien bestückt sind. Werden diese Mineralien mit energiereichen unsichtbaren UV-Strahlen angeregt, so erstrahlen sie für kurze Zeit in prächtigen Farben. Ein Teil der Energie wird in Form von Wärme abgegeben, das restliche Emissionslicht hat eine kleinere Energie und liegt daher im Bereich des sichtbaren Lichtes. Besonders „weiße" Wäsche enthält häufig optische Aufheller, die in vergleichbarer Weise UV-Strahlen der Sonne absorbieren und längerwelliges Licht emittieren. Besonders weiß aussehende Wäsche muss also nicht besonders rein sein!

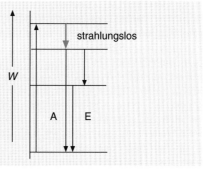

Abb. 16.13: **Emission und Fluoreszenz**

16

Der beschriebene Effekt, dass gegenüber der Anregung längerwelliges Licht emittiert wird, ist die **Fluoreszenz.** Wird die Anregungsenergie nur in Form von Licht wieder abgegeben, so sind die Zeiten, bis der Stoff wieder den Grundzustand erreicht hat, relativ kurz, größenordnungsmäßig eine Millionstel Sekunde. Wird die anregende Lichtquelle ausgeschaltet, dann erlischt daher die Emission sofort. Sind wie bei der Fluoreszenz andere Mechanismen beteiligt, so können die Abklingzeiten Sekunden bis Minuten betragen, bei der Phosphoreszenz kann das Jahre dauern.

Emissionsspektren, Absorptionsspektren und Fluoreszenzspektren sind für die Atome so charakteristisch wie der Fingerabdruck für einen Menschen. Mit ihnen kann die qualitative Analyse der Analyte durchgeführt werden.

16.4 Bauteile eines Spektrometers und die Aufnahme von Spektren

An dieser Stelle soll die Funktion der Bauteile eines Spektrometers an dem jeweils **einfachsten und anschaulichsten Beispiel** erklärt werden. In einer Übersicht werden dann häufig verwendete Bauteile und ihre Eigenschaften dargestellt.

Strahlungsempfänger, so genannte **Detektoren,** wandeln Lichtintensitäten in elektrische Signale um. Diese Signale lassen sich leicht digitalisieren, auf Bildschirmen darstellen und in Computern weiterverarbeiten.

Einer der einfachsten Detektoren ist das Photoelement. Der wesentliche Bestandteil ist eine Halbleiterschicht mit der Eigenschaft, Elektronen in nur einer Richtung durchzulassen. In der umgekehrten Richtung ist der Elektronendurchgang gesperrt. Auf dem Halbleiter ist eine lichtdurchlässige Metallschicht netzartig aufgebracht, so dass Licht auf die Halbleiterschicht fallen kann. Aus dem Halbleiter werden durch das Licht Elektronen ausgelöst, diese gelangen zu der Metallschicht, werden durch eine leitende Verbindung über ein Amperemeter zu einer Metallplatte und von dort wieder in die Halbleiterschicht zurücktransportiert. Die Stromstärke ist der Strahlungsintensität proportional.

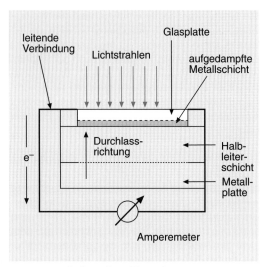

Abb. 16.14: Aufbau eines Photoelements

Über die Art der Halbleiterschicht kann vorgegeben werden, in welchem Wellenlängenbereich der Detektor eingesetzt werden kann. Beispielsweise arbeiten Siliciumhalbleiterschichten im Bereich des sichtbaren Lichtes, Germaniumhalbleiterschichten im Bereich des infraroten Lichtes.

Detektoren wandeln Strahlungsintensitäten in elektrische Signale um. Die Stromstärke ist der Strahlungsintensität proportional.

Der Arbeitsbereich des Detektors ist auf den zu messenden Wellenlängenbereich auszurichten.

Häufig ist die Zahl der ausgelösten Elektronen und damit die Stromstärke zu klein, um gute Messergebnisse zu erhalten. Die ausgelösten Elektronen werden daher durch angelegte Spannungen beschleunigt und lösen in nachgeschalteten Elektroden weitere Elektronen aus. Aus einem einzigen durch das Licht ausgelösten Elektron entsteht so eine Elektronenlawine, die gut messbar ist. Solche Geräte werden Photomultiplier genannt. Der deutsche Name „Sekundärelektronenvervielfacher" illustriert den Sachverhalt anschaulich. Photomultiplier werden häufig bei Messungen im sichtbaren Bereich und ultravioletten Bereich verwendet.

Zur Erklärung der **Spektrenregistrierung** soll das Emissionsspektrum einer Substanz verwendet werden, die ein gelbes Licht emittiert, das sich in zwei nahe beieinander liegende Emissionslinien auftrennen lässt. Natrium ist eine solche Substanz, deren wichtigste Emissionslinien liegen bei etwa 589 nm. Das Emissionslicht wird wieder durch einen Spalt begrenzt, mit einem Prisma in die Wellenlängen aufgetrennt und auf einen Schirm fallen lassen.

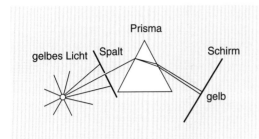

Abb. 16.15: Emissionsspektrum einer Natriumdampf-lampe (schematisch)

Zur Spektrenregistrierung wird der Schirm durch eine Metallleiste ersetzt, die ebenfalls einen Spalt enthält. Hinter diesem Spalt ist ein Detektor angebracht, der die auftreffende Lichtintensität in ein elektrisches Signal umwandelt. In der Spektroskopie kommt es häufig nicht auf die Absolutwerte der Messwerte, sondern auf ihre relative Größe zueinander an. Obwohl in der Regel Spannungen oder Stromstärken gemessen werden, wird daher die Signalhöhe vereinfacht als Lichtintensität bezeichnet und ohne Einheit angegeben. Ist das System in der Position, welche die Abb. 16.16 zeigt, so fällt zunächst kein Licht durch den Spalt, der Detektor zeigt die Lichtintensität „null" an.

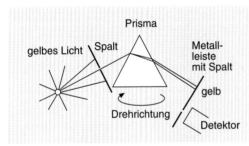

Abb. 16.16: Spektrenregistrierung über Prisma und Spalt

Dann wird das Prisma mit konstanter Geschwindigkeit in der angezeigten Richtung gedreht. Der „erste Lichtstrahl" erreicht den Spalt und wird registriert. Danach fällt für kurze Zeit kein Licht durch den Spalt, ehe der „zweite Lichtstrahl" registriert wird.

Der Detektor liefert die Signale an einen Bildschirm. Dort läuft eine Linie mit einer zur Drehung des Prismas synchronen Geschwindigkeit. Die Geschwindigkeit wird in Wellenlängeneinheiten **kalibriert.** Dieser Vorgang wird „Wellenlängenscan" oder einfach „Scan" genannt, die Vorschubgeschwindigkeit wird beispielsweise in nm/min angegeben. Vor dem Start wird die vom Detektor angezeigte Intensität „auf null gesetzt" („Zero"), die Intensität „ist auf der Grundlinie".

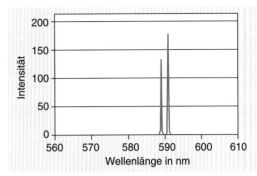

Abb. 16.17: Emissionsspektrum

Wird die betreffende Substanz durch das Licht einer Wolframlampe angeregt, die in dem Bereich des sichtbaren Lichtes ein kontinuierliches Spektrum aussendet und wird das verbleibende Licht der Anregungsquelle registriert, so ergibt sich das Absorptionsspektrum der Substanz.

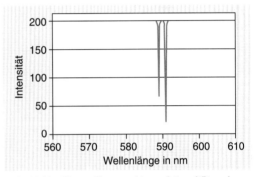

Abb. 16.18: Absorptionsspektrum, Intensität und Wellenlänge

Häufig wird bei Absorptionsspektren auf der senkrechten Achse nicht die Intensität (also das, was auf den Detektor „ankommt"), sondern die „Absorption" aufgetragen. Unter Absorption soll hier der Teil der Intensität verstanden werden, der gegenüber dem Spektrum der anregenden Lichtquelle fehlt. Der Begriff „Absorption" wird später durch die eindeutig definierte Extinktion ersetzt.

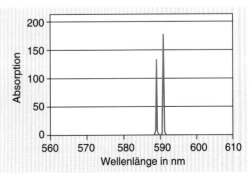

Abb. 16.19: Absorptionsspektrum, Absorption und Wellenlänge

Beim Vergleich der beiden Spektren wird wieder die Verwandtschaft zwischen Emissionsspektrum und Absorptionsspektrum deutlich.

Die über den Detektor erhaltenen Spektren zeigen nicht die „scharfen Linien", die nach der Diskussion über die Elektronensprünge zu erwarten sind, sondern mehr oder weniger breite „Peaks". Ursache dafür ist, dass Licht an Kanten gebeugt wird und dass der Spalt eine bestimmte Breite hat. Man spricht von „spektraler Bandbreite der Linien" oder einfach nur von „Bandbreite". Die Bandbreite wird ermittelt, indem die „Peaks" als Dreiecke angesehen werden und die Wellenlängendifferenz bei 50 % der maximalen Absorption bzw. Intensität festgestellt wird.

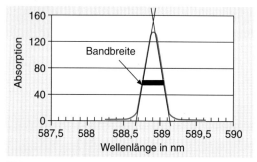

Abb. 16.20: **Bandbreite von Peaks**

> Die spektrale Bandbreite ist die Wellenlängendifferenz bei 50 % des Absorptions- bzw. Intensitätsmaximums, wobei die Peaks als Dreiecke angesehen werden.

Im obigen Beispiel beträgt die spektrale Bandbreite etwa 0,3 nm.

Bei Atomen ist die Bandbreite der Peaks wesentlich durch die Spaltbreite des Messgeräts, also „durch das optische System", bedingt. Wird beispielsweise der Spalt in der beschriebenen Metallleiste so breit gewählt, dass beide Linien gleichzeitig „durchpassen", so ist nur noch eine entsprechend breitere Bande zu sehen. Eine ähnliche Wirkung hat der Spalt, der die auf das Prisma auftreffenden Lichtstrahlen begrenzt. Je größer die Spaltbreite, desto breiter ist der „Lichtstrahl", das „Wellenlängenband", das auf das Prisma auftrifft. An jeder Auftreffstelle findet die Auftrennung in die „einzelnen Wellenlängen" statt. Die Abb. 16.21 soll zeigen, dass sich dadurch die aus dem Prisma austretenden Wellenlängen so überlagern können, dass auf den Schirm oder auf der Metallleiste nicht zwei getrennte Linien, sondern ein breites Band auftrifft. Die Peaks werden nicht mehr „aufgelöst".

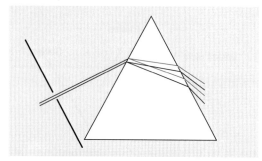

Abb. 16.21: **Spaltbreite und Bandbreite**

Wie leicht einzusehen, ist die Bandbreite s_B der Peaks in den Spektren der Spaltbreite s_S des optischen Systems proportional.

$$s_B \sim s_S$$

Der Proportionalitätsfaktor ist eine von dem Prismenmaterial abhängige Konstante, die angibt, wie sich die Dispersion mit der Wellenlänge verändert. Je kleiner die Spaltbreite, desto kleiner ist die Bandbreite, desto besser können benachbarte Peaks aufgelöst werden. Für das Auflösungsvermögens sind in der Spektroskopie mehrere Definitionen bekannt (z. B. DIN 58960-3). Die einfachste Definition lautet:

> Das spektrale Auflösungsvermögen ist ein Maß für die Trennung zweier benachbarter Peaks. Diese werden als aufgelöst angesehen, wenn zwischen beiden Maxima ein Minimum mit maximal 80 % des Maximalwertes beobachtbar ist.

Nach dieser Definition wären die beiden Peaks auch aufgelöst, wenn sich aufgrund der optischen Gegebenheiten Abb. 16.22 ergeben würde.

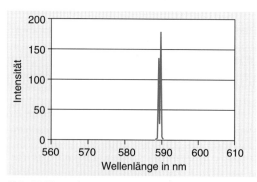

Abb. 16.22: **Auflösung**

> Entscheidend für das spektrale Auflösungsvermögen ist, dass der Abstand zweier benachbarter Peaks größer als deren Bandbreiten ist.

16

Das Auflösungsvermögen (Trennschärfe) ist ein wichtiges Kriterium in allen analytischen Disziplinen. Von daher ist zu wünschen, dass diese wichtige Größe auch einheitlich definiert wird. Bisher ist das allerdings noch nicht der Fall. In der Chromatographie ist das Auflösungsvermögen sehr anschaulich über das Verhältnis der Abstände der Banden (Peaks) zu deren Bandbreiten definiert.

Aus verständlichen Gründen hat die Entwicklung der Geräte zu immer kleineren Spaltbreiten geführt. Zu bedenken ist aber, dass mit verkleinerter Spaltbreite auch die Lichtintensität kleiner wird, sodass der nachgeschaltete Detektor Probleme mit der proportionalen Umwandlung in elektrische Signale bekommen kann („verrauschte Spektren"). Bei vielen Geräten lassen sich die Spaltbreiten daher je nach Bedarf verändern. Die Herstellerangaben für die Spaltbreite beziehen sich häufig nicht auf die geometrische Breite des Spaltes (mit einer entsprechend feinen Schieblehre gemessen), sondern auf die Bandbreite im Spektrum. Gängige Werte reichen von 0,1 bis 10 nm.

> Je kleiner die Spaltbreite, desto kleiner ist die Bandbreite, desto besser ist die Auflösung. Je kleiner die Spaltbreite, desto kleiner ist die Lichtintensität.

Bei geringen Lichtintensitäten müssen daher größere Spaltbreiten verwendet und kleinere Auflösungsvermögen in Kauf genommen werden. Ähnliches gilt für die Fotografie: Bei schlechten Lichtverhältnissen muss die Blende weit aufgemacht werden, entsprechend mäßig ist die „Schärfe" der Aufnahme.

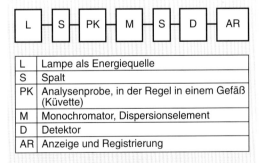

L	Lampe als Energiequelle
S	Spalt
PK	Analysenprobe, in der Regel in einem Gefäß (Küvette)
M	Monochromator, Dispersionselement
D	Detektor
AR	Anzeige und Registrierung

Abb. 16.23: Blockschaltbild eines Einstrahlspektrometers

Natürlich sind Variationen für den Aufbau möglich. Beispielsweise kann die Probe auch nach dem Monochromator im Strahlengang stehen, es können mehrere Monochromatoren und mehrere Spalte in einem Spektrometer vorhanden sein und der Lichtstrahl kann durch Spiegel umgelenkt werden, um eine kompakte Bauweise des Gerätes zu ermöglichen.

Gefäße, welche die im Strahlengang eines Absorptionsspektrometers stehende Probe enthalten, werden „Küvetten" genannt. Die Abb. 16.24 zeigt schematisch eine solche Küvette, der Lichtstrahl geht durch die beiden gegenüberliegenden klaren Seiten. Küvetten sollen nur an den beiden anderen mattierten Seiten angefasst werden, um eine Streuung des Lichtes durch Verschmutzung der klaren Seiten zu verhindern. Es gibt Küvetten unterschiedlicher Schichtdicke, häufig wird die Schichtdicke 1 cm verwendet. In der Regel werden die Analyte in gelöster Form vermessen, folglich muss das Küvettenmaterial transparent für das Licht und resistent gegen Lösemittel sein. Als Küvettenmaterialien sind Gläser sowie Kunststoffe wie Polystyrol gebräuchlich.

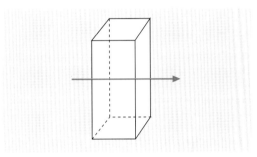

Abb. 16.24: Küvette

Da der Lichtstrahl nur einen kleinen Teil der Oberfläche der Küvette durchsetzt, müssen die Küvetten, die etwa 5 cm hoch sind, nicht bis zum Rand gefüllt werden. Dadurch wird auch die Verschmutzung des Spektrometers vermieden! Bei Verwendung niedrig siedender Lösemittel werden Küvetten mit verschraubbarem Deckel verwendet. Die Küvetten werden am besten zunächst mit dem bei der jeweiligen Analyse verwendeten reinen Lösemittel, dann mit verdünnter Salpetersäure und VE-Wasser gereinigt.

Das wesentliche Kriterium für den Einsatzbereich der Küvetten ist ihre Lichtdurchlässigkeit. Das Küvettenmaterial muss das Licht möglichst ungeschwächt durchlassen, denn das Absorptionsspektrum soll für den zu untersuchenden Analyten und nicht für das Küvettenmaterial charakteristisch sein. Dies gilt natürlich auch für das Lösemittel. Jeder Kratzer auf den klaren Seitenflächen verringert die Lichtdurchlässigkeit. Im optimalen Fall würde die von dem Küvettenmaterial und dem Lösemittel

16

durchgelassene Lichtintensität I genauso groß sein wie die auf die Küvette auftreffende Lichtintensität I_0. Der Quotient aus I und I_0 wäre dann gleich 1 oder 100 %. Der Quotient wird Durchlässigkeit τ oder **Transmissionsgrad** τ genannt.

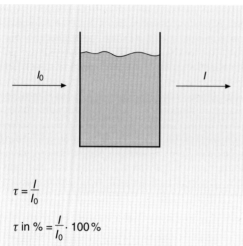

$$\tau = \frac{I}{I_0}$$

$$\tau \text{ in } \% = \frac{I}{I_0} \cdot 100\%$$

Abb. 16.25: **Transmissionsgrad**

Küvettenmaterialien und Lösemittel haben selbst charakteristische Absorptionsspektren, wie die nachstehenden Spektren zeigen. Das erste zeigt die Absorptionsspektren von zwei häufig für Küvetten verwendeten Glassorten (Schichtdicke etwa 2 mm), das zweite das Absorptionsspektrum für das Lösemittel Ethanol (Schichtdicke 1 cm, gegen Wasser gemessen).

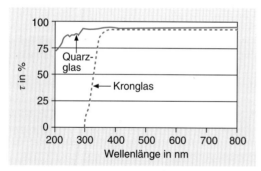

Abb. 16.26: **Durchlässigkeit von Gläsern**

Soll von einer Substanz das Absorptionsspektrum über den Wellenlängenbereich 200 bis 400 nm aufgenommen werden (dem UV-Bereich), so ist es nicht zweckmäßig, eine Küvette aus Kronglas zu verwenden, da diese im kurzwelligen Bereich praktisch kein Licht durchlässt. Ist nur der Bereich 400 bis 800 nm interessant, so genügt die gegenüber der Quarzglasküvette preisgünstigere Kronglasküvette („optisches Spezialglas OS").

Nach diesem Spektrum ist Ethanol als Lösemittel bei Wellenlängen um 200 nm ungeeignet, da es hier zu viel Licht absorbiert, sinnvoll ist der Einsatz erst bei größeren Wellenlängen.

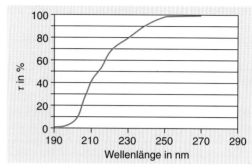

Abb. 16.27: **Absorptionsspektrum Ethanol**

Die Emissionsspektren der Deuteriumlampe und der Wolframlampe, zwei der am häufigsten verwendeten Lampen im UV-VIS-Bereich, zeigen charakteristische Intensitätsverteilungen.

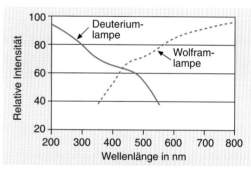

Abb. 16.28: **Intensitätsverteilung der Deuteriumlampe und der Wolframlampe im UV-VIS**

Die Lichtintensitäten sind über den Wellenlängenbereich nicht konstant. Die Deuteriumlampe wird bevorzugt im UV-Bereich eingesetzt, die Wolframlampe im sichtbaren Bereich. Häufig enthalten Spektrometer beide Lampen und schalten bei der Spektrenaufnahme bei etwa 370 nm auf die jeweils geeignete Lampe automatisch um.

Um die Einflüsse durch Veränderungen der Lampenintensität, des Küvettenmaterials und des Lösungsmittels zu kompensieren, wird zunächst eine Vergleichsküvette in den Strahlengang gestellt. Die Vergleichsküvette VK enthält alle Substanzen wie die zu untersuchende Analysenlösung, mit Ausnahme des Analyten selbst. Mit dieser Vergleichsküvette wird der „Nullabgleich" durchgeführt, d. h., an der Anzeige wird die Absorption auf null bzw. der Transmissionsgrad auf 100 % gestellt. Wird danach die Probenküvette PK in den Strahlengang gebracht, so ist die Veränderung der Lichtintensität, die auf den Detektor trifft, allein durch den Analyten bedingt. Die auf die Küvette auftreffende Lichtintensität aus der Lampe ist I_0^*, die aus der Vergleichsküvette austretende Intensität I_0 und die aus der Probenküvette austretende Intensität ist I.

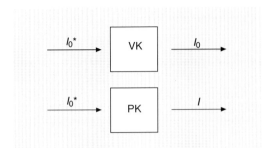

Abb. 16.29: **Vergleichsküvette und Probenküvette, Kompensation**

Nun ist – wie die Spektrenbeispiele gezeigt haben – die Intensität der Lampen, die Durchlässigkeit des Küvettenmaterials und des Lösemittels über einen größeren Wellenlängenbereich in der Regel nicht konstant. Das bedeutet, dass es nicht genügt, den Nullabgleich nur einmal zu Beginn der Spektrenregistrierung durchzuführen. In den ersten Jahren der Spektroskopie wurde wie folgt verfahren: Vergleichsküvette in den Strahlengang, Nullabgleich, Probenküvette in den Strahlengang, Intensitätswert notieren, Vergleichsküvette in den Strahlengang, neue Wellenlänge einstellen, Nullabgleich, Probenküvette in den Strahlengang, Intensitätswert notieren usw. Dies ist ein mühsames Geschäft, wenn das Absorptionsspektrum von 200 bis 800 nm in 10 nm Abständen aufgenommen werden soll. Daher wurden **Zweistrahlspektrometer** entwickelt. Bei einem konstanten Wellenlängenvorschub wird der Lichtstrahl aus dem Monochromator auf einen rotierenden Halbspiegel gegeben und so umgelenkt, dass er abwechselnd auf die Probenküvette und auf die Vergleichsküvette trifft. Damit wird der Einfluss der Lampe, des Küvettenmaterials und des Lösemittels für jede Wellenlänge **kompensiert.** Der

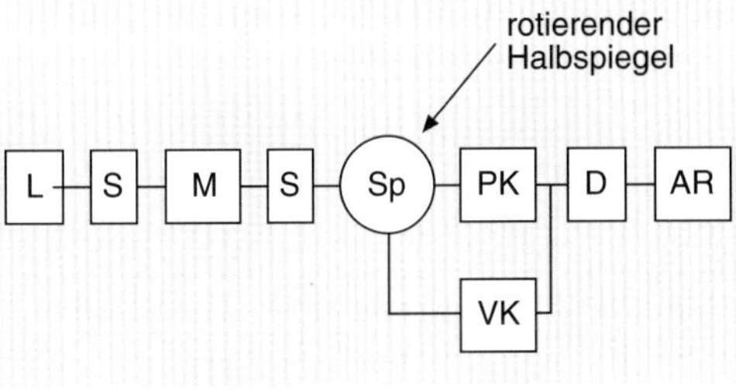

Detektor ist auf die gleiche Frequenz wie der rotierende Halbspiegel („Chopper") getaktet, empfängt also abwechselnd I_0 und I. Der Transmissionsgrad kann so über den gewünschten Wellenlängenbereich bestimmt und auf einem Bildschirm dargestellt werden.

Emissions- und Fluoreszenzspektrometer bestehen aus den gleichen Bauteilen wie Absorptionsspektrometer und haben einen ähnlichen Aufbau. Die Messgröße ist das Licht, das der Analyt aussendet, und nicht das Licht, das von der Ausgangsintensität einer Lampe übrig bleibt. Folglich muss verhindert werden, dass das Licht, das aus der Lampe stammt, die Messung stört. Da die Emission des Lichtes kugelsymmetrisch erfolgt, ist der Detektor häufig in einem Winkel von 90 Grad zum Anregungslicht angeordnet. Küvetten, die zur Fluoreszenz verwendet werden, haben eine lichtdurchlässige Bodenfläche.

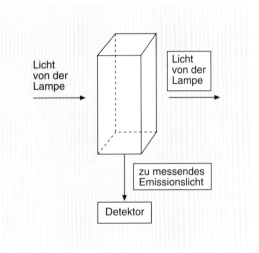

Abb. 16.31: **Fluoreszenzmessung**

Natürlich können auch Emissionsspektren aufgenommen werden, wenn zur Anregung statt einer Lampe eine Bunsenbrennerflamme benutzt wird. Der Unterschied besteht nur darin, dass thermische Energie zur Anregung verwendet wird.

Abb. 16.30: **Blockschaltbild eines Zweistrahlspektrometers**

16.5 Molekülspektren

Bei den Absorptionsspektren von Molekülen fällt auf, dass die Peaks häufig sehr breit sind (so genannte „Banden"), die Bandbreite beträgt nicht selten über 50 nm.

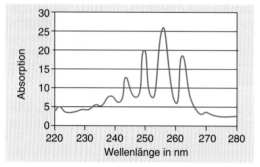

Abb. 16.32: Absorptionsspektrum von Benzol

Diese breiten Banden sind nicht allein durch das optische System bedingt, sondern auch dadurch, dass die Moleküle nicht nur durch einen Elektronensprung, sondern auch durch Schwingung und Rotation Energie absorbieren.

Die Partner von Bindungen in einem Molekül werden durch Bindungskräfte und durch Abstoßungskräfte auf konstanten Abständen, den Bindungsabständen, sowie konstanten Bindungswinkeln gehalten. Dies sind stabile Zustände, also Grundzustände. Wird Energie zugeführt, so werden energiereichere Zustände, also angeregte Zustände, dadurch erreicht, dass sich die Bindungsabstände oder Bindungswinkel periodisch verändern, das Molekül wird zu **Schwingungen** angeregt.

Da die Bindungen unterschiedliche Bindungsstärken haben, können sie auch unterschiedliche Energien absorbieren. Ähnliches gilt für die Anregungen von **Rotationen** von Molekülen um ihre Achsen. Auch dazu sind molekülspezifisch ganz bestimmte Energiebeträge notwendig.

Aus diesen Mechanismen der Energieaufnahme haben sich eigenständige Spektroskopiezweige entwickelt. In dem hier zu besprechenden Zusammenhang ist zunächst wichtig, dass zur Anregung von Schwingungen kleinere Energiebeträge erforderlich sind als für die Anregung von Elektronensprüngen. Anregung von Rotationen wiederum erfordert noch kleinere Anregungsenergien. Das bedeutet aber auch, dass bei Anregung von Elektronensprüngen notwendigerweise Schwingungen und Rotationen mit angeregt werden. Es ist daher wichtig, Elektronenzustände, Schwingungszustände und Rotationszustände zu unterscheiden.

In Molekülen ist der Grundzustand und jeder angeregte Zustand bezüglich der Anregung von Elektronen ein mehr oder weniger breites Energieband, das Schwingungszustände und Rotationszustände enthält. Damit sind viele Übergänge möglich. Bei-

spielsweise kann ein Übergang vom Schwingungsgrundzustand des elektronischen Grundzustandes in den ersten angeregten Schwingungszustand des elektronisch angeregten Zustandes erfolgen. Der Übersichtlichkeit halber ist nur dieser Übergang in die Abb. 16.33 eingezeichnet.

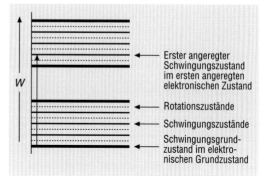

Abb. 16.33: Anregung von Elektronensprung, Schwingung und Rotation

Unter einem im UV-VIS-Bereich erhaltenen breiten Peak, der primär aus einem Elektronensprung resultiert, verbergen sich also bei Molekülen Schwingungs- und Rotationspeaks, welche die im UV-VIS-Bereich verwendeten Spektrometer häufig nicht auflösen können. Die Abb. 16.34 soll das unterschiedliche Auflösungsvermögen von Spektrometern zeigen, wobei das eine nur den elektronischen Übergang (umhüllende Kurve) und das andere Spektrometer auch die Schwingungszustände auflösen kann. (Die Zahlenwerte an den Achsen dienen nur der Skalierung.)

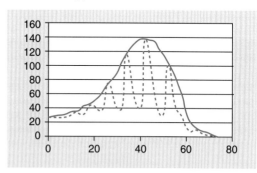

Abb. 16.34: Unterschiedliches Auflösungsvermögen von Spektrometern

Spektrometer mit noch besserer Auflösung zeigen in den Schwingungspeaks die einzelnen Rotationspeaks. Dazu müssen die Analyte allerdings gasförmig sein, da nur in diesem Aggregatszustand eine ungehinderte Rotation der Moleküle möglich ist.

16.6 Übersicht über Spektroskopiebereiche und Bauteile von Spektrometern

Absorbierte bzw. emittierte Strahlung und Benennung	λ in nm *)	Hauptanregungsmechanismus	Anwendungen
Röntgenstrahlen Röntgenspektroskopie	< 10	Anregung innerer Elektronen	Metalle, Metallurgie
UV-VIS UV-VIS-Spektroskopie Fluoreszenzspektroskopie Atomabsorptionsspektroskopie	200 – 800	Anregung äußerer Elektronen, Elektronenanregung in Molekülen	Analyte aller Art aus der anorganischen und der organischen Chemie
IR Schwingungsspektroskopie	$2 \cdot 10^3$ $2 \cdot 10^4$	Schwingung in Molekülen	
Mikrowellen Mikrowellenspektroskopie	10^7	Rotation der Moleküle	Spezialgebiete der Spektroskopie
Radiowellen Elektronenspinresonanz ESR Kernmagnetische Resonanz NMR	$1,7 \cdot 10^9$	Einstellung von Elementarmagneten in einem Magnetfeld unter Einwirkung von Radiowellen	Strukturaufklärung, Medizin

Tabelle 16.1: **Spektroskopiebereiche und Anwendung**   *) Für die Wellenlängen werden nur einige charakteristische Werte angegeben.

Baustein und Beispiele	Funktion	Anforderungen und Kriterien für die Güte
Energiequelle Flamme, Wolframlampe, Deuteriumlampe, Xenonlampe, Hohlkathodenlampe, Keramikstab, induktiv gekoppeltes Plasma (ICP)	liefert die Anregungsenergie	Energie muss zur Anregung ausreichen, konstante Intensität, spezifische Anregung, Wellenlängenbereich, Kontinuumstrahler oder Linienstrahler, Standzeit
Dispersionselement (Monochromator) Filter, Prisma, Gitter	spezifische Absorption bzw. Lichtzerlegung	Bandbreite des Lichtes, Lichtdurchlässigkeit, Stabilität
Küvetten Gläser aller Art (Quarz) und Kunststoffe (Polystyrol)	Behälter für die Aufnahme von Proben	Lichtdurchlässigkeit, Resistenz gegen Proben und Lösemittel
Lösemittel	Analyt und Matrix lösen	gute Lichtdurchlässigkeit, Reinheit, Sicherheit im Umgang
Detektor Photoelement, Photomultiplier, Photodiodenarray, Thermoelement	Umwandlung einer Intensität in eine messbare elektrische Größe	linearer Bereich, Auflösungsvermögen, Empfindlichkeit, Rauschsignal
Geräte zur Anzeige und Darstellung von Messwerten, heute praktisch ausschließlich über Rechner und Bildschirme	Signaldarstellung, Verarbeitung und Weiterleitung	Darstellungs- und Verarbeitungsroutinen, Spektrenverarbeitung, Kopplung mit Datenbanken, Erstellung von Kalibrierkurven, Statistiken

Tabelle 16.2: **Bausteine von Spektrometern**

16

Die **Massenspektroskopie** ist eine besondere Spektroskopieart. Dabei werden Moleküle ionisiert und in Bruchstücke zerlegt („fragmentiert"). Die geladenen Teilchen werden in elektrischen Feldern beschleunigt und abgelenkt. Der Grad der Ablenkung wird durch das Verhältnis von der Masse des Teilchens zu seiner Ladung bestimmt, folglich können Teilchen, die sich in diesem Verhältnis unterscheiden, getrennt und nachgewiesen werden. Massenspektrometer können als Detektoren bei der Chromatographie eingesetzt werden (siehe Baustein „Prinzipien und Methoden der Chromatographie").

Aus dem großen Bereich der Spektroskopiearten werden in diesem Buch die Atomabsorptionsspektroskopie und die Infrarotspektroskopie näher vorgestellt.

16.7 Übung

Grundlagen der Spektroskopie und Photometrie

(1) Das Wasserstoffatom zeigt ein charakteristisches Emissionsspektrum.
a) Weshalb sind scharfe Linien zu beobachten und keine Banden?
b) Weshalb verringert sich der Abstand der Linien zueinander?
c) Weshalb sind die Linien unterschiedlich intensiv?
d) Weshalb entstehen Spektrenserien?

(2) Wird das von der Sonne auf der Erde ankommende Licht in einem Spektrometer betrachtet, so finden sich im sichtbaren Bereich eine Reihe von dunklen Linien (Fraunhofer'sche Linien) im sonst kontinuierlichen Spektrum der Sonne. Wie kommen diese Linien zustande?

(3) Gibt es Unterschiede zwischen dem Emissionsspektrum eines Atoms und dem des zugehörigen Ions? Wenn ja, wie ist der Unterschied zu erklären?

(4) Ein glühender Wolframdraht sendet ein kontinuierliches Emissionsspektrum aus, die Quecksilberdampflampe zeigt ein Linienspektrum. Wie ist der Unterschied zu erklären?

(5) Informieren Sie sich über die Lichtzerlegung am Gitter und über den Aufbau eines Photomultipliers.

(6) Die Absorptionsspektren einer blauen, einer gelben und einer farblosen Lösung zeigen jeweils eine schmale Absorptionsbande. Skizzieren Sie ein Absorptionsspektrum, das alle drei Banden enthält und begründen Sie Ihre Angabe.

(7) Welche Bedeutung hat die Spaltbreite für spektroskopische Messungen und weshalb sind Spektrometer mit einer variablen Spaltbreite denen mit einem Festspalt ausgerüsteten Geräten vorzuziehen?

(8) Eine Laborhilfskraft kommt zu Ihnen und berichtet, dass sie das Photometer zu Beginn der Messung auf 100 % Transmissionsgrad eingestellt hat, das Gerät aber ohne äußere Einwirkung immer größere Transmissionsgrade anzeigt. Was könnte eine plausible Erklärung für diese Beobachtung sein und wie könnte der Fehler vermieden werden?

(9) Sie wollen das Absorptionsspektrum eines Lebensmittelfarbstoffes aufnehmen. Über welchen Wellenlängenbereich würden Sie den „Wellenlängenscan" fahren und welche Lampe würden Sie verwenden?

(10) Erläutern Sie Aufbau und Funktionsweise eines Photoelements.

(11) Rechnen Sie die Wellenlänge 300 nm in die entsprechende Wellenzahl (in cm^{-1}), Frequenz (in s^{-1}) und Energie (in J) um.

(12) Stellen Sie den Zusammenhang zwischen Frequenz und Wellenlänge einer elektromagnetischen Strahlung grafisch dar.

(13) Erläutern Sie den Unterschied zwischen Lichtenergie und Lichtintensität an einem Beispiel.

16

17 Quantitative photometrische Analyse am Beispiel der UV-VIS-Spektroskopie und Kalibrierkurven

Über die Bestimmung der **Wellenlängen,** die absorbiert oder emittiert werden, können Analyte spektroskopisch **qualitativ** bestimmt werden. Zur qualitativen Analyse werden Emissionsspektren, Fluoreszenzspektren und Absorptionsspektren aufgenommen und ausgewertet. Durch die Messung der **Intensität** des von Analyten ausgesandten bzw. absorbierten Lichtes werden diese **quantitativ** bestimmt.

17.1 Lambert-Beer'sches Gesetz

Dieses Gesetz beschreibt den Zusammenhang zwischen der Konzentration des Analyten und der Schwächung der Lichtintensität einer Lampe durch Absorption. Befindet sich der Analyt in einer Küvette und ist die Lichtschwächung durch das Küvettenmaterial und das Lösemittel über eine Vergleichsküvette kompensiert, so ist die Veränderung der Ausgangsintensität I_0 auf I allein durch den Analyten verursacht.

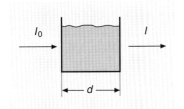

Abb. 17.1:
Lichtintensität vor und nach der Probenküvette

Wovon hängt die Lichtintensität I ab, die von der Ausgangsintensität übrig bleibt und die auf den Detektor gelangt? Zunächst einmal von der Ausgangsintensität selbst, denn je größer I_0, desto größer ist I. Ist die Konzentration des Analyten groß, so ist die Wahrscheinlichkeit groß, dass Analytteilchen von Lichtquanten getroffen werden und Licht absorbieren können. Je größer die Konzentration, desto kleiner ist I. Die gleiche Beziehung gilt für die Schichtdicke d der Lösung. Je größer die Schichtdicke, desto kleiner ist I.

Bei der Schwächung der Intensität des Lichtes kommt es nicht auf absolute Beträge an, sondern auf die relativen Anteile, die durchgelassen bzw. absorbiert werden. Daher wird der Quotient aus I und I_0 gebildet. Dieser Quotient wird Durchlässigkeit, Transmission bzw. **Transmissionsgrad** τ genannt. τ wird null, wenn alles Licht absorbiert wird. τ wird 1, wenn I_0 gleich I ist, wenn also kein Licht absorbiert wird. Wird τ mit 100 % multipliziert, so ergeben sich anschauliche Zahlenwerte.

Transmissionsgrad τ

$$\tau = \frac{I}{I_0} \qquad \tau \text{ in } \% = \frac{I}{I_0} \cdot 100\,\%$$

τ gibt den Anteil des Lichtes an, der durchgelassen wird. Der Anteil des Lichtes, der absorbiert wird, muss sich mit τ zu 1 bzw. mit τ in % zu 100 % ergänzen. Diese Größe wird Absorptionsgrad α genannt.

$$\tau + \alpha = 1 \qquad \alpha = 1 - \tau = 1 - \frac{I}{I_0} = \frac{I_0}{I_0} - \frac{I}{I_0} = \frac{I_0 - I}{I_0}$$

Absorptionsgrad α

$$\alpha = \frac{I_0 - I}{I_0} \qquad \alpha \text{ in } \% = \frac{I_0 - I}{I_0} \cdot 100\,\%$$

Damit sind zwei Größen definiert, welche die Lichtschwächung beschreiben. Sie sind von der Ausgangsintensität unabhängig, denn bei Änderung der Ausgangsintensität ändert sich auch die Intensität des durchgelassenen Lichtes, der Quotient bleibt konstant.

Werden unterschiedliche Konzentrationen c an Analyt bzw. unterschiedliche Küvettenschichtdicken d vorgegeben, so wird mit zunehmenden Konzentrationen und zunehmender Schichtdicke der Transmissionsgrad kleiner und der Absorptionsgrad größer. Allerdings ändern sich die Werte nicht linear mit der Schichtdicke und der Konzentration, sondern exponentiell. Abb. 17.2 zeigt ein Beispiel für die Veränderung der Transmission mit der Konzentration eines Analyten bei konstanter Schichtdicke. Ein vergleichbares Bild ergibt sich, wenn bei konstanter Konzentration die Schichtdicke verändert wird.

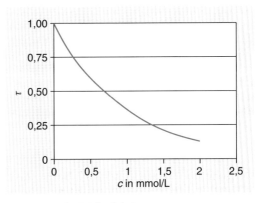

Abb. 17.2: τ in **Abhängigkeit von** c

Diese Kurve lässt sich mathematisch wie folgt beschreiben:

$$I = I_0 \cdot e^{-k \cdot c \cdot d}$$

Die Gleichung (e ist die Euler'sche Zahl) zeigt zunächst die oben beschriebenen Zusammenhänge: Je größer die Konzentration und je größer die Schichtdicke, desto kleiner ist I, k ist ein Proportionalitätsfaktor. Der Proportionalitätsfaktor hängt zunächst von der Art des Analyten ab, denn gleiche Konzentrationen und gleiche Schichtdicken verschiedener Analyte schwächen die Lichtintensität nicht in gleichem Maße. Weiter lassen die Absorptionsspektren erkennen, dass die Lichtschwächung für einen bestimmten Stoff von der Wellenlänge abhängt, daher muss k auch wellenlängenabhängig sein. Gleichungen dieser Art sind in der Naturwissenschaft gut bekannt. Beispielsweise werden der radioaktive Zerfall und das Wachstum von Zellen über Gleichungen gleichen Typs beschrieben.

Wird für einen bestimmten Analyten bei bekannter Konzentration und Schichtdicke bei einer definierten Wellenlänge der Transmissionsgrad gemessen, so lässt sich der Proportionalitätsfaktor k berechnen.

$$\frac{I}{I_0} = \tau = e^{-k \cdot c \cdot d}$$

Ist der Proportionalitätsfaktor k für diesen Analyten bei dieser Wellenlänge aus einer solchen Messung bekannt, so lassen sich unbekannte Konzentrationen dieses Analyten dadurch berechnen, dass der Transmissionsgrad gemessen und die verwendete Schichtdicke eingesetzt wird. Diese Methode wird **Einpunktkalibrierung genannt.** Aus den schon diskutierten Gründen (Baustein „Elektrochemisches Potenzial: Prinzip und Anwendungen in der Analytik") werden in der Photometrie statt der Einpunktkalibrierung häufiger lineare Kalibrierkurven zur Konzentrationsbestimmung verwendet. Dabei werden mehrere Standardlösungen und die Analysenprobe unter gleichen Bedingungen vermessen, die Konzentration der Analysenprobe wird also **relativ** zu den Konzentrationen mehrerer Standardlösungen bestimmt. Da der Transmissionsgrad und auch der Absorptionsgrad keine lineare Funktion der Konzentration ist, wird die Gleichung so umgeformt, dass eine lineare Funktion entsteht.

$$I = I_0 \cdot e^{-k \cdot c \cdot d} \qquad \ln I = \ln I_0 - k \cdot c \cdot d$$

Der natürliche Logarithmus mit der Basis e lässt sich über den konstanten Faktor 2,30 in den Logarithmus mit der Basis 10 umrechnen ($\lg 10 = 1{,}00$;

$\ln 10 = 2{,}30$). Dieser Umrechnungsfaktor ergibt mit dem bisherigen Wert von k den neuen Proportionalitätsfaktor ε.

$$\lg I = \lg I_0 - \varepsilon \cdot c \cdot d$$

Unter Verwendung der Logarithmengesetze wird diese Gleichung umgeformt.

$$\lg I_0 = \lg I + \varepsilon \cdot c \cdot d \qquad \lg \frac{I_0}{I} = \varepsilon \cdot c \cdot d$$

Der Term auf der linken Seite hat für den Fall, dass I_0 gleich I ist, den Grenzwert Null. Ist I_0 gleich I, so findet keine Absorption statt. Strebt I gegen null, so strebt dieser Term gegen unendlich. Je mehr Lichtintensität absorbiert wird, desto größer wird der Wert, er ist also ein Maß für die Absorption. Um Verwechslungen mit dem allgemein verwendeten Begriff Absorption zu vermeiden, wird diese Größe **Extinktion** (lat. Strahlendämpfung) E genannt. (Im angelsächsischen Raum wird diese Größe Absorption genannt und mit A abgekürzt!)

$$E = \lg \frac{I_0}{I}$$

Mit dieser Definition ergibt sich die Gleichung, die als Lambert-Beer'sches Gesetz bezeichnet wird, ε ist der „Molare dekadische Extinktionskoeffizient".

Lambert -Beer'sches Gesetz
$$E = \varepsilon \cdot c \cdot d$$
Das Lambert-Beer'sche Gesetz gilt streng nur für spektralreines Licht und für verdünnte Lösungen. Der molare dekadische Extinktionskoeffizient ist wellenlängenabhängig, aber von der Konzentration unabhängig.

Werden die Extinktionswerte gegen die zugehörigen Konzentrationen aufgetragen, so ergibt sich eine Ursprungsgerade mit der Steigung $\varepsilon \cdot d$. Bei Konzentrationsbestimmungen werden die Extinktionen mehrerer Standardlösungen gemessen, aus den Werten wird (über die lineare Regression) eine Ausgleichsgerade gebildet. Aus der Extinktion des Analyten $E(A)$ kann dessen Konzentration $c(A)$ in der Analysenprobe ermittelt werden.

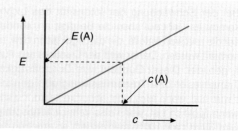

Abb. 17.3: Lineare photometrische Kalibrierkurve

Da das Lambert-Beer'sche Gesetz nur für verdünnte Lösungen gilt, geht bei hohen Konzentrationen die Ursprungsgerade in eine Sättigungskurve über. Natürlich können auch im nichtlinearen Bereich Extinktionen gemessen und Konzentrationen bestimmt werden, aber hier führen kleine Extinktionsänderungen zu starken Veränderungen bei den Konzentrationswerten. Geringfügige Messfehler haben dann erhebliche Konsequenzen.

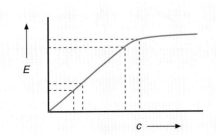

Abb. 17.4: Messung im linearen und im nichtlinearen Bereich

Der beste Arbeitsbereich ist daher der lineare Bereich, die Probenmessung sollte in diesem Bereich erfolgen.

Nach dem Lambert-Beer'schen Gesetz verändert sich die Extinktion zwar linear mit der Konzentration, die Basis dieses Gesetzes ist aber eine Exponentialfunktion. Wird die Extinktion von 3 auf 2 verändert, so verändert sich das Verhältnis von I_0 zu I um den Faktor 10! Die Extinktionswerte von 3 bzw. 0,01 hören sich harmlos an, aber die nachfolgende Tabelle zeigt, dass bei hohen Extinktionswerten das Gerät stark unterschiedliche Intensitäten messen muss, während bei sehr geringen Extinktionen die zu messenden Intensitätsunterschiede entsprechend klein sind. Ersteres stellt hohe Anforderungen an die **relative Empfindlichkeit,** Letzteres hohe Anforderungen an das **Auflösungsvermögen** des Detektors. Häufig ist es so, dass Detektoren, die zwischen stark unterschiedlichen Intensitäten unterscheiden können, sehr ähnliche Intensitäten nicht auflösen können und umgekehrt. Der Gerätehersteller muss sich also beim Bau eines Photometers für einen bestimmten Messbereich entscheiden. Für Routinegeräte in der UV-VIS-Spektroskopie wird dieser Messbereich ungefähr durch die Extinktionen 0,1 und 1 begrenzt. (Tab. 17.1)

Es lässt sich zeigen, dass bei Extinktionen um 0,5 der relative Messfehler am geringsten ist und dass sich dieser Minimalfehler außerhalb der Grenzen $E = 0{,}1$ und $E = 1$ rasch verdoppelt.

E	$\dfrac{I_0}{I}$	Bedeutung
3	$\dfrac{1000}{1}$	überfordert häufig die relative Empfindlichkeit des Detektors
2	$\dfrac{100}{1}$	
1	$\dfrac{10}{1}$	guter Messbereich bei den üblichen in der UV-VIS-Spektroskopie verwendeten Photometern
0,1	$\dfrac{1{,}2589}{1}$	
0,01	$\dfrac{1{,}0233}{1}$	überfordert häufig das Auflösungsvermögen des Detektors
0,001	$\dfrac{1{,}0023}{1}$	

Tabelle 17.1: Messbereiche bei der Photometrie

Der gute Messbereich bei photometrischen Messungen ist wesentlich von dem optischen System des Gerätes abhängig. In der Regel liegt bei UV-VIS-Geräten der gute Messbereich zwischen $E = 0{,}1$ und $E = 1$.

17.2 Extinktionskoeffizient, Bestimmungsgrenze und Derivatisierung

Ist im Labor bekannt, dass mit Routinegeräten sinnvoll nur mit Extinktionen zwischen 0,1 und 1 gearbeitet werden kann, so wird bei Extinktionen um 4 nicht der Gerätekundendienst gerufen werden, weil „das Messgerät keine konstanten Extinktionswerte zeigt und die Nachkommastellen durchlaufen". Wird in der Standardarbeitsanweisung für das Labor als unterer Extinktionswert 0,1 festgelegt, so ist gleichzeitig das Maß für die **Bestimmungsgrenze** der photometrischen Analyse definiert.

Die Extinktionen sind konzentrationsabhängig, also gilt es, die Konzentrationen so einzurichten, dass die Messung im guten Extinktionsbereich erfolgen kann. Zu hohe Konzentrationen von Analyten können definiert verdünnt werden. Probleme machen, wie grundsätzlich in der Analytik, kleine Konzentrationen. Wie bei jedem Analysenverfahren sind Anreicherungen, beispielsweise durch Extraktion möglich, aber die Photometrie bietet eigene Möglichkeiten. Dies soll am Beispiel des Lebensmittelfarbstoffes E 122 (Azorubin) gezeigt werden.

17

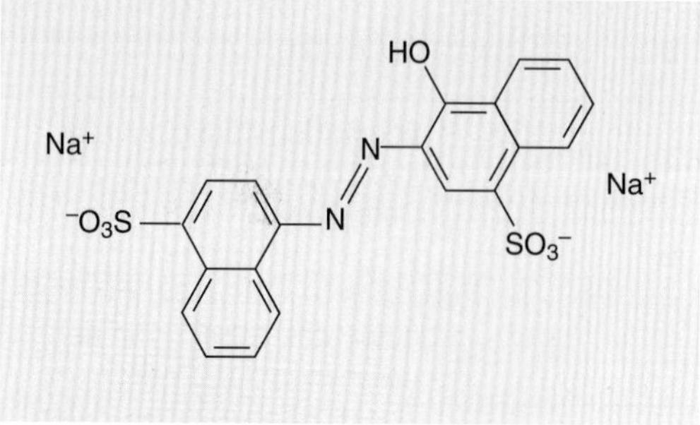

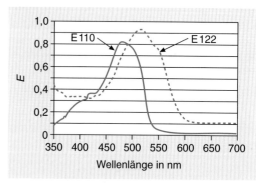

Abb. 17.5: E 122
$M(Na_2C_{20}H_{12}O_7N_2S_2) = 502,5\ g/mol$

Nach dem Absorptionsspektrum (Abb. 17.6) von E 122 ist die Wellenlänge der maximalen Extinktion 516,0 nm. Bei der Stoffmengenkonzentration $5,29 \cdot 10^{-5}$ mol/L ist die Extinktion gleich 0,917. Damit kann der molare dekadische Extinktionskoeffizient berechnet werden.

$$\varepsilon_{516}(E\ 122) = \frac{0,917}{5,29 \cdot 10^{-5}\ \frac{mol}{L} \cdot 1,00\ cm} =$$

$$= 0,173 \cdot 10^5 \frac{L}{mol \cdot cm}$$

Mit der Vorgabe, dass bei der Schichtdicke $d = 1,00$ cm die minimale Extinktion gleich 0,100 sein soll, lässt sich die kleinste Konzentration an E 122 berechnen, die photometrisch bestimmt werden kann:

$$c(E\ 122) = \frac{0,100}{0,173 \cdot 10^5 \frac{L}{mol \cdot cm} \cdot 1,00\ cm} =$$

$$= 0,578 \cdot 10^{-5} \frac{mol}{L}$$

Dies entspricht einer Massenkonzentration von 2,90 mg/L. Offensichtlich hängt die minimale Konzentration, die photometrisch bestimmt werden kann, vom Zahlenwert des molaren dekadischen Extinktionskoeffizienten ab.

> Je größer der molare dekadische Extinktionskoeffizient, desto kleinere Konzentrationen können photometrisch bestimmt werden.

Daher ist zu verstehen, dass quantitative Messungen bevorzugt bei der Wellenlänge der maximalen Extinktion λ_{max} durchgeführt werden. Enthält die Matrix allerdings neben E 122 auch den Lebensmittelfarbstoff E 110, wie das bei einer Reihe von Lebensmitteln der Fall ist, so muss für die Bestimmung von E 122 auf eine andere Wellenlänge ausgewichen werden. Wie die Absorptionsspektren zeigen, absorbiert E 110 bei 516,0 nm ebenfalls Licht, die Messung würde dadurch gestört. Für E 122

könnte daher 580 nm als Messwellenlänge gewählt werden, was allerdings eine Einbuße bezüglich der Bestimmungsgrenze bedeutet.

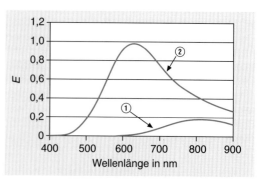

Abb. 17.6: Absorptionsspektren von E 110 und E 122
(Konzentrationen: β(E122) = 26,6 mg/L; β(E110) = 17,3 mg/L)

> Liegen Störungen durch die Matrix vor und muss daher bei einer anderen Wellenlänge als bei λ_{max} gemessen werden, so wird damit die Bestimmungsgrenze heraufgesetzt.

Das Ziel, störungsfrei **und** möglichst empfindlich zu messen, kann vorteilhaft durch Bildung von Analytderivaten erreicht werden. Aus dem Kupferhexaaquakomplex kann durch Zugabe vom Ammoniak der Kupfertetramminkomplex gebildet werden.

$$[Cu(H_2O)_6]^{2+} + 4\,NH_3 \rightleftarrows$$
$$[Cu(H_2O)_2(NH_3)_4]^{2+} + 4\,H_2O$$

Lösungen des Kupferhexaaquakomplexes sind schwach hellblau gefärbt, Lösungen des Kupfertetramminkomplexes intensiv violett. Die folgende Darstellung zeigt die Absorptionsspektren der beiden Verbindungen **bei gleicher Stoffmengenkonzentration an Kupfer!**

Abb. 17.7: Absorptionsspektren [Cu(H₂O)₆]²⁺ ① und [Cu(H₂O)₂(NH₃)₄]²⁺ ②
(Einwaagekonzentration jeweils $c_0(Cu^{2+}) = 0,0154$ mol/L)

	$[Cu(H_2O)_6]^{2+}$	$[Cu(H_2O)_2(NH_3)_4]^{2+}$
λ_{max} in nm	810	630
E bei λ_{max}	0,181	0,978
ε bei λ_{max} in $L \cdot mol^{-1} \cdot cm^{-1}$	11,8	63,5
Kleinste photometrisch bestimmbare Konzentration an Cu^{2+} ($E = 0{,}1$ und $d = 1{,}00$)	8,47 mmol/L 538 mg/L	1,57 mmol/L 99,8 mg/L

Tabelle 17.2: **Photometrisch bestimmbare Konzentrationen**

Durch die Bildung des Kupfertetraamminkomplexes können kleinere Konzentrationen bestimmt werden. Daher werden die Analyte sehr häufig in Derivate umgewandelt, die einen größeren Extinktionskoeffizienten haben als der Analyt selbst. Der eigentlichen photometrischen Analyse geht eine chemische Reaktion voraus. Die Bestimmung von Nitrit ist dafür ein gutes Beispiel.

Nitrit, NO_2^-, wird mit zunächst mit Sulfanilsäure in saurer Lösung zu einem Diazoniumsalz umgesetzt. Das Diazoniumsalz reagiert mit 1-Naphthylamin in einer Kupplungsreaktion zu einem Azofarbstoff.

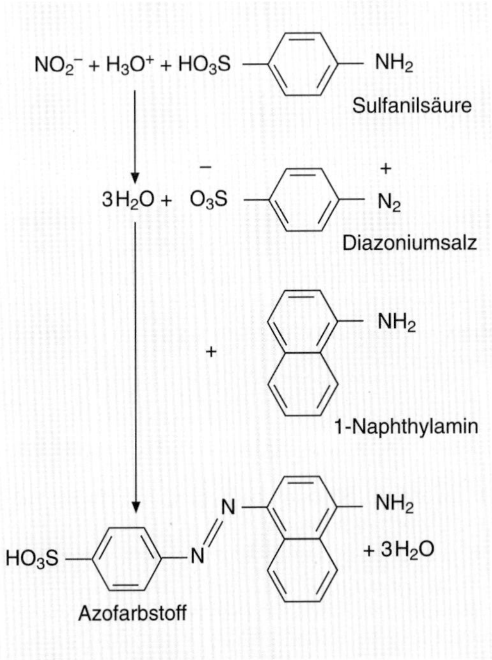

Abb. 17.8: **Derivatisierung von Nitrit unter Bildung eines Azofarbstoffs**

In dem Azofarbstoff ist von dem ursprünglichen Analyten Nitrit nur noch ein Stickstoffatom (in der Stickstoffbrücke) vorhanden. Aus einem Molekül Nitrit kann nur ein Molekül an Azofarbstoff entstehen, daher kann aus der Bestimmung der Konzentration an Azofarbstoff auf die Konzentration an Nitrit geschlossen werden. Der Azofarbstoff kann bei 520 nm vermessen werden. Neben der Erhöhung des Extinktionskoeffizienten und damit der Verminderung der Bestimmungsgrenze kann dieser Farbstoff jetzt im sichtbaren Bereich gemessen werden. Extinktionen von Küvette und Lösemittel, die meist im UV-Bereich liegen, stören die Messung nicht mehr.

Vergleichbar mit Nitrit kann eine Vielzahl von Analyten über die Bildung von Derivaten photometrisch bestimmt werden. Beispielsweise wird Phosphat über einen Molybdatkomplex bestimmt, eine Reihe von Schwermetallionen bildet mit Dithizon gefärbte Komplexverbindungen. In der Regel werden bei den Reaktionen aus relativ kleinen Analytmolekülen große Derivatmoleküle gebildet. Die Wahrscheinlichkeit, dass große Moleküle von Lichtquanten getroffen werden, ist weit höher als für kleine Moleküle. Daher sind auch die Extinktionskoeffizienten der Derivate sehr viel größer als die der Analytmoleküle. Bei den Dithizonkomplexen beispielsweise sind Extinktionskoeffizienten größer $50\,000\ L \cdot mol^{-1} \cdot cm^{-1}$ keine Seltenheit. Für die Reaktionen sind genaue Arbeitsvorschriften ausgearbeitet worden, vgl. beispielsweise DIN 38405 zur Bestimmung von Phosphat. Es ist zwar wünschenswert, aber nicht unbedingt erforderlich, dass die Analyte vollständig in die Derivate umgewandelt werden. Da wieder Relativmessungen durchgeführt werden, kommt es nur darauf an, dass die Verhältnisse in Standard und Analysenprobe vergleichbar sind.

17.3 Analysengang einer photometrischen Bestimmung

Nachfolgend wird der Analysengang zur photometrischen Bestimmung über eine Relativmessung an einem Beispiel aufgezeigt, bei dem keine Derivatisierung erforderlich ist. Das Grundprinzip der Relativmessung über Kalibrierkurven wurde bereits bei der Verwendung ionenselektiver Elektroden diskutiert. Hier wird besonderes Gewicht auf die Eigenheiten der photometrischen Bestimmung gelegt.

Die hier beschriebenen Konzentrationsbestimmungen resultieren aus der Messung der Lichtabsorption. Natürlich ist eine quantitative Analyse auch

17

über **Emission**smessungen möglich. Das klassische Beispiel dafür ist die so genannte **Flammenphotometrie.** Dabei werden Analytlösungen in eine Flamme gesprüht und das emittierte Licht in Abhängigkeit von der Konzentration gemessen. Die von Analysenlösungen emittierte Lichtintensität wird mit den Lichtintensitäten von Standardlösungen verglichen. Über Kalibrierkurven kann so die Konzentration der Analysenlösung bestimmt werden. Methode und Analysengang der Konzentrationsbestimmung über die Emission sind also der Bestimmung über die Absorption sehr ähnlich, allerdings ist die emittierte Lichtintensität wegen der kugelsymmetrischen Abstrahlung keine lineare Funktion der Konzentration. Die Kalibrierkurven werden aus den Messwerttabellen durch **nichtlineare Regressionsanalysen** erhalten.

Flammenphotometrisch werden über die Lichtemission praktisch ausschließlich die Alkalimetalle und einige Erdalkalimetalle wie Calcium bestimmt, da dazu die Energie der Flamme ausreicht. Zwar kann die thermische Energie der Flamme durch entsprechende Wahl der Brenngase gesteigert werden, doch werden die Schwermetalle besser über die der Flammenphotometrie apparativ sehr ähnliche Atomabsorptionsspektroskopie (siehe den entsprechenden Baustein) analysiert.

Bestimmung des Massenanteils an Mangan einer festen Probe, die den Analyten in Form von Permanganat enthält

Informationen zum Analyten und zur Probe
Zunächst sind **Informationen zum Analyten** selber einzuholen. Bezüglich stoffspezifischer Größen wie molare Masse, Löslichkeit und Sicherheitsmaßnahmen sind Datenblätter und auch die Kataloge der Lieferfirmen für Chemikalien gute Informationsquellen.

$M(KMnO_4) = 158,0340$ g/mol; Löslichkeit: 64 g/L bei 20 °C, Farbe: violett; Gefährlichkeitsmerkmale: gesundheitsschädlich, umweltgefährlich, Wassergefahrenklasse: WGK 2 – wassergefährdend; Giftklasse: 3 – starke Gifte; R 8-22-50/53; S 60-61

Permanganat wird häufig als Oxidationsmittel – u. a. auch zur Reinigung von Glasgeräten – verwendet. Oxidierbare Verunreinigungen an den verwendeten Geräten verändern daher den Gehalt der Lösungen und führen zu Fehlern. In solchen Fällen verändert sich oft die charakteristisch violette Farbe der Lösung nach braunrot oder an den Schliffhülsen bildet sich ein brauner Belag von Braunstein. Sinnvoll ist daher die Verwendung fettfreier Glasgefäße aus Braunglas mit Teflonstopfen. Wässrige Lösungen von Kaliumpermanganat sind schon in geringen Konzentrationen intensiv gefärbt. Ein eventuell nicht gelöster Bodensatz wird leicht übersehen. Bei der Herstellung der Lösungen ist daher darauf zu achten, dass die Feststoffe auch tatsächlich vollständig gelöst sind. Gute Dienste für die Beschleunigung des Lösevorgangs leistet ein Ultraschallbad. Da Lösungen des Permanganations rotviolett gefärbt sind, ist es zweckmäßig, das Absorptionsspektrum über den sichtbaren Bereich aufzunehmen.

Die notwendigen Fragen zur **Analysenprobe** betreffen insbesondere Löslichkeit, Störungen durch die Matrix und, gerade bei festen Proben wichtig, die Homogenität.

Die Probe ist gut wasserlöslich, sie enthält keine die Messung störende Substanzen, ist aber nicht homogen.

Herstellung der Analysenlösung
Wenn die Probe nicht homogen ist, muss sie homogenisiert werden. Dazu gibt es zwei Möglichkeiten. Erstens könnte die Probe in einer Reibschale mit dem Pistill zerrieben werden. Das hätte den Vorteil, dass ein Teil davon zur Analyse verwendet und der Rest für Kontrolluntersuchungen aufbewahrt werden könnte. Nachteilig ist bei dieser Methode, dass sich Kaliumpermanganat an der Luft nicht gut zerreiben lässt, weil es aus der Luft Wasser aufnimmt. Eine violettfarbene Paste wäre die Konsequenz. Daher wird hier die zweite Möglichkeit angewandt: Einwaage der gesamten Probe.

m(Probe) = 2,03604 g.

Die Probe wird in VE-Wasser gelöst. Sinnvoll ist es, zunächst möglichst konzentrierte Analysenlösungen herzustellen. Diese können definiert verdünnt werden, eine nachträgliche Aufkonzentration ist praktisch nicht möglich. Da Küvetten mit 1 cm Schichtdicke verwendet werden, genügt ein Volumen von 50 mL auch für eventuell notwendige weitere Verdünnungen.

AL1: 2,03604 g Probensubstanz werden gelöst, auf 50,0 mL aufgefüllt.

Auswahl der Standardsubstanz und Herstellung der Standardlösungen
Als Standardsubstanzen werden Stoffe verwendet, die den Analyten enthalten, möglichst stabil sind, mit einer definierten Molmasse in reiner Form vorliegen und von denen möglichst wenig Gefahren für die Sicherheit ausgehen. Natürlich ist auch der Preis zu berücksichtigen.

Als Standardsubstanz wird Kaliumpermanganat verwendet.

$M(KMnO_4) = 158,0340$ g/mol
$M(Mn) = 54,93805$ g/mol

Bei der Herstellung der Standardlösungen und der Kalibrierlösungen ist zu beachten, dass nach der allgemeinen Standardarbeitsanweisung mindestens 100 mg einzuwiegen sind und die abzumessenden Volumina mindestens 10 mL betragen. Das Volumen der ersten Standardlösung, der Stammlösung, muss so bemessen sein, dass aus ihr weitere Lösungen gezogen werden können. Sinnvoll sind Volumina zwischen 100 und 500 mL. Da das Permanganation die Lösungen intensiv färbt, also hohe Extinktionskoeffizienten zu erwarten sind, wird hier die Einwaage der Standardsubstanz auf 500 mL aufgefüllt.

Einwaage: $m(KMnO_4) = 159,74$ mg
SL1: 159,74 mg $KMnO_4$ werden gelöst, die Lösung auf 500 mL aufgefüllt.

Bei der Analyse liegt das Mangan in Form des Permanganats vor, angegeben werden soll der Massenanteil an Mangan. Grundsätzlich könnte die weitere Berechnung der Massenkonzentrationen der Stammlösungen über Kaliumpermanganat erfolgen, zum Schluss müsste dann auf Mangan umgerechnet werden. (Vereinfacht soll die an sich richtige Angabe Mn^{7+} durch Mn ersetzt werden.) Wichtig bei den Analysen über Kalibrierkurven ist es, eine Routine zu entwickeln, eine Vorgehensweise also, die grundsätzlich angewendet werden kann. Als zweckmäßig hat es sich erwiesen, die Massenkonzentrationen schon bei der ersten Stammlösung auf den Analyten selbst, hier also auf Mangan, zu beziehen. So besteht kaum die Gefahr, dass die Umrechnung vergessen wird. Da in einem Teilchen Kaliumpermanganat ein Teilchen Mangan enthalten ist, gilt:

$$\frac{n(Mn)}{n(KMnO_4)} = \frac{1}{1}$$

$$m(Mn) = \frac{m(KMnO_4) \cdot M(Mn)}{M(KMnO_4)} =$$

$$= 159,74 \text{ mg} \cdot \frac{54,93805 \frac{g}{mol}}{158,0340 \frac{g}{mol}} = 55,53 \text{ mg}$$

$\beta_{SL1}(Mn) = 55,53$ mg$/500$ mL $= 111,06$ mg/L

Die erste Stammlösung ist nach den allgemeinen Prinzipien hergestellt worden und häufig für die Messung zu konzentriert. Es ist daher zweckmäßig, diese Lösung sofort zu verdünnen. Über den Grad der Verdünnung und die herzustellenden Volumina können keine allgemeinen Aussagen gemacht werden, hier ist die einzelne Analyse zu betrachten. Im vorliegenden Fall deutet die intensive Farbe der SL1 auf eine sehr hohe Extinktion hin.

SL2: 50,0 mL SL1 werden auf 500 mL aufgefüllt.
$\beta_{SL2}(Mn) = 11,106$ mg/L

Aufnahme der Absorptionsspektren
Da die Absorption im sichtbaren Bereich erfolgt, werden Küvetten aus Kronglas verwendet, die Schichtdicke ist 1,00 cm. Zunächst werden Messküvette und Vergleichsküvette mit VE-Wasser gefüllt und ein Absorptionsspektrum aufgenommen. Dabei zeigen sich eventuelle Unterschiede in den beiden Küvetten. Ist das der Fall, wird bei der Startwellenlänge die Extinktion entweder automatisch („Background Zero") oder per Hand auf null gestellt. Danach wird die Stammlösung SL1 in die Messküvette gegeben und das Absorptionsspektrum vermessen.

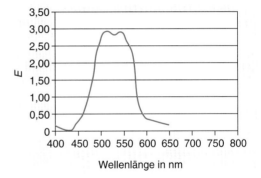

Abb. 17.9: **Absorptionsspektrum KMnO$_4$,**
$\beta(Mn) = 111,06$ mg/L

Wie zu erwarten, ist die Absorption dieser Lösung relativ hoch. Bei der Wellenlänge 526 nm ist die Extinktion etwa 2,9. Daraufhin wird das Absorptionsspektrum von SL2 vermessen.

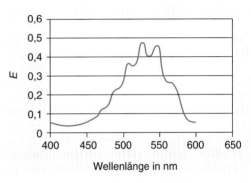

Abb. 17.10: **Absorptionsspektrum KMnO$_4$,**
$\beta_{SL2}(Mn) = 11,106$ mg/L

Die maximale Extinktion liegt im „guten Messbereich", die Absorptionsbande zeigt eine deutliche Struktur. Bei 526 nm wird eine maximale Extinktion von 0,481 gemessen.

Die Messwellenlänge ist 526 nm.

Alle weiteren Extinktionsangaben beziehen sich auf diese Wellenlänge.

Die Konzentrationen der beiden Stammlösungen unterscheiden sich um den Faktor 10, die Extinktionen aber nur den Faktor 6,1. Nach dem Lambert-Beer'schen Gesetz sollten sie sich ebenfalls um den Faktor 10 unterscheiden. Dies belegt, dass zwischen der SL1 und der SL2 offensichtlich nicht der „lineare Bereich" vorliegt. Es ist bei photometrischen Analysen immer vorteilhaft, die Extinktionsänderungen mit den Konzentrationsänderungen zu vergleichen!

Grobmessung

Zunächst wird die Konzentration der Analysenprobe grob bestimmt. Zweckmäßigerweise geschieht dies dadurch, dass die Extinktion der Analysenlösung zwischen die Extinktionen zweier Kalibrierlösungen gelegt wird. Daher wird zunächst eine gegenüber der SL2 um den Faktor zwei verdünntere Kalibrierlösung hergestellt, für die eine Extinktion um 0,24 zu erwarten ist.

KL1: 25,0 ml SL2 werden auf 50,0 mL aufgefüllt.
β_{KL1}(Mn) = 5,553 mg/L; E_{KL1} = 0,239

Die Messung der Analysenlösung 1 ergibt:
E_{AL1} = 3,1

Die Extinktion der Analysenlösung liegt im ungünstigen Bereich. Da sie noch höher ist als die der SL1, wird die AL1 gleich um den Faktor 40 verdünnt.

AL2: 25,0 mL AL1 werden auf 1000 mL aufgefüllt.
E_{AL2} = 0,359

Damit ist das Ziel der Grobmessung erreicht: Die Extinktionen von SL2, KL1 und AL2 liegen im guten Messbereich und die Extinktion der Analysenlösung liegt zwischen den Lösungen mit bekannter Konzentration. Aus SL2 können somit weitere Lösungen gezogen und die Kalibrierkurve aufgenommen werden. Von AL2 wird ein Absorptionsspektrum aufgenommen. Es zeigt im sichtbaren Bereich ausschließlich die Absorptionen, die von Kaliumpermanganat stammen. Die Matrix enthält also keine störende Stoffe, die bei der Messwellenlänge ebenfalls Licht absorbieren.

Externer Standard

Die Richtigkeit der Kalibrierkurve wird wesentlich von der Einwaage bestimmt. Ein Fehler bei der Einwaage der Standardsubstanz drückt sich unmittelbar in einer falschen Kalibrierkurve aus. Daher wird ein externer Standard eingewogen und über dessen Wiederfindungsrate die Richtigkeit der Kalibrierkurve überprüft. Die Extinktion dieses Standards soll im Kalibrierbereich, also zwischen 5,5 und 11 mg/L liegen.

Einwaage: m(KMnO$_4$) = 102,7 mg
EX1: 102,7 mg KMnO$_4$ werden gelöst, auf 1000 mL aufgefüllt.
β_{EX1}(Mn) = 35,70 mg/L
EX2: 10,0 mL EX1 werden auf 50,0 mL aufgefüllt.
β_{EX2}(Mn) = 7,140 mg/L

Zur Herstellung der Kalibrierkurve werden mit einer Bürette unterschiedliche Volumina SL2 entnommen, auf jeweils 50,0 mL aufgefüllt und bei der Schichtdicke 1,00 cm vermessen.

Bezeichnung	V_{SL2} in mL	β(Mn) in mg/L	E(526 nm)
KL1	25,0	5,553	0,238
KL2	30,0	6,664	0,290
KL3	35,0	7,774	0,334
KL4	40,0	8,885	0,382
KL5	45,0	9,995	0,433
SL2	–	11,11	0,480
EX2	–	7,140	0,300
AL2	–	–	0,356

Tabelle 17.3: **Kalibrierung KMnO$_4$**

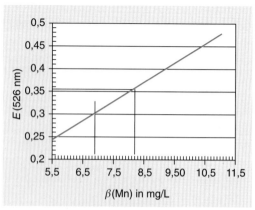

Abb. 17.11: **Kalibrierkurve KMnO$_4$**
Aus der Kalibrierkurve ist zu entnehmen:
β_{AL2}(Mn) = 8,24 mg/L;
β_{EX2}(Mn) = 6,96 mg/L

17

Berechnung der Analysenergebnisse

Bei der Herstellung von AL2 wurden 25,0 mL AL1 auf 1000 mL aufgefüllt

$$\beta_{AL2}(Mn) \cdot V_{AL2} = \beta_{AL1}(Mn) \cdot V_{AL1}$$

$$\beta_{AL1}(Mn) = \frac{\beta_{AL2}(Mn) \cdot V_{AL2}}{V_{AL1}} =$$

$$= \frac{8,24 \frac{mg}{L} \cdot 1000\ mL}{25,0\ mL} = 329,6 \frac{mg}{L}$$

AL1 hatte ein Volumen von 50,0 mL:

$$m(Mn) = \beta_{AL1}(Mn) \cdot V_{AL1} =$$

$$= 329,6 \frac{mg}{L} \cdot 50,0 \cdot 10^{-3}\ L = 16,48\ mg$$

Die Masse der eingewogenen Probesubstanz war 2,03604 g. Damit ist der Massenanteil in der Probe:

$$w(Mn) = \frac{16,48 \cdot 10^{-3}\ g}{2,03604\ g} = 8,094 \cdot 10^{-3}$$

$$w(Mn) = 0,809\,\%$$

Berechnung der Wiederfindungsrate:

$$\eta_W = \frac{\beta_{gefunden}}{\beta_{tatsächlich}} = \frac{6,96 \frac{mg}{L}}{7,140 \frac{mg}{L}} = 0,974$$

Geradengleichung über die lineare Regression

$$E = 0,0434 \cdot \beta - 0,0019$$

Korrelationskoeffizient: 1,00

Ergebnis der Messung

$w(Mn) = 0,809\,\%$
$\lambda = 526$ nm
$\eta_W = 97,4\,\%$
$R^2 = 1,00$

17.4 Kalibrierkurven über die Standardadditionsmethode

Analysen über Kalibrierkurven sind Relativmessungen. Sie setzen voraus, dass Analysenlösung und Standardlösungen unter gleichen Bedingungen vermessen werden. Dies trifft zwar für das Messgerät zu, aber wie verhält es sich mit den Lösungen? Im obigen Beispiel der Bestimmung von Mangan über Kaliumpermanganat wurde für die Kalibrierlösungen das reine Kaliumpermanganat ein-

gewogen, für die Herstellung der Analysenlösung wurde die gesamte Probe gelöst. Diese Lösung enthält neben dem Analyten einen großen Anteil an Matrix. Darf dann vorausgesetzt werden, dass Analysenlösung und Standardlösung unter vergleichbaren Bedingungen vermessen werden? Diese Frage ist nicht allgemein zu beantworten, sicher sind dabei die jeweiligen Verhältnisse zu berücksichtigen. Mit der Methode der Standardaddition (Aufstockmethode) kann festgestellt werden, ob die Matrix die Analyse beeinflusst. Das Prinzip dieser Methode ist es, zu der Analysenlösung unterschiedliche Mengen an Analyt über Standardlösungen zuzusetzen.

Im nachstehenden Beispiel werden jeweils 250-mL-Messkolben verwendet. In alle Messkolben werden 50,0 mL der Analysenlösung AL gegeben. In den ersten Messkolben werden eventuelle Reagenzien gegeben, dann wird der Messkolben mit VE-Wasser (oder einem anderen Lösemittel) aufgefüllt. In die anderen Messkolben werden unterschiedliche Mengen an Standardlösung, dann die Reagenzien zugegeben und dann wird mit VE-Wasser aufgefüllt. Eine Möglichkeit dazu zeigt die Tabelle 17.4.

	AL1	KL1	KL2	KL3	KL4
Volumen AL in mL	50,0	50,0	50,0	50,0	50,0
Volumen SL in mL	–	25,0	50,0	75,0	100
mit VE-Wasser aufgefüllt auf	250	250	250	250	250

Tabelle 17.4: **Standardaddition**

Die Konzentration an Analyt in den Kalibrierlösungen wird **allein** über die Zugabe an Standardlösungen berechnet. Bei den berechneten Werten handelt es sich also um **fiktive Konzentrationen,** denn der Anteil an Analyt, der über die Analysenlösung eingebracht wurde, bleibt bei der Rechnung unberücksichtigt. Die Extinktion aller Lösungen wird vermessen und wie gewohnt gegen die Konzentration aufgetragen, wobei in den **Achsenursprung der Wert Null** für die Extinktion und für die Konzentration gelegt wird. Nach dieser Methode ist die fiktive Konzentration an Analyt in der Analysenlösung AL1 zwar gleich null, das Photometer registriert allerdings sehr wohl eine Extinktion, weil die wahre Konzentration an Analyt nicht gleich null ist. Die wahre Konzentration an AL1 wird durch Extrapolation der Kalibriergeraden auf die Konzentrationsachse erhalten.

17

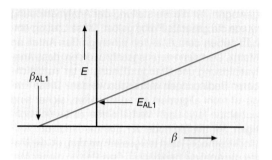

Abb. 17.12: Kalibrierkurve zur Standardaddition

Im Grunde wird dabei die Extinktionsachse auf den **Wert Null der wahren Konzentration** verschoben und die wahre Konzentration der AL1 bei der zugehörigen Extinktion abgelesen. Zu bedenken ist, dass es sich um die Konzentration der AL1 und nicht um die der AL handelt. Im Beispiel ist die Konzentration der AL gegenüber der AL1 um den Faktor 5 größer!

Der Vorteil der Standardaddition ist, dass die Kalibrierlösungen den gleichen Anteil an Matrix enthalten wie die Analysenlösung selbst. Die beiden Lösungen sind also eher vergleichbar als bei der üblichen linearen Kalibrierung. Daher wird die Standardaddition sehr häufig bei Störungen durch die Matrix angewendet.

Der Standardaddition geht eine grobe Bestimmung der Konzentration an Analyt über eine normale lineare Kalibrierung voraus. Mit der Kenntnis der groben Konzentration der Analysenlösungen ist die gezielte Herstellung der Kalibrierlösungen für die Standardaddition möglich, deren Extinktionen ja im guten Messbereich liegen sollen.

Die **Planung** einer solchen Standardadditionsmethode wird am Beispiel der Bestimmung von Nitrit in einer Wurstprobe über die Bildung der beschriebenen Azoverbindung diskutiert. Die zugesetzten Stoffe wie Sulfanilsäure und 1-Naphthylamin werden zusammengefasst als Reagenzien bezeichnet. Die DIN EN 26777 ISO 6777 enthält dazu die genauen Angaben. Die Messung wird bei 520 nm durchgeführt. Anzugeben ist der Massenanteil an Nitritstickstoff $w(N)$.

Probenaufbereitung:
AL1: 20,50 g der Wurstprobe werden zerkleinert und mit 3 mal 50 mL VE-Wasser extrahiert. Die vereinigten Extrakte werden filtriert und mit VE-Wasser auf 500 mL aufgefüllt.
AL2: 25,0 mL AL1 werden mit den Reagenzien versetzt und auf 50,0 mL aufgefüllt.

Standardlösungen:
SL1: 0,1500 g NaNO$_2$ auf 100 mL

$$\frac{n(N)}{n(NaNO_2)} = \frac{1}{1}$$

$M(NaNO_2) = 68,9953 \text{ g/mol}$
$M(N) = 14,00674 \text{ g/mol}$

$$m(N) = \frac{m(NaNO_2) \cdot M(N)}{M(NaNO_2)} =$$

$$= \frac{150,0 \text{ mg} \cdot 14,00674 \frac{g}{mol}}{68,9953 \frac{g}{mol}} = 30,45 \text{ mg}$$

$\beta_{SL1}(N) = 30,45 \text{ mg}/100 \text{ mL} = 304,5 \text{ mg/L}$

SL2: 10,0 mL SL1 auf 1000 mL
$\beta_{SL2}(N) = 3,045 \text{ mg/L}$

SL3: 50,0 mL SL2 auf 1000 mL
$\beta_{SL3}(N) = 0,1523 \text{ mg/L}$

Unterschiedliche Volumina von SL3 werden mit den Reagenzien versetzt, auf jeweils 50 mL aufgefüllt und mit der Schichtdicke $d = 1,00$ cm vermessen.

Bezeichnung	V_{SL3} in mL	$\beta(N)$ in mg/L	$E(520 \text{ nm})$
KL1	20,0	0,06092	0,132
KL2	40,0	0,1218	0,268
AL2	–	–	0,141

Tabelle 17.5: Grobmessung über eine lineare Kalibrierung

Damit liegt die Extinktion der AL2 zwischen den Extinktionen von KL1 und KL2. Dies ist für die Planung der Standardaddition ausreichend.

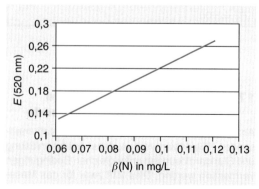

Abb. 17.13: Lineare Kalibrierung Nitrit

Für AL2 ergibt sich aus der Extinktion 0,141:
$\beta(N) = 0,065 \text{ mg/L}$

Planung der Standardaddition

Die Extinktion der AL2 beträgt nur 0,141. Eine weitere Verdünnung würde zu einer zu kleinen Extinktion führen. Daher wird zur Herstellung der Kalibrierlösungen die AL1 verwendet.

Unterer Wert der Kalibrierung: Die AL1 ist um den Faktor 2 konzentrierter als AL2. Werden 50,0 mL AL1 auf 100 mL aufgefüllt (AL3), so ist die Konzentration dieser Lösung wieder 0,065 mg/L. Die zu erwartende Extinktion 0,141 ist als unterer Wert in Ordnung. Die Volumina aller Kalibrierlösungen sind daher jeweils 100 mL.

Oberer Wert für die Kalibrierung: Die sinnvolle obere Grenze für die Extinktion ist 1,0. Mit dem Extinktionswert 0,141 für AL3 bleiben also etwas über 0,8 Extinktionseinheiten für den höchsten Zusatz an Standardlösung übrig. Welcher Konzentration entspricht eine Extinktion von 0,8?

$$\frac{\beta_2(N)}{E_2} = \frac{\beta_1(N)}{E_1}$$

$$\beta_2(N) = \frac{\beta_1(N) \cdot E_2}{E_1} = \frac{0,065\,\frac{mg}{L} \cdot 0,8}{0,141} = 0,369\,\frac{mg}{L}$$

Die oberste Kalibrierlösung muss also eine fiktive Konzentration von etwa 0,369 mg/L haben.

Von 100 mL Volumen der Kalibrierlösungen werden jeweils 50,0 mL von AL1 eingenommen. Das Volumen der zugesetzten Stammlösungen soll daher 30,0 mL nicht überschreiten, da noch Reagenzien zugesetzt werden müssen und mit Wasser aufgefüllt werden muss. Welche Konzentration muss eine Standardlösung SL4 haben, aus deren Zugabe von 30,0 mL zu den Kalibrierlösungen eine fiktive Konzentration von 0,369 mg/L resultiert?

$$\beta_{SL4}(N) \cdot V_{SL4} = \beta_{KL}(N) \cdot V_{KL}$$

$$\beta_{SL4}(N) = \frac{\beta_{KL}(N) \cdot V_{KL}}{V_{SL4}} =$$

$$= \frac{0,369\,\frac{mg}{L} \cdot 100\ mL}{30,0\ mL} = 1,23\,\frac{mg}{L}$$

Die vorhandene SL2 hat eine Konzentration von 3,0451 mg/L. Um ausreichend Volumen zur Verfügung zu haben, sollen 500 mL von SL4 hergestellt werden. Welches Volumen an SL2 ist dazu erforderlich?

$$\beta_{SL2}(N) \cdot V_{SL2} = \beta_{SL4}(N) \cdot V_{SL4}$$

$$V_{SL2}(N) = \frac{\beta_{SL4}(N) \cdot V_{SL4}}{\beta_{SL2}(N)} =$$

$$= \frac{1,23\,\frac{mg}{L} \cdot 500\ mL}{3,0451\,\frac{mg}{L}} = 202\ mL$$

Da die Zielkonzentration nicht exakt eingehalten werden muss, wird SL4 wie folgt hergestellt: SL4: 200 mL SL2 werden auf 500 mL aufgefüllt, $\beta_{SL4}(N) = 1,218$ mg/L

Jeweils 50,0 mL AL1, Reagenzien und unterschiedliche Volumina an SL4 werden in 100-mL-Messkolben gegeben. Dann wird mit VE-Wasser aufgefüllt und mit der Schichtdicke 1,00 cm bei 520 nm vermessen.

Bezeichnung	V_{SL4} in mL	$\beta(N)$ in mg/L (fiktiv)	E (520 nm)
AL3	–	0	0,138
KL3	10,0	0,1218	0,397
KL4	15,0	0,1827	0,526
KL5	20,0	0,2436	0,656
KL6	25,0	0,3045	0,784
KL7	30,0	0,3654	0,914

Tabelle 17.6: Kalibrierung Standardaddition

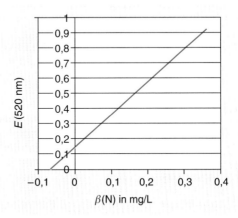

Abb. 17.14: Standardaddition Nitrit

Eine negative Konzentration ist selbstverständlich nicht möglich. Diese Bezeichnung wurde nur gewählt, um die Extrapolation durchführen zu können.

Diese ergibt:

$\beta_{AL3}(N) = 0,064$ mg/L
AL3: 50,0 mL AL1 auf 100 mL

Demnach ist:

$\beta_{AL1}(N) = 0,128$ mg/L

17

Die Standardaddition ergibt gegenüber der linearen Kalibrierung nur einen geringfügigen Unterschied. Daher kann davon ausgegangen werden, dass eine merkliche Matrixstörung nicht vorliegt. Das Analysenergebnis kann dann wie folgt berechnet werden:

Die Gesamtmasse an Nitrit der Analysenprobe muss in AL1 vorhanden sein, $V_{AL1} = 500$ mL.

$$m_{AL1}(N) = \beta_{AL1}(N) \cdot V_{AL1}$$
$$= 0{,}128 \text{ mg/L} \cdot 0{,}500 \text{ L} = 0{,}0640 \text{ mg}$$

Diese Masse an Nitritstickstoff war auch in den 20,50 g der Wurstprobe.

$$w(N) = \frac{m(N)}{m} = \frac{0{,}0640 \cdot 10^{-3} \text{ g}}{20{,}50 \text{ g}} = 3{,}12 \cdot 10^{-6} =$$
$$= 3{,}12 \cdot 10^{-4}\% = 3{,}12 \text{ ppm}$$

Die Wurstprobe enthält also 3,12 mg Nitritstickstoff pro Kilogramm.

17.5 Übung

Quantitative photometrische Analyse

① a) Wann stört eine große Extinktion des Lösemittels die photometrische Analyse der gelösten Substanz nicht?
   b) Wie könnte die Störung der Messung durch die Extinktion des Lösemittels behoben werden?

② a) Welche Vorteile hat das Zweistrahlspektrometer gegenüber dem Einstrahlspektrometer?
   b) Durch welche Vorrichtung kommt man beim Zweistrahlspektrometer mit nur einem Detektor aus?

③ Ihnen ist der molare dekadische Extinktionskoeffizient der Substanz bekannt, die Sie photometrisch bestimmen sollen. Weshalb ist dies für die Herstellung der ersten Standardlösung eine Hilfe? Erläutern Sie.

④ Bei der quantitativen photometrischen Analyse werden sehr oft die Analyte nicht direkt, sondern über eine Derivatisierung mit Hilfsstoffen bestimmt. Erläutern Sie zwei mögliche Gründe für diese Arbeitsweise und geben Sie ein konkretes Stoffbeispiel an.

⑤ Rechnen Sie den Transmissionsgrad 76 % in die Extinktion um.

⑥ Wie groß ist die Summe aus Transmissionsgrad und Absorptionsgrad? Begründen Sie Ihre Antwort über die Mathematik und über die Gegebenheiten der Analysenmethode.

⑦ Hängt die Extinktion von der Ausgangsintensität der Lampe ab? Erläutern Sie.

⑧ Stellen Sie die Extinktion und den Transmissionsgrad einer Lösung als Funktion der Konzentration grafisch dar und geben Sie die Gesetzmäßigkeiten an, die diesen Kurvenverläufen entsprechen.

⑨ Wie ändert sich der molare dekadische Extinktionskoeffizient, wenn die Konzentration des Analyten verringert wird?

⑩ Sie wollen eine Lösung bei 300 nm in einem UV-VIS-Spektrometer vermessen und erhalten trotz beliebiger Verdünnung immer wieder für die Extinktion den Wert „unendlich". Erläutern Sie, wodurch dieser Fehler verursacht sein könnte.

⑪ Erläutern Sie die Bedeutung des molaren dekadischen Extinktionskoeffizienten für die quantitative photometrische Analyse.

Aus den nachfolgenden Messwerttabellen ergeben sich nicht in allen Fällen unmittelbar lineare Kalibrierkurven.

⑫ Photometrische Bestimmung von $w(\beta\text{-Carotin})$ in Spinat
Probe: käuflicher tiefgefrorener Spinat
AL: Aus 180 g der Probe wird das β-Carotin mit Methanol extrahiert, dann wird auf 1,000 L aufgefüllt.
Standard: SL: $\beta(\beta\text{-Carotin}) = 21{,}02$ mg/L
Kalibrierung und Messung: unterschiedliche Volumina SL auf jeweils 50,0 mL

	V(SL) in mL	E(490 nm), $d = 1{,}00$ cm
KL1	20,0	0,230
KL2	25,0	0,288
KL3	30,0	0,346
KL4	35,0	0,403
KL5	40,0	0,461
KL6	45,0	0,518
AL		0,423

⑬ Photometrische Bestimmung von $w(E\,142)$ in einer festen Probe
Probe: inhomogen, hygroskopisch, wasserlöslich
AL1: 1,1079 g Probe auf 50,0 mL
AL2: 10,0 mL AL1 auf 50,0 mL
AL3: 10,0 mL AL2 auf 100 ml
AL4: 25,0 mL AL3 auf 100 mL
Standards: St = Standardsubstanz,
$w(E\,142) = 0{,}800$
SL1: 112 mg St auf 250 mL
SL2: 25,0 mL SL1 auf 250 mL
SL3: 25,0 mL SL2 auf 250 mL
Externer Standard:
$m(St) = 102$ mg
EX1: 102 mg St auf 1,000 L
EX2: 40,0 mL EX1 auf 1,000L
Kalibrierung und Messung: Unterschiedliche Volumina SL3 auf jeweils 50,0 mL

	V(SL3) in mL	E(640 nm), $d = 1{,}00$ cm
KL1	26,0	0,412
KL2	31,0	0,435
KL3	36,0	0,491
KL4	41,0	0,550
KL5	46,0	0,606
SL3		0,667
AL4		0,441
EX2		0,601

⑭ $w(Cr)$ einer festen Probe, die das Chrom als Kaliumdichromat enthält, soll über die Photometrie und über die Standardaddition bestimmt werden. Werten Sie die gegebenen Daten für die lineare Kalibrierung aus, machen Sie einen konkreten Vorschlag für die Planung der Standardaddition und zeichnen Sie die zu erwartende Kalibrierkurve.
AL1: 1,9115 g feste Probe, gelöst auf 100 mL
AL2: 10,0 mL AL1 auf 100 mL
AL3: 20,0 mL AL2 auf 100 mL
SL1: 0,5160 g $K_2Cr_2O_7$, gelöst auf 500 mL
SL2: 25,0 mL SL1 auf 250 mL
SL3: 20,0 mL SL2 auf 250 mL
Unterschiedliche Volumina SL3 wurden auf jeweils 50,0 mL aufgefüllt und vermessen.

	V(SL3) in mL	E(366 nm), $d = 1{,}00$ cm
AL3	–	0,321
KL1	10,0	0,086
KL2	15,0	0,239
KL3	20,0	0,314
KL4	25,0	0,390
KL5	30,0	0,462

⑮ Bestimmung $w(NH_4^+)$ einer festen Probe m. d. ionenselektiven Elektrode
Probe: inhomogen, hygroskopisch, wasserlöslich
AL: 4,7897 g Probe auf 100 mL
Standards: St = Standardsubstanz $(NH_4)_2SO_4$
SL1: 1,835 g St auf 500 mL
SL2: 10,0 mL SL1 auf 100 mL
Externer Standard:
EX1: 152,1 mg St auf 100 mL
Kalibrierung und Messung: unterschiedliche Volumina SL1 auf jeweils 100 mL

	V(SL1) in mL	E in mV
SL1		−201
KL1	80,0	−195
KL2	60,0	−188
KL3	40,0	−177
KL4	20,0	−160
SL2		−142
AL		−170
EX1		−183

⑯ Bestimmung von $w(Na)$ einer festen Probe über Flammenemission
Probe: inhomogen, hygroskopisch, wasserlöslich
AL1: 1,992 g der Probe, auf 50,0 mL
AL2: 20,0 mL AL1 auf 250 mL
AL3: 110 mL AL2 auf 500 mL
Standard:
St = Standardsubstanz $Na_2SO_4 \cdot 10\,H_2O$
SL1: 4,6802 g St auf 100 mL
SL2: 15,0 mL SL1 auf 50,0 mL
SL3: 25,0 mL SL2 auf 1000 mL
Kalibrierung und Messung: Unterschiedliche Volumina SL3 auf jeweils 250,0 mL (SKT = Skalenteile)

	V(SL3) in mL	Intensität in SKT
KL1	8,00	308
KL2	12,3	470
KL3	16,0	604
KL4	20,1	705
KL5	24,0	779
KL6	28,5	865
KL7	32,0	917
KL8	36,5	975
AL3		682

17

⑰ Bestimmung von $w(Cl^-)$ einer festen Probe über die ionenselektive Elektrode
AL1: 2,054 g feste Probe, gelöst auf 50,0 mL
AL2: 20,0 mL AL1 auf 100 mL
SL1: 0,3685 g KCl, gelöst auf 50,0 mL
SL2: 10,0 mL SL1 auf 100 mL
SL3: 25,0 mL SL2 auf 250 mL
Unterschiedliche Volumina SL3 wurden auf jeweils 50,0 mL aufgefüllt. Vor der Messung wurde allen Lösungen 2 mL ISA-Lösung zugesetzt.

Lösung	V(SL3) in mL	E in mV
AL2		132,0
KL1	20,0	145,2
KL2	25,0	133,7
KL3	30,0	129,3
KL4	35,0	126,5
KL5	40,0	123,4
KL6	45,0	121,0

⑱ Bestimmung von $w(PO_4^{3-})$ einer Wurstprobe über Extraktion und Photometrie
Arbeitsvorschrift: Phosphat bildet mit Ammoniummolybdat einen blauen Farbkomplex. Dieser wird aus der wässrigen Phase mit Chloroform extrahiert. Zu jeweils 15,0 mL der Lösungen werden 10,0 mL wässriges Molybdänreagenz gegeben. Nach 5 Minuten Standzeit wird mehrmals extrahiert, die Extrakte werden mit Chloroform jeweils auf 25,0 mL aufgefüllt.
Probe: käufliche Wurstprobe; AL: 5,3218 g zerkleinerte Probe werden in Wasser 10 Minuten gerührt. Das Filtrat wird mit Wasser auf 250 mL aufgefüllt.
Standards: St = Standardsubstanz KH_2PO_4
SL1: 0,1098 g St auf 1000 mL
SL2: 250,0 mL SL1 auf 500 mL
Kalibrierung und Messung: unterschiedliche Volumina SL2 auf jeweils 100 mL, dann gemäß der Arbeitsvorschrift behandelt.

	V(SL2) in mL	E(310 nm)
KL1	12,0	0,49
KL2	16,0	0,57
KL3	20,0	0,66
KL4	24,0	0,76
KL5	28,0	0,86
KL6	32,0	0,97
KL7	36,0	1,13
KL8	40,0	1,31
AL		0,79

18 Atomabsorptionsspektroskopie

Mit der Atomabsorptionsspektroskopie (AAS) werden hauptsächlich **Schwermetalle quantitativ** bestimmt, der gute Messbereich liegt ungefähr zwischen 1 µg/L und 30 mg/L. Solch geringe Konzentrationen können nur vermessen werden, wenn Störeinflüsse durch die Matrix oder durch das Messsystem auf ein Minimum reduziert sind. Daher ist die Entwicklung dieser Methode durch das Ziel geprägt, Störungen zu eliminieren und zu kompensieren.

18.1 Bausteine eines Spektrometers für die Flammen-AAS

In UV-VIS-Spektrometern werden Lampen verwendet, die im Bereich von ca. 200 nm bis 800 nm Licht emittieren. Solche Lampen werden auch Kontinuumstrahler genannt, weil sie einen weiten Wellenlängenbereich abdecken und daher für viele Analyte verwendet werden können. Da Störungen dann gering sind, wenn das anregende Licht möglichst selektiv den Analyten anregt, wird das Licht störender Wellenlängen („Falschlicht") über Monochromatoren und Spalte ausgeblendet. Dies gelingt nicht vollständig, die spektrale Bandbreite liegt bei solchen Geräten bei etwa einem Nanometer. Das von Atomen emittierte Licht hat dagegen Bandbreiten, die um Größenordnungen unter einem Nanometer liegen. Daher wurden für die AAS **Hohlkatodenlampen** entwickelt, deren spektrale Bandbreiten in der gleichen Größenordnung liegen. Zwischen der Katode und der Anode der Lampe wird eine hohe Spannung angelegt. Dadurch werden in der Lampe Gasteilchen ionisiert und beschleunigt. Sie treffen auf die Katode auf, schlagen dort Atome aus und regen diese zur Lichtemission an. In den Hohlkatodenlampen ist die Katode mit dem zu bestimmenden Element belegt. Soll also in einer Probenlösung Kupfer bestimmt werden, so ist die Katode in der Lampe mit Kupfer belegt. Die Lampe sendet gerade das Licht der Wellenlänge aus, das der Analyt absorbieren kann („**Resonanzwellenlänge,** Resonanzlinie"), wenn er selbst im **atomaren Zustand** vorliegt. Zur Konsequenz hat diese selektive Anregung allerdings, dass praktisch für jeden Analyten eine eigene Lampe bereitgehalten werden muss. Um bei Messungen flexibel die Lampen wechseln zu können, sind in den AAS-Geräten häufig Halterungen eingebaut, die mehrere Lampen aufnehmen können. Die jeweils benötigte Lampe wird in den Strahlengang gedreht. Die Lampen werden durch die hohen Spannungen stark beansprucht, an den Glaswänden schlägt sich nach kur-

zer Zeit ein Metalldampf nieder, entsprechend kurz ist die Standzeit.

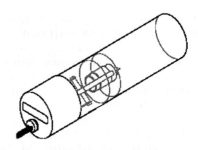

Abb. 18.1: **Skizze einer Hohlkatodenlampe**

Die in den Probelösungen in Ionenform (Me^{2+}) vorliegenden Analyte müssen in Atome (Me) überführt werden, damit sie das Licht der Hohlkatodenlampe absorbieren können. Eine Möglichkeit dazu ist die **Atomisierung in einer Flamme.** Die Elektronen zur Reduktion liefert die Matrix.

Atomisierung: $Me^{2+} + 2e^- \rightarrow Me$

Die Probenlösungen werden über eine Kapillare mit geringem Innendurchmesser durch eine Pumpe angesaugt, über ein **Zerstäubersystem** fein verteilt, in einer Mischkammer mit Luft und dem Brenngas vermischt und als feines Aerosol über einen **Brenner** in die Flamme eingesprüht. Als Brenngas wird in der Regel ein Gemisch aus Acetylen und Luft verwendet, das eine Flammentemperatur von ungefähr 2000 °C liefert. Acetylen wird aus Druckflaschen entnommen, in dem das Gas der Stabilität wegen in einer Mischung aus porösem Kieselgur und Ace-

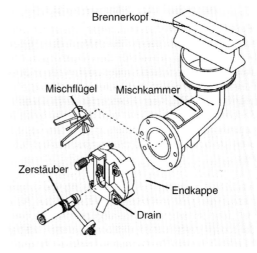

Abb. 18.2: **Zerstäubersystem und Brenner**

ton gelöst ist. Solche Flaschen müssen senkrecht stehend gelagert werden und sollten bei einem Restdruck von etwa 5 bar ausgetauscht werden, damit das Lösemittel nicht in das Leitungssystem oder gar in den Brenner gelangt. Sind höhere Atomisierungstemperaturen erforderlich, so müssen andere Brenngasgemische eingesetzt werden. Feste Partikel in den Probenlösungen verstopfen die Kapillare und die Düsen. Gegebenenfalls müssen die Probenlösungen filtriert werden. Die Ansaugkapillare wird abgespült, wenn eine weitere Lösung vermessen werden soll.

Der Brennerkopf hat einen schlitzartigen Austrittsspalt, aus dem die Flammengase und die zerstäubte Probenlösung austreten. Der Brennerschlitz hat eine Breite von etwa zehn Zentimetern. Über dem Brennerschlitz sitzt eine Abzugshaube, damit die Schwermetalldämpfe nicht in die Laborluft gelangen. Ziel der Apparatur ist es, oberhalb des Brennerschlitzes eine **konstante Atomdampfwolke** zu erzeugen. Dies wird durch eine konstante Zufuhr an Analyt über den Zerstäuber und durch eine konstante Abfuhr an Analyt durch den Abzug gewährleistet. Der Lichtstrahl aus der Hohlkatodenlampe durchstrahlt die Atomdampfwolke, die Lichtintensität wird durch Absorption geschwächt.

Da durch die Hohlkatodenlampe und durch die Flamme Emissionen (z. B. der Matrix) angeregt werden können, wird als Monochromator ein hoch auflösendes **Gitter** verwendet. Der Messbereich des **Detektors** ist häufig auf Extinktionen unter ca. 0,3 ausgelegt, da nur kleine Analytkonzentrationen vermessen werden sollen.

18.2 Justierung der Messeinrichtung bei der Flammen-AAS

„Ein Messgerät wird justiert, indem die systematischen Messabweichungen durch Veränderung der Messeinrichtung, soweit für die vorgesehene Anwendung erforderlich, minimiert werden." Beim Justiervorgang wird also in die Messeinrichtung eingegriffen (vgl. Baustein „Elektrische Leitfähigkeit"). Beim Flammen-AAS-Gerät wird dazu die Zuflussgeschwindigkeit des Aerosols in die Flamme, die Brennerkopfstellung und die Lampenposition justiert.

Wenn eine systematische Abweichung von einem Messvorgang minimiert werden soll, muss das „Normal", also die optimale Justierung, definiert werden. Der molare dekadische Extinktionskoeffizient ist bei photometrischen Messungen ein solches Normal, denn er ist konzentrationsunabhängig.

Lambert-Beer'sches Gesetz
$E = \varepsilon \cdot c \cdot d$

Aus der Gleichung ergibt sich allerdings, dass zur Berechnung des Extinktionskoeffizienten die Konzentration und die Schichtdicke bekannt sein müssen. Bei der AAS kann die Konzentration des Analyten in der vorgelegten Lösung über eine Standardlösung vorgegeben werden, aber die Konzentration der Metallatome im Atomdampf über dem Brenner ist unbekannt. Der Brennerschlitz ist zwar 10 cm breit, aber das ist nicht die Schichtdicke der Atomdampfwolke. Daher liefert der Gerätehersteller das Justierungsnormal über die Definition der so genannten „charakteristischen Konzentration".

Die charakteristische Konzentration ist diejenige Konzentration, die einen Absorptionsgrad von 1 %, das entspricht einer Extinktion von 0,0044, hervorruft.

Element	λ in nm	β_{ch} in mg/L
Cd	228,8	0,03
Cd	326,1	11,0
Cu	324,8	0,077
Cu	327,4	0,17
Fe	248,3	0,10
Pb	217,0	0,19
Zn	213,9	0,02

Tabelle 18.1: **Charakteristische Konzentrationen bei der Flammen-AAS***
*) Gerätehandbuch für AAS 2100 Perkin-Elmer

Diese Tabelle 18.1 zeigt, dass die charakteristische Konzentration von der Art des Analyten und von der Wellenlänge abhängt, sie hat also die gleichen Eigenschaften wie der Extinktionskoeffizient. Je nach dem Analysenproblem kann eine geeignete Messwellenlänge ausgewählt werden. Um die aktuelle charakteristische Konzentration, also den Justierungszustand des Gerätes, festzustellen, wird eine Lösung bekannter Konzentration eingesaugt und die Extinktion gemessen. Die gemessene Extinktion wird in die aktuelle charakteristische Konzentration umgerechnet.

Beispiel: Eine Kupferlösung mit $\beta(Cu^{2+}) = 5,1$ mg/L zeigt bei 324,8 nm eine Extinktion von 0,18. Wenn eine Konzentration von 5,1 mg/L eine Extinktion von 0,18 ergibt, dann ist eine Konzentration von 0,12 mg/L für eine Extinktion von 0,0044 erforder-

18

lich. Im aktuellen Justierungszustand ist eine höhere Konzentration (0,12 mg/L statt 0,077 mg/L) erforderlich, um die gleiche Extinktion, wie der Gerätehersteller angibt, zu erhalten. Das Gerät ist dejustiert und muss justiert werden. Wird dagegen bei einer Messung eine niedrigere aktuelle charakteristische Konzentration gefunden, als der Hersteller angibt, dann ist Vorsicht geboten! Da es ziemlich ausgeschlossen ist, dass das Gerät von der Laborkraft besser justiert werden kann als vom Hersteller selbst, ist zu vermuten, dass die tatsächliche Konzentration der angesaugten Lösung durch Einwaagefehler, Verdünnungsfehler usw. nicht den berechneten Wert hat.

Zur Justierung des Gerätes wird zunächst die **Lampe** so positioniert, dass der Lichtstrahl den Detektor optimal trifft. Dies ist nicht selbstverständlich, weil die Lampen nicht fest eingebaut sind, sondern häufig gewechselt werden. Die Lichtintensität wird über einen Spannungsregler auf den Arbeitsbereich des Detektors abgestimmt. Danach wird die **Konzentration der Analytatome** in der Flamme optimiert. Dazu wird die Flussrate des Brenngases, die Flussrate der Luft (Oxidans) und die Ansauggeschwindigkeit der Analysenlösung so lange verändert, bis das Gerät eine maximale Extinktion anzeigt.

Der **Lichtstrahl** der Hohlkatodenlampe muss die Atomdampfwolke möglichst **parallel zum Brennerschlitz** durchsetzen. Dadurch wird die Schichtdicke der Atomdampfwolke optimal ausgenutzt. Verläuft der Lichtstrahl nicht parallel zum Brennerschlitz, so wird bei einer verkleinerten Schichtdicke die Extinktion gemessen. Dies muss nicht zu Falschmessungen, wohl aber zu höheren Bestimmungsgrenzen führen, denn die Analysenprobe wird relativ zu den Standardproben bei der gleichen Geräteeinstellung vermessen.

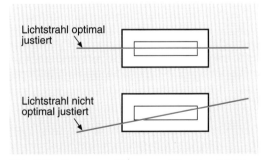

Abb. 18.3: **Brenner und Brennerschlitz (Draufsicht)**

Der Atomdampf ist über dem Brennerkopf nicht homogen verteilt. Daher muss der **Höhenabstand des Lichtstrahls** zum Brennerkopf so einjustiert werden, dass er die Atomdampfwolke an ihrer „dichtesten Stelle" durchsetzt. Der optimale Abstand ist für die verschiedenen Analyte nicht gleich.

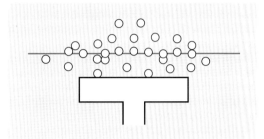

Abb. 18.4: **Optimaler Abstand zwischen Lichtstrahl und Brenner (Seitenansicht)**

Der Brennerkopf muss also horizontal und vertikal in die optimale Position gebracht werden. Dies geschieht über einen Motor, der die Position so lange verändert, bis der Maximalwert der Extinktion angezeigt wird.

Sind die Zuflussgeschwindigkeiten sowie die Einstellungen der Lampe und die des Brennerkopfes optimiert, so kann die aktuelle charakteristische Konzentration und damit der Justierungszustand überprüft werden.

18.3 Kompensation und Eliminierung von Störungen

Bei der Atomabsorptionsspektroskopie werden Relativmessungen durchgeführt, die Extinktion einer Probelösung wird mit den Extinktionen von Standardlösungen bei gleicher Gerätejustierung über Kalibrierkurven verglichen. Hat eine Probelösung definierter Konzentration eine bestimmte Extinktion, so muss folglich eine Standardlösung von gleicher Konzentration auch die gleiche Extinktion zeigen. Ist dies nicht der Fall, so liegen Störungen vor. Die wesentliche Ursache für Störungen ist die Matrix der Analysenprobe. Durch ein Bündel von Maßnahmen wird versucht, diesen Störeinfluss bei der Atomabsorptionsspektroskopie zu minimieren.

Enthält die Probelösung Matrixanteile, die den Standardlösungen fehlen, so können sich durch die **unterschiedlichen Viskositäten der Lösungen unterschiedliche Ansauggeschwindigkeiten ergeben,** was zu unterschiedlich konzentrierten Atomdampfwolken und damit zu unterschiedlichen Extinktionen führen würde. Ein Handversuch kann sehr schnell zeigen, ob ein solches Problem vorliegt. Dazu wird die Probelösung um einen be-

18

stimmten Faktor (z.B. Faktor zwei) verdünnt. Verringert sich dabei die Extinktion nicht um den gleichen Faktor, sondern wird eine höhere Extinktion gemessen, so hatte die unverdünnte Lösung nicht die optimale Viskosität. Allerdings können Analysenlösungen nicht beliebig verdünnt werden, weil sonst der optimale Messbereich des Gerätes verlassen wird. Für die quantitative Bestimmung wird sehr häufig die **Standardadditionsmethode** angewandt, denn damit ist gewährleistet, dass der Matrixanteil in der zu vermessenden Analysenprobe und in den Kalibrierlösungen gleich groß ist. In der Regel wird bei der Flammen-AAS zunächst die Konzentration der Analysenprobe über die lineare Kalibrierung grob bestimmt. Der Bereich, in dem eine lineare Kalibrierkurve erwartet werden kann, der optimale Messbereich also, ist in den Handbüchern des Geräteherstellers angegeben. Damit kann die Planung der nachfolgenden Standardaddition auf das Ergebnis der linearen Kalibrierung ausgerichtet werden.

Analyt	λ in nm	Linearer Bereich in mg/L (Richtwerte)
Ca	422,7	1 – 5
Cu	327,4	1 – 5
Fe	248,3	1 – 5
Mg	285,2	0,1 – 0,5
Pb	217,0	1 – 20

Tabelle 18.2: Lineare Bereiche bei der Flammen-AAS

Die Intensitätsänderung des Lichtstrahls durch die Absorption der Resonanzwellenlänge durch den Analyten, **spezifische Absorption** genannt, ist die für die Konzentrationsbestimmung maßgebende Größe. Allerdings wird die Intensität des Lampenlichts auch verringert, wenn der Lichtstrahl gestreut oder reflektiert wird. Dieser Effekt wird **unspezifische Absorption** genannt, weil er – in einem begrenzten Bereich – praktisch wellenlängenunabhängig ist. Streuung und Reflexion kann an allen Teilchen erfolgen, die sich im Strahlengang befinden, also auch an der Matrix oder den Brenngasen. Matrix und Brenngase bilden den so genannten **Untergrund.** Weil sich die spezifische Absorption mit der Wellenlänge stark, die unspezifische Absorption mit der Wellenlänge aber praktisch nicht verändert, können die einzelnen Anteile bestimmt und der Anteil der unspezifischen Absorption „herauskompensiert" werden. Zur **Untergrundkompensation** wird parallel zum Licht der Hohlkatodenlampe das Licht einer Deuteriumlampe mit relativ großer Bandbreite in die Flamme eingestrahlt.

Da die unspezifische Absorption über die gesamte Bandbreite wirksam ist, kann davon ausgegangen werden, dass bei der Deuteriumlampe die Gesamtlichtschwächung praktisch ausschließlich auf der unspezifischen Absorption beruht und der Anteil der spezifischen Absorption vernachlässigbar klein ist. Daraus lässt sich der Anteil der unspezifischen Absorption an der Schwächung des Lichtes der Hohlkatodenlampe bestimmen. Vereinfacht kann also die Untergrundkompensation so verstanden werden, dass die unspezifische Absorption bei einer der Resonanzlinie benachbarten Wellenlänge gemessen wird. Von der Gesamtabsorption bei der Resonanzlinie subtrahiert, ergibt sich so die spezifische Absorption des Analyten. Eine weitere Methode der Untergrundkompensation beruht auf der Aufspaltung der Resonanzlinien in einem Magnetfeld (Zeemann-Effekt).

Neben der **spektralen Störung** durch die Untergrundabsorption und der **physikalischen Störung** durch unterschiedliche Ansauggeschwindigkeiten müssen auch **chemische Störungen** beachtet werden. Bei der Flammen-AAS wird diese wesentlich durch Matrixanteile verursacht, die eine hohe Affinität zu Elektronen haben und damit die vollständige Atomisierung des Analyten verhindern. Durch Zusätze von Alkalisalzen wie Caesiumchlorid, so genannten Ionisationshemmern, zu den Lösungen wird diese Störung minimiert. Zu beachten ist auch, dass Schwermetalle als Hydroxide ausfallen können. Daher werden die zu vermessenden Lösungen mit Salpetersäure angesäuert.

18.4 Graphitrohr-AAS

Trotz aller Bemühungen, Störeinflüsse spektraler, physikalischer oder chemischer Art zu kompensieren oder zu eliminieren, bleibt bei der Flammen-AAS das Problem bestehen, dass der Lichtstrahl der Hohlkatodenlampe nicht den reinen Analytdampf durchstrahlt. Flammengase, Wasserdampf und verbrannte Matrixanteile sind stets gegenwärtig. Daher wurde mit der Graphitrohr-AAS eine Methode entwickelt, mit der die **störenden Stoffe vor dem Messvorgang weitestgehend abgetrennt** werden können.

Dazu werden kleine Volumina der Messlösungen (ca. 10 – 40 µL) in **Küvetten aus Graphit** eingefüllt. Graphit leitet zwar den elektrischen Strom, hat aber einen nicht zu vernachlässigenden elektrischen Widerstand. Bei Stromfluss kann sich daher Graphit auf beträchtliche Temperaturen erwärmen, wobei die Temperatur durch Veränderung der Stromstärke reguliert werden kann. Dieser Effekt wird bei der Graphitrohrtechnik ausgenutzt, um die Matrix vor dem eigentlichen Messvorgang abzutrennen. Die Küvetten bestehen aus Graphitröhrchen von etwa 3 cm Länge und einem Innendurchmesser von ca. 0,5 cm, sie werden durch abnehmbare Fenster aus Quarz verschlossen. Durch die Graphitröhrchen wird der Lichtstrahl der Hohlkatodenlampe geleitet.

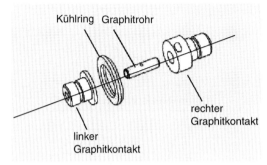

Abb. 18.5: Graphitrohr mit Kontakten

Die Graphitröhrchen werden über ein **Temperatur-programm** stufenweise beheizt. Zunächst wird die Probe getrocknet. Im nächsten Schritt werden die brennbaren Probenanteile pyrolysiert. Dabei fließt ständig über eine feine Öffnung ein gleichmäßiger Strom eines Inertgases wie Stickstoff durch das Graphitrohr, der den Wasserdampf und die Pyrolyseprodukte über eine weitere feine Öffnung herausspült. Dann wird die elektrische Stromstärke sehr rasch auf sehr hohe Werte erhöht. Dies führt zu einem Temperatursprung, bei dem der Analyt möglichst schlagartig verdampft und atomisiert wird. Der Atomdampf schwächt die Intensität des Lichtstrahls der Hohlkatodenlampe, die Extinktion wird gemessen. Die Zeit, über welche die Atomisierungstemperatur andauert, wird daher **Messfenster** genannt. Bei diesem Atomisierungsschritt muss natürlich der interne Gasstrom abgeschaltet sein, um die Atomdampfwolke nicht sofort aus dem Graphitrohr zu spülen. Graphit ist ein relativ poröses Material. Daher ist es leicht möglich, dass es verdampfte Metallatome aufnimmt, die bei einem er-

neuten Gebrauch des Graphitrohres wieder austreten können. Dies würde zu einer Verfälschung der nachfolgenden Messung führen („memory-Effekt"). Auf den Atomisierungsschritt folgt daher ein Ausheizschritt, durch den in Kombination mit dem internen Gasfluss das Graphitrohr gereinigt wird. Danach wird das Graphitrohr auf die Ausgangstemperatur abgekühlt. Um zu verhindern, dass das Graphitrohr bei den erforderlichen Temperaturen von bis zu 2500 °C verbrennt, wird es von einem äußeren Inertgasstrom umspült, um den Kontakt mit Luftsauerstoff zu unterbinden. Durch die hohe thermische Belastung und durch aggressive Matrizes können sich für die Graphitrohre relativ kurze Standzeiten ergeben, was einen beträchtlichen Kostenfaktor ausmachen kann.

Die Atomisierungstemperaturen sind in den Handbüchern verzeichnet, das Temperaturprogramm hängt jedoch weitgehend von der Matrix ab und muss daher spezifisch auf die Bedingungen der Analysenprobe hin entwickelt werden. (Tab. 18.3)

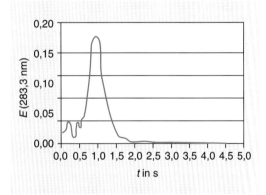

Abb. 18.6: Messfenster für Blei

Das Messfenster nach Abb. 18.6 zeigt beispielhaft, wie sich im Atomisierungsschritt die Konzentration der Metallatome im Dampfraum aufbaut und wieder abgebaut wird. Demnach erfolgt die Verdampfung der Probe und die Atomisierung des Analyten

Schritt	Temperatur in °C	Aufheizzeit in s	Haltezeit in s	Interner Gasstrom in mL/min	Messung
Trocknung	90	5	15	300	
Pyrolyse	300	15	15	300	
Atomisierung	1700	0*)	5	0	an
Reinigung	2500	1	3	300	
Kühlung	20			300	

Tabelle 18.3: Temperaturprogramm für Blei, Matrix Flusswasser   *) Innerhalb von Millisekunden

nicht „schlagartig", sondern in Stufen und nimmt eine zwar kleine, aber doch merkliche Zeit in Anspruch. Zudem entweichen die Metallatome aus dem Graphitrohr, da es dabei nicht um ein vollständig geschlossenes System handelt. Es ist daher sinnvoll, nicht die Peakhöhe, sondern die Peakfläche als Maß für die Extinktion zu verwenden. Die Peakflächen werden von dem Messsystem automatisch über Integration und entsprechende Rechenprogramme ermittelt. Da es sich wieder um Relativmessungen handelt, wird die Fläche des Peaks der Analysenprobe mit den Flächen der Peaks der Standardlösungen verglichen und eine Kalibrierkurve erstellt.

Im Unterschied zur Flammen-AAS, bei der sich so lange eine konstante Extinktion einstellt, wie Analyt über das Zerstäubersystem nachgeliefert wird, ist bei der Graphitrohr-AAS die Messung der Extinktion auf einen kleinen Zeitraum beschränkt. Daher muss dafür gesorgt werden, dass möglichst alle Analytatome im Messfenster registriert werden können. Verdampft die Probe weitgehend schon im Pyrolyseschritt, so finden sich nur noch Teile des Analyten im Messfenster, verdampft die Probe bei höheren Temperaturen als im Atomisierungsschritt vorgegeben, so ist das Messfenster leer und die Analytatome erscheinen erst im Ausheizschritt im Dampfraum. Da Analytatome, die sich vor oder nach dem Messfenster im Dampfraum befinden, nicht erfasst werden, kann sich der denkbar ungünstigste Fall einstellen, dass die Probe zwar Analyt enthält, das Messgerät diesen aber nicht anzeigt. Ein Temperaturprogramm, in dem die Aufheizzeiten und die Temperaturen exakt auf die Probe und deren Matrix abgestimmt sind, ist ein entscheidendes Kriterium für die Richtigkeit, die Präzision und die Bestimmungsgrenze bei der Graphitrohr-AAS. Das Temperaturprogramm muss zunächst durch Vermessung von Standardlösungen einjustiert werden.

Im Beispiel nach Abb. 18.7 wurde bei Cadmium zunächst mit einer Pyrolysetemperatur von 700 °C einer Atomisierungstemperatur von 1600 °C gearbeitet. Die Peakform im Messfenster zeigte an, dass sich offenbar schon vor dem Atomisierungsschritt Metallatome im Dampfraum befanden. Durch schrittweise Erniedrigung der Pyrolysetemperatur konnte der Peak praktisch vollständig in das Messfenster gebracht werden.

Mit der Erniedrigung der Pyrolysetemperatur wurde der Peak in das Messfenster verschoben. Allerdings kann das zur Konsequenz haben, dass durch die geringeren Temperaturen weniger Matrix vor dem Atomisierungsschritt abgetrennt wird. Dieses

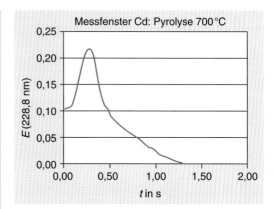

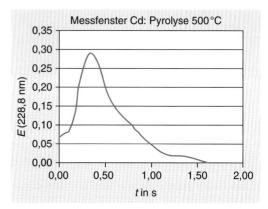

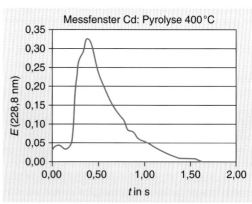

Abb. 18.7: Messfenster Cd in Abhängigkeit von der Pyrolysetemperatur

Problem der **chemischen Störung** kann wiederum gelöst werden, indem durch chemische Zusätze („Modifier") die Matrix „ausgeschleppt" oder die Differenz zwischen den Verdampfungstemperaturen von Analyt und Matrix vergrößert wird.

Chlorid ist eines der Ionen, das in hohen Konzentrationen den Messvorgang erheblich stören kann. In solchen Fällen wird zu der im Graphitrohr befindlichen Probe eine Lösung von Ammoniumnitrat

18

zugesetzt, dadurch entweichen schon bei niedrigen Temperaturen Ammoniak und Chlorwasserstoff aus dem Graphitrohr.

$$Cl^- + NH_4NO_3 \rightarrow HCl + NH_3 + NO_3^-$$

Die Analyte Cadmium, Blei und Zink werden durch Zusatz von $NH_4H_2PO_4$ in Salze mit hohen Verdampfungstemperaturen überführt. Dadurch kann auch die Pyrolysetemperatur erhöht und mehr Matrix entfernt werden. Ist bei einem Analyten die Verdampfungstemperatur dagegen zu hoch, weil er in Form seines Phosphates vorliegt, so kann Lanthannitrat oder Strontiumnitrat zugesetzt werden. Dadurch fallen aufgrund des kleineren Löslichkeitsproduktes Lanthan- bzw. Strontiumphosphat aus und im Atomisierungsschritt kann die Temperatur herabgesetzt werden.

Je nach dem Analysenproblem kann also durch die Wahl chemischer Hilfsstoffe versucht werden, die Matrix vor dem Atomisierungsschritt zu entfernen. Durch die Methode der Untergrundkompensation ergibt sich bei der AAS die Möglichkeit, den Untergrund selbst zu erkennen, indem über die zusätzlich zur Hohlkatodenlampe eingeblendete Deuteriumlampe die unspezifische Absorption gemessen und zusammen mit der spezifischen Absorption im Messfenster dargestellt wird. Dadurch kann das Temperaturprogramm und der Einsatz der Hilfsstoffe so lange variiert werden, bis sich im Messfenster kein Untergrund mehr zeigt.

Den Anhaltspunkt dafür, ob der Analyt bei optimalen Bedingungen vermessen worden ist, liefert bei der Graphitrohr-AAS die charakteristische Masse. Dieser Justierungsparameter ist auf die Masse bezogen, weil die eingesetzte Probenlösung vor der Atomisierung im Graphitrohr getrocknet wird. Die charakteristische Masse ist analog zu der bei der Flammen-AAS beschriebenen charakteristischen Konzentration definiert.

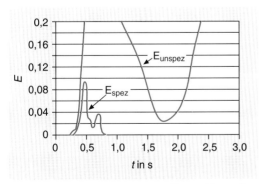

Abb. 18.8: Spezifische und unspezifische Absorption im Messfenster

> Die charakteristische Masse ist diejenige Masse, die einen Absorptionsgrad von 1 %, das entspricht einer Extinktion von 0,0044, hervorruft.

Element	λ in nm	m_{ch} in 10^{-12} g
Ca	422,7	0,8
Cd	228,8	0,35
Cu	324,8	4,0
Fe	248,3	5,0
Mg	285,2	0,3
Pb	283,3	10,0
Zn	213,9	0,1

Tabelle 18.4: Charakteristische Massen bei der Graphitrohr-AAS*)
*) Gerätehandbuch für AAS 2100 Perkin-Elmer

Schon die Angabe der charakteristischen Massen in 10^{-12} g ist ein eindrucksvoller Hinweis dafür, wie durch das Temperaturprogramm, den Zusatz von Hilfsstoffen und durch die Untergrundkompensation Störungen eliminiert bzw. kompensiert und damit wesentlich kleinere Konzentrationen bestimmt werden können als mit der Flammen-AAS.

Um in dieser Hinsicht verschiedene Gerätetechniken vergleichen zu können, werden von den Geräteherstellern die so genannten **Nachweisgrenzen** angegeben. Die Nachweisgrenzen sind gerätespezifisch und werden mit reinem Wasser ermittelt. Ihr Wert entspricht der dreifachen Konzentration (drei Standardabweichungen) des Rausch-Signals des Untergrunds an der Stelle, bei der durch zunehmende Verdünnung das Messsignal verschwunden ist.

Element	Nachweisgrenze in μg/L	
	Flammen-AAS	Graphitrohr-AAS
Ca	1,5	0,01
Cd	0,8	0,002
Cu	1,5	0,014
Fe	5	0,06
Mg	0,15	0,004
Pb	15	0,05
Zn	1,5	0,02

Tabelle 18.5: Nachweisgrenzen bei der Flammen-AAS und der Graphitrohr-AAS*)
*) Fa. Perkin-Elmer

18

> Bei der Graphitrohr-AAS liegen die Nachweis-grenzen größenordnungsmäßig um den Faktor 100 unter denen der Flammen-AAS.

Die **Bestimmungsgrenze** einer Messung hängt zusätzlich von der jeweiligen Probenmatrix ab, ist also nicht allein auf den Analyten und das Gerät be-zogen, sie ist für eine festgelegte Präzision definiert. EURACHEM, das zentrale Netzwerk europäischer Organisationen, schlägt für die Bestimmungsgren-ze vor (vgl. Baustein „Die Behandlung von Mess-werten"):

> Die Konzentration, bei der die relative Standard-abweichung maximal 10 % ist, entspricht der Be-stimmungsgrenze.

Als grobes Maß kann gelten, dass die Bestim-mungsgrenze etwa fünf- bis zehnmal höher liegt als die Nachweisgrenze.

Neben den weitaus niedrigeren Nachweisgrenzen gegenüber der Flammen-AAS hat die Graphitrohr-AAS den weiteren Vorteil, dass sehr geringe Pro-benmengen (ca. 10 – 40 µL) für die Messungen ge-nügen und dass die Herstellung der Kalibrierlösun-gen sowie die Probeneingabe automatisiert werden kann. Dazu werden programmierbare Probengeber verwendet. Auf dem Probenteller werden in kleinen Probengefäßen die „Nulllösung", ein Standard, ge-gebenenfalls eine Lösung mit Hilfsstoff und die Ana-lysenproben positioniert. An einem beweglichen Arm ist eine dünne Kunststoffkapillare befestigt. Über einen Motor angetrieben, kann der bewegliche

Arm die Kapillare nach vorgeschalteten Spülschrit-ten in die einzelnen Lösungen eintauchen und de-finierte Volumina entnehmen. Der Arm schwenkt dann zum Graphitrohr, führt die Kapillare durch die Graphitrohröffnung und setzt den Flüssigkeitstrop-fen auf dem Boden des Graphitrohres oder auf ei-ner eingebauten Plattform ab. Danach startet das Temperaturprogramm, nach erfolgter Messung dreht sich der Probenteller, sodass der bewegliche Arm über die Kapillare die nächste Lösung ent-nehmen kann.

Die eingegebenen Lösungen werden nicht als sol-che vermessen, sondern zunächst getrocknet. Dies eröffnet die Möglichkeit, über die **Programmierung des Probengebers** auch die Kalibrierlösungen herzustellen. Dazu entnimmt der Probenarm über die Kunststoffkapillare unterschiedliche Volumina **einer** auf dem Probenteller befindlichen **Standard-lösung,** setzt diese im Graphitrohr ab und ergänzt das eingesetzte Volumen des Standards so mit ei-nem Volumen der Nulllösung, dass die Summe der Volumina immer konstant bleibt. Im Beispiel (Tab. 18.6) werden in allen Fällen 20 µL eingegeben. Für den zweiten Standard werden 18 µL der Standard-lösung eingegeben, dann weitere 2 µL aus der Null-lösung, ehe das Temperaturprogramm gestartet wird. Wenn die eingesetzte Standardlösung die Konzentration 20 µg/L hat, so ist die Konzentration des zweiten Standards 18 µg/L. Natürlich müssen

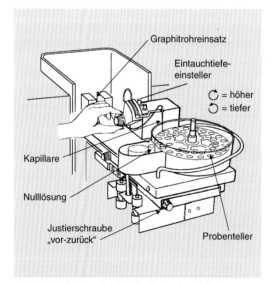

Abb. 18.9: Automatischer Probengeber bei der Graphitrohr-AAS

Lösung	Position	Volumen in µL	Volumen Null-lösung in µL	β(Pb) in µg/L
Nulllösung	1	20		
Standard 1	2	20	0	20
Standard 2	2	18	2	18
Standard 3	2	16	4	16
Standard 4	2	14	6	14
Standard 5	2	12	8	12
Standard 6	2	10	10	10
Standard 7	2	8	12	8
Standard 8	2	6	14	6
Probe-lösungen	3–10	20		

Tabelle 18.6: **Dotierung und Programmierung eines automatischen Probengebers und resultierende Kalibrierkurve für Blei in einem Flusswasser**

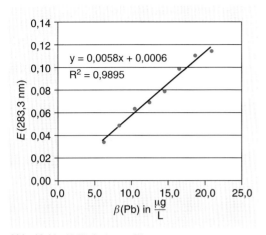

Abb. 18.10: Kalibrierkurve Pb

die Positionen von Nulllösung, Standard, gegebenenfalls Hilfsstofflösung und Analysenlösungen genau definiert sein, ehe die automatische Messung gestartet werden kann.

Bei der Graphitrohr-AAS ist ein erheblicher Zeit- und Arbeitsaufwand für die **Justierung des Gerätes** erforderlich. Die Hohlkatodenlampe und die Deuteriumlampe müssen so eingerichtet werden, dass die Lichtstrahlen das Graphitrohr unbehindert durchstrahlen können. Das Temperaturprogramm muss optimal auf Analyt, Matrix und Hilfsstoff abgestimmt sein. Der Probengebertisch ist nach vorne und zur Seite so einzurichten, dass der Schwenkarm sowohl in die Probengefäße als auch in die Öffnung des Graphitrohres (Durchmesser ca. 2 mm) treffen kann. Der Schwenkarm wird über Stellschrauben nach der Höhe so justiert, dass die Kapillarspitze einerseits gut in die Lösungen eintaucht, andererseits etwa zwei Millimeter über dem Boden des Graphitrohres anhält und den Lösungstropfen ablegt. Da die Graphitrohre häufig ausgewechselt werden müssen, ist die Justierung entsprechend häufig durchzuführen. In der Regel wird ein ganzer Arbeitstag notwendig sein, um nach einer kompletten Justierung auf den Startknopf drücken zu können. Bei großen Probentellern sind mehrere Stunden erforderlich, bis das Programm abgearbeitet ist. Daher läuft die Anlage häufig über Nacht, der Bericht kann am nächsten Tag abgefragt werden. Zeigt ein solcher Bericht bei den Analysenproben 1 bis 12 Werte in einem erwarteten Bereich, ab der Analysenprobe 13 aber bei allen folgenden Proben weit höhere Werte als erwartet, so kann das zwei Ursachen haben: Entweder sind die Werte der Analysenproben tatsächlich höher, oder aber die Analysenprobe 13 hatte einen derartig großen Gehalt an Analyt, dass die Reinigungsschritte nicht mehr wirk-

sam waren und Analytatome bei jedem neuen Atomisierungsschritt aus dem Graphit austraten und so die hohen Messsignale verursachten. Die Ursache kann erkannt werden, wenn bei der Dotierung des Probentellers in Abständen Nulllösungen und Standardlösungen eingesetzt und als Probenlösungen bezeichnet werden. Zeigen die Nulllösungen vernachlässigbar kleine Extinktionen und die Standardlösungen die erwarteten Werte, dann kann davon ausgegangen werden, dass die für die dazwischen liegenden realen Proben richtige Werte angezeigt werden.

18.5 Übung

Atomabsorptionsspektroskopie

1. Flammen-AAS: Erläutern Sie das Prinzip dieser Messmethode! Erläutern Sie eine der wichtigsten Fehlerquellen dieser Methode sowie eine Möglichkeit, wie man diese erkennen und beseitigen kann.

2. Sie justieren das Flammen-AAS und stellen fest, dass die aktuelle charakteristische Konzentration beträchtlich größer ist als diejenige, die der Gerätehersteller angibt. Erläutern Sie zwei mögliche Ursachen dafür und eine wichtige Konsequenz für den Analysengang, wenn diesen Ursachen nicht nachgegangen wird.

3. Welcher Vorteil für die Messungen könnte sich durch Verwendung von Graphitrohren mit einer Innenbeschichtung ergeben?

4. Bei der AAS kann das Gas Argon verwendet werden.
   a) Erläutern Sie die Funktion(en) über Skizzen.
   b) An welcher Stelle des Messverfahrens ist es erforderlich, den Gasstrom zu unterbrechen?

5. Bei der AAS werden in einigen Fällen Hilfsstoffe, so genannte Modifier, verwendet. Erläutern Sie detailliert an zwei Beispielen die Funktion dieser Hilfsstoffe.

6. Untergrundkompensation bei der AAS:
   a) Erläutern Sie das Ziel sowie die theoretischen Grundlagen einer Methode.
   b) Durch die apparativen Gegebenheiten eröffnet sich insbesondere bei der Graphitrohr-AAS eine gute Möglichkeit, die Versuchsbedingungen auf das jeweilige Messproblem zuzuschneiden (Methodenentwicklung). Erläutern Sie.

⑦ Ein Atomabsorptionsspektrometer kann auch zu Emissionsmessungen verwendet werden. Wie ist das möglich?

⑧ Der Massenanteil an Eisen in einer festen Probe wird über Flammen-AAS bestimmt. Die Probe wird mit konz. Salpetersäure über den Mikrowellenaufschluss gelöst und die Lösung mit Wasser und Natronlauge auf einen pH von 3 eingestellt. Alle weiteren vermessenen Lösungen werden mit Salpetersäure auf den gleichen pH eingestellt.

Probe	Standard	Externer Standard
AL: 20,306 g Probe auf 100 mL	SL1: 0,1202 g $FeSO_4 \cdot 7 H_2O$ auf 500 mL	EX1: 0,1161 g $FeSO_4 \cdot 7 H_2O$ auf 500 mL
AL1: 10,0 mL AL auf 50,0 mL	SL2: 25,0 mL SL1 auf 250 mL	EX2:10,0 mL EX1 auf 100 mL
AL2: 25,0 mL AL1 auf 500 mL		

Kalibrierung: Unterschiedliche Volumina SL2 werden auf jeweils 50,0 mL aufgefüllt.

	V(SL2) in mL	E(248,3 nm)
KL1	10,0	0,040
KL2	20,0	0,073
KL3	25,0	0,090
KL4	30,0	0,109
KL5	40,0	0,149
SL2	–	0,176
AL2	–	0,080
EX2	–	0,164

Geben Sie den Massenanteil, die Wiederfindungsrate, die Geradengleichung über die lineare Regression und das Bestimmtheitsmaß an.

⑨ Bestimmung von β(Cu) über AAS mit der Standardadditionsmethode
Probe: AL: ca. 900 mL, klar, hohe Salzfracht

Standard: St = $CuSO_4 \cdot 5 H_2O$
SL1: 0,2100 g St auf 250 mL
SL2: 50,0 mL SL1 auf 500 mL
Kalibrierung und Messung:
a) In jeweils 100-mL-Messkolben werden zunächst 50,0 mL AL, dann unterschiedliche Volumina SL2 gegeben. Anschließend wird mit Wasser aufgefüllt.

	V(SL2) in mL	E(324,8 nm)
AL1	–	0,059
KL1	10,0	0,167
KL2	15,0	0,221
KL3	20,0	0,270
KL4	25,0	0,313

b) Daten wie bei a), aber es werden 10,0 mL AL in die Kalibrierkolben gegeben.
c) Daten wie bei a), aber es werden 250-mL-Messkolben bei der Kalibrierung verwendet.

⑩ Die Massenkonzentration an Blei in einer Analysenlösung wird über die AAS bestimmt. Alle Lösungen wurden mit Salpetersäure auf pH 3 gebracht.
a) Geben Sie β(Pb) nach der linearen Kalibrierung an!
b) Machen Sie einen konkreten Vorschlag für die Planung einer Standardaddition und zeichnen Sie die zu erwartende Kalibrierkurve.

AL: ca. 900 mL
SL1: 100,8 mg $Pb(NO_3)_2$ auf 250 mL
SL2: 50,0 mL SL1 auf 250 mL
Lineare Kalibrierung: Unterschiedliche Volumina SL2 werden auf jeweils 50,0 mL aufgefüllt.

	V(SL2) in mL	E(393,2 nm)
KL1	10,0	0,064
KL2	20,0	0,127
KL3	30,0	0,194
KL4	40,0	0,252
SL2	–	0,307
AL	–	0,189

18

19 Infrarotspektroskopie

Die UV-VIS-Spektroskopie und die Atomabsorptionsspektroskopie werden heute praktisch ausschließlich zur quantitativen Analyse eingesetzt. Zur Ergänzung wird hier aus der großen Gruppe der übrigen Spektroskopiearten die Infrarotspektroskopie vorgestellt, weil mit ihr beispielhaft gezeigt werden kann, wie **Moleküle qualitativ** bestimmt werden können.

19.1 Bindungen, Schwingungen und Dipolmoment

In Molekülen sind die Atome über chemische Bindungen verbunden. Im stabilen Gleichgewichtszustand (Grundzustand) haben die Atome zueinander konstante Bindungsabstände und konstante Bindungswinkel, weil die Bindungskräfte und die Kräfte, mit denen sich die negativ geladenen Elektronenhüllen abstoßen, gleich groß sind. Wird dieses Gleichgewicht durch Aufnahme von Energie gestört, so können sich Bindungsabstände und Bindungswinkel in Molekülen verändern. Dadurch geraten die Atome in **Schwingungen,** die Bindungsabstände und die Bindungswinkel ändern sich periodisch (angeregte Zustände). Da die Atome untereinander verbunden sind, schwingt das gesamte Molekül. Schwingungen können mit infrarotem Licht anregt werden, daher sind die Begriffe **Infrarotspektroskopie** und **Schwingungsspektroskopie** synonym. Bindungen mit großen Bindungsenergien erfordern höhere Anregungsenergien als Bindungen mit geringeren Bindungsenergien. Mit dem IR-Spektrometer wird die Absorption der Lichtintensität als Funktion der eingestrahlten Energie registriert. In den resultierenden Absorptionsspektren ist in der Regel der Transmissionsgrad, die Lichtdurchlässigkeit also, gegen die Wellenzahl $\bar{v}$ aufgetragen. Da die Energie der Wellenzahl direkt proportional ist, bedeuten hohe Wellenzahlen hohe Energiebeträge, die zur Anregung erforderlich sind.

$$W = h \cdot f = h \cdot c \cdot \frac{1}{\lambda} = h \cdot c \cdot \bar{v}$$

Der Vergleich der Schwingungen in einem Molekül mit den Schwingungen einer Feder ist nahe liegend. Auch bei einer Feder hängt die Energie, die zur Schwingungsanregung erforderlich ist, von ihren Eigenschaften ab. Metallfedern mit dicker Drahtstärke brauchen andere Anregungsenergien als Metallfedern mit einer dünneren Drahtstärke, Metallfedern aus Stahl andere Anregungsenergien als solche aus Kupfer. Werden Metallfedern nach

der Anregung von Schwingungen sich selbst überlassen, so kehren sie in Form einer gedämpften Schwingung in den Grundzustand zurück, die Schwingung erlischt. In vergleichbarer Weise verhält es sich mit den Schwingungen der Atome in den Molekülen. Das Bild, dass über Federn verbundene Metallkugeln schwingen, hilft sehr für das Verständnis der Molekülschwingungen.

Bei den mechanischen Schwingungen der Federn wird der Zusammenhang zwischen der Schwingungsfrequenz f, der Federhärte D und der die Feder dehnende Masse m über die Thompson'sche Schwingungsformel beschrieben.

> Thomson'sche Schwingungsformel
>
> $$f = \frac{1}{2\pi} \sqrt{\frac{D}{m}}$$
>
> Umrechnung von Frequenzen in Wellenzahlen
> $$f = c \cdot \bar{v}$$

Die Federhärte der mechanischen Federn ist mit der Bindungskraft chemischer Bindungen vergleichbar. Daher können aus der Bestimmung der für die Anregungen von Schwingungen erforderlichen Wellenzahlen Aussagen über die Bindungsenergien in Molekülen gewonnen werden. Dies ist neben der qualitativen Analyse eine wichtige Anwendung der Infrarotspektroskopie.

Natürlich haben Vergleiche zwischen Federn, die mechanische Schwingungen ausführen, und Bindungspartnern in Molekülen, die durch elektromagnetische Wellen zu Schwingungen angeregt werden, ihre Grenzen. Ein wesentlicher Unterschied besteht in der so genannten Auswahlregel.

> **Auswahlregel:** Eine Schwingung zwischen Atomen ist nur dann als Absorptionsbande im Infrarotspektrum sichtbar, wenn sich mit ihr das Dipolmoment des Moleküls verändert.

Nur ein Dipol, der selbst schwingt, kann mit einem elektromagnetischen Wechselfeld in Resonanz treten und daraus Energie entnehmen. Daher spricht man von „IR-aktiven Schwingungen" und von „IR-inaktiven Schwingungen".

Ein Molekül, in dem die Ladungen unsymmetrisch verteilt sind, ist ein **Dipol**. Die Größe des Dipols, der Dipolcharakter also, wird über das Dipolmoment beschrieben. Der Begriff des Dipols hängt eng mit der Polarität der Bindungen zusammen und ist für viele Bereiche der Analytik von Bedeutung (vgl. Baustein „Prinzipien und Methoden der Chromatographie").

Ein Molekül ist ein Dipol, wenn die Schwerpunkte der positiven und der negativen Ladungen nicht in einem Punkt zusammenfallen.
Das Dipolmoment μ ist das Produkt aus der Ladung q und dem Abstand der Ladungsschwerpunkte l.

$$\mu = q \cdot l \qquad [\mu] = C \cdot m \text{ (Coulomb} \cdot \text{Meter)}$$

Je größer die verschobene Ladungsmenge und je größer der Abstand der Ladungen, desto größer ist das Dipolmoment.

Aus der Molekülgeometrie und den Elektronegativitäten der Bindungspartner lässt sich ableiten, ob ein Molekül ein Dipol ist.

Die Elektronegativität ist das relative Vermögen eines Atoms, Elektronen aus Bindungen anzuziehen. Fluor hat die höchste Elektronegativität. Als grobe Regel kann gelten, dass im Periodensystem der Elemente die Elektronegativität von links nach rechts und von unten nach oben zunimmt.

Das Molekül Kohlenstoffdioxid ist linear gebaut, die beteiligten Atome haben einen Bindungswinkel von 180°.

$$\overline{O} = C = \overline{O}$$

Sauerstoff hat eine weit höhere Elektronegativität als Kohlenstoff, daher ziehen die Sauerstoffatome Bindungselektronen vom Kohlenstoffatom ab. Die Sauerstoffatome erhalten damit negative Teilladungen δ^-, das Kohlenstoffatom eine positive Teilladung δ^+. Die Kohlenstoff-Sauerstoff-Bindung ist polar. (Die freien Elektronenpaare an den Sauerstoffatomen werden der Übersicht halber nicht mehr eigens angegeben.)

$$\overset{\delta^-}{O} = \overset{\delta^+}{C} = \overset{\delta^-}{O}$$

Der Schwerpunkt der positiven Ladung liegt beim Kohlenstoffatom, der Schwerpunkt der negativen Ladung ebenfalls, denn die Ladungsverteilung ist symmetrisch. Die negativen Teilladungen lassen sich in einem Punkt vereinigen, dieser Punkt liegt geometrisch auf dem Punkt der positiven Teilladung, der Abstand der Ladungsschwerpunkte ist gleich null, folglich ist das Dipolmoment gleich null, Kohlenstoffdioxid ist im Grundzustand kein Dipol.

In dem Molekül kann eine Schwingung angeregt werden, mit der sich der Abstand der Sauerstoffatome zum Kohlenstoffatom periodisch ändert. Die eine Schwingungsphase beschreibt die Vergrößerung der Bindungsabstände, die andere die nachfolgende Verkleinerung der Bindungsabstände. Diese Schwingung wird **symmetrische Valenzschwingung** genannt.

$$\overset{\leftarrow}{O} = C = \vec{O} \qquad \vec{O} = C = \overset{\leftarrow}{O}$$

Bei Valenzschwingungen verändern sich die Abstände der Bindungen.

Mit dieser symmetrischen Valenzschwingung ändern sich im Kohlenstoffdioxidmolekül zwar die Bindungsabstände, aber die Ladungsverteilung bleibt auch im angeregten Zustand symmetrisch. Das Dipolmoment im angeregten Zustand ist gleich null, das Dipolmoment ändert sich gegenüber dem Grundzustand nicht, daher ist diese Schwingung im IR-Spektrum nicht sichtbar. Beim Kohlenstoffdioxidmolekül ist die symmetrische Valenzschwingung „IR-inaktiv".

Im Kohlenstoffdioxidmolekül kann eine weitere Valenzschwingung angeregt werden, bei der das eine Sauerstoffatom zum Kohlenstoffatom schwingt, während sich das andere Sauerstoffatom vom Kohlenstoffatom wegbewegt. Diese Schwingung kann in einem mechanischen System erzeugt werden, indem zwei benachbarte Metallkugeln zueinander gedrückt werden und die dritte Metallkugel in dem mit Federn verbundenen System von der mittleren Metallkugel weggezogen wird. Wird dieses System sich selbst überlassen, so führt es eine Schwingung aus, die, auf das Kohlenstoffdioxidmolekül bezogen, als eine **unsymmetrische Valenzschwingung** bezeichnet wird.

$$\overset{\leftarrow}{O} = \vec{C} = \overset{\leftarrow}{O}$$

Wird die unsymmetrische Valenzschwingung angeregt, so ist die Ladungsverteilung im Molekül nicht mehr symmetrisch, die Schwerpunkte der positiven Ladung und der negativen Ladung sind getrennt. Das Molekül hat im angeregten Zustand ein Dipolmoment. Da das Molekül im Grundzustand kein Dipolmoment hat, ist die **Änderung des Dipolmomentes** nicht gleich null, diese Schwingung ist im IR-Spektrum sichtbar, sie ist „IR-aktiv".

Eine weitere Schwingungsart beim Kohlenstoffdioxidmolekül führt zu einer Veränderung der Bindungswinkel.

19

> Bei Deformationsschwingungen verändern sich die Bindungswinkel.

$$O = C = O$$

Mit ihr erhält das Molekül ein Dipolmoment, daher ist die Deformationsschwingung IR-aktiv.

19.2 Wellenzahl und Intensität

Die Bindungsverhältnisse in Kohlenstoffdioxid und in Schwefeldisulfid CS_2 (Schwefelkohlenstoff) sind vergleichbar, die Bindungspartner führen ähnliche Schwingungen aus. Die Absorptionsbanden der Schwingungen liegen allerdings bei unterschiedlichen Wellenzahlen, da die Bindungsenergien der Doppelbindungen zwischen Kohlenstoff und Sauerstoff bzw. Kohlenstoff und Schwefel unterschiedlich sind.

> Die Wellenzahlen der Absorptionsbanden im Schwingungsspektrum hängen von der Stärke der betreffenden Bindung ab. Je stärker die Bindung, desto größer ist die Wellenzahl, gemäß $\bar{v} \sim \sqrt{D}$ (vgl. Thompson'sche Schwingungsformel).

Das heißt beispielsweise, dass in der Reihenfolge CC-Dreifachbindung, CC-Doppelbindung und CC-Einfachbindung die Wellenzahl der betreffenden Absorptionsbande kleiner wird.

Die Bindungsenergie, mit der zwei Bindungspartner verbunden sind, ist nicht nur von der Art der Bindung, sondern auch von den Substituenten an diesen Bindungspartnern abhängig. Beispielsweise ist die Kohlenstoff-Wasserstoff-Bindung in Chlormethan (H–CH_2Cl) stärker als die Kohlenstoff-Wasserstoff-Bindung in Dichlormethan (H–$CHCl_2$). Folglich erscheinen die Absorptionsbanden für die betreffenden Schwingungen bei unterschiedlichen Wellenzahlen. Die Substituenten verändern allerdings die Bindungsverhältnisse in den benachbarten Bindungen nicht grundlegend, eine Kohlenstoff-Wasserstoff-Bindung bleibt eine Kohlenstoff-Wasserstoff-Bindung. Daher treten die Absorptionsbanden für diese Bindung in Abhängigkeit von den Substituenten in einem eng begrenzten Wellenzahlbereich auf. Für die besonders in der organischen Chemie wichtigen funktionellen Gruppen der Moleküle sind die **Gruppenwellenzahlbereiche** und die Abhängigkeit der Wellenzahlen der Absorptionsbanden von den Substituenten tabelliert.

> Der Wellenzahlbereich, in dem die Absorptionsbanden funktioneller Gruppen im IR-Spektrum zu erwarten sind, wird Gruppenwellenzahlbereich genannt. Über die Lage der Absorptionsbanden in den Gruppenwellenzahlbereichen kann eine Aussage über die Art der Substituenten an der jeweiligen funktionellen Gruppe gemacht werden.

Im Zusammenhang mit der genannten Auswahlregel für IR-aktive Schwingungen ist nicht nur die Wellenzahl der Bande, sondern auch ihre **Intensität** von Bedeutung. Je geringer der Transmissionsgrad einer Bande, desto mehr Licht wird absorbiert, desto intensiver ist die Bande, desto besser ist sie im IR-Spektrum zu erkennen. Banden mit geringer Intensität können im Rauschpegel des Messsystems verschwinden. Auch die Absorption von infrarotem Licht kann über das Lambert-Beer'sche Gesetz beschrieben werden.

> Lambert-Beer'sches Gesetz
> $$E = \varepsilon \cdot c \cdot d$$

In Chlormethan H_3CCl sind drei identische Kohlenstoff-Wasserstoff-Bindungen vorhanden. Die Anzahl gleicher Bindungen in einem Molekül hat die gleiche Wirkung auf die Absorption, wie unterschiedliche Konzentrationen ein und desselben Moleküls: Je größer die Anzahl gleicher Bindungen in einem Molekül, desto größer ist die Extinktion der betreffenden Absorptionsbande, desto kleiner ist der Transmissionsgrad. In Dichlormethan H_2CCl_2 sind nur noch zwei identische Kohlenstoff-Wasserstoff-Bindungen enthalten, folglich ist mit einer verringerten Intensität der Absorptionsbande zu rechnen. Allerdings ist die Anzahl gleicher Bindungen nicht die einzige Einflussgröße. Einen wesentlich größeren Einfluss auf die Intensität der Absorptionsbande hat die Änderung des Dipolmoments mit der Schwingung. Im Sinne des Lambert-Beer'schen Gesetzes haben Schwingungen mit größeren Dipolmomentsänderungen auch größere Extinktionskoeffizienten. Dadurch erscheint häufig die Absorptionsbande für eine in einem Molekül nur einmal enthaltene **polare funktionelle** Gruppe (z. B. CO-Doppelbindung), bei der sich mit der Schwingung das Dipolmoment stark verändert, mit weit höherer Intensität als die Absorptionsbande für mehrere identische wenig **polare funktionelle Gruppen** (z. B. CH-Bindung), bei denen sich das Dipolmoment mit der Schwingung nur geringfügig ändert.

19

Je größer die Änderung des Dipolmoments mit der Schwingung, desto intensiver ist die Absorptionsbande. Polare Bindungen haben daher in der Regel intensivere Absorptionsbanden als unpolare Bindungen.

Je größer die Anzahl gleicher Bindungen in einem Molekül, desto intensiver ist die Absorptionsbande.

Die bisher angewandte Methode, die Schwingungen in den Molekülen für jede Bindung isoliert zu betrachten, stellt den Sachverhalt stark vereinfacht dar. Wird nämlich in einem Molekül eine einzige Schwingung angeregt, so verändern sich praktisch alle Bindungslängen und Bindungswinkel. Schwingt beispielsweise in Chlormethan die Kohlenstoff-Wasserstoff-Bindung, so schwingt auch die Kohlenstoff-Chlor-Bindung. Die Moleküle führen daher eine Vielzahl von Schwingungen aus, welche die Anzahl der vorhandenen Atome bei Weitem übersteigen kann. Zudem können, wie bei einer Geigensaite, mit jeder Grundschwingung auch Oberschwingungen angeregt werden. Trotz eines aufwändigen mathematischen Modells ist es daher auch heute noch nicht möglich, bei größeren Molekülen alle in den IR-Spektren auftretenden Absorptionsbanden konkreten Bindungen zuzuordnen. Aus diesem Grund beschränkt sich die Auswertung der Spektren in die-

sem Buch auf Absorptionsbanden, die wichtigen **funktionellen Gruppen** zugeordnet werden können. Alle anderen Schwingungen werden Molekülteilen oder dem Molekül als Ganzem zugeordnet („Empirische IR-Spektroskopie").

Moleküle verfügen über mehrere Mechanismen, Energie aus elektromagnetischen Wellen aufzunehmen. Es sind dies der Elektronensprung, die Anregung von Schwingungen und die Drehung um Molekülachsen, Rotation genannt. In dieser Reihenfolge nimmt die für die Anregung erforderliche Energie ab. Daher ist es möglich, durch entsprechende Wahl der Anregungsenergie selektiv Rotationen der Moleküle anzuregen. Wird die Anregungsenergie so weit erhöht, dass Schwingungen angeregt werden, so werden gleichzeitig Rotationen angeregt. In den Schwingungsspektren von Flüssigkeiten und Feststoffen macht sich dieser Anregungsmechanismus häufig nur in der Breite der Peaks bemerkbar, weil Moleküle nur im Gaszustand unbeeinflusst von Nachbarmolekülen um ihre Achsen rotieren können. Häufig sind auch die Energiedifferenzen zwischen den einzelnen Rotationszuständen zu klein, um mit den für die Registrierung von Schwingungsspektren ausgelegten Spektrometern aufgelöst zu werden. Daher treten in Schwingungsspektren von Flüssigkeiten und Feststoffen mehr oder weniger breite Absorptionsbanden auf.

Funktionelle Gruppe	Schwingung		ca. Wellenzahl in cm^{-1}	Erscheinungsbild
R-H-Bindung				
	O–H	VS	3700–3200	in der Regel breite und intensive Banden, geringe Intensität bei Carbonsäuren
	N–H	VS	3500–3300	intensiv, aber meist weniger breit als OH; oft zwei Banden
	C–H	VS	3300	wenig intensiv
	C–H	VS	3095–3075	häufig zeigen sich mehrere Banden, die nur wenig aufgelöst sind; die Intensität dieser Banden ist stark von der Anzahl der C–H-Bindungen im Molekül abhängig
	C–H	VS	3040–3010	
	C–H	VS	2960–2850	
	S–H	VS	2600–2550	kleinere Intensität als –OH

Funktionelle Gruppe	Schwingung		ca. Wellenzahl in cm^{-1}	Erscheinungsbild
C-Dreifachbindungen				
≡N	C−N	VS	2260−2200	intensive scharfe Bande
	C−C	VS	2260−2150	häufig wenig intensiv
C-Doppelbindungen				
O	C−O	VS	1850−1640	intensiv, sehr charakteristisch für die Substituenten (siehe Tabelle 19.2)
	C−C	VS	1680−1620	oft nur wenig intensiv
	C−C	VS	1625−1600 1500−1430	scharf, mehrere Banden, charakteristisches Bandenmuster
C-Einfachbindungen				
NO$_2$	C−N	VS	1560 und 1350	zwei intensive Banden
O	C−O	VS	1150−1070	
Deformationsschwingungen				
N−H	N−H	DS	1650−1560	
O−H	O−H	DS	1410−1260	scharf
H	C−H	DS	900−730	mehrere scharfe und substitutionsspezifische Banden (so genannte out-of-plane Schwingung, Schwingung aus der Ebene heraus)
C-Halogen-Bindungen				
−C−F	C−F	VS	1400−1000	scharfe Banden
−C−Cl	C−Cl	VS	800−600	
−C−Br	C−Br	VS	750−500	
−C−I	C−I	VS	500	

19

Tabelle 19.1: **Tabelle der Gruppenwellenzahlen** (VS = Valenzschwingung, DS = Deformationsschwingung)

Gruppe	Name	ca. Wellenzahl in cm^{-1}
O‖ ‖O Säureanhydrid Struktur	Säure-anhydrid	1850–1800 1770–1740 zwei Banden
Säurechlorid Struktur	Säure-chlorid	1815–1740
Ester Struktur	Ester, R=C	1750–1735
Alkanal/Alkanon Struktur	Alkanal oder Alkanon, R=C, H	1740–1680
Carbonsäure Struktur	Carbonsäure	1725–1680
Carbonsäureamid Struktur	Carbonsäure-amid	1690–1650 1640–1600 zwei Banden

Tabelle 19.2: **Kohlenstoff-Sauerstoff-Valenzschwingungen in C=O Doppelbindungen**
(Die Absorptionsbanden sind häufig die intensivsten Banden im Spektrum)

19.3 Auswertung und Interpretation von IR-Spektren

An dem IR-Spektrum von Polystyrol lassen sich die typischen Merkmale von Schwingungsspektren besonders gut aufzeigen. Auf der senkrechten Achse ist der Transmissionsgrad aufgetragen, geringe Transmissionsgrade bedeuten hohe Absorptionsgrade und damit hohe Bandenintensitäten. Auf der waagrechten Achse ist die Wellenzahl in unterschiedlichen Maßstäben aufgetragen, um die Absorptionsbanden, die besonders charakteristisch sind, deutlich sichtbar zu machen. (Abb. 19.1)

Schon vom bloßen Augenschein her sind Parallelen zu den Emissionsspektren der Atome erkennbar. Emissionsspektren der Atome zeigen charakteristische Linienmuster, die mit dem Strichcode auf Waren vergleichbar sind und daher zur **qualitativen Analyse** verwendet werden. Gleiches gilt für die charakteristischen **Bandenmuster** der Moleküle in der IR-Spektroskopie.

Die Zuordnung von **Absorptionsbanden zu funktionellen Gruppen** ist mit wenigen Ausnahmen nur im Bereich 4000 cm^{-1} bis 1500 cm^{-1} möglich. Zwischen 1500 cm^{-1} und 400 cm^{-1} liegen die gekoppelten Schwingungen des Molekülgerüsts. Da in diesem Bereich besonders viele Banden mit einem charakteristischen Erscheinungsbild auftreten, wird er anschaulich als **fingerprint-Bereich** bezeichnet.

Das Spektrum (Abb. 19.1) wurde mit einer dünnen Folie des Kunststoffs Polystyrol aufgenommen. Polystyrol ist ein reiner Kohlenwasserstoff, der durch Polymerisation von Styrol gewonnen wird.

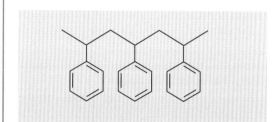

Abb. 19.2: **Schematischer Ausschnitt aus dem Polystyrolmolekül**

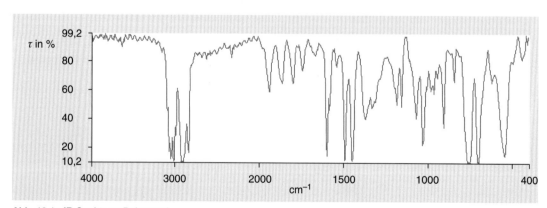

Abb. 19.1: **IR-Spektrum Polystyrol**

In diesem Molekül sind Wasserstoffatome an „gesättigte" Kohlenstoffatome (in der Kette, „C_{ges}") und an „ungesättigte" Kohlenstoffatome (in den aromatischen Ringen, „C_{aromat}") gebunden. Neben diesen CH-Bindungen enthält das Molekül CC-Einfachbindungen in der Kette und aromatische CC-Doppelbindungen in den Ringen. Für die Identifizierung von Substanzen sind die genauen Zahlenwerte der Absorptionsbanden wichtig, für die **Spektreninterpretation** genügen oft ungefähre Angaben, die Angabe eines Bereichs oder Schwerpunkts von Absorptionsbanden. Dies gilt insbesondere dann, wenn bestimmte Bindungen mehrfach im Molekül vorhanden sind. Bei funktionellen Gruppen, die das Molekül besonders charakterisieren, werden die genauen Zahlenwerte angegeben. (Abb. 19.3 und Tab. 19.3)

Gegenüber der eindeutigen Identifizierung eines Moleküls über die genauen Wellenzahlen aller Banden mag die Spektreninterpretation über Wellenzahlen einzelner Banden bzw. über Wellenzahlbereiche oder Wellenzahlschwerpunkte auf den ersten Blick unsicher erscheinen. Aber diese Methode hilft

sehr bei der Identifizierung von **funktionellen Gruppen.** So ist aus dem abgebildeten IR-Spektrum (Abb. 19.4, S. 200) des Moleküls mit der Summenformel $C_{16}H_{34}O$ aus der intensiven Absorptionsbande für die OH-Gruppe bei 3333 cm^{-1} ① ersichtlich, dass es sich um einen Alkohol und nicht um einen isomeren Ether mit einer $C-O-C$-Bindung handelt. Die Banden bei ca. 2900 cm^{-1} ② resultieren aus CH-Valenzschwingungen. Es ist das IR-Spektrum von 1-Hexadecanol. Allerdings kann allein aus dem Spektrum der Probe nicht erkannt werden, ob die OH-Gruppe endständig ist oder sich innerhalb der Kette befindet. Diese Aussage ist nur über einen Vergleich aller Banden mit dem Spektrum des entsprechenden Standards (also von 1-Hexadecanol selbst) möglich.

Im Spektrum der 1,6-Hexandisäure ist die intensive Bande der CO-Doppelbindung bei 1698 cm^{-1} ① charakteristisch (Abb. 19.5, S. 200). Es fällt auf, dass die Bande für die OH-Bindung fehlt, die beim vorher gezeigten Spektrum des Alkohols so deutlich zu sehen war. In Carbonsäuren sind die Banden für die OH-Gruppe oft wenig ausgeprägt.

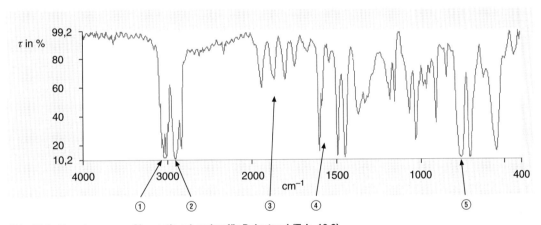

Abb. 19.3: Zuordnung von Absorptionsbanden für Polystyrol (Tab. 19.3)

Nr.	$\overline{v}$ in cm^{-1}	Schwingung und Gruppe		Erscheinungsbild
①	ca. 3060	CH_{aromat}	VS	mehrere schwach aufgelöste Banden
②	ca. 2900	CH_{ges}	VS	mehrere schwach aufgelöste Banden
③	ca. 1850			mehrere Banden, für Aromaten typische Oberschwingungen bzw. Kombinationsschwingungen, allerdings nicht in allen Molekülen so gut ausgeprägt wie in Polystyrol
④	1601, 1493, 1453	$C=C_{aromat}$	VS	sehr charakteristisches Muster für Aromaten
⑤	ca. 750	CH_{aromat}	oop	

Tabelle 19.3: Zuordnung von Absorptionsbanden für Polystyrol (Abb. 19.3)

19

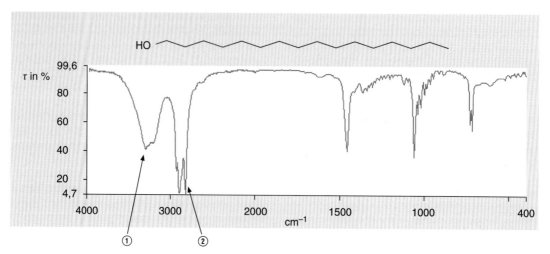

Abb. 19.4: Struktur und IR-Spektrum von 1-Hexadecanol

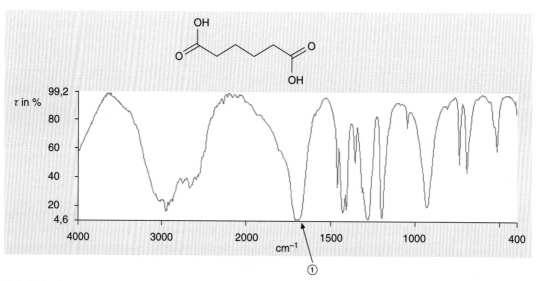

Abb. 19.5: Struktur und IR-Spektrum der 1,6-Hexandisäure

Aus 1,6-Hexandisäure kann durch Reaktion mit Ammoniak das 1,6-Hexandisäurediamid hergestellt werden. Bei einem entsprechenden Reaktionsansatz kann aus dem Spektrum des Produkts sofort erkannt werden, ob sich das gewünschte Reaktionsprodukt tatsächlich gebildet hat (Abb. 19.6).

Im Spektrum nach Abb. 19.6 (S. 201) sind die für die NH-Bindungen charakteristischen Banden bei 3375 cm^{-1} ① und 3181 cm^{-1} ② zu sehen. Schon von der Bandenform her lassen sich also Aminogruppen von Hydroxygruppen deutlich unterscheiden, obwohl die Absorptionsbanden bei vergleichbaren Wellenzahlen liegen. Die CO-Doppelbindungsbande liegt bei 1646 cm^{-1} ③, ist also gegen-

über der Bande der Säure um 52 cm^{-1} nach kleineren Wellenzahlen verschoben. Dies ist ganz typisch für Säureamide, bei denen durch den mesomeren Effekt des Stickstoffatoms die benachbarte Doppelbindung erheblich geschwächt wird. Allgemein wird die Lage der Absorptionsbande von CO-Doppelbindungen sehr spezifisch von den Substituenten beeinflusst. Daher lassen sich Reaktionen an dieser Bindung sehr gut verfolgen.

Aus 2-Hydroxybenzoesäure (Salicylsäure) und Essigsäureanhydrid kann 2-Acetoxybenzoesäure (Aspirin) hergestellt werden. Das Reaktionsprodukt zeigt zwei CO-Doppelbindungsbanden (Abb. 19.7). Die Bande bei 1755 cm^{-1} ① gehört zur Estergruppe, die Bande bei 1689 cm^{-1} ② gehört zur Säuregruppe. Für den Fall, dass das Reaktionsprodukt neben Aspirin noch das Ausgangsprodukt Salicylsäure enthält, würde sich das durch das Auftreten einer dritten CO-Doppelbindungs-Bande bei etwa 1658 cm^{-1} zeigen.

Bei Mischungen von Substanzen ist zu vermuten, dass es im Zeitalter der elektronischen Datenverarbeitung leicht möglich ist, das Spektrum des reinen Aspirins von dem Spektrum des Reaktions-

produkts zu subtrahieren und so das Spektrum der weiteren Substanz oder eines Nebenprodukts zu erhalten. Rein rechnerisch sind solche **Differenzspektren** auch erhältlich, aber schon das Spektrum der Mischung von zwei Substanzen ist, zumal in Lösung, nicht die Summe der Einzelspektren der Komponenten. Wechselwirkungen zwischen den Molekülen, beispielsweise über Wasserstoffbrückenbindungen können zur Verschiebung der Bandenlage führen, so dass eine Differenzbildung oft kein befriedigendes Ergebnis zeigt.

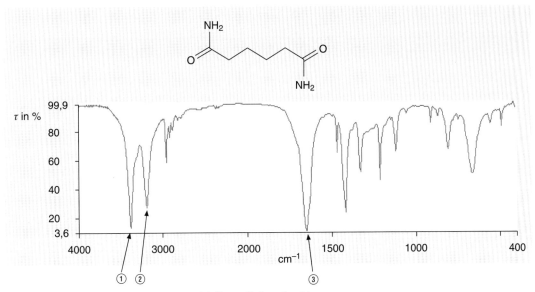

Abb. 19.6: Struktur und IR-Spektrum von 1,6-Hexandisäurediamid

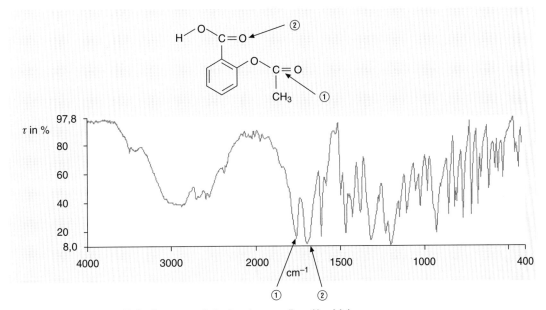

Abb. 19.7: Struktur und IR-Spektrum von 2-Acetoxybenzoesäure (Aspirin)

Allerdings ist die elektronische Datenverarbeitung zum wichtigsten Hilfsmittel der IR-Spektroskopie geworden. Innerhalb weniger Jahre wurden aus den Spektren der bekannten Verbindungen umfangreiche Datenbanken erstellt. Durch den Vergleich des aktuell gemessenen Spektrums mit der Datenbank ist die signifikante Identifizierung des Analyten in Sekundenschnelle möglich. So kann beispielsweise Erdöl, das in Landau in der Pfalz gefördert wird (Abb. 19.8), von Erdölproben aus anderen Förderstellen unterschieden werden. Selbst chemisch fast identische Kunststoffe wie Polyethylen und Polypropylen sind durch ihre IR-Spektren eindeutig und rasch zu unterscheiden (Abb. 19.9). Daher werden in einigen Fällen schon heute Kunststoffe nicht mehr von Hand, sondern über die IR-Spektroskopie sortiert.

Diese Beispiele zeigen, welche Revolution der analytischen Methoden durch die Spektroskopie und den mit ihr gekoppelten Rechnern stattgefunden hat. In „vorspektroskopischen Zeiten" wurde beispielsweise das Zahlenverhältnis der Kohlenstoffatome zu den Wasserstoffatomen in einem Molekül aus dem Verhältnis berechnet, in dem Kohlenstoffdioxid und Wasser bei der Verbrennung anfällt, die Bestimmung von funktionellen Gruppen geschah durch chemische Reaktionen und die Moleülidentifizierung durch aufwändige Abbaureaktionen. Mit der Spektroskopie kann in das Molekül „hineingesehen" werden, und durch Kombination von mehreren Spektroskopiearten, insbesondere von Schwingungsspektren (IR) und kernmagnetischen Resonanzspektren (NMR) ist es heute möglich, auch bei komplizierteren Molekülen innerhalb weniger Stunden die Struktur anzugeben.

Es hat nicht an Versuchen gefehlt, die IR-Spektroskopie auch zur quantitativen Analyse einzusetzen. Beispielsweise kann aus dem Intensitätsverhältnis der Absorptionsbanden der CO-Doppelbindungen abgeschätzt werden, welcher Anteil von Essigsäureanhydrid schon zu Essigsäure hydrolysiert ist. In den DIN-Vorschriften zur Wasser-, Abwasser- und Schlammuntersuchung ist die Bestimmung der Summe der in Wässern gelösten Kohlenwasser-

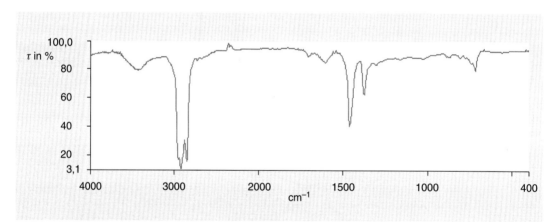

Abb. 19.8: IR-Spektrum von Erdöl aus Landau in der Pfalz

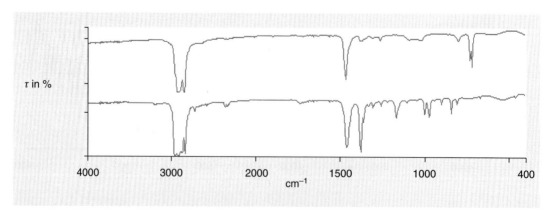

Abb. 19.9: IR-Spektren von Polyethylen (oben) und von Polypropylen (unten)

stoffe (Summenparameter) über Absorptionsbanden der CH-Gruppen beschreiben, spezielle waschaktive Tenside können über die Absorptionsbanden der Sulfonsäuregruppen mit annehmbarem Ergebnis quantitativ bestimmt werden. Die Domäne der IR-Spektroskopie bleibt aber die qualitative Analyse.

19.4 IR-Spektrometer und Probenaufbereitung

Die Bausteine der IR-Spektrometer sind auf den zu vermessenden Wellenzahlbereich abgestimmt. Als Lichtquellen werden erhitzte Keramikstäbchen aus Siliciumcarbid (Globar) oder keramisch beschichtete Wolframdrähte verwendet. Detektoren wandeln unter Ausnutzung von spezifischen Materialeigenschaften, z. B. der Änderung des elektrischen Widerstandes mit der Temperatur, Strahlenintensitäten in elektrische Signale um.

Die herkömmlichen IR-Spektrometer arbeiten mit dem Zweistrahlprinzip unter Verwendung von Beugungsgittern als Monochromatoren. Über den „Scan" wird die Lichtabsorption als Funktion der eingestrahlten Wellenzahl gemessen („dispersive IR-Geräte"). In den letzten Jahren haben IR-Spektrometer stark an Bedeutung gewonnen, die nach dem Fourier-Transformationsprinzip arbeiten (FTIR-Spektrometer). Dabei trifft die von der Lichtquelle ausgesandte Strahlung **direkt** auf die Analysenprobe auf, alle resonanzfähigen Molekülbereiche werden zeitgleich angeregt. Die durchgelassene Strahlung wird durch einen halbdurchlässigen Strahlenteiler (Interferometer) in zwei Teile zerlegt und durch Spiegel zur Interferenz (Überlagerung) gebracht. Das Interferenzmuster dient zur Berechnung des Spektrums. Mit diesen Geräten werden also keine Spektren vermessen, sondern es werden Interferogramme aufgenommen, die ein Online-Rechner in Absorptionsspektren umrechnet. Das Spektrum wird dabei sehr viel schneller erhalten als bei den dispersiven Geräten. FTIR-Spektrometer arbeiten nach dem Einstrahlprinzip, der „Untergrund (Background)" wird separat aufgenommen und von der Absorption des bei der Analysenprobe gemessenen Spektrums subtrahiert. Probleme bereiten Wasserdampf und Kohlenstoffdioxid, zwei Molekülarten, die in der Luft enthalten sind. Die daraus resultierenden Absorptionen müssen herauskompensiert werden.

Ein besonderes Problem stellen die **Küvetten** dar. Sie sollen einerseits das IR-Licht möglichst ungeschwächt durchlassen, andererseits resistent gegenüber der Probe und Umwelteinflüssen sein. Salze der Alkalimetalle wie NaCl oder KBr haben eine hohe Lichtdurchlässigkeit im infraroten Bereich. Diese Salze werden als hochkristalline Platten eingesetzt, um die Verluste durch Lichtstreuung gering zu halten. Sie bilden die „Fenster" in zerlegbaren Küvetten. In der Luft vorhandener Wasserdampf trübt diese „Fenster" ein, daher werden sie in Exsikkatoren aufbewahrt. Die Vermessung wasserhaltiger Proben ist wenig sinnvoll. Die Platten können mit Propanon gereinigt werden, wobei der Wassergehalt unter 0,02 % liegen soll.

Proben können im gasförmigen, flüssigen und festen Zustand vermessen werden. Wegen den gegenüber der UV-VIS-Spektroskopie weitaus geringeren Extinktionskoeffizienten müssen bei der IR-Spektroskopie relativ große Konzentrationen vermessen bzw. relativ große Schichtdicken verwendet werden. Bei **Gasen** sind Küvetten mit 10 cm Schichtdicke gebräuchlich. Häufig wird der Lichtstrahl über Spiegel mehrfach durch den Gasraum geleitet, um größere „optische Schichtdicken" (bis 100 m) zu erhalten.

Flüssige Analyte können als dünner Film auf eine Kochsalzplatte (Maße ca. 2 cm auf 5 cm, Dicke ca. 0,5 cm) aufgetragen werden. Auf die so präparierte Kochsalzplatte wird eine zweite Kochsalzplatte gelegt. Die beiden Platten werden mit Gummidichtungen in einem Metallgestell mit vier Schrauben zusammengeschraubt und senkrecht in den Strahlengang gestellt. Dabei ist auf den richtigen Anpressdruck zu achten. Werden die Schrauben zu schwach angedreht, so fließt die Probe aus, werden sie zu stark angedreht, brechen die Platten.

Analyte können auch in **Lösung** vermessen werden. Dazu sind Lösemittel wie Tetrachlormethan erforderlich, deren Spektren bandenarm sind. Um den Einfluss der Lösemittel zu kompensieren, werden Küvetten mit variabler Schichtdicke verwendet. In der Messküvette hat das Lösemittel eine kleinere Konzentration als in der Vergleichsküvette, die nur reines Lösemittel enthält. Dieser Unterschied wird durch die Schichtdicke ausgeglichen. Dazu wird eine Absorptionsbande des Lösemittels ausgewählt und die Schichtdicke der Vergleichsküvette so lange verkleinert, bis die Absorption bei dieser Wellenzahl ein Minimum ist. Damit ist über den gesamten Wellenzahlbereich der Einfluss des Lösemittels weitgehend „herauskompensiert".

Für **Feststoffe** ist die gängigste Probenaufbereitung die Herstellung von Kaliumbromid-Presslingen.

Dazu werden etwa 1 mg des Analyten und 300 mg trockenes Kaliumbromid fein zerrieben. Diese Werte können nur als Anhaltspunkte verstanden werden, da die Bandenintensität stark verschieden sein kann. Die Zerreibung kann in einem Achatmörser mit einem Pistill durchgeführt werden, vorteilhafter sind kleine Mühlen. Je kleiner die Teilchengröße, desto weniger Lichtverluste durch Streueffekte treten auf. Das Mahlgut wird in einem **Presswerkzeug** zu einem möglichst klaren und durchsichtigen Pressling in der Form einer kleinen Tablette verarbeitet.

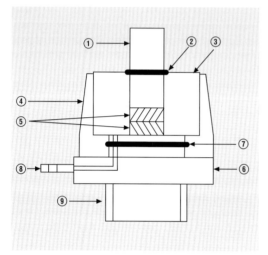

Abb. 19.10: Presswerkzeug zur Herstellung von Kaliumbromid-Presslingen

① Pressstempel   ② Presstempeldichtung
③ Zylinder   ④ Gehäuse
⑤ Druckscheiben   ⑥ Bodenplatte
⑦ Bodenplattendichtung   ⑧ Evakuierungsstutzen
⑨ Extraktionsring

Um Presslinge zu erzeugen, wird zunächst das Presswerkzeug zusammengeschraubt und die untere Druckscheibe eingelegt. Dann wird das Mahlgut vorteilhaft über einen Trichter eingefüllt und auf der Druckscheibe gleichmäßig verteilt. Die zweite Druckscheibe wird auf das Mahlgut aufgelegt und der stabförmige Tauchkolben aufgesetzt. Über eine Pumpe wird das System mehrere Minuten evakuiert, um enthaltenes Wasser weitgehend zu entfernen. Das Presswerkzeug wird in eine hydraulische Presse gegeben. Unter hohem Druck wird aus dem pulverförmigen Mahlgut ein dünner Pressling von etwa einem Zentimeter Durchmesser und geringer Schichtdicke erzeugt. Dieser wird in einem Presslinghalter in das IR-Spektrometer eingesetzt. Über Presslinge können auch flüssige Analyte vermessen werden. Dazu wird ein „Leerpressling" aus reinem Kaliumbromid hergestellt und die Flüssigkeit aufgetropft.

Je besser die Verreibung, desto besser ist die Auflösung der Absorptionsbanden, eine gute Verteilung des Analyten ergibt einen homogenen Pressling. Das richtige Verhältnis von Analyt und Kaliumbromid ergibt Banden, deren Intensität den Bereich 0 % bis 100 % gut ausnutzen, bei einem wasserfreien Pressling fehlen die störenden „Wasserbanden". Die Herstellung solcher Presslinge erfordert einige Übung. Bei den ersten Versuchen werden vermutlich wegen zu hoher Analytkonzentrationen die Banden „aufsitzen", d. h., die Bandenspitze wird wegen der Totalabsorption nicht zu sehen sein, oder die Presslinge sind „wolkig", weil die Probe nicht optimal im Mahlgut verteilt ist bzw. weil der Pressling noch Feuchtigkeit enthält. Eine mangelhafte Zerreibung zeigt sich in einer Grundlinie, die nach kleineren Wellenzahlen stetig ansteigt. Wird das Mahlgut nicht über einen Trichter in das Presswerkzeug eingefüllt, so besteht die Gefahr, dass Teile davon zwischen Pressstempel und Zylinder gelangen. Entsprechend schwierig ist es, das Presswerkzeug zu zerlegen und den Pressling unbeschädigt zu erhalten.

Problemlos ist die Vermessung von polymeren thermoplastischen Substanzen, die mit einer Folienpresse auf Schichtdicken von 20 − 40 μm gebracht werden. Von der **Folie** wird ein Stück mit den Maßen ca. 3 cm auf 3 cm ausgeschnitten, in einen Folienhalter gespannt und in den Strahlengang gestellt.

19.5 Übung

IR-Spektroskopie

① Rechnen Sie die Wellenzahl 3000 cm^{-1} in die entsprechende Wellenlänge, Frequenz und Energie um.

② Weshalb wird in der Regel in IR-Spektren der Transmissionsgrad und nicht die Extinktion als Funktion der Wellenzahl aufgetragen?

③ Wie ist zu erklären, dass die Absorptionsbande der C=O-Doppelbindung in Säurechloriden und in Säureamiden bei stark unterschiedlichen Wellenzahlen erscheint?

④ Was ist am IR-Spektrum von Ethin (Acetylen) bemerkenswert?

⑤ Skizzieren Sie das IR-Spektrum, das Sie für 4-Amino-2-hydroxybenzoesäure erwarten.

⑥ Von einer Substanz ist die Summenformel $C_{12}H_{11}N$ und das IR-Spektrum gegeben. Machen Sie einen Vorschlag für die Struktur.

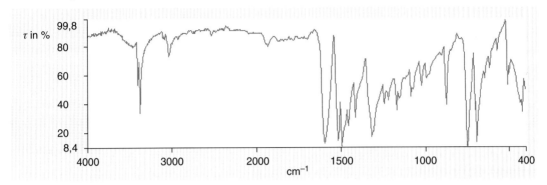

⑦ Von einer Substanz ist die Summenformel C_7H_4ClN und das IR-Spektrum gegeben. Machen Sie einen Vorschlag für die Struktur.

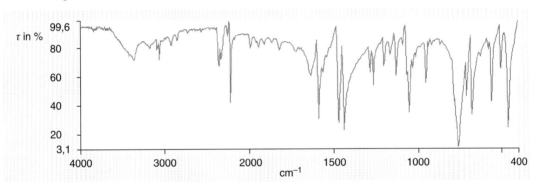

⑧ Von einer Substanz ist die Summenformel $C_6H_4N_2O_4$ und das IR-Spektrum gegeben. Machen Sie einen Vorschlag für die Struktur.

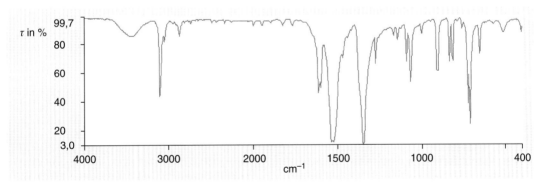

⑨ Aus Toluol wird über die Zwischenstufen Benzylchlorid und Benzylcyanid Phenylessigsäure synthetisiert. Beschreiben Sie, wie der Fortgang der Reaktion über die IR-Spektroskopie verfolgt werden kann.

19

20.1 Experiment und Übersicht

Die Chromatographie (wörtlich „farbschreiben") ist heute eines der wichtigsten Verfahren in der Analytik. Das Prinzip lässt sich an einem einfachen Experiment zeigen: Auf ein Kreidestück wird etwa 2 cm vom Ende der Kreide entfernt die Farbe eines wasserlöslichen Filzstiftes strichförmig aufgetragen (Startlinie). Das Kreidestück wird senkrecht in eine flache Schale mit Wasser gestellt, wobei es etwa einen Zentimeter tief in das Wasser eintaucht. Das Wasser saugt sich an der Kreide nach oben, überquert den Farbstrich und nimmt dabei die Farbe mit. Besteht die Farbe des Filzstiftes aus mehreren Komponenten, so trennen sich diese auf dem Weg über das Kreidestück in einzelne Farbstreifen auf. Besonders gut eignen sich wasserlösliche schwarze Filzstifte, da die Farbe „schwarz" immer aus mehreren Farbkomponenten zusammengesetzt ist.

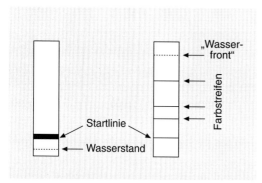

Abb. 20.1: **Trennung von Farbstoffen mit Kreide und Wasser**

Dieses einfache Experiment zeigt praktisch alle Sachverhalte auf, die für das Verständnis der Chromatographie und für die praktischen Anwendungen wesentlich sind:

a) **Zur Durchführung einer Chromatographie wird gebraucht:**
  – eine **Analysenprobe** (die Farbe des wasserlöslichen Filzstiftes)
  – eine **stationäre Phase** (Kreide)
  – eine **mobile** Phase (Wasser)
  – ein **Aufgabesystem** mit der die Analysenprobe auf die stationäre Phase gegeben werden kann (Filzstift)
  – ein **Detektor** (Auge; Komponenten, die nicht farbig sind, brauchen andere Detektoren)
  – eine **Auswerteeinheit** (beispielsweise ein Lineal, um die Abstände der Farbstreifen zur Startlinie zu messen).

b) **Ziel ist die Auftrennung einer Probe in ihre Komponenten**
  Je länger die Kreide **(Laufstrecke)** ist und je länger das Wasser laufen kann **(Entwicklungszeit),** desto besser werden die Farbstreifen der Komponenten **getrennt** (umso besser ist die **Auflösung**).
  Je länger die Kreide (Laufstrecke) ist und je länger das Wasser laufen kann, desto breiter und desto weniger intensiv gefärbt sind die Farbstreifen der Komponenten **(Linienverbreiterung).**

c) **Analysentechnik**
  Wird auf der Startlinie zu viel von dem Farbstoff aufgetragen, so werden die Farbstreifen nicht oder nur unvollständig getrennt **(Aufgabetechnik).**
  Wird der Versuch nicht rechtzeitig unterbrochen, so laufen die einzelnen Komponenten am oberen Ende der Kreide wieder zusammen und die getrennte Darstellung ist nicht mehr möglich **(Analysenplanung).**

d) **Anwendung**
  Eine **qualitative** Analyse lässt sich durchführen, wenn die reinen Farbstoffe auf der Startlinie neben dem Analysengemisch aufgetragen werden und die **Laufstrecken** der reinen Farbstoffe mit denen der Komponenten der Analysenprobe verglichen werden.
  Farbkomponenten, die in höheren Konzentrationen im Filzstift vorhanden sind, ergeben intensiver gefärbte Farbstriche als Komponenten, die in geringerer Konzentration vorliegen **(quantitative Analyse).**

Die Anwendungsbreite der Chromatographie ergibt sich aus der Vielfalt der Methoden. Im Laufe der Zeit wurden aus relativ einfachen Glasgeräten computergesteuerte Analysengeräte entwickelt, deren Anwendungen im Grunde jeweils eigenständige analytische Disziplinen (mit der jeweils eigenen Fachsprache!) darstellen. Die umfassende Darstellung jeder Einzeldisziplin erfordert ein eigenes Buch, dies gilt in Ausnahmefällen auch für einzelne Gerätebausteine wie beispielsweise dem Massenspektrometer als Detektor. So kompliziert und vielfältig die Geräte und Methoden allerdings auch sein mögen, die dabei zu diskutierenden Sachverhalte lassen sich praktisch ausschließlich auf die am Beispiel der Trennung von Filzstiftfarben an Kreide gemachten Beobachtungen und Feststellungen zurückführen.

Chromatographische Verfahren in der Übersicht

	DC Dünnschicht-chromato-graphie	SC Säulen-chromato-graphie	GC Gas-chromato-graphie	HPLC Hochdruckflüs-sigkeitschroma-tographie	IC*) Ionen-chromato-graphie
Stationäre Phase und Träger	Al_2O_3, SiO_2, Polymere auf Glas oder Aluminium	Al_2O_3, SiO_2, Polymere, Glasrohr	Al_2O_3, SiO_2, Polymere in gepackten Säulen oder Kapillarsäulen; Glas oder Kunststoffe	Polymere in Stahlsäulen	Ionenaustauscher in Stahlsäulen oder Kunststoffen
Mobile Phase	Lösemittel u. deren Gemische	Lösemittel u. d. Gemische	Inertgase, Stickstoff, Argon	Lösemittel und deren Gemische	Salzlösungen, Säuren
Bedingung an Analyte	löslich	löslich	unzersetzt verdampfbar	löslich	löslich und ionisch
Trennbedingungen	Zimmertemperatur und normaler Luftdruck	Zimmertemperatur, Überdruck möglich	Temperatur bis ca. 150 °C, leichter Überdruck	Normaltemperatur, Drücke bis ca. 200 bar	Normaltemperatur, Drücke ca. 20–100 bar
Detektion (Beispiele)	Auge, Photometer	Auge, Photometer	WLD, FID, ECD (Signale); IR, MS (Strukturen)	Refraktometer, Photometer	Leitfähigkeitsdetektor
Aufgabetechnik für Analyte	auf dünner Schicht, Startlinie	auf oberste Schicht	mit Spritze über geheizten Einspritzblock	mit Spritze über Dosierschleife	mit Spritze über Dosierschleife
Besonderheiten	Anfärbetechniken		Split, Temperaturprogramm, Head-Space-Technik	Derivatisierung; Gradientenelution	Derivatisierung; Suppressortechnik
Zeitbedarf	$^1/_2$ Stunde	bis mehrere Stunden	wenige Minuten	wenige Minuten	wenige Minuten
Anwendungen	Übersicht, qualitativ	präparativ, Matrixabtrennung	qualitativ und quantitativ	qualitativ und quantitativ	qualitativ und quantitativ
Beispiel für Anwendungen	Farbstoffe, Drogen	Wirkstoffe	Treibstoffe	Vitamine	Salzlösungen

Tabelle 20.1: **Chromatographische Verfahren in der Übersicht**
*) Die Ionenchromatographie ist ein Teilgebiet der HPLC, sie wird wegen der Unterschiedlichkeit der Analyte getrennt aufgeführt.

20.2 Extraktion und Nernst'scher Verteilungskoeffizient

Wird der oben beschriebene Versuch mit einem Filzstift durchgeführt, der keine wasserlöslichen Farbkomponenten enthält, so bleiben die Farbstoffe „auf der Startlinie" sitzen, es ergibt sich daher auch keine Auftrennung. Dieser Sachverhalt wird hier über die Extraktion näher beschrieben, weil sich an diesem der Chromatographie sehr verwandten Analysenverfahren das Trennprinzip anschaulich erklären und mathematisch beschreiben lässt.

Die wörtliche Übersetzung von extrahieren: „herausziehen" macht das Prinzip dieser Methode deutlich: Eine Substanz befindet sich in einer Matrix und wird aus ihr „herausgezogen", extrahiert.

Aufgabe und Detektion:
Die Farbstoffe Kristallviolett und Kaliumhexacyanoferrat(III) (kurz Kaliumhexacyanoferrat) sind in Wasser gelöst. Kristallviolett soll aus einer wässrigen Phase selektiv extrahiert werden, Kaliumhexacyanoferrat soll in der wässrigen Phase bleiben.

Kristallviolett färbt die Lösung intensiv violett, verdünnte Lösungen von Kaliumhexacyanoferrat sind schwach gelb gefärbt.

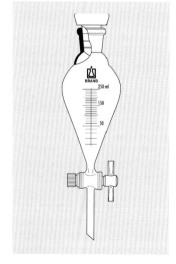

Abb. 20.2: Kristallviolett und Kaliumhexacyanoferrat

Verfahren:
Zu der wässrigen Lösung der beiden Farbstoffe in einem Scheidetrichter wird ein Lösemittel gegeben, das sich mit Wasser nicht mischt, das aber Kristallviolett besser löst als Kaliumhexacyanoferrat. Die beiden Lösemittel bilden zwei Phasen, die durch eine Phasengrenzfläche getrennt sind, die Flüssigkeit mit der größeren Dichte bildet die untere Phase. Die beiden Phasen werden über den Absperrhahn getrennt in zwei Bechergläser eingelassen. Dieses Verfahren wird „Flüssig-Flüssig-Extraktion" genannt.

Abb. 20.3:
Scheidetrichter

Aus der Aufgabe ergeben sich zwei Forderungen für das zu findende Lösemittel: Es darf sich nicht mit Wasser mischen und es muss Kristallviolett besser und Kaliumhexacyanoferrat schlechter lösen als Wasser.

Ethanol	1-Butanol
Toluol	Dichlormethan

Tabelle 20.2: Zu testende Lösemittel für die Trennung

Lösemittel	Mischbarkeit
Wasser / Ethanol	ja
Wasser / 1-Butanol	nein
Wasser / Toluol	nein
Wasser / Dichlormethan	nein

Tabelle 20.3: Ergebnis der Mischungsversuche

Weshalb mischt sich Wasser mit Ethanol, mit den anderen Lösemitteln aber nicht? Wasser hat stark polare Sauerstoff-Wasserstoff-Atombindungen, das Molekül ist ein Dipol. Dipole sind Moleküle mit unsymmetrischer Ladungsverteilung, sie haben, bildlich gesprochen, ein „positiv und ein negativ geladenes Ende". Dipolmoleküle liegen daher in Lösungen nicht regellos vor, sondern so, dass die Anziehung zwischen verschieden geladenen Molekülteilen relativ groß und die Abstoßung zwischen gleich geladenen Molekülteilen relativ klein ist. Wegen der starken Polarität der Bindungen in Wasser bilden die Wassermoleküle untereinander Wasserstoffbrückenbindungen aus. Vergleichbares lässt sich von Ethanol sagen, wobei dieses Molekül einen „organischen Rest" aus Kohlenstoff- und Wasserstoffatomen trägt, dessen Bindungen wenig polar sind. Vereinfacht lassen sich so Moleküle in „polare" und „unpolare" Molekülteile gliedern.

Wasser und Ethanol mischen sich, weil Wasser stark polar ist und weil Ethanol mit der OH-Gruppe einen polaren Teil hat. Auch können die beiden Moleküle untereinander Wasserstoffbrücken ausbilden.

1-Butanol hat zwar auch eine OH-Gruppe als polaren Teil, aber offenbar stört der lange unpolare Kohlenwasserstoffrest, daher bilden die Wassermoleküle weitgehend **untereinander** statt mit dem 1-Butanol Wasserstoffbrücken aus („die Wassermoleküle bleiben lieber unter sich"). Deshalb mischen sich Wasser und 1-Butanol nicht. Dichlormethan ist zwar polar, aber die Wassermoleküle können nicht mit Dichlormethan, wohl aber untereinander Wasserstoffbrückenbindungen ausbilden und bilden daher eine eigene Phase. Toluol und Wasser mischen sich nicht, weil Toluol eine relativ unpolare Substanz ist.

Über folgende Regel kann das Mischungsverhalten von Lösemitteln sehr häufig zutreffend vorausgesagt werden:

Ähnliches mischt sich mit Ähnlichem.

Lösemittel	Kristallviolett	Kaliumhexacyanoferrat
Ethanol	löst sich gut	löst sich nicht
1-Butanol	löst sich gut	löst sich nicht
Toluol	löst sich nicht	löst sich nicht
Dichlormethan	löst sich wenig	löst sich nicht

Tabelle 20.4: **Ergebnis der Löseversuche**

Vergleichbar wie das Mischungsverhalten von Flüssigkeiten kann auch das Löseverhalten von festen Stoffen erklärt werden. Kristallviolett und 1-Butanol haben sowohl polare als auch unpolare Teile, die beiden Moleküle sind sich ähnlich. Daher löst sich Kristallviolett in 1-Butanol sehr gut. Das stark polare Wasser wiederum ist das ideale Lösemittel für Kaliumhexacyanoferrat, das aus den Ionen K^+ und $[Fe(CN)_6]^{3-}$ besteht. Die oben genannte Regel kann daher erweitert werden.

Ähnliches mischt sich und löst sich in Ähnlichem.

Diese Regel mag vage klingen, sie ist in der Extraktion und in der Chromatographie zusammen mit dem Begriff „Polarität" ein wichtiges Hilfsmittel zur Auswahl der richtigen stationären und mobilen Phase und sie hilft sehr, sich in der Fachsprache der einzelnen chromatographischen Disziplinen und deren Hang zur Verwendung von Abkürzungen zurechtzufinden.

Damit ist für die Trennaufgabe aus der Reihe der zu testenden Lösemittel 1-Butanol ausgewählt, weil es sich mit Wasser nicht mischt, Kristallviolett gut

und Kaliumhexacyanoferrat nicht löst. Die Begriffe „nicht mischen" und „nicht lösen" sollen nicht absolut genommen werden, sie sind im Sinne von „vernachlässigbar löslich" zu verstehen.

Zur Betrachtung der quantitativen Seite der Trennaufgabe sollen zunächst 100 mL an Probelösung in den Scheidetrichter eingefüllt und mit 10 mL 1-Butanol versetzt werden. Die Zugabe soll so erfolgen, dass das 1-Butanol an einem Glasstab, der unmittelbar oberhalb der Wasseroberfläche an der Innenwand des Scheidetrichters angesetzt ist, **auf** die Wasserphase auflaufen kann. Da 1-Butanol eine geringere Dichte als Wasser hat, bildet es die obere Phase. Die 1-Butanol-Phase bleibt klar, der violette Farbstoff Kristallviolett bleibt in der wässrigen Phase! Wie ist das zu verstehen, nachdem doch Kristallviolett sich in 1-Butanol weitaus besser löst als in Wasser? Im Baustein „Chemisches Gleichgewicht" sind Zustände des „Nichtgleichgewichts" von „Gleichgewichtszuständen" unterschieden worden, und genau diese Unterscheidung ist auch hier erforderlich: Kristallviolett löst sich zwar sehr viel besser in 1-Butanol als in Wasser, daher ist der oben beschriebene Sachverhalt ein Zustand des Nichtgleichgewichts, der von selbst sehr langsam in den Gleichgewichtszustand übergeht. Im Laufe von einigen Minuten ist an der Färbung zu erkennen, dass Kristallviolett langsam in die 1-Butanol-Phase übergeht.

Um Stoffe über Extraktion oder Chromatographie zu trennen, ist es nicht nur erforderlich, die richtige mobile und stationäre Phase zu finden, zusätzlich sind die äußeren Bedingungen so zu wählen, dass sich Gleichgewichtszustände einstellen können.

Natürlich kann bei der Extraktion die Einstellung des Gleichgewichts beschleunigt werden, wenn der Scheidetrichter gut geschüttelt wird. Wird der Scheidetrichter danach senkrecht in eine Halterung eingesetzt, so trennen sich die beiden Phasen rasch, die 1-Butanol-Phase ist intensiv violett gefärbt. Über den Auslaufhahn können die beiden Phasen getrennt werden. Die wässrige Phase zeigt zwar die gelbe Farbe des Kaliumhexacyanoferrats, aber sie enthält noch violette Anteile. Demnach ist Kristallviolett nicht vollständig aus der Wasserphase extrahiert worden. Dieser Befund ist mit dem unvollständigen Umsatz eines Alkohols mit einer Säure zu einem Ester und Wasser zu vergleichen und wird wie dort über eine Gleichgewichtskonstante beschrieben. Diese wird dem Chemiker Walther Nernst (1864–1941) zu Ehren „Nernst'scher Verteilungskoeffizient" genannt.

20

Bei der Verteilung eines Stoffes X zwischen zwei Phasen ist, bei gegebener Temperatur, das Verhältnis der Stoffmengenkonzentrationen konstant. Die Gleichgewichtskonstante wird Nernst'scher Verteilungskoeffizient, kurz „Verteilungskoeffizient", genannt.

Auf zwei Lösemittelphasen angewandt bedeutet dies:

$$K = \frac{c_{LM1}(X)}{c_{LM2}(X)}$$

Für die Extraktion von Kristallviolett aus einer wässrigen Lösung mit 1-Butanol kann der Verteilungskoeffizient demnach wie folgt angegeben werden:

$$K = \frac{c_{Wasser}(\text{Kristallviolett})}{c_{(1\text{-Butanol})}(\text{Kristallviolett})}$$

$$K^* = \frac{c_{(1\text{-Butanol})}(\text{Kristallviolett})}{c_{Wasser}(\text{Kristallviolett})}$$

Wie bei einer chemischen Reaktion die Assoziationskonstante gleich dem Kehrwert der Dissoziationskonstanten ist und beide Konstanten dasselbe Gleichgewicht beschreiben, so ist hier K gleich dem Kehrwert von K^* und beide Konstanten beschreiben dieselbe Extraktion. **Bei der Interpretation von Daten und Tabellenwerten zur Extraktion und zur Chromatographie ist darauf zu achten, in welcher Weise der angegebene K-Wert definiert ist!**

Beim **ersten Extraktionsschritt** wurde an der schwach violetten Farbe festgestellt, dass die wässrige Phase noch Kristallviolett enthält. Wenn weiteres Kristallviolett aus dieser Phase extrahiert werden soll, kann die gleiche Prozedur wie beim ersten Extraktionsschritt wiederholt werden: Neues 1-Butanol zugeben, zur raschen Gleichgewichtseinstellung schütteln, Phasen trennen. In dieser Weise sind beliebig viele Extraktionsschritte N durchführbar. Dabei würde immer die **gleiche wässrige Phase mit immer neuem 1-Butanol** versetzt werden. Im Sinne der Chromatographie ist daher die wässrige Phase die stationäre Phase und die 1-Butanolphase die mobile Phase. Beim ersten Extraktionsschritt ist auch Kaliumhexacyanoferrat in geringen Mengen in die erste Butanolphase übergegangen. Durch Zugabe von reinem Wasser zur ersten Butanolphase kann daraus Kaliumhexacyanoferrat extrahiert werden. Die Verteilung der Stoffe zwischen den Phasen ist also **reversibel.** Auch hier sind beliebig viele Extraktionsschritte denkbar und in diesem Fall wäre Wasser die mobile Phase und 1-Butanol die stationäre Phase, da immer die glei-

che Butanolphase verwendet wird. **Durch eine Kopplung beider Möglichkeiten können die enthaltenen Stoffe getrennt werden.** Allerdings bedeutet das einen entsprechend hohen Einsatz an Lösemittel und entsprechend viele Extraktionsschritte. Diese Einflussgrößen auf die Effektivität der Extraktion ergeben in Verbindung mit dem Verteilungskoeffizienten eine Gleichung, die auch für den Trennvorgang in der Chromatographie von entscheidender Bedeutung ist.

Zur Ableitung dieser Gleichung und für die weitere Anwendung wird der Verteilungskoeffizient grundsätzlich in folgender Form verwendet:

$$K = \frac{c_{\text{stationäre Phase}}(X)}{c_{\text{mobile Phase}}(X)}$$

Ist der K-Wert größer 1, so ist die Konzentration des Stoffes X in der stationären Phase größer als in der mobilen Phase, demnach löst sich der Stoff in der stationären Phase besser als in der mobilen Phase, weil er der stationären Phase ähnlicher als der mobilen Phase ist.

n_0	gesamte Stoffmenge
n_{st}	Stoffmenge in der stationären Phase
n_{mo}	Stoffmenge in der mobilen Phase
n_{st1}	Stoffmenge, die nach dem ersten Extraktionsschritt noch in der stationären Phase enthalten ist
n_{mo1}	Stoffmenge, die nach dem ersten Extraktionsschritt in der mobilen Phase enthalten ist
$\dfrac{n_{st}}{n_0}$	Stoffmengenanteil in der stationären Phase
V_{st}	Volumen der stationären Phase
V_{mo}	Volumen der mobilen Phase
N	Anzahl der Extraktionsschritte

Tabelle 20.5: **Definitionen für den zu extrahierenden Stoff X**

Die gesamte Stoffmenge ist die Summe der Stoffmengen in der stationären Phase und der mobilen Phase. Also gilt folgende Stoffmengenbilanz:

$$n_0 = n_{st} + n_{mo}$$
$$n_{mo} = n_0 - n_{st}$$
$$n_{mo1} = n_0 - n_{st1}$$

In K eingesetzt ergibt sich für den ersten Extraktionsschritt:

$$K = \frac{c_{st}}{c_{mo}} = \frac{\dfrac{n_{st1}}{V_{st}}}{\dfrac{n_{mo1}}{V_{mo}}} = \frac{\dfrac{n_{st1}}{V_{st}}}{\dfrac{n_0 - n_{st1}}{V_{mo}}}$$

Diese Gleichung wird nach dem Stoffmengenanteil bzw. der Stoffmenge in der stationären Phase umgeformt:

$$\frac{n_{st1}}{n_0} = \frac{1}{1 + \dfrac{V_{mo}}{V_{st} \cdot K}} \qquad n_{st1} = n_0 \cdot \frac{1}{1 + \dfrac{V_{mo}}{V_{st} \cdot K}}$$

Der Übersicht halber wird der Faktor f definiert:

$$f = \frac{1}{1 + \dfrac{V_{mo}}{V_{st} \cdot K}}$$

Dann gilt :

$$n_{st1} = n_0 \cdot f$$

Nach dieser Gleichung ist die verbliebene Stoffmenge in der stationären Phase der Stoffmenge proportional, die vorher in dieser Phase war. Das ist auch leicht einzusehen, denn je größer die Ausgangsstoffmenge, desto mehr bleibt in der stationären Phase zurück. Folglich lautet die Gleichung für einen zweiten Extraktionsschritt:

$$n_{st2} = n_{st1} \cdot f$$

Die Stoffmenge n_{st1} kann nach der vorausgehenden Gleichung für den ersten Extraktionsschritt durch $n_0 \cdot f$ ersetzt werden:

$$n_{st2} = n_{st1} \cdot f = n_0 \cdot f^2$$

Allgemein gilt für die Stoffmenge in der stationären Phase nach N Extraktionsschritten:

$$n_{stN} = n_0 \cdot f^N$$

Die Endgleichung ergibt sich, wenn der definierte Faktor f wieder eingesetzt wird.

$$\frac{n_{stN}}{n_0} = \left(\frac{1}{1 + \dfrac{V_{mo}}{V_{st} \cdot K}} \right)^N$$

> Nach dieser Gleichung ist der Stoffmengenanteil, der in der stationären Phase verbleibt, umso
> – größer, je größer K ist.
> – kleiner, je größer das Volumen der mobilen Phase ist.
> – kleiner, je größer die Anzahl der Extraktionsschritte ist, denn der Term in der Klammer ist immer kleiner als 1.

Diese qualitativen Aussagen sind auch ohne die Gleichung einsichtig, denn wenn beispielsweise ein kleines Volumen an mobiler Phase zugegeben wird, bleibt entsprechend viel in der stationären Phase übrig. Mit der Gleichung sind **quantitative Aussagen** möglich, denn es kann berechnet werden, welcher Stoffmengenanteil jeweils in der stationären Phase verbleibt. Der Einfluss des Verteilungskoeffizienten, der Volumina der stationären und der mobilen Phase und der Anzahl der Extraktionsschritte auf die Stofftrennung kann somit beschrieben werden. Das sind gerade im Hinblick auf die Chromatographie außerordentlich wichtige Informationen.

V_{mo} in mL	V_{st} in mL	N	$K =$ 10,0	$K =$ 1,00	$K =$ 0,500	$K =$ 0,100
100	100	1	90,9	50,0	33,3	9,1
10,0	100	1	99,0	90,9	83,3	50,0
10,0	100	2	98,0	82,6	69,4	25,0
10,0	100	3	97,1	75,1	57,9	12,5
10,0	100	4	96,1	68,3	48,2	6,3
10,0	100	5	95,1	62,1	40,2	3,1
10,0	100	6	94,2	56,4	33,5	1,6
10,0	100	7	93,3	51,3	27,9	0,8
10,0	100	8	92,3	46,7	23,3	0,4
10,0	100	9	91,4	42,4	19,4	0,2
10,0	100	10	90,5	38,6	16,2	0,1

Tabelle 20.6: **Stoffmengenanteil $\dfrac{n_{st}}{n_0}$ in %, der in der stationären Phase verbleibt, in Abhängigkeit von dem Volumen der mobilen Phase V_{mo}, der Anzahl der Extraktionsschritte N und dem Verteilungskoeffizienten K**

Die Tabelle zeigt folgende Sachverhalte:

a) Sind die Volumina von stationärer und mobiler Phase gleich und ist der Verteilungskoeffizient gleich 1, so sind je 50 % der Stoffmenge in der mobilen und der stationären Phase enthalten. Der Stoff löst sich offenbar in beiden Lösemitteln gleich gut, die Volumina sind gleich, also ist ein Stoffmengenanteil von 50 % in der stationären und in der mobilen Phase zu erwarten.

b) Der in der stationären Phase verbleibende Massenanteil ist stark vom Verteilungskoeffizienten abhängig. Als Regel kann gelten:

20

> Ist der Verteilungskoeffizient gleich 0,1 und ist das Volumen von stationärer Phase und mobiler Phase gleich groß, so verbleibt nach einem Extraktionsschritt ein Stoffmengenanteil von etwa 10 % in der stationären Phase.

c) Für das Extraktionsergebnis ist es nicht gleichgültig, ob einmal mit 100 mL oder 10 mal mit je 10 mL extrahiert wird. In beiden Fällen werden in der Summe zwar 100 mL mobiler Phase eingesetzt, bei $K = 0,1$ ist aber nach einmaligem Ausschütteln mit 100 mL der Stoffmengenanteil in der stationären Phase noch 9,1 %, bei zehnmaligem Ausschütteln mit je 10 mL aber nur noch 0,1 %! Dieser Sachverhalt wurde bei der Besprechung des Waschvorgangs in der Gravimetrie als gegeben vorausgesetzt.

> Viele Extraktionsschritte mit kleinen Volumina an mobiler Phase bringen ein weitaus besseres Trennergebnis als wenige Extraktionsschritte mit großen Volumina an mobiler Phase.

Die Methode der Stofftrennung durch Extraktion liefert entscheidend wichtige Erkenntnisse und Werkzeuge für die Chromatographie, sie ist aber auch als eigenständige Methode in der Analytik von Bedeutung. Sie ist nicht auf Lösungen begrenzt, wie schon die Beispiele im Baustein „Probennahme und Probenaufbereitung" gezeigt haben. Beispielsweise ist die Zubereitung von Kaffee oder Tee eine Extraktion.

Wichtige Einsatzgebiete für die Extraktion sind:

a) **Anreicherungsverfahren für die Analytik**
Chlororganische Verbindungen wie Chlorphenol werden mit Isodecanol aus wässrigen Phasen extrahiert. Die Konzentration dieser Stoffe in der organischen Phase ist gegenüber der in der wässrigen Phase stark erhöht, eine Konzentrationsbestimmung wird dadurch möglich.

b) **Reinigungsverfahren**
Aus belasteten Böden werden Schwermetalle mit Pufferlösungen extrahiert. Durch Wahl des pH-Wertes der Extraktionslösungen kann eine hohe Selektivität erreicht werden.

c) **Präparative Verfahren**
Speiseöle werden aus Ölsamen durch Extraktion mit unpolaren Lösemitteln gewonnen. Die Lösemittel werden dann durch Destillation vom Öl abgetrennt. Diese Verfahren sind weitestgehend automatisiert.

d) **Stofftrennung**
Kristallviolett kann aus der wässrigen Phase selektiv extrahiert werden und Kaliumhexacyanoferrat in ihr verbleiben, da die Verteilungskoeffizienten der beiden zu trennenden Stoffe stark unterschiedlich sind.

Durch eine Vielzahl von Extraktionsschritten können die Stoffmengenanteile in den stationären Phasen verringert werden, aber die Wirkung wird mit jedem Schritt geringer, wie die Abb. 20.4 zeigt.

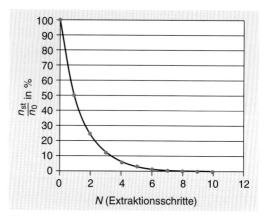

Abb. 20.4: **Stoffmengenanteil in der stationären Phase und Anzahl der Extraktionsschritte für $V_{mo} = 10,0$ mL, $V_{st} = 100$ mL und $K = 0,100$**

Folglich sind die **ausschlaggebenden Faktoren** für die Trennung von Analyten unterschiedliche **Verteilungskoeffizienten.** Sind die Verteilungskoeffizienten von Analyten ähnlich, so ist eine Vielzahl von Verteilungsschritten zur Trennung erforderlich. Ein wesentliches Ziel in der apparativen Entwicklung der Chromatographie ist es daher, Systeme zu entwickeln, die eine möglichst große Zahl von Verteilungsschritten bieten.

> **Regeln für die Stofftrennung durch Extraktion und Chromatographie**
>
> Die Ähnlichkeit der zu trennenden Stoffe mit der mobilen und der stationären Phase ist das entscheidende Kriterium zur Auswahl dieser Phasen. Die Ähnlichkeit wird weitgehend durch die Polaritäten der beteiligten Stoffe bestimmt und findet ihren Ausdruck im Verteilungskoeffizienten. Die Verteilung der Stoffe zwischen den Phasen ist reversibel.
> Eine Stofftrennung ist nur möglich, wenn sich die Verteilungskoeffizienten unterscheiden. Je stärker sich die Verteilungskoeffizienten unterscheiden, umso besser ist die Trennung.

20

Das Trennergebnis wird verbessert, je größer die Anzahl der Trennschritte N ist.

Die Trennung ist nur möglich, wenn sich das Gleichgewicht entsprechend den Verteilungskoeffizienten einstellen kann. Dies muss durch die äußeren Bedingungen für den Trennprozess sichergestellt werden.

20.3 Qualitative und quantitative Analyse am Beispiel der Dünnschichtchromatographie DC

Die Methode der Stofftrennung über Gleichgewichtseinstellungen zwischen zwei Phasen ist nicht auf den flüssigen Zustand begrenzt. Sie lässt sich auch auf feste Phasen und Gasphasen anwenden. Auf einen Unterschied muss besonders hingewiesen werden: In einer flüssigen Phase kann sich eine Substanz homogen verteilen, sie bildet mit den Lösemittelmolekülen eine homogene Phase. Ist die stationäre Phase **fest,** so können die zu trennenden Stoffe nur mit ihrer **Oberfläche** in Wechselwirkung treten. Die Oberflächenwirkung wird auf schwache elektrische Kräfte zurückgeführt, die **van der Waals'sche Kräfte** genannt werden. Sind diese zwischen einer festen Oberfläche und den zu trennenden Stoffen nicht gleich groß, so haften die Stoffe mehr oder weniger fest an ihr. Dieser Unterschied kann zur Stofftrennung ausgenutzt werden. Wegen der Auftrennung an Oberflächen wird bei Beteiligung fester Phasen am Trennprozess nicht von Verteilung, sondern von **Adsorption** gesprochen. Häufig trägt allerdings die stationäre Phase einen Flüssigkeitsfilm, über den die eigentliche Trennung erfolgt. Verteilung und Adsorption sind nicht streng zu trennen, vereinfachend wird hier der Begriff Verteilung beibehalten. Mit dem Verteilungskoeffizienten ist die zahlenmäßige Beschreibung der Aufteilung eines Stoffes zwischen mobiler und stationärer Phase gemeint, unabhängig davon, ob es sich um flüssige, feste oder gasförmige Phasen handelt.

Die Beschaffenheit der Oberfläche hat bei Trennprozessen mit festen stationären Phasen eine große Bedeutung. Folgende Beispielrechnung soll dies verdeutlichen: Ein Würfel aus Kieselgel – eine in der Chromatographie sehr wichtige feste Phase, die weitgehend aus Silciumdioxid besteht – mit der Kantenlänge 1 cm hat ein Volumen von 1 cm^3 und eine Oberfläche von 6 cm^2. Ist die Dichte dieses Kieselgels 3 g/cm^3, so hat dieser Würfel eine **spe**zifische Oberfläche von 2 cm^2/g oder 0,0002 m^2/g. Pro Gramm eingesetzter fester Phase stehen also für den Trennprozess an der Oberfläche nur zwei Quadratzentimeter zur Stofftrennung zur Verfügung, das Material ist kaum ausgenutzt. Daher werden feste Stoffe fein zermahlen. Es ergeben sich spezifische Oberflächen von bis zu 600 m^2/g und Korngrößen zwischen 5 μm und 40 μm.

Bei der Dünnschichtchromatographie werden diese feinen Pulver in einer dünnen Schicht auf Träger wie Glas oder Aluminiumfolie aufgetragen und fixiert. Sie bilden die stationäre Phase. Schicht und Träger bilden die so genannte „Platte". Wie bei dem Ausgangsbeispiel mit der Kreide werden die zu trennenden Stoffe auf die stationäre Phase aufgetragen, mit Lösemittel als der mobilen Phase über die feste Schicht transportiert und dabei aufgetrennt. Als stationäre Phase werden neben Kieselgel häufig Aluminiumoxid sowie polymere organische Substanzen wie Polyamid oder Cellulose eingesetzt. Wichtige Anhaltspunkte für die Auswahl der mobilen Phase liefert die **eluotrope Reihe,** in der die Lösemittel nach ihrem Elutionsvermögen (lat. „herauswaschen, herauslösen") geordnet sind. Die Polarität der Lösemittel geht dabei mit den hydrophilen („wasserliebend") und lipophilen („fettliebend") Eigenschaften weitgehend konform. Die Spanne reicht von dem unpolaren und lipophilen Pentan bis zum stark polaren und natürlich hydrophilen Wasser.

Die Eigenschaften der Analyte, der mobilen Phase und der stationären Phase müssen aufeinander abgestimmt sein, um gute Trennergebnisse zu erhalten. Beispielsweise „laufen" die Lebensmittelfarbstoffe mit den Kennnummern E 127, E 131 und E 142 auf Kieselgelplatten mit dem Laufmittel Toluol praktisch nicht und mit dem Laufmittel Methanol fast gleich schnell. In beiden Fällen erfolgt keine Trennung. Mit einem Laufmittelgemisch mit den Volumenanteilen 40 % Methanol und 60 % Toluol ist eine gute Trennung möglich. Für die Trennung von Blattfarbstoffen an Kieselgelplatten hat sich ein Gemisch aus Benzin (45 %), Petrolether (45 %) und 2-Propanol (10 %) bewährt. In die Suche nach den richtigen Trennbedingungen muss sicher der größte Teil der Arbeitszeit investiert werden. In Anbetracht der Vielzahl von Lösemitteln und der Möglichkeit, mit Lösemittelgemischen zu arbeiten, zeigt sich deutlich Können, Kreativität und Planungsvermögen der Laborkräfte.

Zur Aufnahme der stationären Phase werden häufig Platten der Größen 20·20 cm und 12·6 cm verwendet. Der Trennprozess wird etwa 2 cm vom

20

Rand entfernt gestartet, die Startlinie kann mit einem dünnen Bleistiftstrich markiert werden, allerdings muss die Trennschicht an dieser Stelle dabei intakt bleiben. Die Analyte werden mit dünnen Glasröhrchen oder mit Mikropipetten per Hand oder über Automaten strichförmig oder punktförmig auf die Startlinie etwa 1 cm vom Plattenrand und 2 cm untereinander entfernt aufgetragen. Eventuell muss portionsweise aufgetragen und zwischengetrocknet werden, um den Probenauftrag weitestgehend auf die Startlinie zu begrenzen. Welche Mengen an Probe aufzutragen sind, hängt sehr von dem Trennsystem ab. 100 µg und 10 µL können als grobe Anhaltspunkte dienen. Die Nachweisgrenze liegt bei etwa 50 ng (Spurenanalytik mit einfachsten Mitteln!). In ein Glasgefäß wird das „Laufmittel" (Lösemittel bzw. Lösemittelgemisch) gegeben, der Flüssigkeitsstand soll etwa 1 cm betragen. Die DC-Platte wird so hineingestellt, dass sie möglichst weit vom Rand des Glasgefäßes entfernt steht, dann wird das Glasgefäß mit einem Deckel verschlossen.

Für die qualitative Analyse werden die Strecken verwendet, welche die Komponenten und das Laufmittel LM (Lösemittel/Lösemittelgemisch) zurücklegen. Die Mittelpunkte der Substanzflecken sowie die Laufmittelfront können wieder durch dünne Bleistiftstriche gekennzeichnet werden.

Für eine Analysenprobe mit den Komponenten A und B soll sich das in der Abb. 20.5 dargestellte „Chromatogramm" ergeben.

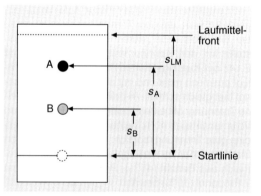

Abb. 20.5: **DC Komponenten A und B**

Offensichtlich ist die Komponente A der mobilen Phase ähnlicher als die Komponente B, denn A wird von der mobilen Phase eine größere Strecke bewegt als die Komponente B. „**Die Komponente A hat eine größere Affinität zum Laufmittel als die Komponente B**". Folglich müssen unterschiedliche Verteilungskoeffizienten vorliegen. Die Unterschiede in den zurückgelegten Strecken werden zur qua-

litativen Analyse benutzt. Allerdings sind die Laufstrecken an sich nicht charakteristisch für die Komponenten, denn sie sind davon abhängig, nach welcher „Laufzeit" der Versuch beendet wird. Daher werden die von den Komponenten zurückgelegten Strecken durch die Strecke, die das Laufmittel zurückgelegt hat, dividiert. Die erhaltenen Größen werden R_f-Werte genannt („retarding faktor" engl. retarding „zurückhalten", ebenso **Retention**).

$$R_f(A) = \frac{s_A}{s_{LM}} \qquad R_f(B) = \frac{s_B}{s_{LM}}$$

Bei einem R_f-Wert von Null läuft der Analyt überhaupt nicht, beim einem R_f-Wert von 1 läuft er mit der Laufmittelfront. Am besten sind die Ergebnisse verwertbar, wenn die R_f-Werte zwischen 0,2 und 0,8 liegen.

Grundsätzlich können die R_f-Werte tabellarisch erfasst und die Substanzen damit identifiziert werden. Das allerdings setzt voraus, dass die Bedingungen, unter denen die Tabellenwerte erstellt wurden, exakt mit den Bedingungen übereinstimmen, die beim Versuch tatsächlich vorliegen. Da dies kaum zu realisieren ist, können tabellierte R_f-Werte nur als Anhaltspunkte angesehen werden. Nach Vorversuchen sollten daher neben dem Analysengemisch die reinen Komponenten aufgetragen werden, um einen direkten Vergleich zu erhalten.

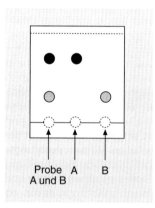

Abb. 20.6:
DC mit Probe und Reinsubstanzen

Diese Methode liefert zwar bessere Ergebnisse als der Vergleich der tabellierten R_f-Werte, setzt aber voraus, dass die in der Probe enthaltenen Substanzen bekannt sind oder dass Informationen darüber vorliegen, welche Analyte in der Probe enthalten sein können. Auch müssen die Reinsubstanzen zur Verfügung stehen. Dies ist nicht immer gegeben. Der Ausweg ist wieder die Relativmessung zu einem Standard. Er wird auf der Platte neben der Analysenprobe aufgetragen, die R_f-Werte der Komponenten werden durch den R_f-Wert des

Standards dividiert. Dieser Quotient wird als die RR_f-Werte (für „relative retarding standard") bezeichnet. Der Standard muss dem Analyten ähnlich sein. Werden beispielsweise Lebensmittel routinemäßig untersucht, so kann einer der Farbstoffe als Standard verwendet werden.

$$RR_f(A) = \frac{R_f(A)}{R_f(St)}$$

Das Prinzip der am Beispiel der Dünnschichtchromatographie gezeigten qualitativen Analyse lässt sich auf alle chromatographischen Methoden anwenden.

> In der Chromatographie werden Analyte in der Regel über Retentionswerte qualitativ nachgewiesen.

Die Dünnschichtchromatographie ist ein sehr wichtiges Hilfsmittel bei Routineuntersuchungen. Beispielsweise enthalten bestimmte Drogensorten sehr häufig die gleichen Bestandteile. Daher ergeben diese Drogen charakteristische „Fleckenmuster". Durch Zusatz von so genannten „Leitsubstanzen" (interne Standards) zu der Probe vor der Trennung, kann in kurzer Zeit die Probensorte und die Art der Bestandteile identifiziert werden.

Wenn die Analyte farbig sind, genügt für die qualitative Analyse das Auge als Detektor. Für die anderen Fälle wurde eine Reihe von Verfahren entwickelt, um Analyte zu detektieren:
– DC-Platten werden mit Reagenzlösungen besprüht, die mit den aufgetragenen Analyten reagieren und so sichtbare Flecke ergeben. Für Schwermetallionen können Thiocyanatlösungen, für Aminosäuren Ninhydrinlösungen verwendet werden.
– Es werden Platten verwendet, die mit einem fluoreszierenden Stoff, dem Fluoreszenzindikator, beschichtet sind. Bei der Bestrahlung der Platten mit UV-Licht können die Substanzflecken als dunkle Schatten auf dem fluoresziernden Hintergrund erkannt werden, da die Analyte die Fluoreszenz löschen.
– Detektoren werden eingesetzt, die auf spezifische Eigenschaften der Analyte bzw. der mobilen Phase ansprechen, beispielsweise Photometer oder geeignete Zählrohre für radioaktive Substanzen.

Bei DC-Analysen von Farbstoffen lässt sich gut beobachten, dass die Farbdichte in den Substanzflecken nicht homogen verteilt ist. Sie ist an den Rändern gering und nimmt zur Mitte der Substanzflecke hin zu. Unterschiedliche Farbdichten resultieren aus unterschiedlichen Konzentrationen, folg-

lich kann aus der Messung der Farbintensität und der Fleckgröße auf die Konzentration des Analyten geschlossen werden. Für das nachstehend beschriebene Beispiel soll gelten, dass die Probe aus den farbigen Substanzen A und B besteht, dass aber der Detektor (Scanner) die unterschiedlichen Farbdichten als Graustufen darstellt. Der Detektor (Scannerstift) wird über einen Motor von der Startlinie aus über die markierte Linie bis zur Laufmittelfront transportiert (Abb. 20.7).

Abb. 20.7: **Dünnschichtchromatogramm und Detektion**

In dem von dem Detektor aufgezeichneten „Chromatogramm" ist die Signalhöhe S und damit die Farbdichte (Graustufe) gegen die Laufstrecke oder gegen die Zeit aufgetragen. Die Methode ähnelt sehr dem Wellenlängenscan bei der Spektroskopie, wie dort werden die erhaltenen Formen als „Peaks" bezeichnet. Die Fläche des Peaks ist das Maß für die Konzentration.

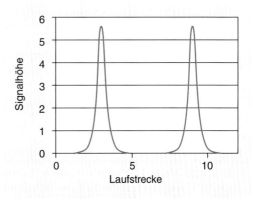

Abb. 20.8: **Dünnschichtchromatogramm nach Detektion**

Wie die qualitative Analyse bei allen chromatographischen Verfahren über Retentionswerte erfolgt, so ist, gleichgültig ob es sich um eine DC-Platte in einem Glasgefäß oder um die hoch technisierte Flüssigkeitschromatographie handelt, die Peakfläche das Maß für die Konzentration des Analyten.

> Chromatographisch werden Analyte über die Auswertung von Peakflächen quantitativ bestimmt.

20.4 Die chromatographische Trennung im Modell

Wie kommt die Auftrennung der Analyte auf der Platte zustande und weshalb entstehen unterschiedliche Farbdichten? Diese Frage weist auf das **Grundprinzip der chromatographischen Trennung** hin, und auch diese Frage lässt sich an einem Modell für alle Chromatographiearten klären. Die Werkzeuge dazu sind im Kapitel „Extraktion" vorbereitet worden. Für das Modell gelten folgende Vereinbarungen:

a) Unabhängig davon, ob es sich um feste, flüssige oder gasförmige Phasen handelt, soll die Stofftrennung auf einer Verteilung beruhen und über Verteilungskoeffizienten berechnet werden können.

b) Stoffmengen, also im Grunde Teilchenzahlen, können wie Konzentrationen behandelt werden.

c) Zustände des Nichtgleichgewichts (keine Einstellung der Stoffmengen zwischen mobiler und stationärer Phase nach den K-Werten) und Gleichgewichtszustände können getrennt dargestellt werden.

d) Die Trennstrecke wird in gleiche Teile, Segmente genannt, aufgeteilt, sie enthalten sowohl die mobile als auch die stationäre Phase. Die Verteilung über die Trennstrecke erfolgt in einzeln darstellbaren Verteilungsschritten N.

e) Der Austausch der Stoffmengen zwischen mobiler und stationärer Phase findet nur innerhalb eines Segmentes statt. Der Austausch ist reversibel, d. h., die Stoffe können wechselweise in die jeweils andere Phase übergehen.

f) Die Ausgangsstoffmengen der zu trennenden Stoffe A und B sind jeweils 640 µmol, $n_0(A) = n_0(B) = 640$ µmol.

g) Für jedes einzelne Segment wird der Zustand des Nichtgleichgewichts und der Zustand des Gleichgewichts für jeden Verteilungsschritt berechnet. Für die Gleichgewichtszustände werden die Summen Σ der Stoffmengen der zu trennenden Stoffe A und B aus den Beiträgen von mobiler und stationärer Phase für jedes Segment gebildet. Es wird auf ganze Zahlen gerundet, dadurch stimmen die Summen nicht immer überein. Die Summen werden für die einzelnen Verteilungsschritte gegen die Segmente grafisch aufgetragen. Für die Berechnungen gilt für beide Stoffe:

$$K = \frac{n_{st}}{n_{mo}}$$

$$n_0 = n_{mo} + n_{st} \rightarrow n_{st} = \frac{n_0 \cdot K}{K + 1}$$

h) Im jeweils folgenden Verteilungsschritt werden die Stoffmengen, die sich in der mobilen Phase befinden, um ein Segment weitertransportiert,

NG/G	Nichtgleichgewicht 1 →					Gleichgewicht 1				
N	1	2	3	4	5	1	2	3	4	5
$n_{mo}(A)$ $n_{mo}(B)$						480 160				
$n_{st}(A)$ $n_{st}(B)$	640 640					160 480				
$\Sigma n(A)$ $\Sigma n(B)$	640 640					640 640				

Tabelle 20.7:
Verteilung von A und B auf stationäre und mobile Phase

Nun werden die in der mobilen Phase enthaltenen Stoffmengen in das nächste Segment transportiert, es entsteht das Nichtgleichgewicht 2. Durch Austausch der Stoffmengen **innerhalb** jedes Segments entsteht somit Gleichgewicht 2. Daraus bilden sich in analoger Weise die nachfolgend berechneten Zustände.

NG/G	Nichtgleichgewicht 2 →					Gleichgewicht 2				
N	1	2	3	4	5	1	2	3	4	5
$n_{mo}(A)$ $n_{mo}(B)$		480 160				120 120	360 40			
$n_{st}(A)$ $n_{st}(B)$	160 480					40 360	120 120			
$\Sigma n(A)$ $\Sigma n(B)$						160 480	480 160			

NG/G	Nichtgleichgewicht 3					Gleichgewicht 3				
N	1	2	3	4	5	1	2	3	4	5
$n_{mo}(A)$		120	360			30	180	270		
$n_{mo}(B)$		120	40			90	60	10		
$n_{st}(A)$	40	120				10	60	90		
$n_{st}(B)$	360	120				270	180	30		
$\Sigma n(A)$						40	240	360		
$\Sigma n(B)$						360	240	40		

NG/G	Nichtgleichgewicht 4					Gleichgewicht 4				
N	1	2	3	4	5	1	2	3	4	5
$n_{mo}(A)$		30	180	270		7	68	203	203	
$n_{mo}(B)$		90	60	10		67	67	22	2	
$n_{st}(A)$	10	60	90			3	23	68	68	
$n_{st}(B)$	270	180	30			203	202	67	7	
$\Sigma n(A)$						10	90	270	270	
$\Sigma n(B)$						270	270	90	10	

NG/G	Nichtgleichgewicht 5					Gleichgewicht 5				
N	1	2	3	4	5	1	2	3	4	5
$n_{mo}(A)$		7	68	203	203	2	22	101	203	152
$n_{mo}(B)$		67	67	22	2	51	67	34	7	0
$n_{st}(A)$	3	23	68	68		1	8	34	68	51
$n_{st}(B)$	203	202	67	7		152	203	101	22	2
$\Sigma n(A)$						3	30	135	270	203
$\Sigma n(B)$						203	270	135	30	2

Fortsetzung
Tabelle 20.7:
Verteilung von A und B auf stationäre und mobile Phase

die Stoffmengen in der stationären Phase bleiben zunächst unverändert (Nichtgleichgewicht), ehe sich ein neues Gleichgewicht einstellt.

i) Die zu trennende Probe enthält die Komponenten A und B. Diese sollen bei den gewählten Bedingungen folgende Verteilungskoeffizienten haben:

$$K(A) = \frac{n_{st}(A)}{n_{mo}(A)} = \frac{1}{3} \qquad K(B) = \frac{n_{st}(B)}{n_{mo}(B)} = \frac{3}{1}$$

Der Trennprozess wird gestartet, indem die Ausgangsstoffmengen in das Segment 1 gegeben und die Analyte stufenweise durch die Segmente mit der mobilen Phase (z. B. einem Lösemittel oder einem Gas) transportiert werden. Beim Start sind die Analyte zunächst nur im ersten Segment und da nur in der stationären Phase vorhanden, das ist der Zustand des **Nichtgleichgewichts 1.** Danach stellt sich durch den Stoffaustausch zwischen stationärer und mobiler Phase nach den Verteilungskoeffizienten das **Gleichgewicht 1** ein (Tab. 20.7, S. 216 + 217).

Die grafischen Darstellungen (Abb. 20.9, Seite 218) der Tabellenwerte zeigt, dass bei diesem Modell geometrische Figuren entstehen, die den Peaks in der Chromatogrammen ähnlich sind. Mit zunehmender Zahl der Gleichgewichtseinstellungen werden die beiden Stoffe immer besser getrennt, die überlappende Fläche wird immer kleiner.

Über dieses Rechenmodell erhalten die Peaks Formen, wie sie der Detektor auch bei der tatsächlichen Analyse produzieren würde. Die Peaks werden kleiner und breiter, je länger die Analyte über die stationäre Phase bewegt werden. Bei größeren Unterschieden in den Verteilungskoeffizienten „überlappen" die Peaks schon nach wenigen Segmenten nicht mehr, die Analyte sind dann vollständig getrennt. Je mehr Verteilungsschritte erfolgen, umso besser sind die Analyte getrennt. Das Trennprinzip bei der Chromatographie wird daher auch **multiple Verteilung** genannt und ist mit einer Extraktion, bei der sehr viele Extraktionsschritte durchgeführt werden, direkt vergleichbar.

20

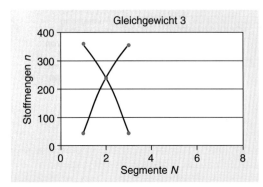

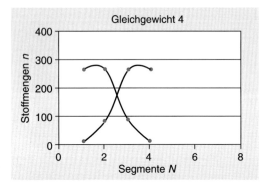

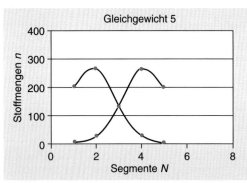

Abb. 20.9: Darstellung der Gleichgewichte 3, 4 und 5

Je stärker sich die Verteilungskoeffizienten unterscheiden und je größer die Zahl der Trennungsschritte, desto besser ist die Auftrennung der Komponentenpeaks der Analysenprobe.

20.5 Auflösung

Je besser die Peaks getrennt sind, desto besser können die Analyte qualitativ und quantitativ bestimmt werden, das erste Ziel der analytischen Arbeit sind daher getrennte, d. h. aufgelöste Peaks. Mit der **Auflösung,** auch Trennschärfe genannt, wird das Trennsystem als Ganzes charakterisiert, also das Zusammenwirken von mobiler Phase, stationärer Phase, Analyt und Matrix sowie den Reak-

tionsbedingungen wie Druck, Temperatur und Detektion.

Unterschiedliche Verteilungskoeffizienten führen zu unterschiedlichen Geschwindigkeiten, mit denen die Komponenten durch das Trennsystem transportiert werden, d. h. zu unterschiedlicher Retention. **Offensichtlich sind Peaks umso besser getrennt, je größer die Retentionsdifferenz ist und je kleiner die Peakbreiten sind.** Die Retentionsdifferenz Δs_R kann als eine Strecke angesehen werden, ebenso wie die Peakbreiten. Die waagrechte Achse ist dann die Laufstrecke des Chromatogramms. Zur Bestimmung der Strecken kann das Chromatogramm mit einem Lineal vermessen werden. Häufig wird statt der Laufstrecke die entsprechende Zeit verwendet, die so genannte **Retentionszeit** t_R. Retentionsstrecke und Retentionszeit sind äquivalente Größen.

Die Retentionsdifferenz Δs_R ist der Abstand der Peakmaxima.

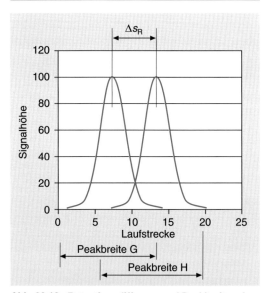

Abb. 20.10: Retentionsdifferenz und Peakbreiten der Substanzen G und H

Die Peakmaxima sind einfach bestimmbar, schwieriger ist die Bestimmung der Peakbreiten, denn häufig strebt die Signalhöhe nur langsam dem Wert „Null" zu, sie geht nur langsam „auf die Grundlinie zurück". Die Peakbreite ist kaum reproduzierbar anzugeben, wenn damit der ganze Peak erfasst werden soll. Nach einer Vereinbarung wird daher die Peakbreite w (auch Peakbasisbreite genannt) über die Schnittpunkte der Tangenten an den Peak mit der Grundlinie bestimmt. Die Halbwertsbreite ist die Peakbreite in halber Höhe $b_{0,5}$.

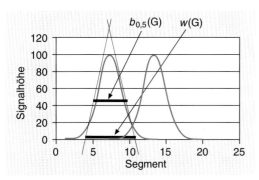

Abb. 20.11: Peakbreite und Halbwertsbreite

Über die Retentionsdifferenz und die Peakbreiten ist die Auflösung definiert:

> Die Auflösung R ist der Quotient aus der Retentionsdifferenz und dem arithmetischen Mittel der Peakbreiten
> $$R = \frac{\Delta s_R}{\overline{w}}$$

Mit der Definition der Peakbreite sind die Peakformen auf Dreiecke reduziert worden, die Auflösung kann daher an Dreiecksflächen veranschaulicht und berechnet werden. Zwei Beispiele sollen die Auftrennung der Komponenten G und H erläutern.

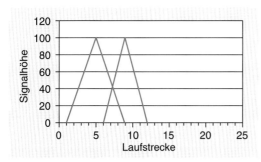

Abb. 20.12: Auflösung Beispiel I

Peakbreite Substanz G	$w(G) = 9{,}0 \text{ cm} - 1{,}0 \text{ cm} = 8{,}0 \text{ cm}$
Peakbreite Substanz H	$w(H) = 12{,}0 \text{ cm} - 6{,}0 \text{ cm} = 6{,}0 \text{ cm}$
Mittelwert der Peakbreiten	$\overline{w} = \dfrac{8{,}0 \text{ cm} + 6{,}0 \text{ cm}}{2} = 7{,}0 \text{ cm}$
Retentionsdifferenz	$\Delta s_R = 9{,}0 \text{ cm} - 5{,}0 \text{ cm} = 4{,}0 \text{ cm}$
Auflösung	$R = \dfrac{\Delta s_R}{\overline{w}} = \dfrac{4{,}0 \text{ cm}}{7{,}0 \text{ cm}} = 0{,}57$

Tabelle 20.8: Auflösung Beispiel I

Im Beispiel I überlappen die Peaks in beträchtlichem Maße, die Auflösung $R = 0{,}57$ ist entsprechend klein.

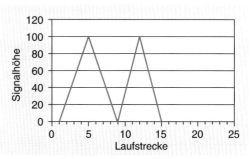

Abb. 20.13: Auflösung Beispiel II

Peakbreite Substanz G	$w(G) = 9{,}0 \text{ cm} - 1{,}0 \text{ cm} = 8{,}0 \text{ cm}$
Peakbreite Substanz H	$w(H) = 15{,}0 \text{ cm} - 9{,}0 \text{ cm} = 6{,}0 \text{ cm}$
Mittelwert der Peakbreiten	$\overline{w} = \dfrac{8{,}0 \text{ cm} + 6{,}0 \text{ cm}}{2} = 7{,}0 \text{ cm}$
Retentionsdifferenz	$\Delta s_R = 12{,}0 \text{ cm} - 5{,}0 \text{ cm} = 7{,}0 \text{ cm}$
Auflösung	$R = \dfrac{\Delta s_R}{\overline{w}} = \dfrac{7{,}0 \text{ cm}}{7{,}0 \text{ cm}} = 1{,}0$

Tabelle 20.9: Auflösung Beispiel II

Beim Beispiel II sind die Peakflächen vollständig getrennt, die überlappende Peakfläche ist null. Die Auflösung hat den Wert 1 erreicht, offensichtlich ist 1 für die Auflösung der optimale Wert. Ein noch besseres Trennsystem mit größeren Retentionsdifferenzen und kleineren Peakbreiten bringt keine weitere Verbesserung der Auftrennung, zumindest nach dieser vereinfachten Darstellung über Dreiecke.

> Für die Trennung der Peaks ist der Wert $R = 1$ anzustreben. Für reale Peaks kann als Regel gelten: Ist $R = 1$, so ist die gegenseitige Überlappung der Peakflächen etwa 2 %.

20

20.6 Übung

Prinzipien und Methoden der Chromatographie

① Informieren Sie sich über Verteilungskoeffizienten und diskutieren Sie die Werte über die Ähnlichkeit von Analyt und Lösemittel.

② Wie kann experimentell der Verteilungskoeffizient
   a) für Iod zwischen Wasser und Tetrachlormethan,
   b) für Kristallviolett zwischen Wasser und 1-Butanol bestimmt werden?

③ Ein Farbstoff, der in 150 mL Wasser gelöst ist, soll mit einem organischen Lösemittel so extrahiert werden, dass in Wasser höchstens 0,01 % der Gesamtmasse verbleiben, $K = 0,100$.
   a) Welches Volumen dieses Lösemittels ist erforderlich, wenn nur ein Extraktionsschritt durchgeführt wird?
   b) Wie viele Extraktionsschritte sind erforderlich, wenn mit jeweils 20,0 mL extrahiert wird und welches Volumen des Lösemittels muss insgesamt eingesetzt werden?

④ Geben Sie die Regeln für die Effektivität der Stofftrennung durch Extraktion an.

⑤ Informieren Sie sich
   a) über die eluotrope Reihe der Lösemittel,
   b) über die Gerätschaften zur Durchführung der DC wie Entwicklungskammer, Auftragegeräte, Automatisierung,
   c) über die zweidimensionale DC,
   d) über Trennung von Analyten über die DC und die nachfolgende Analyse über Photometer.

⑥ a) Berechnen Sie nach dem Modell die Verteilung im Gleichgewicht 2 für $n_0(A) = n_0(B) = 640$ µmol und $K(A) = 0,2$ und $K(B) = 5,0$ in den Segmenten.
   b) Entwickeln Sie ein Tabellenkalkulationsprogramm, mit dem durch Eingaben von beliebigen Stoffmengen und Verteilungskoeffizienten die Verteilung von zwei Komponenten über mindestens 10 Gleichgewichtseinstellungen berechnet und grafisch dargestellt werden kann.
   c) Berechnen Sie über dieses Programm nach den Daten von a) die Verteilung in den Segmenten für das Gleichgewicht 10.

21 Gaschromatographie GC

Der Gaschromatograph enthält eine Trennsäule, in der sich die stationäre Phase befindet. Die Säule wird geheizt und von einem Trägergas als mobile Phase durchströmt, das die Analysenprobe transportiert. Die Komponenten der Analysenprobe werden durch multiple Verteilung aufgetrennt und durchlaufen die Säule mit unterschiedlichen **Retentionszeiten.** Am Säulenende erfasst ein Detektor die getrennten Komponenten, dessen Signale werden über Rechner verarbeitet und am Bildschirm als Peaks dargestellt. Voraussetzung für die gaschromatographische Trennung ist, dass sich dabei die Analyte nicht zersetzen. Dies gilt im Grund für jede chromatographische Trennung, bei der Gaschromatographie ist aber besonders die thermische Belastung durch hohe Temperaturen zu beachten.

> Gaschromatographisch können nur unzersetzt verdampfbare Analyte untersucht werden.

21.1 Das Trennsystem

Erstes Ziel jeder Methodenentwicklung in der Chromatographie ist die optimale Trennung der Komponenten. Für die Gaschromatographie bedeutet dies die Abstimmung der Trennbedingungen Temperatur, Druck, Trägergasgeschwindigkeit und Eingabetechnik auf die Eigenschaften von Analysenprobe und Säule.

Trägergas

Als **Trägergase** dienen Gase wie Stickstoff oder Argon. Diese Gase sind chemisch indifferent und zeigen gegenüber allen Analyten praktisch gleiche Affinitäten. Daher bestimmen die Eigenschaften der stationären Phase weitgehend allein die Verteilungskoeffizienten. Das Trägergas muss mit einer konstanten Geschwindigkeit durch die Säule fließen, diese muss dem Trennproblem angepasst sein: Fließt das Trägergas zu rasch, kann sich das Gleichgewicht nach den Verteilungskoeffizienten nicht einstellen, die Komponenten kommen ungetrennt aus der Säule. Fließt es zu langsam, so verteilen sich die Komponenten in der Breite der stationären Phase, dies führt zu breiteren Peaks und damit zu einer schlechteren Auflösung. Die Trägergasgeschwindigkeit kann am Säulenausgang gemessen werden, indem über eine in einem graduierten Glasrohr transportierte Seifenlamelle das ausgeströmte Gasvolumen und die zugehörige Zeit bestimmt wird. Je nach verwendeter Säule wird das Trägergas mit Drücken um 1 bar und mit Geschwindigkeiten um 1 mL/min transportiert.

Trennsäulen

Gepackte Säulen bestehen aus Glas oder Metall, haben einen Innendurchmesser von etwa einem halben Zentimeter, sind bis zu drei Meter lang und enthalten die stationäre Phase als feines Pulver. Dabei handelt es sich oft um Kieselgel oder Aluminiumoxid. In vielen Fällen bilden diese Pulver nur die Träger für polymere Substanzen, über die der Stoffaustausch geschieht und die daher die eigentlichen stationären Phasen sind. Diese polymeren Substanzen müssen selbst sehr hohe Siedepunkte bzw. Zersetzungspunkte haben, damit sie auch bei Temperaturen über 150 °C funktionsfähig in der Säule bleiben. Gepackte Säulen üben einen hohen Widerstand gegenüber dem Gastransport aus und können nicht in größeren Längen und damit größeren Trennstrecken verwendet werden. Diese Nachteile haben **Kapillarsäulen** nicht. Es handelt sich dabei um Röhrchen aus Kunststoffen oder Quarz mit Innendurchmessern unter einem Millimeter und mit Längen bis zu 150 Metern. Sie sind auf einer Halterung kreisförmig gewickelt. Die stationäre Phase ist auf der Innenseite der Kapillarsäule als feiner Film aufgebracht. Entscheidend für die Standzeit der Säule ist die feste Verbindung zwischen dem Säulenmaterial und der stationären Phase.

Der bei der Extraktion angewandte Grundsatz „Ähnliches mischt sich und löst sich in Ähnlichem" bestimmt auch bei der Gaschromatographie wesentlich die Wahl der stationären Phase. **Polare stationäre Phasen** binden stark polare Analyte stark, die Verteilungskoeffizienten sind entsprechend groß, weniger polare Analyte haben kleinere Verteilungskoeffizienten. Dieser Unterschied führt zu unterschiedlicher Retention. Auf **unpolaren stationären** Phasen sind die Verteilungskoeffizienten klein und wenig unterschiedlich. Daher erfolgt hier die Auftrennung in der Regel in der Reihenfolge der Siedepunkte. Mit der unpolaren Säule Squalan werden Analyte, deren Siedepunkte weit auseinander liegen, gut getrennt, bei Hexan mit dem Siedepunkt

68,8 °C und Benzol mit dem Siedepunkt 80,2 °C ist die Trennung entsprechend schwierig. Bei Säulen, die Nitrilgruppen enthalten, also stark polaren Säulen, eluiert Benzol dagegen praktisch gleichzeitig mit Dodecan $C_{12}H_{26}$ mit einem Siedepunkt von 216 °C! Benzol verweilt also relativ lange in der stationären Phase, der Verteilungskoeffizient ist entsprechend groß. Dies zeigt, dass die Polarität von stationärer Phase und Analyt nicht das einzige Kriterium ist, das die Retention bestimmt, denn die Kohlenstoff-Wasserstoff-Bindung ist wenig polar und Benzol hat kein Dipolmoment. Die Begriffe „unpolar" und „polar" beschreiben vereinfacht nur die Bandbreite der möglichen stationären Phasen, dazwischen gibt es sehr viele Abstufungen, die von den Herstellern direkt auf Analytstoffgruppen zugeschnitten sind. Die meisten Gaschromatographen enthalten sowohl eine „unpolare" als auch eine „polare" Säule. Analysenproben unbekannter Zusammensetzung können so auf beide Säulen gegeben werden. Der geeignete Säulentyp ist so rasch festzustellen.

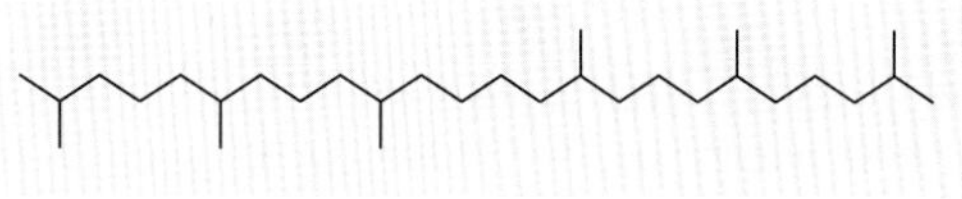

Abb. 21.1: Squalan C$_{30}$H$_{62}$

Gebräuchliche polare Säulen enthalten Polyglycole, Polyester, Silicone und Siloxane. Die Anzahl der polaren Gruppen in Makromolekülen und die Molmasse kann beliebig variiert werden. Beispielsweise wird Polyethylenglycol (Carbowax) mit Molmassen von 400 g/mol bis 20 000 g/mol eingesetzt.

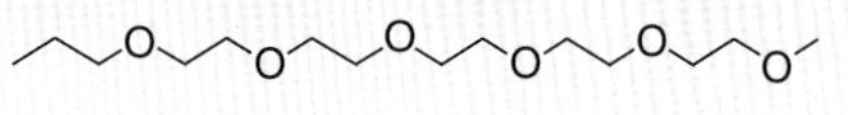

Abb. 21.2: Polyethylenglycol (Carbowax)

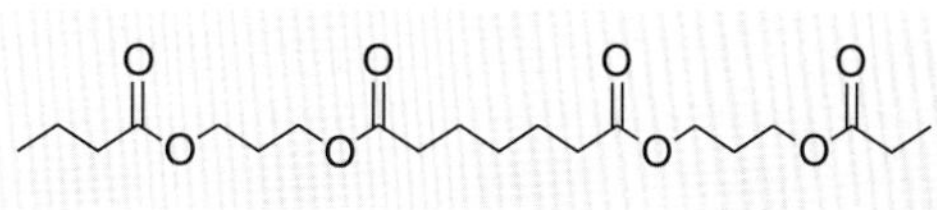

Abb. 21.3: Polyester (Ausschnitt)

Für den Fall, dass die Analysenprobe einen Alkohol und einen Ester von etwa gleichem Siedepunkt enthält, hätte der Alkohol auf Polyethylenglycol oder auf einer stationäre Phasen mit Aminogruppen durch die Ausbildung von Wasserstoffbrückenbindungen eine größere Retentionszeit als der Ester, er würde also nach dem Ester am Detektor erscheinen. Ist die stationäre Phase ein Polyester, so würde dagegen der Ester stärker festgehalten werden und hätte eine größere Retentionszeit als der Alkohol.

21

Manche Analyte haben außerordentlich hohe Siedepunkte und erfordern daher eine entsprechende hohe thermische Stabilität der stationären Phase. **Siloxane** können mit dem Säulenmantel fest verbunden werden und sind thermisch sehr stabil. Sie halten Temperaturen von 400 °C stand und können daher für die Analyse von Mineralölen eingesetzt werden.

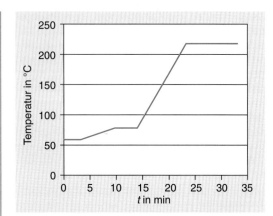

Abb. 21.5: **Temperaturprogramm Benzingemisch**

Säule	CP-Wax, 0,32 mm Innendurchmesser, Belegungsdicke 1,2 µm, Länge 30 m
Einspritzblock	200 °C, Split 1: 20
Trägergas	Fluss am Start: 15 mL; Druck am Start: 1 bar, dann mit 0,4 bar/min auf 2 bar
Detektor	Flammenionisationsdetektor, Heizung auf 350 °C

Tabelle 21.2: **Weitere Trennbedingungen für das Benzingemisch**

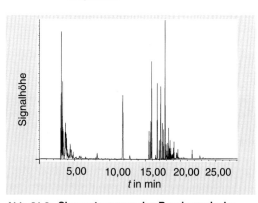

Abb. 21.6: **Chromatogramm des Benzingemischs**

Heizung und Einlasssystem

Um Komponenten, die bei Normbedingungen flüssig sind, gasförmig zu transportieren, muss die Säule geheizt werden. Jeder Gaschromatograph hat daher einen thermostatisierbaren Säulenraum. Die richtige Wahl der Temperatur ist eine wesentliche Voraussetzung für die Trennung. Je höher die Temperatur gewählt wird, desto weniger stark werden die Komponenten an der stationären Phase festgehalten. Sie bleiben bevorzugt in der mobilen Phase, daher nimmt die Retentionszeit mit steigender Temperatur ab. Allerdings können kürzere Retentionszeiten eine schlechtere Auflösung zur Folge haben. Neben der isothermen Arbeitsweise bei einer konstanten Säulentemperatur werden auch Temperaturprogramme verwendet, bei denen die Temperaturen stufenweise verändert werden. Diese Arbeitsweise bietet sich an, wenn die Analysenprobe Komponenten mit stark unterschiedlichen Siedepunkten enthält.

Auf der senkrechten Achse ist die Signalhöhe aufgetragen, auf der waagrechten Achse die Retentionszeit. Durch das Temperaturprogramm in Verbindung mit der Veränderung des Trägergasflusses über das Druckprogramm liegen trotz hoher Unterschiede in den Siedetemperaturen die Retentionszeiten der Komponenten dicht beieinander. Die Peaks sind nicht optimal getrennt, aber dieses Chromatogramm würde genügen, um zu überprüfen, ob eine neue Charge aus der Raffinerie dem bisher vertriebenen Benzingemisch entspricht.

Temperaturprogramm	Schritt 1	Schritt 2	Schritt 3
Temperatur in °C	60	80	220
Haltezeit in min	3	4	10
Aufheizgeschwindigkeit in °C / min	3	25	

Tabelle 21.1: **Temperaturprogramm zur Trennung eines Benzingemischs**

21

Bei der Verwendung von Temperaturprogrammen sollte bedacht werden, dass die Verteilungskoeffizienten temperaturabhängig sind und daher Temperaturveränderungen zu Gleichgewichtsverschiebungen führen. Dies macht sich häufig durch ansteigende Grundlinien in den Chromatogrammen bemerkbar. Starttemperaturen unter 40 °C sollten nicht gewählt werden, weil dann die Abkühlungsphase nach einem vorausgehenden Lauf sehr lange dauern würde. Bei den Geräteeinstellungen sind in der Regel Grenztemperaturen programmiert, damit bei der Erstellung eines Temperaturprogramms nicht versehentlich Temperaturen vorgegeben werden, durch die die stationäre Phase beschädigt werden kann. Grundsätzlich sollte vor dem ersten Lauf einer neuen Analysenprobe die Säule ausgeheizt werden. „Geisterpeaks" durch Komponenten, die von anderen Proben stammen und die noch in der Säule enthalten waren, können so vermieden werden. Werden Proben mit aggressiver Matrix eventuell noch bei hohen Temperaturen vermessen, so ist mit einer eingeschränkten Funktionsfähigkeit der Säule zu rechnen. Es hat sich daher sehr bewährt, vor der Analyse einer Probe die Säule mit einem Standard zu testen. Im Grunde verändert sich die Säule mit jeder Probenaufgabe, daher können nicht beliebig lange Standzeiten erwartet werden.

Für die **Analyte** bestimmen Polarität und Siedepunkt wesentlich das Retentionsverhalten. Beide Faktoren können über einfache Regeln abgeschätzt werden.

> Die Polarität eines Moleküls hängt wesentlich von den Elektronegativitätsdifferenzen der beteiligten Atome ab. Moleküle, die funktionelle Gruppen wie die OH-Gruppe, die CO-Doppelbindung oder Heteroatome wie Stickstoff oder Halogene enthalten, sind daher in der Regel polar.
> Der Siedepunkt einer Substanz ist umso niedriger, je weniger polar das Molekül, je kugelförmiger sein Bau und je kleiner die molare Masse ist.

Das Eingabesystem

Die Proben werden per Hand oder mit Automaten mit Mikroliterspritzen über einen geheizten Einspritzblock auf die Säule gegeben. Der Einspritzblock („Injektor") ist mit einer dünnen Membran (Septum) verschlossen, die mit der Spritze durch-

stochen wird. Die Probeneingabe sollte dabei „in einem Schuss" erfolgen, dazu bedarf es einer gewissen Übung.

Die Temperatur des Einspritzblocks beträgt in der Regel über 200 °C, um die eingegebene Probe schlagartig zu verdampfen und ohne Verzögerung auf die Säule zu bringen, denn aus der Probenaufgabe selbst darf möglichst keine Peakverbreiterung resultieren. Grundsätzlich kann die Probe auch „kalt" auf die Säule gegeben und erst über die Heizung der Säule verdampft werden.

Die Probenmenge ist so zu dosieren, dass die Säule nicht überladen wird. Bei gepackten Säulen sind Eingabevolumina von 0,1 bis 10 µL möglich. Kapillarsäulen werden auch bei diesen sehr geringen Volumina schnell überladen. In solchen Fällen wird im Injektor die verdampfte Probe geteilt und nur ein kleiner Anteil davon auf die Säule geleitet, der Rest wird verworfen. Der „Split", das Aufteilungsverhältnis also, wird über ein Ventil eingestellt und kann z. B. 1:10 oder 1:100 betragen. Diese Technik führt natürlich zu Problemen mit der Bestimmungsgrenze, wenn beispielsweise die Konzentration von Benzol bestimmt werden soll, das in sehr geringen Anteilen in einer Matrix aus anderen Kohlenwasserstoffen enthalten ist. Hier muss direkt auf die Säule („on-column") dosiert werden.

Unsymmetrische Peaks resultieren oft aus falsch gewählten Trennbedingungen. Zeigt der Peak ein „fronting", so ist oft die Temperatur zu niedrig gewählt, zeigt er ein „tailing", so kann die Säule mit zu viel Probe überladen sein.

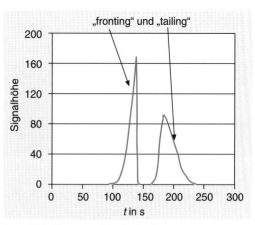

Abb. 21.8: **Unsymmetrische Peaks**

Abb. 21.7: **Mikroliterspritze zur Probenaufgabe**

21.2 Detektoren

Detektoren zeigen an, ob sie von reinem Trägergas durchflossen werden oder ob ein Analyt „ankommt". Ein weit verbreiteter Detektor ist der Flammenionisationsdetektor FID. In ihm werden die Analyte über das Trägergas in eine Flamme geleitet und verbrannt, die Brenngase sind Wasserstoff und Luft. Die Gasflamme brennt zwischen zwei Elektroden, deren Spannungsdifferenz etwa 300 V beträgt. Im Verbrennungsschritt entstehen aus den Analytmolekülen Ionen wie CHO^+ und Elektronen, die zu den Elektroden beschleunigt werden. Die Stromstärke ist der Anzahl der erzeugten Ionen proportional und kann als Signal dargestellt werden. Stoffe wie Wasser, die nicht verbrannt werden können, werden auch nicht registriert. Der Detektor wird auf mindestens 120 °C geheizt, um das durch die Verbrennung entstehende Wasser zu verdampfen.

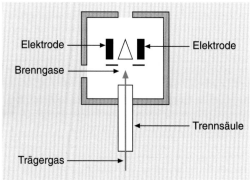

Abb. 21.9: **Flammenionisationsdetektor (schematisch)**

Mit dem FID können alle kohlenwasserstoffhaltigen Analyte bestimmt werden. Für die quantitative Analyse ist von Bedeutung, dass in den Analyten die Anzahl der Kohlenstoffatome und damit die Anzahl der gebildeten Ionen pro Molekül unterschiedlich sein kann, gleiche Massen von Benzol und Toluol ergeben also nicht gleiche Signalflächen.

Die Kalibrierung des FID erfolgt üblicherweise auf die Masse an Kohlenstoff pro Volumeneinheit. Die **Nachweisgrenze,** der Wert der dreifachen Masse des Rauschen-Signals des Untergrunds, liegt bei etwa $3 \cdot 10^{-12}$ g Kohlenstoff pro Sekunde. Die Signalfläche ändert sich über etwa sieben Zehnerpotenzen linear zu der Masse an Kohlenstoff (**linearer Bereich** des Detektors).

Der FID ist der am weitesten verbreitete Detektor in der Gaschromatographie, weitere Detektoren sind der Wärmeleitfähigkeitsdetektor (WLD), der Elektroneneinfangdetektor (ECD) und der Stickstoff-

Phosphor-Detektors (NPD). Wie der FID liefern diese Detektoren im Gaschromatogramm pro getrennter Komponente **ein** Signal. Die Signalhöhe kann in mehreren Einheiten angegeben werden, beispielsweise in Ampere oder einfach in Skalenteilen. Aus dem Signal selbst kann nicht abgelesen werden, um welche Komponente es sich handelt. Um das herauszufinden, können die Retentionszeiten in den Analysenproben mit den Retentionszeiten der reinen Komponenten verglichen werden. Eine andere Methode besteht darin, dem Gemisch reine Komponenten zuzusetzen. Da dadurch deren Konzentration in dem Gemisch erhöht wird, wächst auch deren Peakfläche relativ zu den Peakflächen der anderen Komponenten an (Aufstockmethode).

Wenn Informationen darüber vorliegen, welche Komponenten in der Analysenprobe enthalten sein können, ist die Durchführung der qualitativen Analyse über die Retentionszeit bzw. die Aufstockung zwar zeitraubend, aber durchführbar. Bei Analysenproben unbekannter Zusammensetzung sind diese Methoden äußerst uneffektiv. Die optimale Lösung dieses Problems bieten **strukturliefernde Detektoren.** Dazu werden Infrarotspektrometer (GC/IR-Kopplung) oder Massenspektrometer (GC/MS-Kopplung) verwendet. Ein IR-Spektrometer, das nach dem Fouriertransformationsprinzip arbeitet, liefert in Sekundenschnelle von jeder Komponente, welche die Trennsäule verlässt, ein Infrarotspektrum. Mit ihm lassen sich funktionelle Gruppen der Komponente bestimmen und das Molekül als Ganzes charakterisieren.

Massenspektrometer waren bis in die letzten Jahrzehnte des 20. Jahrhunderts Geräte, deren Größe ein eigenes Labor erforderte. Heute beanspruchen sie in einfacher Ausführung nicht mehr Platz als ein Personalcomputer und können daher mit Gaschromatographen gekoppelt werden. In einem Massenspektrometer werden über eine Spannung Elektronen beschleunigt. Sie treffen auf Analyte (M) auf und schlagen aus diesen Elektronen heraus, die Analyte werden **ionisiert.**

$$M + e^- \rightarrow M^+ + 2\,e^-$$

Ethanol wird nach folgender Gleichung ionisiert:

$$C_2H_6O + e^- \rightarrow C_2H_6O^+ + 2e^-$$

Durch Veränderung der Spannung können die Elektronen so beschleunigt werden, dass es nicht bei der Ionisation bleibt, sondern dass die Moleküle zerbrechen. Dieser Vorgang wird **„Fragmentierung"** genannt. Schwächere Bindungen werden häufiger gebrochen als stärkere Bindungen, da-

21

durch bilden sich ganz bestimmte Bruchstücke in einer ganz bestimmten Häufigkeit. Das ionisierte Ethanol bildet beispielsweise das Teilchen CH_3O^+ etwa zweimal häufiger als das Teilchen $C_2H_5O^+$.

$$C_2H_6O^+ \rightarrow C_2H_5O^+ + H$$
$$C_2H_6O^+ \rightarrow CH_3O^+ + CH_3$$

Ethanol bildet 16 Fragmente mit definierten molaren Massen in einer charakteristischen Häufigkeitsverteilung. Dieser Satz von Daten, der das Molekül eindeutig charakterisiert und über den es qualitativ nachgewiesen werden kann, wird **Fragmentierungsmuster** genannt.

Fragment	M in g/mol	Intensität
$C_2H_6O^+$ (Molekülpeak)	46	24
$C_2H_5O^+$	45	57
CH_3O^+	31	100
$C_2H_4^+$	28	4

Tabelle 21.3: **Fragmentierungsmuster von Ethanol** (charakteristische Bruchstücke, molare Massen gerundet)

Um das Fragmentierungsmuster eines Moleküls zu bestimmen, müssen die Bruchstücke über die Verschiedenheit der Massen sortiert werden. Im Massenspektrometer werden die Ionen durch ein elektrisches Feld stark beschleunigt und dringen anschließend in ein magnetisches Feld ein, das sie aus ihrer geraden Flugbahn ablenkt und in eine kreisförmige Bahn zwingt. Teilchen mit größeren Massen werden weniger stark abgelenkt als Teilchen mit kleineren Massen, so wie ein Tennisball durch die Luftbewegung weniger stark abgelenkt wird als eine Seifenblase. Da die Ionen extrem geringe Massen haben, wird durch das Anlegen eines Hochvakuums verhindert, dass sie auf ihrem Weg mit Luftteilchen zusammenstoßen und so aus ihrer Bahn abgelenkt und gestreut werden. Die Ablenkung der Ionen hängt neben der Masse auch von ihrer Ladung ab. Je stärker die Ionen geladen sind, desto stärker werden sie abgelenkt. Daher ist nicht die Masse der Teilchen an sich, sondern das Masse-Ladungsverhältnis (m/e) für den Grad der Ablenkung maßgebend. Die Ionen treffen räumlich getrennt auf einen Detektor auf, der die gleiche Funktion hat wie die Fotoplatte, mit der Nils Bohr das Emissionsspektrum des Wasserstoffs aufzeichnete. Der Begriff „Faraday-Becher" sagt anschaulich, wie die Detektion zu verstehen ist: Mehrere „Becher" sind so angeordnet, dass sie jeweils unterschiedliche „m/e-Verhältnisse" auffangen können. Die Zahl der Ionen, die in einem „Becher" pro Zeit-

einheit gesammelt werden, bilden den Ionenstrom und damit die **Intensität** des Signals. Die Intensitäten der Signale werden relativ zueinander angegeben, das intensivste Signal erhält den Bezugswert 100. Um eine gute Auflösung zu erhalten, wird der Ionenstrahl bei Eintritt in das elektrische Feld durch einen Spalt eng begrenzt. Die Spannung zur Beschleunigung der Ionen bzw. die Stärke des ablenkenden Magnetfeldes wird auf die jeweiligen Analyte abgestimmt. Kalibriert wird das System mit Ionen bekannter Masse. Die Nachweisgrenze der MS liegt bei 10^{-15} g.

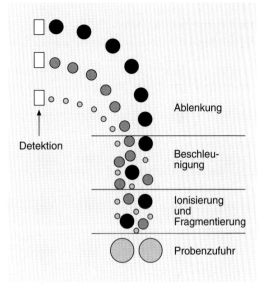

Abb. 21.10: **Funktionsprinzip des Massenspektrographen**

Gaschromatographische Trennung eines Alkoholgemischs und Nachweis der Komponente Ethanol über das Massenspektrum

Säule	HP-5 MS 5 % Phenylmethylsiloxan, 250 µm Innendurchmesser, Belegungsdicke 0,25 µm, Länge 30 m
Einspritzblock	250 °C, Split 1: 200, Einspritzvolumen 0,02 µL
Trägergas	Fluss 0,5 mL/min
Detektor	Flammenionisationsdetektor, Heizung auf 350 °C
Temperaturprogramm	50 °C, 2 min halten / mit 30 °C pro min auf 200 °C / 10 min halten

Tabelle 21.4: **Trennbedingungen für ein Gemisch aus Methanol, Ethanol, 1-Propanol, 1-Butanol und 1-Pentanol**

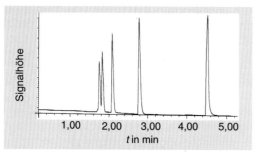

Abb. 21.11: Chromatogramm zur Trennung von Methanol, Ethanol, 1-Propanol, 1-Butanol und 1-Pentanol
Retentionszeiten in min:
1,74   1,82   2,08   2,77   4,52

Zur Anzeige der Massenspektren werden die Peaks einfach der Reihe nach „angeklickt". Ein Rechner vergleicht das dem Peak zugeordnete Massenspektrum mit der Datenbank und gibt die Wahrscheinlichkeit an, mit der die Komponente identifiziert wird. In dem Chromatogramm sind Methanol und Ethanol nicht gut getrennt. Trotz eines erheblichen Untergrunds gibt der Rechner an, dass die Komponente mit der Retentionszeit 1,82 min mit einer Wahrscheinlichkeit von 91 % Ethanol ist.

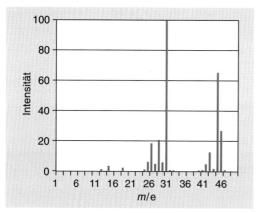

Abb. 21.12: Massenspektrum von Ethanol im Gemisch

Vermutlich gibt es keinen überzeugenderen Beleg für die Leistungsfähigkeit der instrumentellen Analytik in Verbindung mit der elektronischen Datenverarbeitung als die GC/MS-Kopplung. In der Chromatographie hat die Massenspektroskopie nur die Funktion der Identitätsprüfung, sie ist aber eine eigenständige Disziplin mit vielfältigen Anwendungen. Beispielsweise kann die Masse eines Protons aus der Ablenkung im Magnetfeld berechnet werden. Die MS wird zur Bestimmung des Isotopenverhältnisses von Elementen, von molaren Massen sowie in Verbindung mit den anderen spektroskopischen Disziplinen zur Strukturaufklärung eingesetzt.

21.3 Retention und Kenngrößen von Trennsystemen

Retentionszeiten und Totzeit

Bei der Gaschromatographie werden die Komponenten einer Analysenprobe allein aufgrund der unterschiedlichen Verweilzeit in der stationären Phase getrennt. Die Zeit, in der sich die Komponenten in der **mobilen** Gasphase aufhalten, trägt nicht zur Trennung bei, sie wird deshalb Totzeit t_{mo} genannt. Die Totzeit ist erforderlich, um Moleküle in der Gasphase vom Säulenanfang in den Detektor zu transportieren. Die Zeit, mit der ein Komponentenpeak im Chromatogramm erscheint, setzt sich zusammen aus der Verweilzeit in der **stationären** Phase t_{st} und der Totzeit und wird daher Bruttoretentionszeit t_R genannt. Da die Bruttoretentionszeit die Summe aus der Verweilzeit in der stationären Phase und der Totzeit ist, lässt sich die Verweilzeit der Komponente in der stationären Phase aus dem Chromatogramm ermitteln, wenn die Totzeit bekannt ist.

$$t_R = t_{st} + t_{mo}$$

Die Totzeit kann experimentell bestimmt werden, indem der Probe unpolare leicht flüchtige Kohlenwasserstoffe (z. B. Heptan) beigemischt werden, deren Verweilzeit in der stationären Phase praktisch gleich null ist.

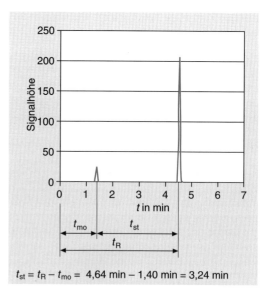

$$t_{st} = t_R - t_{mo} = 4{,}64 \text{ min} - 1{,}40 \text{ min} = 3{,}24 \text{ min}$$

Abb. 21.13: Totzeit und Retentionszeiten

Die Totzeit kann auch aus Daten des Trennsystems grob abgeschätzt werden, denn je größer die Länge der Säule l und je kleiner die Flussgeschwindigkeit des Trägergases v_{Fluss}, desto größer ist die Totzeit.

$$t_{mo} \sim \frac{l}{v_{Fluss}}$$

$$t_{mo} = k \cdot \frac{l}{v_{Fluss}}$$

$$k = t_{mo} \cdot \frac{v_{Fluss}}{l}$$

$$[k] = min \cdot \frac{cm^3}{min \cdot cm} = \frac{cm^3}{cm}$$

Über diese Einheit kann der Proportionalitätsfaktor k als das Gasvolumen V in cm^3 verstanden werden, das sich in einem Säulenabschnitt von einem cm Länge befindet. Über den Innenradius der Säule kann das Volumen V und damit k berechnet werden.

$$k = \frac{V}{l} \qquad V = r^2 \cdot \pi \cdot l \qquad k = \frac{r^2 \cdot \pi \cdot l}{l} = r^2 \cdot \pi$$

Für die Totzeit ergibt sich dann:

$$t_{mo} = r^2 \cdot \pi \cdot \frac{l}{v_{Fluss}}$$

Danach ist bei einer Säule mit 0,30 mm Innendurchmesser, einer Länge von 50 m und einer Flussgeschwindigkeit von 1,0 mL/min die Totzeit 3,5 min. Dieses Ergebnis sollte allerdings nur als Näherungswert angesehen werden, da die Gleichung beispielsweise die Veränderung des Gasvolumens mit dem Druck nicht berücksichtigt.

Die Analytik hat grundsätzlich das Ziel, Größen zu definieren und zu bestimmen, die **charakteristisch für den Analyten** sind. Dazu ist in der Chromatographie die Bestimmung der Totzeit ein wichtiger Schritt. Die Totzeit ist charakteristisch für das Trennsystem, die Bruttoretentionszeit hängt vom Trennsystem und der Art der Komponente ab. Aus der Differenz kann die Zeit t_{st} berechnet werden, in welcher die Komponente in der stationären Phase „netto" verweilt, t_{st} wird daher auch Nettoretentionszeit genannt. Die Nettoretentionszeit charakterisiert die Komponente wesentlich besser als die Bruttoretentionszeit, aber sie ist noch keine Größe, die vom Trennsystem unabhängig ist. Bei einer langen Säule sind Nettoretentionszeit und Totzeit groß, bei einer kürzeren Säule sind Nettoretentionszeit und Totzeit entsprechend kleiner, folglich ist der Quotient dieser Größen konstant, vom Trennsystem unabhängig und damit charakteristisch für den Analyten. Der Quotient wird Trennfaktor genannt und als k' bezeichnet.

$$\text{Trennfaktor} \qquad k' = \frac{t_{st}}{t_{mo}}$$

Die Verweildauer in der stationären Phase wird eindeutig durch den Verteilungskoeffizienten K bestimmt. Haben zwei Komponenten unterschiedliche Nettoretentionszeiten, so haben sie unterschiedliche Verteilungskoeffizienten. Das Verhältnis der Nettoretentionszeiten zweier Komponenten ist gleich dem Verhältnis ihrer Verteilungskoeffizienten. Dieses Verhältnis wird **Selektivität** oder relativer Trennfaktor genannt und mit dem Symbol α bezeichnet.

Die Selektivität α ist gleich dem Verhältnis der Retentionszeiten in der stationären Phase und gleich dem Verhältnis der Verteilungskoeffizienten der Komponenten A und B.

$$\alpha = \frac{t_{st}(A)}{t_{st}(B)} = \frac{K(A)}{K(B)}$$

Vereinbarungsgemäß wird der Wert für die Komponente mit der größeren Retentionszeit in den Zähler eingesetzt.

t_{mo} = 1,40 min	t_R	t_{st}	
Methanol	1,74	0,34	$\alpha = \dfrac{t_{st}(Et)}{t_{st}(Me)} = \dfrac{0{,}42}{0{,}34} = 1{,}24$
Ethanol	1,82	0,42	$\alpha = \dfrac{t_{st}(Pr)}{t_{st}(Et)} = \dfrac{0{,}68}{0{,}42} = 1{,}62$
1-Propanol	2,08	0,68	$\alpha = \dfrac{t_{st}(Pr)}{t_{st}(Me)} = \dfrac{0{,}68}{0{,}34} = 2{,}0$

Tabelle 21.5: Berechnung der Selektivität am Beispiel der Trennung von Methanol (Me), Ethanol (Et) und 1-Propanol (Pr); jeweils t in min

Je größer der Zahlenwert der Selektivität, desto besser werden die Komponenten getrennt. Die Selektivität macht also die gleiche Aussage wie der Verteilungskoeffizient und kann experimentell aus der Bruttoretentionszeit und der Totzeit bestimmt werden. Als Anhaltspunkt für eine gute Trennung kann der Wert $\alpha = 1{,}5$ angesehen werden. Die Selektivität ist neben der Auflösung R (vgl. Baustein „Prinzipien und Methoden der Chromatographie") eine zweite Möglichkeit, die Güte einer Trennung zu beschreiben.

Trennstufenzahl und Trennstufenhöhe
Bei der Chromatographie verteilen sich die Komponenten zwischen mobiler und stationärer Phase. Je unterschiedlicher die Verteilungskoeffizienten sind, desto einfacher gelingt die Trennung, eine vollständige Trennung durch einen einzigen Verteilungsschritt ist nicht möglich.

Ähnliche Verhältnisse liegen bei der Destillation vor. Bei dieser Trennmethode werden die Komponenten eines Gemischs aufgrund unterschiedlicher Siedepunkte getrennt, in der Dampfphase ist die Konzentration der Komponente mit dem niedrigeren Siedepunkt größer als in der flüssigen Phase, sie reichert sich in der Dampfphase an. Wird die Dampfphase kondensiert und das so erhaltene Kondensat erneut destilliert, so vergrößert sich in der neuen Dampfphase wiederum die Konzentration der Komponente mit dem niedrigeren Siedepunkt gegenüber dem Kondensat. Durch mehrere solcher Verdampfungs- und Kondensationsstufen kann die Komponente mit dem niedrigeren Siedepunkt in hoher Reinheit und damit weitgehend getrennt von der Komponente mit dem höheren Siedepunkt erhalten werden. Je größer die Differenz der Siedepunkte, umso einfacher gelingt die Trennung. Apparativ wird dieses Prinzip durch so genannte Rektifikationskolonnen realisiert. Rektifikationskolonnen sind Säulen, die auf Destillationskolben aufgesetzt werden und Zwischenböden enthalten. Auf jedem Zwischenboden findet die Gleichgewichtseinstellung und damit die Anreicherung der Komponente mit dem niedrigeren Siedepunkt statt. Je größer die Anzahl der Zwischenböden, desto besser ist die Trennleistung des Systems. Diese ist über die „theoretische Bodenzahl" definiert.

> Bei der Rektifikation gibt die theoretische Bodenzahl einer Kolonne an, wie viele Einzeldestillationen durchgeführt werden müssten, um die gleiche Trennleistung zu erhalten.

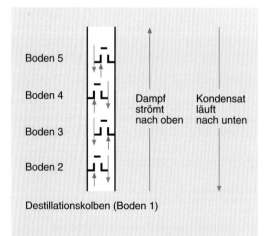

Boden 5

Boden 4

Dampf strömt nach oben

Kondensat läuft nach unten

Boden 3

Boden 2

Destillationskolben (Boden 1)

Abb. 21.14: Funktionsprinzip der Rektifikation

Der Ähnlichkeit der Trennprozesse Rektifikation und Chromatographie sowie der Rektifikationskolonne mit der chromatographischen Trennsäule ist augenscheinlich, daher werden zur Beschreibung der chromatographischen Trennung Begriffe verwendet, die aus dem Bereich der Rektifikation stammen.

> Die Trennstufenzahl N ist gleich der Zahl der theoretischen Böden einer Säule. Sie ist das Maß für die Trennleistung und gleich der Anzahl der Gleichgewichtseinstellungen entlang der Säule. Je größer die Trennstufenzahl, desto besser ist die Trennleistung.
>
> Die Trennstufenhöhe H ist ein gedachter Längenabschnitt in der Säule, in dem sich das Gleichgewicht der Komponente zwischen der stationären und der mobilen Phase einmal einstellt. Je kleiner die Trennstufenhöhe, desto besser ist die Trennleistung. Die Trennstufenhöhe wird auch als HETP (height equivalent to a theoretical plate) bezeichnet.
>
> Die Trennstufenhöhe ist der Quotient aus der Länge l der Säule und der Trennstufenzahl.
>
> $$H = \frac{l}{N}$$

Da die Trennstufenhöhe für einen Verteilungsschritt gilt, ist sie nicht unmittelbar bestimmbar, denn bei der Chromatographie laufen **alle** Verteilungsschritte nacheinander ab, bis die Komponente die gesamte Säule durchlaufen hat. Die **Trennstufenzahl** dagegen kann bestimmt werden, weil sie sich auf die gesamte Säule bezieht. Die Grundüberlegungen zu ihrer Bestimmung sind einsehbar: Je größer die Retentionszeit t_R, desto länger ist die Verweildauer der Komponente im Trennsystem, desto größer ist die Trennstufenzahl. Je kleiner die Peakbreite w, desto mehr Trennschritte sind auf der Säule möglich, desto größer ist die Trennstufenzahl.

$$N \sim \frac{t_R}{w}$$

Weil die Peakformen in den Chromatogrammen der Gauß'schen Verteilungskurve zumindest ähnlich sind, werden sie in diesem Sinne beschrieben. Die Gauß'sche Funktion gibt an, wie die Messwerte um einen Mittelwert streuen und verwendet als Kenngröße die Standardabweichung. Auf den Peak im Chromatogramm bezogen heißt das, dass die Mehrzahl der Moleküle bei t_R, also bei der maximalen Signalhöhe, erscheint, während andere Moleküle langsamer bzw. schneller voran kommen. t_R ist also mit einem Mittelwert bei Mehrfachbestimmungen vergleichbar. Die Peakbreite wird über die Schnittpunkte der Tangenten an den Peak mit der waagrechten Achse bestimmt.

Die Halbwertsbreite $b_{0,5}$ ist die Peakbreite in halber Höhe.

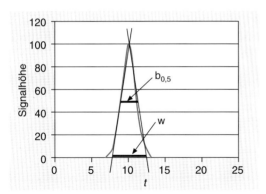

Abb. 21.15: Peakbreite und Halbwertsbreite

Als Maß für die Streuung der Signalhöhe um die Bruttoretentionszeit wird die Varianz σ verwendet, sie ist das Quadrat der Standardabweichung.

Definition: Die Trennstufenzahl N ist das Quadrat des Quotienten aus der Bruttoretentionszeit t_R und der Varianz σ.

$$N = \left(\frac{t_R}{\sigma}\right)^2$$

Bezogen auf die chromatographische Trennung lautet die Funktionsgleichung für die Gauß'sche Verteilungskurve mit der Signalhöhe S, der Bruttoretentionszeit t_R und der Zeit t:

$$S = \frac{1}{\sigma \cdot \sqrt{2\pi}} \cdot e^{-\frac{(t-t_R)^2}{2\sigma^2}}$$

Über diese Gleichung kann die Beziehung zwischen der Varianz σ und der Peakbreite w abgeleitet werden. Sie lautet:

$$\sigma = \frac{w}{4}$$

Damit kann zur Berechnung der Trennstufenzahl die Varianz durch die aus dem Chromatogramm zu entnehmende Peakbreite ersetzt werden. Um auch bei unsymmetrischen Peaks („fronting oder tailing") eine gut ablesbare Größe zu erhalten, wird häufig die Halbwertsbreite zur Berechnung herangezogen. Nach Gauß gilt:

$$b_{0,5} = 2,354 \cdot \sigma$$

Damit lassen sich die für die Berechnung der Trennstufenzahl N gebräuchlichen Gleichungen angeben.

$$N = \left(\frac{t_R}{\sigma}\right)^2 = 16 \cdot \left(\frac{t_R}{w}\right)^2 = 5,54 \cdot \left(\frac{t_R}{b_{0,5}}\right)^2$$

Bestimmung der Trennstufenzahl und der Trennstufenhöhe bei der Trennung von Heptan, Octan und Nonan

Säule	HP-5 MS 5% Phenylmethyl-siloxan, 320 μm Innendurchmesser, Belegungsdicke 0,25 μm, Länge 30 m
Einspritz-block	250 °C, Split 1 : 50, Einspritzvolumen 0,1 μL
Trägergas	Fluss 1,0 mL/min
Detektor	Flammenionisationsdetektor, Heizung auf 250 °C
Tempe-ratur	80 °C isotherm

Tabelle 21.6: Trennbedingungen für die Trennung von Heptan, Octan und Nonan

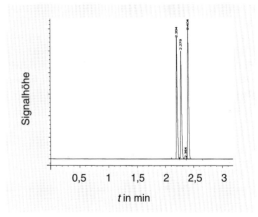

Abb. 21.16: Chromatogramm Heptan, Octan, Nonan

	t_R in min	$b_{0,5}$ in min	N	H in mm
Heptan	2,204	0,0188	$76,1 \cdot 10^3$	0,39
Octan	2,279	0,0196	$74,9 \cdot 10^3$	0,40
Nonan	2,404	0,0206	$75,5 \cdot 10^3$	0,40

Tabelle 21.7: Berechnung der Trennstufenzahl und die Trennstufenhöhe für l = 30 m

Die Halbwertsbreiten von schlanken und daher gut aufgelösten Peaks können im Chromatogramm nicht mit dem Lineal ausgemessen werden, ihre Bestimmung übernimmt, wie bei den Peakflächen, das automatische Auswertesystem der Messstation. Heptan, Octan und Nonan haben identische chemische Eigenschaften, die Siedepunkte unterscheiden sich jeweils um etwa 25 °C. Trotzdem gelingt es, durch Wahl der geeigneten Bedingungen

21

diese Analyte chromatographisch einwandfrei zu trennen. Wesentlichen Anteil hat dabei die Kapillarsäule mit der Trennstufenhöhe von 0,4 mm und der hohen Trennstufenzahl. Gepackte Säulen haben größere, also ungünstigere Trennstufenhöhen und damit auch wegen der geringeren Säulenlänge erheblich kleinere Trennstufenzahlen.

21.4 Quantitative Analyse

Grundsätzlich geht auch bei der Chromatographie der quantitativen Analyse eine qualitative Analyse voraus. Die quantitative Zusammensetzung einer Probe wird über die Fläche der Peaks in den Chromatogrammen bestimmt. Je größer der Anteil der Komponente in der Probe, desto größer ist die Peakfläche A (engl. area). Dies gilt unabhängig davon, um welche chromatographische Disziplin es sich handelt. Die Proportionalitätsfaktoren zwischen den Flächen und den Gehalten der Analyte in den Proben sind im analytischen Sinn Kalibrierfaktoren, sie werden im Bereich der Chromatographie **Responsefaktoren** f genannt. Die Responsefaktoren können auf praktisch alle Grund- und Gehaltsgrößen wie Massen, Stoffmengen, Volumina, Massenanteile, Konzentrationen usw. bezogen werden. Einige Beispiele zeigt die Tabelle 21.8.

$A \sim m$	$A = f \cdot m$	$f = \dfrac{A}{m}$
$A \sim w$ in %	$A\% = f \cdot w\%$	$f = \dfrac{A\%}{w\%}$
$A \sim \beta$	$A = f \cdot \beta$	$f = \dfrac{A}{\beta}$

Tabelle 21.8: Beispiele für die Angabe von Responsefaktoren

Zur Kalibrierung werden die Grundgrößen bzw. die Gehaltsgrößen über **Standards** vorgegeben, die zugehörigen Flächen in den Chromatogrammen bestimmt und die Responsefaktoren der Komponenten errechnet. Mit diesen Responsefaktoren und den für die Analysenproben ermittelten Flächen bzw. Flächenanteilen werden die Komponenten quantitativ bestimmt. Da sich die Analysenwerte auf Standards beziehen, handelt es sich um Relativmessungen. Die Wiederfindungsrate, die Korrekturfaktoren bei der Leitfähigkeit und die Kalibrierkurven bei der quantitativen photometrischen Analyse basieren auf dem gleichen Prinzip.

Wie dort sind auch bei den Responsefaktoren unterschiedliche Definitionen gebräuchlich, beispielsweise lassen sich natürlich auch die Kehrwerte der

in der obigen Tabelle angegebenen Faktoren verwenden. Bei Verwendung von Literaturwerten ist also darauf zu achten, auf welche Definition sich die Zahlenwerte beziehen. Ebenso liefern die Responsefaktoren nur dann richtige Werte, wenn der oberste Grundsatz bei Relativmessungen, nämlich die „Vergleichbarkeit zwischen Standard und Analysenprobe" überprüft und eingehalten wird. Je nach den Anforderungen an die Richtigkeit, die Präzision und an die Effektivität der Messung sind verschiedene Kalibriermethoden gebräuchlich.

> **100%-Methode:** In einer Standardlösung werden über Massen oder Volumina die Komponenten in bekannten Konzentrationen vorgegeben. Die Flächenanteile in Standard und Analysenprobe werden verglichen.

Beispiel: Bestimmung von Massenanteilen in einem Gemisch aus Toluol, Dioxan und m-Xylol (1,3-Dimethylbenzol).

Die Standardlösung wird hergestellt, indem von den drei Substanzen Toluol, Dioxan und m-Xylol definierte Mengen abgewogen und gemischt werden. Standard und Analysenprobe werden dann unter gleichen Bedingungen gaschromatographisch analysiert.

$$f = \frac{A\%}{w\%}$$

Standard					
Substanz	m in g	A in SKT	A in %	w in %	f
Toluol	10,9005	403	44,9	32,0	1,40
Dioxan	12,6736	134	14,9	37,3	0,399
m-Xylol	10,4384	361	40,2	30,7	1,31
Summen	34,0125	898	100,0	100,0	

Tabelle 21.9: Experimentelle Daten und Berechnung der Responsefaktoren über die 100%-Methode

Analysenprobe				
Substanz		A in SKT	A in %	w in %
Toluol		385	45,3	32,3
Dioxan		125	14,7	36,8
m-Xylol		340	40,0	30,5
Summen		850	100,0	99,6

Tabelle 21.10: Experimentelle Daten und Berechnung der Massenanteile über die 100%-Methode

21

Bei dieser Methode wird die Summe der Peak-flächen der zu analysierenden Komponenten gleich 100 % gesetzt. Folglich verfälschen Komponenten, die im Chromatogramm nicht erfasst werden, das Ergebnis. Dies ist insbesondere dann der Fall, wenn die Probe Verunreinigungen mit kleinen und deshalb nicht erfassten Peakflächen enthält. Lösemittel liegen häufig in so hohen Konzentrationen vor, dass ihre Peaks und die Peaks der Komponenten nicht optimal in **einem** Chromatogramm dargestellt werden können. Die 100 %-Methode sollte daher nur zur Übersicht bzw. bei Vergleichsmessungen verwendet werden.

Methode des externen Standards: Von der Standardlösung und der Probenlösung werden nacheinander **gleiche Volumina** injiziert.

Beispiel: Bestimmung von Stoffmengenkonzentrationen von zwei Komponenten eines Gemischs.

$$f = \frac{A}{c}$$

	Komponente 1	Komponente 2
Standard		
c in mmol/L	253	110
A in SKT	172	201
f	0,680	1,83
	Komponente 1	Komponente 2
Analyse		
A in SKT	203	182
c in mmol/L	299	99,5

Tabelle 21.11: **Experimentelle Daten, Responsefaktoren und Berechnung der Konzentrationen über den externen Standard**

Bei dieser Methode müssen nicht alle Peaks berücksichtigt werden, d. h., das Chromatogramm kann zusätzliche Peaks enthalten, ohne dass das Ergebnis verfälscht wird. Die Methode des externen Standards setzt allerdings voraus, dass gleiche Volumina an Standard und an Analysenlösung untersucht werden. Sie liefert daher Ergebnisse mit der Richtigkeit und Präzision, mit der die Lösungen injiziert werden. Die Methode des externen Standards wird häufig verwendet, wenn die Einspitzung der Probe nicht per Hand, sondern über Automaten und Probenschleifen erfolgt (vgl. Baustein „Ionenchromatographie").

Methode des internen Standards: Zu einem definierten Volumen der Analysenprobe wird eine definierte Menge einer Standardsubstanz (St) gegeben, die in der Analysenprobe zunächst nicht enthalten war. Die Responsefaktoren aller Komponenten (Ko) der Analysenprobe und des Standards werden über die Reinsubstanzen ermittelt.

$$f(\text{Ko}) = \frac{A(\text{Ko})}{\beta(\text{Ko})}$$

$$\beta(\text{Ko}) = \frac{A(\text{Ko})}{f(\text{Ko})}$$

$$f(\text{St}) = \frac{A(\text{St})}{\beta(\text{St})}$$

$$\beta(\text{St}) = \frac{A(\text{St})}{f(\text{St})}$$

Durch Bildung des Quotienten aus der Gleichung für die Komponente und die für den Standard ergibt sich:

$$\beta(\text{Ko}) = \beta(\text{St}) \cdot \frac{A(\text{Ko})}{A(\text{St})} \cdot \frac{f(\text{St})}{f(\text{Ko})}$$

Danach können die Massenkonzentrationen der Komponenten berechnet werden, wenn die Konzentration des Standards, die Flächen der Komponenten und des Standards und die Responsefaktoren von Komponente und Standard bekannt sind. In der Literatur wird bisweilen der Quotient der Responsefaktoren aus Standard und Komponente zu einer Konstante zusammengefasst.

Wird die Methode des internen Standards angewandt, so entfällt das Problem, dass nicht detektierte Peaks bzw. nicht reproduzierbare Einspritzmengen das Ergebnis verfälschen können. Der interne Standard wird vorteilhaft so gewählt, dass er den Komponenten der Analyenprobe zwar ähnlich ist, sich aber so weit unterscheidet, dass eine einwandfreie Trennung der Peaks mit vernünftigen Retentionszeiten möglich ist.

Beispiel: Die Massenkonzentration an Methanol und an 1-Propanol einer wässrigen Analysenprobe soll über einen internen Standard bestimmt werden. Aus Vorversuchen ist bekannt, dass 1-Butanol als interner Standard geeignet ist und welche Konzentrationen vorzugeben sind, um bei optimalen Trennbedingungen auswertbare Peakflächen zu erhalten. Alle herzustellenden Lösungen werden mit VE-Wasser auf definierte Volumina aufgefüllt.

21

Stammlösung SL: jeweils 10,0 mL der Komponenten werden zusammen in einen 1,00-L-Messkolben gegeben				
	Dichte in g/mL bei 20 °C	β(Ko) in g/L		
Methanol	0,7915	7,915		
1-Propanol	0,7894	7,894		
1-Butanol	0,8035	8,035		

Responsefaktoren f der Kalibrierlösungen (SKT = Skalenteile)				
Kalibrierlösungen	Komponente	β in mg/L	A in SKT	$f = A/\beta$ in SKT · L/mg
KL1: 15,6 mL SL auf 25,0 mL	Methanol	4939	36354	7,36
	1-Propanol	4926	66756	13,6
	1-Butanol	5014	77214	15,4
KL2: 10,0 mL KL1 auf 50,0 mL	Methanol	987,8	10258	10,4
	1-Propanol	985,2	16692	16,9
	1-Butanol	1002,8	16927	16,9
KL3: 10,0 mL KL1 auf 100,0 mL	Methanol	493,9	5939	12,0
	1-Propanol	492,6	8376	17,0
	1-Butanol	501,4	8463	16,9

Tabelle 21.12: Experimentelle Daten und Responsefaktoren über die Methode des internen Standards

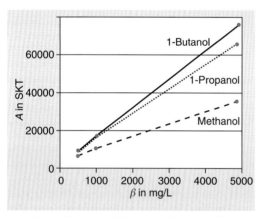

Abb. 21.17: Responsefaktoren und Konzentration

Wie aus der Tabelle 21.12 und dem Diagramm 21.17 zu entnehmen ist, sind die Responsefaktoren über den gesamten Konzentrationsbereich nicht konstant. Ist die Streuung des Responsefaktors von Methanol im Bereich 500 mg/L bis 1000 mg/L zu akzeptieren, dann kann mit dem Mittelwert f_R(Methanol) = 11,2 SKT · L/mg gerechnet werden. Der „gute Kalibrierbereich" für alle Komponenten liegt dann zwischen 500 und 1000 mg/L.

Die Konzentrationen von Methanol und 1-Propanol in AL1 werden nach der Gleichung für den internen Standard berechnet.

$$\beta(\text{Ko}) = \beta(\text{St}) \cdot \frac{A(\text{Ko})}{A(\text{St})} \cdot \frac{f(\text{St})}{f(\text{Ko})}$$

Interner Standard 1-Butanol: St: 10,0 mL auf 1,00 L β(St) = 8,035 g/L				
AL1: 80,0 mL der Analysenprobe AL werden mit 10,0 mL St versetzt, dann wird auf 100,0 mL aufgefüllt.				
	f in SKT · L/mg	A in SKT	β_{AL1} in mg/L	β_{AL} in g/L
Methanol	11,2	9712	867	1,08
1-Propanol	16,9	10018	593	0,741
St	16,9	13572	803	–

Tabelle 21.13: Experimentelle Daten und Berechnung der Massenkonzentration über die Methode des internen Standards

21

Bei der Ergebnisangabe darf nicht vergessen werden, dass die Konzentrationen in der vermessenen AL1 nicht den Konzentrationen in der ursprünglichen Analysenlösung AL entsprechen, dass also eine Umrechnung erforderlich ist!

21.5 Übung

Gaschromatographie

① Sie geben eine Analysenprobe in den GC ein und erhalten drei Peaks. Welcher Schluss ist aus diesem Ergebnis zulässig?

② Eine wässrige Lösung von Ethanol soll durch die GC quantitativ untersucht werden. Trotz intensiven Bemühens (Temperatur, Säule usw.) der Laborkraft enthält das Chromatogramm nur den Peak für Ethanol, der Wasserpeak fehlt. Was könnte die Ursache sein?

③ Zwei reine Stoffe haben praktisch gleiche Dichten und Molmassen, aber stark unterschiedliche Responsefaktoren. Wie ist das zu erklären?

④ Ethanol, 1-Propanol, 1-Butanol, Toluol, Ethylbenzol und Acetophenon werden chromatographisch mit folgendem Ergebnis getrennt:

	t_R in min	A in SKT
Ethanol	1,50	7,7417
1-Propanol	1,74	10,2061
1-Butanol	3,33	25,3053
Toluol	5,16	43,4849
Ethylbenzol	6,29	39,7007
Acetophenon	8,62	20,6785

a) Skizzieren Sie das Chromatogramm.
b) Welche Vermutungen lassen die Ergebnisse auf die Trennbedingungen zu?
c) Sehen Sie Toluol als internen Standard an und berechnen Sie die RR_f-Werte der übrigen Komponenten.

⑤ Eine Komponente hat die Retentionszeit $t_R = 3,57$ min und eine Peakbreite von 0,40 min. Berechnen Sie die Trennstufenzahl.

⑥ Eine Probe mit drei isomeren Kohlenwasserstoffen wird auf eine unpolare Säule gegeben. Welches Strukturmerkmal hat die Komponente, die zuerst eluiert wird?

⑦ Eine Probe mit sechs Komponenten wurde mehrfach in den GC eingespritzt und die t_R bestimmt. Berechnen Sie die relativen mittleren Abweichungen.

	t_{R1} in min	t_{R2} in min	t_{R3} in min	t_{R4} in min	t_{R5} in min
Ethanol	1,49	1,51	1,53	1,48	1,49
1-Propanol	1,72	1,73	1,75	1,71	1,72
1-Butanol	3,28	3,31	3,33	3,35	3,29
Toluol	5,15	5,18	5,21	5,14	5,15
Ethylbenzol	6,29	6,31	6,32	6,27	6,28
Acetophenon	8,61	8,62	8,63	8,60	8,60

⑧ Die Massenkonzentrationen an Toluol (T) und Dioxan (D) in einem Lösemittel werden gaschromatographisch unter Verwendung des internen Standards m-Xylol (St) bestimmt.

	Standard: Die Substanzen wurden eingewogen, dann wurde mit dem Lösemittel auf 100 mL aufgefüllt.		Analyse: Zu 25,0 mL der Probelösung (AL1) werden 0,5931 g interner Standard gegeben, dann wurde mit dem Lösemittel auf 50,0 ml aufgefüllt (AL2).
Substanz	m in g	A in SKT	A in SKT
Toluol	1,1275	40,9	61,0
Dioxan	1,2983	13,6	72,9
m-Xylol (St)	1,0238	35,8	43,0

21

22 Ionenchromatographie

Gaschromatographisch können Proben analysiert werden, deren Komponenten unzersetzt **verdampfbar** sind. Diese Bedingung ist für eine Vielzahl von Analyten, beispielsweise Vitamin C und Coffein, nicht gegeben. Wenn Analyte aber **löslich** sind, dann genügt als mobile Phase eine Flüssigkeit, um sie chromatographisch zu trennen. Dieses Prinzip wird in der Säulenchromatographie angewandt, mit der Ende des 19. Jahrhunderts die Entwicklung der Chromatographie begann. Blüten- und Blattfarbstoffe wurden getrennt, indem die Proben als Lösung oder Suspension auf eine mit einer festen stationären Phase gefüllten senkrecht stehenden Glassäule gegeben und mit einer Flüssigkeit eluiert wurden. Als stationäre Phase diente beispielsweise fein gemahlener Kalk. Die Leistungsfähigkeit der Gaschromatographie hat dazu geführt, ihr Instrumentarium von der Probenaufgabe bis zur Detektion auf **gelöste Analyte** zu übertragen. Da flüssige Phasen bei Normaldruck nur sehr langsam durch feste Phasen zu transportieren sind, werden hohe Drücke angewandt. Die aus diesen Anfängen entwickelte Methode wird Hochdruckflüssigkeitschromatographie HPLC genannt. Als ein Beispiel für die HPLC wird hier die **Ionenchromatographie IC** vorgestellt.

22.1 Die Funktion von Ionenaustauschern

Der wichtigste Mechanismus zur chromatographischen Trennung von gelösten Ionen ist der Ionenaustausch. Als stationäre Phase können dabei organische Polymerharze dienen, an denen geladene Ankergruppen gebunden sind. Ein zur Ankergruppe entgegengesetzt geladenes Ion komplettiert den Ionenaustauscher. Die Abb. 22.1 zeigt einen Ionenaustauscher mit einem vernetzten Kohlenwasserstoffgerüst, positiv geladenen Ammonium-Ankergruppen mit dem Gegenion Chlorid und negativ geladene Sulfonsäure-Ankergruppen mit Natrium als Gegenion.

> Ionenaustauscher bestehen aus einem Gerüststoff, geladenen Ankergruppen und frei beweglichen Ionen.

Die Angabe [RSO$_3^-$Na$^+$] beschreibt einen **Kationenaustauscher** mit dem Gerüst „R", der Sulfonsäure-Ankergruppe und Natrium als Gegenion. Ein einfacher Anionenaustauscher wäre dann [RNH$_3^+$Cl$^-$]. Wie der Name „Ionenaustauscher" schon sagt, **können die frei beweglichen Gegenionen der Ankergruppen durch gleich geladene Ionen ausgetauscht werden.**

Kationenaustauscher

$$(RSO_3^-Na^+) + K^+ \rightleftarrows (RSO_3^-K^+) + Na^+$$

stationäre Phase · mobile Phase · stationäre Phase · mobile Phase

Anionenaustauscher

$$(RNH_3^+Cl^-) + NO_3^- \rightleftarrows (RNH_3^+NO_3^-) + Cl^-$$

stationäre Phase · mobile Phase · stationäre Phase · mobile Phase

Dabei handelt es sich um **typische Gleichgewichtsreaktionen, die über Gleichgewichtskonstanten beschrieben** werden können.

$$K_{ka} = \frac{c(Na^+) \cdot c(RSO_3^-K^+)}{c(K^+) \cdot c(RSO_3^-Na^+)}$$

$$K_{an} = \frac{c(Cl^-) \cdot c(RNH_3^+NO_3^-)}{c(NO_3^-) \cdot c(RNH_3^+Cl^-)}$$

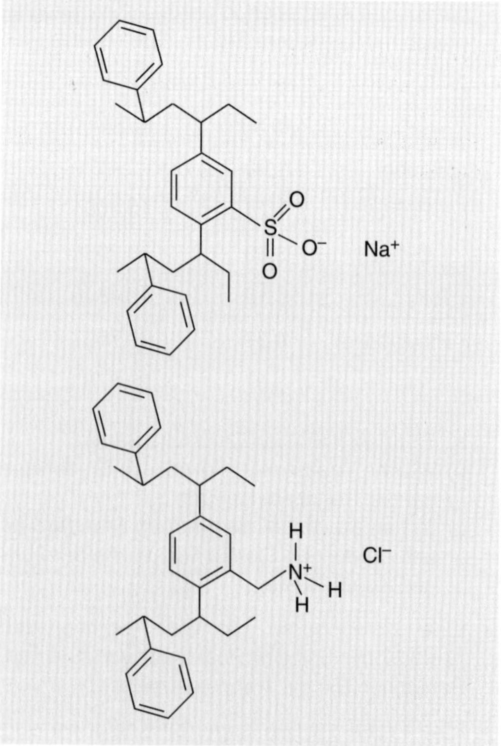

Abb. 22.1: **Kationenaustauscher und Anionenaustauscher auf dem Copolymer aus Styrol und Divinylbenzol**

Da Gleichgewichte grundsätzlich reversibel sind, kann jedes Ion gegen jedes andere gleichartig geladene Ion ausgetauscht werden. Durch Konzentrationsänderungen können die Gleichgewichte in jede beliebige Richtung verschoben werden. Wird also eine hohe Konzentration an Chloridionen auf den Ionenaustauscher gegeben, so werden diese „gebunden" und setzen Nitrationen frei.

Ionenaustauscher werden häufig bei der Herstellung von vollentsalztem Wasser (VE-Wasser) eingesetzt. Dabei enthält der Kationenaustauscher im Ausgangszustand („funktionsfähigen Zustand") H_3O^+-Ionen, die mit anderen Kationen ausgetauscht werden.

$$(RSO_3^- H_3O^+) + Na^+ \rightleftarrows (RSO_3^- Na^+) + H_3O^+$$

Bei diesem Vorgang wird der Kationenaustauscher „beladen". Die „Kapazität" eines Ionenaustauschermaterials ist begrenzt. Im obigen Beispiel können nur so viele Na^+-Ionen aufgenommen werden, wie Ankergruppen mit H_3O^+-Ionen vorhanden sind. Durch Zugabe von Säuren können die an den Ankergruppen befindlichen Na^+-Ionen wieder durch H_3O^+-Ionen ersetzt werden, der Ionenaustauscher wird „regeneriert" und gelangt so wieder in den funktionsfähigen Zustand (Abb. 22.2).

Anionenaustauscher enthalten im funktionsfähigen Zustand OH^--Ionen an den Ankergruppen, diese können z. B. gegen Chlorid ausgetauscht werden. Regeneriert werden die Anionenaustauscher mit Laugen. Um VE-Wasser zu erzeugen, wird das „Rohwasser" durch einen Kationenaustauscher und

einen Anionenaustauscher geschickt, die dabei frei werdenden H_3O^+-Ionen bzw. OH^--Ionen bilden Wasser. Ionen, die im Rohwasser enthalten waren, werden also durch Wassermoleküle ersetzt, dadurch verringert sich die Gesamtionenkonzentration. Die Funktionsfähigkeit eines Ionenaustauschers wird über Leitfähigkeitsmessungen überprüft. Eine Leitfähigkeit von 3 µS/cm entspricht einer Gesamtionenkonzentration von etwa 3 mg/L (vgl. Baustein „Summenparameter und genormte Verfahren").

Bei der Wasseraufbereitung kommt es hauptsächlich auf die Entfernung der Härtebildner Ca^{2+} und Mg^{2+} an. Die Kapazität kommerzieller Ionenaustauscher zur Herstellung von VE-Wasser wird daher auf diese Stoffe bezogen. Beispielsweise wird angegeben, dass ein Kationenaustauscher 1000 g Calciumcarbonat aus dem Rohwasser entfernen kann. Dies entspricht bei $M(CaCO_3) = 100$ g/mol einer Stoffmenge von $n(Ca^{2+}) = 10$ mol. Da nicht nur zweiwertige Calciumionen, sondern auch einwertige Ionen wie Na^+ ausgetauscht werden, wird die Stoffmenge auf einwertige Ionen umgerechnet. Für das Beispiel würden 20 eq bzw. 20 000 meq angegeben, wobei die Angabe „eq" als „Äquivalentstoffmenge" anzusehen ist. Bei 10 kg Austauschermasse hätte dieser Ionenaustauscher die spezifische Kapazität 2000 meq/kg. Der Ionenaustauscher in einer Spülmaschine braucht kein VE-Wasser zu liefern, es müssen nur die Härtebildner entfernt werden. Daher kann dieser Ionenaustauscher mit Kochsalz regeneriert werden.

$$2(RSO_3^- Na^+) + Ca^{2+} \rightleftarrows ([RSO_3^-]_2 Ca^{2+}) + 2 Na^+$$

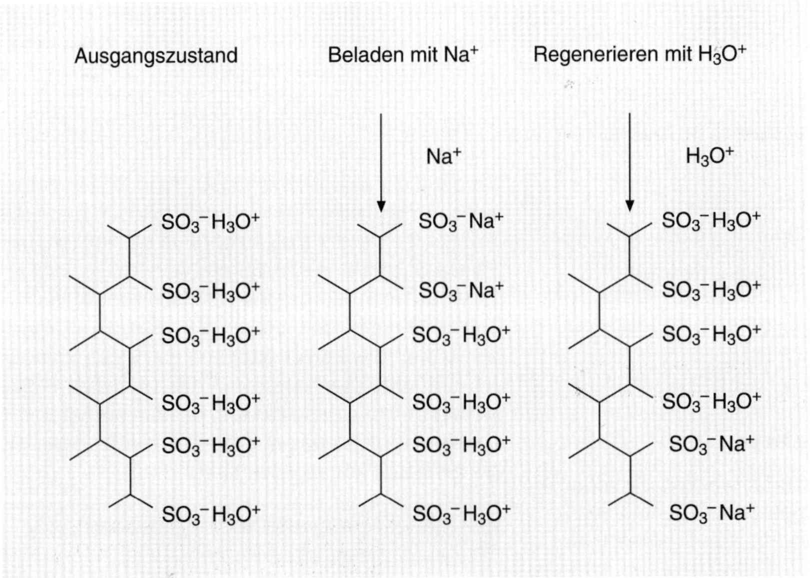

Ausgangszustand	Beladen mit Na^+	Regenerieren mit H_3O^+

Abb. 22.2:
Beladen und Regenerieren eines Ionenaustauschers (schematisch)

Zwar können grundsätzlich zwei einfach positiv geladene Ionen ein zweifach positiv geladenes Ion austauschen, in welchem Maße allerdings dieser Austausch tatsächlich erfolgt, hängt nicht nur von den Konzentrationsverhältnissen, sondern auch von den Gleichgewichtskonstanten ab. Wenn beispielsweise ein mit Natriumionen beladener Ionenaustauscher mit einer Lösung versetzt wird, die gleiche Stoffmengenkonzentrationen an Calciumionen und an Kaliumionen enthält, dann wird bevorzugt Calcium ausgetauscht, weil die Gleichgewichtskonstante für diesen Austausch den größeren Wert hat.

$$K_{Na^+/K^+} = \frac{c(Na^+) \cdot c(RSO_3^- K^+)}{c(K^+) \cdot c(RSO_3^- Na^+)}$$

$$K_{Na^+/Ca^{2+}} = \frac{c^2(Na^+) \cdot c([RSO_3^-]_2 Ca^{2+})}{c(Ca^{2+}) \cdot c^2(RSO_3^- Na^+)}$$

Die unterschiedlichen Gleichgewichtskonstanten lassen sich zunächst dadurch erklären, dass mehrfach geladene Ionen wesentlich fester an die Ankergruppen gebunden sind und damit schwerer ausgetauscht werden als einfach geladene Ionen. Man sagt: „Calciumionen haben eine höhere Affinität zur stationären Phase als Kaliumionen". Die Gleichgewichtskonstante wird auch durch die Größe des Teilchens beeinflusst, allerdings lässt sich diese Abhängigkeit nur über die Einbeziehung mehrerer Parameter, z. B. dem Ionenradius, der Hydrathülle (aq) und der Packungsdichte der stationären Phase beschreiben. Daher sollte die folgende Regel im Hinblick auf die Teilchengröße nur als grober Anhaltspunkt verstanden werden.

Je größer die Ladungszahl des Ions und je größer der Ionenradius, desto stärker wird es an die Ankergruppen des Ionenaustauschers gebunden.

In den nachfolgenden Reihen nimmt die Affinität der Ionen an die Ankergruppe eines Ionenaustauschers von links nach rechts zu:

$Li^+(aq) < H_3O^+(aq) < Na^+(aq) < K^+(aq)$
$< Mg^{2+}(aq) < Ca^{2+}(aq) < Al^{3+}(aq)$

$OH^-(aq) < F^-(aq) < HCO_3^-(aq) < Cl^-(aq)$
$< Br^-(aq) < I^-(aq) < SO_4^{2-}(aq)$

22.2 Das Trennsystem

Bei der Ionenchromatographie werden die Ionen des Analyten mithilfe der Ionen des Eluenten durch die stationäre Phase transportiert und getrennt. Am Ende der Säule befindet sich ein Detektor, der in der Regel die Leitfähigkeit der durchströmenden Flüssigkeit misst. Da sowohl der Analyt als auch der Eluent Ionen enthält, muss sich, um ein auswertbares Signal zu erhalten, die Leitfähigkeit verändern, wenn statt dem reinen Eluenten gelöster Analyt in den Detektor gelangt. **Das Signal muss also vom Rauschen unterschieden werden.** Dies ist bei der Ionenchromatographie ein Grundproblem, ähnlich der Differenzierung zwischen spezifischer und unspezifischer Absorption bei der Atomabsorptionsspektroskopie. Bei der Ionenchromatographie wird dieses Problem in vergleichbarer Weise gelöst: Bei möglichst optimalen Trennbedingungen wird der Untergrund kompensiert oder eliminiert. Entscheidend ist dabei, die Komponenten des Trennsystems, also Analyt, mobile Phase und stationäre Phase, aufeinander abzustimmen.

Analyt

In der Gaschromatographie wird das Verhältnis der Nettoretentionszeiten der Analyte A und B **Selektivität** oder relativer Trennfaktor genannt und mit dem Symbol α bezeichnet. Nettoretentionszeiten sind die Verweilzeiten in der stationären Phase, das Verhältnis der Nettoretentionszeiten ist gleich dem Verhältnis ihrer Verteilungskoeffizienten.

$$\alpha = \frac{t_{st}(A)}{t_{st}(B)} = \frac{K(A)}{K(B)}$$

Die Selektivität macht also keine Aussage über einen Analyten an sich, sondern **vergleicht** das Retentionsverhalten zweier Analyte. Die Gleichgewichtskonstanten für den Ionenaustausch beziehen sich ebenfalls auf zwei Analyte, stellen also ebenfalls einen Vergleich dar. Werden die freien Ionen der mobilen Phase und die an den Ankergruppen haftenden Ionen der stationären Phase zugeordnet, so ergibt sich für den Vergleich von Na^+ und K^+:

$$K_{Na^+/K^+} = \frac{c_{mo}(Na^+) \cdot c_{st}(RSO_3^- K^+)}{c_{mo}(K^+) \cdot c_{st}(RSO_3^- Na^+)}$$

Wird die Gleichgewichtskonstante in dieser Weise geschrieben, so ist ihr Wert größer als 1, denn die Konzentration der Kaliumionen in der stationären Phase ist größer als in der mobilen Phase, weil K^+ fester an der Ankergruppe haftet als Na^+. Wenn die Totzeit für die beiden Ionen gleich groß ist, stellt dieser K-Wert die **Selektivität** und damit das Verhältnis der Nettoretentionszeiten dar. Unmittelbar einsichtig ist dann, dass das Ion, das am stärksten mit der Ankergruppe des Austauschers verbunden ist, die größere Retentionszeit hat.

Je stärker ein Ion an der Ankergruppe haftet, desto größer ist seine Retentionszeit.

Mobile und stationäre Phase

Grundsätzlich kann jeder Elektrolyt, der in positive und negative Ionen dissoziiert ist, zur Kationenchromatographie und zu Anionenchromatographie verwendet werden. Eluente mit sehr hohen Ionenkonzentrationen führen zu hohen Grundleitfähigkeiten mit entsprechend hohen Rauschpegeln. Eluente mit sehr geringen Ionenkonzentrationen führen zu unvertretbar großen Analysenzeiten. Stark dissoziierte Elektrolyte wie Salzsäure werden nur in sehr kleinen Konzentrationen eingesetzt. Vielfach werden schwach dissoziierte organische Säuren wie Benzoesäure, Phthalsäure oder Weinsäure verwendet, deren Dissoziation über den pH-Wert gesteuert werden kann. Der typische Bereich für die Einwaagekonzentration beträgt einige Millimol pro Liter. Um die Selektivität zu steigern, können Hilfsstoffe beigemischt werden (Derivatisierung). Ein Beispiel dafür ist der Einsatz von Kronenethern bei der Trennung der Alkalimetalle. Kronenether sind cyclische Polyether, die aufgrund ihrer Struktur Teilchen einer bestimmten Größe aufnehmen und komplex binden können.

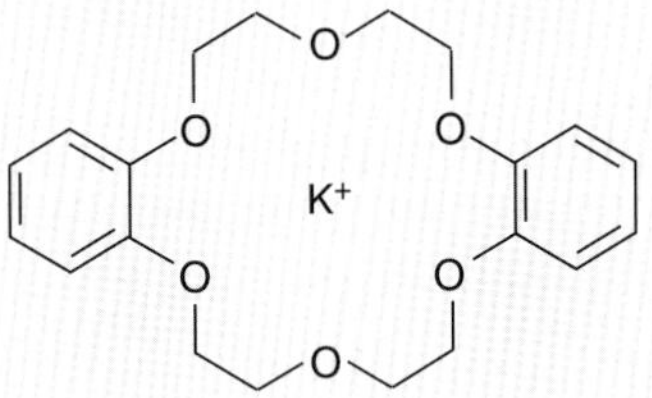

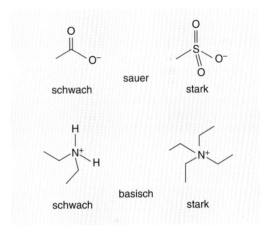

Abb. 22.3: Komplex aus Kaliumion und Kronenether

Mit der Komplexierung ändert sich zwar die Ladung des K^+ nicht, aber es hat im komplexierten Zustand eine sehr viel größere Retentionszeit, weil durch die Größe des Teilchens der Transport durch die feste stationäre Phase behindert wird.

Die feste **stationäre Phase** hat eine Korngröße im Bereich von einigen Mikrometern, der Gerüststoff ist meist ein organisches Polymer auf der Basis von Polystyrol oder ein modifiziertes Silicagel. Wichtig sind die Ankergruppen, denn sie beeinflussen maßgeblich den Ionenaustausch. Kationenaustauscher tragen negativ geladene Ankergruppen. Kationenaustauscher mit der Carbonsäure-Ankergruppe werden „schwach saure Austauscher" genannt, denn Carbonsäuren sind schwache Säuren. Hat der Eluent einen pH-Wert kleiner 4, so haben schwach saure Austauscher keine Austauschfunktion mehr, weil die Ankergruppe protoniert wird und damit ihre Ladung verliert. Kationenaustauscher mit der Sulfonsäureankergruppe werden „stark saure Aus-

tauscher" genannt, weil das negativ geladene Anion der starken Säure praktisch über den gesamten pH-Bereich nicht protoniert wird. Eine ähnliche Differenzierung ist bei den Anionenaustauschern möglich. Die Ankergruppen sind quartäre Ammoniumionen, die aufgrund ihrer positiven Ladung negativ geladene Gegenionen austauschen können. Sind am Stickstoffatom noch Wasserstoffatome gebunden, so kann die Ankergruppe im basischen Medium leicht deprotoniert werden und ebenfalls ihre Austauschfunktion verlieren. Solche Ionenaustauscher werden als „schwach basisch" bezeichnet. Vollständig alkylierte Ammoniumgruppen dagegen verlieren über den gesamten pH-Bereich ihre Ladung nicht.

Abb. 22.4: Typische Ankergruppen in der Ionenchromatographie

Um Wässer zu reinigen, sollen Austauscher eine möglichst große Kapazität, also eine möglichst große Anzahl von Ankergruppen pro Austauschermasse haben. In der Ionenchromatographie würden stationäre Phasen mit hohen Austauschkapazitäten dazu führen, dass die Analytionen vor lauter Ankergruppen den Detektor kaum erreichen können. Der Ausweg über hohe Eluentionenkonzentrationen ist nicht gangbar, da dies zu hohen Grundleitfähigkeiten und damit zu hohen Rauschsignalen führen würde. Daher werden in der Regel in der IC Ionenaustauscher geringer Kapazität eingesetzt.

Die in der Ionenchromatographie und allgemein in der HPLC beobachteten Peaks zeigen Peakbreiten, die mit dem Modell der theoretischen Trennstufenzahl nicht erklärt werden können. Das **kinetische Modell** (van-Deemter-Theorie) versucht, einen Zusammenhang zwischen der Bodenhöhe und strukturellen Eigenschaften der stationären Phase zu beschreiben. Diese Eigenschaften werden über

22

die Größen A, B und C beschrieben. Sie ergeben den Zusammenhang zwischen der **Strömungsgeschwindigkeit des Eluenten** *v* und der **Trennstufenhöhe** *H*.

A (Streudiffusion): In der stationären Phase sind die Korngrößen nicht ideal homogen, sondern statistisch verteilt. Die Streudiffusion ist eine Eigenschaft der stationären Phase und damit von *v* praktisch unabhängig.

B (Strömungsverteilung): Die Säule ist nicht homogen gepackt, daher gibt es Bereiche mit unterschiedlicher Strömungsgeschwindigkeit. Die Diffusion der Teilchen erfolgt nicht nur in Strömungsrichtung, sondern auch in der Gegenrichtung. Mit zunehmender Strömungsgeschwindigkeit verlieren diese Effekte an Bedeutung. Je größer *v*, desto kleiner ist die Bodenhöhe, desto größer ist die Trennleistung.

C (Massenübergang): In der Säule kann es „tote Winkel" geben, die vom Eluenten nicht durchströmt werden. Der Phasenübergang von Analytteilchen in solchen Bereichen wird gegenüber dem Übergang in gut durchströmten Bereichen stark verzögert. Je größer die Strömungsgeschwindigkeit, desto mehr machen sich solche Unterschiede bemerkbar, desto größer ist die Bodenhöhe, desto kleiner ist die Trennleistung.

> van-Deemter-Gleichung: $H = A + \dfrac{B}{v} + C \cdot v$

Die Analytteilchen diffundieren nicht homogen in der Längsrichtung und in erheblichem Maß auch in der Querrichtung der Trennsäule. Folglich gelangen die Analytteilchen gestreut an den Detektor, der dies in Form größerer Peakbreiten anzeigt. Die Säuleneigenschaften sind durch den Hersteller vorgegeben und von der Laborkraft nicht veränderbar. Nach der Gleichung führt eine größere Strömungsgeschwindigkeit des Eluenten beim Term B zu einer verbesserten, beim Term C zu einer schlechteren Trennleistung. Folglich gibt es für jedes Trennsystem eine optimale Durchflussgeschwindigkeit, die über die Peakbreite festgestellt und einreguliert werden kann.

22.3 Chromatogramme, Detektion und Suppression

Der Leitfähigkeitsdetektor am Ende der Austauschersäule wird ständig von einer Lösung durchspült, die Ionen enthält. Der Detektor zeigt **relativ zur Grundlinie** eine Leitfähigkeitsänderung an, wenn sich entweder die Ionenkonzentration, die Art der Ionen oder beides verändert. In der Kationenchromatographie verringert sich die Leitfähigkeit,

weil alle Kationen eine kleinere Ionenäquivalentleitfähigkeit haben als das H_3O^+-Ion, in der Anionenchromatographie vergrößert sich in der Regel die Leitfähigkeit, weil Ionen wie Cl^- oder NO_3^- eine größere Ionenäquivalentleitfähigkeit haben als z. B. das Anion der Benzoesäure, das durch sie verdrängt wird. Das Auswertesystem stellt die Analytpeaks am Bildschirm und auf dem Ausdruck als „positive" Peaks dar. Im nachstehenden Chromatogramm (Abb. 22.5) für die Kationen von Natrium, Kalium, Calcium und Magnesium zeigt sich bei etwa 1,1 min die erste Änderung der Leitfähigkeit. Sie wird durch Verdünnungseffekte durch die Probenzugabe zum Eluenten sowie durch die Anionen verursacht, die ohne Wechselwirkung mit der stationären Phase die Trennsäule des Kationenaustauschers passieren. Dieser Peak wird „Systempeak" genannt, aus ihm kann die Totzeit bestimmt werden.

Die Grundlinie ist keine ideale Parallele zur Zeitachse und die Peaks sind nicht ideal symmetrisch. Die Integrationslinien zur Bestimmung der Peakflächen, die das Auswertesystem vorgibt, werden am „Fuße" der Peaks eingezeichnet. Die Peaks der vier Analyte erscheinen in der erwarteten Reihenfolge.

Um nachzuweisen, dass die Peaks den Komponenten richtig zugeordnet werden, empfiehlt sich die Aufstockmethode. Dabei wird die Lösung einer reinen Komponente zu der Analyenlösung gegeben, der Peak dieser Komponente vergrößert sich relativ zu denen der anderen Komponenten. Sinnvoll ist, ein sehr kleines Volumen der Komponentenlösung in relativ hoher Konzentration zu einem kleinen Teil der Analysenlösung zu geben, um die Konzentrationen der anderen Komponenten möglichst wenig zu verändern. Gut geeignet sind dazu Mikroliterspritzen, mit denen Volumina in der Größenordnung von 100 µL problemlos zudosiert werden können.

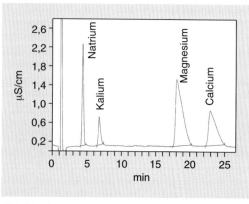

Abb. 22.5: Ionenchromatogramm Na^+, K^+, Mg^{2+}, Ca^{2+}

Trennbedingungen	
Probe	Analyse Na^+, K^+, Mg^{2+}, Ca^{2+}, dosiertes Volumen 10 μL
Säule	Metrosep Cation 1–2, 125 mm Länge, 4 mm Durchmesser, Partikeldurchmesser 7,0 μm. Die Proben werden mit Salpetersäure auf den pH 3 gebracht, da alkalische Lösungen die Silicagelmatrix der Säule zerstören.
Eluent	c_0(Weinsäure) = 4 mmol/L, wässrige Lösung mit dem Volumenanteil Aceton 2 %, Fluss: 1,0 mL/min, 20 °C, Druck: 6,9 MPa

Trennergebnis				
	t_R in min	$b_{0,5}$ in min	N	H in mm
Natrium	4,40	0,28	1368	0,091
Kalium	6,86	0,39	1714	0,073
Magnesium	18,27	1,23	1222	0,102
Calcium	23,16	1,45	1413	0,088

Tabelle 22.1: **Trennbedingungen zum Ionenchromatogramm nach Abb. 22.5 und Trennergebnis**

Die im Chromatogramm (Abb. 22.5) angegebenen Leitfähigkeitswerte der Komponentenpeaks sind die Differenzen zu der Grundleitfähigkeit des Eluenten Weinsäure mit der Konzentration 4 mmol/L. Die Grundleitfähigkeit in diesem Analysenbeispiel beträgt 530 μS/cm. Der Peak für Natrium hat demnach bei t_R einen Leitfähigkeitswert von 532,3 μS/cm. Das Messsystem kompensiert diesen hohen Rauschpegel und stellt das Signal mit dem „Nettowert" dar. Der Unterschied zwischen dem Signal und dem Rauschen ist derartig klein, dass er in einem Diagramm mit dem Wert 0 für die elektrische Leitfähigkeit im Achsenursprung mit dem Auge praktisch nicht wahrgenommen werden kann. Selbst bei dem Wert 400 μS/cm im Achsenursprung sind die Peaks gerade noch als kleine Unebenheiten zu erkennen (Abb. 22.6).

Diese Differenzbildung widerspricht dem Grundsatz, wonach für eine sinnvolle Auswertung das Signal-Rauschen-Verhältnis mindestens 10 : 1 sein soll, in eklatanter Weise, denn das Verhältnis ist ungefähr 1 : 250! Die Auswertung ist nur deshalb möglich, weil das Rauschsignal eine extrem kleine Streuung hat.

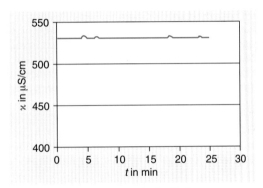

Abb. 22.6: **Signal-Rauschen in der Kationenchromatographie**

Da die elektrische Leitfähigkeit von der Temperatur abhängig ist, muss für derartige Messungen u. a. die Temperatur des Detektors auf 0,01 °C konstant gehalten werden. Ionenchromatographen brauchen daher einen Vorlauf von mindestens einer halben Stunde, ehe die erste Messung erfolgen kann.

Natürlich hat trotz der hohen Temperaturstabilität des Detektors die Kompensation ihre Grenzen und führt bei noch kleineren Signalen zu immer größeren Abweichungen. Um die Bestimmungsgrenze weiter zu verringern, muss die Eigenleitfähigkeit des Eluenten weitestgehend eliminiert werden. Dies geschieht durch die so genannte **chemische Suppression.** Der Eluentenstrom wird nach der Trennsäule in die Suppressorsäule geleitet, die einen Teil seiner Ionen in ungeladene Moleküle verwandelt. Das wichtigste Beispiel dafür ist die Reaktion von Hydrogencarbonat und Carbonat mit Säuren.

Suppressorreaktion von Hydrogencarbonat / Carbonat

$$2\,HCO_3^- + CO_3^{2-} + 4\,H_3O^+ \rightarrow 7\,H_2O + 3\,CO_2$$

In der Suppressorsäule befindet sich ein weiterer Ionenaustauscher, dessen frei bewegliche H_3O^+-Ionen die Zersetzung von Hydrogencarbonat und Carbonat bewirken. Dieser Ionenaustauscher wird

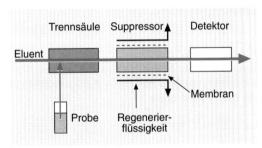

Abb. 22.7: **Funktionsschema für die Trennung und die Suppression**

22

mit Säuren regeneriert, damit er seine Funktion behält. In der Regel wird dazu Schwefelsäure verwendet. Der Ionenaustauscher in der Suppressorsäule und die Regenerationsflüssigkeit sind durch eine Membran getrennt, die den Kontakt ermöglicht, aber verhindert, dass Regenerationsflüssigkeit in die Suppressorsäule übertritt (Abb. 22.7).

Eine nahezu kontinuierliche Arbeitsweise des Suppressors wird erreicht, wenn drei Suppressorsäulen parallel geschaltet werden. Die eine Säule ist mit dem Eluentenstrom in Kontakt, die zweite Säule wird mit Säure regeneriert, die dritte Säule wird mit VE-Wasser gespült, ehe sie die erste Säule ersetzt.

Für die Wirkung der Suppression auf das Signal ist auch von Bedeutung, dass die **Analytgegenionen** die Trennstrecke praktisch in der Totzeit passieren, weil sie von der stationären Phase nicht aufgehalten werden. Das hat zur Konsequenz, dass die Analytionen mit **Gegenionen, die aus dem Suppressor stammen,** den Detektor passieren. Soll eine Probe auf Nitrat analysiert werden und ist K^+ das Gegenion in der Probe, so kommt im Detektor der Analyt als Salpetersäure an, wenn der Suppressor mit H_3O^+-Ionen beladen ist. Dies führt zu einer Veränderung des Signals, weil sich die Äquivalentleitfähigkeiten von K^+ und H_3O^+-Ionen unterscheiden. Letztlich kommt es darauf an, wie sich die Äquivalentleitfähigkeit der Analysenlösung von der Äquivalentleitfähigkeit des Eluenten unterscheidet. **Mit „Analysenlösung" ist in der folgenden Betrachtung die Lösung gemeint, die am Detektor ankommt.** Dabei wird am Beispiel des Anionenaustauschers die Wirkung des Suppressors auf das Signal gezeigt.

$$\Delta\Lambda(\text{Lösung}) = [\Lambda(\text{Analysenlösung}) - \Lambda(\text{Eluent})]$$

Beispiel:
Eine Analysenprobe wird auf **Nitrat** analysiert, Kalium ist das Gegenion, der Eluent ist eine Lösung von Natriumhydrogencarbonat.

A) Austausch und Reaktionen
Reaktion in der Trennsäule
Austausch von Nitrat mit der stationären Phase, K^+ gelangt sehr rasch aus der Trennsäule in die Suppressorsäule

$$P-NR_3^+HCO_3^- + K^+\,NO_3^- \rightarrow$$
$$\rightarrow P-NR_3^+NO_3^- + K^+\,HCO_3^-$$

$$P-NR_3^+NO_3^- + Na^+HCO_3^- \rightarrow$$
$$\rightarrow P-NR_3^+HCO_3^- + Na^+NO_3^-$$

Reaktion in der Suppressorsäule
Zerstörung des Eluentanions, Bindung des Eluentkations und des Analytkations

$$P-SO_3^-H_3O^+ + Na^+HCO_3^- \rightarrow$$
$$\rightarrow P-SO_3^-Na^+ + 2\,H_2O + CO_2$$

$$P-SO_3^-H_3O^+ + K^+HCO_3^- \rightarrow$$
$$\rightarrow P-SO_3^-K^+ + 2\,H_2O + CO_2$$

Ersatz des Eluentkations durch H_3O^+

$$P-SO_3^-H_3O^+ + Na^+NO_3^- \rightarrow$$
$$\rightarrow P-SO_3^-Na^+ + H_3O^+ + NO_3^-$$
Damit gelangt NO_3^- zusammen mit H_3O^+ in den Detektor.

Regeneration der Suppressorsäule

$$2\,P-SO_3^-K^+ + H_2SO_4 \rightarrow 2\,P-SO_3^-H^+ + K_2SO_4$$

$$2\,P-SO_3^-Na^+ + H_2SO_4 \rightarrow$$
$$\rightarrow 2\,P-SO_3^-H^+ + Na_2SO_4$$

B) Wirkung auf das Signal

ohne Suppression

$$\Delta\Lambda(\text{Lösung}) = [\Lambda(KNO_3) - \Lambda(NaHCO_3)]$$

$$\Delta\Lambda(\text{Lösung}) =$$
$$= [\Lambda(K^+) + \Lambda(NO_3^-)] - [\Lambda(Na^+) + \Lambda(HCO_3^-)]$$

$$\Delta\Lambda(\text{Lösung}) = [(74 + 72) - (50 + 45)]\,S \cdot$$
$$\cdot cm^2 \cdot mol^{-1} = 51\,S \cdot cm^2 \cdot mol^{-1}$$

mit Suppression durch Säuren

$$\Delta\Lambda(\text{Lösung}) = [\Lambda(HNO_3) - \Lambda(H_2O + CO_2)]$$

$$\Delta\Lambda(\text{Lösung}) =$$
$$= [\Lambda(H_3O^+) + \Lambda(NO_3^-)] - [\Lambda(H_2O) + \Lambda(CO_2)]$$

$$\Delta\Lambda(\text{Lösung}) = [350 + 72 - 0]\,S \cdot$$
$$\cdot cm^2 \cdot mol^{-1} = 422\,S \cdot cm^2 \cdot mol^{-1}$$

Ohne Suppression unterscheiden sich die Äquivalentleitfähigkeiten von Analysenlösung und Eluent um $51\,S \cdot cm^2 \cdot mol^{-1}$, mit der Suppression beträgt der Unterschied $422\,S \cdot cm^2 \cdot mol^{-1}$. Mit der Suppression gelangt also eine Analysenlösung in den Detektor, die sowohl gegenüber der Ausgangsprobenlösung als auch gegenüber dem Eluenten eine erheblich höhere Äquivalentleitfähigkeit hat. Das schlechter leitende K^+-Ion ist durch das weit besser leitende H_3O^+-Ion ersetzt worden, der Beitrag des Eluenten zur Leitfähigkeit ist praktisch gleich null. Dies führt bei gleicher Konzentration zu einer entsprechend höheren Leitfähigkeit.

$$\varkappa = \Lambda \cdot c \cdot z$$

22

Mit dieser Leitfähigkeitserhöhung wird der Unterschied zwischen dem Signal und dem Rauschen größer, entsprechend erniedrigt sich die Bestimmungsgrenze.

Die Abb. 22.8 zeigt die Trennung der Anionen Chlorid, Nitrat und Sulfat. Die Leitfähigkeit des Eluenten aus Natriumhydrogencarbonat und Natriumcarbonat nach chemischer Suppression beträgt 18 µS/cm. Das gegenüber der direkten Leitfähigkeitsdetektion weitaus bessere Signal-Rauschen-Verhältnis macht sich durch die selbst bei diesen geringen Signalhöhen sehr stabile Grundlinie bemerkbar.

> Durch chemische Suppression wird die Bestimmungsgrenze in der Anionenchromatographie etwa um den Faktor vier erniedrigt.
> Die chemische Suppression ist auf den Eluenten Hydrogencarbonat/Carbonat beschränkt und führt zu nichtlinearen Kalibrierkurven, die Mehrpunktkalibrierungen unumgänglich machen.

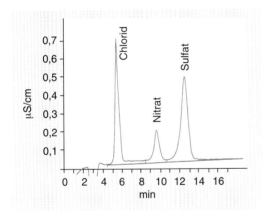

Abb. 22.8: Trennung von Chlorid, Nitrat und Sulfat in Verbindung mit chemischer Suppression

22.4 Analysenbedingungen und Apparatur

Um eine hohe Trennleistung zu erreichen, ist die Trennsäule dicht gepackt, Streueffekte durch Inhomogenitäten werden minimiert, wenn die Partikelteilchen der festen stationären Phase sehr klein sind, die Korngrößen liegen bei einigen Mikrometern. Eine derartig gepackte Säule setzt dem Eluentenfluss einen großen Widerstand entgegen. Allein daraus ergeben sich für die Analysenbedingungen erhebliche Konsequenzen.

Druck
Es müssen sehr hohe Drücke angewandt werden, von Extremwerten abgesehen umfasst der Bereich etwa 2 bis 10 MPa, also 20 bis 100 bar. Dabei soll die Pumpe den Eluenten möglichst gleichmäßig transportieren und praktisch pulsationsfrei arbeiten, um die Streuung der Grundlinie möglichst gering zu halten.

Eluent und Analysenlösung
Eluent und Suppressorflüssigkeiten müssen entgast werden, da Gase kompressibel sind und im IC zu Druckänderungen führen können. Den Eluenten werden häufig organische Lösemittel wie Aceton zugesetzt (etwa 2 %), um eine Verkeimung mit Mikroorganismen zu verhindern. Das organische Lösemittel wirkt zudem einer Belegung der stationären Phase mit unpolaren Probenkomponenten entgegen. Die Lösungen werden durch Kunststoffschläuche mit Innendurchmesser um einen Millimeter transportiert und müssen daher frei von festen Partikeln sein, sie werden mit Filterporenweiten um 50 µm filtriert. Die Flussgeschwindigkeiten von Eluent, Regenerierlösung und Spüllösung können mithilfe von Messzylindern an den Geräteausgängen überwacht werden. Insbesondere führen Störungen bei den Suppressorflüssigkeiten zur ungenügenden Regeneration der Säule und verschlechtern das Trennergebnis erheblich.

Säule
Die Säulen haben Längen in der Größenordnung von 100 mm und Innendurchmesser um 5 mm. Der Säulenmantel muss den Drücken entsprechend stabil sein und kann aus Stahl bestehen.

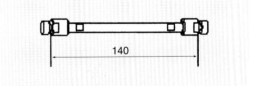

Abb. 22.9: Skizze einer IC-Trennsäule mit der Länge 140 mm

Die Säulen sind die empfindlichsten Bauteile des Ionenchromatographen. Sie dürfen nicht austrocknen und zeigen im kontinuierlichen Betrieb ihre besten Trennleistungen und Standzeiten. Es empfiehlt sich, die Säule auszubauen und in einer vom Hersteller angegebenen Lösung aufzubewahren, wenn der IC einige Tage abgeschaltet bleibt. Beim Einbau ist durch einen Spülgang zu verhindern, dass sich am Säulenkopf ein Luftpolster bildet. Vorsäulen schützen die eigentliche Trennsäule vor Verunreinigungen und erhöhen damit die Standzeit.

Detektor und Einspritzblock

Die Zellkonstante des Detektors ist durch den Hersteller vorgegeben. Ein Thermostat hält die Temperatur des Eluenten auf ungefähr 35 °C, der Temperaturunterschied beträgt maximal 0,01 °C.

Wegen der hohen Drücke kann die Probe nicht direkt auf die Säule gegeben werden. Die Probe wird daher zunächst in eine Probenschleife eingesaugt. Diese wird verschlossen, danach mit Eluent durchgespült und damit der Inhalt in die Trennsäule transportiert. Der Einspritzblock besteht aus einem Mehrwegsystem, das sowohl die Spülung als auch die Füllung der Probenschleife erlaubt. Das Volumen der Probeschleife ist mit dem eingegebenen Probevolumen identisch. Weil das Probevolumen damit reproduzierbar vorgegeben ist, wird in der HPLC die Methode des externen Standards zur quantitativen Analyse bevorzugt. Wegen der niederkapazitiven stationären Phasen werden Probenvolumina um 10 µL eingegeben, damit die Säule nicht überladen wird. Es ist zu empfehlen, die Leitfähigkeit der Analysenproben zu messen und den Gesamtsalzgehalt zu berechnen, ehe die Probe in den IC eingegeben wird. Eine zu hohe Konzentration wird dadurch erkannt und eine unnötige Säulenbelastung vermieden. Wenn die Analytkonzentrationen es erlauben, sollte zur Säulenschonung die Probe verdünnt werden; am besten mit dem Eluenten.

22.5 Quantitative Analyse

Hier wird an einem Beispiel gezeigt, wie mithilfe der Kationenchromatographie die Funktion von handelsüblichen Kartuschen überprüft werden kann, welche die Wasserqualität für die Kaffee- bzw. die Teezubereitung verbessern sollen.

Als Eluent wird eine wässrige Lösung verwendet, die u. a. Dipicolinsäure (2,6-Pyridindicarbonsäure) enthält. Dipicolinsäure bildet mit Calciumionen einen Komplex, der die Retentionszeit so weit herabsetzt, dass der Calciumpeak vor dem Magnesiumpeak erscheint.

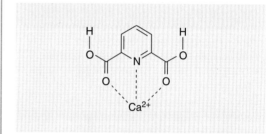

Abb. 22.11: Komplex aus Ca²⁺ und Dipicolinsäure

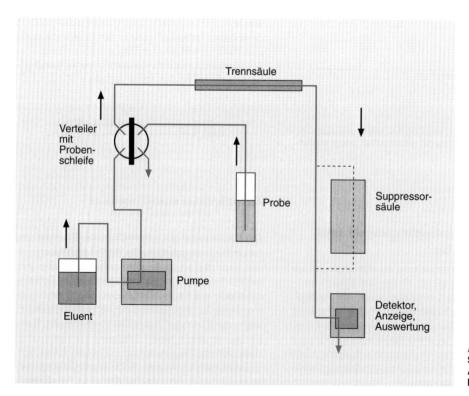

Abb. 22.10: Schematischer Aufbau der IC-Apparatur

Probe	Trinkwasser (AL), dosiertes Volumen 10 µL.
Säule	Metrosep Cation 1–2, 125 mm Länge, 4 mm Durchmesser, Partikeldurchmesser 7,0 µm. Die Proben werden mit Salpetersäure auf den pH 3 gebracht, da alkalische Lösungen die Silicagelmatrix der Säule zerstören.
Eluent	c_0(Weinsäure) = 4 mmol/L, c_0(Dipicolinsäure) = 0,75 mmol/L, wässrige Lösung mit dem Volumenanteil Aceton 2 %, Fluss: 1,00 mL/min, 20 °C, Druck: 7,5 MPa

Tabelle 22.2: **Trennbedingungen für die Bestimmung von Na^+, K^+, Ca^{2+} und Mg^{2+} in Trinkwasser**

Analysenproben

Das Trinkwasser aus der Leitung (AL) wird um den Faktor 1:10 verdünnt, um ein auswertbares Chromatogramm zu erhalten.

AL1: 50,0 mL AL mit VE-Wasser auf 500 mL aufgefüllt

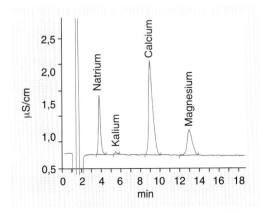

Abb. 22.12: **Bestimmung von Na^+, K^+, Ca^{2+} und Mg^{2+} in Trinkwasser, AL1, Bedingungen nach Tab. 22.2**

	t_R in min	Fläche A in (µS/cm) · s
Natrium	3,66	17,535
Kalium	5,34	0,836
Calcium	8,91	54,890
Magnesium	12,96	18,696

Tabelle 22.3: **Daten für Trinkwasser, AL1, nach Abb. 22.12**

Über die Aufstockmethode wird nachgewiesen, dass alle Peaks den Komponenten richtig zugeordnet sind.

Die Filterkartusche wird mit unverdünntem Leitungswasser zunächst solange gespült, bis das Filtrat nicht mehr von der aus der Kartusche stammenden Aktivkohle getrübt ist. Das klare Filtrat (AL2) wird in den IC eingegeben.

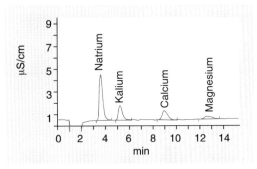

Abb. 22.13: **Bestimmung von Na^+, K^+, Ca^{2+} und Mg^{2+} im filtrierten Trinkwasser, AL2, Bedingungen nach Tab. 22.2.**

	t_R in min	Fläche A in (µS/cm) · s
Natrium	3,58	83,253
Kalium	5,16	31,855
Calcium	8,97	27,664
Magnesium	12,67	12,042

Tabelle 22.4: **Daten für filtriertes Trinkwasser, AL2, nach Abb. 22.13**

Lösungen mit unterschiedlichen Konzentrationen an Magnesiumionen werden über eine Einwaage von $MgCl_2 \cdot 6\,H_2O$ und durch Verdünnungen mit VE-Wasser hergestellt und vermessen.

Kalibrierdaten	$\beta(Mg^{2+})$ in mg/L	A in (µS/cm) · s	$f = \dfrac{A}{\beta}$ in $\dfrac{\mu S \cdot s \cdot L}{cm \cdot mg}$
KL 1	20,7	182,973	8,84
KL 2	16,6	154,091	9,28
KL 3	10,4	93,489	8,99
KL 4	8,3	74,489	8,97
KL 5	5,2	46,834	9,01
KL 6	2,6	22,533	8,67

Tabelle 22.5: **Kalibrierung für Mg^{2+}**

22

Daraus lässt sich für Magnesium der mittlere Responsefaktor und die relative mittlere Abweichung berechnen.

$$f(Mg^{2+}) = 8{,}96 \; \frac{\mu S \cdot s \cdot L}{cm \cdot mg}$$

$$\overline{\Delta f}(Mg^{2+}) = 1{,}5\,\%$$

Durch Auftragung der Flächen gegen die Konzentrationen wird die Kalibrierkurve erhalten. Der Responsefaktor ist gleich der Steigung der Geraden.

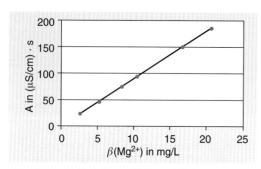

Abb. 22.14: **Kalibrierkurve Mg^{2+} nach Tab. 22.5**

In gleicher Weise wird der Responsefaktor für Calcium bestimmt.

$$f(Ca^{2+}) = 5{,}23 \; \frac{\mu S \cdot s \cdot L}{cm \cdot mg}$$

$$\overline{\Delta f}(Ca^{2+}) = 4{,}3\,\%$$

Verdünntes Trinkwasser (AL1)

$$\beta_{AL1}(Ca^{2+}) = \frac{A(Ca^{2+})}{f(Ca^{2+})} = \frac{54{,}890}{5{,}23} \frac{mg}{L} = 10{,}5 \; \frac{mg}{L}$$

$$\beta_{AL1}(Mg^{2+}) = \frac{A(Mg^{2+})}{f(Mg^{2+})} = \frac{18{,}696}{8{,}96} \frac{mg}{L} = 2{,}1 \; \frac{mg}{L}$$

Trinkwasser, unverdünnt (AL)

$$\beta_{AL}(Ca^{2+}) = 105 \; \frac{mg}{L} \qquad \beta_{AL}(Mg^{2+}) = 21 \; \frac{mg}{L}$$

Trinkwasser nach Filtration (AL2)

$$\beta_{AL}(Ca^{2+}) = 5{,}3 \; \frac{mg}{L} \qquad \beta_{AL}(Mg^{2+}) = 1{,}3 \; \frac{mg}{L}$$

Tabelle 22.6: **Berechnung der Konzentrationen an Ca^{2+} und Mg^{2+}**

Durch die Filtration über die Kartusche werden also etwa 95 % der Härtebildner Calcium und Magnesium aus dem Trinkwasser entfernt.

Wenn das Analysenziel war, die Funktion der Filterkartusche bezüglich der Härtebildner zu bestimmen,

ist die analytische Arbeit an dieser Stelle abzuschließen. Allerdings lohnt es sich immer, Analysenergebnisse nicht isoliert zu sehen, sondern auch scheinbare Nebensächlichkeiten zu registrieren und gegebenenfalls weiter zu verfolgen. Im Beispiel wurde für Natrium und Kalium keine Kalibrierung durchgeführt, doch gibt der bloße Vergleich der Flächen Hinweise auf die Veränderung der Konzentrationen dieser Ionen.

Die Flächen für AL werden unter der Voraussetzung berechnet, dass einer zehnfach höheren Konzentration eine zehnfach größere Fläche entspricht.

	A(Na$^+$) in (μS/cm)$\cdot$s	A(K$^+$) in (μS/cm)$\cdot$s
Verdünntes Trinkwasser (AL1)	17,535	0,836
Trinkwasser, unverdünnt (AL)	175,35	8,36
Trinkwasser nach Filtration (AL2)	83,253	31,855

Tabelle 22.7: **Flächen für Na$^+$ und K$^+$ nach Tab. 22.3 und 22.4**

Unter der Voraussetzung, dass die Kalibrierfaktoren konstant sind, bedeutet dies, dass sich gegenüber der Ausgangslösung AL die Konzentration des Natriums durch die Filtration ungefähr halbiert, aber die Konzentration des Kaliums fast um das Vierfache steigt.

Die Filterkartusche entnimmt dem Trinkwasser etwa 95 % der Härtebildner und ungefähr die Hälfte der Konzentration des Natriums, die Konzentration des Kaliums wird erhöht. Es handelt sich also bei der Füllung der Filterkartusche um einen Ionenaustauscher. Allerdings kann die Abgabe von Kalium an das filtrierte Wasser die Aufnahme von Natrium, Calcium und Magnesium durch den Ionenaustauscher allein nicht bewirken, denn pro Natriumion muss ein Kaliumion, pro Calciumion bzw. Magnesiumion müssen zwei Kaliumionen ausgetauscht werden. Bei der Überprüfung der pH-Werte stellte sich heraus, dass der pH-Wert des Trinkwassers vor der Filtration 7,5 betragen hat, nach der Filtration nur noch 5,0. Der Ionenaustauscher in der Kartusche gibt also beim Austausch auch H$_3$O$^+$-Ionen an das Wasser ab und erhöht damit dessen Säuregrad. Wird in einem Trinkwasser der Säuregrad erhöht, so führt das nach dem Gleichgewicht der Kohlensäure zur Bildung von Kohlenstoffdioxid aus Hydrogencarbonat. Dies könnte durch potentiometrische Titrationen nachgewiesen werden. Wenn die Filterkartusche die zweifach positiv geladenen Analyte Calcium und Magnesium aus dem Trinkwasser weitestgehend entfernt, dann ist damit zu rechnen, dass Schwermetallionen mit ähnlicher Ladung gleichfalls in der Filterkartusche verbleiben. Untersuchungen mithilfe der Atomabsorptionsspektroskopie könnten darüber Aufschluss geben. Die in der Filterkartusche enthaltene Aktivkohle vermag als oberflächenaktive Phase die verschiedensten organischen Substanzen zu adsorbieren, was durch die Gaschromatographie bzw. die Hochdruckflüssigkeitschromatographie mit geeigneten Säulen und Detektoren untersucht werden könnte. In der Analytik herrscht kein Mangel an Aufgaben und Zielen.

22.6 Optimierung von Analysenverfahren nach den Beurteilungskriterien

Aufgrund der Vielzahl an Aufgaben und Zielen in der Analytik gibt es auch zahlreiche Probleme. Sicherlich treten bei jeder einzelnen Analyse spezifische Probleme auf, diese lassen sich aber fast immer durch mehr oder weniger allgemein gültige Methoden erkennen und lösen. Die Grundlage dazu bilden die Beurteilungskriterien Richtigkeit, Präzision, Bestimmungsgrenze, Sicherheit und Effektivität. Sie bilden das Grundhandwerkszeug, mit dessen Hilfe Analysenverfahren optimiert werden können. Ist ein spezifisches Problem in dieses Raster einzuordnen, so kann in der Regel ein erster Lösungsansatz diskutiert werden.

Die Tabelle zur Optimierung von Analysenverfahren nach den Beurteilungskriterien wurde in den ersten Bausteinen dieses Buches angelegt und bis zum Baustein 9 „Komplexometrie und Selektivität" fortgeschrieben. Viele Methoden, die in den nachfolgenden Bausteinen beschrieben werden, lassen sich schon auf diese Tabelle zurückführen. Tab. 22.8 zeigt die Fortschreibung unter Einbezug der instrumentellen Analytik.

Kriterium	Methode
Richtigkeit	– Gerätekennlinien bestimmen – Geräte kalibrieren – Auflösung optimieren – relative Empfindlichkeit und Auflösungsvermögen der Detektoren beachten – Messwerte interpolieren – Referenzverfahren einsetzen – Hilfsstoffe (Modifier) verwenden – strukturanzeigende Detektoren verwenden – Standardadditionsmethode einsetzen – internen Standard verwenden – Auswertemethoden vergleichen – Spektren mit Datenbanken vergleichen – analytspezifische Daten ermitteln (z. B. Titrationsverlauf, Extinktionskoeffizient, Trennfaktor) – Analytverlust bei Probennahme und Probenaufbereitung sowie Querverschmutzung vermeiden – Proben repräsentativ nehmen und konservieren – homogene Proben vermessen – Gesamtbild der Probe feststellen (z. B. Ionenbilanz)
Präzision	– automatische Dosiereinrichtungen (Probenschleife) verwenden
Bestimmungsgrenze	– Geräte justieren – Untergrund kompensieren oder eliminieren (Temperaturprogramme, Suppression) – Analyte derivatisieren und anreichern
Sicherheit	– geschlossene Aufschlussapparaturen verwenden – Mikroverfahren bei der Probenaufbereitung einsetzen

Tabelle 22.8: **Optimierung von Analysenverfahren nach den Beurteilungskriterien** (Fortsetzung der Tabelle auf Seite 246)

Kriterium	Methode
Effektivität	– Schnelltestverfahren einsetzen (z. B. Einpunktkalibrierung, Direktpotentiometrie, Konzentrationsbestimmungen über Extinktionskoeffizienten oder Responsefaktoren)
	– Druckaufschlussverfahren einsetzen
	– Trennleistungen überprüfen
	– Arbeitsbereiche festlegen
	– Temperaturprogramme testen
	– auf Handhabbarkeit der Geräte achten (z. B. kompakte Elektroden, Einstabmessketten, Zweistrahlspektrometer)
	– auf optimale Standzeiten achten (z. B. sachgemäße Lagerung von Elektroden und Säulen)
	– automatische Probengeber einsetzen
	– Systeme mit automatischer Messwerterfassung, Auswertung und Darstellung verwenden
	– allgemeine Standardarbeitsanweisungen erstellen, DIN-Vorschriften anwenden

Tabelle 22.8: Optimierung von Analysenverfahren nach den Beurteilungskriterien
(Fortsetzung der Tabelle von Seite 245)

22.7 Übung

Ionenchromatographie

1. Wie kann über einen Ionenaustauscher mithilfe einer Titration die Konzentration von Kochsalz in einer wässrigen Lösung bestimmt werden? Diskutieren Sie alternative Möglichkeiten.

2. Beschreiben Sie die Vorgänge beim „Beladen" und beim „Regenerieren" des Ionenaustauschers in einer Spülmaschine. Skizzieren Sie die Wasserflüsse.

3. Schrot, ein Abfallprodukt aus der Getreideverarbeitung, kann ebenso wie kommerzielle Ionenaustauscher zur Reinigung von Wässern von Schwermetallen verwendet werden. Diskutieren Sie Vor- und Nachteile dieser Alternativen.

4. Wie ist zu erklären, dass die Retention des Komplexes aus Mg^{2+} und Dipicolinsäure pH-abhängig ist?

5. Sie untersuchen eine Probe, die Chlorid, Nitrat, Sulfat und Phosphat enthält, über einen Anionenaustauscher und stellen fest, dass trotz der Veränderung des pH-Wertes die Retentionszeiten dreier Peaks nahezu konstant bleiben, während die Retentionszeit des vierten Peaks sich stark verändert. Wie ist das zu erklären?

6. Stellen Sie die Funktion der van-Deemter-Gleichung anhand selbst gewählter Zahlenwerte grafisch dar. Ermitteln Sie die optimale Durchflussgeschwindigkeit und die zugehörige Bodenhöhe. Variieren Sie die Werte der Konstanten.

7. Vergleichen Sie das bei der Chromatographie der Kationen erhaltene Trennergebnis mit dem Ergebnis der gaschromatographischen Trennung von Heptan, Octan und Nonan (vgl. Baustein „Gaschromatographie") und diskutieren Sie die Unterschiede!

8. Überprüfen Sie, ob es sinnvoll ist, bei der Kationenanalytik mit einem Suppressor zu arbeiten. Wählen Sie als Analyten das Kaliumion mit dem Gegenion Nitrat, als Eluenten Salzsäure. Die Suppressorsäule wird mit Natronlauge regeneriert.

9. Behälter mit der wässrigen Eluentlösung aus Carbonat und Hydrogencarbonat sind gegen die Außenluft nicht vollständig abgeschlossen, allerdings erfolgt der Luftzutritt über ein mit einem weißen Pulver gefülltes Glasröhrchen. Welche Funktion hat das Pulver und um welchen Stoff könnte es sich dabei handeln?

23 Lösungen zu den Übungen

Hier werden die Lösungen der meisten Übungsaufgaben angegeben, die rechnerisch zu bearbeiten sind. Sind bei anderen Aufgaben Schwierigkeiten zu erwarten, werden Stichworte zur Lösung bzw. der vollständige Lösungsweg angegeben. Einige Aufgaben erfordern eine eigene Literaturrecherche.

Zu Baustein 3:

Chemisches Gleichgewicht

④
$$c(AB) = c_z(A) = c_z(B) = 0,200 \frac{mol}{L}$$

$$c(A) = c(B) = c_0(A) - c_z(A) = c_0(A) - c(AB) =$$
$$= (0,500 - 0,200) \frac{mol}{L} = 0,300 \frac{mol}{L}$$

$$K = \frac{c(AB)}{c(A) \cdot c(B)} = \frac{0,200 \frac{mol}{L}}{0,300 \frac{mol}{L} \cdot 0,300 \frac{mol}{L}} = 2,22 \frac{L}{mol}$$

$$c_0(A) = c(A) + c_z(A) = c(A) + c(AB);$$

$$c(AB) = c_0(A) - c(A);$$

$$c(A) = c(B);$$

$$2,22 = \frac{c_0(A) - c(A)}{c^2(A)}$$

gemischtquadratische Gleichung lösen, ergibt:
$$c(A) = c(B) = 0,0842 \frac{mol}{L};$$

$$c(AB) = (0,100 - 0,0842) \frac{mol}{L} = 0,0158 \frac{mol}{L}$$

⑤
$$A_2B \rightleftarrows 2A + B;$$

$$c_z(A_2B) = c(B) = 0,5 \cdot c(A);$$

$$\alpha = \frac{c_z(A_2B)}{c_0(A_2B)}$$

$$c_0(A_2B) = \frac{0,5 \cdot 0,246 \frac{mol}{L}}{0,225} = 0,547 \frac{mol}{L}$$

$$c(B) = 0,123 \frac{mol}{L};$$

$$c(A_2B) = c_0(A_2B) - c(B) = (0,547 - 0,123) \frac{mol}{L} =$$
$$= 0,424 \frac{mol}{L}$$

⑥
bei pH 5 ist $\beta(NH_3) = 0,996 \frac{mg}{L}$

$$NH_3 + H_2O \rightleftarrows NH_4^+ + OH^-;$$

$$K_B(NH_3) = \frac{c(NH_4^+) \cdot c(OH^-)}{c(NH_3)}$$

$$K_B(NH_3) = \frac{c(NH_4^+) \cdot K_W}{c(NH_3) \cdot c(H_3O^+)}$$

$$c(NH_3) = \frac{c(NH_4^+) \cdot K_W}{K_B(NH_3)} \cdot \frac{1}{c(H_3O^+)}$$

$$\beta(NH_3) = \frac{c(NH_4^+) \cdot K_W \cdot M(NH_3)}{K_B(NH_3)} \cdot \frac{1}{c(H_3O^+)}$$

$$\beta(NH_3) = 9,96 \cdot 10^{-6} \frac{mol}{L} \cdot \frac{mg}{L} \cdot \frac{1}{c(H_3O^+)}$$

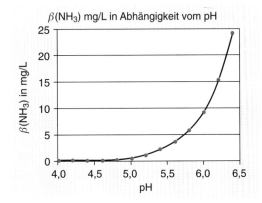

$\beta(NH_3)$ mg/L in Abhängigkeit vom pH

⑦
pH = 2,00

⑧
$m(NaOH, unrein) = 1,37\ g$

⑨
$w(NH_3) = 0,0020;$

$M(NH_3) = 17,03056 \frac{g}{mol};$

$\beta = w \cdot \varrho;$

$\beta = M \cdot c;$

für die verdünnte Lösung kann eine Dichte von 1 g/ml angenommen werden

$$c(NH_3) = \frac{w(NH_3) \cdot \varrho}{M(NH_3)} = \frac{0,0020 \cdot 1000 \frac{g}{L}}{17,03056 \frac{g}{mol}} =$$

$$= 0,1174 \frac{mol}{L}$$

$$c(OH^-) = \sqrt{K_B \cdot c_0(NH_3)};$$

$$K_B(NH_3) = 1,79 \cdot 10^{-5} \frac{mol}{L}$$

Lö

$$c(OH^-) = \sqrt{1,79 \cdot 10^{-5} \frac{mol}{L} \cdot 0,1174 \frac{mol}{L}} =$$

$$= 1,450 \cdot 10^{-3} \frac{mol}{L}$$

$p(OH) = 2,84;$

pH = 11,16

Zu Baustein 4:

Nasschemische qualitative Analyse

④
Probelösung vor der Zugabe von Reagenzien zwei-
teilen.

Zu Baustein 5:

Gravimetrie

⑥
Titer, Wirkungsgrad, Ausbeute, Dissoziationsgrad

⑨
$m(Fe^{3+}) = 88,97$ mg

⑪
$m(Al^{3+}) = 236,1$ mg

Zu Baustein 6:

Behandlung von Messwerten

Aufgabe	①	②	③
Ausreißer (P 95 %)	keine	keine	keine
Anzahl der Messungen	6	10	10
Streubreite	18,7 mg	0,06 mmol/L	0,17 mg/L
Mittelwert	408,8 mg	4,03 mmol/L	5,25 mg/L
Mittl. Abweichung in %	1,3	0,45	0,75
Standardabweichung		0,02 mmol/L	0,05 mg/L
Rel. Standardabweichung in %		0,55	0,96

Aufgabe ④

	A	B	C	D	E
Ausreißer (P 95 %)	keine	keine	keine	18,1 mmol	keine
Anzahl der Messungen	3	4	5	5	7
Streubreite in mmol	0,9	0,9	0,9	0,3	0,9
Mittelwert in mmol	17,6	17,5	17,5	17,4	17,6
Mittl. Abweichung in %	1,9	1,6	1,4	0,58	1,4

Aufgabe ⑤

	pH	SK	BK
Ausreißer (P 95 %)	6,54	2,68 u. 7,40	keine
Anzahl der Messungen	8	7	8
Streubreite in mmol/L	0,52	0,44	1,06
Mittelwert in mmol/L	7,31	6,66	0,74
Mittl. Abweichung in %	2,07	1,6	32
Standardabweichung in mmol/L	0,19	0,15	0,32
Rel. Standardabweichung in %	2,6	2,2	44

⑥
Blindwerte zeigen eine Drift;
P (95 %): $x = 7{,}90$ mg/L $y = 92{,}2$ mg/L

Zu Baustein 8:

Säure-Base-Titration

⑥
In 25,0 mL Speiseessig ist $V_{(Essigsäure)} = 1{,}25$ ml und
$m(CH_3COOH) = 1{,}313$ g;
$V_{ÄP(NaOH)} = 43{,}7$ mL

⑦
$c(NaOH) = 0{,}267$ mol/L

⑧
$w(NaOH) = 85{,}1$ %

⑨
$\beta(CaOH)_2 = 13{,}0$ g/L

⑩
für: $Na_2CO_3 + HCl \rightarrow NaHCO_3 + NaCl$
   $V_{HCl} = 9{,}51$ mL;
   $t(HCl) = 1{,}09$
für: $Na_2CO_3 + 2HCl \rightarrow H_2O + CO_2 + 2NaCl$
   $V_{HCl} = 19{,}12$ mL;
   $t(HCl) = 1{,}09$

⑪
$w(CaCO_3) = 79{,}9$ %

Zu Baustein 9:

Komplexbildungstitration und Selektivität

⑦
$w(Pb^{2+}) = 22{,}9$ %

⑧
$Ni^{2+} + TIII \rightarrow [NiTIII]^{2+}$;
$Zn^{2+} + TIII \rightarrow [ZnTIII]^{2+}$
Stoffmengenverhältnisse jeweils 1:1

$n_0(TIII) = n_{Ni^{2+}}(TIII) + n_{Zn^{2+}}(TIII)$;
$n_0(TIII) = 0{,}300 \cdot 10^{-3}$ mol

$n_{Zn^{2+}}(TIII) = 0{,}134 \cdot 10^{-3}$ mol;
$n_{Ni^{2+}}(TIII) = n_0(TIII) - n_{Zn^{2+}}(TIII) = 0{,}166 \cdot 10^{-3}$ mol

$\beta(Ni^{2+}) = 97{,}4$ mg/L

⑨
$c(Ca^{2+}) = 1{,}40 \cdot 10^{-3}$ mol/L
$\beta(Ca^{2+}) = 56{,}0$ mg/L
$c(Mg^{2+}) = 0{,}527 \cdot 10^{-3}$ mol/L
$\beta(Mg^{2+}) = 12{,}8$ mg/L

$c(Ca^{2+}, Mg^{2+}) = 1{,}93 \cdot 10^{-3}$ mol/L, das entspricht
10,8 °dH

Lö

Zu Baustein 10:

Elektrische Leitfähigkeit und Konduktometrie

⑥

Probe teilen, Summe der Säuren mit Natronlauge titrieren, Salzsäure mit Silbernitrat bestimmen.

⑦

$Al^{3+} + 3\,OH^- \rightarrow Al(OH)_3\downarrow$

$Al(OH)_3 + OH^- \rightarrow [Al(OH)_4]^-$

Mit der Titration fällt die Leitfähigkeit bis zum ersten Äquivalenzpunkt ab und steigt dann zum zweiten Äquivalenzpunkt hin an. Nach dem zweiten Äquivalenzpunkt steigt die Leitfähigkeit stark an, der Steigungsunterschied ist deutlich sichtbar.

⑧

$n(HCl) = 30,1$ mmol

$n(CH_3COOH) = 15,2$ mmol

⑩

$n(HCl) = 27,8$ mmol

$n(CH_3COOH) = 4,91$ mmol

⑪

$\beta(SO_4{}^{2-}) = 666$ mg/L

Zu Baustein 11:

Elektrochemisches Potenzial: Prinzip und Anwendungen in der Analytik

③

Das Chromsystem hat das negativere Normpotenzial, daher fließen die Elektronen vom Chromsystem zum Eisensystem.

④

Entscheidend ist das Potenzial der Metallsysteme relativ zum Wasserstoffsystem. Hat das Metallsystem das negativere Potenzial, dann werden Elektronen an das Wasserstoffsystem geliefert, das Metall löst sich auf und Wasserstoffgas entwickelt sich.

⑥

Da Einzelpotenzial und Normalpotenzial die Einheit V (Volt) haben und ein Logarithmus keine Einheit hat, muss der Wert 0,059 ebenfalls die Einheit Volt haben.

⑦

$c(Zn^{2+})$ in mol/L	0,060	0,0060	0,00060
$E(Zn^{2+}/Zn)$ in V	−0,80	−0,83	−0,86

Die Auftragung des Logarithmus der Konzentrationen gegen das elektrochemische Potenzial ergibt eine Gerade mit der Steigung 0,030 Volt.

Zu Baustein 12:

Potenziometrische Säure-Base-Titration

④

Titrationsverlauf und Stoffmengenverhältnis sind bekannt.

$C_6H_8O_7 + 3\,NaOH \rightarrow C_6H_5O_7Na_3 + 3\,H_2O$

$M(C_6H_8O_7) = 192,13$ g/mol

$$\frac{n(C_6H_8O_7)}{n(NaOH)} = \frac{1}{3}$$

Maßlösung: $c(NaOH) = 0,196$ mol/L

a) Grobbestimmung: Vorlage VL: 5,0 mL AL

$V_{\text{ÄP}(NaOH)}$ ca. 22 mL

Es wird mit einer 25-mL-Bürette titriert. Da das Volumen des Äquivalenzpunktes mindestens bei 10 mL liegen soll, wird die AL verdünnt.

a1) Berechnung der ungefähren Konzentration an Citronensäure in der AL nach der Grobbestimmung.

$$n(C_6H_8O_7) = \frac{1}{3} \cdot n(NaOH)$$

$$c_{AL}(C_6H_8O_7) \cdot V_{VL(C_6H_8O_7)} =$$
$$= \frac{1}{3} \cdot c(NaOH) \cdot V_{\text{ÄP}(NaOH)}$$

$$c_{AL}(C_6H_8O_7) = \frac{1}{3} \cdot \frac{c(NaOH) \cdot V_{\text{ÄP}(NaOH)}}{V_{VL(C_6H_8O_7)}} =$$

$$= \frac{1}{3} \cdot \frac{0,196\,\frac{mol}{L} \cdot 22\ mL}{5,0\ mL} = 0,29\,\frac{mol}{L}$$

a2) Berechnung der Konzentration an Citronensäure in einer verdünnten Analysenlösung AL1, die bei einer Vorlage von 10 mL einen Äquivalenzpunkt mit einem Volumen von 10 mL Maßlösung ergibt.

$$c_{AL1}(C_6H_8O_7) = \frac{1}{3} \cdot \frac{c(NaOH) \cdot V_{\text{ÄP}(NaOH)}}{V_{VL(C_6H_8O_7)}} =$$

$$= \frac{1}{3} \cdot \frac{0,196\,\frac{mol}{L} \cdot 10\ mL}{10\ mL} = 0,065\,\frac{mol}{L}$$

a3) Berechnung der Herstellung der AL1; das Volumen der Lösung soll 50 mL sein.

$$c_{AL}(C_6H_8O_7) \cdot V_{AL(C_6H_8O_7)} =$$
$$= c_{AL1}(C_6H_8O_7) \cdot V_{AL1(C_6H_8O_7)}$$

$$V_{AL(C_6H_8O_7)} = \frac{c_{AL1}(C_6H_8O_7) \cdot V_{AL1(C_6H_8O_7)}}{c_{AL}(C_6H_8O_7)} =$$

$$= \frac{0,065\,\frac{mol}{L} \cdot 50,0\ mL}{0,29\,\frac{mol}{L}} = 11,2\ mL$$

Das berechnete Volumen wird nicht abgemessen. Von der AL werden 20,0 mL auf 50,0 mL aufgefüllt. Das Volumen des zu erwartenden

Äquivalenzpunktes liegt mit Sicherheit über 10 mL und unter 25 mL.

a4) Berechnung der ungefähren Konzentration an AL1 nach dieser Verdünnung

$$c_{AL1}(C_6H_8O_7) = \frac{c_{AL}(C_6H_8O_7) \cdot V_{AL(C_6H_8O_7)}}{V_{AL1(C_6H_8O_7)}} =$$

$$= \frac{0{,}29 \frac{mol}{L} \cdot 20{,}0 \text{ mL}}{50{,}0 \text{ mL}} = 0{,}12 \frac{mol}{L}$$

a5) Berechnung des zu erwartenden Äquivalenzpunktes

$$V_{\ddot{A}P(NaOH)} = \frac{3 \cdot c_{AL1}(C_6H_8O_7) \cdot V_{VL(C_6H_8O_7)}}{c(NaOH)} =$$

$$= \frac{3 \cdot 0{,}12 \frac{mol}{L} \cdot 10{,}0 \text{ mL}}{0{,}196 \frac{mol}{L}} = 18{,}4 \text{ mL}$$

b) Der Äquivalenzpunkt bei der Feinbestimmung wird bei 17,78 mL gefunden. Die Abweichung zwischen der Auswertung über die Tangentenmethode zu der Auswertung über die Ableitmethode beträgt weniger als ein Prozent.

Berechnung der Stoffmengenkonzentration an Citronensäure in AL1

$$c_{AL1}(C_6H_8O_7) = \frac{1}{3} \cdot \frac{0{,}196 \frac{mol}{L} \cdot 17{,}78 \text{ mL}}{10{,}0 \text{ mL}} =$$

$$= 0{,}116 \frac{mol}{L}$$

Berechnung der Stoffmengenkonzentration an Citronensäure in AL:

$$c_{AL}(C_6H_8O_7) = \frac{c_{AL1}(C_6H_8O_7) \cdot V_{AL1(C_6H_8O_7)}}{V_{AL(C_6H_8O_7)}} =$$

$$= \frac{0{,}116 \frac{mol}{L} \cdot 50{,}0 \text{ mL}}{20{,}0 \text{ mL}} = 0{,}290 \frac{mol}{L}$$

Berechnung der Massenkonzentration an Citronensäure in AL:

$$\beta_{AL}(C_6H_8O_7) = M(C_6H_8O_7) \cdot c(C_6H_8O_7) =$$

$$= 0{,}290 \frac{mol}{L} \cdot 192{,}13 \frac{g}{mol} = 55{,}7 \frac{g}{L}$$

c) Die Feinbestimmung sollte in kleineren Schrittweiten erfolgen. Blindwertsbestimmung sowie Messungen zur Bestimmung der Präzision fehlen. Die Wiederfindungsrate sollte bestimmt werden. Dazu wird das Fruchtfleisch gründlich mit Wasser ausgewaschen. Es wird danach mit einer berechneten Menge an Citronensäure und mit VE-Wasser versetzt (Konzentration vergleichbar c_{AL}). Die Suspension wird gerührt, zentrifugiert, verdünnt und titriert.

⑤
Der Kurvenverlauf zeigt zwei Äquivalenzpunkte. Die Potenzialsprünge liegen ungefähr bei den pH-Werten 8 und 4. Die verwendete Maßlösung an Salzsäure hat eine Konzentration von ungefähr 0,11 mol/L. Bei der Auswertung über beide Äquivalenzpunkte ergibt sich ein Unterschied von 2 %. Über die Wiederfindungsrate und über Feinbestimmungen muss überprüft werden, welcher der Äquivalenzpunkte zur Konzentrationsbestimmung von Salzsäuremaßlösungen verwendet wird.

⑥
Vorgaben:
$c(NaOH) = 0{,}100$ mol/L
25-mL-Bürette
$V_{Vorlage(Phosphorsäure)} = 10{,}0$ mL
geplante ÄP: $V_{\ddot{A}P1(NaOH)} = 6$ mL;
$\qquad\qquad V_{\ddot{A}P2(NaOH)} = 12$ mL;
$\qquad\qquad V_{\ddot{A}P3(NaOH)} = 18$ mL

Berechnung der Konzentration an Phosphorsäure für die Vorlage

$$c(H_3PO_4) = \frac{c(NaOH) \cdot V_{\ddot{A}P(NaOH)}}{V_{VL(H_3PO_4)}} =$$

$$= \frac{0{,}100 \frac{mol}{L} \cdot 6 \text{ mL}}{10 \text{ mL}} = 0{,}06 \frac{mol}{L}$$

Berechnung der Konzentration der vorhandenen Phosphorsäure

$$c(H_3PO_4) = \frac{w(H_3PO_4) \cdot \varrho_{(H_3PO_4)}}{M(H_3PO_4)} =$$

$$= \frac{0{,}85 \cdot 1{,}71 \frac{kg}{L}}{97{,}99 \frac{g}{mol}} = 14{,}8 \frac{mol}{L}$$

Verdünnung der konzentrierten (k) Phosphorsäure:
$c_k(H_3PO_4) \cdot V_{k(H_3PO_4)} = c_v(H_3PO_4) \cdot V_{v(H_3PO_4)}$

Geplantes Volumen der verdünnten Phosphorsäure: $V_{v(H_3PO_4)} = 1{,}00$ L

$$V_{k(H_3PO_4)} = \frac{c_v(H_3PO_4) \cdot V_{v(H_3PO_4)}}{c_k(H_3PO_4)} =$$

$$= \frac{0{,}06 \frac{mol}{L} \cdot 1{,}00 \text{ L}}{14{,}8 \frac{mol}{L}} = 4{,}05 \text{ mL}$$

Tatsächlich werden 5,00 mL der konzentrierten Phosphorsäure in einen 1-L-Messkolben gegeben, dann wird mit VE-Wasser aufgefüllt. Die Soll-Äquivalenzpunkte liegen dann bei 7,4, 14,8 und 22,2 mL.

Lö

Zu Baustein 13:

Redoxtitration

①
Die Gleichung $I_2 + 2e^- \rightarrow 2I^-$ zeigt, dass mit zunehmendem Gehalt an Iodid das Bestreben von Iod in Iodid überzugehen verringert wird, also nimmt die oxidierende Wirkung der Maßlösung ab.

②
$$2NH_3 + NO + NO_2 \rightarrow 2N_2 + 3H_2O$$
$$8NH_3 + 6NO_2 \rightarrow 7N_2 + 12H_2O$$
$$4NH_3 + 4NO + O_2 \rightarrow 4N_2 + 6H_2O$$

③
$$HCOOH + 2H_2O \rightarrow CO_2 + 2e^- + 2H_3O^+$$
$$MnO_4^- + 8H_3O^+ + 5e^- \rightarrow Mn^{2+} + 12H_2O$$
$$2MnO_4^- + 5HCOOH + 6H_3O^+ \rightarrow$$
$$\rightarrow 5CO_2 + 2Mn^{2+} + 14H_2O$$

④
$$Cr_2O_7^{2-} + 14H_3O^+ + 6Fe^{2+} \rightarrow$$
$$\rightarrow 2Cr^{3+} + 21H_2O + 6Fe^{3+}$$
$$\frac{n(Fe^{2+})}{n(Cr_2O_7^{2-})} = \frac{6}{1};$$

$$M[(NH_4)_2Fe(SO_4)_2 \cdot 6H_2O] = 392{,}14 \text{ g/mol}$$
$$n[(NH_4)_2Fe(SO_4)_2 \cdot 6H_2O] =$$
$$= 6 \cdot c(Cr_2O_7^{2-}) \cdot V_{\text{ÄP}(Cr_2O_7^{2-})}$$

geplantes Volumen für den Äquivalenzpunkt
$$V_{\text{ÄP}(Cr_2O_7^{2-})} = 10 \text{ mL}$$

Vorgabe nach der Standardarbeitsanweisung für hinnehmbaren Volumenfehler und sparsamen Umgang mit der Maßlösung

$$m[(NH_4)_2Fe(SO_4)_2 \cdot 6H_2O] =$$
$$= 6 \cdot 0{,}02 \text{ mol/L} \cdot 10 \cdot 10^{-3} \text{ L} \cdot 392{,}14 \text{ g/mol}$$

$$m[(NH_4)_2Fe(SO_4)_2 \cdot 6H_2O] = 0{,}471 \text{ g};$$

nach SAA gut abzuwiegen

⑤ a)
$$C_2H_5OH + 2H_2O \rightarrow CH_3CHO + 2H_3O^+ + 2e^-$$
$$Cr_2O_7^{2-} + 14H_3O^+ + 6e^- \rightarrow 2Cr^{3+} + 21H_2O$$
$$Cr_2O_7^{2-} + 3C_2H_5OH + 8H_3O^+ \rightarrow$$
$$\rightarrow 2Cr^{3+} + 3CH_3CHO + 15H_2O$$
b) Dichromat ist orangefarben, Cr^{3+} ist grün gefärbt.

⑥
a) Definiertes Volumen der Wasserprobe entnehmen, ansäuern, mit Überschuss an Iodid versetzen, Indikator zusetzen, mit Thiosulfat gebildetes Iod zurücktitrieren

b) **Reaktion**
$$O_2 + 4H_3O^+ + 4e^- \rightarrow 6H_2O$$
$$2I^- \rightarrow I_2 + 2e^-$$
$$O_2 + 4H_3O^+ + 4I^- \rightarrow 6H_2O + 2I_2$$

$$\frac{n(O_2)}{n(I_2)} = \frac{1}{2}$$

Rücktitration
$$2S_2O_3^{2-} + I_2 \rightarrow S_4O_6^{2-} + 2I^-$$

$$\frac{n(I_2)}{n(S_2O_3^{2-})} = \frac{1}{2}$$
$$m(O_2) = \frac{1}{2} \cdot n(I_2) \cdot M(O_2) = \frac{1}{4} \cdot n(S_2O_3^{2-}) \cdot M(O_2)$$

Die Massenkonzentration an Sauerstoff ergibt sich aus der errechneten Masse und dem Vorlagevolumen.

⑦
$$H_2O_2 + 2H_2O \rightarrow 2H_3O^+ + O_2 + 2e^-$$

$$MnO_4^- + 8H_3O^+ + 5e^- \rightarrow Mn^{2+} + 12H_2O$$

$$5H_2O_2 + 2MnO_4^- + 6H_3O^+ \rightarrow$$
$$\rightarrow 5O_2 + 2Mn^{2+} + 14H_2O$$

$$\frac{n(H_2O_2)}{n(MnO_4^-)} = \frac{5}{2}$$

$$M(H_2O_2) = 34{,}0147 \text{ g/mol}$$

$$m(H_2O_2) = 2{,}5 \cdot 0{,}1 \text{ mol/L} \cdot 0{,}865 \cdot 17{,}20 \cdot$$
$$\cdot 10^{-3} \text{ L} \cdot 34{,}0147 \text{ g/mol} = 0{,}127 \text{ g}$$
$$\beta(H_2O_2) = 2{,}53 \text{ g/L}$$

⑧
Die Probelösung wird mit einem Überschuss an Iodid versetzt, das gebildete Iod wird mit Thiosulfatlösung zurücktitriert.

$$n(Fe^{3+}) = 2 \cdot n(I_2) = n(S_2O_3)^{2-}$$

Zu Baustein 14:

Genormte Verfahren und Summenparameter

①
CSB:
a) Herstellung der Reaktionsmischung; Oxidation unter definierten Bedingungen; Rücktitration des nicht umgesetzten Kaliumdichromats mit Ammoniumeisen(II)sulfat.
b) Keine direkte Titration mit Kaliumdichromat; Rücktitration, weil Stoffe enthalten sind, die unterschiedlich schnell oxidiert werden können, es ergäbe sich kein gut repoduzierbarer Äquivalenzpunkt; mit der Norm sind die Analysenwerte vergleichbar.

Oxidierbarkeit:
a) Oxidation mit einem definierten Überschuss an Kaliumpermanganat; Reduktion des überschüssigen Kaliumpermanganats mit überschüssiger Oxalsäure; Rücktitration der überschüssigen Oxalsäure mit Kaliumpermanganat.

Lö

b) Begründung wie bei CSB-Wert, es kommt hinzu, dass eine erwärmte Kaliumpermanganatlösung nicht sehr stabil ist und Braunstein gebildet werden könnte. Daher wird mit überschüssiger Oxalsäure das Kaliumpermanganat komplett umgesetzt und die restliche Oxalsäure titriert.

Kjeldahl-Prozess:

a) Gegebenenfalls Reduktion von Nitraten, Nitriten mit Reduktionsmitteln bzw. Zerstörung der organischen Matrix mit Schwefelsäure; Austreiben des gebildeten Ammoniaks mit konz. Natronlauge und Wasserdampfdestillation; Absorption des Ammoniaks in der vorgelegten Säure; Rücktitration der Säure.

b) Die Absorption des Ammoniaks in Wasser wäre denkbar, allerdings ist mit einer unvollständigen Absorption zu rechnen. In eine Säure eingeleitet bildet sich aus dem Ammoniak wieder das Ammoniumion, bei dem kein Verlust anzunehmen ist.

②
Die **Richtigkeit** wird über die **Wiederfindungsrate** von Standardsubstanzen festgestellt. Die zulässigen Wiederfindungsraten sind angegeben, eine Umrechnung des Analysenergebnisses mit den Wiederfindungsraten ist nicht erwähnt. Der **Blindwert** darf nur $^1/_{10}$ des vorgegebenen Oxidationsmittels verbrauchen, das **Signal-Rauschen-Verhältnis** ist also mindestens $^{10}/_1$. Um eine Aussage über **Ausreißer** bzw. **Präzision** machen zu können, werden mindestens drei Messwerte bestimmt. Die **Bestimmungsgrenze** wird mit 15 mg/L beim CSB angegeben. Die Norm enthält Anweisungen zur **Sicherheit** (Schwefelsäurezugabe, Entsorgung der Reagenzien).

③
$$NO_2^- + 2\,Fe + 7\,H_3O^+ \rightarrow NH_3 + 2\,Fe^{3+} + 9\,H_2O$$

$$3\,NO_3^- + 8\,Fe + 27\,H_3O^+ \rightarrow 3\,NH_3 + 8\,Fe^{3+} + 36\,H_2O$$

$$NO_2^- + 3\,H_2 + H_3O^+ \rightarrow NH_3 + 3\,H_2O$$

$$NO_3^- + 4\,H_2 + H_3O^+ \rightarrow NH_3 + 4\,H_2O$$

④
$$\frac{n(O_2)}{n(K_2Cr_2O_7)} = \frac{6}{4}$$

$$\frac{n(O_2)}{n(KMnO_4)} = \frac{5}{4}$$

⑤
CSB:

Bilanz
$$n_0(K_2Cr_2O_7) = n_A(K_2Cr_2O_7) + n_R(K_2Cr_2O_7) + n_{BW}(K_2Cr_2O_7)$$

Rücktitration
$$Cr_2O_7^{2-} + 14\,H_3O^+ + 6\,Fe^{2+} \rightarrow$$
$$\rightarrow 2\,Cr^{3+} + 6\,Fe^{3+} + 21\,H_2O$$

Umrechnung $n(O_2) = 1,5 \cdot n(K_2Cr_2O_7)$;
aus $n(O_2)$ wird $m(O_2)$ berechnet;

Ergebnis $\quad CSB = m(O_2)/\text{Probevolumen}$

Permanganatindex:
$$n_R(KMnO_4) + n_0(KMnO_4) =$$
$$= n_A(KMnO_4) + n_{Oxalsäure}(KMnO_4) + n_{BW}(KMnO_4)$$

Umrechnung: $n(O_2) = 1,25 \cdot n(KMnO_4)$;
weiter wie bei CSB

⑥
$$n_0(K_2Cr_2O_7) =$$
$$= n_A(K_2Cr_2O_7) + n_R(K_2Cr_2O_7) + n_{BW}(K_2Cr_2O_7)$$

$$Cr_2O_7^{2-} + 14\,H_3O^+ + 6\,Fe^{2+} \rightarrow$$
$$\rightarrow 2\,Cr^{3+} + 6\,Fe^{3+} + 21\,H_2O$$

$$n_A(K_2Cr_2O_7) =$$
$$= n_0(K_2Cr_2O_7) - n_{BW}(K_2Cr_2O_7) - n_R(K_2Cr_2O_7)$$

$$\frac{n(Cr_2O_7^{2-})}{n(Fe^{2+})} = \frac{1}{6}$$

$$n(Cr_2O_7^{2-}) = \frac{1}{6}\,n(Fe^{2+})$$

$$n_A(Cr_2O_7^{2-}) =$$
$$= \frac{1}{6}\,n_0(Fe^{2+}) - \frac{1}{6}\,n_{BW}(Fe^{2+}) - \frac{1}{6}\,n_R(Fe^{2+})$$

$$n_A(Cr_2O_7^{2-}) = \frac{n_0(Fe^{2+}) - n_{BW}(Fe^{2+}) - n_R(Fe^{2+})}{6}$$

$$n_A(Cr_2O_7^{2-}) = \frac{c(Fe^{2+}) \cdot V_{0_{Fe^{2+}}} - c(Fe^{2+}) \cdot V_{BW}(Fe^{2+})}{6}$$
$$- \frac{c(Fe^{2+}) \cdot V_{R_{Fe^{2+}}}}{6}$$

$$n_A(Cr_2O_7^{2-}) = \frac{c(Fe^{2+}) \cdot \left[V_{0_{Fe^{2+}}} - V_{BW_{Fe^{2+}}} - V_{R_{Fe^{2+}}} \right]}{6}$$

Definition: $V_{eff} = V_{0_{Fe^{2+}}} - V_{BW_{Fe^{2+}}}$

$V_{0_{Fe^{2+}}}$ ist das Volumen, das der eingesetzten Stoffmenge an Dichromat entspricht.

$V_{BW_{Fe^{2+}}}$ ist das Volumen, das der durch den Blindwert umgesetzten Stoffmenge an Dichromat entspricht.

V_{eff} ist das Volumen, das der für den Analyten zur Verfügung stehenden Stoffmenge an Dichromat entspricht.

$$n_A(Cr_2O_7^{2-}) = \frac{c(Fe^{2+}) \cdot \left[V_{eff\,(Fe^{2+})} - V_{V_{R_{Fe^{2+}}}} \right]}{6}$$

$$\frac{n(O_2)}{n(K_2Cr_2O_7)} = \frac{6}{4}$$

$$n_A(Cr_2O_7^{2-}) = \frac{4}{6} \cdot n(O_2)$$

$$\frac{4}{6} \cdot n(O_2) = \frac{c(Fe^{2+}) \cdot \left[V_{eff\,(Fe^{2+})} - V_{V_{R_{Fe^{2+}}}} \right]}{6}$$

$$n(O_2) = \frac{c(Fe^{2+}) \cdot \left[V_{eff(Fe^{2+})} - V_{V_{R_{Fe^{2+}}}}\right]}{4}$$

$$m(O_2) = \frac{c(Fe^{2+}) \cdot \left[V_{eff(Fe^{2+})} - V_{V_{R_{Fe^{2+}}}}\right] \cdot M(O_2)}{4}$$

$$CSB = \frac{c(Fe^{2+}) \cdot \left[V_{eff(Fe^{2+})} - V_{V_{R_{Fe^{2+}}}}\right] \cdot 32\,\frac{g}{mol}}{4 \cdot V(\text{Probe})}$$

$$CSB = \frac{c(Fe^{2+}) \cdot \left[V_{eff(Fe^{2+})} - V_{V_{R_{Fe^{2+}}}}\right] \cdot 8{,}0\,\frac{g}{mol}}{V(\text{Probe})}$$

⑦

$$n_0(K_2Cr_2O_7) = c(K_2Cr_2O_7) \cdot V_{0(K_2Cr_2O_7)} =$$
$$= 0{,}0200\ \text{mol/L} \cdot 10{,}0 \cdot 10^{-3}\ \text{L}$$

$$n_0(K_2Cr_2O_7) = 0{,}200 \cdot 10^{-3}\ \text{mol}$$

$$n_{RBW}(K_2Cr_2O_7) =$$
$$= \frac{1}{6} \cdot 0{,}1\ \text{mol/L} \cdot 1{,}050 \cdot 9{,}10 \cdot 10^{-3}\ \text{L} =$$
$$= 0{,}15925 \cdot 10^{-3}\ \text{mol}$$

$$n_{BW}(K_2Cr_2O_7) = 0{,}200 \cdot 10^{-3}\ \text{mol} - 0{,}159 \cdot$$
$$\cdot\ 10^{-3}\ \text{mol} = 0{,}041 \cdot 10^{-3}\ \text{mol}$$

$$n_{RA}(K_2Cr_2O_7) =$$
$$= \frac{1}{6} \cdot 0{,}1\ \text{mol/L} \cdot 1{,}05 \cdot 4{,}92 \cdot 10^{-3}\ \text{L} =$$
$$= 0{,}0861 \cdot 10^{-3}\ \text{mol}$$

$$n_A(K_2Cr_2O_7) =$$
$$= n_0(K_2Cr_2O_7) - n_R(K_2Cr_2O_7) - n_{BW}(K_2Cr_2O_7)$$

$$n_A(K_2Cr_2O_7) = (0{,}200 - 0{,}0861 - 0{,}041) \cdot 10^{-3}\ \text{mol}$$
$$= 0{,}0729 \cdot 10^{-3}\ \text{mol}$$

$$n(O_2) = 1{,}5 \cdot 0{,}0729 \cdot 10^{-3}\ \text{mol} =$$
$$= 0{,}109 \cdot 10^{-3}\ \text{mol}$$

$$m(O_2) = 0{,}109 \cdot 10^{-3}\ \text{mol} \cdot 31{,}9988\ \text{g/mol} =$$
$$= 3{,}49\ \text{mg}; \text{ Verbrauch pro 20,0 mL}$$

$$CSB_{AL1} = 175\ \text{mg/L}; \quad CSB_{AL} = 875\ \text{mg/L}$$

⑧

Die Stoffmenge an Methanol in einem Liter Lösung beträgt 0,0100 mol

a) $5\,CH_3OH + 6\,MnO_4^- + 18\,H_3O^+ \rightarrow$
$$\rightarrow 5\,CO_2 + 6\,Mn^{2+} + 37\,H_2O$$
a1) $n(KMnO_4) = 1{,}2 \cdot n(CH_3OH)$;
$n(KMnO_4) = 1{,}2 \cdot 0{,}0100\ \text{mol} = 0{,}0120\ \text{mol}$
$m(KMnO_4) = n(KMnO_4) \cdot M(KMnO_4)$
$m(KMnO_4) = 0{,}0120\ \text{mol} \cdot 158{,}0340\ \text{g/mol} =$
$\qquad = 1{,}90\ \text{g}$
Oxidierbarkeit (Kaliumpermanganatverbrauch)
$= 1{,}90\ \text{g/L}$

a2) $n(O_2) = 1{,}25 \cdot n(KMnO_4)$;
$n(O_2) = 1{,}5 \cdot n(CH_3OH)$
$m(O_2) = 1{,}5 \cdot 0{,}0100\ \text{mol} \cdot 31{,}9988\ \text{g/mol}$
$\qquad = 480\ \text{mg}$;
$I_{Mn} = 480\ \text{mg/L}$

b) $2\,CH_3OH + 3\,O_2 \rightarrow 2\,CO_2 + 4\,H_2O$

b1) über Sauerstoff:
$n(O_2) = 1{,}5 \cdot n(CH_3OH)$
$m(O_2) = 1{,}5 \cdot 0{,}0100\ \text{mol} \cdot 31{,}9988\ \text{g/mol} =$
$\qquad = 480\ \text{mg}$;
$CSB = 480\ \text{mg/L}$

b2) über $K_2Cr_2O_7$:
$n(O_2) = 1{,}5 \cdot n(K_2Cr_2O_7)$
$CH_3OH + Cr_2O_7^{2-} + 8\,H_3O^+ \rightarrow$
$\qquad\qquad \rightarrow CO_2 + 2\,Cr^{3+} + 14\,H_2O$
$n(K_2Cr_2O_7) = n(CH_3OH)$;
$m(O_2) = 1{,}5 \cdot 0{,}0100\ \text{mol} \cdot 31{,}9988\ \text{g/mol}$
$CSB = 480\ \text{mg/L}$

⑨
Die Laborkraft kennt das Gleichgewicht der Kohlensäure und weiß, dass bis zu einem pH-Wert von etwa 8,5 kein Carbonat in der Lösung vorhanden ist.

⑩
$n_0(H_2SO_4) = 5{,}25 \cdot 10^{-3}\ \text{mol}$;
$n_R(H_2SO_4) = 2{,}205 \cdot 10^{-3}\ \text{mol}$;
$n_A(H_2SO_4) = 3{,}045 \cdot 10^{-3}\ \text{mol}$;
$m_{VL}(N) = 85{,}30 \cdot 10^{-3}\ \text{g}$;
$w(N) = 3{,}60\,\%$

⑪
Planung für $w(NH_4^+) = 2\,\%$
$m(\text{Probe}) = 10\ \text{g}$; gut abzuwiegen, ein 250-mL-Rundkolben genügt für die Aufnahme der Probe, Wasser und konz. NaOH; $c(NaOH)$ ca. 10 mol/L

$c_s(H_2SO_4) = 1\ \text{mol/L}$; hohe Konzentration ermöglicht eventuelle Verdünnung mit Wasser, um den Weg des Ammoniaks durch die Absorptionslösung für eine vollständige Absorption genügend groß zu machen

$c_s(NaOH) = 0{,}2\ \text{mol/L}$;
Maßlösungen dieser Konzentration sind gut handhabbar

$n_{Probe}(N) = 0{,}0143\ \text{mol}$;

Verbrauch durch den Analyten:
$V_{N(\text{Schwefelsäure})} = 7{,}14\ \text{mL}$
Vorlage Schwefelsäure $V_{0(\text{Schwefelsäure})} = 10\ \text{mL}$
$V_{R(\text{Schwefelsäure})} = 2{,}86\ \text{mL}$

$V_{\ddot{A}P(\text{Natronlauge})} = 28{,}6\ \text{mL}$;

da dieses Volumen für eine 25-mL-Bürette zu groß ist, wird als Maßlösung $c(NaOH) = 0{,}3$ mol/L ver-

Lö

wendet, der Äquivalenzpunkt ist dann bei etwa 19 mL zu erwarten.

Für die Bestimmung des Gesamtstickstoffs und des Nitratstickstoffs sind Probenmassen um ein Gramm einzuwiegen, damit bei praktisch gleichen Bedingungen gearbeitet werden kann.

Zu Baustein 15:

Probennahme und Probenaufbereitung

⑦
Kohlendioxid gast aus der Lösung aus, wodurch Calciumcarbonat ausfällt.

⑧
Bei organischen Verbindungen entsteht Kohlenstoffdioxid. Bei größeren Mengen würden sich so erhebliche Drücke aufbauen.

⑨
Aus dem Zustandsdiagramm des Wassers geht hervor, dass bei Drücken unterhalb von ca. 6 mbar festes Eis sublimiert. Wichtiger Begriff: Tripelpunkt.

Zu Baustein 16:

Grundlagen der Spektroskopie und Photometrie

②
Durch Absorption und Streuung in der Luft. Die Wellenlängen werden zwar wieder emittiert, dies geschieht aber kugelsymmetrisch. Daher kommen kleinere Intensitäten dieser Wellenlängen an, die nicht die Intensität der anderen Wellenlängen haben und daher von den einfachen Messgeräten nicht wahrgenommen werden.

③
Bei einem Ion werden die verbleibenden Elektronen stärker angezogen, folglich wird eine größere Energie zur Anregung erforderlich.

④
Quecksilberdampf besteht aus einzelnen Atomen. Im Wolframdraht sind die Atome durch die Atombindung verbunden. Im so genannten Leitfähigkeitsband sind die energetischen Abstände der Elektronen sehr gering, daher wird über einen begrenzten Bereich ein kontinuierliches Spektrum beobachtet.

⑥
Die farblose Lösung hat eine Absorption im UV-Bereich, die gelbe Lösung bei 400 nm und die blaue Lösung bei Bande bei 600 nm (Komplementärfarben!).

Zu Baustein 17:

Quantitative photometrische Analyse

⑤
$E = 0,12$

⑨
Der Extinktionskoeffizient ändert sich nicht, die Extinktion ändert sich.

⑩
Vermutlich wurde eine Küvette verwendet, die kein UV-Licht durchlässt.

⑫
$\beta_{KL1}(\beta\text{-Carotin}) = 8,41$ mg/L,
$w(\beta\text{-Carotin})$ in Spinat: 0,00858 %

⑬
$\beta_{KL1}(E\,142) = 1,86$ mg/L,
Wiederfindungsrate: 101 %, $w(E\,142) = 2,03$ %

⑭
Lineare Kalibrierung:
$\beta_{KL1}(Cr) = 0,584$ mg/L (Stoffmengenverhältnis Chrom beachten!)
$\beta_{AL3}(Cr) = 1,20$ mg/L,
$w(Cr) = 0,314$ % (Ausreißer beachten!)

Berechnung der Standardaddition:
– Linearer Bereich 0,1 bis 1 soll eingehalten werden
– AL2 mit ausreichendem Volumen neu herstellen
– AL4 herstellen, indem 25,0 mL AL2 um den Faktor 4 verdünnt wird (25,0 mL AL2 auf 100 mL)
– ergibt $\beta_{AL4}(Cr) = 1,50$ mg/L und eine errechnete Extinktion von $E_{AL4} = 0,401$
– für die Standardaddition werden jeweils 100 mL Messkolben verwendet
Unterer Messpunkt: AL5: 25,0 mL AL4 auf 100 mL ergäbe eine errechnete Extinktion $E_{AL5} = 0,100$, dies wäre der Minimalwert der Extinktion, denn diese Lösung wird nur mit Wasser aufgefüllt.
Oberer Messpunkt: KL4: 60,0 mL SL3 auf 100 mL ergäbe eine Extinktion allein über den Zusatz von SL3 gerechnet von 0,462. Dazu ist die Extinktion zu addieren, die sich aus der Probe ergibt, also $0,100 + 0,462 = 0,562$.

– Die zu erwartende Kalibrierkurve ergibt sich aus folgenden Daten: In jeweils 100 mL Messkolben werden 25,0 mL der AL4 eingefüllt. In die Kalibrierlösungen werden unterschiedliche Volumina an SL3 eingefüllt, dann wird mit VE-Wasser auf 100 mL aufgefüllt. Die fiktiven Konzentrationen ergeben sich allein aus den Zusätzen von SL3, die realen Extinktionen ergeben sich aus den tatsächlichen Konzentrationen der vermessenen Lösungen einschließlich des Beitrags von AL5.

Lö

	AL5	KL1	KL2	KL3	KL4
V(SL3) in mL	–	15,0	30,0	45,0	60,0
β_{fiktiv}(Cr) in mg/L	0,00	0,438	0,875	1,31	1,75
E_{real}	0,100	0,216	0,331	0,447	0,562

⑮
$\beta_{\text{SL1}}(NH_4^+) = 1002$ mg/L, $\beta_{\text{AL}}(NH_4^+) = 298,5$ mg/L (Logarithmen der Konzentrationen gegen die Spannung auftragen), $w(NH_4^+) = 0,623\,\%$

⑯
$\beta_{\text{KL1}}(Na^+ = 1,60$ mg/L, $\beta_{\text{AL3}}(Na^+) = 3,85$ mg/L (Kalibrierkurve nicht linear, da es sich um eine Emissionsmessung handelt), $w(Na^+) = 0,549\,\%$

⑰
$\beta_{\text{KL1}}(Cl^-) = 14,0$ mg/L, $\beta_{\text{AL2}}(Cl^-) = 18,9$ mg/L (Messfehler bei Spannung KL1), $w(Cl^-) = 0,230\,\%$

⑱
$\beta_{\text{KL1}}(PO_4^{3-}) = 4,60$ mg/L, $\beta_{\text{AL}}(PO_4^{3-}) = 9,55$ mg/L, die Kalibrierkurve ist nicht linear; da die Kalibrierlösungen und die Analysenlösungen gleich behandelt worden sind, ist eine Umrechnung auf 25 mL bzw. auf 15 mL nicht erforderlich.
$m_{\text{AL}}(PO_4^{3-}) = 2,39$ mg, $w(PO_4^{3-}) = 0,045\,\%$

Zu Baustein 18:

Atomabsorptionsspektroskopie

②
Die Lampe kann schlecht justiert sein oder die Zuflussgeschwindigkeit ist nicht optimal. Beides führt dazu, dass höhere Konzentrationen als vom Gerätehersteller angegeben gebraucht werden, um die Extinktion 0,0044 zu erhalten. Dies führt nicht unbedingt zu falschen Ergebnissen, bringt aber Probleme bei kleinen Konzentrationen, da deren Extinktionen nicht mehr im optimalen Messbereich liegen müssen.

⑦
Lampe abschalten, der Analyt wird durch die Flamme zur Emission angeregt. Diese Methode funktioniert allerdings nur bei Analyten mit niedrigen Anregungsenergien wie den Alkalimetallen und den Erdalkalimetallen.

⑧
$\beta_{\text{SL2}}(Fe) = 4,830$ mg/L
$\beta_{\text{AL2}}(Fe) = 2,15$ mg/L
$w(Fe) = 0,106\,\%$
$y = 0,0361x + 0,0043$
$R^2 = 0,9965$

⑨
a) $\beta_{\text{KL1}}(Cu) = 2,14$ mg/L
$\beta_{\text{AL1}}(Cu) = 1,30$ mg/L
$\beta_{\text{AL}}(Cu) = 2,60$ mg/L
Die Bedingungen bei b) und c) ergeben zwar für die vermessenen Lösungen gegenüber a) unterschiedliche Extinktionen, für c) ist $\beta_{\text{KL1}}(Cu) = 0,855$ mg/L, aber das Ergebnis für die Analysenprobe ändert sich nicht.

⑩
$\beta_{\text{SL2}}(Pb) = 50,45$ mg/L
$\beta_{\text{KL1}}(Pb) = 10,09$ mg/L
$\beta_{\text{AL}}(Pb) = 30$ mg/L
Offenbar ist die Kalibrierkurve bis ca. 30 mg/L linear, daher wird der oberste Kalibrierpunkt für die Standardaddition auf diese Konzentration gelegt. Herstellung der Kalibrierlösungen für die Standardaddition, fiktive und reale Konzentrationen an Pb (Prinzip siehe Baustein „Quantitative photometrische Analyse am Beispiel der UV-VIS-Spektroskopie und Kalibrierkurven"): Jeweils 30,0 mL AL und unterschiedliche Volumina SL2 wurden in 100 mL Messkolben gegeben, dann wurde aufgefüllt. Dies ergibt, allein auf den Zusatz der Analysenlösung berechnet, für jede Lösung eine Konzentration von 9 mg/L. Die fiktive Konzentration ergibt sich allein aus dem Zusatz der Standardlösung, die reale Konzentration bezieht sich auf den Zusatz der Analysenlösung und der Standardlösung.

	AL2	KL1	KL2	KL3	KL4
V_{SL2} in mL	–	10,0	20,0	30,0	40,0
β_{fiktiv}(Pb)	0,00	5,00	10,0	15,0	20,0
β_{real}(Pb)	9,0	14,0	19,0	24,0	29,0
E (393,2 nm)	0,058	0,090	0,122	0,154	0,186

Zu Baustein 19:

IR-Spektroskopie

①
$\lambda = 3,33 \cdot 10^{-6}$ m
$f = 0,900 \cdot 10^{14}$ Hz
$W = 5,96 \cdot 10^{-20}$ J

②
Dadurch sind die Unterschiede in den Intensitäten der Banden deutlicher sichtbar. $E = 0,50$ entspricht einem $\tau = 31,6\,\%$, $E = 0,40$ einem Transmissionsgrad von $\tau = 39,8\,\%$.

③

Durch die starke elektronenanziehende Wirkung des Chlor-Substituenten wird Elektronendichte vom Kohlenstoffatom abgezogen. Das dadurch positivierte Kohlenstoffatom zieht die Bindungselektronen zum Sauerstoff entsprechend stark an (induktiver Effekt), die CO-Doppelbindung hat eine hohe Bindungsstärke, dadurch erscheint die Absorptionsbande bei einer hohen Wellenzahl. In Säureamiden macht sich der mesomere Effekt des freien Elektronenpaars am Stickstoffatom bemerkbar. Dadurch ist die CO-Doppelbindung geschwächt, ihre Absorptionsbande erscheint bei geringerer Wellenzahl.

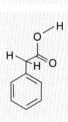

④

Die Absorptionsbande für die CC-Dreifachbindung fehlt, da sie IR-inaktiv ist.

⑤

IR-Spektrum von 4-Amino-2-hydroxybenzoesäure mit charakteristischen Banden bei 3495 cm^{-1}, 3388 cm^{-1}, 3005 cm^{-1}, 1624 cm^{-1}, 1522 cm^{-1} und 1447 cm^{-1}.

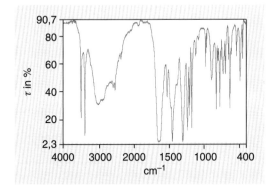

⑥

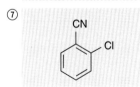

⑦

⑧

CH$_{aromat}$ 3050 cm^{-1}
CH$_{ges}$ 2950 cm^{-1}
CC$_{aromat}$ vier Banden zwischen 1600 cm^{-1} und 1450 cm^{-1}

Das Zahlenverhältnis CH$_{ges}$ zu CH$_{aromat}$ ist kleiner geworden, Veränderung des Intensitätsverhältnisses der Banden; CCl zwischen 800 cm^{-1} und 600 cm^{-1}

CN scharfe Bande zwischen 2260 cm^{-1} und 2200 cm^{-1}

CO-Doppelbindung zwischen 1725 cm^{-1} und 1680 cm^{-1}

Zu Baustein 20:

Prinzipien und Methoden der Chromatographie

②

Die Ausgangsstoffmengen und Volumina sind jeweils vorzugeben. Die Konzentration an Iod in der wässrigen Phase kann durch Titration mit Thiosulfat, die Konzentration von Kristallviolett photometrisch über Kalibrierkurven bestimmt werden.

⑤

d) Die Substanzflecken werden mit dem Spatel von der DC mit der anhaftenden stationären Phase abgenommen und mit Lösemittel versetzt. Die Suspension wird filtriert und die Lösung oder der nach Eindampfung des Lösemittels erhaltene Rückstand im Spektrometer vermessen.

Lö

⑥ a) und c)

	Gleichgewicht 2				
N	1	2	3	4	5
$n_{mo}(A)$	89	444			
$n_{mo}(B)$	89	18			
$n_{st}(A)$	18	89			
$n_{st}(B)$	444	89			
$\Sigma (A)$	107	533			
$\Sigma n(B)$	533	107			

	Gleichgewicht 10									
N	1	2	3	4	5	6	7	8	9	10
$n_{mo}(A)$	0	0	0	2	9	33	86	157	186	103
$n_{mo}(B)$	25	39	27	12	3	1	0	0	0	0
$n_{st}(A)$	0	0	0	0	2	7	17	31	37	21
$n_{st}(B)$	124	194	137	58	17	5	1	0	0	0
$\Sigma (A)$	0	0	0	2	11	40	103	189	223	124
$\Sigma n(B)$	149	233	165	69	20	6	1	0	0	0

Zu Baustein 21:

Gaschromatographie

①
Die Probe enthält mindestens drei Komponenten. Das Chromatogramm zeigt immer die Mindestzahl der Komponenten an. Es ist nicht auszuschließen, dass sich unter einem Peak mehrere nicht getrennte Komponenten befinden.

②
Der FID zeigt nur die Stoffe an, die in der Flamme ionisiert werden.

③
Die beiden Stoffe haben eine unterschiedliche Zahl von Kohlenstoffatomen im Molekül.

④ a)

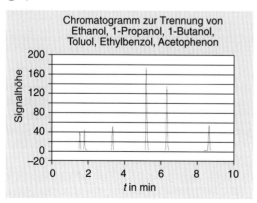

Chromatogramm zur Trennung von Ethanol, 1-Propanol, 1-Butanol, Toluol, Ethylbenzol, Acetophenon

b) Vermutlich wurde mit einem Temperaturprogramm gearbeitet, denn die Peaks erscheinen trotz stark unterschiedlicher Siedepunkte in einem relativ engen Zeitraster. Die Säule hat keine Eigenschaften, welche die Verweildauer von wasserstoffbrückenbildenden Komponenten in der stationären Phase begünstigen, denn die Retentionszeit von 1-Butanol ist trotz höheren Siedepunkts kleiner als die von Toluol.

c)

	t_R in min	RR_f
Ethanol	1,50	0,291
1-Propanol	1,74	0,337
1-Butanol	3,33	0,645
Toluol	5,16	1,00
Ethylbenzol	6,29	1,22
Acetophenon	8,82	1,67

⑤
$N = 1,27 \cdot 10^3$

⑥
Die am meisten kugelförmige, d. h. verzweigte Komponente, denn sie hat den niedrigsten Siedepunkt.

⑦

	$\overline{\Delta t_R}$ in %
Ethanol	1,07
1-Propanol	0,65
1-Butanol	0,68
Toluol	0,45
Ethylbenzol	0,27
Acetophenon	0,12

⑧

Standard: Die Substanzen werden eingewogen, dann wird mit Lösemittel auf 100 mL aufgefüllt.

Substanz	m in g	β in g/L	A in SKT	Response-faktoren
Toluol	1,1275	11,275	40,9	$f_T = 3,63$
Dioxan	1,2983	12,983	13,6	$f_D = 1,05$
m-Xylol (St)	1,0238	10,238	35,8	$f_{IS} = 3,50$

Analyse: Zu 25,0 mL der Probelösung (AL1) wurden 0,5931 g interner Standard gegeben, dann wurde mit einem Lösemittel auf 50,0 ml aufgefüllt (AL2). $\beta_{AL2}(IS) = 11,862$ g/L

Substanz	A in SKT	β_{AL2}
Toluol	61,0	$\beta(T) = 11,862 \frac{g}{L} \cdot \frac{61,0}{43,0} \cdot$ $\cdot \frac{3,50}{3,63} = 16,2 \frac{g}{L}$
Dioxan	72,9	$\beta(D) = 11,862 \frac{g}{L} \cdot \frac{72,9}{43,0} \cdot$ $\cdot \frac{3,50}{1,05} = 67,0 \frac{g}{L}$
m-Xylol (IS)	43,0	

Mit der Zugabe des internen Standards und des Lösemittels wurde die Ausgangsprobe verändert. Für AL1 ergibt sich:
β(Toluol) = 32,4 g/L und β(Dioxan) = 134 g/L

Zu Baustein 22:

Ionenchromatographie

①
Ein definiertes Volumen der Analysenlösung wird auf einen mit H_3O^+-Ionen beladenen Austauscher gegeben. Der Austauscher wird mit VE-Wasser gespült, bis aus der Säule Wasser mit pH 7 austritt. Die im Eluat befindlichen H_3O^+-Ionen werden mit Natronlauge titriert. Alternativ könnte auf einem Anionenaustauscher Chlorid ausgetauscht werden.

④
Die Säurefunktionen können deprotoniert werden, dadurch verändert sich die Ladung des Teilchens.

⑤
Es handelt sich dabei um Phosphat. Siehe dazu „Chemisches Gleichgewicht und pH-Wert".

⑥
Für A = 0,2 mm, B = 0,4 mm · mL/min und C = 0,6 mm · min/mL ist die optimale Strömungsgeschwindigkeit 0,8 mL/min mit der Trennstufenhöhe 1,18 mm. Für A = 2 mm, B = 4 mm · mL/min und C = 6 mm · min/mL ergibt sich die gleiche optimale Strömungsgeschwindigkeit, aber die Trennstufenhöhe ist 11,8 mm.

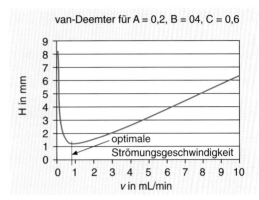

van-Deemter für A = 0,2, B = 04, C = 0,6

(Achsen: H in mm von 0–9; v in mL/min von 0–10; "optimale Strömungsgeschwindigkeit")

⑦
Die bei der Ionenchromatographie erhaltenen Peaks sind durchweg breiter als bei der Gaschromatographie, was durch die bei der van-Deemter-Gleichung angesprochenen Streueffekte mitverursacht ist. Die Trennstufenzahl ist deutlich geringer, hier macht sich der Unterschied zwischen einer 125 mm und einer 30 m langen Säule bemerkbar. Die Trennstufenhöhe ist bei der Ionenchromatographie deutlich geringer, denn die Säule mit dem Durchmesser 4 mm ist dicht gepackt. Damit sind auf einer kurzen Trennstrecke viele Verteilungsschritte möglich, während die Kapillarsäuleninnenwand nur mit einer Schichtdicke von 0,25 mm an stationärer Phase belegt ist.

⑧
Kationenanalytik
Analyt: K^+
Gegenion NO_3^-
Eluent: HCl
Regenerierung mit NaOH

ohne Suppression
$\Delta\Lambda$(Lösung) = [$\Lambda(KNO_3) - \Lambda(HCl)$]
$\Delta\Lambda$(Lösung) = [$\Lambda(K^+) + \Lambda(NO_3^-)$] −
$\qquad\qquad\qquad\qquad - [\Lambda(H_3O^+) + \Lambda(Cl)]$
$\Delta\Lambda$(Lösung) = [(74 + 72)] − [(350 + 76)] S ·
$\qquad\qquad \cdot cm^2 \cdot mol^{-1} = -280$ S $\cdot cm^2 \cdot mol^{-1}$

mit Suppression durch Basen (z. B. NaOH)
$\Delta\Lambda$(Lösung) = [$\Lambda(KNO_3) - \Lambda(NaCl)$]
$\Delta\Lambda$(Lösung) = [$\Lambda(K^+) + \Lambda(OH^-)$] − [$\Lambda(Na^+) + \Lambda(Cl)$]
$\Delta\Lambda$(Lösung) = [(74 + 198) − (50 + 76)] S ·
$\qquad\qquad \cdot cm^2 \cdot mol^{-1} = 146$ S $\cdot cm^2 \cdot mol^{-1}$

Ohne Suppression ist die Differenz zwischen Analysenlösung und Eluent größer als mit Suppression. Deshalb wird in der Kationenanalytik die chemische Suppression nicht angewandt, sondern die Leitfähigkeit direkt gemessen.

⑨
Absorption von Kohlenstoffdioxid, z. B durch Calciumhydroxid.

Lö

24 Sachwortverzeichnis

Herrn Oberstudienrat Rüdiger Schmitt und Herrn Dr. Werner Krapp danke ich für die sorgfältige Durchsicht des Manuskripts und die Überlassung der IR-Spektren, Herrn Oberstudienrat Karl Kiefer danke ich für die Gaschromatogramme. Mein Dank gilt allen Schülerinnen und Schülern, die durch fruchtbare Zusammenarbeit zu diesem Buch beigetragen haben. Eine Reihe von Kollegen hat mich auf Fehler in der ersten Auflage aufmerksam gemacht. Auch dafür herzlichen Dank.

Für die Erlaubnis zum Abdruck von Zeichnungen und Daten danke ich: Fa. Brand, Wertheim; CEM, Kamp-Lintfurt; Länderarbeitsgemeinschaft Wasser; Lot-Oriel, Darmstadt; Metrohm, Herisau; Mplus Ges. für instrumentelle Analytik Bremen; msscinetific Berlin; Fa. Perkin Elmer, Rodgau; Fa. Prümm, Köln.